區判

品味判斷的社會批判

La Distinction

critique sociale du jugement

Pierre Bourdieu

皮耶・布赫迪厄 著

邱德亮 譯

目次

第三部分　階級品味與生活風格

【總序】

「時代感」總序

——李明璁

謝謝你翻開這本書。

身處媒介無所不在的時代，無數資訊飛速穿梭於你我之際，能暫停片刻，閱覽沉思，是何等難得的相遇機緣。

因為感到興趣，想要一窺究竟。面對知識，無論是未知的好奇或已知的重探，都是改變自身或世界的出發原點。

而所有的「出發」，都涵蓋兩個必要動作：先是確認此時此地的所在，然後據此指引前進的方向。

那麼，我們現在身處何處？

在深陷瓶頸的政經困局裡？在頻繁流動的身心狀態中？處於恐慌不安的集體焦慮？抑或感官開放的個人愉悅？有著紛雜混血的世界想像？還是單純素樸的地方情懷？答案不是非此即彼，必然兩者皆有。

你我站立的座標，總是由兩條矛盾的軸線所劃定。

比如，我們看似有了民主，但以代議選舉為核心運作的「民主」卻綁架了民主；看似有了自由，但放任資本集中與壟斷的「自由」卻打折了自由；看似有了平等，但潛移默化的文化偏見和層疊交錯的社會歧視，不斷嘲諷著各種要求平等的法治。我們什麼都擁有，卻也什麼都不足。

這是臺灣或華人社會獨有的存在樣態嗎？或許有人會說：此乃肇因於「民族性」；但其實，遠方的國度和歷史也經常可見類似的衝突情境，於是又有人說：這是普同的「人性」使然。然而這些本質化、神祕化的解釋，都難以真確定位問題。

實事求是的脈絡化，就能給出答案。

這便是「出發」的首要準備。也是這個名為「時代感」書系的第一層工作：藉由重新審視各方經典著作所蘊藏的深刻省思、廣博考察、從而明確回答「我輩身處何處」。諸位思想巨人以其溫柔的眼眸，感性同理個體際遇，同時以其犀利筆尖理性剖析集體處境。他們

立基於彼時彼地的現實條件，擲地有聲的書寫至今依然反覆回響，協助著我們突破迷霧，確認自身方位。

據此可以追問：我們如何前進？

新聞輿論每日診斷社會新病徵，乍看似乎提供即時藥方。然而關於「我們未來朝向何處」的媒介話語，卻如棉花糖製造機裡不斷滾出的團絮，黏稠飄浮，占據空間卻沒有重量。於是表面嘈雜的話題不斷，深入累積的議題有限。大家原地踏步。

這成了一種自我損耗，也因此造就集體的想像力匱乏。無力改變環境的人們，轉而追求各種「幸福」體驗，把感官託付給商品，讓個性服膺於消費。從此人生好自為之，世界如何與我無關；卻不知己身之命運，始終深繫於這死結難解的社會。

「時代感」的第二項任務，就是要正面迎向這些集體的徒勞與自我的錯置。

據此期許，透過經典重譯，我們所做的不僅是語言層次的嚴謹翻譯（包括鉅細靡遺的譯註），更具意義和挑戰的任務，是進行跨時空的、社會層次的轉譯。這勢必是一個高難度的工作，要把過去「在當時、那個社會條件中指向著未來」的傳世作品，連結至「在此刻、這個社會脈絡裡想像著未來」的行動思考。

面朝世界的在地化，就能找出方向。

每一本「時代感」系列的選書，於是都有一篇扎實深刻、篇幅宏大的精采導讀。每一位導讀者，作為關注臺灣與華人社會的知識人，他們的闡釋並非虛掉書袋的學院炫技，而是對著大眾詳實述說：「為什麼此時此地，我們必須重讀這本著作；而我們又可以從中獲得哪些定位自身、朝向未來的重要線索？」

如果你相信手機的滑動不會取代書本的翻閱，你感覺臉書的按讚無法滿足生命的想望，或許這一趟緩慢的時代感閱讀，像是冷靜的思

辨溝通，也像是熱情的行動提案。它帶領我們，超越這個資訊賞味期限轉瞬即過的空虛時代，從消逝的昨日連結新生的明天，從書頁的一隅航向世界的無垠。

　　歡迎你，我們一起出發。

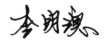

在臺灣閱讀布赫迪厄的《區判》

邱德亮

I

　　布赫迪厄的《區判》一書的重要性，不用多說。它幾乎是衝擊二十世紀社會科學最大的經典著作之一。聯合國教科文組織下的國際社會學會（ISA），曾選定它為二十世紀最重要的十部社會學著作的第六名。其影響力無遠弗屆，就筆者有限的閱讀來看，遠從中國藝術史研究者，不論資深如高居翰（James Cahills）或到權威如柯律格（Craig Clunas）都提及此書對他們研究的影響；同樣是研究中國史最近一本有關中國鴉片消費研究的著作 *Social life of Opium in China*（Zheng Yangwen, Cambridge, 2005），作者也指出她非常重要的研究靈感來自於《區判》一書；更不用說此書在西方史學界，特別是文化史的影響。Peter Burke 在其《何謂文化史》一書，布赫迪厄列為影響文化史最重要的四個理論家之一，在他諸多著作中尤其以《區判》和《藝術的法則》兩本影響最劇。同樣是他同時代的文化史學家瑟鐸（Michel de Certeau）更以他的這本著作為超越的標竿，進而發展出其他自己有關一般人消費行為的戰術研究。更不用說，近則在藝術領域，他提出一種美學稟賦的社會分析，足以挑戰康德以降的純粹美學的理論，進而迫使藝術研究者去探問藝術品生產的社會條件；在文化

研究方面，尤其是消費社會的研究，此書幾乎與范伯倫（T. Veblen）的《有閒階級論》、布希亞（J. Baudrillard）的《消費社會》、瑟鐸的《日常生活實踐》並列為必讀之讀本。在社會學方面，此書已經成為社會學當代經典之一，不論此當代經典的書單如何變化，但總是不會錯過《區判》一書。尤其是文化社會學，《區判》和他的其他著作幾乎改變了原有的文化社會學樣貌，進行奠定一個新的研究典範。最後，在文學研究方面，僅就筆者所知以其文學場域取徑生產出來的學術著作，分別都在各自領域有相當的分量：研究法國十七世紀的文學生產的 Alain Villa（*Naissance d'écrivain, sociologie de la littérature à l'âge classique*, Paris, Les Editions de Minuit），研究十七世紀英國知識場域與柯聿芝的 Dereck Robbins（*The English Intellectual Field in the 1790s and the Creative Project of Samuel Taylor Coleridge–An Application of Bourdieu's Cultural Analysis*）；研究八〇年代臺灣文學史的張誦聖（*Literary culture in Taiwan: martial law to market law*）、以二十世紀初現代中國文學為分析對象，Michel Hockx 主編的 *The Literary Field of Twentieth-Century China*（1999）。更不用提 Bourdieu and Literature（John R. W. Speller 著）整本書在探討布赫迪厄如何改變文學研究的方法和取徑。還有在教育學領域，即使各國都抱怨法國教育體係與其國情不同（例如美國和臺灣的教育體係），但是布赫迪厄和帕森斯（Parsons）有關教育方面的研究依舊造成不小的衝擊。他幾本教育方面的著作已經成為教育社會學的研究典範。雖然《區判》一書不是教育社會學的主要著作，但書中有關學校教育在文化資獲得的方式的問題有深入的討論，尤其是有關文憑通膨的問題所造成的社會與文化效應，依然是當前臺灣以及全世界教育界值得深思的問題。

　　為了方便大家了解中譯本《區判》的重要性，我們大略將布赫迪厄的諸多著作分成幾大類1）阿爾及利爾社會人類學；2）教育社

會學；3）文化社會學；4）反思的知識社會學；5）媒體與資本主義批判；6）語言與象徵性。布赫迪厄的中文譯本近幾年相當多產，在上述的各個範疇中的著作大部分都也經有了中文譯本。姑息不論翻譯的品質如何，但已經提供了認識布赫迪厄作品相當直接的方式。《區判》一書應屬於「文化社會學」範疇，從這範疇的五本著作可以看出，《區判》雖然不是最早一本，但明顯的是大師的奠基性（Master's major works）的著作，也就是在這範疇的著作中最重要，也最龐大的理論系統，布赫迪厄在此書揭示了他對文化的看法，基本的理論概念，諸如場域、慣習、品味、文化資本、美學稟賦等。不論在研究方法或理論架構，對整個文化社會學有清晰的闡述。在布赫迪厄文化社會學方面的著作中，其中已有兩本有中文譯本，一本是他與哈克的訪談錄《自由交流》，另一本則是《藝術的法則》。對中文讀者而言，若要親自閱讀作者原著，以了解其文化社會學的取徑，非讀《區判》一書不可[1]。這正是此中譯本試圖扮演的角色：讓中文讀者能夠親自閱讀布赫迪厄文化社會學最經典的著作。

　　大部分人都將此書當作理論閱讀，於是會有諸多類似布赫迪厄的階級複製論，或其文化理論不適用於臺灣或其他法國以外的社會之質問。此中譯本建議不必將《區判》視為社會學理論或任何理論著作看待（儘管它是且經常被如此閱讀），而是當作一種具有強烈反思能力的歷史著作或民俗誌個案研究來閱讀。若知布氏一開始就是將此書設定為巴黎地區品味的民俗誌調查就不難理解。若考量他在象徵性鬥爭時，社會空間的場域分析只不過是某一個時間點橫切面的階級權力投注入象徵性符號的鬥爭之凝結，就是不難理解此書完全有必要放在

---

[1]　翻譯和潤稿的漫長過程中，也出現了簡體版《區分：判斷力的社會批判》（二冊），北京：商務，2015。

其歷史與文化脈絡去理解。也就是說，越是能回到布氏所描述的脈絡去理解，亦即越能反思性去還原理解，就越能以同樣的反思性原則去思考其他不同文化或社會脈絡的不同情境。因此，一旦將《區判》設定為「歷史著作」或「民俗誌」，在翻譯的實際做法上，即譯詞的選擇上就是傾向能儘量還原其文化樣貌，而不急於尋找相對應的中文譯詞。例如，le Petit bourgeois，最簡而易懂的中文譯詞是「小資」或「小資產階級」，但基於反思性原則所進行的翻譯，就會以選擇「小布爾喬亞」，同樣的 classe populaire，英譯本都有系統地以工人階級翻譯，在中文的語境裡也是工人階級比較特定，較易混淆，因此不適用。但由於基於還原作者和法文的語境，還是譯成「大眾階級」。

II

正同布赫迪厄在回應有關其著作在其他國家或地區適用性的問題時，也建議還是必須運用反思性原則回到各個地方社會與學術生態去思考這個問題。談到本計劃預期效益時，不得不以此反思性原則來思考《區判》一書中譯本的可能產生的效益。若要以反思性原則去評估《區判》中文譯注後預期的效應，必要去思考兩個問題：1）此書出版後可能潛在的讀者是那些人？（可能大致可猜想到以人文社會科學類的學生為主）這些人使用中譯本《區判》可能在其研究或學業上有什麼影響？2）去評估《區判》一書中譯本在臺灣學術場域中可能扮演的角色？為此，則必須去思考布赫迪厄在臺灣學界接受的問題，亦即仔細去分析各個學科領域中，不同的學者如何？在什麼樣的學術生態脈絡下引用或借用布赫迪厄的概念的情況，被接受和抗拒，他所帶來或受到的威脅和挑戰等。第一個問題比較容易處理，我們藉由「期刊文獻資訊網」「碩博士論文網」兩個資料庫以 Bourdieu 為關鍵字蒐

尋[2]，總共獲得670筆布赫迪厄相關的研究成果。若我們以此為樣本，設想未來中評本《區判》的潛在讀者，至少有一個預期評估的根據。這些布赫迪厄相關研究的作者也都可能是《區判》未來潛在的讀者，或以此為基礎可以設想的讀者。第二個問題，則相對而言，比較難處理。困難之處在於學術生態的場域分析並不容易，不論是在那一個學科領域，更困難的是去評估布赫迪厄在各別領域被接受的情況。

　　在此計劃姑息先探討第一個問題，亦即《區判》中譯本的可能讀者。根據所收集的資料，670筆布赫迪厄相關研究成果依類別分（見圖表1），碩士論文占65%、期刊論文占26%，最後是博士論文9%。據此，我們可以得知，在現有中文譯本的情況下，碩士生接受並反映在其研究成果的情況最明顯。據此，我們可以期待，中譯本的《區判》的讀者也將會以他們為主要的讀者，當然也不排除未來可能成為碩士生的候選人，包括人文和或社會社學的高年級的大學生。這點在教學意義上特別重要，中譯本可以提供這些學生直接接觸經典的閱讀，也提供教授的老師一個較深入的教材的選擇。當然，相對薄弱的博士論文，則不見得反映博士生對布赫迪厄的閱讀狀況，他們可能是最熱切的讀者，並視之為基本經典讀物，而不見得會在其作為學者資格的一份著作的學術產出表現出來。在研究領域方面（見圖表3），首先，在理論探討和具體研究的應用上，呈現不成比例的對比（80:670），而且理論的探討多呈現在期刊論文這個類別上，也就是必須比碩博士生具備更高學術能力的學者方能掌握，不論是引介或評論性的探討。這類讀者，出於研究需要，往往需要更精確的字彙，通常會自我要求閱讀「原典」或「原典的英譯」作為不得以的替代，或

---

[2]　我們利用國家圖書館《期刊文獻資訊網》和《臺灣碩博論文知識加值系統》，以關鍵字Bourdieu在「論文名稱」、「關鍵字」和「摘要」三個欄位搜尋，共獲期刊177筆、博論58筆、碩論435筆資料。

甚至（在臺灣）就理所當然地將英譯本視之為「原典」閱讀。於是，我們可以估計中譯本的《區判》不會是這些具備高度自信的英語能力之學者閱讀的選擇，畢竟中譯本和英譯本雖然都是由法文版譯成，但兩個版本在臺灣學術市場的價值並不相同。博士生剛好處在中間的位置，中、英文版本都會閱讀，但理解時可能以中譯本，但寫作時則會引用英文版（可能較具有權威）。

圖1　Bourdieu相關研究的類別

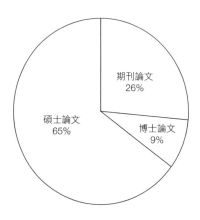

圖2　Bourdieu相關研究學門分布

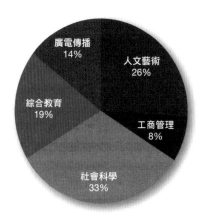

圖3　Bourdieu相關研究類別的領域分布

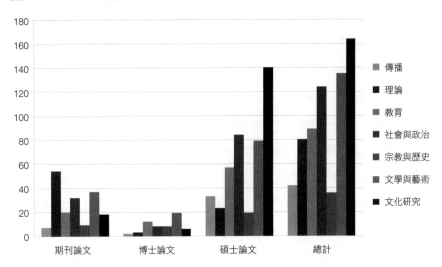

圖4　Bourdieu相關研究類別的學科分布

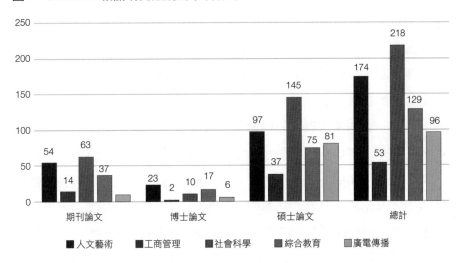

　　其次，有關布赫迪厄相關研究的領域方面，應用於文化研究最多，其中一大部分是有關與消費與休閒的課題（尤其近10年特別明顯），其次是文學和藝術方面的研究領域、再次才是社會與政治類主題，反而教育和傳播類的研究主題相較而言沒有很多。這說明在臺灣學界中，若從研究主題區分，對布赫迪厄的接受情況，並主要在社會與政治或文化研究的研究主題最熱烈，在文學和藝術方面的研究也很多。然而，若從所屬的學科來看，也是社會科學系所接受度最高，其次才是人文藝術學科系所（見圖表2）。圖表2和圖表3的對照或許可以推論，布赫迪厄著作在教學上可能還是在社會科學類多於文學藝術類的系所單位，但是就布赫迪厄適用的研究領域主要還是以文化研究相關議題，以文學與藝術的議題可能更勝於社會科學類的議題，同樣的情況也出現在教育類的研究多於教育類的系所單位。以上資料可能說明另一個可能的現象，在社會科學類的系所單位進行文學和藝術或甚至文化研究類的主題的研究最能夠被接受。至於中譯本出版後，是否會改變上述的情況？一切都尚未知，但也許可以期待，在人文藝術類和教育的教學單位會增加中譯本的使用頻率，因為這些學科傳統上相對而言，教材都偏向中文為主。亦即，中譯本的出版可能在以上兩類系所的教學上幫助會大於社會科學類。

　　另一個未來《區判》中譯本出現會產生，而且不得不考慮的效應，在於「經典化」的效應。這種效應類似布赫迪厄所說「上行下效的效應」（trickle-down effect）。作為具有強烈區判效果的物件會因為其普及化和通俗化（中譯本即是如此）而獲得更多的讀者，但同時也會失去原有僅只有能精通英語（閱讀英譯本真的需要能高度駕馭英文）才能擁有這些知識的稀有性，也因此被追求最新潮思想的學者或學生視之為貶值的知識類文化產品。所有經典性的著作都會面臨這種命運，翻譯的經典更是如此。翻譯的經典會因其普及而變得通俗而在

作為學術研究的區判或區判價值上貶值，但對亟求獲得而又礙於英語能力不足的學子們會有長期又持續的影響。

最後一個預期成益，我們可以參考J.Sallaz & J. Zavisca的研究探討布赫迪厄在美國社會學界被接受的情形，來期望臺灣對《區判》中譯本的接受情況。根據上述學者，他們以四大社會學期刊為樣本，抽取引用布赫迪厄的文章，發現1）在長期的效應而言，布赫迪厄在美國社會學界的研究成果上的影響上有長足的增加；2）不只是膚淺的援引，在深度上也可有很明顯的增加，其核心概念被大量地應用在各種研究領域；3）儘管評論性的文章依舊質疑布赫迪厄的著作是否適用於美國社會，但實際的研究計劃以及成果都顯示大量的研究已經在進行或完成。文章的作者也指出，布赫迪厄概念的應用也都不是沒有在反思的情況運用，而是非常意識其適用性的情況使用。雖然，文章作者沒有提到英譯本的效應，但很明顯的這已經是布赫迪厄著作影響力的先決條件，尤其在 *Distinction* 英譯本出現的10年之內，相對於其他布赫迪厄的著作，被社會學界引用的呈現大量的增加，之後才又趨向緩和。當然，我們無法預知《區判》中譯本在臺灣學界的影響力如何，也可能不見得主要影響力在社會學界。但上述研究顯示，就長期效應來看，中譯本的影響效果將會值得肯定，不論在那一個學科領域，也不論是研究或教學的質或量上都會有長期的效益。

III

十幾年前有個大陸碩士生提出論文研究主題大陸階級論述的沒落。該生的研究主題令人深省，因為就像點出國王新衣的小孩一樣「白目」：一個共產黨領導亟欲建設社會主義新中國的國家，隨著中國經濟崛起，原本作為官方主調的階級論述卻在主流的話語場域裡漸

漸退場。當然，眾所皆知資本主義的盛行不會讓階級問題消失。難道中國階級論述的沒落真的證成了階級理論分析東亞社會無效論的說法？即便如此，階級分析的無效，並不意味階級的消逝。抑或是在我們所處的社會裡，這種認知世界的學說已經不再流行了。隨著冷戰結束與中國改革開放，資本主義的全球化的發展使得原本在東亞社會就不怎麼「受歡迎」的馬克思主義的傳統階級論述更沒有市場，連帶地與此類似的文化生產的階級複製論也顯得「無效」，因為沒人再相信它。這不只是中國如此，在東亞的其他地區也一樣沒落。其中原因很多，除了對階級論述的陳腔爛調表現出疲態外，東亞社會結構的生成歷史本身的扞格可能是原因之一。

於是，在此一遍階級分析無效論盛行的當下，在臺灣閱讀一本中譯的布赫迪厄的《區判：品味判斷的社會批判》的中譯本還有什麼意義嗎？對這本法文版出版已近五十年的著作，在英語世界的評述已經在寫蓋棺論定式的後布赫迪厄（*After Bourdieu*）理論，難道《區判》的閱讀只是追趕遲來五十年的中譯本？再說，其作為理論經典的邊際效益恐怕已經不再高點了，因為即使在社會科學學界，若還在教布赫迪厄的理論可能都已經有點過時了。用布赫迪厄自己話來說，在臺灣學術場域裡，這本書作為學術生產的產品，可能不再作為學術研究投資的標的，在社會科學界它不再具有象徵性威權的效應了，因為已經太普及了，連文青們都似懂非懂地炫耀著術語「文化資本」、habitus等。說它不再「新鮮」可能（對學生來說）太沉重（即使是中譯本），但在理論思考上（對學者而言）不再有刺激的新意，亦即講了太多陳腔濫調，沒有新鮮感。但，真的如此嗎？

是的，《區判》一書早已為學術界所熟捻，但是閱讀此書所能帶給我們啟發的意義卻永遠是新鮮的，也永遠是創新的！前述此中譯本以反思性的方式翻譯，也邀請讀者以反思性自身社會的方法閱讀這本

書，而非只是所謂理論的應用。所謂反思性閱讀對我而言就是透過閱讀，不斷地去發現自身社會本身的新問題，或從中獲得新的觀點看待舊的問題。若是著眼於自身所處的社會，那麼《區判》書中所揭示的法國70年代社會，就不再是，也不該以普世標準的理論架構閱讀，而是一個啟發性的對照。因為臺灣社會肯定不是那樣，但像書中所說的卻又更能幫我們了解當前的社會狀況。這就是我所謂反思性的閱讀！它不再是傳統對神聖「經典」閱讀的意義，一種學界對某個歐陸當代思想家詮釋權壟斷的爭奪戰（「某某人」經典讀書會）。因為這種閱讀不在乎你讀懂了多少嗎？更看重你從中獲得什麼？獲得多少啟發？現在就讓我來分享筆者閱讀這本書後的收獲。

　　布赫迪厄帶給階級論述有趣之處，不只是在經濟收入和財力資產的劃分人群的方式之外，又再加上文化修養和藝術能力作為文化資本一起考量而已，而是更根本地打破我們對階級的既定想像。

　　社會階級並非由某一個屬性來界定（即使是最具決定性的資本量及其組成結構），亦非由屬性的總和（性別、年齡、社會或族群出身，例如黑白種族的比例，在地人或移民者等等，收入、教育水準等屬性），也不會是由這些屬性的排列組合，從在因果關係裡的基本屬性（在生產關係的位置），從條件化到被條件化，全部排列起來；而是透過所有相關屬性之間的關係結構來界定，因為是這些屬性賦予它們之中的每一個其應有的價值，也賦予在其文化實踐運作的效應應有的價值。

　　就字源學而論，階級，不論法文的classe，或英文的class都源字於拉丁文 classis，指的是「分類」，對人群的分類，如班級（class），或分類法（classification），有時候也指的群體或範疇。於

是 classe 在《區判》一書裡，指的就是對人、事、物，以及文化活動等實踐，主／客觀的社會分類方式。在社會生活的運作裡，對人加以分類是生存的本能，品味的運作就是一套關於人的分類和物或實踐的分類交互作用的認知和欣賞的複雜系統。就人的分類而言，其方式很多如性別（如佛洛依德說對人的第一分類就區分男女）、族群、年齡、收入、教育以及其他社會屬性等，而且會無意識地以上述各種屬性綜合性加以組合。更重要的是在不同時代以及不同的社會，甚至在社會裡的不同群體內部，會強調某一個或某幾個屬性作為分類人的依據。如法國舊政權時間，貴族的等級頭銜就會重要的分類依據、明清時期的中國是否擁有功名及其等級和土地的擁有是分類人的最重視的依據、十九世紀的西歐隨著工業化的發展，能夠帶來財富的生產工具（如實業工廠）就成為馬克思建立其階級論的最關鍵分類標準。

　　至於臺灣，簡略而言，清領時期籍貫原鄉曾經扮演重要的人群分類方式，這與跨海的移墾和商貿活動有關，但隨著定居日久，人群的分類也是趨複雜，雖然原籍分類依舊非常關鍵，但以家族姓氏或職業，或甚至信仰神祉的新的分類方式也漸漸出現（分類械鬥就是一種人群分類的社會調整形式，所謂從移墾社會到文治社會的土著化過程）。此外就像當時中國其他地方功名外，就是是否擁有土地成為分類人最重要的指標，清末開港商人的財富漸漸打破這種分類人的方式；日治時期則是與日本人和熟悉日語成為分類的第一個分類的標準，再加上當時就已經以資產作為區分成上流、中流和下流的社會分類；在戰後普遍都窮困的年代裡，大批外省移民加上原有的閩客分類，使得原有的原鄉籍省的分類法，轉變成以省籍為最首要的人群分類法。這種分類方式還會和職業類別產生某種程度的重疊，作為辨識人的標準，尤其像當黨政強權的時代，外省人由於分布於軍公教等職業多，被本省人視之等同於中上產階級，而從事農業和商業者以本省

人居多，因此也被外省人視為有錢的地主。但是，外省族群的土著化過程，到了戰後第三代，省籍變成族群作為人群分類的架構幾乎已在社會生活運作不再有效了，亦即不再是作為辨識和分類人的重要標準。難道，臺灣就是一個「不講究」階級的社會嗎？也許，貧富差距沒有像歐洲或美國那麼那麼大，所以階級不平等的感受沒有那強烈。但是在日常生活的社會生存之中，人還是在分類，不論是否稱之為階級，或是否以財富、收人或經濟資本來分類，我們還是以不同標準在分類人，並以這些標準將人區分高下。因此，若財富和經濟資本因階級論的疲態已經不再有效的話，與其去附和階級複製無效論，不如去思考當前臺灣社會對人的分類最有效的社會屬性是什麼？布赫迪厄在《區判》一書提供了法國60-70年代對人的社會分類的模式，他強調不同資本組合的結構及資本量才是這個時間將人分類成社會階級的重要根據。在如此在臺灣閱讀此書中譯本，當然不一定要以此社會分類模式來衡量臺灣社會，而是要反身性地去思考我們對人的社會分類方式是什麼？

　　筆者十幾年前在臺北師大路配一付眼鏡，世故的歐吉桑老闆親切地和我聊天。不經意之間，他問我住哪裡？我也就直率地回答他住永和，老闆回答我他的顧客很多住大安區，當下直覺會被狠狠敲一筆。但是，我又在不經意之下透露了我的職業，哦原來是教授！之後又畢恭畢敬地「教授」前，「教授」後，當然他沒有因此少算一點錢。類似日常生活的場景天天上演，我們就依自己習慣的分類架構去辨認別人。世故的眼鏡行老闆，勢必在我進門的那一刻心中大致已將我放在他長期習慣操作的社會分類架構的某一個位置。再尋問居住地，尤其像在臺北房價區段分級非常明顯的城市，雖然不算得很精確，但卻很通行地被拿來當做掌握一個陌生人的經濟能力之起點。大安區的客戶和永和的教授之間，對這個首都文教區生存的小布爾喬亞來說，可能

己經說明了什麼。而對一個住永和的窮教授來說，也很清楚「客戶都是住大安區」所透露的多重意義，水準品味都很高，價格當然不低。如此一來一往之間我們都根據不同的標準暫時地將別人放在某一個社會位置。（若能遠觀的話）這標準可能是外貌依著，（若有近談的機會）也可能是言談舉止，（若有機會共事或交遊）或其做事為人的方式，乃至於其品味偏好，家庭背景等等。

　　根據社會生活最基本的運作邏輯，每個人都會將別人區分為兩類的人：比我高和比我低，不過是以什麼標準（即使是最以社會平等辯護者自居的左派都不免以精神升華和物質粗俗來區分），而且往往不需要言語來表達，嫌惡或欽羨的表情足以洩露這種對人的社會分類（讀者們請摸著你的良心，自問是否如此？）。所以在社會空間結構裡的每一個人都會依其自己主觀習得的標準對人進行分類，而且每次都是暫時地以不同分類標準再不斷進行著。那麼，如果以某種科學的方法（如統計法），或以社會經驗凝結的「刻板印象」（如門當戶對的匹配）加以分析，將大家的對人分類方式收集起來，我們可以獲得一個社會在某一個時間點上，對人分類客觀化的結果。諸如職業，雖然某種社會道德要我們知道「職業無貴賤」，但這恰恰最能說明人們最常以職業作為第一個主要分類的方式。各種職業中，有些社會評價較高，如醫生或企業主管的CEO等。不管哪種社會大致都會分成「人上人」的有閒階級和「死老百姓」的一般人這兩類。而隨著社會的分工越細就會有越多的所謂中間的中產階級。嚴格來說，沒有所謂的「中產階級」，因為他們是一批永遠意圖想要成為上層階級，卻在實際上爬不上去或被既有上層菁英排斥，但又不干於自認向下沉淪與大眾階級為伍。於是他們永遠還處在上不去，卻不願下來的尷尬位置，所謂「有為青年」是也。在文化上或生活風格的消費上會追求上層菁英文化擁有的文化產品，以支配階級的上流文化（culture légitime）馬首是瞻，也藉此擺脫大眾階級的粗俗文化，但實際上的收入卻不見得比黑手、水電工或工頭領班多。當然隨著中產階級人口日益狀大，為他們計設的文化產品也越來越成為市場的主流，從十九世紀中期後的言情小說，偵探小說或歷史小說等，到二十世紀以普遍的藝術民主化（就高級藝術普級化而言），中產階級不但有其自己的文化，更能反嗆將原本低俗或甚至通俗的文化物件變成市場可熱的商品（諸如十九世紀的鄉村風格到二十一世紀的「台客」或文創均屬之）。

　　階級的分類系統，除了是對人的社會分類外，也是針對物件或活動實踐的社會分類，亦即所有具有社會價值的事與物。對布赫迪厄來說，在不同社會位置的人對於同一個物件（如頁99，「老婦人的手」）[3]都會持有不同的社會評價，所謂見人見智。但是若將每一張帶著「見人見智」評價的一系列照片並列起來，讓受訪者評論時，就可獲得這個社會某種程度「客觀公評」的照片清單（這就是在《區判》第一章，布赫迪厄闡述美學稟賦的統計依據），不同社會位置的人會對不同的主題認為可以照出好看的照片。攝影照片如此，繪畫、音樂、休閒活動、收聽電台、到家具、衣著、料理的選擇也可以此推類，即都可依問卷收集的資料建立起每一個相對客觀的清單，呈現不同社會階級的人對各類文化實踐的偏好選擇（見附錄3「品味與文化實踐1-5」）。再加上訪問問卷的基本資料和訪員對受訪者居家的觀察。於是，吾人可獲得上述對人的社會分類以及不同社會類別的人對不同物件的品味和文化實踐的社會分類。階級作為一個社會分類方式，對布赫迪厄來說，必須從人和物件與文化實踐的社會分類來看

---

[3] 朱元鴻也曾經針對台中市民進行過類似的調查，見1997，〈這雙腳所經驗的階層：美學判斷初探〉，《國家科學委員會研究彙刊：人文及社會科學》7(1): 111-129。

待,因為我們在社會的日常生活運作裡,是以上述對人、事、物的分類系統交互運作。同理,我們會依人們對品味的選擇或其文化實踐將他們「暫時可能地」分類並放置在某一個社會位置,再獲得更多相關資料後,再調整或強化這個分類系統的社會認知。也因此,對社會物件或文化實踐的品味偏好,可成為不同社會階級的人彼此辨識而聚集或疏遠的認同架構,所謂「臭氣相投」的親近或「這不是我的菜」的互斥。

這也就是布赫迪厄對品味的最經典也最謎樣的注腳:被結構的結構會再結構化(structure structurée structurant),被分類的類別會主動去分類別人(classe classée classant)。透過社會生存條件的制約而養成的慣習,上述被結構的結構(或被分類的類別)的對人、事,物的認知與欣賞系統的社會分類,會以文化產品、文化實踐的偏好選擇或者品味判斷的形式,再結構化(或主動分類)所遭遇的人事物。不用多說,這些作為社會分類標準的文化產品或實踐(即以此辨識人所在社會位置的事與物)會因時因地有很大的差異,

IV

所有經典之所以成為經典,在於讀者的「閱讀」,尤其是社會科學經典更需要讀者與時並進的閱讀。最經典的社會科學作品永遠能讓它的不同時代讀者點頭稱是的贊同,也必然更多的時候搖頭不以為然地說不盡然如此。因為有些問題乃作者針對其所處社會脈絡與經驗而發,有些問題則直指我們生存社會的共同問題。因此,點頭之處,不必竊喜其相同,但搖頭之處更能發人深省,思考我們所處社會的狀況。就在這不斷地點頭與搖頭之間,經典的閱讀不在於因為它是經典,而是借助閱讀經典來更了解我們自己,借助於像《區判》這樣

對法國70年代經濟的社會學研究，來了解我們所處的當下社會。於是，閱讀布赫迪厄的《區判》能夠給我們臺灣社會什麼反身性的問題？以下筆者分享幾點閱讀此書後，對我們所處臺灣社會的探索性反思。

　　首先是文化貴族的問題。就像所將此書視為社會理論閱讀一樣，若問臺灣有沒有「文化貴族」的問題？當然會獲得布氏階級的文化複製論不適用的結論，因為臺灣沒有貴族，當然就沒有文化貴族！真的如此嗎？當然這是一個「假問題」，假問題的作用是作為一個虛晃的靶子，它幫助我們去釐清或去發覺對我們社會的提問，譬如說，臺灣文化菁英的社會形構及其歷史變遷是如何？於是，前述文化貴族的問題就像射出去的第一支測試的箭，在研究上不一定能夠正中紅心，但可以幫助我們調整目標，即提出更合適於我們社會的問題。透過本書第一章諸多幅篇的對照閱讀，幫助我們去思考在臺灣社會文化菁英形成的歷史過程如何與布氏所言的布爾喬亞文化不同？以及此一歷史形構如何形塑我們當前的臺灣文化？對布赫迪厄而言，十九世紀的布爾喬亞階級是舊政權以降貴族文化繼承者，儘管這段時期有許多新的文化形式是因他們而創立的，包括像小說和戲劇，乃至於十九世紀古典音樂。作為社會上層的支配階級，布爾喬亞不只在定義上是持有資產和經濟能力的群體，也同時是持有主流文化資本的人。在法國社會以金錢和市場為主導的布爾喬亞文化一直是主流文化的代名詞，也是諸多學院派批評或前衛派創意發難時的攻詰對象。因此，布氏不斷強調上層階級的支配不只是經濟資本，而應考量從經濟、文化到教育和社會等資本的組合結構及其個人與集體軌跡的變化。因為，文化對他來說是法國上層階級再生產的手段及其可能的條件（conditionnement）。但是，這樣的觀點是否適用臺灣社會，的確值得商榷，可這已不重要。然而更重要的是藉此閱讀，我們對臺灣社會及

其文化認識了什麼？

　　就戰後臺灣的文化菁英的歷史形構而言，1949年國共內戰後，隨國民政府遷台的大批軍民遷台改變了臺灣的社會結構，也因此改變其文化風貌。日治時期位居殖民社會中上層的台籍社會菁英，一夕之間失去了原本夢想的憧憬，他們以為回歸祖國後可以成為主導整個臺灣社會的上層階級。但是，戰後臺灣並沒有像諸多二戰後新興獨立國家的後殖民狀況，這些以日語為上乘語言和西方文化為精緻文內涵的文化菁英，被禁止使用日語並強制推行國語運動，從而變成失語的一代。二二八事件更衝擊不少台籍菁英，不只禁止發聲，更因強烈的暴力手段，淨空社會空間的上層位置，其中最劇烈者莫過政治文教方面的文化菁英。旋即，國共戰爭失利，120萬軍民遷台，就社會空間位置而言，主要占居了大部分文化教育，以及軍事行政的上層的位置，以及全部國營事業的經濟生產單位的中上層主管，形成所謂「軍公教人員以外省人多」的事實。單調重復的戰鬥／軍中文藝，以及對祖國的懷鄉文學成為50-60年代的文學的主調。於是，一直到70-80年代持有上乘文化的社會群體，也就是在上層社會擁有文化資本者以外省群體居多，他們才是精緻品味的定義者，如昔日上海和江浙地區的錦衣美食的風格。然而，擁有經濟資本者卻未必是這些人，除了少數的渡海的資本家（如遠東紡織等），大部分資本家不論大小，還是本省人居多。於是，至少在戰後的20-30年間，很明顯的持有高經濟資本者，不見得是同時持有高文化資本者，就像法國社會從十九世紀以降的布爾喬亞文化一樣。這種歷史形構使得臺灣的「布爾喬亞文化」與法國的在性格上有很明顯地差異，他們及其子女會傾向外來的文化實踐或是回歸本土文化，反而對傳統中國文化較為陌生。

　　但隨著臺灣經濟的發展，原本從農村釋放的人口到工業部門的人口，造就大批的勞工，也形成新一批小資產階級的自營業者，所謂黑

手變頭工的中小企業業主。他們的第二代其中部分更成功轉型成較大的公司或企業，慢慢進入社會上層階級的社會。臺灣上層社會菁英這種特殊的形構過程，也塑造了一個臺灣社會菁英與文化關係的特殊現象：擁有經濟資本的上層菁英和持有文化資本的上層菁英，社會出身「可能」並非同來自同一批家族網絡的背景，亦即，作為文化菁英的作家和藝術家，可能不見得是傳統上在工商業大家族的後代為主（除了少數如彰化新港林家出身的林懷民、連家出身的林文月），而是原本即在軍政與文教占有中上層位置的外省移民。這形成一個有趣的問題：如何解釋臺灣的「布爾喬亞文化」？它是否存在？就比較文化史來看，布爾喬亞文化至少在歐洲和北美，甚至日本都在19中後期世紀以後的現代社會扮演關鍵角色，形成某種主流文化的基本模態。這種為布爾喬亞的消費而做、美化其生活方式，大部分文化菁英也由他們的後代子女組成是這種文化的特色。反觀臺灣，就歷史形構而言，顯然這種布爾喬亞文化並不存在，至少無法以此命名。臺灣的「布爾喬亞」（這裡以法文意義指的是資產階級）也許有其特殊的文化，那是否是主流文化？雖然到目前臺灣上層階級不同派系之間，這種持有經濟資本和文化資本的群體在社會結構並不重疊的現象可能也正在消失之中。因為隨著中小企業為主的小資產階級的第二或第三代子女在獲得同樣高的教育成就後，不但在文化產品的消費上成為主力，也必然更多參與文學與藝術的創作活動，而進入文藝場域的空間。

臺灣當然沒有貴族階層，也沒相應的文化。藉由「文化貴族」這個詞，想要突顯的是臺灣主流文化的沿續者的文化菁英。我們好奇的問，就社會出身（以父親的職業計）而言，臺灣的文化菁英大部分來自那一個社會階層？是否存在「文化貴族」的現象，即他們大部分來自一些上層的支配階級，這指的不只來世代都來自於作家或藝術家（或教師／學者）的家庭，也指的是來自其他上層社會的家庭，如

醫師等自由業、高級行政或軍事管理階層或工商業主的大老闆。由於臺灣戰後重大的社會結構變化，外省軍公教為主的文化菁英取代原有台籍日語的文化菁英，獨占上層階級的文化場域。但本省第二代，或甚至本省代省彼此通婚以離以再區分的戰後第三代的文化菁英，他們又出身自何者家庭？本省的中產階級或具有經濟實力的小資產階級家庭的子女，也透過教育管道，得以成為文化菁英？抑或是另一個社會流動的圖景：文化菁英在臺灣的上層社會相對於其他領域的菁英處在弱勢的狀態事實上所謂「文科是沒有前途的選擇」，當其他上層階級成員子女，執意為自己的興趣選擇文學或藝術之路而淪落的遺憾時，文化資本高的家庭，卻依舊以能夠維持子女的高文化水準自豪，更樂見其子女繼承衣缽？另一方面，就從比較研究史的視角來看，臺灣並沒有貴族文化的傳統，像是英法等歐洲國家或日本，作為上乘文化的傳承者，雖然在十九世紀的工業化以後，漸漸由布爾喬亞取代，但昔日的貴族文化轉變成以市場為導向的布爾喬亞文化，如古典音樂或印象畫派。文化菁英雖然換了一批人，但上乘文化卻因布爾喬亞的興起得以承續。而且，根據法國的研究發現，傳統大布爾喬亞會透過教育系統所承續的主流文化內容，請他們的子女獲得高象徵利益的文化資本，來維持他們的成就。於貴族文化到布爾喬亞文化的傳承與轉變，到了20世紀的現代社會被教育系統所教授的主流文化所承續著。

　　然而，在臺灣並非如此，傳統以農墾致富的地主菁英和19世紀後半因經商致富的買辦或商業菁英家族，在日治時期為其子女投注日語的西式教育，但是到了戰後除少部醫生世家或政商關係良好的經濟世家外，咸少得以承傳。但另一方面從中國渡海來台的文化菁英，除少部分原本就是文化世家外，大部分也都是投身軍旅或公職後開始文學或藝術創作者。因此戰後臺灣的文化貴族是存在？還是戰後臺灣才另闢屬於這個社會的文化貴族？

　　這正在臺灣閱讀《區判》一書對我們臺灣文化提出思考的靈感。吾人不需要以布赫迪厄的理論架構來思考臺灣社會。畢竟，臺灣社會與法國社會不同。但是如何不同，《區判》的閱讀給讀者靈感，透過對上述對人的社會分類以及對事物和文化實踐的社會分類之間的關係，即是在思考臺灣的文化形成，先思考社會結構空間裡不同群體的位置取得及其變易，方能精確掌握他們持有的文化資本樣貌。最大的不同就在於臺灣曾經歷殖民統治的社會，因此在討論臺灣的文化菁英時，應加上加入後／殖民的文化向度。上層社會的組成分子雖然沒有因日治政權的更替而改變，但整體臺灣的上流社會相對於日本人和日本帶來的西方文明卻降了一階，形成類似雙重殖民社會的文化形態，一方面臺灣菁英戮力學習日語和日本文化，另一方面，又透過日語吸收西方的現代知識與思想。戰後臺灣文化菁英大洗牌後，以中國文化為主流文化的外省族群盤據主要的上層社會的文化場域。兩批文化菁英在政治爭奪戰所留下的痕跡，也因此多少形構臺灣戰後整個文化的基本樣態。

V

　　另外一個能夠借助《區判》的閱讀反思性地幫助我們思考臺灣自身文化象現的問題是上乘精緻文化與大眾通俗文化的區判模式的不同。接續社會結構組成的差異，《區判》書中所提的布爾喬亞文化是昔日貴族文化的傳承，雖然繼承者變成布爾喬亞的上層階級，但內化了貴族文化的大布爾喬亞文化（如古典音樂）構成主流文化的主幹（包括傳統的象徵主義文學、印象畫派繪畫和林蔭大道戲劇等）。隨著戰後的藝術民主化與科技帶來的消費大眾化，使得這種主流文化是漸普及成耳熟能詳的「大眾文化」，至少是中產階級消費的大眾文

化產品。然而，相對照於臺灣的社會結構組成，至少一直到戰後20年間（還是以農業人口仍位臺灣社會的主要人口），依舊是雙重社會的結構，即以國家層次的各界社會菁英所組成上層社會，以及部分地方菁英和廣大平民所組成的俗民社會。相對於上層社會菁英變易及其主流文化的更替，俗民社會的文化形態比較穩定的文化結構。它從日治時期被稱為「舊慣」到國府時期被稱為地方「習俗」，到現被稱為「俗民」或「大眾文化」。那是因為它其實是日常生活的展演所呈現出的表徵，即以閩南及部分客家的風俗及信仰習慣而形成的大眾文化，從飲食的小吃到廟會祭祀活動等，雖然不勝枚舉，有些與在地的地方社會的人際關係互動的操練，地方人士的「小鄉鎮」政治權力和象徵地位的獲取和維持有關，如祭祀圈，有些則是與地方經濟模式比較有關，如地方小吃。這兩種文化樣態是相對於臺灣的兩種社會生活，也反映在許多雙語的混雜使用臺灣人身上：國語／英語和閩客方言。上乘文化使用的是國語，越是菁英的社會場域夾雜英語的成份就越高，俗民社會的文化則依各地區方言分布不同，會有著國語／方言混雜的使用，越深入地方社會的核心，具有私密情感的方言越是明顯。但隨著都市化的現象，越是年輕的世代方言使用的頻率也越低。

　　執是之故，臺灣的中產階級及其文化必須從這種雙重的文化結構來探討，而這種雙重文化結構又與其歷史過程中的雙重社會結構的形態有關。前述布赫迪厄提示中產階級不是從任何社會學嚴謹的定義來看，而是從人群分類等級裡，自認為也同時是客觀被視為的中間位置，也就說是關係性的被定義及自我定義的。所謂「比上不足比下有餘」只不過是中間位置的表述，更是一種在一切奮鬥往社會階梯上爬的努力都用罄後，參透一切的任命與了然態度，較常發生在45歲以上，私人企業或公部門的中級主管身上。中產階級更多是努力往上爬的形象（有為青年、努力奮鬥的上班族、想翻身的小資女等等），他

們不滿於現狀，努力達成「五子登科」的美滿生活，即中產階級舒適消費水準的生活。由於中產階級本來就是一個社會中間的尷尬位置，自身原本沒有就沒有專屬的文化，而是以上層的主流支配文化經過藝術民主化的過程而普及的，或挪用工人或農民的大眾文化的方式以對抗主流文化的支配。因此，臺灣的中產階級文化多少也可看出似乎的性格，一方面對高度熱衷於國外市場普及化的經典作品（如音樂上The Best of.....），或認證過的文化產品（因為沒有足夠的文化能力去判斷，所以像得過獎的小說、電影就是最佳選項），也熱衷於外來的飲食和消費產品，尤其是生活風格的產品（因此，懂得喝紅酒和懂得煮咖啡常是這個階層的男性常見的興趣）；另一方面源自於孩提或家鄉的生活經驗，使他們也熱愛各地方小吃，很庶民地細數街頭巷尾隱藏版美食，或是很草根地站在旁邊解說著各類的地方性活動（慶典或廟會）。

　　另一方面也要考慮臺灣中產階級組成結構特殊性。了解臺灣中產階級的特殊性，我們依舊借用布赫迪厄對中產階級的分類圖示：傳統小布爾喬亞（小資），以經濟資本持重的小商店主和中小企業為主：新興小布爾喬亞，以文化資本持重的廣告、設計、文案、記者以及其他難以定義或新創職位的工作（見本書第六章）；中間是在公部門公務員和私人企業的執行性主管和廣大的上班族。由於臺灣產業結構，以中小企業為主，私人部門的大企業較少（隨著80年代新竹科學園區設立及隨著中國市場的開放後，開始有部分較大規模的企業），到處林立的小工廠是臺灣人「出頭天」的領地。這種以500人以下的中小企業（約占90%），由於規模不大，使得層級嚴謹的科層化組織下的中間管理階層人口不多，這也就是說工業生產場域的中間管理主管，即私人部門的中和低級主管人數不多，會造成臺灣中產階級的在人口結構組成上的特性就不同於日、韓或甚至歐美國家的以受辦公室

職員為主體的中產階級。在臺灣中產階級的主幹群體是大批的軍公教
人員以及眾多中小企業與商業部門裡自營業者的小老闆。若就資本組
成結構而言，前者傳統上因為受過較高的教育和通過各級考試所需要
的學歷，使他們擁有相對中產階級較高的文化資本（但不是最高，文
化資本最高的還有新興的布爾喬亞，在臺灣他們人數更少）；後者則
早期以謝國雄描述的「黑手變頭家」，後期隨著服務業取代製造業成
為主要提供勞動市場的部門後，類似想要「出頭天」或「不願看人臉
色」自營業者，以少量親友家族、互助會提供的資金開始他們小老闆
的生涯。這些小老闆之所以成為中產階級是以其經濟資本，加上善用
經營的策略，而獲得出人投地的社會尊重，因此在消費的選擇上就會
與軍公教人員為主體的另一個中產階級派系不同。這也連帶使得臺灣
諸多文藝市場的商品（從書籍到參觀美術館，美食商品等），皆因以
中產階級的特性而不同，因為他們才是主要消費者。在此不可避免的
有論證跳躍和缺乏論據之毛病，但本文主旨並不在此，而在於在臺灣
閱讀布赫迪厄的《區判》能給我們在思考自身社會時什麼樣的啟發。
臺灣中產階級結構上的特殊性如何形構以他們為主要消費者的臺灣文
化（商品）？難道不是另一個值得研究的線索？

VI

　　閱讀《區判》一書也讓我們發掘一些尚未發覺的問題。其中之一
即關於教育擴張及文憑通膨所產生的社會效應及文化生產面向的衝
擊。這不只是當前棘手的問題，也是值得我們深思未來社會結構變化
與新興文化現象之間關係的問題。目前在臺灣我們對高教擴強的文憑
貶值問題的討論，多半以責咎或指出問題式的探討著學歷通膨後大學
或研究所畢業生高階低用或學非所用的種種問題。布赫迪厄同樣在這

文憑通膨所造成的社會問題（見第二章「排序、降級和重新排序」之後），但是他更把焦點放在不同的社會階級位置的個人如何運作隨著教育市場而起伏文憑價值，有些人或遭受文憑通膨的害處（即所謂高階低用或學非所用）之後如何調適，甚至創造新興的職位與機會。以下就簡單偶舉幾個他在這個問題上的值得我們思考的洞見。

在成因上，他強調社會階級競爭與教育系統之間的關係的變化，以及文憑通膨如何與工作職位之發生變化，以至於造成部分社會結構的改變：

近年來不同社會階級與教育系統之間關係帶來的改變，導致學校激增。不只是教育系統本身發生了相對應的變化，連帶地由於文憑與工作間的關係變化使得社會結構也全部發生變化（至少部分是如此），這其實是學校文憑激烈競爭的結果。競爭激烈無疑是因為配階級的某些派系（工業和商業主）和經濟資本最豐富的中產階級（工匠和商人）為了確保其社會再生產，比以前更密集地運用學校教育體系使然。

一般而言，對臺灣高教擴張成因的官方也是標準說法是因應產業結構的變化：第一次教育擴張是50-60年代九年國民教育，因應勞力密集的加工出口產業；70-80年代第二次確立了技職／高中的雙軌中高等教育，以擴張技職教育體系為主，以因應技術密集的製造業轉型，創造臺灣經濟奇蹟；最後是90年代普設大學的高教擴張，以因應知識經濟產業及專業的服務業。這套行之有年的標準說法，不只是諸多研究文獻上在探討之前，被視為既定的背景說明，也同時是一般報導與社論普行的說法，想必有其解釋的效用以及被接受和相信的理由，但較少觸及社會結構的關係。或許我們也應注意產業結構、教育

體系以及社會結構變化之間的關係！九年國教肯定提高了臺灣勞工的
素質，但我們卻不一定要相信此時「以農業培植工業」或相反「犧牲
農業，發展工業」的發展主義或反現代主義的神話，因為這個時期在
臺灣我們看到的更多是工人兼農夫的現象，很多農民並沒有因為到工
廠上班成為統計上的「工人」，而更多以「農夫」為副業，或是家中
的孩子到都市工作，但家裡的田繼續由其他成員耕作，因為工業部分
此時無法吸收那麼多的農業人口，城裡工人的薪資無法養活一家人。
九年國教提高勞動力素質的說法可以從另一個視角來討論。事實上加
工出口區的能吸收勞工的量可能沒有想像的多，也沒那麼廣泛分布。
九年國教提高了國民素質，但不一定造就了「以農業培植工業」神話
或「犧牲農業，發展工業」的反神話。但是九年國教的社會效應更重
要的在於這批只受過初中教育的技術人員，經過產業轉型的淘汰下而
能繼續在製造業存活者，往往都出頭天成為自營業者的「頭家」，亦
即臺灣眾多中小企業的老闆們。他們被視為臺灣經濟奇蹟的主力軍，
與持有當時較高教育資本的軍公教人員共同組成臺灣的中產階級。其
中他們有些繼續茁壯到了80，90年代，有些是這些中產階級的子女
獲益於其父輩的所擁有的教育與經濟資源，進一步創立更大資本或更
高技術知識為主部門的企業或公司（如竹科園區）。於是，中產階級
不論以經濟資本為主的「頭家們」或以文化教育資本為重的軍公教人
員，還是上層階級為其子女或為為其事業（因應知識經濟產業），全
國上下都在一致有高度共識的要求「高教改革」，因為在臺灣下層的
窮人翻身唯有靠教育（如三級貧戶若沒考上台大，應該很難想像可
以成為總統），中產階級或其子女要往上爬是靠教育，（這解釋為何
這個階級的出生子女數最少，但投注最多的財力和時間在其子女教
育），而上層階級最能確保其子女維持其支配地位的還是教育，因為
唯有它可以將所擁有的經濟資本轉換成教育資本或文化資本（所謂知

識經濟），或具有專業知識的自由業或知識界人士更懂得對其子女教育的投資未來方向。執是觀之，臺灣的高教擴張，就不只是因應知識經濟產業的變化云云，同時也應該考量社會結構不同階級及階級內部不同派系之間競爭下，對高等教育擴張的共同需求。

　　藉此，可以理解布赫迪厄將教育擴張視為不同社會階級因應社會變遷（經濟景氣和產業結構的改變）而不斷要求增加教育資源，而造成文憑貶值的現象。更精確來說，中上層的成員經常將其經濟資本，以投資在其自身（在職進修／補習）或下一代子女教育的方式，轉化成教育資本的形式，也無形增加文化資本的可能。這種資本類型的轉換機制，在不同階級在因應社會遷時會有不同的樣態，即他所謂「形態學的轉變」。就法國1940-1970年代的教育擴張為例，使得稍晚因學歷文憑而獲得職位的受薪者增加。1954年到1975年間的大商人和工業主的相對比例有很明顯的下降，但主管、工程師、大學教授和知識分子有顯著的增加。同樣的在中間階級，小布爾喬亞（小店主、工匠、農業從事者）的比例也在減少，而小學教師技師和社會醫療服務人員的比例卻在增加。這說明，代際的社會流動有可能是往橫向的移動，因此若以傳統往上或往下的垂直移動觀點，就會隱藏起來了。這因教育擴張而將經濟資本轉換成教育資本，使得中上層階級有（經濟）能力者能夠使其子女維持在同一個社會階級，企業主之子成為醫生，工業主之子成為工程師，醫生之子成為大學教授等。也表現在職業結構的改變如小雜貨店變成小超市或生鮮超市、有機商店、地方名產店，鄉下麵包店變成專賣古方製作的麵包店等。這也許為適應產業結構和家庭消費結構的改變而調整，但這些企業擁有者和經營者的文化資本也都必須相對提升來能因應。

　　教育擴張後文憑通膨而產生的社會效應最值得注意的還不只如此。大量文憑貶值而不得不高階低用或學不致用，找不到相應職位或

甚至找到工作的「被蒙騙世代」，他們徒然空有高度文化能力卻無適當的職場讓他們發揮，在窮途末路的情況之下，可能會有一些重要的社會效應。首先，高階低就會對既存的工作職位產生一些結構性的變化：較低學位的上級面對較高學歷的下屬，會在原本就已經存在年長／年輕和資深／資淺的工作關係上又變得更加微妙和棘手；在工作方式上，書中提到工作職能會再更細分且原本外包的業務也會變成公司業務等等。雖這些現象不見得符合當前的雇傭形態（以約聘和派遣越來越多），但到底高階低用和學不致用如何在臺灣職場上產生微妙又新的變化，才是社會學家應該關注的主題。其次，面對這些徒有高教育水準但又無足夠職位的人，整個社會如何創造新的職位以及新行業給這些新世代，而他們又如何抗拒這樣向下沉淪的力量，力圖為自己創造新局，或合理化自己的延遲或找不到穩定的工作？

　　受到向下沉淪威脅的布爾喬亞子女，如果可能的話，會優先轉向於較老的行業中職位不明確的部門，或正在形成的新興行業。因此這種創造性重新定義的效應在非常分散和較不專業化的領域，和文化與藝術生產領域最新的部門尤其可見，例如從事文化生產的大型公共或私人企業（電台、電視、市場行銷，廣告或社會科學調查等等），這些職位與職業生涯尚未被較古老的科層化專業所侵蝕，通常是有內定人選（co-optation），也就是說以「關係」或慣習的親近性，而不是學歷文憑（以至於巴黎布爾喬亞的子女比別人更有機會進入譬如那些由文化生產大機構所提供的半學術半專業的職位，並且比別人堅持得更久，勝於一下子直接進入已被明確定義為終生的職業，如教書。他們也比別人較有機會進入需要特定文憑資格的專業並有所成就，像是電影高等研究院或攝影技術學院，或社會學或心理學大學文憑等，因為這些文憑事實上只不過為那些已經具備實戰經歷的人，提供名符

其實的正式文憑而已）。

　　在文憑通膨的狀態下，中下層子女擁有正式文憑後一樣可以透過考試或其他甄選方式獲得「定義明確」的職位，而新的行業尤其是從事文化與藝術方面的事業往往也會被創造出來以利於上層階級子女在擁有相同文憑的情況下較能獲得「不明確定義」職位，因為這些職位一方面往往需要較多上層階級文化才容易獲得的文化資本，藝術品味、生活風格，及至於應對進退的儀態等；另一方面在獲得職位以及這些職位上的工作內容上，人際關係的社會資本也扮演較重的角色。當然，這些新興行業或職位也不會因此排除來自中下層子女的競爭，只要他們具有相同或更高的文化資本。但相信在人數的比例上，或職位等級上都會比較低。事實上，就歷史而言，德國1845年民主左派的成生與文憑數量增加的關係密切，布赫迪厄強調1860年代法國印象畫派的生成與當時文憑過剩，尤其文科與藝術類文憑過多有著密切關係，而1960年代知識分子場域的變化也與前一期教育擴張有關[4]。因此，誰說現在因為找到既存職位而被譏為「魯蛇」的人，何日不會找到生命的出路而創造出另一批新興行業與職位，或甚至在既有的場域的空間裡，另創新的藝術風格或新興文化形態呢？

　　當然，以上論點不免有跳躍之嫌，在證據上也非常不嚴謹。這是因為此本主旨不在提出臺灣社會研究的理論系統，而在分享在臺灣的脈絡下閱讀布赫迪厄《區判》一書所獲得的一點啟發與刺激。這些反思性的想法，尚待日後的經驗研究提供更札實的證據與更精確完整的論述。也希望，藉此拋磚引玉，有更多的讀者分享他們的閱讀啟示，進一步更深入臺灣社會的研究。

---

[4]　參見 Bourdieu, Pierre, *Manet : une révolution symbolique*, Paris: Seuil, 2012, pp. 229-232.

譯注說明

1. 中文譯本譯自法文版（*La distinction: critique sociale du jugement,* Paris: Les éditions de minuit, 1979），參考由 Richard Nice 翻譯的英譯本（*Distinction: A Social Critique of the Judgment of Taste*, Cambridge, Massachussetts: Harvard University Press, 1984）。但長期以來，由於現代中文的形成受英文的語法結構的影響，遠勝於其他歐洲其他語言（例如法文），因而相對而言，英文書寫結構反而對中文讀者來說較具有為親近性。再說，英文作為世界通世的支配性語言，具有潔簡清楚陳述的優勢。因此，但不扭曲原意的情況下，不排除參考英文版的譯文或譯詞。

2. 法文版與英譯本之間還有些細部的差異，不論在編排的方式，或譯詞的選擇上，很明顯地英譯本是為適應英文讀者而調整。以下列出兩個版本之間的差異，以供參考：

   A. 排版方式不同：法文版編排較為多樣，至少6種文字形式：楔子（每章開頭的引文）、主文（主述其重要論點）、副文（以較小的文體差插於主文之間，說明調查研究成果或進一步說明）、插入文字（以灰底框線文字，提供範例說明）、注腳文字，還不包括圖表和表格及其說明文字。法、英版本之差別常出現在主文和注腳文字之間，亦即有些法文版的副文，在英文版變成了注腳文字，或相反，有些過長的注腳文字在英譯版變成主文或副文。中譯本儘量以法文版編排為依據。

B.譯詞之差異：英文版有些譯詞會與法文有出入。首先，書名的副標題在英文版已經多了一個字Taste是法文版所沒有的。法文版可能是作者考慮針對康德第三批判《判斷力批判》而來，因而沒有放入goût這個字。英文版則沒有此負擔，而比較以英語世界的讀者市場取向，加了Taste一字，使書名更能符合內容，又例如，第一章標題法文："Titres et quartiers de noblesse culturelle"，英文則是The Titles of Cultural Nobility and Pedigree，介於法文的quartiers（居住居）和英文的pedigree（血統）之間，很明顯的英譯詞會比較能讓接近章節的內容，也比較能夠讓中文讀者理解。再例如，法文版第二章的次標題：Le monde natal（p.83）；英文則是Object Lessons（p.76），明顯的差別，但就究其內容，反而英文版較能直接表達此節內容。

C.有些法文版太冗長或重覆的句子或段落，在英譯本直接被刪除：例如，法文版頁151，中間整段小型字的副文，英譯本只譯了第一個句子；法文版頁172-173之中的整段小型字的副文，解釋法國高中生學科選擇與社會階級之間的關係，英譯本完全缺漏。法文版530頁，中間整段小型字的副文，英文版整段缺漏。雖然，英譯本缺漏部分不影響對這本書的理解，中譯本還是以法文版為依據。

D.英譯本導論多出了兩句話是法文沒有的文字，"consumption is, in this case, a process of communication, that is, a act of deciphering, decoding, which presupposes practiced or explicit mastery of cipher or decoding. In a sense, one can say that the capacity to see（voir）is the function of the knowledge（savoir）, or concepts that is, the words, that are available to name visible, and which are, as it were, program for perception."

3. 由於法國教育體系與其他國家不同，書中使用各個等級的學歷文憑名稱保留原文縮寫，不另行翻譯，但在此統一說明：CEP（Certificat d'études primaires）「初級學業證書」、CAP（Certificat d'aptitude professionel）「職業能力證書」都相當於小學肄業或畢業的教育程度；BEPC（Brevet d'études du premier cycle），「中學第一階級畢業證書」相當於國中畢業的教育程度。由於這三種非常不同與中文脈絡，中譯詞不再有任何意義，因此全書通篇將保留其法文的縮寫。

4. 在社會階級以及內部派系的分類名詞上方面；作者通常使用支配階級（classe dominante）或上層階級（classe supérieure）、中產階級（classe moyenne）、大眾階級（classe populaire），但在英譯本裡，大眾階級卻有系統地被譯成working class，這可能和北美、英國工人占這個階級的比例較大有關，以至於譯者以工人階級譯之，也比較能在英語語境裡被理解。但在臺灣情形可能不是如此，工人兼做農業都也為數不少，故中譯保留法文的大眾階級。

5. 中譯本採歷史還原的翻譯原則，將支配階級中的bourgeois，譯成「布爾喬亞」，而不遷就中文熟悉的「資產階級」，前者雖較陌生，但較能掌握法國歷史脈絡下這個詞的內涵：擁有經濟資本者。同樣的，Petit Bourgeois也是如此，譯成「小布爾喬亞」而非「小資產階級」，更因為作者對「小」這個詞的堅持（見第6章的行文內容）。因此，書中的布爾喬亞指的是工商業主的資本家，他們是上層階級，而小布爾喬亞接近臺灣所謂自營業者和自雇業者的小老闆和各行的工匠，卻是屬於中產階級。

6. 上層階級中的自由業者（professions libérales）指的是以專業知識開業，自行開業或受雇於大型機構的醫師、律師、會計師、建築師等。而非自由作家、自由記者等，沒有隸屬於任何公司或和特定公

司簽訂專屬契約的職業形態的自由職業者（freelance）。

7. 中產階級中的工匠（Artisans）中文語境並不熟悉，在臺灣比較熟悉的是「頭家」，像是中小型企業的雇主，以及自己接生意成為「頭家」的技術／半技術工人等自營業者，如水電工。而上班族職員（employé du bureau），泛指所有在辦公室工作的職員或雇員，或商場的雇員（employé de commerce），如銷售員等。社會醫療服務業指的是從事社會福利或醫療服務的從業人員或輔佐人員，如護士、醫療器材管理或操作人員和銷售人員、復健師、社工人員、心理咨商人員等。

8. 關於工人的細類，中譯文採用在臺灣較為熟悉英文分類法，即技術工人（ouvrier qualifié）、半技術工人（ouvrier spécialisé）、非技術工人（manoeuvre），而不採用法文的直譯，以免混淆。Contremaître 指的是工廠或工地的工頭，在服務則稱為領班。在農業方面，agriculteur 通譯為從業從事者，包括農場主（explorateur agricole）和農民（paysan），另有 ouvrier agricole 則譯成農場工人。

9. 本譯本一反許多中譯著作的做法，將同一個詞，統一譯成同一個中文譯詞。這個中文譯本的部分譯詞會依文脈不同，而有不同譯法，甚至本書某些關鍵字都是如此。這對要求科學／學術名詞高度一致性的譯者來說可能是不適當的做法，但卻更能貼近原文的用意，畢竟作者除了精選某些名詞作為學術用語之外，也保持這些用語在原有語言使用時的多樣意義。在此僅偶舉幾個：Distinction 原則上譯為區判，取其不只是區分，也是分判高下之意。但依文意脈絡不同，可能翻為區判力，高尚或秀異；disposition 會譯成稟賦、才能、稟性能力等；Culture légitime 會譯成主流文化、支配文化或主流支配文化。Légitimité 依文義脈絡譯成合法性、正當性或主流支配等；désintéressement 譯成無私、無利益關注、無關利益等；

classement，一如作者強調 classe 不只是階級的意義，也同時是「分類或類別」，故譯成分類、等級、排名；neutraliser 譯成中立化、抵銷、使失去作用。Pratique cultrelle，此處譯成文化實踐乃取其文義，使接近中文用語，是文化活動，但文化活動無法在布赫迪厄的理論架構中符合作為關鍵概念所需的一致性，故譯成文化實踐，但在理論論述較不強烈之處，不排除譯成文化活動；Appropriation 視文意脈絡而定，可能譯成「內化」、「專有化」和「擁有」。其字源與原本、乾淨，妥當、合適（propre）有關，也與 propriété，財產，專有（如專有名詞 nom propre）有關，因此 appropriation 也有占為己有、成為自己一部分，專有化或擁有之意。Fraction 在此書指有一個階級內部的不同團體或部分，以及階級內部的分裂，常譯成派系。

導論

「你說過的，騎士，應該保護取得知識的法律。就拿我們最好的一個學生來說吧：謙虛又孜孜不倦，從文法課開始就不斷地抄筆記，二十年來一字不漏地聽老師的話，終於可以形成一種知識的小積蓄：這難道不像房屋或錢財一樣屬於他嗎？」——保羅·克洛岱爾（Paul Claudel），《緞子鞋》（*Le soulier de satin*），第三天，第二幕。

文化產品也有其經濟，只不過此經濟有特定的邏輯——必須釐清出來才能脫離經濟決定論。這需從兩方面著手：一方面要掌握產生文化產品的消費者及其品味條件，同時必須要能夠以細究他們所擁有的這些東西以及擁有之不同方式，在某段時間，是如何被視為藝術品；另一方面則是要掌握構成這種被視為主流的（légitime）擁有方式（mode d'appropriation）的社會條件。

不同於魅力領導（charismatique）的意識形態認為具有主流文化（culture légitime）品味的人是與生俱來的，科學研究指出：文化需求是教育的結果。調查研究發現所有文化實踐（聆聽音樂會、參觀博物館、博覽會和閱讀等等）和文學、繪畫與音樂的偏好首先與教育的程度（以學校的文憑或就學的年資衡量）密不可分，其次才是社會出身[1]。家庭教育和學校正規教育（其效率和持久性則受社會出身影

---

[1] P. Bourdieu et al., *Un art Moyen, essai sur les usages sociaux de la photographie*, Paris, 1965; P. Bourdieu et Darbel, *L'amour de l'art, les musées et leur public*, Paris, 1966.

響）的相對比重，會依這些文化實踐是否被認可，以及是否被學校系統教導，而會有很大程度的不同。再說，當其他條件不變，社會出身的影響力對「課程活動」或前衛文化方面影響最大。社會所認可的藝術等級，包括每一個藝術內部所區分的文類、學派與時代之等級，都有其相對的消費者之社會等級。品味其實只有標示「階級／分類」（classe）的功能之傾向。獲得文化的儀禮（manière）會繼續存活於運用它的方式：像是對儀態／方法的關注可以藉由這些不可測量的（文化）實踐所區分的不同（以及等級化）的文化獲得模式來理解，或早熟或後學、或家庭或學校，以及作為個人的分類特徵（如「學究」〔pedants〕和「名流」〔mondains〕）等等。文化貴族也有其頭銜──由（特定的）學校頒發，其血統以進入貴族的資深程度來衡量。

　　文化貴族的定義本身其實就是鬥爭的賭注。從十七世紀到今日，不斷地以用越來越公開的方式，對文化不同理念，以及對文化和藝術品之主流支配關係不同理念而分裂的不同團體之間相互對抗；因此這是取得條件的對抗，（文化）秉賦（disposition）就是其中的產物。甚至在學校教育場所，主流的定義有利於那些於學校訓練以外擁有文化與藝術品的合法模式，在有文化的家庭裡成長，很早就進入主流文化的人，甚至在學校教育系統本身也會貶低那些將文化視為知識或學術研究的人，以「學院派」，甚至「學究」稱之。他們偏好將文化視之為某種直接的經驗和簡單的樂趣。

　　典型的「學究」語言裡，有時候會對稱之為藝術品「閱讀」的邏輯，提供這種對立的客觀基礎。藝術品只有對那些懂得如何解讀、那些文化密碼是如何編碼的人才會有意義，也才有利可圖。那些構成圖像或音樂文化明示或暗示之認知和欣賞架構，無論有意或無意發揮運用，其實已經隱藏了辨識不同風格的基本知識形式所需要的條件。不懂得這些特定符碼的觀眾，對那些聽起來只是混亂的聲音和旋律，或

莫名奇妙的顏色和線條時，只會有被淹「溺水」感覺。若沒有學過適當的才能稟賦，就只能像潘諾夫斯基（E. Panofsky）所說僅具有「感官特質」（propriétés sensibles）的東西，只能掌握皮膚的光滑細柔、花邊的輕盈飛揚，或感到這些特質所造成的感性共鳴，能夠談論顏色或韻律的樸素或愉悅。我們無法超越「以生存經驗為基礎產生的初級意義的層次」進入「第二層意義的層次」——亦即「所有指涉的意義層次」。除非我們具備概念，超越感官特質，抓握每一個作品特有風格特徵[2]。這意思是說和藝術品相遇完全不像一般人所想像的「一見鍾情」——讓藝術愛好者產生樂趣之情感融入（Einfühlung）——，事實上其間預設著一種認知的行為、一種解釋的操作，且意味著認知的遺產和文化能力的動員與發揮。這種最典型學院理論的藝術感知，直接對立於最能符合主流定義的藝術愛好者之經驗，後者在家庭環境中，透過不知不覺熟習而獲取主流的文化，而且在實際上也傾向於偏好文化的某種著迷經驗（expérience enchantée），其實這也說明了他們傾向遺忘或忽視獲得模式或內化（appropriation）工具而已。美學快感的經驗，可能與運用不當的符碼所造成的種族中心主義同時並存。因此，今日有文化教養的觀眾投注於藝術品的「純粹」凝視，可能和十五世紀義大利人的「道德和精神之眼」之間沒有任何的共通點。換句話說，當時的人對世界之認識與世界圖像再現之認識原則，還有他們認知和評估之整體稟賦都完全與現代人不同。就如同當時合約所顯示的，利比（Filippo Lippi）、吉爾蘭達（Domenico Ghirlandaio）或法蘭契斯卡（Piero della Francesca）的客戶更關心的是他們的錢，他們以生意人唯利是圖的稟性來投資藝術作品，能夠非

---

[2]　E. Panofsky, « Iconography and Iconology: An Introduction to the Study of Renaissance Art », *Meaning in the Visual Arts*, New York, Doubleday and Co, 1955, p.28.

常熟練的一眼就可以計算數量和價格，會運用完全令人驚訝的欣賞標準，例如顏料昂貴與否（把黃金和天青石藍擺最高等級）[3]。

「眼光」其實是歷史的產物又被教育所再生產。藝術的感知模式就這樣到今日為止，樹立其威望而成為主流，也就是說美學稟賦成為一種在其本身也為其本身，只考量形式而不顧功能的能力。這裡所說的不只是為了這種欣賞方式而設計的作品（即主流的藝術品），也是指世界的所有事物，包括那些尚未被接受文化物品，例如某一個時期的初民藝術或今日的大眾攝影或媚俗（Kitsch），還有自然的物件。「純粹」的凝視其實是一種歷史的創造。這與藝術生產場域的自主性出現有密切關係，也就是說：不管在這些產品的生產或消費領域，都有能強迫接受自己制訂的規範[4]。就以所有後印象主義繪畫這種藝術為例，就是一種藝術意圖的產品，強調再現手法勝於再現的對象，非常明確地要求僅集中注意於其形式；就這點而言，以前的藝術只不過是有條件地要求自己注重形式。

藝術家的純粹意圖是一個生產者追求自主性之意圖，也就是說，全然能掌控其產品。這不只是要能夠拒絕學者或文人一開始就強加的「綱領」（programme），同時又要拒絕古老的作法和說法之等級秩序──他們只會以事後聰明的方式將詮釋重重疊疊加諸於作品。本質上如此，也必然是多義的「開放作品」（oeuvres ouvertes）的生產，可能因此視為是一種詩人爭取其藝術自主性的最後階段。遵循他們腳步的還有畫家，那些長期以來都被視為作家的附庸，只從事「圖解」和

---

[3] 參見M. Baxandall, *Painting and Experience in Fifteenth Century Italy, A Primer in the Social History of Pictorial Style*, Oxford, Oxford University Press, 1972.

[4] 參見P. Bourdieu, Le Marché des biens symboliques, *l'Année sociologique*, vol. 22, 1971, pp.49-126; Eléments d'une théorie sociologique de la perception artistique, *Revue internationale des sciences sociales*, XX, 4, 1968, pp.640-664.

「插圖」的工作。確認藝術生產的自主性，就是給藝術家作為主宰的至高權力，也就是形式、方法、風格，對反於「主題」、外部參照，那種必須屈從於功能的東西，即便是最基本的，像是再現、指涉或表達什麼東西都是如此。這也意味著除了一切銘刻於所涉及藝術學門固有傳統的東西，拒絕認可任何基本的需求，也意味著從模仿自然的藝術過渡到模仿藝術的藝術，並且只在其自身的歷史尋求和研究獨一無二的原則，為此甚至不惜斷絕其固有的傳統。

　　藝術永遠要儘可能地涵括最多的參照（références），參照到其自身的歷史，這稱之為歷史回顧。藝術所要求的參照，並不是外部參照──即藝術生產所要再現或指稱的「真實」──，而是過去和現在藝術作品的世界本身。由於美學認知是區別化的（différentielle）且是關係性的，一旦藝術在其場域中生成，就會特別專注於讓它製造風格的區隔（écart），因而這種區隔也必定是歷史性的：像所謂素人（naïf）畫家，只存在於特定場域或傳統以外，也停留在所涉及的藝術歷史的本身以外；「天真」的觀眾，無法進入藝術品特定認知，因為這種認知只在參照到藝術傳統之特定歷史才會有意義。高度自主性的生產場域所要求的美學稟賦與專門化的文化能力密不可分。這種藝術史的素養其實是以一種看似合情合理的原則運作的，它可以在呈現眼前的諸多元素中，讓我們辨識所有具有區判力的特徵，也只有這些特徵才能在有意地或無意之間，參照到相互可替換的可能性世界。這種文化能力的駕馭，最經常的時候是停留在實踐的狀態，基本上必須經由單純地與作品經常性接觸才能習得。也就是說，透過潛在的學習，且依靠明確的規則或標準就能夠類化去辨識那些熟悉的面孔。這種駕馭能力可使其辨認風格，亦即一個時代、一個文明或學派具有特色的表達模式，而無須明確地區別或清楚地指出造就每一個作品之原創性特徵是什麼？因為所有的資料顯示即使是專業的發行者，不論是定義「經典

作品」（oeuvres-témoins）風格的屬性，還是據此所有評論得以成立之標準，往往都停留在某種暗示的狀態。

　　純粹的凝視意味與這個世界的日常生活態度之決裂，這是它得以成就的條件，也就一種與社會的決裂。我們可以相信歐塔卡・依・伽賽（Ortega y Gasset）把現代藝術視為一種有系統的拒絕一切「人性」的，也就是同一類屬的、共同的（對反於有區別或高尚的），也就是「一般人」在「平凡的」日常生活會投入的熱情、情感、感覺。就如同「大眾美學」（引號是為了指涉它就是本身就是一種美學，而不是為其自身而存在的美學）就是建立在肯定藝術與生命的連續基礎上，這種大眾美學就是形式屈從於功能之下。這可以在小說，特別是戲劇的觀眾讀者拒斥著各式各樣形式實驗，或對長期已經接受的慣例（如道具或情節）產生距離，因為這些形式實驗拒觀眾於千里之外，使其無法入戲或完全認同劇中的人物（我指是的布萊希特式的疏離性或對新小說操弄脫節的情節）。美學理論揭示的超然（détachement）和無私（désintéressement），作為辨認藝術為藝術作品的唯一方法——與自主性（selbständig）相反，大眾「美學」則忽視或拒絕接受對「輕易」依戀或對「庸俗」縱情的拒斥。這種拒斥至少間接上是追求形式的品味的源頭，譬如，大眾美學對繪畫與攝影的評論內容，就完全與康德美學完全相反：康德為了掌握美學判斷力的特殊性，絞盡腦汁地區分出令人產生快感的（ce qui plaît）和令人愉快的（ce qui fait plaisir），更普遍性地區分出無私，作為美學沉思的專屬品以及定義善的理性利益之唯一保證；相反的，大眾階級期待所有圖像都要能夠很明確地滿足一個功能；若僅是一個符號，他們的評論所運用的參照也經常很明確地指向道德或適意（l'agrément）的規範，不論是褒或貶，他們的鑑賞都會參照到一種規範的系統，其原則總是根植於日常生活的倫理。

　　大眾品味將日常生活情境所使用的習俗和圖示，應用在主流的藝術作品上，因此有系統地將藝術的東西簡化成生活的東西，即使這種品味投注於虛構或再現的嚴肅（或天真）都呈現出與純粹的品味相反。這種純粹的品味則以懸置天真的依戀來運作，而這種依戀正是與這個世界的基本需求保持某種類似遊戲關係的其中一個面向。我們可以這樣說，知識分子相信再現，如文學、戲劇、繪畫，勝於被再現物（按：即被再現的內容或主題）。而「大眾」則要求統攝他們的再現和「慣例」讓他們「天真」的相信被再現的東西。純粹美學根植於生活倫理（éthique），或更好的說法，根植於與自然或社會世界的基本需求保持選擇性距離的生活習慣（ethos）。不是以道德對峙的形式出現（尤其當倫理踰越成為一個藝術之派時特別明顯），不然就以美學主義形式出現，將其美學的稟賦建構成一個普世運用的原則，將其布爾喬亞對社會世界的否認推到極限。我們可以理解為何純粹凝視的超然態度無法與對待這個世界的總體態度切割，這是一種被諸多負面經濟的需求的世界所制約的矛盾產物，——即悠哉的生活，因為最能夠主動地與基本需求保持距離。

　　儘管藝術提供了美學稟賦最能發揮的場所，但沒有哪一個實踐領域，不想將需求和衝動屈從於精緻或升華的，也沒有哪一個領域的生活風格，不想要形式優位於功能，儀態／方法勝於物質；無處不都想要產生同樣的效果。沒有什麼能力比賦予隨便什麼東西美學之地位，甚至最「粗俗」的物件（粗俗是因為被粗俗的人為其美學的目的所專有化），更能分等級的（classant），更能與眾不同（distinctif），更顯示其高尚（distingué），或是將「純粹」美學的運用在最日常生活的選擇之能力，像是烹飪、衣著或居家布置。這完全相反於將美學視為倫理之附屬的大眾（美學）傾向。

　　事實上，由於所預設的經濟與社會條件不同，保持與真實、虛構

的關係方式不同，相信所假裝的虛構或真實的方式不同，保持或多或少距離或漠然不同，這些差異與其在社會空間所在的可能性位置之不同有非常密切的關係。且這種位置又緊緊的依附於不同階級和階級派系（fraction）所持有的稟賦系統。品味加以分類也分類分類的人，社會主體藉由其所操作的區判，相互標榜與眾不同，美或醜，高尚或粗俗，並藉此表達或洩漏他們在客觀分類上所在的位置。統計分析確實也指出在文化消費方面所觀察到的對立結構，也可以在飲食消費方面可以找到：量與質；大碗公和小盤子，實質和形式的對反。這種對反又和基本需求所保持的不均等距離有關，是一種介於需求的品味和自由的品味之對反。前者偏好飽實又經濟的食物，後者其實就是奢侈，對反於大眾的大快朵頤所關注點，會從材料轉移到儀態（表現、上菜或吃的方式）一心一意只為了風格化，要求形式而否定功能。

　　品味和文化消費的「科學」即肇始於這種一點都與美學無關的僭越：一旦將那個使主流文化成為一個分離世界的神聖界線真的廢除了，便能發現聚集這些選擇可理解的關係——儘管這些選擇表面上看似不可共量，像是音樂和烹飪之間的偏好，繪畫和運動之間的偏好，文學和髮型之間的偏好。就這樣很野蠻地把美學消費重新整合到一般消費世界裡的做法，因此會動搖自康德以降所奠定的深奧美學基礎的對立：「感官品味」和「反思品味」。「膚淺的享樂」，被減化成感官的快感享樂和「純粹的享樂」，淨化了感官快感的享樂。此種對立也是有可能變成道德卓越的象徵以及變成衡量一個真正有人性的人之升華能力的標準。文化就是這種神奇區分的產物，而且它具有神聖的價值。事實上，這種授予所接觸的物件、人物和情境的文化神聖化（consécration culturelle）是一種屬於聖餐變體（transubstantiation）的本體論升華。僅以下兩則看似是為了社會學的趣事而做的評論，來作為證據。「在這首演的舞台劇上最令人驚訝的，竟然是沒有什麼不再

淫穢了，即使是歌劇院的芭蕾舞孃，甚至全裸、瘋癲和淫蕩的舞者，他們永遠都保持永不變質的藝術純粹」。[5]「當然有猥褻的動作或模仿性交，令人目瞪口呆。這很清楚，我們當然無法贊同，儘管是穿插於芭蕾舞之間，讓它有美學和象徵性的面向。就算是每天攤在觀眾眼皮下的電影親熱場景，也都沒有那麼裸露的場景。我們能說什麼？除了太簡潔或沒有太多的戲劇效果外，我不會說它是貞潔或無辜，沒有什麼比只為了商業目的最能適當形容，其實一點也不令人驚訝，這只不過是為了吸引票房而搞出來的噱頭而已。在《毛髮》這齣劇裡，就是裸體使其無法達到象徵性層次」[6]。對下流、粗俗、庸俗、利益薰心的、卑賤等低級享樂的否定，總之一句話，即對自然享樂的否定，就能成就文化的神聖光環。就能為那些懂得以崇高的、精緻的、無私的、無所謂的、高尚的享樂來滿足的人，和永遠區隔於世俗的人，提供高人一等的優越感之肯定。這也就是為什麼藝術和文化消費，不論我們要或不要、知道或不知道，都有可能變成去完成正當化社會差異的社會功能。

---

[5]　O. Merlin, « Mlle Thibon dans la vision de Margerite », *Le Monde*, 9-2-1965.

[6]　F. Chenique, « Hair est-il immoral ? », *Le Monde*, 20-1-1970.

第一部分

品味判斷的社會批判

「……而且直到今日我們還不知道文化生活會不會隨著僕人的消失
而消失」──貝桑松（A. Besançon），《作為十九世紀的俄國人》
（*Etre russe au XIXème siècle*）。

第一章
文化貴族的頭銜與居住區

　　在面對像是品味這樣的研究課題時，社會學很少和社會心理學那麼相似，因為這是支配階級和文化生產場域的鬥爭遊戲中最攸關生死的賭注之一。因為品味判斷結合理解力和感知能力，是判斷力（*discernement*）的最高表現。學究能理解但無法感覺，名流享有此判斷力卻不甚了解，因此它能定義一個人是否完美。也因為所有社交儀節都表明：任何計畫界定此一不可定義的構想，都會被視為明顯俗不可耐的表現，不論是學院的社交儀節（從李格爾〔Riegl〕和沃夫林〔Wölfflin〕到福爾〔Elie Faure〕和傅西永〔Henri Focillon〕、最學院經典的評論家到最前衛的符號學家，所規定藝術作品形式主義的解讀方式）或是名流的規矩，都將品味視之為貴族最明確的指標，因為若想擁有它，除了品味自身以外別無可求。

　　在此，社會學置身於社會否認（dénégation du social）最明顯的第一線。只抗拒這個不證自明的道理是不夠的，還要將品味——這個所有非刻意「創造」的來源——帶回到生產它的社會條件來討論，並清楚地認識到：就像有人奮力想掩蓋品味與教育之間關係的事實（即壓抑介於文化作為一種已教養狀態的意義和文化作為教養行為的意義關係之事實），也都會很驚訝地發現：竟有人以科學方法花費許多精力證明此一事實。社會學還必須質問這種只能在表面上自我解釋的關係，以尋找造成矛盾的原因，比如：為何在學校教育不教的領域裡，

教育資本依舊扮演如此重要的角色？這已不能無條件地再將問題擺回實證論稱之為事實的脈絡下裁決。因為介於教育資本、社會出身以及某一知識或某一種落實的方式間的統計關係，事實上隱藏了不同群體根據文化資本所獲得的條件，也根據從中獲得最大利益的市場，以維持與文化間不同甚至對抗的關係。然而，我們還不能因此和這不證自明的道理做個了結，甚至還要打破砂鍋問到底，追問問題本身（亦即質問某些問題*潛藏著某種與文化的特殊關係*），才能知道問題內容與形式的調整是否足以掌握所觀察關係的轉變。事實上我們並未脫離文化的遊戲，若說吾人有幸得以將真實客觀化，那是因為盡可能完整地將操作的程序本身客觀化，即使是為了讓我們得以落實客觀化的操作程序也都如此。「這故事說的就是你」（*De te fabula narratur*），這不只針對讀者而發，也針對社會學家而說。但矛盾的是：文化遊戲卻因被所有投入其中的局部客觀化保護而無法進行客觀化。因為文化遊戲由投身其中的行動者間相互妥協才能形成：學者必須放棄死守自以為是的原則，才能真正了解名流並獲得認可，反之亦然。同樣的，在「知識分子」與「布爾喬亞」（或他們在文化場域的代言人）間的對峙關係中，也存在著這種盲目但又心裡有數的法則運作。並且，只知道主流文化在階級關係的運作功能，並不足以確保不受「知識分子」或「布爾喬亞」間不斷相互指責的文化，而被貼上相關標籤形象的影響。然而，若連文化生產與文化生產者的社會學到目前為止都無法擺脫被貼標籤的對峙遊戲──即根據現行的分類，區分為「右派知識分子」和「左派知識分子」──當它越涉及彼此利益時，就越容易將其對手及其策略進行一種客觀主義的減化。只要無法擺脫以自身立場出發，而從文化遊戲的*整體格局*來理解的話，這種解釋注定只停留在*局部性*，因此是不符實際的。只有在〔社會〕位置場域的層次中才能界定投身於遊戲相關的一般性利益和依附於不同位置的特定利益，以及

藉此取得此一位置的形式和內容不同而表達出來的利益。儘管「知識分子的社會學」都以客觀化的形象自許，但傳統上都是「右派的知識分子」；而批判「右派思想」的主要是「左派知識分子」，當他們自稱披著科學中立無懈可擊的外衣時，其實都只不過為其象徵符號的攻擊補強效力而已。他們又很有默契地彼此協調，使得最核心的問題隱而不見，亦即：客觀的結構位置，也就構成了每個位置占有者對其他位置占有者觀感的源頭。每個群體都傾向於：截取並給與某一群體部分真理，並把它當作群體間全體客觀性關係的真理。也是此源頭使得這種傾向得以成形並賦予力量。

　　為了確認文化教養和文化能力是如何透過文化商品的消費以及消費的方式來獲得（即根據社會行動者的範疇以及這些稟賦或能力所應用的領域：從最主流的領域如繪畫或音樂，到最通俗的領域如服飾、家具或烹飪等，都必須考慮其間不同的變異。即便在最主流的領域，也需根據「市場」、「學校教育」或「學校以外」等所提供的不同管道而有不同的變異），我們可以清楚區分成兩個基本的事實：其一是其文化實踐（或相關意見）與教育資本（以獲得文憑來衡量）緊密相關，其次才是與社會出身（以其父親職業來掌握）的關係；其二是在同樣的教育資本下，社會出身在文化實踐或偏好選擇的解釋系統裡的比重會隨著與主流的領域的距離增加而增加[1]。

　　當測量的文化能力越是被學校體系認可，用來測量的技術就會越「學院」，而且能力表現和學校文憑之間相關性就越高，所呈現出的指標依其程度或多或少符合受教育的年數，同時根據它是繼承於家庭或透過學校獲得，而或多或少保證其文化資本，因此教育年數就會很

---

[1] 在此所呈現的分析是根據1963和1967-68年所做的問卷調查，樣本數1217人。在附錄1（幾個方法論的反思）可以找到有關抽樣結構、問卷和分析的運作原則的所有資訊。

適切地反映了此一資本不均等分布的指標。文化能力表現與教育資本間最強烈的關聯，可以從一系列關於音樂作曲家的訪問觀測到——教育資本其實就是由學校機構（非常不均等地負責其教育資本的獲得）認可並保證的文化資本。而這些問卷往往是以一種學校練習題的方式來進行，因此非常接近教育機構所教導的知識，同時也因此被教育市場所高度認可[2]。

　　67%擁有CEP或CAP文憑的人不認識（在17個作品之中）兩個以上的作曲家，而相對的45%擁有BEPC文憑的人——19%擁有高中會考資格，17%就讀專科學校或只讀過高等教育前幾年，最後只有7%擁有大學文憑或同等學力者——不認識兩個以上的作曲家。但是沒有任何受訪的工人或職員有能力認識到至少12個音樂作品（清單共16個作品），然而，卻有52%的藝術生產者和教師（其中高等教育教師就占78%）可以達到這個記錄。

　　針對喜歡的繪畫或音樂作品的問題，受訪者不願回答的比例也很明顯地依教育程度而異——支配階級很明顯地對反於大眾階級、工匠和小商人。（然而，就像這種回答或不回答的情形無疑的也是給予新興小布爾喬亞〔商業部門的中級主管、社會醫療服務的成員、秘書、文化中介者〕典型的文化野心、稟賦、純粹的能力一個自我表現的機會）。同樣的，收聽最「高級」的廣播電台，法國音樂電台（France-Musique）、法國文化電台（France Culture）[3]、音樂性或文化性節目，

---

[2] 訪問者羅列一共16個音樂作品，並且要求指出這些作品的作品家的每一個名字（參見，〈問卷〉，附錄1：〈幾個方法論的反思〉）。

[3] 法國音樂電台（France-Musique）主要是以介紹和播放古典音樂的電台，法國文化電台（France Culture）則是播放深入報導、訪談或文化活動，甚至普及學院研究成果的電台——**譯注**。

擁有電唱機，聽唱片（沒有說明那一種音樂唱片，這樣可以降低差異），經常出入美術館和具有繪畫能力，這些眾多特徵彼此間都有著高度相關，也都遵循著同一個邏輯，並且與教育資本有密切關聯，它們會在不同的階級和同一階級的不同派系間非常粗暴地形成等級化分布（流行歌曲的收聽則呈現顛倒方向的等級化分布）。像造形藝術之實作或練習樂器之實踐都預設了：一種文化資本經常是在學校以外並且（相對的）獨立於學校認證程度所獲得的。這也與社會階級高度相關，並經由社會軌跡（這也解釋了新興小布爾喬亞的特殊位置）而建立起來。

越往主流支配的領域——如音樂和繪畫——在此世界的內部也就據合法性模態的程度越呈現等級化分布；越往某些文類或作品，就可以發現，造成教育資本差距的其實主要不是對這些文類或作者知識而是偏好，其中又以古典音樂與流行歌曲的差異尤甚。根據同樣的原則，這種差異也在其內部區分類別，像是歌劇和小歌劇、四重奏和奏鳴曲；區分時代，像是當代音樂和古代音樂；區分作者，最後區分作品。因此，在音樂作品裡，《十二平均律集》（*Clavecin bien tempéré*）和《為左手寫的協奏曲》（*Le concerto pour le main gauche*）（我們可以看出兩者間以其獲得管道及所預設的消費模式不同而彼此區隔）對反於史特勞斯的《圓舞曲》和《劍舞》（*La Danse du sabre*）——後者是已經貶值的古典音樂，要不是屬於較不入流的類別（「輕音樂」），不然就是太普及（區判與野心抱負的辯證關係都會將「普及化」的主流藝術作品貶值為「中等藝術」）[4]；在歌曲方面，巴桑（Brassens）和

---

[4] 在主流音樂方面這種效應最明顯的例子就是阿爾比諾尼（Albinoni）著名的《慢板》（fameux Adagio）（就像唱片封套說的）或是韋瓦第（Vivaldi）的作品，在音樂學發掘它重要地位至少二十年後，才變成了收音機電台節目和小布爾喬亞的唱片機最受歡迎的普及狀態。

費雷（Ferré）相對反於蓋塔里（Georges Guétary）和佩托拉‧克拉克（Petula Clark），上述這兩種差異都相應於教育資本的差別[5]。（參見表1）

表1　在歌曲和音樂方面的偏好

階級歸屬	文憑	蓋達里	克拉克	巴森	費雷	藍色多瑙河	劍舞	十二平均律集	為左手寫的協奏曲
大眾階級	無文憑、CEP、CAP	33	31	38	20	65	28	1	–
	BEPC以上	17	17	61	22	62.5	12.5	–	–
中產階級	無文憑、CEP、CAP	23	29	41	21	64	26	1.5	1.5
	BEPC以上其中：	12.5	19	47.5	39	27	16	8	4
	―BEPC、高中會考資格	12	21	46.5	39	31	17.5	5	4
	―高等教育	17	9	54	39	3	5	21	4
上層階級	無文憑、CEP、CAP	16	44	36	12	17	21	8	8
	BEPC以上其中：	5	17	74	35	16	8	15	13
	―BEPC、高中會考資格	8.5	24	65	29	14	11	3	6
	―高等教育	4	14.5	77	39	16.5	7	19	15
	其中：								
	● 不知名學校	5	20	73.5	32	19.5	5.5	10	18
	● 大學文憑	4.5	17	73	34.5	17	9.5	29.5	12
	● 教會考資格、高等學院	–	3	90	49.5	11.5	3	29.5	12

此表如是讀：在100名屬於大眾階級，擁有CEP、CAP或沒有任何文憑的受訪者中，被要求（在12個歌手的清單之中）選出3個最喜歡的歌手時，有33人提到蓋塔里，31人提到佩脫拉‧克拉克。被要求（在16個音樂作品的清單之中）選出3個音樂作品時，68人提到《藍色多瑙河》，28人提到《劍舞》。

---

[5]　事實上，次級因素的比重，即資本結構、繼承的文化總資本量（或是社會軌跡）、年齡或居所年齡住地都會因作品不同而有變異。因此，我們可以發現：越往（在調查期間）非主流的作品，年齡之類次級因素的比重就越增加；在《藍色狂想曲》或《匈牙利狂想曲》，與年齡的關係就要比與文憑、父親的職業、性別或居住地的關係更緊密。

　　這也就是說，在提供給消費者選擇的所有物件中，沒有什麼比主流藝術作品更具有等級分類效果（classant）。整體而言，區判力可以透過文類、時代、方法、作者等的細分和再細分的遊戲無限地區別。即使是透過連續區分而再生成的獨特品味世界裡，我們還是可以根據主要的對反關係，區分出三種大致上相應於教育水準以及社會階級的品味範疇：1）主流品味（le goût légitime），亦即主流作品的品味，這裡以《十二平均律集》（見圖表1圖1）、《賦格藝術》（*Art de la fugue*）、《為左手寫的協奏曲》為代表；在繪畫方面，以布呂赫爾（Bruegel）或哥雅（Francisco Goya）為代表；而最有自信的審美家也可能將還在往主流發展和最主流藝術的作品結合起來，如電影、爵士樂甚至歌曲（李歐·費雷〔Léo Ferré〕、傑克·杜埃〔Jacques Duai〕），主流品味會隨著教育程度的增加而到達支配階級教育資本最豐沛派系的最高程度。2）「中等」品味，結合了大師藝術的小品，像是《藍色狂想曲》（*Rhapsody in Blue*）（參見圖表1、圖1）、《匈牙利狂想曲》（*Rhapsody hongroise*）；或在繪畫方面的郁特利洛（Maurice Utrillo）、畢費（Bernard Buffet）或甚至雷諾瓦（Renoir）以及次要藝術裡的偉大作品，或在歌曲方面的布萊爾（Jacques Brel）和於貝考（Gilbert Bécaud）。比起大眾階級或支配階級中的「知識分子」派系，這種中等品味更經常出現在中產階級；3）最後是「大眾」品味，這裡以所謂「輕」音樂或因普及化而已貶值的「高級」音樂的作品類別為代表，像是《藍色多瑙河》（見圖表1、圖1）、《茶花女》（*Traviata*）、《阿萊城的姑娘》（*Arlésienne*）。還有特別缺乏藝術成份或抱負的歌曲，像是馬里安諾（Luis Mariano）、蓋塔里（Guetary）、佩托拉·克拉克（Petula Clark），這種品味出現在大眾階級的頻率最高，而且會因教育資本遞減，其頻率與之遞增（這同時也解釋何以工商業主或甚至高級主管出現的頻率會比小學教師和文化仲介者稍高

圖1 對三個音樂作品偏好的階級派系分布

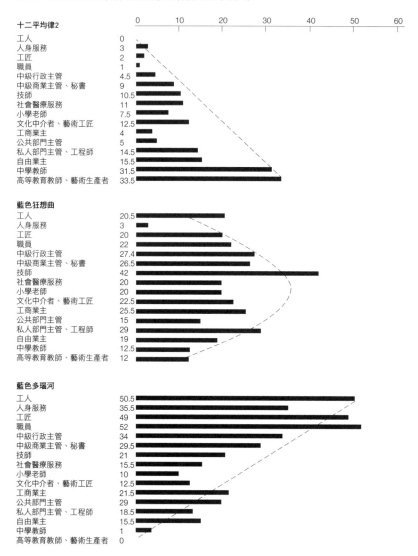

十二平均律2

工人	0
人身服務	3
工匠	2
職員	1
中級行政主管	4.5
中級商業主管、秘書	9
技師	10.5
社會醫療服務	11
小學老師	7.5
文化中介者、藝術工匠	12.5
工商業主	4
公共部門主管	5
私人部門主管、工程師	14.5
自由業主	15.5
中學教師	31.5
高等教育教師、藝術生產者	33.5

藍色狂想曲

工人	20.5
人身服務	3
工匠	20
職員	22
中級行政主管	27.4
中級商業主管、秘書	26.5
技師	42
社會醫療服務	20
小學老師	20
文化中介者、藝術工匠	22.5
工商業主	25.5
公共部門主管	15
私人部門主管、工程師	29
自由業主	19
中學教師	12.5
高等教育教師、藝術生產者	12

藍色多瑙河

工人	50.5
人身服務	35.5
工匠	49
職員	52
中級行政主管	34
中級商業主管、秘書	29.5
技師	21
社會醫療服務	15.5
小學老師	10
文化中介者、藝術工匠	12.5
工商業主	21.5
公共部門主管	29
私人部門主管、工程師	18.5
自由業主	15.5
中學教師	1
高等教育教師、藝術生產者	0

一些）[6]。

文化貴族的頭銜

　　教育資本（以教育程度來衡量）與學校教育以外領域（領域以外）的知識或實踐——像是音樂或繪畫，更不用說爵士樂或電影——緊密相關，最明顯地如參觀博物館的頻率和學歷程度一致的關係，而這使其本身意義變成一個問題，亦即連結上述兩者關係的一致性是由它們之間的關係本身而定義的：統計關係同時呈現也隱藏了蘊含真理的語義關係。當我們說一個所謂自變項和一個所謂依變項之間有強烈相關時，並不能解釋什麼，也不能讓我們了解什麼。長期以來我們都沒去解決特殊個案所指涉的內涵，亦即每一個特殊關係裡的每一個名義（如教育程度和作曲家的知識）、統計關係，即使這些數據具有強大的精確性，但依舊停留在純粹的數據上而失去意義。在類似的情況下，我們只能滿足於似懂非懂的「直覺」，努力地讓關係「強度」的測量方式更細密。加上由於「指標」名義的一致性（identité nominale）要求產生對變項或因素不變性的幻覺（l'illusion de la constance）或所指涉的詞項，會禁止去質問相關聯的詞，以致最後「指標會讓我們不知道要指涉什麼，不知道在涉及的關係裡所隱含的意義是什麼，也不知道這種關係本身所接受的意義是什麼」。

---

[6] 這裡所描述三個輪廓完全是根據圖表中，不同階級派系特徵的選擇偏好之分布所呈現的類型來獲得（因此，在每一個階級內部也根據教育資本等級化排列）：第一種（《十二平均律集》）可以在上述所有提到的作者和作品的情況下出現，也會與哲學論文閱讀和參觀博物館等同時出現；第二種（《藍色狂想曲》）除了在文本（和華格納歌劇《諸神的黃昏》）中提到的作品和作者外，還以玩攝影的文化實踐為其特徵，喜歡舒適和親密的居家布置等；最後，第三種，也喜歡言情小說和乾淨和整齊的居家布置等。

　　因此，這種關係中的兩個詞項必須要在每一個案例裡重新被質問：自變項如職業、性別、父親職業、居住地等，透過這些所表達的效應差別可能會很大；藉由依變項所顯示出的稟性（或傾向），也可能會因自變項區分階級的不同方法而有很大的變異。因此，為了要能充分解釋階級之間或在同一階級內部所觀察到的差異，及它們與不同的主流藝術（繪畫、音樂、戲劇、文學等）的關係，必須要全面地分析每一項藝術，文類、作品或相關機構蘊含的正當或不正當的社會使用。譬如說沒有什麼比對音樂的品味更能展現一個人的「高尚」（classe），也沒有什麼比它更能精準無誤地被分類，當然是因為其獲得相應稟賦的條件之稀罕性以及聆賞音樂會或練習「高貴」樂器的門檻都很高，因此成為最能將人分類排名的文化實踐（在諸多其他的活動之中，還有較不普遍的，如看戲、參觀美術館或藝廊的頻率），同時也因為「音樂文化」的展示並不像其他文化般炫耀。就其社會定義而言，「音樂文化」不是一個訴諸評論性語言之類的簡單知識或經驗。音樂是精神藝術中具精神性的，對音樂的喜好就是一種對「精神性」的保證。只要想到今日我們賦予「傾聽」這個宗教語言字彙之世俗版本的非凡的價值（例如精神分析）就可以理解。如同無數關於音樂的靈魂或靈魂的音樂所見證，音樂有部分是與最「深層」「內心世界」有關（「內心音樂」），並且所有的音樂都有其精神性……。「對音樂沒有感覺」對布爾喬亞世界的人來說，無疑的就像是一種不可告人的物質主義式的粗俗，因為他們就是以身體與靈魂的關係模式來思考他們與一般人的關係。還不只如此，音樂還是「純粹」藝術最好的例證，因為它不說什麼，也*沒什麼要說*；也從來都沒有什麼表達的功能。——相反的，即使是最純粹的形式，戲劇也仍會傳達一些社會訊息，並且無法「超越」它必須立即地或深層地符合觀眾期待的價值，戲劇分裂並自我分化成右岸劇場和左岸劇場之對立，布爾喬亞劇戲和

前衛戲劇之對立，在此美學與政治之間密不可分。而音樂方面完全沒有這樣的問題（若我們將最近幾個特殊的例外放在一邊不談的話），音樂最能展現布爾喬亞對所有藝術形式所期待的一種對世界，尤其是對社會世界最激進、也最絕對的否認形式。

　　為了充分詮釋在圖表中將《十二平均律集》或《為左手寫的協奏曲》相關的職業、年齡和性別所暗示的意義，我們必須同時棄絕盲目的使用指標和本質的虛假分析——這只不過是將個別經驗普遍化而已——而必須完全解釋這些作品對整個社會行動者在某一個時間點上所隱藏多重又矛盾的意義，尤其是當這些作品將個人區分成不同的範疇或因而造成彼此對立關係時（像在一些特別的情況下，承繼者和後進者），這樣一方面可考慮固著它們之間持續性的社會特質，亦即作品的社會形象（「巴洛克」／「現代」，調性溫和／不協調，嚴謹／愉悅等等）、作曲家，尤其可能是樂器（琴絃緊繃使得音色尖銳又嚴峻／絃音動人既布爾喬亞又溫暖）。另一方面，也可依不同個案（多少意識到）在它們的關係中，不同階級或不同階級派系作品的分布特性；也會根據接受的相關條件（透過唱片「晚近」地認識作品／透過練習鋼琴（布爾喬亞最理想的樂器）「早熟」地認識作品）[7]而「有所不同」。

---

[7] 在特性的統計分布層次上所觀察到的對反關係最經常與專屬於風格特徵層次上所記錄的對反關係是同質共構的。如果是這樣的話，那麼在生產場域裡生產者（和作品）的位置就會與社會空間的消費者的位置（即整體階級結構或在支配階級的結構之中）形成同質共構的關係似乎就是最常出現的。簡而言之，愛讀馬拉美（Mallarmé）的人也非常有可能也會是愛讀左拉（Zola）的人，因為他們之間的關係就是像是馬拉美之於左拉之間的關係：若是作品之間差異已經預設了不同作者之間差異的表達，那是因為一方面作品不論在風格或是內容上已經承載了作者社會建構的稟賦（亦即他們被轉譯成生產場域的位置的社會出身，而稟賦對上述位置的決定貢獻最大）。另一方面也是因為這些作品在其對反關係以及在生產場域裡其作者的對反關係（左派／右派，爽朗／晦澀）中如何被認知的社會意義所留下的印記，以如何被其他世界翻譯而傳遞。

　　我們也可以看到布爾喬亞對「印象畫派」有特別偏好。若要充分解釋此一現象，還必須同時說明他們對自然或人類天性抒情又自然主義的依戀，既對反於社會世界批評或寫實主義的形象（這無疑的是雷諾瓦和哥雅之間對反的面向之一，更遑論庫爾貝和杜米埃[8]），也對反於所有抽象的形式。同樣的，欲理解不同階級所從事運動的分布，也必須依據每一種運動本身被欣賞和認知而成的形象，以及不同階級願意花費的（經濟、文化和「體力」的）成本，以及不同運動所能獲得的利潤，立即或延遲的「身體」利益（健康、美貌、力量，不論是可見的健美，或是不可見的衛生保健者），經濟或社會的利益（社會升遷等），與每一運動的位置或分布的價值密切相關的（即每一種運動有多少程度明確地與階級關聯所帶來的價值，像是令人想起大眾階級的拳擊、足球、橄欖球或健美者；令人想起布爾喬亞的網球、滑雪，大布爾喬亞的高爾夫球），立即或延遲的象徵性利益，透過身體的訓練（曲線，拉長或多或少明顯發達的肌肉），或經由高門檻只對自己人開放的精選團體（高爾夫球、馬球等）而獲得的區判性利益。

　　我們因此無法完全逃脫一種直覺主義，這種直覺主義不可避免地伴隨著實證主義者對指標的名目認同信任而來，除非我們能夠對每一個特性或相關實踐的社會價值進行永無止盡的專門分析，像是路易十五的五斗櫃或婆羅門的交響樂、閱讀《歷史》（*Historia*）月刊或《費加洛報》（*Figaro*），打橄欖球或玩手風琴等，以此類推。

8　Honoré Daumier（1808-1878），法國著名畫家、諷刺漫畫家、雕塑家和版畫家。1832年因為諷刺國王路易・菲利普的漫畫《高康大》而入獄6個月，1833年出獄，仍然以作品繼續攻訐君主政體和當時的社會制度，並描繪各種底層人物。1834年里昂工人起義失敗，他發表《立法肚子》、《出版自由》、《唐斯諾南街的屠殺》等大型石版畫，對統治者表示抗議——**譯注**。

因此，若我們能保持分析精神去理解普魯斯特這句話：「這種同時是可惡但又享受的活動稱之為閱報，幸虧它過去24小時發生的所有不幸和災難、犧牲5萬條人命的戰役、犯罪、罷工、破產倒閉、火災、毒殺、自殺、離婚、政治人物或演員的殘忍的情緒全都轉化為個人享受，而我們卻還一點也不感興趣，以一種殊別刺激和振奮人心的方法成為每天早上的樂事，非常精確地配上幾口特別推薦一定不消化的牛奶咖啡。」（普魯斯特〔M. Proust〕，〈一個弒父者的孝道〉〔Sentiments filiaux d'un parricide〕，收錄於《仿作與滙集》〔Pastiches et mélanges〕，1970，Idées〔1ère ed. 1919, Gallimard〕，頁200），——也許就能夠比較不盲目地去解讀閱報的階級分布。這種變體美學家（variant esthète）的描述其實趨使著我們根據社會和空間的距離（從一個極端——地區性報紙的新聞，婚姻、死亡、意外，到另一個極端——國際新聞，或者是其他尺度，雜誌裡的皇家婚姻或王子的訂婚）或對政治的熱衷程度（從普魯斯特文本中所揭示的超脫到社運人士的憤怒或狂熱）去分析階級的各種變異〔依變項〕（variants）以及閱報所獲得相對間接和抽象社會世界經驗的不變的〔自變項〕（invariants）。

　　事實上，若缺乏這種對指標的社會意義先決的分析，可能會讓社會學解讀變得荒腔走板，即使是表面上最嚴謹的調查研究。因此，許多消費的調查研究忽略了看似恆定的產品背後隱藏著非常多樣的社會使用方式，而僅直接運用出自統計學家的社會潛意識的分類法，把應該分開的（例如白豆和綠豆）歸成一類，或是把應該歸成一類的分開（例如白豆跟香蕉，後者是水果，但前者是蔬菜），或像是將一些產品放在看似「中立」範疇的「穀類」裡：麵包、餅乾、米飯、麵條、麵粉等。尤其是當我們知道「米飯」就可能就隱藏著大眾吃的「米布丁」（riz au lait）或「菜肉配飯」（riz au gras），以及比較「布爾喬

亞」，或更精確來說，比較「知識分子」吃的「咖哩飯」，甚至「糙米飯」之類，對這些產品消費會依據社會階級的不同使用而有所變化，而不是光就米飯想像整體生活風格。很明顯地，不是「天然」或是人工產品就同樣將就所有可能的社會使用，很少有案例是如此完美地「一致」，也很少案例能夠以某種方式從事物本身推演出其社會使用：若是我們排除那些專門為某一個特定的使用（像是所謂能節食的麵包）或針對某一個特定階級而製造的產品，不論是基於傳統（像是茶）或是因為價格（像是魚子醬），大部分的產品都只有在現存的社會裡使用才具有其社會價值。除非我們能立即將這些社會意義引入，將那些表面上看來立刻就符合學校無意識抽象分類的字彙或事物，用可以找到完整明確意義的社會使用來取代，像拍照的方式或烹調的方式，用燉鍋或壓力鍋，這些不必考慮時間和金錢，還是快速且經濟的方式；或是這些操作的成品──像家庭照片或土風舞蹈的照片，紅酒燉肉或咖哩飯──才能在這些方面找到因階級而有的變化[9]。

但是可能在尋找「解釋性因素」時，才能讓實質主義（substantialiste）的思考模式得以施展。這種實質論的思考模式大致就像維根斯坦所言，從名詞（substantif）過渡到實質（substance），從名詞的恆定性過渡到實質的恆定性。它將固著於行動者的屬性，諸如職業、性別或文憑，把它們當作彼此「互動」關係裡的自主力量來處理，如此才能釐清哪些關鍵變項（variable déterminante）是決定性的關鍵，哪些被判定變項是被決定的問題。亦即在諸多抽取的屬性之中，有意或無意地透過相關的指標來建構一種持續恆定的屬性，進而

---

[9] 必須再一次申明，外表總歸外表，科學從一開始就只能在引入這些外表的情況下，才能找到社會階級的差異。在那些想要讓外表消失的偏見者看來，完全無辜且無懈可擊。然而，放任自己於實證主義注定是要被質疑的。

真實地決定其間的關係，而它又是在此關係中被決定的。對於某些指
標和某些〔文化〕實踐之間的關係強度變項，若僅靠單純的統計並不
足以讓我們節省社會學專門的計算，即在統計關係之中才會表現出來
的效應，而且在統計分析時，越是追求其自身的可理解性，越有利於
新的發現。我們只有把這種關係本身當作研究的對象，並質問其社會
的意義，而不只停留在統計是否顯著，才能以一系列社會學上可理解
的恆定關係及不同*效應*，取代被假設恆定的變項與不同實踐之間的關
係。某一個「依變項」和教育程度或社會出身之類的變項間的現象性
關係有時只不過是*通用概念*，表面上看起來具有「解釋力」，但往往
只不過是基於對社會世界*基本常識*的慣性，科學研究的工作就是必須
棄絕這種不證自明的立即性理解（包括統計分析的精確假象，比如*路
徑分析*（path analysis）所帶來不可預期的支援），都必定會以「明確
定義概念的精確關係」[10]來取代，即統計關係*無論如何*都會記錄之效
應的理性原則。例如用來與學校教育文憑區隔的文化貴族頭銜（相反
的，「也可能是」可恥的標記）以及這些頭銜所暗示的文化實踐之間
的關係，或是熟悉主流藝術作品才被稱之為稟賦以及學校教育反覆灌
輸的稟賦之間的關係。

頭銜的效應

　　若知道由家庭繼承而來的文化資本和教育資本之間的關係，成就
了文化資本傳遞和教育體系運作的邏輯，就不會只將音樂或繪畫方面
（所預設的練習和使之成為可能）的能力與教育資本間所觀察到的高
度關聯性，歸因於教育體系的行動而已（最常見的理由像是歸因於他

---

[10] G. Bachelard, *Le rationalisme appliqué*, Paris, PUF, 1949; p.106.

所受過的藝術專門教育，很明顯的這幾乎不存在）。教育資本事實上是由家庭和學校所傳遞的文化（其效率又視其直接從家庭所繼承而得文化資本的重要性而定）長期累積所確保的產物。透過價值的反覆灌輸和強制學習，教育機構有利於（根據起始稟賦，即社會出身不同，會有不同比重的差別）形成某種具有主流文化通才且又可移轉的稟賦。一旦習得學院認可的知識與實踐之後，這種稟賦就會將它應用在「學校」外以一種「與利益無關」（désintéressé）的偏好形式，積累那些在教育市場沒有立即性回報的經驗和知識[11]。

　　事實上，有文化素養的普遍化傾向只算是積極追求文化積累（l'entreprise de l'appropriation culturelle）充分而非必要的條件，這種文化追求很明顯地會銘刻在客觀要求成為布爾喬亞的列表之上，同時也銘刻於想要進入布爾喬亞頭銜門檻的權利與義務上。這也就是為什麼首先必須停下來思考在學校文憑系統中最容易被忽視的效應是什麼。那些文憑強制要求所產生的效應，尤其是由某些群體生產出來的*身份地位分配的效應*（l'effet d'assignation statutaire），不論是正面（高尚化）或負面（污名化），已將每個個人分派到等級秩序的不同階層。不同於那些具有學校正式文憑背書的文化資本擁有者能隨時準備好證明自己，那些文化貴族頭銜的擁有者，由於他們只能從其作為證明其存在，因而只不過是自身文化生產的副產品而已（類似於貴族頭銜的擁有者，其本質乃是由他們之於血統、土地、種姓、過去、

---

[11] 教育體系至少是負面地在支配文化裡面，又再切割出學校課程所教授以及考試管控的領域，將這種文化定義成「課程以外的通才文化」（la culture « libre » /non-curricular general culture）。我們知道大部分「學院」文化目標就是學習所教授的內容而且學校課程要求的水準也會比較低（因為課程所設定的限制會是比較「粗淺」）。當教育程度越高時，學校機構本身也會給予課程以外的一般性文化越高的評價，就越不接受以最「學院」的尺度來衡量文化（像是直接且封閉性地質問有關作者、日期或事件等）。

祖籍和傳統的忠貞程度來定義，無法被減化成任何作為、本事或職位一樣）。文化貴族頭銜的擁有者只能成為他們原本的樣子，因為他們所從事的任何文化實踐的價值都來自於作者本身，所以其本質的確認和持久性便依靠這些文化實踐是如何被展演而定[12]。由於是頭銜來界定——亦即他們天生是文化貴族——因此合理化他們所做所為都是文化貴族這件事，就使他們不斷地要表現出更古老、更優越的本質。根據柏拉圖式理想以生物等級來區分職能，在本質上他們就是以此差異與文化庶民區隔開來，因為這些文化庶民注定只能達到「自學」和「職能代理人」雙層貶值的地位[13]。不論那一種貴族都是本質主義者，將其生存方式視為本質的擴張，他們不認為在公家機關或法院檔案的官僚記憶裡所記錄的行為值得一顧，不論是好事還是壞事，他們只在乎舉手投足風度的細緻差別，是否能明確地展現出其行為的唯一準則，亦即其所作所為是否使其本質得以永恆不朽並光宗耀祖。也是本質主義迫使他們要求自己，就像其本質所迫使他們（「貴族非得如此」）要求自己那些別人不會去要求的，他們證明自己是在其自身的高度，也就是在其本質的高度上[14]。這讓我們了解學校排名和其標記的效應是如

---

[12] 在調查訪問時，最頑強的抗拒往往是那些高學歷文憑者，憑著文憑他們不斷地提醒定義上什麼是有文化素養。於是他們在受訪時，不是要回答其所知，而是要被探問其所好（眾所皆知，作家或藝術家在回答「文學調查」時是如何沾沾自喜，簡直就是在向孕育其「天才」、「創作者」和「發明家」的大學致敬一樣）。

[13] 這種本質主義會一直被默認下去，只要這種頭銜的社會價值所立基的信仰沒有變質的話，它必然會變成一種至少是倒置形式的種族主義的表述，尤其當其資本受到威脅時（例如持有貴族頭銜或學歷文憑的貴族落沒時）。

[14] 這種效應其實就是其中的一個機制，讓那些最具有特權的人，在危機的時候依舊固著於原來狀態的系統，往往是最後知後覺必須改變其策略，而成為其特權本身的受害者（例如像是破產的貴族也不願降格喪失身份，或是富農大家庭的繼承人寧願單身也不願下嫁或娶比他們地位低的人）。以同樣的方式，我們也可以在某些農家和傳統工匠的團體中，找到這種「貴族非得如此」的道德觀，這種道德觀以無法被忽視的方式加劇了這些階級典型的自我剝削。

何運作，而要完全了解還必須一併考慮所有貴族其他特性：他們彼此相互認定的本質不會被任何定義所局限，同時逃脫任何嚴謹、斤斤計較的規則和規定，因為其天生本質就是自由自在。因此，對學院貴族來說，認同自己是「有教養的人」（l'homme cultivé）的唯一且同一件事就是接受其中所暗示的嚴苛要求，這些要求會隨文憑或頭銜越富盛名而越顯得繁複。

因此，這一點也不矛盾。就其目的和手段而言，教育體系定義了獲得「通才文化」（culture générale）時所預設的某種*正當的自學方式*（*autodidaxie légitime*）所應有的積極進取，這會隨著學院等級越往上爬（不同的科系，學科或專業之間，或在不同程度之間）而越會被嚴苛地要求。所謂正當的自學方式，我們使用了基本上是相互矛盾的表述，因為想要突顯出學院文憑持有者高度認可「課外獲得的文化」（culture libre）以及自學者課外所獲得非主流的文化之間本質上的差別。後者像是〔科普雜誌〕《新發現》（*Science & vie*）的讀者討論基因密碼或亂倫禁忌，一旦他涉足到相關領域以外時，馬上就會被當作笑柄，然而當李維史陀（Lévi-Strauss）或賈克‧莫諾（Jacques Monod）[15]跨足音樂與哲學領域時只會為其聲譽更錦上添花而已。課外獲得的非主流文化指的是在特定委任的教導和正式考核學習成效的機構監控以外，自學所累積或在實作中所獲得的「經驗」，像是料理藝術或草本治療，工匠技藝或是職務代理人無法取代的知識，他們只有在技術效力的範圍內有其價值，但卻毫無任何附加的社會價值，並隨時會面臨被法院起訴的風險（像是醫生非法執業），一旦他們膽敢走出私人領域，就必須面臨具有當局許可競爭的同業壓力。

---

[15] 賈克‧莫諾（Jacques Monod），法國生物學家，出生於巴黎，他與方斯華‧賈克柏共同發現了蛋白質在轉錄作用中所扮演的調節角色，也就是後來著名的乳糖操縱組——**譯注**。

　　雖然在默認的定義裡，學校文憑形式上保證了一種專業的能力（像是工程師的文憑），但實際上更保證了「通識文化」的擁有，越富盛名的文憑就越是廣博和深遠[16]。反過來說，我們不能在形式上和實際上要求任何實質的保證。如果一定要的話，也不過是要求它所能保證的程度。這種象徵性的強制效應，使其在文化布爾喬亞（bourgeoisie culturelle）執照的持有中達到最強的密度；像法國所頒發的文憑中，高等專業學院（Grandes Ecoles）無需其他背書就確保了一種遠超過其文憑所能保證的能力。依據這條但書，透過默認，首先就強加於這些文憑的持有者本身，他們被要求要符合分派給他們的身份地位的特徵[17]。

　　這種效應可能在學校教育的各個階段發生。透過操縱學生的憧憬和對他的嚴格要求——或你要的話，操縱其自我形象和其自尊心，學校教育系統將學生引導到比較有威望卻沒有價值的職位，不就暗示著排除了主流的文化實踐。某種英語作者稱之為「配置」（allocation）的效應，也就是說指派到某一個科系，到某一個學科（哲學或地理，數學或地質學，甚至走極端），或到某一個學校（或多或少知名的高等專業學院或大學）。這種效應主要還是透過相關職位的社會形象以及客觀地顯現在其前途，其中最重要的關鍵就是文化積累的積極進取心和某種文化成就的形象[18]。學校的等級分類所生產出來的官方差距

---

[16] 這種主流文化，或是正邁向主流的文化像是以實作或理論性掌握象徵性擁有主流或即將變成主流文化的作品，此乃成為「有教養的人」才有的特徵，在問卷想要量測的某一個時間點上，就其主流支配的定義而言。

[17] 這種職能地位分派正是造成職場的各個領域（尤其是中等和大眾階級）男女性別差異的主要原因，只要按照章程地（statutairement）給予男性的職場領域都是如此，像是主流文化（尤其是最典型男性的文化領域，像是歷史或科學），更不用說政治領域。

[18] 經過智識和學術競爭而脫穎出來的高教育資本者，在他們諸多「優勢」之中，最明顯可見的就是具有高度的自信心和強烈的野心，使得他們敢在涉及廣泛的問題

易於在被分級的個人身上製造（或強化）一種集體公認和堅持的信念
去相信這種差距。並因此製造各種行為舉止以便拉近真實的存在和官
方認定的樣子之間的距離。從各種光怪陸離的活動到學校明顯且刻意
的苛求，例如每天寫日記或濃豔的化妝、經常去看戲或跳舞、寫詩或
打橄欖球，都可以在學校找到內定的位置，像是某種默許的苛求不斷
地被各式各樣的媒介提醒。其中最重要的還是教師有意或無意的殷殷
期許以及同儕團體間的集體壓力，這種壓力的倫理取向本身又取決於
在學校裡輸入和被學校所強化的等級價值。其間所暗示的這種*配置*效
應，身份地位分派的效應，無疑的，在極大程度上貢獻了學校機構能
夠強加那些文化實踐。雖然學校並不反覆灌輸，也不刻意要求，但卻
屬於它所分派位置的附屬身份地位性質的特徵，附屬於學校頒授的文
憑，附屬於這類文憑所進入的社會位置。

　　此一邏輯無疑舉足輕重。若考慮到主流支配的才能稟賦藉由經常
接觸某一特定類別的作品，亦即學院經典所認可的文學和哲學作品，
再擴展到其他作品；而較不主流的，像是前衛文學或那些學校較不認
可的領域，如電影。普遍化的傾向就已烙印於*辨認*主流作品的才能稟
賦的原則本身，烙印於能否意識到其主流支配，並在其自身裡察覺它
們值得仰慕的嗜好或天分的原則。這種嗜好天分又與能否辨識知名作
品的天分密不可分，也與能夠辨識一個作品獨特性的風格特徵（「這
是林布蘭（Rembrandt）」，甚至「這是戴著金色鋼盔的人（L'Homme
au casque」）的天分密不可分，或與能夠辨認是屬於那一個類別的作
品（「這是印象派」）的天分密不可分。據此，也就可以解釋為什麼
那些具有看似「不需付出努力」（gratuit）知識的嗜好和天分，像是知

道電影導演的名字，比起只是經常進出電影院的還要特定和狹小，且
與教育資本有關；知道很多導演名字的人會隨著收入、居住地和年齡
增加而遞增。

　　就列出來的二十部電影清單中，請受訪者指出看過的電影，我
們發現教育程度低者看電影的次數會比教育程度高者更少，而且在
外省（如里爾）會比巴黎更少，低收入比高收入更少，年長者比年輕
人更少。這樣的統計關係也符合廣告媒體研究中心（Centre d'Etudes
des supports de publicité）所做的調查：聲稱在訪問前一個星期曾經
看過至少一部電影的人的比例（這種指數會比去問一年內去看電影
的習慣更精確，因為後者過度宣稱的傾向特別顯著）男性稍微多於
女性（7.8%相對於5.3%），巴黎都會區（10.9%）明顯地比十萬人以
上的城市（7.7%）或鄉村型地區（3.6%）的比例多；高級主管和自
由業成員的比例（11.1%）明顯高於中級主管（9.5%）、辦公室職員
（9.7%）、技術工人和工頭領班（7.3%）、專業工人（6.3%）、小老闆
（5.2%）或農業從事人員（2.6%）。然而差距尤其明顯地表現在年輕
人（22.4%的21-24歲的人在受訪前一週至少去看過一次）和年長者
（35-49歲者只有3.2%，50-64歲者只有1.7%，超過65歲者只有1.1%）
之間，以及教育程度高和教育程度低之間（曾受過高等教育者在受訪
前去看一次的比例是18.2%，相對於受過中等教育者9.5%，只受過初
級教育或沒有受過教育者2.2%）（參見Centre d'études des supports de
publicité, *Etudes sur l'audience du cinéma*〔電影觀眾的研究〕，Paris,
XVI, 100 p. 補充資料13之2）[19]

---

[19] 補充資料請參見附錄二的統計資料來源清單。

　　對電影導演的知識則又與擁有的文化資本更緊密相關，勝於僅只是經常去看電影。只有5%的國小文憑受訪者，相對於10%具有中等教育初級階級畢業證書（BEPC）或高中會考資格（Baccalauréat）的受訪者，以及22%受過高等教育的受訪者可以（在20部電影的清單之中）說出4個以上的導演，而看過其中4部電影以上者，在各自範疇的比例，依次是22%，33%，40%。因此儘管只是簡單的電影消費也會依據教育資本的多寡而有差異（但是這種差異會比參觀美術館和聽音樂會的次數小）。似乎看電影消費的差異並不足以完全解釋不同教育程度間有關導演知識的差異。這樣的結論無疑的在爵士樂、漫畫、偵探小說或科幻小說方面一樣可成立，只要這些文類開始受到重視而進入神聖化過程[20]。另一個證據：教育程度些許的增加（從13%學歷較低者到18%受過中等教育者，到23%具有高學歷者），對演員的熟悉度尤其會隨著看過電影的多寡而有很大的落差。對演員的認識就如同他們熟悉電視明星生命中任何重要事件一樣，這預設一種才能稟賦較接近對日常生活人、事、物探問獲得的知識，勝於主流文化的才能稟賦；再說，事實上低學歷者若經常看電影則和高學歷的電影愛好者一樣，認得同樣多的演員[21]。相反的，在同樣教育水準下，對導演的

---

[20] 為了在同一水準上解釋，對導演的知識就住在巴黎的受訪者比起在里爾的受訪著有顯著的增加，而且離最學院和最主流的領域越遠時，巴黎與外省的差距就會越大。無庸置疑地在此應該援引所有我們稱之為「文化氛圍」中所不斷強化的文化素養的稟賦，亦即居住在具有相同社會組成及文化程度的同儕團體所產生的刺激，因此居住地定義了他們了文化稟賦，這又與文化活動密集度密不可分。

[21] 在那些至少看過4部清單中的電影者之中，45%只受過初級教育說得出4個演員的名字，相對於35%受過中等教育者，和47%受過高等教育者。其實是上班族職員對演員最有興趣：他們平均可說2.8個演員和1個導演的名字，但是工匠和小商人，技術工人和工頭則平均只能說出0.8個演員和0.3位導演的名字（秘書和商業部門中級主管也認識不少的演員——平均2.4個，對導演更有興趣——平均1.4個，社會醫療服務業的成員甚至可以說出稍微更多的導演—— 1.7個，以及演員—— 1.4個。

認識則會隨著看過電影數目的增加而增加，經常規律地看電影在這方面並無法補足教育資本的缺乏：45.5%具有CEP學歷者至少看過4部所列清單電影的人說不出任何一位導演的名字，同樣的情形，卻只有27.5%的BEPC或高中會考資格者，以及13%具有高等教育資格者說不出任一位導演的名字。

　　諷刺地，類似的能力並不必然是透過書本用功可以獲得的，像是「電影愛好者」或「爵士樂愛好者」（例如那些將電影片頭做成檔案的人）[22]；這通常是無心插柳而學習的產物，只有透過家庭或學校所獲得主流文化的才能稟賦的人才有機會。具備一整套認知與欣賞架構則可運用於一般各種情況，這種可移轉的才能稟賦使其易於跨界到其他文化經驗，使其領會、分類並以另一種方式來記住它：就如同對有些人來說只不過是「畢·蘭卡斯特（Burt Lancaster）演的西部片」，有些人則「發現早期的約翰·司圖加（John Sturges）」或「最後的山姆·畢京柏（Sam Peckinpah）」。在知道什麼值得看且應該如何看方面，他們具有所屬團體的整體協助（「有沒有看過⋯⋯」「應該看一下⋯⋯」這類的提醒），以及他所信任的整個影評體系的協助，而足

　　類似於對演員興趣的才能稟賦之產物，聳動新聞的週刊讀者中著迷於名星的八卦新聞的女性多於男性（10.8%的女性八天之內有讀過《Ici Paris雜誌》，相對於9.3%的男性），在技術工人和工頭領班方面（14.5%），專業工人（13.6%）或上班族職員（10.3%），但是在中級主管（8.6%）和尤其是高級主管和自由業成員（3.8%）（Centre d'études des supports de publicité, Onzième études sur les lecteurs de la presse，《報刊讀者第11次調查》1 ère partie, p.242）

[22] 這尤其是在具有文化資本的小布爾喬亞中，可以遇到熱中於電影的愛好者，他們對導演和演員的知識遠超過只是透過直接接觸相應的電影：31%的上班族職員說得出他們沒看過電影的演員名字，32%的社會醫療服務業成員可以指出他們還有機會看的電影的導演名字（沒有任何一個工匠或小商人，以及只有7%的技術工人或工頭領班說得出他們沒看過電影的演員名字）。

以建構出稱得上是藝術品味所應該具備的主流支配的分類與論述。

　　此一分析足以解釋學校教育既不教授，也不刻意要求的文化實踐，卻與學歷文憑的高低有密切的關係（當然，這裡我們暫時先不區分所觀察到的關聯性中那些是因為學校教育，那些是來自其他社會化的機構，尤其是家庭教育）。

　　但是若我們不考慮另一個隱藏得更好的效應的話，就無法完全解釋學歷文憑如何作為進入主流文化世界的條件：甚至經由不斷地反覆輸入這些條件，使得布爾喬亞家庭的作用得以強化學校機構的教育。透過學歷文憑所表示的是某種生存的條件，一種構成獲得這類學歷文憑的條件以及審美稟賦的條件，它永遠默默地被強迫接受最嚴格的要求才能得到進入主流文化的門票。在此簡單地預告我們的推論：因為都是布爾喬亞出身，因而會以過著近乎布爾喬亞的生存模式，來要求延長的學校教育，或者（在大部分情況下）是以上兩個特性的結合，將學歷文憑視為一種能適應審美稟賦能力的保證。

審美稟賦

　　事實上，任何一個主流作品都傾向於強加其自身認知的規範，並自然而然地被定義成唯一合法的認知模式，使得某種稟賦和才能得以運作。承認這個事實並非是將某一特定的認知模式建構成一種本質，因而無法抵擋某種幻覺，認可藝術正當性支配，而是要讓人注意到一個事實：任何行動者，不論他要或不要，也不論他能否遵循，客觀上都必須以此規範來衡量，並藉此得以將這些稟賦和能力建構成某種與生俱來的天賦。必要時，與藝術品有關的某種天賦神格的意識形態，或是學習的產物，藉此得以與藝術品，或更廣泛來說，與高級文化的作品靈性接觸，使得階級不平等分布奇蹟背後隱藏的條件一一浮現出來。

　　所有關於審美稟賦的本質主義分析之中，唯一就社會意義可算是「適當」的方法，就是將社會上被指定為藝術品的物件，視為要求根據某種純粹審美意向能夠去辨識並建構成為藝術品，同時也只有如此才值得被視之為藝術品。但這種方法必然注定要失敗。的確，此種分析拒絕將這些歷史產物的集體和個人生成因素納入考慮，這種產物又無限地被教育再生產，使得它無法重構其存在的唯一理由，亦即建立起學校教育任意性必然的歷史理由。若是藝術品真如潘諾夫斯基（Erwin Panofsky）所觀察的，必須根據某種審美意向來被認知（demands to be experienced esthetically），並且在另一方面，任何物件，不論天然或人工的，都可以被審美意向所認知的話，如何能不下此結論：其實是審美意向「造就」了藝術品，或轉換成索緒爾（Saussure）的公式，是審美的觀點創造了美學物件？為了擺脫這種邏輯，潘諾夫斯基必須賦予藝術品某一種學術意義的「意向」：一種純粹「實踐」的認知，與客觀意向相反，和審美認知的運作方式一樣，它建構在一種對某訊號客觀意向實踐的否定上，例如紅燈要求「實踐」的回應，就是踩剎車。因此，在所操作物件的類別內部，本身又以對反邏輯區分為天然物件以及藝術品。後者被定義要求必須由純粹的審美意向才能認知，亦即認識其形式勝於其內容。但是如何將此一定義變成可操作呢？潘諾夫斯基自己也覺得幾乎不可能科學地決定一個加工的物件會在什麼時候變成藝術品，亦即什麼時候形式會凌駕於功能：「當我寫信邀請朋友來晚餐時，我寫的字首先是一種溝通工具；但是，若我越注意書寫的形式，它越有可能成為一件書法的作品；若我越注意書寫的語言，越有可能成為一部文學作品或一首詩」[23]。難道技術物品的世界與美學物品的世界之間的劃分端視這些物

---

[23] E. Panofsky, *Meaning in the Visual Arts*, New York, Doubleday Anchor Books, 1955, p.12.

品生產者的「意向」？事實上，這種「意向」本身也都是社會規範與約定俗成的產物，互為消長地定義這條介於單純的技術物品和藝術品間的分界線。歷史不斷地變動，界線永遠都是不確定的：「潘諾夫斯基這麼說：古典的品味要求私人信件、官方論述和英雄的盾牌都*富有藝術性*……但是現代的品味則要求建築和菸灰缸*具有功能性*」[24]。但是不論是對作品的擔心還是欣賞，同時也端視觀者的意向，後者其自身是在某種歷史和社會情境下，主宰著藝術品間約定俗成規範的功能而已。與此同時，觀者的能力也遵循那些規則，也就是其藝術的養成過程。要想擺脫這種兩難的困境，只要留心將藝術品「純粹」認知方式視之為藝術作品，其本身也伴隨著藝術場域相對自主性建立時，專屬於藝術領域的主流支配原則之系統化和闡釋的產物。就算以最「純粹」的形式而言，美學認知的模式在今日已經相應於某種既定狀態的藝術生產模式：藝術，就以所有後印象畫為例，其實就是一種*確認形式絕對凌駕功能*的藝術意向之產物；也相應於某種既定狀態對形象物品的再現模式，斬釘截鐵地要求某種純粹的審美稟賦，而這在之前的藝術只不過是有條件地要求而已。這種藝術家如天神般的創作野心，足以將藝術追求的意向應用在*任何一個*物件上，這對其自身而言就是其目的，令人想起美學家可以毫不受拘束地將其純粹審美的意向應用在任何物品上，也不管它是否具有藝術意圖的產品。

　　這種要求客觀化後，美術館便是將此一審美稟賦結構化的地方。因為沒有比這裡更能展現和實踐作品並置時，相對於任何利益或美感外功能之藝術活動的自主化過程，這些作品原本可能為了完全不同的功能而存在，甚至彼此無法相容，十字架和神像、聖母哀悼耶穌之死的畫和靜物畫，在這裡，心照不宣地要求專注於形式而非功能，技

---

[24] E. Panofsky, *ibid.*, p.13.

巧而非主題,這些都是根據完全專屬,但又同樣必要的風格所建立出來的。美術館的作品幾乎質疑所有對寫實主義再現的期待,就像是對任何熟悉的經典審美所定義的,因此自然而然地讓風格的相對主義變成再現功能本身的抵銷。那些早先就被收藏家所獵奇和歷史或人類學當做文物的物件已經體現了審美凝視的無上力量,並早已進入藝術品的地位,使人很難忽視這種絕對的權威,否則只會被當做是可笑的斷言,被質疑藝術的沉思從此以後也包含了博學的成分,能夠打擊立即感悟的幻覺,而這正是純粹愉悅所不可缺乏的元素。

純粹品味與「野蠻品味」

　　總之,無疑的,我們從來沒有對觀眾要求那麼多,他被要求能夠複製藝術家(以及整個知識場域的共謀)生產其新偶像時的原創性操作[25]。當然也從來沒有給予那麼多作為回報。「炫耀性消費」的幼稚表現欲,以粗糙地賣弄並不熟練的奢侈品來尋求高尚的區判,不能與純粹凝視的獨特能力相提並論。因為後者以幾近造物者的神力,就其本質的差別與一般大眾區隔,這看起來似乎早已銘刻於其「人格」之中。只要讀一下奧特嘉・伊・加塞特(Ortega y Gasset)就可以察覺整個天才的天賦神格意識形態的大軍是如何存在於這種「本質上不親民甚至反大眾」的藝術,對奧特嘉來說指的就是現代藝術,並且這所

---

[25] 若要更深入了解純粹審美稟賦是如何對反於「實作」的稟賦以及這種「純粹」稟賦的集體和個人生成過程,而這種生成過程又如何被建構成「天分」並被遺忘的分析,參見P. Bourdieu, "Disposition esthétique et compétence artistique", Les temps modernism 1971, 295, pp, 1345-1378以及P. Bourdieu, "L'invention de la vie artiste", *Actes de la recherche en science sociales*, 1975, 2, pp.67-93.關於信念(illusio)和共同信念(collusio)的分析,請參見P . Bourdieu, "la production de la croyance", *Actes de la recherche en science sociales*, 1977, 13, pp.3-43.

製造出來的奇特社會學效應，就是將觀眾區分成兩個對峙的「社會等級」，「那些看得懂的和那些看不懂的」。奧特嘉這麼說，「這意味著有些人具備理解的器官，但同時別人卻被排除在外；也意味著人類兩種截然不同的變種。新藝術就如同浪漫主義藝術一樣，並不是使每個人，而是只給少數具備特殊天分的人才能懂」。並且這意味著「這種特權藝術、感官的高貴、本能性的貴族」所引起的「屈辱」和「莫名卑賤的感覺」，認為大眾「配不上藝術的神聖性」而引發憤怒。「整整一個半世紀，硬是要把『人民』、大眾說成是整個社會。史特拉汶斯基（Stravinsky）的音樂或皮蘭德婁（Pirandello）的戲劇曾具有某種社會學的力量，迫使人們以其本然的面貌被看待，就只是簡單的民眾而已，就只是社會結構中諸多單純的組成分子而已，歷史進程中隨性的物質，精神世界裡不重要的因素。另一方面新興藝術卻也有助於那些優秀作品在一片黑壓壓的泛泛之輩中被知道並被認可，教導這些小眾的任務就是去對抗大眾的沒沒無聞」[26]。為了證實少數特權人士自我正當化的想像沒有界線，我們還必須引述蘇珊・蘭格（Suzanne Langer），這位被視為當前最具影響力的哲學家最近的文章：「以前，大眾無法接觸到藝術，音樂、繪畫、甚至書籍都只是保留給有錢人的享受。一般也認為那些窮人若有機會的話，也只會享受『粗俗』的藝術。但是到了人人都識字的如今，參觀美術館，聆聽偉大的音樂，至少聽收音機，一般大眾對這些事物有其判斷力已為事實；至此之後，偉大的藝術已經明顯變成感官直接的享受而已（*a direct sensuous pleasure*），否則就只是像蛋糕或雞尾酒一樣，同時取悅沒有

---

[26] J. Ortega y Gasset, La dehumanizacion del arte y ortros enseyos de estética, 11ème éd., Madrid , Revista de occidente, 1967 (1ère éd. 1925), pp.15-17.

教育品味和教養品味的人」[27]。

　　區判的關係（可能暗示與通俗有意識的區判）不應該被認為只不過是審美稟賦的輔助或次要的配件而已。純粹凝視事實上意味著對這個世界一般態度的決裂，甚至導致與社會的決裂。我們可以同意奧特嘉對現代藝術的看法，他不過是將文藝復興以降，銘刻於藝術的意向推向其終極的結果而已。他有系統地拒斥所有「人間的」（humain）東西——這裡指的是*一般*人在其*日常生活*存在時都會有的激情、情緒和情感，以及連帶的一切會激起這些東西的主題或物品：「當人們開始對橫亙在面前的命運有興趣時，就會喜歡戲劇」，「他們沉醉其中，彷彿是其生命裡真實事蹟一樣」[28]。拒斥所有「人間的」東西，很明顯地就是拒斥所有一般的，亦即*普通的*、「不費力的」以及馬上可以懂的，首先就是要拒斥一切將審美動物減化為單純簡單的動物性，減化為感官的享受或感官的欲望；就是要反對對再現內容的興趣。讓人們稱之為「美」的事物的形象，尤其是那些對最立即性談論感官和感覺的東西，要保持冷漠和距離，不讓再現的判斷力屈服於再現物件的原始狀態[29]。由此可見若不同時描述在定義其自身時所抗拒的那個天真凝視，要描述這種「純粹」凝視並不容易，反之亦然；而且在對峙觀點的兩造之間，沒有所謂*中立*、公正或「純粹」的描述（這並不意

---

[27] Suzanne K. Langer, "On Signifiance in Music, in Aestetic and the Arts, éd. Par Lee A. Jacolus, Mc Graw-Hill Book Cy, New York, 1968, pp.182-212, p. cit.（我們可以辨識康德純粹愉悅與感官享受二元背律的論點——當然永遠有意識地在不提到康德的情況下再重新創造——稍後會進一步分析）。

[28] J. Ortega y Gasset, op. cit, pp.18-19.

[29]「有教養」的觀眾對區判的憂慮，會遇上激起藝術家表現其自主性的憂慮（隨著生產場域越能獲得自主性，就會越顯著），相對於外界要求（最明顯的形式就是下訂單），相對於功能而言，會優先選擇形式，這是他們完全能夠掌握的，就像為藝術而藝術一如為藝術家而藝術一樣，最後只會導致一種純粹形式的藝術。

味必須贊同美學的相對論，但只要「大眾美學」是相對於高級美學來定義的，相對於以主流藝術為參照來定義，以負面評價大眾對美的經驗之「大眾」品味來定義的話，這種美學相對論就不證自明了）。造成拒斥還是剝奪？這種系統地賦予大眾階級美學客觀位置的一種美學形式的誘惑，難道不比任憑宰割的順從危險嗎？因為是在神不知鬼不覺的情況下，大眾美學的觀點被染上了嚴重的負面形象，這才是所有高級美學的基石。

大眾「美學」

　　似乎所有跡象都顯示「大眾美學」就是立基於對藝術與生命之間連續性的肯定，這意味形式服從於功能，或若你要的話，立基於對拒斥的拒斥。因為高級美學原則本身就是拒斥，亦即在日常生活的才能稟賦和純粹審美稟賦之間做一個截然的切分。大眾階級和中產階級文化資本較不豐厚的派系對任何創新造形之敵視態度表現在戲劇方面，也表現在繪畫方面，更明顯地是在攝影或電影方面，因為其主流支配不那麼具合法性。在戲劇和電影方面，一般大眾較喜歡情節合情合理，逐步推進，最後發展到*圓滿結局*，也比較易「置身」於單純的劇情和分明的角色，而不是曖昧不明或象徵性的人物或情節，或依《劇場及其複象》（*Le théâtre et son double*）探討高深莫測問題的戲劇，更不是既存在也不存在貝克特式（à la Beckett）可憐的主人翁，或品特式（à la Pinter）異常平庸，堅持荒誕的對話。他們遲疑或拒斥的原因並不只因為對主流藝術不熟悉，更根深柢固的原因是，造形的創新一慣地都讓他們想要*參與*的期待失望，尤其當戲劇性的故事拒絕玩弄錯覺藝術那種「粗俗」的譁眾取寵的同時，卻在所有戲中戲的表現手法裡暴露自己。皮蘭德婁提供這種戲劇的典範，一場想要演戲卻一直

演不成的戲劇，像是《六個尋找作者的劇中人》（*Six personnages en quête d'auteur, comme ci (ou comme ça)*）和《今夜我們即興演出》（*Ce soir on improvise*），或像是惹內（Jean Genet）在其作品《黑鬼》（*Les Nègres*）前言提出的公式：「有一天我們也會從你們學來的禮節，讓我們的溝通成為不可能。阻隔在我們之間的距離，從一開始就因為我們的盛宴、儀節和傲慢而不斷地增加，因為我們也都是演員。」想要入戲的欲望，亦即認同於劇中人物的快樂與痛苦，為其命運憂慮和擔心，將自己投射到他們的希望及動機，尤其好的動機，過他們的生活。這種欲望其實就是一種*投資*的形式，一種理想觀眾「天真」、純樸、幼稚的認真投入（「我們是來尋樂子的」），這種觀眾會傾向於只接受造形創新和純粹藝術的效果，如果這些藝術效果可以被忽略且不造成對作品理解的困難的話。

由於文化上的分裂是和每一種作品的範疇相應的觀眾有關，這使得我們不易獲得大眾階級成員對現代藝術形式創新之評價的一手資料。現在就只剩下電視還會將某些高級戲劇或某些文化經驗傳送到家裡（像是龐畢度中心或文化之家）。這使得特定時間內大眾階級的觀眾被放在高級作品之前，有時甚至前衛作品，而創造類似實驗的情境。不多不少，如果你要的話，這跟所有以大眾階級為對象，關於主流文化的訪問調查一樣造作和不真實。這個時候我們可以看到某種慌亂不安，甚至變成某種混雜著恐慌的反叛（我想到的是班〔Ben〕的作品：展覽於龐畢度中心開幕不久的《煤礦堆》），這種諷刺的意圖完全是參照這個場域以及這個場域相對自主的歷史來定義的，但對常識以及具有常識的一般人來說，卻是一種侵犯和挑釁。同理，當造形的創新開始滲入他們熟悉的表演時（就像阿維第〔Jean-Christophe Averty〕的電視綜藝節目用很多精巧的特殊效果），大眾階級的觀眾就群起反抗了，不只是因為他們覺得這種花俏的遊戲沒有必要，也因

為他們知道有時候某種生產場域的邏輯，甚至是遊戲本身，有必要將他們排除在外：「我一點也不喜歡這些切得亂七八糟的玩意，我們看到一個頭、我們看到一個鼻子、我們看到一隻腳……我們看到一個歌手，身體很長，三公尺長，然後又有二公尺的手臂，你會覺得好玩嗎？啊，我不喜歡，看起來很蠢，我實在看不出把東西變形有什麼好玩的」）（格勒諾勃〔Grenoble〕的賣麵包婦）。

　　形式的創新（在文學和戲劇方面往往走向艱澀難懂），在大眾階級的觀眾看來，有時候會被當成有意和外行人保持距離的跡象之一，或像某個關於電視播放的文化節目之研究調查所說的：「在觀眾的眼界上高來高去」[30]就好像是跟其他的內行人談話一樣。形式的講究正是主流文化永遠得以展現其神聖、區隔和拒人於外的特質的機制之一，也是讓偉大的美術館表現冷冰冰的莊嚴隆重、讓歌劇院和大劇場成為雄偉壯麗奢侈品、讓音樂會成為裝飾和禮節機制的一部分[31]。所有的跡象都顯示大眾階級的觀眾彷彿都只模糊地意識到造型（mettre en

---

[30] 不同的調查研究都證實這種對各種創新造型的敵視，有些研究記錄了電視觀眾在希臘悲劇改編的電視劇《波斯人》（這部風格強烈且難懂的，又沒有什麼對話以及明顯主線（Les Téléspectateurs en 1967, Rapport des études de marché de l'ORTF, I, pp.69 sq.）的面前，是如何倉惶失措。有些研究則比較了觀看聯合國兒童基金會募款晚會（Le gala de l'UNICEF）的反應，古典、「快板」，較不傳統的風格，研究發現大眾階級的觀眾認為拍攝手法和道具風格化的創新是一種將真實變得貧瘠，並將過度曝光的拍攝技巧當做是技術上有問題。但相反的他們則為所謂的「氣氛」鼓掌，亦即某種在觀眾和藝人之間所建立關係的品質，然而他們卻也很遺憾沒有主持人，像是缺乏「熱情」一樣。（同上註，p.78）

[31] 這不只是因為這些機構所展示的物品都屬於平常較不熟悉的東西，知道它的用處，可以嵌入日常生活的裝飾中，也可以用日常生活的字彙來替它命名和評價（冷或熱，簡單或造作，亮眼或陰沉，豪華或簡陋等等），就像百貨公司本來是窮人的商場，同時也因為自覺無法達到這些超驗規範所要求的高度，亦即到達所謂上層階級的生活藝術的規則，他們自以為可妄下評論，因為品味和顏色的任意武斷是合法正當的。

forme）或塑型（mettre des formes），不論藝術上還是在生活上，都
意味某種對表達內容的*檢視*（censure），檢禁大眾說話方式所暴衝的
內容。這同時也是一種拒人於千里之外的冷漠，是所有造型的探索本
能地表現非常精巧的冷漠，以及某種隱藏於溝通內部的拒絕溝通。不
論是有意避開或拒絕表述應該表達的藝術，或是在布爾喬亞的禮節裡
完美的形式主義，都是一種對不拘禮節的企圖保持永遠的警戒。相反
的，大眾階級的娛樂就是能帶動觀眾參與表演，也能帶動集體參與它
所提供的節慶氣氛。如果說馬戲團和感傷的通俗劇（或像電視重播的
某些運動節目，像是摔角，和較少的程度上，拳擊賽和任何形式的集
體競賽）都比舞蹈或戲劇這種高級表演「受大眾階級歡迎」，不只是
因為較不形式化（只要比較雜耍和舞蹈就可以知道）或較不婉飾委辭
（euphémisé）而提供最直接、最立即的滿足。也是因為這類表演所引
起的集體盛大活動，更是因為它們提供了有看頭排場的炫耀（令人想
起大型歌舞劇、輕歌劇或是場面壯大的電影），以及仙境般的布景、
耀眼的服飾、令人振奮的音樂、生動的情節、熱情的藝人。就像所有
形式的喜劇，尤其是在那些「大人物」身上搞出笑料的滑稽或諷刺劇
（模仿演員、諷刺歌謠等）給人*節慶狂歡*的口味和感官之滿足，心直
口快和大膽露骨的玩笑打翻了約定俗成和得體的行為，將社會底層的
世界翻轉到上頭來。

審美的距離

　　大眾階級的反應完全與審美的超然相反，後者每每在挪用大
眾品味的物品，不論是西部片或動漫，都會在相對於「第一印象」
（premier degré）的認知中，引入一種距離、一種差距（可用拉開距
離的區判來衡量）；並將對「內容」、人物、劇情曲折的注意力轉

移到對形式、純粹藝術效果的欣賞。後者只是*關係性地*，透過與其他作品的比較，完完全全浸濡在這種比較關係才能釋放出來的獨特性才能欣賞。超然（détachement）、無私（désintéressement）、漠然（indifférence）正是美學理論一再被重覆提到，而成為辨識藝術作品是否自主獨立（*selbständig*）的唯一方式，到最後美學理論者甚至忘了其實不涉入（désinvestissement）、超然、漠然也就是拒絕自己投入其中或認真看待。看過盧梭《論戲劇》（*Lettre sur les spectacles*）[32] 而有所覺悟的讀者，很久以前就被警告：沒有什麼比投入過多的情感於精神事物或太認真的等待更無知、更粗俗，所以他們會很習慣、心照不宣地將精神的自由和道德的完整性或政治的忠誠對立。我們並沒有反對維吉尼亞・伍爾芙（Virginia Woolf），當他批評威爾斯（H. G. Wells），約翰・高爾斯華綏（John Galsworthy）和阿諾德・本涅特（Arnold Benett）的小說時說：「讓人留下一種奇怪的不完滿和不滿足的感覺，也讓人覺得必須『做點什麼事，加入什麼協會，或更令人失望地，捐一張支票』。然而像《項狄傳》（*Tristram Shandy*）和《傲慢與偏見》（*Pride and Prejudice*）則不同，它們完全能夠自我滿足（*self-contained*），除了重讀一次和理解更多，不會想做其他任何事。」[33]

　　但是，這種拒斥任何方式的*投入*，天真的迷戀，也拒斥「粗俗」的放縱，拒斥任由膚淺的誘惑和集體的狂熱牽著鼻子走。這種拒斥至少間接構成造型創新和追求無特定對象的再現品味的原則；也許站

---

[32] 約瑟夫・蓋拉（Joseph Garat）在《憶Suard先生》（*Mémoire sur M. Suard*）一書裡告訴我們，盧梭的《論文學與藝術的機構》（*Discours sur l'établissement des lettres et des arts*）在當時那些習慣不怎麼嚴肅看待的觀眾身上引起「某種恐懼」。

[33] V. Woolf, "Mr Bennet and Mrs Brown", in M. Schorer, J. Miles and G. McKenzie (ed.), *Criticism; The Foundation of Modern Literary Judgment*. Rev. New York, Harchourt, Brace and Co, 1948, p.70.

在一幅畫前面的反應最能看出這種拒斥。因此我們可以看到，隨著教育程度上升[34]，受訪者在被問及在一系列的物件中哪一個比較可能照出漂亮照片時，也越會將受大眾階級讚美的日常生活物件：受洗禮、海上落日、或風景，拒絕為「粗俗」和「醜陋」，或拒斥為毫無意義、無聊、有點「愚蠢可笑」，或用奧特嘉的話來說，幼稚地「人間的」東西。隨著教育程度上升，那些表示相對於被再現物，再現有其自主性的受訪者，越會覺得可以用社會意義上毫無價值的物件拍出漂亮的照片，更不用說好的繪畫作品，像是金屬構架、樹皮，尤其是高麗菜，最平淡無奇的東西，或社會意義醜陋或令人厭惡的東西，像是車禍現場、肉舖架（因暗示林布蘭而獲選）或蛇（因照參到布瓦洛〔Boileau〕）或其他不得體的東西，像懷孕婦女（參見表2和表3）。

　　由於無法落實真正的實驗情境，我們只能收集受訪者關於什麼是「可以入鏡」的評價，以及對他們來說可能構成美感的東西（相反的問題：什麼是不可入鏡？因為其毫無價值，醜陋或其他倫理的理由）。於是採取審美稟賦的傾向就在受訪的個人或團體評為具有美感的，以及在生產場域特定狀態裡被藝術主流支配的持有者評為有美感的差距中可以發現（就演化法則而言區判的辯證關係的生產場域裡，這種差距本身也是時間的差距──一種遲緩）。

---

[34] 將任何毫不起眼的物件指認為可能被攝影（這個最容易進入的藝術生產工具）操作而達到藝術提升轉化能力的變異完全和電影導演的熟悉程度的變異一致。這完全可以理解，因為這兩種情況都會將某種教育的程度應用於較遠離學校課程教育以外的能力，勝於表達在音樂和繪畫方面喜好的能力。

表2   根據教育資本的美學稟賦（％）

	受洗禮					民俗舞蹈				
	或不一致 沒有回答	醜陋	沒有意義	有趣	漂亮	或不一致 沒有回答	醜陋	沒有意義	有趣	漂亮
無文憑或CEP n＝314	2.0	5.0	19.0	23.0	**51.0**	1.0	0.5	3.0	41.0	54.5
CAP n＝97	4.0	1.0	26.0	**38.0**	31.0	4.0	0	3.0	33.0	**60.0**
BEPC n＝197	2.5	7.0	27.0	**31.0**	32.5	3.5	0	7.0	33.5	**56.0**
高中會考文憑 n＝217	2.0	12.0	43.0	24.0	19.0	2.0	0.5	13.0	**47.5**	37.0
大學低年級 n＝118	4.0	**13.0**	45.0	23.0	15.0	6.0	**2.5**	**13.0**	37.0	41.5
大學畢業 n＝180	1.0	11.0	**53.0**	28.0	7.0	2.0	1.0	11.0	49.5	36.5
教師會考資格、高等學院 n＝71	4.0	**15.5**	**49.0**	6.0	25.5	4.0	**6.0**	**22.5**	28.0	39.5

受訪者被要求回答以下的問題：「以下那些物件，拍照比較有機會照出漂亮、有趣、沒有意義或醜陋的照片：風景、車禍、和貓玩的小女孩、懷孕的女人、靜物、哺乳的女人、金屬架構、爭吵的流浪漢、高麗菜、海上落日、工作中的編織匠、民俗舞蹈、繩索、肉舖、樹皮、著名的紀念館、廢鐵場、受洗禮、受傷的男人、蛇、大師的繪畫？」

表3   根據階級和教育資本的美學稟賦（％）

階級	文憑	懷孕的女人					高麗菜		
		或不一致 沒有回答	醜陋	沒有意義	有趣	漂亮	或不一致 沒有回答	醜陋	沒有意義
大眾	無文憑或CEP, CAP（n＝143）	1.5	40.0	36.5	14.0	8.0	1.5	28.0	57.0
	BEPC或以上（n＝18）		39.0	22.0	11.0	28.0	0	5.5	72.5
中產	無文憑或CEP, CAP（n＝143）	1.0	46.0	27.5	15.0	10.5	2.0	22.5	61.5
	BEPC和以上（n＝335）其中	3.5	34.0	30.0	13.0	19.0	2.5	17.5	49.5
	• BEPC（n＝149）	3.5	39.0	35.0	9.0	13.5	2.0	21.0	56.0
	• 高中畢業（n＝140）	3.5	37.0	21.0	17.5	21.0	3.0	15.5	45.0
	• 高等教育（n＝46）	4.0	8.5	42.0	13.0	32.5	4.0	13.0	41.0
上層	無文憑或CEP, CAP（n＝25）	20.0	36.0	24.0	12.0	8.0	20.0	36.0	28.0
	BEPC和以上（n＝432）其中	3.0	36.0	22.0	19.0	20.0	3.0	14.5	48.0
	• BEPC（n＝31）	6.5	48.5	38.5	0	6.5	6.5	6.5	38.5
	• 高中畢業（n＝76）	0	60.5	16.0	5.0	18.5	0	21.0	55.5
	• 高等教育（n＝325）其中	3.0	30.0	22.5	23.0	21.5	3.0	14.0	47.5
	－不知名的學校	7.5	17.5	30.0	32.5	12.5	6.5	6.5	52.0
	－大學畢業	0.5	36.0	21.5	19.5	22.5	2.0	18.5	49.0
	－教師資格和高等學院	4.0	29.5	17.0	20.0	29.5	3.0	11.0	38.0

我們可立即看到，同樣是BEPC和以上（為了形式上比較的需要而有的）的類別在各個階級的回答完全不同，教育資本越多者，其回答的百分比隨著社會階級往上而增加（這解釋了一個重點，也就是認為高麗菜或蛇的照片「漂亮」、以及認為海上落日「醜陋」或「沒有意義」的幾個最少人選的選項，其百分比隨著社會階級往上而增加。但懷孕的女人照片明顯是例外，因為我們知道女性在這個類別更容易接受這個物件，故不將女性的回答納入計算）。

樹皮					肉舖					高麗菜				
或不一致或沒有回答	醜陋	沒有意義	有趣	漂亮	或不一致或沒有回答	醜陋	沒有意義	有趣	漂亮	或不一致或沒有回答	醜陋	沒有意義	有趣	漂亮
2.0	14.5	46.5	21.5	15.5	1.5	31.0	46.0	16.5	5.0	2.0	28.0	56.0	10.0	4.0
5.0	1.0	20.0	37.0	37.0	6.0	15.5	48.5	24.0	6.0	5.0	16.5	63.0	7.0	8.5
2.5	8.5	31.5	30.0	27.5	3.0	28.0	47.0	17.0	5.0	2.0	17.0	55.0	13.0	13.0
2.0	3.0	21.0	32.0	42.0	3.0	29.5	32.0	25.0	10.5	2.0	17.5	48.5	19.0	13.0
6.0	1.0	23.0	25.0	45.0	4.0	30.5	29.0	18.5	18.0	6.0	9.0	47.5	19.5	18.0
0	3.0	18.0	23.0	56.0	4.5	29.5	22.5	24.0	19.5	2.0	16.0	51.5	8.0	22.5
4.0	3.0	8.5	24.0	60.5	4.0	23.5	23.0	18.0	25.5	3.0	11.0	38.0	21.0	27.0

		蛇					海上落日				
有趣	漂亮	或不一致或沒有回答	醜陋	沒有意義	有趣	漂亮	或不一致或沒有回答	醜陋	沒有意義	有趣	漂亮
8.5	5.0	1.0	35.0	16.0	38.0	10.0	1.0	0	1.0	10.0	88.0
16.5	5.5	0	28.0	22.0	39.0	11.0	0	0	6.0	6.0	88.0
10.0	4.0	1.0	25.0	23.0	35.0	16.0	1.0	0.5	2.5	6.0	90.0
14.5	16.0	3.0	28.5	14.0	30.5	24.0	3.0	1.5	9.0	8.5	78.0
8.5	12.5	3.0	38.0	8.5	34.0	16.5	1.5	1.5	4.5	6.5	86.0
19.5	17.0	4.0	21.0	17.0	34.0	24.0	4.0	2.0	10.0	9.0	75.0
20.0	22.0	2.0	19.5	24.0	9.0	45.5	2.0	2.0	20.0	13.0	63.0
12.0	4.0	20.0	36.0	4.0	24.0	16.0	20.0	0	8.0	8.0	64.0
15.5	19.0	3.0	18.0	13.0	38.0	28.0	2.0	3.0	15.0	17.0	63.0
32.5	16.0	6.5	19.5	16.0	29.0	29.0	0	0	22.5	0	77.5
17.0	6.5	0	22.5	8.0	50.0	19.5	0	0	14.5	8.0	77.5
13.5	22.0	4.0	16.5	14.5	35.5	29.5	3.0	4.0	14.0	21.0	58.0
20.0	15.0	5.0	14.0	20.0	36.0	25.0	6.0	5.0	10.0	26.5	52.0
7.5	23.0	2.5	20.0	14.5	35.0	28.0	0	5.0	13.0	24.0	58.0
21.0	27.0	5.5	11.5	8.5	36.5	38.0	5.5	1.5	19.5	8.5	65.0

　　受訪者要回答下列的問題：「以下那些物件拍照比較有機會照出漂亮、有趣或沒有意義、醜陋的照片，例如風景、車禍現場等等？」在前測中，我們已經先給受訪者觀看那些只是在訪問調查時所提到物件的實物照片，以著名照片為主：鵝卵石，懷孕婦女等。照片中實物所引起的反應和照片的影像所造成的反應是一致的（因此證明賦予影像的價值和賦予實物的價值是相符的）。選擇攝影，部分是要避免像繪畫所造成的主流支配的強制效應，部分是因為攝影的文化活動被認為門檻較低，因此所形成的評價可能比較不會失真。

　　儘管上述的測試比較趨向於收集藝術意向，而不是量測在繪畫或攝影實作，或認識藝術作品時，落實此一意向的能力，但它卻能夠讓我們了解：到底是那些因素讓他們採取社會意義上被指稱為具有審美能力的姿態[35]。除了介於文化資本和審美稟賦的負向指標（拒絕愚蠢可笑的東西）或正向指標（有能力提升無價值的東西）之間的關係外（或至少是能夠操作武斷分類的能力，像是已成作品的物件〔objets ouvrés〕的世界裡，區分出社會上已有指定意義卻值得成為可開發的物件，這要求根據某種稟賦能夠辨認並將之建構成藝術品），統計數據也顯示美學上最有野心最喜愛拍的照片是土風舞蹈，其次，編織匠或小女孩和她的貓位居中間位置。回答這些物件可以拍成漂亮照片的受訪者比例在 CAP 和 BEPC 的教育程度達到最高，但高等教育程度的

---

[35] 由於只應用在可入鏡物件的評價上，因素分析可以在每一個階級內部呈現文化資本最高且經濟資本較低的派系與經濟資本最高但文化資本較低的派系之間的對立。或者說，在支配階級裡，呈現出高等教育的教授和藝術生產者（以及其次是中級教育的教師和自由業者）與工商業部門的老闆之間的對立，私人部門的主管和工程師則位居中間；或在小布爾喬亞階級裡，呈現出文化中介者很明顯與最接近的派系分開，像是小學老師、醫療服務業者、藝術工匠與小商人或工匠和上班族職員之間。

人不是將它們評價為有趣就是毫無意義[36]。

　　統計數據也還顯示女性比男性更常表現出對令人反感、恐怖或有點下流物件的厭惡：44 .5%的女性相對於35%的男性，認為一個受傷男人的影像只能拍出醜陋的照片。我們也可以發現對肉舖架（33.5%相對於27%），蛇（30.5%相對於21.5%），或對懷孕婦女（30.5%相對於21.5%）的反應有同向的差異；但是這種差異對靜物（6%相對於6.5%），高麗菜（20.5%相對於19%）的反應就相互取消了。在性別傳統分工裡，女性通常是被指派「人間的」任務或「人性的」情感，據此准許她們以理性與感性流露情感或流下眼淚，男人則必須嚴格地把持自己，後者依職權區分站在文化的這一邊（女人則被丟到自然的那一邊，和民眾一樣），必須檢禁或壓抑其「自然」的情感，採取所謂審美學的稟賦（順帶一提，我們稍後會證明，拒斥自然，或更好的話，放棄自然，是支配者的印記，懂得如何自我支配就是審美態度的源頭）[37]。

---

[36] 如果像受洗禮這種被說成可以拍出漂亮照片的主題之比例，隨著教育程度升高而不斷下降直到大專程度，然後在教育程度最高時會再一次升高，事實上是那些持有最稀罕文憑，相對重要的派系會表現出他們的審美稟賦，宣稱任何物件都可以成為藝術感知的對象。因此在支配階級裡，認為海上落日可以成為漂亮照片的比例，在教育程度低者身上達到最高點，然後越往中間程度（只有高等教育肆業或不知名學校）就越下降，但越往受過長期高等教育者的身上再一次明顯地升高，並且傾向認為任何物件都可以成為漂亮照片的題材。

[37] 女性越是公開地表達其厭惡感，越不利於審美的中立化，其對性別分工的傳統模式的服從就越全面，或用其他方式來說，她們的文化資本就越低並處於社會等級較低的地位。新興小布爾喬亞階級的女人，就整體而言，比起同一範疇的男人在情緒的考量上犧牲更多（即使她們之中和男人一樣有相同比例的人說高麗菜可以成為漂亮照片的物件），會接受懷孕婦女的照片是醜陋的比例，比起任何其他範疇的女人都更稀少（31.5%在這個情況相對於70%工業主和大商人的妻子，69.5%的工匠和商人妻子，47.5%的工人、職員或中級主管的妻子）。由此可見，她們無法只表示其美學抱負，而不表現她們從加諸於其性別上的倫理禁忌中解放開來的意願。

於是，最能嚴謹區判不同階級的莫過於主流作品的主流消費客觀要求的稟賦，以及對已經被建構成美學的物件採取專屬美學觀點的才能——因而很自然而然地，去羨慕那些懂得辨識值得欣賞的符號的人，更稀罕的莫過於能夠將任何一個物件或甚至「粗俗」的東西（因為不論美學上是否被「粗俗的人」挪用）建構成具有美感的能力，或能夠將「純粹」美學應用在日常生活中最平凡選擇的能力，像是料理，服飾或居家布置。

然而若建立純粹稟賦可能性的社會條件（這還需要進一步解釋）最無爭議方式，非統計調查莫屬的話，那它還是不可避免地需像學校測試一樣，量測受試者是否符合被某種早就默認為最高規範的標準。這可能也無法掌握在面對世界時，不同社會階級所具有的這種稟賦和整體態度所表達出來的不同意義。那是因為測試邏輯會使人把它描述成沒有能力的（更何況在此涉及以規範的觀點來定義藝術品主流支配的認知方式），這也是一種*拒斥*，並可在風格演練和純粹造形創新中非必要的任意和炫耀中找到其源頭。事實上，是以「美學」之名在攝影的被拍攝物或拍攝影像中找到其正當性。而工人階級卻幾乎永遠拒絕為攝影而攝影這件事（例如只是拍鵝卵石的照片），而視之為無用、變態或布爾喬亞式的：「那是在浪費底片」，「這應該糟蹋很多底片」，「我沒騙你，總是有人不知道怎麼殺時間」，「真的無所事事的人才會那樣子玩相機」，「這是布爾喬亞的照片」。[38]

---

[38] 我們不應該忘記大眾「美學」是一種被支配的美學，被迫不斷地相對於支配的美學來定義自己。由於無法忽視拒絕他們「美學」的高級美學，又無法放棄其被社會性地條件化了的癖好，更無法公開宣稱或正當化他們的美學，大眾階級的成員（尤其是女性）經常活在陰影下，經歷與審美規範的關係。這可以從以上的情況可以看得出來，工人們只能給予「純粹」照片不過是嘴巴說說的認可（許多小布爾喬亞都是

反康德的「美學」

　　這並非偶然，即使我竭盡全力去重建邏輯，大眾「美學」彷彿還是依照康德美學倒置的反面而建立起來，而且社會風俗似乎隱隱然反駁它的理論，回應美的分析裡的每一個命題。為了更能夠掌握美學判斷力的特殊之處是如何構成的，康德竭盡腦汁地區分出「使人喜歡」（ce qui plaît）和「使人快樂」（ce qui fait plaisir），更廣泛來說，從定義「快適」（l'agréable）的「感官利益」（l'intérêt des sens）和定義「善」的「理性利益」（l'intérêt de la Raison）中區辨出唯一有資格成為純粹美學沉思的「無私」。然而，大眾階級的成員期待每個影像都相應於一個功能──即使是符號的功能──經常很明白地在其所有的評價中，不是參照道德規範就是快意（agrément）。於是，不論喜歡或不喜歡，陣亡士兵的照片所引起的評價，永遠都在回應被再現物的真實，或回應再現可以滿足的功能，亦即簡單地透過呈現這種恐怖，照片被期待要產生令人感到戰爭的恐怖或揭發戰爭的恐怖[39]。同樣的道理，大眾階級的自然主義較會認同美麗事物照片裡的美感，但卻很少注意美麗事物的美麗照片〔本身〕：「這很好啊，幾乎是對稱，再說又是美女，漂亮的女人永遠都照得好」。巴黎地區的工人都會複誦辯士希庇亞（Hippias le Sophiste）[40]的直言快語：「美是什麼，我會回答他，而且不會被他駁倒，若要說真話，就是一個漂亮的女人，蘇格拉底，你聽好，這就是美」。

　　如此，甚至布爾喬亞的成員，尤其是想要與大眾階級區判的布爾喬亞，例如在繪畫方面，他們都不知道該做什麼或該說什麼，或更好的方式，就是什麼都不說）：「這很漂亮，我不會想要它」，「對這很漂亮，但要喜歡，不是我喜歡的那一種。」

[39] 此一分析所立基的資料可以在以下的書中找到：P. Bourdieu et al, Un art moyen, pp.113-134。

[40] 柏拉圖《大希庇亞篇》中主要對話的人物──**譯注**。

　　這種將形式和形象的存在本身屈從於其功能的「美學」必定是多元主義和有條件限制的：堅持提醒每一個主體注意其評價成立的可能限制和條件，針對每一張照片區分出可能用途和觀眾，或更精確來說，為每一個觀眾區分可能用途（「這放在新聞報導應該不錯！」「若只是要給小朋友看，好啊！」）。這些都證明他們不認為照片可以「普世地」令人喜歡。「懷孕女人的照片，我覺得很美，但其他人可能不覺得」，一個職員這樣說。他關注是否得體，擔心什麼才是「值得拿來見人的」，亦即有資格被讚美的，才會說出這樣的話。由於照片總是針對觀看它的人，根據所能滿足的功能而被評價，或根據觀者，它可以滿足那一類的觀眾，審美的評價判斷很自然地會以不直接的（hypothétique）形式出現，且隱隱然地以核對「種類」為依據，其中的完美與否和可應用的範圍又由一個*概念*來定義；將近四分之三的評價是以「如果」開始的，而且核對的努力總是以根據種類的分類來結束，或其實是一樣的，以賦予一個社會用途來結束。不同的種類是以參照到其相應的使用方式及其使用者來定義的（「這是廣告的照片」，「這純粹是用來做檔案的」，「這是實驗室裡的照片」，「這是比賽用的照片」，「這是教學用的那種」等等）。而裸女的照片幾乎永遠都是以被簡化成其社會功能的刻板印象之言辭所歡迎：「很適合皮加勒區（Pigalle）的裸體表演」，「這是那種在大衣下偷偷賣的照片」。我們可以理解這種以資訊、感官或道德的旨趣為鑑賞依據的「美學」只會拒斥毫無意義的影像，或其實是同樣的邏輯，影像的本身不重要。這種評價判斷在有關形象的對象上，永遠無法給予物件的形象獨立自主。在所有形象的特徵中，只有顏色（康德堅持沒有形式那麼純粹）可以避免照片被拒斥為毫無意義。事實上，對大眾階級的知覺來說，沒有什麼比這種審美愉悅更顯得陌生難懂：用康德的話來說，即獨立於感官快意的理念。因為那些因毫無價值而被拒斥得最強

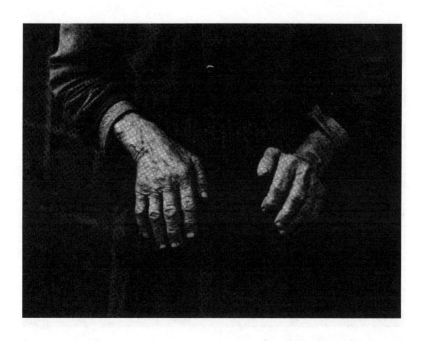

烈的照片（鵝卵石、樹皮、海浪）之評論，幾乎總是以保留的口氣作
結論：「若是彩色的，可能會很好看」；當他們表示「如果色彩成功
的話，彩色照片就會都好看」，有些主題甚至還可以明確地表達出支
配其態度的準則。總之，當康德寫到，「當這種鑑賞〔按：即品味〕
為了愉悅而需要混有刺激和激動，甚至將這作為讚賞的尺度時，它就
永遠是野蠻的」[41]，他指的確實是大眾階級的品味。

　　拒斥這種沒有意義的照片，不論就感官或利弊而言都沒有意義，
就是拒斥意義不明的照片，也就是拒絕把它當作一種無目的之合目的
性（finalité sans fin）看待，或當作照片本身就有其自身的意義，因此
除其自身外不需要任何的參考架構。照片是否有價值是以它是否承載
著某種資訊的利益，以及它所要滿足的溝通功能是否清晰來衡量，總
之，是否清晰可辨，就是其意向或功能的可讀性功能。隨著能指與所

---

[41] 康德，2002，《判斷力批評》，鄭曉芒譯，北京：人民出版社，頁58──**譯注**。

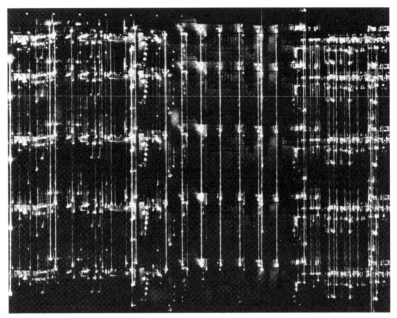

拉克（Lacq）工廠的夜景

指表述的適切性越完滿，它所引起的價值判斷也會越有好感（高）。
這種照片因此包含了某種期待標題和題詞能夠表示所要表述的意圖，
可以讓人判斷所要表達的或所要闡述的是否充分落實。如果前衛戲
劇或是非具象繪畫，或僅僅是古典音樂的造型探索會令人倉惶失措，
部分是因為他們自覺無法理解所呈現出的符號，到底要表達什麼？於
是對那些不懂得愉快就是將意義建立在對客體對象之超越的門外漢來
說，可能會經歷到格格不入或不配欣賞的感覺。他們不知道其意圖是
什麼，無法辨識到底是展現絕技，還是不熟練的笨拙；也無法分別到
底是「真心的」探索還是玩世不恭的欺騙[42]。然而造型的探索，事實

---

[42] 工人們在被安排看現代繪畫的自白中洩露出他們如何被排擠的（「看不懂這要說什
麼！」或「我很喜歡這個，但我看不懂」），相反於布爾喬亞了然的沉默，他們一
樣倉惶失措，至少知道應該如何拒斥，不管如何會閉嘴，因為無知地想要說什麼的

上也是經由塑形，就第一層意義而言，亦即以藝術的手法，以其自身
的利益、其技術的問題、效果、參照的遊戲，將事物本身拒於千里之
外，禁止與美麗的世界裡的事物直接溝通，像是可愛的小孩，漂亮的
小女孩，好看的動物或美麗的風景。人們等待的再現方式是視覺的盛
宴，像靜物一樣，「令人想起對節慶過去的記憶和未來的期待」[43]。最
能與這種歡慶世間美妙和快樂對反的莫過於立體派或抽象繪畫創新的
藝術作品中，所期待見到的「令人稱頌的抉擇」，然而這卻可能被視
為對被再現物、對自然秩序、尤其是對人物形象的侵犯，而成為眾矢
之的遭到揭發。總之，如果被再現物不值得被再現，如果再現的功能
屈從於一個更高的功能，譬如去讚揚它，作品便無法完全合理化為何
將它凝固成永垂不朽的事實，無論它如何完美地展現其再現的功能。
此乃「野蠻品味」的基石，即使最悖論形式的支配美學都永遠能在此
之上找到其負面的對照：只認同最寫實的再現，亦即再現尊重人的、
謙虛的物件、並遵從此設計為其美麗或其社會重要性。

美學、倫理和唯美主義

　　面對主流藝術品時，最缺乏專門能力者往往會應用其生活習慣
（Ethos）的認知架構來看待，此認知架構正是每天生活中結構化其日
常生活的認知方式所製造出無意願與不自覺系統的整體產物，因此或
多或少與美學原則所宣稱的對立起來[44]。結果產生將藝術作品有系統

遲疑反而洩露了對「什麼都不懂」的焦慮（只要看看「主題音樂」或冠上某某奏鳴
曲、某某協奏曲或交響曲的標題）就知道這種等待並非只針對大眾階級而已）。
[43] E. H. *Gombrich, Meditation on a Hobby Horse*, London, Paidon Press, 1963, p.104.
[44] 普羅階級「本身」（en soi）的大眾形象也許是不透明、高密度又堅硬，是知識分子
和美學最完美的反命題，但就「為己」（pour soi）而言，對其自身卻是透明，不堅
實的，在此找到幾個可能的根據。

地「還原」（réduction）為生活物品，將形式置之不顧，而僅專注於
與「人類」有關的內容，在純粹美學的觀點看來就是野蠻粗魯的最佳
明證[45]。所有跡象都顯示：只有將對再現對象的一切情感或倫理的旨趣
都抵銷（neutralisation）的情況下，形式才有可能成為專注的焦點。
與此並行（卻不必有因果關係）的就是能否駕馭各種方法，掌握每一
件作品的獨特性特徵。然這必須將其特徵的獨特形式放在其他形式的
關係之中比較才能辨識（亦即參照到藝術作品的世界及歷史）。

　　面對一張老婦雙手的照片，文化上條件最差的人或多或少表現
出符合社會習俗的情感或一種倫理的同感默契，但絕不會有純粹美
學的價值判斷（除非負面的評價）：「哎喲！她的手可真的變形得好
笑……有一個東西我實在搞不懂：（左手）拇指好像快要和手脫離一
樣。照片拍得很好笑，老奶奶應該是工作非常辛苦。好像有關節炎，
是啊！這女人已經殘廢了，不然她的手怎麼會折得這個樣子（做出動
作）？啊！真是奇怪，是啊，應該是這樣，她的手是這樣折的，哎！
這看得出來不像是老闆娘或打字員的手……看了這個可憐女人的手
就讓我覺得難過，好像打結一樣，我們可以這樣說。」（巴黎，工人）
中產階級則馬上將倫理的美德放在前景第一線並加以讚揚：「這雙手
好像工作勞動過度」，有時會帶著民粹主義的情緒：「真可憐！她的
手讓她受了不少苦，也讓人覺得痛苦。」有時甚至還會注意到美學
的特性或參照到他們看過的繪畫：「這就好像是一幅畫，被拍攝下來
的……若真的繪畫一定很漂亮」（外省，上班族）。「這讓我想起一
幅在西班牙繪畫展裡看到的畫，一個兩手交叉於前的僧侶，他的手指

---

[45] 當對形式的興趣被表達出來時，仍然是以生活習慣為根據：只有將它帶到真正的源
　　頭時才能重拾其真正的意義。由於對形式的興趣而刺激的精緻工藝的品味和語言的
　　過度矯正，與穿著嚴格地端正一樣，都源自於同一種稟賦。

也變形了」（巴黎，技術員）。「這種手在梵谷早期繪畫可以看到，老農婦或食薯者之類的」（巴黎，中級主管）。隨著社會階層往上升，評論就變得越來越抽象，（和其他人民的）手、勞動和年老如同譬喻或象徵，關注各種問題而成為為普世思考服務的藉口而已：「這都是工作太多的人的手，而且是做很多勞力的苦工……而且能看到這種手也非常不容易」（巴黎，工程師）。「這兩隻手無疑令人想起不幸可憐的老年」（外省，大學或高中教師）。較多的情況下，更多樣也更美學化操作技巧，援引繪畫、雕塑和文學作品，帶入某種布爾喬亞對社會世界的論述經常會預設並操弄的「抵銷作用」和「保持距離」：「我覺得這是非常漂亮的照片，象徵所有的勞動。讓我想起福樓拜的老女僕。這女人的姿勢同時又那麼的謙卑……只可惜苦工和貧困讓她的手變形到這種地步」（巴黎，工程師）。

　　一個濃妝豔抹的女人在灰暗的燈光下拍的照片也會引起非常類似的反應。工人、工匠和小商人都做出恐怖和噁心的反應：「我可不想要有這種照片在我家裡，在我房間，這讓人有不舒服的感覺，簡直就令人痛苦！」（工人，外省）「一個死人？可怕，令人晚上無法入眠，殘忍、恐怖，我不想看到」（小商人，外省）。如果大部分職員或中級主管都拒斥一張照片，讓他們不能說什麼，卻只讓他們覺得恐懼或給他們不舒服的印象，他們之中有些人則會去探尋其技術的特徵：「照片拍得很好，很美很恐怖」（上班族，巴黎）。「它讓人有種可怕的印象，那是因為占據這張照片主要畫面的男人或女人的臉部表情，以及照片是由下往上拍攝角度的關係」（中級主管，巴黎）。有些人則搬出一堆美學的典故，尤其是援引自電影：「那種有夠古怪，或有夠怪異的人物……這可能是德萊葉（Dreyer）、必要時也可能像柏格曼（Bergman）、甚至愛森斯坦（Eisenstein）電影的人物，像《恐怖伊凡》那種……我很喜歡！」（技術員，巴黎）。大部分高級主管和自由業

的成員都認為這張照片很「漂亮」,「表達張力強」,並且不只援引柏格曼,奧森·威爾斯(Orson Welles),德萊葉等人的電影,還會援引其他戲劇,《哈姆雷特》,《馬克白》或亞她利雅(Athalie)。

　　面對一張拍來可能就是為了讓寫實主義的等待倉惶失措的拉克天然氣工廠的照片,就對象而言,一間廠房在主流再現裡一般是被排除的,或就照片夜景的處理方式而言,工人們感到茫然不知所措,幾經遲疑後,最後承認被打敗:「乍看之下像是一座金屬建築物,但我實在搞不懂,這可能是用在大發電廠……,我實在看不出是什麼,真的是沒見過的東西」(工人,外省)「這東西,真的讓我不解,我無話可說……,看不出什麼,除了燈光以外,但又不是汽車的大燈,不,這個東西,我真的看不出是什麼」(工人,巴黎)。「這是電子設備,我不懂」(工人,巴黎)。在小老闆方面,我們知道他們對現代藝術,更廣泛來說,對所有作品的創新批評得很嚴厲,因為他們不再能辨識勞作的標記與痕跡,倉惶失措導致他們簡單又純粹的拒斥:「這很無聊,可能是很好的作品,但對我來說不是,總是一些老把戲。對我來說,這東西很無聊」(工匠,外省)「我很想要知道這真的還是張照片嗎?甚至可能是幾筆鉛筆畫的複製。要是我還真的不知道要把這照片放在那裡呢!它終究是現代主義的品味,一兩筆什麼鬼東西,就有人喜歡。再說,照片和攝影師不應該獲得掌聲,他們什麼也沒做,全部都是畫家的功勞,是他才值得掌聲,因為是他畫的」(小商人,外省)。上班族職員和中級主管也都跟工人或小老闆們一樣倉惶失措,但比前者較不傾向承認,卻比後者較不傾向去質疑讓他們困惑的正當性、支配性的問題,也經常較不輕易放棄發表評論[46]:「作為照片而

---

[46] 同時卡在強烈的學習意志和不安全感之間,正是上升的小布爾喬亞的特徵,表現在拒絕輕易說出那些表列的物件可以拍出「有趣的」,而不是漂亮,醜陋或無意義的照片:40%的職員和中級主管認為蛇可以拍出有趣的照片(相對於25.5%的新興小布爾喬亞傾向如此認為)。

言，我很喜歡……因為很長的關係，這些線就顯得很龐大……像龐大的鷹架一樣……。燈光也拍得很生動」（職員，巴黎）。「畢費也喜歡搞這種東西」（技術員，巴黎）。但只有支配階級的成員人數最多能夠辨識這個被再現物，相對於內容，對形式的評價也獲得全面的自主性（「這不怎麼人性，但就審美的觀點而言其對比是很漂亮」）。並且，再現是以其自身的方式被理解的，除了它本身以外無需參照到其他事物，或同一個範疇的其他實體（「抽象畫」，「前衛劇場的戲劇」）[47]。

　　唯美主義，即以藝術意向為生活藝術依據的原則，這意味著某種道德的不可知論——倫理稟賦最完美的反命題——因為倫理稟賦是將藝術屈從於生活藝術的價值。藝術的意向只能與生活風俗的稟賦或倫理的規範意見相左，後者在每個時刻，為不同的社會階級定義，*正當地再現形式與對象*，在可被再現的世界裡排除某些實物，以及某些再現它們的方式。唯美主義最簡單，因此最慣用、也是最搶眼的技倆就是「讓布爾喬亞驚豔」，透過證明權力延伸到賦予藝術地位最好的方式，就是永遠都更激進地踰越倫理的審查（例如在性方面），但其他階級卻仍然任憑這種倫理的審查強加其上，甚至到將支配者的稟賦視之為其美學之地步。或更有技巧的手段是重新賦予對象以及再現方式一個藝術地位，但這些卻在當下就已經為支配美學（esthétique dominant）排除在外，或這些對象都已經為被支配「美學」

---

[47] 對於非常相近物件的態度的變異，金屬構架提供了一個數字上的證據。認為金屬構架可以拍出漂亮照片的受訪者的比例，工人和服務業的人員方面有6%，在工匠和小商人方面有9%，在職員和中級行政主管方面有9.5%，在新興布爾喬亞方面有22%，在小學和幼稚園教師和技術員方面有24%，在支配階級方面有24.5%，最後在中學和大學教師方面有50%。（這一切令人不免設想到龐畢度中心的建構物所引起的反應也會遵循這個原則）。

（esthétique dominée）認定具有藝術地位了。

　　只要讀一下最近一期《生活的藝術》（*Art vivant*）（1974）的索引目錄，「大致上現代〔藝術〕雜誌，由一群學院派的人在運作，大都是藝術史的」（一位前衛派畫家說得很好），在前衛藝術評論場域裡，介於 *Flashart* 或 *Art Press* 以及 *Artitud* 或 *Opus* 之間，位居中立地位。在標題和專欄的清單中，我們抄錄了：*非洲*（1個標題「人人應有權藝術」）、*建築*（2個標題，包括「沒有建築師的建築」）、*漫畫*（5個標題，或是在全部索引46頁中占9頁篇幅）、*書寫—表意文字—塗鴉*（2個標題，4頁）、*兒童*（藝術與～）、*媚俗*（3個標題，5頁）、*攝影*（3個標題，3頁）、*街頭*（在～的藝術）（15個標題，23頁，包括「藝術在街頭嗎？」，「藝術在街頭嗎第一集」，「美麗滿街跑，只要好好欣賞」，「從郊區來的範例」）、*科幻—烏托邦*（2個標題，3頁）、*地下*（1個標題）。這羅列的清單所表現出來的顛覆或踰越的意圖非常清楚，甚至還包含在被指責為美學慣例所指派作為對立面的限制之中，因而有必要將這種限制的踰越認同為美學（亦即像是符合踰越者的規範）（這也就是類似馬可夫鏈〔quasi-markovienne〕邏輯隨機的選擇，像是電影方面，安東尼奧尼、卓別林、電影館、愛森斯坦、情色—色情、費里尼、高達、克萊因〔Klein〕、瑪莉蓮‧夢露、地下、沃荷〔Warhol〕）。

　　這種*象徵性踰越*的投入經常與政治的中立主義或革命的唯美主義掛勾在一起，其實是一種小布爾喬亞道德主義或沙特稱之為「嚴肅」的革命分子幾近完美的反命題[48]。審美稟賦所暗示的倫理的冷漠，當它

---

[48] 這很明顯地可以在文學或戲劇可以看到（例如美學60年代的「新浪潮」）。

變成生活藝術的原則時，事實上是對藝術家（或知識分子）倫理反感
的來源，尤其小布爾喬亞裡正在沒落或受威脅的派系（尤其工匠和商
人）身上表現得特別強烈，他們在各種實作領域都易於表達其退化又
壓抑的稟性（特別是年輕人的教育或學生及其示威的議題上），但也
可以在同一個階級上升的派系表現得很強烈，他們因道德而緊張且因
其深層的不安全感而很能接受「淫婦政治」（pornocratie）的幻想。

　　純粹的〔審美〕稟賦的正當性支配是全面地被*認可*，以致無法令
人想起藝術的定義，以及經由它定義的生活藝術事實上是階級鬥爭的
賭注。被支配者的生活藝術，*幾乎從來沒有被有系統地表述過*，幾乎
總是從支配美學摧毀或減化的觀點被認知的，甚至他們的捍衛者也都
是如此，以至於他們沒有其他選擇，除了退化墮落外，就是平反自
我摧毀（如「大眾文化」）而已。這也就是為何應該問問普魯東[49]，在
他天真的系統裡的一個表述，*小布爾喬亞的美學*將藝術屈從於生活藝
術的基本價值，在藝術家的生活藝術、玩世不恭的變態裡，看到賦予
形式絕對優位的原則：「在私有財產影響下，藝術家在其理性裡*腐敗
墮落，在其風俗裡放蕩荒淫、利欲薰心、寡廉鮮恥，是邪惡的自私者*
的形象。任何正義和真誠的念頭都僅在其心頭船過水無痕地浮現，而
且社會的所有階級裡，藝術家這一類人是最沒有強烈意志和高尚性格
的人」[50]。「為藝術而藝術，就像人們這樣命名的，就其自身並沒有其
正當性，因為沒有基礎，什麼也不是，這不過是心靈的*放蕩*和精神的
*腐化*而已。若脫離了權利與義務，被教養和被講究成心靈思考最高境
界和人性的至高展現，藝術或理念剝除了它自身最精華的部分，就只
不過是一種幻想和感官的刺激、罪惡的淵藪、奴役的來源，根據《聖

---

[49] 我當然也可以引述狄更斯。

[50] P.J. Proudhon, *Contradictions économiques*, Paris, Rivière, 1939, p.226（斜體字是我的強
　　調）。

蒙德里安（P. Mondrian），《百老匯的爵士樂》

蒙德里安，《繪畫編號 1》

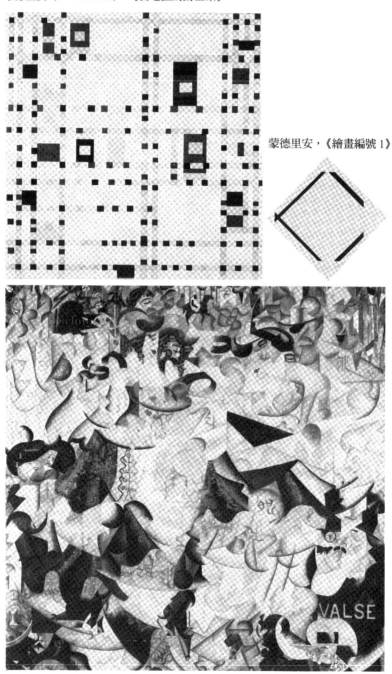

賽維里尼（G. Severini），《塔巴林舞場動態的象形文字》

經》，所有世間*通姦*以及可惡的行為之毒泉所流經之處……為藝術而
藝術，我會說，為作詩而賦詩，為風格而強做風格，為形式而造作形
式，為幻想而做白日夢，所有這些疾病，都像蝕蟲病的瘟疫一樣。啃
食我們時代的，就是這種一切精緻裡的*惡行*，在其精華裡的邪惡」[51]。
這裡被譴責的是，形式的獨立自主以及藝術家竊取講究形式的權力，
而事實上他只不過熟稔那些應該被減化為「製作」（exécution）的東
西而已：「我不要去爭辯高貴，或高尚，或姿勢，或風格，或姿態，
也不想爭辯任何可以構成藝術品製作的東西，此乃老式評論老生常
談的課題」[52]。由於必須聽命於其對象的選擇，藝術家在製作上進行報
復：「有教堂畫師、歷史故事畫師、戰爭場面畫師、樣式畫師（亦即
趣聞或鬧劇）、肖像畫師、風景畫師、動物畫師、海洋風景畫師、維
納斯畫師、幻想畫師，有人專精裸體，有人擅長褶襉，然後每個人
強迫自己以其能耐在製作上競技以求揚名於世。有人專注在繪圖、
有人在色彩；這人專精於構圖、那人專精於透視；有人下功夫於在
地服裝或色彩、有人以畫感情令人注目，其他有人以畫理想或寫實
人物令人眼睛一亮，還有人以完成無趣的主題之細節作為彌補。每
個人都強迫自己有一個*妙法*或*兩把刷子*，技法，而且在流行推波助
瀾下，名聲因此而起，也因此而落」[53]。相反於這種脫離社會生活，無
法無天的藝術，配得上這個名字的藝術應該屈從於科學、道德和正
義；它應該獻身於刺激道德的敏感度，激勵尊嚴和高尚的情感，將現
實提升為理想，以事物的理想取代事物，畫出真理的事物，而不是
真實的東西。總之，它應該具備教化功能，為此，它不應該只是傳
遞「個人感受」而已（像大衛的《網球場的宣言》〔*Serment du jeu de*

---

[51] 同上註，頁71。（斜體字是我的強調）

[52] 同上註，頁166。

[53] 同上註，頁271。

Paume〕或德拉克羅瓦），而應該像庫爾貝（Courbet）的《弗拉熱的農民》（*Les paysans de Flagey*）一樣，重建*所有人*都可評斷的社會與歷史真理。（「經過短暫的思考，每個人只要詢問自己就足以發表對任何藝術品的評價」）[54]最後在結束前，如何能不引述普魯東對單獨的小房子的讚揚，因為確定的是它一定會被廣大的中產和大眾階級所贊同：「我會獻出羅浮宮、杜樂麗宮（Tuilerie）、聖母院——還有凡登廣場（Vendôme）的中柱——只為了住在我自己的家，在一個我自己設計的小房子裡，獨自居住圍起來的一小塊地中間，一分地已足矣，在此我有水源、有樹蔭、有草地和寧靜。如果要我放尊雕像，絕不會是朱比特、阿波羅：這些大人物與我何干，也不要倫敦、羅馬、君士坦丁堡或威尼斯的街景。上帝啊！讓我遠離這些地方！我只在這裡放我思念的東西：山林、葡萄園、草地、山羊、牛群、綿羊、收割人、小牧童」[55]。

抵銷作用與可能性世界

與非專業的認知方式不同，藝術品專業審美的認知方式（其間當然有完美程度的差別）具備了一套社會建構和後天習得的直接相關性原則（principe de pertinence）。這種選擇的原則使他在躍然眼前的諸多元素（例如將樹葉或雲彩當作所指的功能、所投注的跡象或訊號：「這是一棵白楊木」，「暴風雨快來了」）中，能夠辨識和牢記所有風

---

[54] P.J. Proudhon, *Du principe de l'art et de sa destination sociale*, Paris, Rivière, 1937, p.49.

[55] P.J. Proudhon, *Contradictions économiques*, Paris, Rivière, 1939, p.256.若無法將日丹諾夫（Zdanov）的「美學」與法國共產黨領導階層的工人或小布爾喬亞生活習慣對應起來思考，就無法完全理解他的論點是如何在法國被接受的，因為他在很多方面與普魯東非常接近。〔按：日丹諾夫（Zdanov），史達林時期蘇聯主要領導人之一〕。

格的特徵，而且只有那些*被重新安插在風格的可能性世界的元素，區別出處理某一個曾見過元素的特殊方法*，樹葉或雲彩，亦即將風格視之為一種再現手法以表達某個時代、某個階級或階級派系、某個藝術家團體或特定個人的認知或思考模式。我們無法在討論一件藝術品的風格特徵時，不預設一整套參照援引，至少隱含地參照到共存的可能性（compossible），這種共存的可能性可以是同時性的（以便區別同一個時代的作品），也可以是連續性（對照同一個作家或另一個作家早期或後期作品的不同）。若我們能夠「辨識」某個藝術品風格特徵的獨特性的話，那麼為某個畫家整個作品集或某種類別作品（像1978年波爾多辦的靜物畫展）舉辦的展覽，其實就是動員一種可相互替代風格的可能性場域的客觀落實。因為了解蒙德里安（Mondrian）作品創作的先前理念以及預見他所喜好的，就像宮布利希（E. H. Gombrich）所指出的，這幅名為《百老匯爵士樂》（*Le Boogie-Woogie à Broadway*）的畫作才完全展示出其意義：「歡樂滿溢的印象」，玩弄著生動且強烈對照的顏色貼布遊戲，只有熟悉「一種藝術，以直線和幾個基本顏色為基礎，並且平均分布於小心翼翼地保持平衡的矩形裡」的心靈才有此神來一筆，也才能擺脫「嚴格精確」的期待，掌握相當於「大眾音樂輕鬆的風格」。而且只要想到這幅被認為是吉諾‧塞弗里尼（Gino Severini）的作品，他部分畫作試圖表達「在搶眼的混亂樂曲中舞蹈音樂的韻律」，參照到這種風格參考座標，才能察覺蒙德里安的畫作會援引巴赫的《布蘭登堡1號協奏曲》（*Premier Concerto brandebourgeois*）。

審美稟賦一旦被當作賞識和解讀某種風格特徵的才能，就與某種專屬於藝術的能力密不可分。這種能力透過後天學習或經常性地接觸藝術作品而獲得，後者尤其是在美術館中。儘管其原初功能非常不

同，但最後這些功能都因為在一個供奉藝術的場所中展覽而被抵銷了
——要求專注在形式上。這種實作能力的掌握有助於將藝術再現世界
的每一個元素標定在某一特定範疇裡，而此範疇的定義是相對於有意
或無意地排他性之藝術再現所構成的。因此，風格特徵指的是在某個
時代的作品相對於另一個時代作品的風格之*原創性*，或在一個範疇
內，某畫派的作品相對於另一畫派，以及某畫家的作品相對於其畫派
或時代，或甚至一個畫家的特殊作品或畫法相對於其全部作品而言。
這種風格特徵的領會與風格的冗贅（redondance）意識密不可分，亦
即在圖像方面定義風格的典型處理方式。總之，掌握相似性意味著暗
示或明示地參照差異性，相反亦然。屬性總是暗暗地以援引某些「見
證作品」（oeuvres-témoins）為依據，然後有意或無意地牢記，因為這
些屬性代表一個被認可才能特別高的程度，在一個特定類別的系統裡
多多少少明確地被認為是有直接關聯的。這似乎指出，甚至對專家來
說，定義見證作品風格特質的直接關聯性標準經常都停留在不言而喻
的狀況，而且美學的分類法不言而喻地僅只是將藝術品區別、分類和
排列而已，從來沒有達到美學理論試圖給他們協助時的嚴謹程度。

事實上，不論愛好者或是專家所進行的〔風格〕特質的單純辨
識，都與重建所察覺的情況來掌握作品內在理由和存在理由的科學
專門意圖無關。這裡所親身經歷的問題意識只不過是建構場域的位
置空間與占取位置本身。在此場域裡，當事人或相關藝術家的〔創
作〕意圖，最普遍的是以彼此對反的方式來定義自身。像這種重建的
工作裡用援引參照武裝自己不過是一種語義式的回聲或情緒性的回
應，以襯托讚美的言辭，但卻是在建構具有風格、主題的可能場域時
不可或缺的工具。這種場域的可能性是客觀地顯露出來，但在某種
程度上，也是主觀地由藝術家所認定的可能性展現。這也就是說：
若要理解第一批浪漫主義畫家為何要回歸到原始藝術，必須要重建

整個參照援引的空間去理解為何大衛（Jacques-Louis David）的學徒
都要蓄鬍和穿著古希臘衣服，「要更青出於藍地超越專屬於師傅的尚
古崇拜，回到荷馬、聖經和莪相（Ossian）時代，而將古典希臘時期
的風格本身，唾棄為「洛可可」或「凡路」（Van Loo）或龐巴度夫人
（Pompadour）」[56]。在此我們又回到倫理與美學間不可分離的取捨，相
對於決定那些選擇的因素來看，那些認同更純粹和更自然狀態的人就
顯得天真了，因為這與形式主義的美學所珍愛的跨時代的對反關係完
全沒有共同之處[57]。

　　但是若照藝術品崇拜的例行公事，卻無法理解這種歌誦者和死忠
者的意圖。其實文人或上流社會引經據典的遊戲，除了讓作品進入彼
此認可、具有主流支配相互循環的功能之外無他，著名的例子就是維
盧的老楊・布呂赫爾（Jan Bruegel de Velours）的《花束》（*Bouquet
de fleurs*），它可以讓尚・米榭爾・皮卡爾（Jean-Michel Picart）《花
束與鸚鵡》（*Bouquet de fleurs au perroquet*）顯得更高貴。同樣的，在
另一個脈絡裡，後者的參照引述，因為較不常見，可以讓前者提高價
值。這種文人典故和類比的遊戲會永無止境地援引其他的類比，就像
所有神話或儀式系統的核心對反關係一樣，他們均不曾好好地解釋清
楚，說明他們運作時所依據的關係之基礎是如何建立起來，就這樣環
繞著作品由矯揉造作的經驗所編織成的一張緊密網路，彼此回應、彼
此強化，讓藝術沉思更具有迷人的魅力。甚至如普魯斯特所說的「偶
像崇拜」即根源所在，導引他們認為：「女演員的衣褶或貴婦的裙子
很美的……並非衣料很美，而是由於莫羅（Moreau）所繪畫的或巴

---

[56] P. Bénichou, *Le sacre de l'écrivain*, 1750-1830, Paris, José Corti, 1973, p.212 .

[57] 類似的批評應用於德國浪漫主義繪畫（介於柔焦〔soft focus〕與聚焦〔hard focus〕
之間）對於空間的對反關係，參見E. H. Gombrich, *In search of Cultural History*,
Oxford, Clarenton Press, 1969, p.33.

爾札克所描寫的衣料所致。」[58]

與基本需求保持距離

為了要理解隨著教育資本增加，〔藝術〕傾向的習性（就像最具文化野心的人經常說的：至少能夠「脫離其內容」地欣賞一部作品）以及更普遍而言，主流作品所要求的「不求報酬」和「無私」投資的習性傾向隨同增加。這不僅指出學校的學習提供審美經驗表達以及在表達中建構的語言工具與參照體系——事實上這個關係確定了：審美稟賦所依恃的是與生存有關的物質條件，不論是過去還是現在——這才是它能建構及能運用的先決條件，同時也是（不論教育是否認可）文化資本累積的先決條件，而這又只能在某種從經濟的基本需要擺脫開來才有的習得。審美稟賦又傾向將再現物的自然與功能懸置起來，並排除任何天真自然的反應：恐怖時恐懼、渴望時想要、在神聖之前虔誠的崇拜。同理，也將一切純粹倫理的反應擺一邊，以便集中在表現的手法、風格，並透過比較其他風格而被認知和欣賞。其實，審美

---

[58] M. Proust, *Pastiches et mélanges*, Paris, Gallimard, 1947, p.173.類比作為循環的思考模式，可以讓人在藝術與奢侈品的領域一直打轉而出不來。我們談論瑪歌（Margaux）城堡酒時，使用的字彙就是用來描述這個以此為名的城堡，或在其他地方談論莫芮或法朗克（César Franck）〔按：十九世紀比利時裔法國作曲家〕時提到普魯斯特，這是一種不需要深入討論兩個人的好方法：「寓所即名酒的形象，高貴、簡樸，甚至有點莊嚴……在瑪歌，不論葡萄園或城堡，從來不需要過多的裝飾。準備要上桌的酒會先讓它散發其魅力，同理，酒店也等您光臨來散發您的魅力。在這兩種情況下呈現出來的字彙都相同：優雅、高貴、溫和。幾個世代，多少小心翼翼的照料想要追求的目標就是這種微妙的滿足感，就一句話：最為深情。陳年的老酒，長住的房子，瑪歌名酒和瑪歌城堡都具有兩種世上稀罕東西的產物：嚴謹與時間」（Eveline Schlumberger, Le charme enivrant de Château-Margaux, *Connaissance des arts*, novembre 1973, pp. 101-105

稟賦是與他人世界的整體關係的一個面向，也是生活風格的一個面向，在此面向上會以難以辨識的形式反映出其特定生存條件的效應：一切主流文化的學習情況，不論是潛移默化或散布，如最常見的家庭教育，或是明顯和特定的如學校教育。這些生存條件都以懸置並延緩經濟的基本需求為特徵，以與實際生活的緊迫性保持主觀和客觀的距離，以與那些命中注定要為五斗米折腰的群體保持客觀與主觀距離的基礎。

若真的要玩文化遊戲，就要像柏拉圖所說的得認真的玩，認真但精神不嚴肅。認真玩遊戲永遠意味著當真的賭注，玩得起的人儘管不必將其全部的生命當作一種小孩的遊戲，像畫家一樣，但至少長時間，有時候是一輩子，與世界保持一種頑童的關係。（所有的小孩剛開始都是布爾喬亞般的嬰兒，和其他人和這個世界保持某種神奇力量的關係，但遲早他會長大的。）這特別清楚可見，當社會基因的意外發生在一個教養良好，擅長玩弄知性遊戲的世界裡其中的一個人（我們想到的是盧梭，或在另一個世界的車爾尼雪夫斯基〔Tchernychevski〕）將賭注和利益帶入一個原本沒有這些的文化遊戲裡，他自以為遊戲其中，以至於連信念所要求，具有抵銷作用的最起碼距離都捨棄了，將知識的鬥爭當做賭注來處理，像是諸多悲壯宣言的目標：單純真與假，或生與死的問題。這也就是為什麼遊戲的邏輯本身在遊戲開始之前就已經給他們指派了角色，儘管從那些懂得如何在知識信仰的界線上適可而止的人眼中，只看到他們無論如何都要演的角色，不是古怪就是粗魯而已。

美學稟賦是一種概化的能力，它能將日常生活的緊迫性抵銷，並將一切實際操作的目的性懸置起來；它也是一種持久的態度與傾向，既要實作但又不要有實作的功能。美學稟賦只能建立在一種免於現實緊迫性的經驗世界，實作本身即其目的，例如，學校的作業或是藝術

品前的沉思。亦即，預設和世界保持距離（高夫曼〔E. Goffman〕所提出來的「角色距離」只是其中一個特殊面向而已），即布爾喬亞世界的源頭。與那些想要我們相信的機械式形象相反，家庭與學校的教育行為所進行的練習活動，即使在最特定的藝術面向，也都透過反覆灌輸來運作，也都透過經濟與社會的條件來運作，因為這才是這種練習活動得以運作的先決條件[59]。學校所安排的遊戲和為練習而練習的活動，至少從這觀點看來，並不如其外表呈現的和布爾喬亞世界那麼的遙遠，而且無數個看似「無私」或是「不計利害」的行為更讓其稀罕性更具區判力。像是居家的布置和保養，正是浪費時間和精力（往往是透過僕人）去照料的最佳時機；或是散步這種沒有任何目的的身體移動，或觀光這類將世界縮小成地景的象徵性擁有。還有各種儀式或宴會，藉機展示其儀式性的精品、裝潢、談吐、首飾等，當然更不用說藝術的活動和消費。現在我們可以了解，布爾喬亞的青少年和布爾喬亞的女性情況相近，後者部分被排擠於經濟活動之外，當她們不在美學上尋求庇護或回報時，會在布爾喬亞生活的居家布置裡，找到其成就感。前者同時是經濟上優勢又（暫時地）被排除於經濟權力的現實外，有時候會反對整個布爾喬亞的世界，但他們又無法真正做到對這種共同命運的拒絕，這種情緒最容易表現在對美學或對唯美主義的嗜好。

　　其實，經濟實力首先就是一種讓自己遠離經濟基本需求的權力。這也就是為什麼經濟實力那麼普世性地要透過摧毀財富、炫耀性消費、浪費任何形式上*不計成本的*奢侈品來達成。因此，布爾喬亞不再像宮廷的貴族一樣，將其整個生活當作是一場永無止境的炫耀展示，

---

[59] 在這裡只需想想學校學習狀況和在任何「正式」場合所要求使用語言之間關係的分析即可得知。（參見，P. Bourdieu avec L. Boltanski, « Le fétichisme de la langue », *Actes de la recherche en sciences sociales*, 4, juillet 1975, pp.2-32）。

而是建構在介於有利可圖和不計利害的、營利和無私的之間的對反關係上。一樣是以對反的形式表現出來的特徵，根據韋伯的說法，則是介於工作場所和居住地、工作日和例假日，（男主）外和（女主）內、工作和情感、工業和藝術之間，以及經濟需求的世界和藝術自由的世界（被經濟力量從此基本需求脫離出來）之間。

　　藝術品的物質和象徵性的消費構成「優渥」（l'aisance）最極致的展現之一，不論是一般語言賦予這個字的條件或稟賦的意義而言[60]。純粹凝視的超然不能與「不計利害」和「無私」的通才稟賦分開來。事實上這種透過易得手（facilités）和自由，製造與基本需求的距離，是一個否定經濟條件化的矛盾產物。在此同時，審美稟賦也就以主觀與客觀地相對於其他的才能稟賦來界定。這種與基本需求以及那些深陷於其中的人保持一定客觀距離，會和一種有意識的保持距離相互匹配，後者若刻意展示的話，更能加倍自由的感受。這種與基本需求的客觀距離越大，生活的風格也越進一步地變成一種韋伯稱之為「生活風格化」的產物，一種有系統地致力於引導和組織各種最多樣的生活實踐：選擇特定年份的酒或特定的乳酪，或鄉村別墅的布置。這種懂得在被支配的基本需求中確認其權力者，永遠暗示著一種正當性支配的優越感，優於那些依舊被利益和日常生活的急迫性所支配的人，因為他們不懂得透過不計代價的奢侈品和炫耀性浪費來確認這種對不確定的事之鄙視態度。自由的品味只有相對於基本需求的品味才能完全展現出來，後者若放在美學的秩序就是粗俗了。這種藝術的志向比起

---

[60] 沒有一部古典時期的專論不明顯地提到優渥與風格的優雅，以及優渥與生活風格之間的關係。例如我們想到的就是 *sprezzatura* 的理論，一種不刻意強求的「漫不經心」，按照巴爾達薩雷・卡斯蒂利奧內（Baldassare Castiglione）的說法，區分了宮廷完美的人和完全藝術家。（按：B. Castiglione 為文藝復興時義大利的詩人和外交家，以其著作《廷臣》留名後世）。

任何人都較不致遭到質疑，因為「純粹」和「無私」才能稟賦與使之成為可能的條件（往往也是生存最稀罕的物質條件）之間的關係，很可能不會被察覺。排名最前面的特權階級因此最具有優勢，看起來就是與生俱來的。

審美感作為區判感

　　由此可見，審美稟賦是與世界及他人保持距離且有自信關係的一個面向，這種關係中又預設了鎮定和客觀的距離。這也是一種由社會的條件化作用所產生的才能稟賦系統之展現，這種條件化的作用又與特定階級的生存條件有關，尤其當它又在一個特定的時期，在某些經濟需求限制下，以一種合乎禮儀最大自由的矛盾形式出現。而審美稟賦也是位居社會空間中特權位置的人表達*區判*的一種方式，其中區判的價值是*客觀地*相對於由不同條件形成的其他表達方法的關係中所決定。就像各式各樣的品味一樣，審美稟賦也聚集某些人且分開某些人。作為與一個特定階級生存條件有密切關係的條件化作用下的產物，它聚集了那些由相似條件所生產出來的產物，但也與所有其他人區隔開來。而且是根據最基本的原則，因為品味是我們所擁有的一切基礎：人或事物是我們在別人眼中看來的一切基礎，也是我們分類別人，也被別人分類所依據的基礎。

　　任何品味（亦即顯露出來的偏好）都是一種在實際操作上不可避免的差異的肯定。因此，毫無意外地，當它們要自我辯護時都是以否定的方式來肯定自己——即拒斥別人的品味[61]。在品味方面，更勝於

---

[61] 在千百萬個之中，只舉兩個範式的例子都很明確地使用「這又是另一回事」的句型。「『海盜的未婚妻』」(La fiancée du pirate) 是難得一見的法國真正的諷刺電影，真的很好笑，因為不像《虎口脫險》(Grand Vadrouile)、《小泳者》(Petit Baigneur)

其他領域，完全是以否定的方式來決定[62]。品味說穿了無疑就是反胃、就是厭惡，就是由衷地不容忍（「令人作嘔」）別的、別人的品味。我們不為品味和顏色爭辯：不只是因為所有品味都是天生的，更因為每種品味都自認是天生的──也簡直都是慣習使然──其實說穿了也都是將別人拒斥到違背自然的恥辱之中。美學上的不容忍是一種非常恐怖的暴力。對不同生活風格的嫌惡無疑是階級之間最難跨越的藩籬：門當戶對的婚姻就是一個明證。而且對那些自以為是主流品味的護衛者來說，最無法容忍的就是把所有品味弄成一個褻瀆神聖的大雜燴，而品味卻要求分開來的。這意義是說藝術家和美學家的遊戲及壟斷藝術主流支配的鬥爭並不像其外表看來起那麼無辜：沒有藝術的鬥爭，不玩強加生活藝術的遊戲；亦即任性的生活方式蛻變成主流支配的生存方式，後者反而將其他生活方法唾棄為任性[63]。藝術家的生活風

一樣，小心翼翼地運用許多已解爆，無害的笑料……畢竟這比起林蔭大道戲場為消遣而外包的無恥戲謔又是另一回事」（J.-L . Bory, *Le nouvel observateur*, n°265, 8-14 décembre, 1969，斜體是我的強調）。「透過保持距離，或至少透過表現差異，試圖呈現另一種關於圖像現代性的文本，而不是彙編某些風格藝評的老生常談而已。介於多嘴的失語症、圖畫的文字轉譯、認可的讚嘆和專業美學作品之間，也許只不過想要藉由當代造型藝術的生產，標示幾個概念和理論的根基」（G. Gassiot-Talabot *et al., Figurations 1960/1973*, Paris, Union générale des éditions, coll. 10-18, 1973, p.7）。

[62] 這種本質性的否定早已銘刻於品味的建構及其改變的邏輯本身，這也解釋了宮布利希所注意的「藝術史的術語使用許多以排除的原則來表達的字彙」。「諸多藝術潮流都樹立起新的禁忌，新的否定原則，像是對印象畫派一切『奇聞逸事』的元素放逐。在藝術家或評論家的過去或現在宣言裡讀到正面肯定的口號和字彙通常也比較不清楚」（E. H. Gombrich, *Norm and Form, Studies in the Art of the Renaissance*, London, New York, Phaidon, 1966, p.89）。

[63] 這可在劇場的例子看得非常清楚，因為它以最直接也最公開的方式觸及生活藝術明示或暗示的原則，尤其是在喜劇的情況最為明顯，它預設了一個價值或利益的社群，或更好的說法，一種共謀或勾結的形成會基於對同一件眾所皆知的事立即加入，亦即人云亦云（doxa），以不經反思的信仰模式所保證的意見集結（這解釋為何不論所提供的產品或推廣機構之分化上，在劇場方面比起其他藝術更顯著）。

格總是針對布爾喬亞的生活風格的挑釁，這裡指的是總是故意展示非現實的、甚至荒誕、一種對它所追求名譽和權力的不可靠和虛榮之實作性示威。在上述抵銷作用下與世界之關係，不但本身定義了美學稟賦，同時也內含了某種去現實化，以及布爾喬亞投資事業所要求的那種嚴肅精神。就像對那些無法以藝術作為其生活藝術基礎，也無法透過追憶文學文本和引經據典圖像看待世界和看待他人的人一樣，會很明顯地做出的倫理性評論，「完美」的評論以及純粹美學的評論事實上也是在其日常生活的技能裡找到源頭[64]。但因為被認可為具有主流支配的正當性，以至於他們與一個具有相同稟賦和利益的團體之關係就變得無法辨識，而此一團體是由高文化資本和低經濟資本所定義。他們以彼此相對的方式，為必然是不明確的品味遊戲提供一種絕對參考值，因此透過一種矛盾的顛倒，來正當化布爾喬亞追求「天生高貴」為*差異的絕對化*的抱負。

　　不論在客觀或主觀上爭取美學位置（例如體現在身體美容、穿著或居家布置），這些都宣示它們在社會空間中所占有位置的機會，像是要維持的地位或應保持的距離。毋庸贅言地，並非所有的社會階級都有能力或準備進入這種以拒斥別人的拒斥為拒斥的遊戲、以超越別人的超越為超越的遊戲；有能力或準備將其生活風格的基本技能轉化成美學原則的系統、將客觀的差異轉化成嚴選的卓越、將（在外顯上是由區判關係的邏輯所建構的）被動選項轉化成有意識和精挑細選的占取位置，成為美學的抉擇。這些都是保留給支配階級成員的策略，甚至保留非常大的部分給布爾喬亞，或那些有能力將「生活風格化」的創造者和專業人士，因為只有他們有辦法將其生活藝術轉變成一種

---

[64] 關於為藝術而藝術作為藝術家的生活風格的分析，參見 P. Bourdieu, L'invention de la vie d'artiste, *Actes de la recherche en sciences sociales*, 1975, 2, pp.67-93.

美術。然而，相反的小布爾喬亞進入區判遊戲時，最顯著的特徵就是面對等級排名時總是擔心暴露自己被引起的焦慮，因而不論是在衣著或家具的選擇上，他們總是以別人的品味為品味，以為這樣就是最安全的指標，就像娜塔麗‧薩洛特（Nathalie Sarraute）的小說裡所寫的兩張簡單的沙發椅一樣。至於大眾階級在爭取美學位置時，他們只能扮演反襯的功能，定義所有以不斷否定為原則的美學定義，來提供否定的參考點[65]。由於忽視或拒絕方法或風格，大眾階級或文化上最貧乏的中產階級的「美學」（自身）往往是以「漂亮」、「可愛」或「討人喜愛」（而不是「美」）的東西來定義，這些東西已經是經常用來定義日曆和明信片的美學：例如落日或玩貓的小女孩、土風舞蹈或大師的繪畫、受洗禮或小孩的遊行隊伍。區判的企圖就出現在小布爾喬亞的唯美主義，他們會為能夠找到所有高貴物品或實踐的便宜替代品而感到雀躍不已：像是漂流木或彩繪石、藤編或羅菲亞椰編品、手工藝品或藝術照片。這種唯美主義是以對抗大眾階級的「美學」來自我定義，拒斥人人皆愛的物件、「蹩腳彩色畫片」的主題：像是山嶺風景、海上和林間落日，或紀念性照片：受洗禮、名勝，或著名繪畫（參見圖2）。在攝影方面，這種偏向接近大眾「美學」品味的物件，已經部分被或多或少明顯的圖像藝術傳統參照所抵銷，或是被刻意講究社會浮世繪的意圖（工作中的編織匠、爭吵的流浪漢、土風舞蹈）

---

[65] 即使是看起來例外的例子，像是某些藝術家回歸某些大眾品味的偏好，但是與被這些選擇所支配的文化形構有著完全不同的意義，因為這些選擇不是機會不大，就是不可能。這種回歸到「大眾」的藝術風格常常被當做是回歸人民大眾，但卻不是以任何與大眾階級的關係來決定，即使是最理想的情況也是如此，最常被忽略的還是一種拒斥的形式出現，但是在藝術生產場域或支配階級的內部關係裡的拒斥（一般而言這相當於當知識分子有關大眾階級的論著時，往往也都是知識分子之間的鬥爭為了其自身特定的關鍵利益，即使不是為了人民大眾，至少也是為了他們所賦予的正當性的支配，即在某種場域的狀態，看起來像是為人民大眾的利益代言）。

圖2 小布爾喬亞的美學稟賦

	工匠、小商人	員工、中階主管	技師	小學教師	新興小資產階級
最高票	海上落日	海上落日	海上落日	海上落日	海上落日
	風景	風景	風景	哺乳的女人	風景
	土風舞蹈	土風舞蹈	玩貓的小女孩	玩貓的小女孩	哺乳的女人
	玩貓的小女孩	玩貓的小女孩	哺乳的女人	風景	玩貓的小女孩
	哺乳的女人	哺乳的女人	工作中的編織匠	樹皮	樹皮
	工作中的編織匠	大師的繪畫	土風舞蹈	工作中的編織匠	工作中的編織匠
	受洗禮	靜物	靜物	土風舞蹈	靜物
	大師的繪畫	受洗禮	樹皮	蛇	土風舞蹈
	著名的紀念館	樹皮	蛇	懷孕婦女	繩索
	靜物	著名的紀念館	受洗禮	著名的紀念館	蛇
	樹皮	工作中的編織匠	著名的紀念館	靜物	大師的繪畫
	懷孕婦女	蛇	金屬構架	金屬構架	高麗菜
	金屬構架	金屬構架	大師的繪畫	繩索	懷孕婦女
	蛇	懷孕婦女	廢鐵廠	大師的繪畫	金屬構架
	爭吵的流浪漢	高麗菜	繩索	廢鐵廠	爭吵的流浪漢
	受傷的男人	爭吵的流浪漢	懷孕婦女	爭吵的流浪漢	著名的紀念館
	廢鐵廠	繩索	高麗菜	高麗菜	受洗禮
	繩索	肉鋪	爭吵的流浪漢	肉鋪	廢鐵廠
	高麗菜	廢鐵廠	受傷的男人	受傷的男人	肉鋪
	肉鋪	受傷的男人	肉鋪	受洗禮	受傷的男人
最低票	車禍現場	車禍現場	車禍現場	車禍現場	車禍現場

以及形式所抵銷（鵝卵石、繩索、樹皮）[66]。真正意味深長、最理想的
中等藝術總是在最具「中等文化」特色的表演（如馬戲表演、輕歌劇
和鬥牛賽）裡找到其中一個最喜歡的土風舞（我們知道技術工人和工
頭領班，中級主管和職員尤其喜歡）[67]。就如同社會浮世繪式的照片所
記錄的，民粹式的客觀主義以建構沉思或甚至同情憐憫、憤慨指責的
對象，來與大眾階級拉開距離，將「民眾」的表演變成劇場的表演，
土風舞蹈也是如此，這些都只不過是以美學的寫實主義和民粹式的
緬懷所操作的去真實化的手法，來證明一種*有距離的接近*（proximité
distante）關係的機會。而這卻是小布爾喬亞與大眾階級和其傳統的
一個基本面向。然而這種「中等」唯美主義學也會輪到他們，變成中
產階級新興派系裡最內行成員的反襯，這些人拒斥那些倍受喜愛的物
件。這種「中等」唯美主義學也變成中等學校教師的反襯，因為其
消費唯美主義（相對而言他們較少玩攝影和其他藝術）往往讓他們
很有自信地將任何一個物件建構成美學，除了那些已經被小布爾喬
亞的「中等藝術」建構過的東西（像是編織匠和土風舞，不過被視
為「有趣」而已）[68]。自以為是的美學家則很明白地以其區判性的拒斥

---

[66] 毫無疑問地，在技術員身上我們可以見到最純粹形式的「中等品味」。他們在攝影方
面的選擇占據了中產階級空間的中間位置（參見圖表），一邊是大眾階級、工匠、小
商人、職員和中級行政主管；另一邊是上層階級、小學教師和新興小布爾喬亞。他們
特別高頻率地偏好最典型中等藝術的攝影：編織匠、靜物。但是新興小布爾喬亞的偏
好則經常傾向於那些他認為最不會被認為是傳統美學的物件，他認為比較「有創意
的」：繩索、高麗菜，以及那些帶有社會浮世繪色彩的物件（爭吵的流浪漢）。

[67] 參見補充資料7、2，頁82-83。

[68] 也是在這兩個範疇的人最明顯的拒斥紀念性照片（「紀念性照片，即愚蠢又平庸」；
「照片再怎麼說都是為了保留我們心愛的人的影像」），最明顯拒斥繪畫的寫實主義
（「美麗的畫就應該複製大自然中美的東西」），或是攝影的寫實主義（若要拍一張好
的照片，就應該能夠辨識拍的內容是什麼），同時也是最對現代藝術最堅決有信心
的肯定（往往是以負面評價的方式表達，「現代繪畫，就是隨便畫畫，一個小孩也
會畫」）。

宣示他們擁有能夠實際掌握物件與團體之間關係的能力，而這正是所有「這像……」的評論之來源（「這像小布爾喬亞」，「這像暴發戶」等等）。而這卻又不至於要將那些很明顯是大眾「美學」的東西（受洗禮）或小布爾喬亞「美學」的東西（親子、土風舞）描述成美的物件，因為結構上鄰近的關係使他們本能地厭惡。

事實上，鮮明的美學選擇往往建構在社會空間最鄰近團體的對反選擇上，因為他們之間的競爭最直接也最立即。而且更精確來說，相對於下層團體，在這些不同選擇的關係中，無疑的最能標示出其區判的企圖（也最會被當做是自命不凡〔prétention〕）。例如對知識分子而言，小學教師喜歡的是巴桑、費哈（Jean Ferrat）或費雷。這類歌曲幾乎對任何人都容易入手，形成一種共同的文化資產（和攝影一樣），而且它們是真的普及（在這些歌曲最「成功」的時候，幾乎沒有人不曾在某一個時刻聽過），以至於激起那些想要標示其差異的人一種非常特別的警覺心。知識分子、藝術家和高等教育的教師似乎遲疑在系統性地拒斥那些只能是，或更好的說法，只不過是「中等藝術」的東西，以及選擇性地接受那些可以呈現他們文化及美學稟賦之普世性的東西之間[69]。在另一邊，老闆和自由業的成員則很少傾向於所謂「知識分子」的歌曲，對一般的歌曲標示他們的距離，噁心地拒斥那些最常播放和最「通俗」的歌手歌伴合唱團（Compagnons de la chanson）、蜜海兒‧瑪蒂（Mireille Mathieu）、阿達摩（Salvatore Adamo）、希拉（Sheila），但會另眼看待最經典最神聖的歌手（像皮

---

[69] 在此「問卷」預定選擇的清單形成非常關鍵的限制，使資料無法顯示出「衝突」和想避免衝突的策略。那些受訪者「不得已」選擇喬治‧巴桑、傑克‧杜埃，可能是想要表示其對歌曲的拒斥又要表現其「開放性」，因此以暗示性地重新定義的方法，援引寇特‧威爾（Kurt Weill）〔按：德國作曲家，活躍於1925年代〕或拿波里的老歌。

雅芙〔Edith Piaf〕或德內〔Charles Trenet〕）或最接近輕歌劇或美聲唱法的歌曲。而在中產階級身上卻看到對歌曲的選擇偏好（就像在攝影方面一樣）成為一個展露藝術野心的機會，他們表現出對大眾階級喜好的歌手的拒斥，像是蜜海兒‧瑪蒂、阿達摩、阿茲納吾爾（Charles Aznavour）或提諾‧羅西（Tino Rossi），而試圖提升「小眾」歌曲或歌手的地位。因此，在小學老師這領域上（比起主流藝術的領域）最能看到他們想要與小布爾喬亞區隔，因為他們可以投注其教育的才能稟賦在歌手的選擇上，表現其自身的品味，以提供通俗的詩給小學的課程，像是杜埃或巴桑（幾年前，還是進入高等師範學院的課程）[70]。

　　我們發現，相同地沒落的小布爾喬亞也有系統地拒斥那些新興小布爾喬亞樂此不疲地往自己身上貼的標籤（好玩、精緻、高貴、充滿幻想）；但是後者表現其藝術的野心則是以拒斥最典型「布爾喬亞」的珠光寶氣，且一心一意只想和一般的評價反其道而行，構成新興小布爾喬亞美學信念的主要部分。例如提到交友或居家的品質時，新興的小布爾喬亞就會出現雜七雜八的混合，像是「藝術家特質、善於交際、好玩、舒適、易於清整、充滿幻想」（商務代表，巴黎），「充滿活力、積極精神、高貴、混搭、熱情、充滿幻想」（藝廊負責人，

---

[70] 除了訪問問卷所提供的資料外，我們也使用由法國廣播電視協會（ORTF）（Services des études d'opinion, *Une enquête sur les variétés*, juillet 1972, 7 p. 見補充資料19）所做的調查結果以及30幾個深入訪談的資料，主要是在盡可能接近日常生活的談話情境下，去掌握其偏好和拒斥集叢關係。這些訪談資料，就如同法國廣播電視協會所做的調查，可以檢視一個事實，被高文化水準的人最拒斥的歌手（他們在這方面的品味幾乎都毫無例外地以拒斥來表達），也同時被最低文化水準的人所喜愛。這種永遠都表達噁心的拒斥，往往都伴隨著對相應品味的同情和不配之評論（「無法理解怎麼會有人喜歡這個」。）

表4 對作曲家和音樂作品的認識

學歷	社會出身	認得的作曲家數目					認得音樂作品的數目				
		0–2	3–6	7–11	12以上	總比率	0–2	3–6	7–11	12以上	總比率
無文憑或 CEP, CAP	大眾階級	69.5	23.5	5.5	1.5	100	32.5	48.5	17.5	1.5	100
	中產階級	68.5	21.0	8.5	2.0	100	21.0	55.0	19.5	4.5	100
	上層階級	46.0	25.0	8.5	20.5	100	12.5	33.5	29.0	25.0	100
	整體	67.0	22.0	7.5	3.5	100	24.5	51.0	19.5	5.0	100
BEPC	大眾階級	57.5	15.5	23.0	4.0	100	15.5	27.0	50.0	7.5	100
	中產階級	48.5	35.5	9.5	6.5	100	8.5	43.0	34.5	14.0	100
	上層階級	31.5	41.5	13.5	13.5	100	8.0	31.5	41.0	19.5	100
	整體	44.5	34.0	13.0	8.5	100	9.5	37.0	39.0	14.5	100
高中畢業	大眾階級	11.0	59.5	18.5	11.0	100	–	33.0	52.0	15.0	100
	中產階級	19.0	32.0	38.0	11.0	100	3.5	26.5	51.0	19.0	100
	上層階級	21.5	21.5	37.5	19.5	100	5.0	19.5	42.5	33.0	100
	整體	18.5	32.5	35.5	13.5	100	3.5	25.5	48.5	22.5	100
不知名的 學校或未 完成高等 教育	大眾階級	20.0	–	70.0	10.0	100	–	30.0	60.0	10.0	100
	中產階級	16.0	22.5	51.5	10.0	100	13.0	19.5	54.5	13.0	100
	上層階級	17.5	11.5	39.0	32.0	100	11.5	11.5	33.5	43.5	100
	整體	17.5	13.5	45.5	23.5	100	11.0	15.5	42.0	31.5	100
大學畢業 或教師資 格和高等 學院	大眾階級	–	35.0	32.5	32.5	100	–	7.0	66.5	26.5	100
	中產階級	7.0	15.0	47.5	30.5	100	–	22.0	49.0	29.0	100
	上層階級	7.5	15.5	44.5	32.5	100	8.0	13.5	38.5	40.0	100
	整體	7.0	16.5	44.5	32.0	100	5.5	15.0	43.0	36.5	100

里爾），「充滿活力、精緻、意志堅強、舒適、協調、親密」（廣播節目主持人，里爾）。依舊是同樣的邏輯，使得自由業者與晚近的布爾喬亞區隔，而拒斥那些最能展露其上進野心的特質，像是「意志堅強」、（行政主管經常選的）「積極精神」、或是最「自命不凡」的形容詞，像是「高貴」、「精緻」，是新興小布爾喬亞常掛嘴邊的。

我們也料想得到在高等教育的教授身上看到有關美學凝視無所不能的斷言，亦即他們最有可能認為所有清單中的物件都拍得出好的照片，也最有可能宣稱對現代藝術或攝影的藝術地位的認可，但是這種

斷言出自一種自我區判的意圖，更勝於出自一種真正美學的*普世主義*。然而，這卻難逃最前衛生產者中最狡猾的眼光，若需要的話，前衛的生產者具備足夠的威權去質疑藝術無所不能的教條[71]，而且他們也占有較好的位置去認可受過什麼訓練會有什麼「利益」效果，而不至於注定要被批評的拒斥所傷害：「誰說當我看畫的時候，從來不看它再現的東西？現在這種人才是沒有藝術文化。這是典型對藝術沒有概念的人才會說的。*二十年前*，我還不確定二十年前的抽象繪畫會這樣說，我不相信。我才不是老古董，重點是要漂亮好看，這非常典型地是那些不懂的人才會這樣說」（前衛畫家，35歲）。無論如何，只有他們可以展現充分的實力，准許自己以拒斥所有拒斥的方法，進行一種反諷回收的操作，將被次級的唯美主義所拒斥的物件升華。將「通俗」物件「平反」的事業要冒很高的風險，但也「獲利最高」，而且在距離社會空間與時間越小、以大眾媚俗的「恐怖東西」，都比那些小布爾喬亞想要模仿的東西還容易「回收」。同理，我們就可以將布爾喬亞品味可惡的東西評價為「好玩」，一旦它們都已經在夠遙遠的過去時間，不再被視為「會危害名聲」時。

　　除了那些清單表列的物件在調查訪問日期以前就已經是構成某一個圖像傳統（像是萊熱〔Fernand Léger〕或葛美爾〔Marcel Gromaire〕的金屬構架、爭吵的流浪漢、被大量翻拍成照片的寫實繪畫常見主題的變異、或肉舖架），或已經構成某一攝影傳統（例如工作中的編織匠、土風舞蹈、樹皮），事實上大部分所謂「任何一

---

[71] 這種教條依舊在較不先進的藝術生產場域的部門受到認可和鼓吹，像這種宣稱所見證的：「然而，我會說加斯東·潘內（Gaston Planet）的畫完全無法理解。我會說我就喜歡它們這樣子，並不是高深莫測，但是卻全然沉默無言。沒有任何經典參照，也不是為了娛樂消遣」（Paul Lois Rossi, Catalogue de Gaston Planet）。

個」物件自從調查訪問的年代以後都已經被某一個前衛畫家畫成作品（像是海上落日：里榭〔Alain Richer〕就曾根據典型浪漫的風景照片畫過，或是理查・隆〔Richard Long〕和哈米斯・伏爾頓〔Hamish Fulton〕，英國畫家以「概念」意圖所拍攝的風景照片，或甚至大地藝術〔Land Art〕；或車禍：安迪・沃荷，或是爭吵的流浪漢：美學超現實主義者的睡在〔曼哈頓〕包厘街〔Bowery〕的流浪漢，或受洗禮：波坦斯基〔Christian Boltanski〕，他甚至將家庭照片做成作品等等）。唯一未「被回收」或暫時「無法回收的」物件，都是只懂表面意義的唯美主義最喜愛的主題：工作中的編織匠、土風舞蹈、樹皮、哺乳的婦女，時間上都不夠遙遠，所以沒那麼幸運受到美學建構無上權力的垂愛，也就較不利於展現距離感，因為它們可能被當作有意直接表現什麼。事實上再挪用的工作（réappropriation）和它賴以建立的美學本身一樣困難，同樣明顯地背叛支配美學，但其區判的間距則有不被注意到的風險。

　　藝術家和「布爾喬亞」在一個點上是意見一致的：他們都喜歡「天真」勝於「自以為是」[72]。「大眾」有個本質上的優點就是無視於藝術（或權力）的追求，這卻是「小布爾喬亞」所追求的野心，這種冷漠等於默認了壟斷的權力。這也就是為何在藝術家和知識分子的神話裡，玩盡所有唱反調和雙重否定的策略之後，有時會重拾「大眾的」

---

[72] 事實上，「自以為是」讓小布爾喬亞在較不主流或正在變成主流的領域、那些被文化「菁英」拋棄給他們的領域，尤其顯得手無寸鐵，無論是攝影或電影，這些他們經常表現野心的地方（就如同小布爾喬亞和布爾喬亞之間，對電影導演知識的差距很明顯的小於對音樂作曲家知識的差距）。新興的小布爾喬亞，在面對客觀的等級評價時，知道何為正確的答案，他們幾乎和大眾階級面對美學建構行為時一樣的手無寸鐵（沒有一個藝術商人不認為車禍現場可以拍成漂亮的照片，而且墓園的葬禮也引起類似的反應）。

品味和意見，而「大眾」又如此經常扮演著一種不像是農民的角色，反而像是一種沒落貴族的保守意識形態。

文化貴族的居住地

　　如果說教育資本的變化總是緊密地與才能的變化有關——即便在電影或爵士樂那種教育機構既不直接教授、也不被認可的領域也是如此。然而就相同的教育資本而言，還有社會出身的差別（其「效應」已經表現在教育資本的差異裡）使才能的變化產生重大的差異。這種差異尤其在以下兩種情況特別重要而明顯可見（除了教育程度最高者，由於過度篩選的效應抵銷了〔社會〕軌跡的差異）。（1）進入的門檻不高或能力要求不太嚴格，但要求較多熟悉某種文化。（2）越遠離「學院」或「經典」的世界，越往較不主流、「風險」較高的領域冒險。所謂「課外」（libre）的文化，是那種學校教育不教，在教育市場卻有價值的，這種文化往往可以獲得很高的象徵性報酬，及豐厚的區判性利潤。教育資本在諸多解釋項因素的相對比重甚至可能比社會出身的比重還低，尤其當受訪者只被要求表達他們與主流或正成為主流文化某種*地位取向的熟悉程度*時，結果會形成一種矛盾，混合了自信和（相對的）無知，藉此表現出布爾喬亞的真正權力，作為衡量資歷的標準。

　　在相同的教育資本下，隨著大眾階級往支配階級升高時，那些自稱認得問卷清單中至少12部音樂作品的人之比例會比那些自稱可以說出至少12個作曲家名字的人之比例要明顯地高很多（這個差距在高等學歷文憑的持有者身上則會變得非常小）（參見表4）。性別差異也是以同樣邏輯運作，只不過較不明顯而已：在作曲家方面，同一個

階級的個人在不同性別上看不出來差別，但在對音樂作品的熟悉上，女性就有明顯差別，尤其是中產及上層階級的女性（在大眾階級這方面的知識不管什麼性別都不多）；在社會醫療服務業和秘書兩個最女性化的範疇裡，全部受訪者都說至少認識3部清單上的作品。這種與音樂親身經歷或只是宣稱的關係的差別，無疑的，部分也是因為性別角色的傳統分工使女性較熟悉藝術與文學領域。

　　與社會出身相關的差異也明顯表現在導演的認識方面，在同一教育水準下，它會隨著社會出身越高而增加；同樣的，認為「醜的」或無意義的物件可以拍成好照片的人的比例，在同一個教育水準下，也會隨著社會出身而增加；更不用說，不同獲得〔文化資本的〕方式，也會有不同偏好作品特質的差異。與社會出身相關的差異似乎隨著遠離學校課程的教學目標而增加，從文學到繪畫或古典音樂都是，爵士樂或前衛藝術更是如此[73]。那些主要是透過或為了學校獲得文化資本的人，比起那些主要是從文化傳承而來的人，會傾向較「古典」、風險較低的文化投資。

　　因此，那些具有最高學歷（大學教師資格或高等專業學院文憑）的支配階級成員都有一個共通點，就是從不會提到某些典型中等文化的音樂作品或繪畫，像是畢費或郁特利洛，也都對作曲家的知識很博學，傾向偏好《十二平均律》、《火鳥》；出身大眾階級或中產階級的則較常選擇可以表現他們對「學院」文化尊敬的（哥雅、達文西、

---

[73] 在之前的調查研究發現，大眾階級或中產階級出身的學生，他們在音樂文化方面的表現相當於布爾喬亞出身的學生，但是一旦越遠離「課外文化」，亦即前衛劇場或林蔭大道劇場，他們就會獲得較差的成績。在此，我們發現在藝術生產者和中等教育的教師之間一個完全類似的對反關係（或甚至繪畫教師，我們從另一個正在分析的調查得知，他們大部分都有非常「古典」的品味，而且他們也比較像教師，而不像藝術家）。

布呂赫爾、華托、拉菲爾），其中有高比例的人（25%）同意「繪畫很好，但很難」的評價。但是那些出身支配階級認識大量作品的人常選擇非「學院」文化的作品（像是布拉克〔Georges Braque〕，《為左手寫的協奏曲》）。同樣的，那些已在位的小布爾喬亞成員（工匠、小商人、職員、中級主管），具有相對薄弱的教育資本（相當於BEPC或更低），會選擇明顯標示其社會軌跡的東西。因此，他們處在上升狀態，用很多方法展現其對主流文化的尊敬（例如比其他評價更經常會說：「繪畫很好，但很難」）和選擇典型中等品味的作品（畢費、郁特利洛）或甚至大眾品味的（《藍色多瑙河》）。相反的，在他們之中有父親是屬於上層階級的人，在相同教育資本下，就會非常熟悉音樂作品（即使他們不見得會知道作曲家的名字），同樣的他們也較會說喜歡印象畫派，稍微常去美術館，選擇被學校教育成聖化的作品（拉斐爾或達文西）。

儀態與獲得的方式

在某種同時反覆灌輸的要求和市場功能的場域關係中所獲得的文化或語言能力，依舊是由其獲得的條件來定義，然後在使用的模式中不斷地持續——亦即在文化和語言的某種特定關係——就像一種產地商標相同的運作，並且藉由這種能力和某種特定市場關聯起來，又更有助於在各種不同的市場定義其產品的價值。換句話說，透過像是教育水準或社會出身的指標，或更精確來說，結合它們的關係*結構*裡我們所掌握的，也同時是長期養成慣習的生產模式，這不只造成獲得才能的差異，也造成應用它的方法的差異。這些方法的差異構成一整套的第二天性，成為不同獲取條件的顯示器，並天生就傾向於在不同的市場產生非常不同的價值。

儀態（manière）〔按：雙關語，同時指儀態和方法〕是一種象徵

性的展示，其意義和價值端視理會它的人和生產它的人如何定義。我們可以理解，運用象徵性財富的方式，特別是那些被視為最具代表的屬性，是構成「階級／類別」（classe）最好的標誌之一，同時也是區判策略最理想的工具，亦即，用普魯斯特的語言來說：「變化無限地標示距離的藝術」。與生俱來品味的意識形態，透過兩種文化能力及其運用方法的模組，認為兩種獲得文化的模式是水火不容的[74]：一種是在家庭內部，從最幼年就開始不知不覺中融會貫通地學習，並在以此為前提且成就它的學校教育裡面繼續學習。與此區隔的是晚近、有條理和加快步伐的學習，不見得是在其效應的深度和持續性上，就像文化「鍍金」的意識形態想要的一樣，而更甚者，是這種學習想要反覆灌輸的某種與語言和文化關係的模組[75]。〔與生俱來品味的意識形態〕給予人自信，直接影響持有文化正當性支配的信心和*自在*（aisance），這是最好辨識的方法。結果形成一種矛盾的關係，在（相對的）無知之中展現自信，以及耳濡目染的灑脫，這是只有世世代代都是布爾喬亞才能保持的與文化的關係，某種他們覺得自己才是合法繼承者的家族資產。

「行家」的能力指的是不自覺地掌控專有化（appropriation）的工具，只有在長期接觸作品，耳濡目染後才會產生，這種能力本身就

---

[74] 因此幾乎總是在大部分情況下，漏掉最重要的：在大部分的調查或分析裡，忽視慣習、品味或（例如政治）意見的模組（modalité），事實上，這種模組往往是稟賦底蘊最好的指標，以至於被當做行為舉止最好的預測器，據此也就成為任何一個社會極度關注的目標。不勝枚舉的例子告訴我們：儀態，並且僅只它即足夠透露〔一個人〕稟性的社會真實，亦即理解並預測各種生活實踐的真正原則。

[75] 這使得主流支配的模組裡，尤其是在與藝術品的關係模組裡，最能在實踐上顯示布爾喬亞的資歷，因此保留了，至少在上流社會的市場裡，一種更優勢的回報，這是無法與學校學習模組相比的（而且也優於只能在學校學習的知識，拼字、文法或數學）。

是「技藝」、實作的操控，就像思考的技藝或生活的藝術一樣，無法
只靠規則和指示來傳遞，因此這種學習也就預設了某種相當於傳統教
育中師徒之間長期的接觸，亦即與文化作品和具有文化修養的人不斷
重覆的接觸。而且就如同學徒或門徒可在不知不覺中獲得技藝的規
則，包括師傅本身可能都不是很明確知道的，只要完全將自己交付出
去，不去分析或篩選行為舉止範例的元素。藝術愛好者也是如此，以
某種方式來說，沉醉於作品之間，完全將建構作品的原則內化，卻渾
然不覺自然天生或形成應有的樣子。此乃藝術理論與行家的經驗之間
差別，後者往往無法解釋其評論的依據。所有機構化的學習則相反
的設想一個起碼的理性化，並在消費過的商品上留下痕跡。美學家
至高無上的愉悅，號稱是無需概念的，反對不經思考，「天真」的享
樂（這種意識形態最極致的表現就是全新、童心般的觀看的神話），
也一樣反對和被認定為小布爾喬亞或「暴發戶」不懂享受的思考方
式，總是必須承受各種變態的禁欲形式，使其偏好知識而不利於經
驗，為了論述作品而犧牲沉思作品，為了自制（*askesis*）而犧牲感性
（*aisthesis*），以一種電影迷的方式，知道一切關於影片應該知道的東
西，卻沒有看過這些電影[76]。眾所皆知，學校教育並沒有讓其真實完
全地落實，學校所傳授的大部分也都可以另外再獲得，像是學校體系
反覆灌輸的排名制度，藉此反覆灌輸知識的排序，或藉由其組織（學
科、科目和習題的等級等等）或運作方式（評量方式或獎懲等）的設
定。但由於傳授的需要，它永遠必須將它所傳授的做最起碼的理性化
操作：例如把永遠不完整且與操作脈絡緊密關聯的實作性分類圖示，
取代為明確且標準化的分類法，一勞永逸地以二元論大綱或類型學的

---

[76] 一想到要引述某個文本講述某個「有文化教養的人」表達其與「小布爾喬亞式」的
文化關係或自學者的「變態」，就覺得有些殘忍，還是請讀者自行參照自己知道的
文本（或自身的經驗）。

形式固定下來（譬如，「古典主義的」／「浪漫主義的」），而且非常刻意地反覆灌輸，直到以一種知識的形式保存在記憶裡，使這種知識可能以幾乎相同的方式，被任何一個教育行動者重新建構出來[77]。教育體系提供的表達工具可以將實作的偏好提升到幾乎有系統的論述秩序，並刻意以明確的原則組織起來，這種表達工具使象徵性（不同程度充分）掌握品味的實作性原則成為可能。完全類似於文法為語言能力所做的，理性化那些本身已經具有「美的感受」，提供他們參照到（譬如協調或語藝的）規則的方法、公式、口訣。學院派認為與其信任於偶發的即興，不如以品味的實作原則製造出來的美學本身的客觀系統性取代高級美學強烈意向性的準系統性。我們已經看到，學院派隱隱然，內含於所有理性的教學中，它們都傾向將傳統學習法，在實作中直接體會的整體風格傳授方式，轉換成一套有明確規範和公式，以及可以清楚（往往是負面而非正面）教導的學說彙編。更甚者，藝術的理性教學使得直接經驗被取代，此乃美學家對學究和教學法深惡痛絕的原因。它為耳濡目染藝術作品的漫漫長路提供一種捷徑，使作為概念與規則產物的實踐成為可能，而不再讓藝術只源於自以為是的品味自發性，因此提供那些想要急起直追的人一種解救辦法。

　　與生俱來品味的意識形態之所以具有令人信服的外表及效率，如同日常生活的階級鬥爭產生的任何意識形態的策略一樣，乃是因為它能夠將真實的差異*自然化*，即將文化獲得模式的差異轉化成自

---

[77] 相對於自學的中等文化處於被客觀地定義的情況下，為了避免任何的文化絕對化，應該注意的是，社會階層越往上升時，品味的真理就是存在於教育體系的組織和功能裡，它負責反覆灌輸學校課程（programme）（包括課程的大綱和知識圖示），這種課程統攝了所有「文化素養」的精神，直到「個人生命」的追求和「原創性」的野心。與社會軌跡有關，並且無可厚非大部分應歸因於學校教育不承認的文化資本的傳授，這種學校文憑與文化能力之間的落差卻依舊常常保留著一種從「道地的」文化到「學院」知識之間的不可還原性，後者又常被貶視。

然的差異，並將之認可成唯一與文化（或語言）有正當性的關係，使人見不到其生成的痕跡，任何「學習過」、「準備過」、「受過影響」、「研究過」、任何「學院」或「書卷氣」的痕跡。完全展現出自在和自然，因為真正的文化就是自然，一種純潔概念新的神祕主義。這在料理藝術的美學家言論中可以明顯看到，他所寫的與法蘭卡斯特（Pierre Francastel）所言並無迥異，後者再一次以藝術史學家身份、自暴自棄的告白，完全否認了「理智化的知識」，認為它只能用來「辨識」而已；偏好「視覺經驗」，認為是唯一進入「眼力」的途徑[78]。「不應該將品味與美食學（gastronomie）混為一談。若說品味是與生俱來能夠辨識和喜愛完美的東西，那麼美食學則相反，是統攝品味文化與教育的總體規則。美食學之於品味，就相當於文法規則及文學之於文學感受。現在要問一個關鍵的問題：若美食鑑賞家（gourmet）是個非常挑剔的行家，那麼美食學家（gastronome）就是吊書袋的學究了嗎？……美食鑑賞家自己就是一部文法，就像有品味的人自己本身就是文法家一樣……並非每個人天生就是美食鑑賞家，因此才需要美食學家……應該把美食學家視為一般的教育學家：他們有時候是難以忍受的學究，但是他們有他們用處。他們屬於次等和不重要的類別，取決於他們是否藉由觸覺、測量和優雅輕盈來改進這種有點從屬的類別……確實有壞的品味……有高雅之士很本能地就能感覺出來。但對那些感覺不到的人，總該有一個規則吧！」[79]

---

[78] 「一幅畫不是用一眼就可以看懂的，只有那些沒有能力「欣賞」，卻自滿於「辨識」的人才會有這種錯誤的想法。他們只知道將圖像與理智化的知識對照，而不是與視覺的經驗對照」（P. Francastel, « Problèmes de la sociologue de l'art », in G. Guvitch, *Traité de sociologie*, Paris, PUF, 1963, t : II, pp. 278-298）。

[79] P. de Pressac, *Considérations sur la cuisine*, Paris, NRF, 1931, pp.23-24.（斜體的強調主要是突顯一系列的對反關係，全都借自於文化消費的傳統：與生俱來和本能的／規則和教育，行家／學究，文學感受／文法規則）。其實我們也可以援引普魯斯特

透過經驗獲得的知識，像聖湯瑪士的「經驗上神的知識」（*cognito Dei experimentalis*），感覺並惋惜文字與概念本質的不足以表達在神祕的結合裡所「品嚐到的真實」，因而將對藝術知識之愛斥為不夠資格，因為它將作品的體會等同於理智和解讀操作的知識[80]。

「學者」與「名流」

　　表達〔文化〕不同獲得模式（亦即進入支配階級的資歷）的儀態變異，經常與其資本結構的變異有密切關係，並傾向在*支配階級內部標榜其差異*，就像用文化資本的差異來標榜階級間的差異一樣[81]。那是因為儀態，尤其是與主流文化的關係模組，是永無止境鬥爭的籌碼。以至於在這些方面，沒有任何可用來指稱這對立的稟賦才能的中立陳述，不是讚美，就是貶抑，完全根據我們是採取對立群體中的那一個

（他從來不會談論儀態而論及獲得的方法）：「她惹我生氣，實際上這更不應該，因為她跟我那樣說話，其目的並非想讓人覺得她是「梅梅」的好友，而是因為學得太匆忙，以為這是當地習慣，居然用綽號稱呼起貴族老爺來。她呀，不過只上了幾個月的課，並沒有循序漸進地學。」（普魯斯特，《追憶似水年華》第四冊，許鈞、楊松河譯，臺北：聯經，2004，頁67 ——**譯按**）。

[80] 關於藝術作品神祕的論述真的是取之不盡，當我們想要提供一個分析的具體明證時，卻又無法避免武斷之嫌。我們只引述以下片段，雖然可能不像吉爾松（Etienne Gilson）或海德格的沉思那麼有深度，但卻很能說明其普遍平凡的程度，從其出版地可以證明：「不論無知或內行人，都不免在這種神祕前面變得手無寸鐵：傑作？全部都在摸索，在不確定裡，探索畫布，耐心守候天機來臨的時刻，等待繪畫向我們揭露其訊息。如果我們不知如何重拾這種寧靜，耐心等待，讓我們在情緒上留下恩澤的空白的話，任何文化都無法讓我們理解林布爾畫中沉默的喧嘩聲，維梅爾（Vermeer）無限的甜美」（Réalités, mars 1960）。

[81] 在支配階級內部，因社會軌跡所造成的變異非常密切地與所擁有資本結構的變異有關，後進者的比例會隨著越接近被支配的派系（作家和藝術家除外）而增加。無論如何，在各個派系的內部（無疑的尤其是支配的派系內部）因社會軌跡所造成的變異就會被很明顯的感覺到。

觀點。因此，並非偶然，在任何時代，只要關於品味和文化的辯論核心都會有「學院」（或「學究」）和「名流」之間的對反關係——事實上透過兩種生產或欣賞文化作品的方法，至少在這個時代，這兩種與學校制度不同對反關係常清楚地反映了兩種文化不同的獲得模式。

我們只要想到支配法國整個17世紀前半葉文學論爭的對峙，一邊是*學者*，如夏普蘭（Pierre Chapelain）、巴爾札克（Guez de Balzac）、麥那蝶（La Mesnardière）、法瑞（Nicolas Faret）、科萊特（Guillaume

上流社會的精神與學究

莫里哀（Molière），《女學究》（*Les femmes savantes*）（中文版：《莫里哀戲劇全集》，蕭熹光譯，北京：文化藝術出版社，1999——**譯按**）

特里索坦　看到這位先生所持的論點，我就不奇怪我所受到的攻擊了。他完全站在宮廷方面，這就說明了一切，宮廷，大家都知道，對於才學並不器重；它倒有意支持無知，他就是以朝臣的身份在進行辯護的。

克利唐德　你對這個可憐的宮廷倒是恨之入骨，它太不幸，看到你們這些文人才子每天都在聲討它；你們一感到難受，就跟它吵嚷，你們責難它鑑賞力差，你們把你們的潦倒全歸咎於它。特里索坦先生，我對你的名字是十分敬仰的，謹讓我對你說說，你們，你的同夥們和你，談論宮的時候，口氣最好溫和一點；不要弄錯了，事實上，它並不像你們這些先生們所想像的那樣無知；它具有鑑別一切的普通常識，在那裡也可以養成某種高尚的愛好，不是誇大，那種天然渾成的才智是抵得上學究們所有那些不明不白的知識的。

特里索坦　先生，我們看到了它那種高尚愛好的結果。

克利唐德　先生，你真看到它是那麼壞嗎？

自在與刻意栽培的自然

「我希望一個人什麼都知道，但他說話的方式卻無法服人，因為是學習而來的。」

梅雷騎士，《論談吐》（*De la conversation*）

「大部分名家大師身上應該矯正的是太過冷靜，令人感覺到匠氣和學習。應該讓它看起來更顯自然。」

梅雷，《論適意》（*Des Agrémens*）

「但應該對任何事情說些好話，說得令人愉快，任何聽的人都會感覺很好；智慧不過如此，此乃聰明才智的傑作不能在他們身上感覺學習過，或看起來研究過；總之，由於他們是如此滿足於品格，就應該避免給他們任何事物的教導，或提醒他們，不論看到他們犯什麼錯誤。」

梅雷騎士，《論談吐》

「這份優雅可以在其風度，在其舉止，在其身體和心靈最不經意的動作看到，越是仔細思量，越覺得有魅力不是從何而來因為恐懼或從屬而所做的一切，即使看起並不粗俗都會破壞它。因此，為了要以其方式讓人變得親切可愛，就應該盡力使之快樂，並特別小心不用無聊的學識來煩他。」

梅雷，《論適意》

「上流社會的人有時候不得不插手管很多事情，甚至他最不熟悉的事。這個時候，不可以像職業的工匠那樣行事，因為他們完全只為了完成其工作的目標。優雅的人在他所從事的事情上，至少應該想到讓自己臻於完美，落實一個優雅的人的樣子這來自於幸運出生以及優好習慣的自在模樣是令人適意不可或缺的。以至於當他插入任何事情，即使是非常困難的事，還是必須以一種那麼輕快的方法，我們甚至還難想像這對他根本不費吹灰之力。」

梅雷，《論適意》

Colletet）、奧比尼亞克（Abbé d'Aubignac）等等，他們在義大利理論家（又透過他們在亞里斯多德那邊）尋找任何有助於建構文學作品之規則的東西[82]。另一邊是名流，他們拒絕擁抱規則，將評論視之為享樂，並依戀於「妙不可言」（je ne sais quoi）的無限細微的差別，精妙完美的處世之道。文學作品所引發或導演出來有關品味的大爭論（像是才女的問題即是系統化和理性化上流社會的精緻〔délicatesse〕，這種生活藝術經常被經歷的人硬說成無法定義的，並使之在本質上根本改變），不只是不同支配階級派系自己認定的美德就是鬥爭的賭注，而且就像梅雷騎士（Chevalier de Méré）說得好：「*應用的方法本身就是不同美德的類種*」，藉此表達或洩露其階級的資歷以及達到的方法。

我們有不勝枚舉借自文學作品的例證，說明如何將日常生活風俗以及藝術作品創造與認知，兩者不可分離地，有系統地變成文化（codifier）。總之，就是任何東西都可以依品味（當時最關鍵的一個字）所做的絕對判斷（參見M. Magendie, *La politesse mondaine et les théories de l'honnêteté en France, au XVIIe siècle, de 1600 à 1660,* Paris, PUF, 1925）。在此僅舉一例說明儀態、獲得模式以及所要指出的團體之間的關聯：「作者〔菲雷蒂埃（Furetière），《布爾喬亞小說》（*Roman bourgeois*）的作者，批評過拉封丹（La Fontaine）和班瑟雷迪（Benserade）〕，很清楚地讓我們看出他並不屬於上流社會，也不屬於宮廷，其品味是一股學究氣，甚至不必期待可以矯正。有些事情如果第一次不懂，就永遠無法理解：有些固執又粗野的心靈永遠無法理解班瑟雷迪芭蕾和拉封丹的寓言故事的魅力與流暢。因此門並不是

---

[82] 參見R. Bray, *La formation de la doctrine classique en France*, Paris, NIzet, 1951.

對他們敞開的，我的也不是……我們只能為這種人祈禱，希望永遠
都不要和他有任何接觸。」（塞維涅夫人〔Mme de Sévigné〕，《給布
西—拉布丹〔Bussy-Rabutin〕的書信》，1686 年 5 月 14 日）

　　很矛盾的，*早熟其實是一種資深的效應*：貴族就是一種早熟最理
想的形式，因為它只不過是出身古老家族的後代所擁有的資歷而已
（至少是在一個資歷和貴族，兩個被劃上等號概念，都被認可為具有
價值的世界）。而且*法定地位出身*的資本又會在文化技藝的學習上，
因為早熟地獲得主流文化而更有利地提升，像是餐桌禮儀、或談話藝
術、或音樂文化，或懂得進退分寸、或會打網球，或語言發聲的方式
等。前幾世代所積累的文化資本會像某種（具有雙重意義同時有起跑
點的優勢，也有信用或貼現的意義）*領先*一樣運作，從一開始就為家
庭模式培養的文化提供典範，使任何一個新進成員從一開始，亦即最
不知不覺和最察覺不到的儀態，就獲得主流文化的基本元素，並且讓
他們不必浪費力氣在調整因不合宜學習產生的效應所需的擺脫惡習、
矯正和修正工作之上。主流支配的儀態有其價值，那是因為它反映出
最罕見的獲得〔文化〕條件，亦即一種超越時間的社會權力，被默認
為一種卓越的理想的形式：*擁有「古物」*，即能展現出過去累積的、
積蓄的、結晶的歷史；貴族的頭銜和高貴的姓名、城堡或「歷史性寓
所」、繪畫和收藏、陳年好酒和古董家具等等。總之，透過擁有這一
切所具備共同點的事物：就是只能在漫長的時間，經由時間的沉澱，
也抗拒時間的洪流才能獲得的東西來主宰時間。也就是說，透過這種
資歷的繼承，若可以這樣說的話，或透過各種只能在漫漫的時間才能
獲得的稟賦——像是對古老事物的品味——若能達成，即意味具有相
當的休閒時間慢慢地來實現。

　　任何團體都盡量地以各種方法配備自己，以便超越其所寄棲的有限個人生命而永存下來（這正是涂爾幹的洞見之一）。為此，布置了一整套可以無所不在和永恆存在的機制，像是委任、再現和象徵化的機制。（例如國王）代位繼承人就是永恆的，就像康托洛維茨（Kantorovitch）所指出的，國王有兩個身體，一個是生物性的身體，會生老病死，會受情緒影響，會做出愚蠢的事，另一個是政治性的身體，不死，非物質性的，可以超越生老病死和軟弱的（H. Kantorovitch, *The king's Two Bodies, A Study in Mediaeval Political Theology*, Princeton, Princeton University Press, 1957）。他也可以委任給其他的權威來確保其無所不在的分身，以前還有「國王分身的稅務員」（*fiscus ubique presens*）之說法。又像波斯特（Post）所注意到的委任其實就是「能夠做任何任期本身可以做的事情」（*plena potestas agendi*），因為它具有「全能統治」（*procuratio ad omnia facienda*）（Gaines Post, Plena Potestas and Consent, in *Studies in Mediaeval Legal Thought, Public law and the State, 1100-1322*, Princeton, Princeton University Press, 1964, pp. 92-162）。再說，「軀體永垂不朽」（*Universitas non moritur*）：死亡在這種團體的眼中看來，只不過是一個意外，人格化的群體會自己組織起來，以便讓曾經代表整個群體的代位繼承人、委託人、代理人、代言人的死亡軀殼消失，不讓他影響這個群體的存在及運作的功能：尊榮永垂不朽（*dignita non moritur*）。一旦這樣假定後（還應該更有系統地建立），資本因此就可以將真正地克服人類極限的集體生產和累積手段占為己有。在諸多用來避免類種異化的工具之中，形象，即肖像或雕像可以讓再現的人永垂不朽（有時只在他還活著的時候進行），還有值得讚揚，值得「留傳後世」的紀念館、墓園、書寫文字、「比青銅更永恆持久」（*aere perennius*），以及可以讓人進入主流支配歷史，值得被認識和學習的歷史書寫（因此廣大讀者，尤其是布

爾喬亞的讀者給予歷史學家，這個以科學方法永垂不朽的大師一個特殊的地位），還有群體針對那些消逝者所辦的紀念儀式、生者和活躍分子藉此給予致意和認可的頌辭等等。由此看出永恆生命是一種人們竭力想要獲得的社會特權，永垂不朽的品質當然也就端視負責擔保群體的品質和大小，因此從家庭組織一週一次的彌撒到週年慶祝的國慶日都有可能。

　　上述分析可能令人想起本質性的分析（儘管比起海德格及其「舊的行李箱」似乎還差得遠），那是因為大部分的群體為了標示其絕對、無法超越、決定性的差異，都利用時間不可逆轉的特性，賦予一切立基於繼承秩序形式的社會秩序一種不可變通的嚴謹規定：繼承權的持有者及覬覦者、父與子、擁有者和繼承者、師傅與徒弟、前輩與後輩之間都只不過是時間的區分而已，但卻動員各式的社會機制使得這時間的間距成為不可跨越的障礙。因此不同儀態之間的對立，也就是不同獲得〔文化〕的方式之間的對立。支配者總是有一大部分是與最不知不覺和最不易察覺，亦即最古老且最早熟的獲得模式有關；正是在此之上建立起支配者永不變調的論述，並賦予他們在某些主題上永遠年輕的樣子，儘管實際上的處境與年資，就像所有名流論述的主題談及天生的品味或「學究」的笨拙一樣。

　　立基於功能性與結構性的同質共構（homologie），對社會意義實作上的掌握使其在日常生活中閱讀「古典」作品才能落實。更甚者，因為能夠在實作上運用一種完全特殊的，稱之為文學的引經據典論述，像是某種限令，要求辯護者和見證者之間，建立起一種知識連帶，但其實是一種社會連帶，對過去某個作者進行對質。事實上，只有在使之可能的社會親近性的客觀化後，任何意義才會有具體的實作

感，才能達到與汲汲營營追求相反的效應，亦即一種文本和閱讀雙重的相對化，同時可為社會使用，又能否定此使用的社會基礎。

　　辨認出不變項卻不應該將此特殊狀態的鬥爭永恆化，而且真正比較的研究必須考量到階級派系之間的客觀關係改變時，鬥爭所包覆的各種特定形式和藉此表達出來的論述主題。例如在17世紀的下半葉，上流社會和宮廷權威的強化碰上了上流人士也都變得更有文化教養的趨勢，學者與名流之間的距離縮減，有利於另一種新文學種類的發展，以耶穌會士哈邦（René Rapin）為代表，尤其是布賀斯（Dominique Bouhours）[83]，修辭學大師，既是學者又是名流，與藝術家和上流人士都交往甚密，有助於製造能夠綜合滿足上流社會與學校之間的要求的（以及將論爭焦點從值得被討論的主題到值得被探討的*風格*）[84]。十九世紀德國大學與各親王宮廷之間關係的例子則代表另一種權力關係的狀態，結果產生另一種學校優勢與宮廷美德形象的輪廓。就像伊里亞斯（Norbert Elias）很清楚地論證，比起德國，法國的布爾喬亞知識分子很早，也很透徹地融入宮廷的社會。法國主宰了學校系統及所有它所造就的人才，使其特別注意語言及知識分子的社交禮儀的風格慣例和儀禮形式，法國的例子即源自於宮廷社會內部。然而在德國，知識階層，尤其是大學的知識階層，卻構成一種反抗宮廷

---

[83] G. Doncieux, *Un jésuite homme de lettres au XVIIe siècle. Le Père Bouhours*, Paris : Hachette, 1886.

[84] 同樣道理，在今日，由於越來越重要的一大部分做生意的大布爾喬亞傾向運用教育體系（在法國的情況，尤其是高等專業學院），在本質上根本改變了上流社會和學校之間的關係形式，文化的卓越逐漸屬於那些能夠結合兩種獲得模式的人，同時也改變了表現「名流」與「學者」之間對反關係的儀式性對立內容（參見P. Bourdieu et M. de Saint-Martin, Le Patronat, *Actes de la recherche en science sociales*, 1978, 20-21, pp.3-82）。

及它所引入的法國模式的勢力，形成自己版本的「上流社會」，表現在「文明」和「文化」之間的對反關係，前者以輕盈和輕浮為特徵，後者則以嚴謹、深度、直率來定義[85]。這也就是說，學者與名流之間經典的對立又重新出現，以同樣的內容，卻表現出完全相反的價值。學者只有表現出其自身的優勢，尤其是自己「實踐的方式」，才能確保成為一個自主的派系，以至於必須貶低上流社會的美德。無論如何，「學究」的處境向來都令人不舒服：背向人民卻擁抱上流（完全有道理接受，因為其中有部分是與出生有關），他們傾向接受品味是與生俱來的意識形態，構成其獲選唯一的絕對保證，也被迫要對抗名流，表示其習得的價值，是付出努力獲得，像康德所言「內在修養的長期努力」獲得的價值；這些在名流眼中看來是污點的，在其自身眼中看來卻是其最高的成就。

因為受惠於學習也獻身於學習，學術心靈的困境遇到下面問題時就會爆發出來：以什麼方式討論藝術作品才恰當，及以怎樣手段獲得這種方法才算是好的作風等。矛盾就在他們的美學理論核心裡，更遑論他們想要建立的藝術教育的企圖。由於天縱英才的意識形態如此強大，連學院世界的內部核心都普遍接受，甚至還能在以歸納成文化規則的理性教育的權力裡，表明對耳濡目染的實作性圖示之信任。這儼然是「自然權利」在藝術上的實際性稱明，對那些訴諸知識和概念的人來說，這是最自然的武器，用來貶抑那些為天賦權利辯護，主張立即的經驗和無須概念的愉悅。例如，應該再探討所有關於藝術教育的爭議（或更精確來說，繪畫）：對某些人來說是完全矛盾的概念，他們認為美是不可以傳授也無法學習，而是某種天賜的恩寵，只能從

---

[85] N. Elias, *La civilisation des mœurs*, Paris, Calmann-Lévy, 1973.

有授權的師傅傳給預選的徒弟；但對另外一些人來說則和其他教學領域沒有兩樣。（我們想到的是介於理性教學派的代言人，像紀優姆〔Guillaume〕，以及形象魅力的辯護者，像哈維松〔Félix Ravaisson〕之間，關於第三共和初期如何在通識教育引介繪畫課程的爭論。）

經驗與知識

意識形態是一種與利益息息相關的幻覺，但卻基礎穩固。那些援引經驗以對抗知識的人，其偏見其實有文化的學習，透過家庭和學校之間的真實對立為基礎，布爾喬亞文化以及布爾喬亞與文化之間的關係全靠其不可模仿的特質。就像葛羅修森（Bernard Groethuysen）所說的大眾宗教，遠遠超越論述，他們經由早熟地融入有文化修養的*人物*、*實踐*以及*物件*的世界來獲得。從小耳濡目染在一個音樂不只是聽的（像今天的音響或收音機）而且是演奏的（像許多布爾喬亞回憶錄裡的「音樂家母親」）家庭環境裡，更不用說，從小就演奏「高貴的」樂器，尤其是鋼琴[86]。這種效應至少創造了與音樂最親近的關係，可以與那些總是隔一層地從音樂會、更不用說從唱片裡接觸到音樂的人，那種有點距離、沉思式和常常像寫論文的關係中相互區隔開來。類似與繪畫的關係一樣，對那些只能在幾乎像學校氣氛的美術館很晚近才

---

[86] 與社會出身相關的差異無疑的以造形藝術和樂器的實作練習上表現得最為明顯：不論獲得或落實成品，這種才能不只預設著與一種長期浸濡於藝術和文化世界的古老機構有關的稟賦，同時也預設了相當的經濟財力（尤其是在鋼琴）和休閒的時間。在同一個教育水準之下，它會隨著社會出身有很大的變異：就以具有高中會考資格的人而言，11.5%出身支配階級的受訪者，相對於5%出身大眾和中產階級的受訪者聲稱經常演奏樂器；若以受過高等教育的人而言，兩者之間的比例分別是22.5%和5%；造形藝術的實作練習，相對的被擁有最稀罕文憑的人遺棄，但在同一個文憑水準，出身支配階級的受訪者則頻繁很多。

發現繪畫的人，就與那些從小就出生在被藝術物件、被熟悉的家族財
產所縈繞，他們與不同世界的人所保持的關係區隔開來，世代累積，
用來客觀地見證其財富及其好品味，有時候甚至會像做果醬或刺繡一
樣有「祖傳祕製」。

　　因身份地位而來的熟悉精煉展現在例如收購藝術品的時機和條件
上，這不僅端視擁有的物質和文化條件，也端視進入一個社會世界成
為其成員的資歷，在此世界裡作為收藏品的藝術物件，是以家族和個
人物件的形式呈現。因此，在文化部要求下所做的研究調查（補充資
料7）顯示當受訪者被問到能夠以多少錢「還能買到當代職業藝術家
石版畫和絲漆印的原作」時，能夠回答的人隨著社會階級的從屬而
會有很大的不同，從農業從事人員的10.2%，專業工人和勞力工人的
13.2%，一般職員的17.6%，跳到自由業成員和高級主管的66.6%。

　　會選擇作品像是《為左手寫的協奏曲》（常常是那些經常演奏樂
器的人，例如鋼琴）或《孩童與魔法》（L'Enfant et les sortilèges）與
社會出身的關聯比起教育資本的關聯更加密切。相反的《十二平均
律集》和《賦格藝術》的情況則是與教育資本有直接相關勝於社會出
身。即使並不完善但透過這些指數，顯示出與一個文化作品世界的不
同關係——這個世界被分成不同的等級且同時又作為等級化別人的
尺度（le monde hiérarchisé et hirérachisant）。與這些不同關係有密切
關聯的是一整套它們之間的差異本身，在此文化資本（獲得模式的
持續效應）的不同獲得模式（從家庭和學校，或完全從學校）找到
其根源。於是，將與音樂的特殊關係建構成美學時，那些能夠生產
出早熟、家庭、「實作性」知識——就像羅蘭・巴特所描述的美學快
感，彷彿某種聽眾身體與演唱者「內在」身體直接的交流，浮現在歌

者「美聲的粒子」（或在鍵琴家「手指的軟墊」）——所援引的兩種不
同獲得模式的對反關係：一邊是給唱片愛好者的音樂（與「聽眾人數
的增加和實作演練者的消失」所創造的需求有關），作為*交流溝通和
智力活動*的藝術、「戲劇強，表現張力大，情感起伏明顯」。「這種
文化……可以稱得上藝術，稱得上音樂，只要這種藝術，這種音樂
很明快，能夠『洩露』某種情感並再現某種所指的意涵（即詩意），
注射了快樂疫苗的藝術（即將它化約成一種已知和編碼過的情感）並
將某種主題配合可以描述的音樂：音樂可以肯定是學校、評論和意見
所說的」[87]；另一邊是偏好感性（le sensible）勝於意義（le sens）的藝
術，痛恨滔滔的雄辯、言辭的華麗；痛恨誇浮和令人動容落淚的；
也痛恨表現張力強的和戲劇性的，像是法國歌曲，迪帕克（Henri
Duparc）、費雷的近作、德布西（Claude Debussy），所有那些在某個
時代被稱為純粹音樂的、表達內心情感的鋼琴演奏、母親般的樂器，
以及布爾喬亞沙龍的親密關係。在這兩種與音樂不同的對比關係裡，
永遠是無意勝於有意，一個根據另一個來彼此定義（對昔日藝術家的
品味偏好，像是潘哲拉〔Charles Panzera〕或柯洛〔Afred Cortot〕，
被人喜愛甚至是因其不完美，令人想起愛好者的自由創作，其間隱含
著對當前的演唱者，刻意去配合大眾工業生產要求完美無懈可擊的拒
斥和噁心），我們重新找到學者與名流之間古老的對反關係。在此前
者部分是與（任何意義下的）規約（code）和規則有關，也因此與學
校和評論有關；後者則位居天性和自然的一邊，滿足於感覺，或像現
代人喜歡說的，去享受，並將所有智力活動、教導性質和學究氣的痕
跡排除在藝術經驗之外。

---

[87] R. Barthes, « Le grain de la voix », *Musique en jeu*, n°9, novembre 1972, pp. 57-63.

生長的環境

就嚴格意義而言，沒有任何物質遺產不同時是文化遺產，而且家
族資產的功能不只在物質上見證家族的資歷及系譜的延續，藉此亦為
其與時間的持續不可分離的社會認同作出貢獻。同時也實際上為其精
神的再生產作出貢獻，亦即傳遞其價值、德行及才能，這些構成布爾
喬亞王朝合法成員之基礎。凡由日常生活就經常接觸古老的物件所獲
得的，或由規律地造訪古董店或藝廊所獲得的，或更簡單，凡是浸潤
在一個熟悉又親密的物件世界所獲得的，就像里爾克（R. M. Rilke）
所說「全都在這裡，樸實、質優、簡單、確定」的，都一定有相當的
「品味」，其實只不過是與有品味事物直接親密的關係而已。這也同
時是一種歸屬感，屬於一個更文質彬彬和更文明精緻的世界，一個以
其完美、協調與美麗來證明其存在的世界，一個生產出貝多芬和莫札
特，並繼續生產有能力演奏和欣賞他們的世界。最後也是一種烙印
於慣習最深處、最直接的依戀，固著於品味與反胃、同理和反感、幻
想和恐怖的依戀，這比發表的意見更能打造一個階級的整體統一。

若說我們可以從家具及衣著的風格解讀一個群體的生活風格，不
只是因為這些特質都是決定其選擇的經濟與文化需求之客觀化結果，
同時也是在這些耳濡目染的物件裡客觀化形成的社會關係，不論是
在其奢侈或其貧窮、其「高尚」或其「粗俗」、其「美」或其「醜」
裡，他們烙印在身體的經驗裡，這種經驗深植於無意識裡就像撫摸原
木的安全感，抑或破掉又刺眼的亞麻地磚給人冷冰冰和單薄的感覺，
或像是漂白水乾澀又強烈刺鼻的氣味，感覺香水當做一種負面的氣
味[88]。每一個居家布置都以其語言表達了居住者的現況甚至過去狀態，

---

[88] 有一種物件的儀禮讓物的等級和人的等級相呼應。因此，我們可以在一篇關於馬利尼
（Marigny）官邸區，主要是法國總統用來接待外國客人的：「外交禮儀非常嚴格：等
級是以空間來衡量，以家具的風格和掛氈的品質來衡量。稀罕的家具和里昂的絲綢保

好像訴說著繼承財富的優雅自信、新富引人側目的狂妄自大、窮人不想引人注目的不幸或用「窮親戚」來鍍金的窮困，妄想過著超過其能力所及的日子。令人想起勞倫斯（D. H. Lawrence）所寫的《木馬贏家》（*The Rocking-Horse Winner*）裡小孩的故事：整個家裡及房間，儘管已經充滿昂貴的玩具，他還是不斷地聽到竊竊私語：「這必須有更多的錢。」無疑的，這種性質的經驗，社會精神分析應該要調查，這種社會精神分析致力掌握存在於事物中、當然也存在於人身上的客觀化社會關係之邏輯。這些關係不知不覺地被融入其中，因此烙印在與世界和他人的持久關係上，例如表現在忍受自然世界和社會世界的最低門檻，忍受噪音、擁擠、身體或語言暴力等等的最低門檻，其中文化資產的獲得模式是一個面向[89]。

獲得模式的效應最能反映在一些日常生活最平凡的選擇上，如家具、服飾或料理，這些尤其能揭露深植或長期浸濡的稟賦。由於處在學校教育機構干預的場域之外，必須面對赤裸裸品味的檢視，若可以這樣說的話，沒有任何明文的規定或禁制，除了一些像是女性週刊或「美好家園」的雜誌較不具主流支配的部門以外[90]。

　　留給國家元首的公寓；在一樓的拿破崙式桃花心木和德拉綸的絲絨給內閣總理的公寓，在二樓的緞子和綿織品給技術參贊」（J. Michel, *Le Monde*, 27 janvier 1975）。

[89] 我們只需提醒所擁有的物件，不論是什麼，都客觀化（階級的）社會關係，以便勾畫出物件世界的社會學可以往那一個方向發展，有可能是包裝成符號現象學分析的投射性的測試之規程以外的東西（我想到是 Jean Baudrillard, *Le système des objets* [Paris, Gallimard, 1968]）。

[90] 這意味著，儘管當前教育體系的功能狀態並不完美，在所有制度化的教育行為裡所蘊含最起碼的理性化，尤其是將以實作狀態運作的分類「感覺」轉化成部分成文化的知識（例如以時代、文類和風格分類的文學史）都有一個相同的效應，亦即減低那些交付給繼承來的「感覺」的比例，至少對那些精挑細選後的倖存者而言，並且藉此也減低所有與經濟和文化傳承有關的差異。另一方面這些差異仍然在其他地方運作，且一旦為了區判的鬥爭邏輯在這些地方變成真正的賭注時，這些差異又會重拾其最大的振幅。

　　如研究結果顯示，用來描述居家或家具來源地的形容詞選擇，與出身的社會位置相關程度大於學歷文憑（對照片的評論或作曲家的認識則相反），那無疑是因為它更直接依賴早年的學習，特別是所有在刻意教導行為以外所實現的學習，像是投注於服飾、家具和料理的稟賦和知識，更精確的說，應該是投注於購買服飾、家具和食物的方式。因此，家具的獲得模式（百貨公司、古董店、家具店、跳蚤市場）至少同樣依靠社會出身和教育水準。在相同的教育水準下，出身布爾喬亞的支配階級成員，比起其他人更常繼承一部分的家具，他們，尤其住在巴黎的，也會比出身大眾和中產階級的人更經常到古董店購買家具；後者則傾向於在百貨公司、家具店和跳蚤市場買家具。（跳蚤市場，一方面是那些處於上升狀態的支配階級、具有最豐厚的教育資本的人最常去的地方，另一方面也是出身於支配階級的支配階級成員，上過幾年的高等教育但擁有較少於其出身所指望的教育資本，經常去的地方）（參見表5）。

　　毫無疑問地，在食物品味上，最可以找到年幼學習所留下強烈與不可磨滅的印記，最能經得起時間考驗，即使遠離了生長環境乃至生

表5　根據社會出身和學歷文憑支配階級的家具購買狀況

學歷	社會出身	百貨公司	家具店	跳蚤市場	家具展	古董店
高中會考資格以下	大眾和中產階級	25.5	41.5	11.0	14.5	33.5
	上層階級	11.5	23.5	15.0	31.5	43.5
不知名學校	大眾和中產階級	13.5	36.5	4.5	32.0	4.5
	上層階級	6.0	24.5	30.5	20.5	65.5
大學	大眾和中產階級	11.0	28.5	11.0	11.0	21.5
	上層階級	4.5	21.5	21.5	14.5	49.0
大學教育資格及高等專業學院	大眾和中產階級	21.5	46.5	32.0	21.5	43.0
	上層階級	18.0	29.0	8.0	13.0	60.5

數字是受訪者在不同地方購買其家具的百分比。

長環境消失了，也最能長久地維持懷舊情感。生長的環境事實上就是
嬰幼兒的世界，是原初品味和基本食物的世界，也是與原初形態的文
化資產的原型關係的世界。在此世界裡，取樂別人就是快樂本身完整
的一部分，也是懂得精選快樂之稟賦完整的一部分，而這只能在享樂
過程中所獲得[91]。因此並非偶然，在最「純粹」的快樂之中，即將任何
根深柢固的身體痕跡淨化最徹底的快樂之中（像是在柏拉圖的《菲利
布斯篇》（*Philèbe*）裡「獨一和純粹的音調」只保留給那些「少數的
人」），或在品嚐食物味道這種最「粗糙」的享樂之中，即所有品味
的原型之中，都含有一種最基本元素，直接反映出最古老也最深層的
經驗，就是那些決定並多重決定（surdéterminer）原始對立關係的東
西：苦／甜、美味／無味、冷／熱、粗／細，嚴謹／快樂，這對美學
評論和美學家最精煉的評注都一樣是不可或缺的。

---

[91] 正當我們致力辨識食物的偏好時，針對最經濟也最「綜合性」問題的研究，迫使我
去質問有關特殊場合的料理問題，資料透露出非常有興趣的現象：在一個再現的情
境之下自我形象是如何呈現的、亦即想要「炫耀」的生活風格（家具也是其中的一
個功能）。為了要完全了解這些方面的選擇，應該要將一整套非常複雜因素的體系
納入考慮：請客時想要提供給人的菜色風格，無疑構成希望給人或避免的形象一個
非常重要的指標。就這樣，它成為一整套因素體系有系統的表達方式：除了在經濟
與文化等級所處的位置外，還有經濟軌跡、社會軌跡、文化軌跡。若是小布爾喬
亞，我們較能夠掌握其效應，這沒有什麼好驚訝的。位置穩固的小布爾喬亞成員請
客時，最經常給他們朋友準備豐盛和優質、簡單及漂亮的菜色，但是新興小布爾喬
亞的成員請客時，則喜歡較有創意、異國情調或不拘俗套的菜色。然而我們也發現
不同的軌跡會有很大的差異：因此就有出身中產和大眾階級的新興小布爾喬亞宣稱
喜歡準備豐盛和優質的菜色，這卻永遠不會是那些出身上層階級之情況，他們相反
的喜歡準備有創意和異國情調的菜色。在位置穩固的小布爾喬亞方面，準備豐盛和
優質菜色的傾向在那些沒落的人身上和在那些上升的（出身大眾階級）人身上一樣
強烈；但是前者卻從來不會說準備不拘俗套或有創意和異國情調的菜色，然而後者
則有時候會這樣做（當然不會像新興小布爾喬亞的成員那麼經常）。

　　根據不同的藝術、類別和風格會有不同程度的差別，藝術作品從來都不只是〔達文西所謂的〕「精神事物」（*cosa mentale*）──這種只為了知識分子的觀點閱讀，解讀和詮釋而寫的論述。*藝術的產物*，對涂爾幹來說，即是一種「沒有理論的純粹實作」，當它不只是一個簡單的摹擬（*mimesis*）時，即一種象徵符號的智力鍛鍊，它也總是包括著某種不可言喻的東西。倒不是因為過剩（par excès），就像慶祝者想要的，而是因為*設定的情況*（par défaut）即是如此，如果可以這樣說，某種從一個物體到另一個物體之間交流的東西，像是音樂的旋律或顏色的味道，亦即在文字和概念以外的東西。藝術也同時是「有形體的東西」（chose corporelle），就算是音樂，最「純粹」也最「精神性」的藝術也可能單純只是最有形體的。與「精神狀態」密切相關，也同時與*身體狀態*密切相關，或像以前人說的，*心境／體液*（humeurs），音樂令人愉快、令人不能自己、令人感動也令人激動：它存在於文字以外的不會比文字以內的多，存在於身體的姿勢和動作之間。節奏，就像皮亞傑（Piaget）在某處說過的，其特徵就像所有調節品味的器官一樣，位居在有機體和心理的接合點上；激動和舒緩的接合點上；漸強和漸弱的接合點上；緊張和放鬆的接合點上的功能[92]。這無疑就是為什麼，一旦撤開純技術問題，音樂論述只剩下形容詞和驚嘆詞。就像神祕主義在談到上天之愛時，還用人間之愛的語言一樣，較不是適切的音樂愉悅的召喚，反而是那些能夠重建深植於身

---

[92] 我們也可以在此援引韻律的色情理論（舉此例是為了要讓人考量韻律的加速到頂點後會緊接著休息）。這種理論提到一種較廣義的調和或相應，強調例如在音樂節奏和內在韻律之間，會有將身體的運動配合韻律的傾向（參見例如 P. Fraisse, *Les structures rythmiques*, Paris, Erasme, 1956: *Psychology du temps*, 2ème éd., Paris, PUF, 1967）。

圖3　繼承資本與教育資本的關係

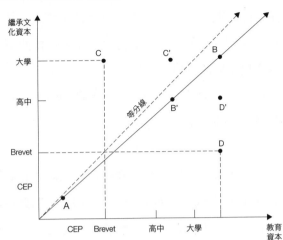

體的獨特經驗形式，以及那些能夠重建和食物品味一樣深植於身體的原初經驗。

繼承資本與獲得資本

　　於是，與教育資本關係的差異仍然沒有獲得解釋，主要是呈現在與社會出身的關係上。可能取決於目前所擁有文化資本獲得模式的差異；也可能取決於這個資本被學歷文憑承認與保證程度的差異；或取決於所擁有重要程度不同的資本可能在學校考核範疇內而被接受，不管是直接從家庭繼承而來，還是從學校獲得而來。既然獲得模式持續的效應那麼關鍵，相同學歷文憑可能保證的與文化之間的關係卻非常不同——但也會隨著學校教育程度越高而越來越小。相對於只是知道而已，學校較能認可使用這種知識方法的價值。若教育資本和所保證的文化資本量同樣的情況下，可能會符合社會上認為划算不等量的文化資本，那是因為首先壟斷合格證書的教育機構，支配著將繼承的

文化資本轉化成教育資本的過程，卻沒有壟斷文化資本的生產：它以不同程度的完全認同繼承而來的資本（*繼承文化資本不均等轉化的效應*）。因為，根據不同時期，即使是同一時期，也根據不同程度和不同領域，教育機構所要求的會以不同程度的完全減化成「傳承人」所承擔的，並且它或多或少承認已吸收的其他種類資本以及其他稟賦的價值（就像順從之於機構本身一樣）[93]。

　　繼承豐厚文化資本，又擁有高教育資本者，同時具有文化貴族的頭銜和居住區，屬於主流支配的成員給他自信，耳濡目染給他自在（B），相反的不只是那些教育資本和繼承而來的文化資本都最貧乏者（A）（以及那些處在標示成功地將文化資本轉換教育資本的中軸線以下的人），還有一部分擁有等值繼承而來的文化資本，卻只有較低的教育資本（C 或 C'）（或那些擁有繼承而來的文化資本的重要性遠勝於其教育資本——C' 相對於 B' 或 D' 相對於 D 就是如此），比起擁有

---

[93] 不需要完全深入探討決定從繼承文化資本到教育資本之間差異性轉換的因素系統（這必須非常嚴謹地以整體中內部團體的等級來測量），在此僅限於討論階級風氣及其與學校和考核之間關係的比重（其本身相當大的程度視依賴教育而占據的位置及其再生產所決定），決定了投資於教育競賽與賭注的重要性，以及文化投資的策略（透過學校的選擇以及學科專業，願意付出於潛移默化或大力鼓吹傳承的時間等等），藉此有助於決定繼承文化資本的差異性收益，甚至性別倫理的差異性收益，性別勞動分工的內化後的產物，以至於在特定的社會階級裡所實現的這種分工的內化，又有助於進一步引導其投資，例如引導女孩往文學或藝術學習，引導男孩往科學或經濟法律方面的學習。也應該提醒教育機構本身的效率，同時指的是考核繼承而來的文化資本（經由快速的考核，像是成績、證書，以及經由引導向不同的學科、領域或多多少少著名的學校）以及反覆灌輸或多或少與繼承的知識重疊的學校知識：一端是最先進的科學研究，另一端，學校設立很大一部分的效應無疑就是為了控管和考核一個階級的能力，像是巴黎政治學院或國家行政學院（ENA），其中最極端的無疑是羅浮宮藝術學院（L'Ecole de Louvre），最完美形式的藝術愛好者學校，若可以做這樣連結的話。

相同文憑者，這些人覺得彼此更相近，尤其是在「通識文化」方面；還有另一部分持有相近的教育資本，但在起始點上，不具備那麼豐厚的文化資本（D 或 D'），結果他們與文化的關係就比較受惠於學校勝於其家庭，較不是耳濡目染的關係，比較是學究的關係（這些次要的對反關係可以在主軸線的各個層次找到）。

我們可以針對所擁有的不同種類的資本，從起始點到觀察的時間點之間，建構一個相似的圖示（經濟資本、文化資本、社會資本），然後以同樣的方式定義出起始資本（以其量和其組合結構來定義）和終點資本之間關係的所有可能情況的世界（例如所有種類資本都在下降的人，或只有一種資本在下降，其他都在上升的人——反轉亦然等等）。只須仔細地分析不同種類的資本（例如文化資本下，再細分成文學資本、科學資本、經濟—法律資本）或夠仔細分析不同的層次，就可以在其複雜性、但也同時在其幾乎無限的多重性裡，重新找到每一個根據經驗觀察到的個案。為了能夠更加嚴謹，應該考慮結構性的變化，像是有名無實的學歷文憑的貶值，經常發生在某些時代，像當今，教育體系被密集地使用[94]。同時也應該考慮到就學年數和獲得文憑之間的差距（起始資本越高且教育越普及的話，就越有可能——因此甚至在今日出身大眾階級的小孩經常都沒有 CES 的文憑）：為了能更充分解釋某種文化實踐（尤其是自學的），除了學歷文憑和就學年數之外，還應該考慮到兩者之間的關係（這可能是自信或自卑，自負或憤恨的源頭）[95]。

---

[94] 這種貶值是以處在等分線以下文憑真實的同等值之區塊表示，等分線是用來標示這種文憑名義上價值的同等值。

[95] 我們也可以考慮畢業年齡與獲得文憑的正常年齡（例如17歲取得高中會考資格或參加國家考試的適當年齡）。據我們所知，文化資本轉換成教育資本的媒介之一就是學習超前或遲緩。

教育資本和真實擁有的文化資本間的差距可能是來自於雖然具有相同教育資本，但獲得相同文憑所花的時間大不同而造成的差異（*經由學校獲得文化資本的不均等轉換效應*）：多一年或幾年畢業的直接或間接效應文憑事實上看不出來──就像所有在初三和高三之間就輟學的一樣，或在另一個等級，那些在大學讀過一、兩年卻沒有獲得文憑的人。除此之外，由於這種差距的頻率會隨著不同階級進入中等和高等教育的機會增加而增加，使得分屬不同世代的受教者（以不同年齡層來區分）非常有可能要*在非常不同的教育機構裡*，由他們的老師，以他們的教學法以及他們的社會聘任方式等等，花費非常不同的學習年數，才能獲得相同的文憑（伴隨著其他相關的效應，當然像是不被學校認可的能力升高，但也會獲得與文化不一樣的關係──「學生化」的效應等等）。然後，與社會軌跡和繼承文化資本量有關的差異也會加倍這種差異，尤其在小布爾喬亞本身或大眾階級出身的小布爾喬亞成員身上看得最清楚（又特別表現在位置穩固的小布爾喬亞身上），反映出教育體系與社會階級結構之間關係的變化：相對應著不同*世代模式*的是與學校體系不同的關係，表現在學校機構不擔保的文化投資的不同策略上（亦即自學）。

由於缺乏文化消費全部風格更精確的指標，像是喜歡的書籍，報紙或雜誌週刊（例如《鴨鳴報》〔*Canard enchaîné*〕和《查理週刊》〔*Charlie Hebdo*〕的對反關係，或在科普方面，《科學與生命》〔*Science et vie*〕與《心理學》〔*Psychologie*〕之間的關係等等），我們僅就有關喜歡的歌手的調查研究來看：為了能夠解釋一個現象，在同樣教育資本的水準下，最年輕的受訪者比起較年長的受訪者更經常選擇年輕世代的歌手（馮絲華·哈蒂〔Francoise Hardy〕和強尼·哈里戴〔Johnny Hallyday〕），後者經常選擇較早期的歌手（蓋

塔里或馬里安諾），考慮歌手出現在文化生產場域的時間。事實在
擁有高中會考資格者之中，最年輕的最經常提到杜埃（1920 年生，
1963 年在老鴿舍歌舞廳〔Vieux Colombier〕開個人演唱會），布萊爾
（1929 年生，從 1953 年到巴黎，開始在三頭驢歌廳〔Théâtre des Trois
Baudets〕登台演唱，1958 和 1961 年在奧林匹亞音樂廳〔Olympia〕
開個人演唱會），或甚至費雷（1916 年生，文科大學畢業，政治科
學院〔L'Ecole libre des sciences politiques〕校友，從 1946 年在巴黎
夜總會開始獻唱）；但是最年長的則較經常提到皮雅芙（生於 1915
年，卒於 1963 年，自 1937 年起在 ABC 歌舞廳開始獻唱），馬里安
諾（1915 年生，第一次成功演唱會是 1945 年在蒙帕納斯的俱樂部
〔Casino Montparnasse〕，貝考（1927 年生，首先是在右岸的夜總會
成名，然後在奧林匹亞音樂廳，最後在 1954 年，「貝考年代」被認可
成經典），或甚至克拉克（1933 年生，1960 年在奧林匹亞音樂廳成為
明星，1930 年獲選為《最令人有好感和最受歡迎的明星》）。於是可
見，只有在將不同的條件納入考慮後，才能理解其間的關係，這些條
件不只包括歌手開始其事業的年齡或時代，或甚至在訪問調查時他們
演唱的場地，尤其是他們歌唱的風格（有些較「知識性」，有些較接
近小布爾喬亞輕歌劇或寫實歌曲的品味），以及由教育體系兩個非常
不同的狀態所生產出來的兩種教育世代不同的文化稟賦間有不同程
度的親近（書目資料，請參考 C. Brunschwig, L. J. Calvet, J. C. Klein,
100 ans de chanson française, Paris, Ed. du Seuil, 1972 et *Who's Who in
France*）。

　　事實上這都是同樣形式的差異在彼此區分，在技術員這個群體派
系內，受過教育的世代之中，最年輕的對反於最年長的，倒比較不是
因為其整體的能力，而是其投資的廣度和「自由度」：如果他們像其
前輩閱讀科學或科技的著作，他們也稍微較常對哲學論著詩有興趣；

並不常去美術館，但他們多去現代美術館。這種趨勢在出身中產或
上層階級的人身上（相對較最年長的人數較多）特別明顯，他們認識
（相對）很大部分的音樂作品和作曲家，對現代藝術、哲學有興趣，
很常去看電影。但是最明顯區分技術員的兩個世代的則是外顯的符號
（穿著方式及特別是髮型）和所聲稱的偏好：最年輕的，追求接近學
生風格，說會跟流行並喜歡「符合其個性」的衣服，可是最年長的最
經常選擇「樸素且合宜」或「典雅的」衣服（典型位置穩固小布爾喬
亞的選擇）。

　　老式自學基本上從對崇拜文化的敬意可以看出，尤其那些突然並
早就被主流所拋棄的文化，因而導致某種誇張和錯亂的虔誠，注定要
被持有主流文化的人視為一種諷刺的敬意[96]。「初級者」是那些追求完
全正統的自學者，土法鍊鋼地想要補足突然中斷的學習軌跡。他們
與主流文化以及與掌握文化的權威當局之間的關係，依舊因為受排擠
的事實留下明顯的印記，他們被一個有能力在被排除者身上強迫自己
承認自己是被系統所排擠。相反的，新式自學者直到相對高的程度，
一直都留在學校體系裡，在其漫長的頻繁接觸但又沒受到獎勵的過程
中，獲得一種與主流文化的關係，同時「率直」但又看破一切，同時
浸濡但又幻滅所有。他們與仰之彌高的老式自學之間一點也沒有共同
之處，儘管同樣都導致密集又熱情的投入，但卻投資於完全不同的領

---

[96] 以自認無能和文化資格不夠為特徵的舊式自學，尤其可以在出身大眾或中產階級
且位置穩固的小布爾喬亞身上可以見到，例如他們之中就有人次很高（70%相對於
30%出身同一階級的新興小布爾喬亞）的說：「繪畫很好，但很難」。老式自學的文
化錯亂沒有比他們總是要為其文化提出證明的傾向表現得那麼清楚，甚至在沒有要
求的情況下也會這樣做，因為從他們擔心要證明其歸屬問題透露出他們是被排擠的
（相反的情況是那些出身良好的人，以忽視那些質問或任何可能暴露的情境來掩飾其
無知）。

域，動漫或爵士樂，這類被學校系統所拋棄或鄙視的領域，像心理學（甚至類心理學）勝於歷史或天文學、或環保運動勝於考古或地質學[97]。毫無疑問的，從這範疇提供最多各生產領域中「反潮流文化」（contre-culture）的讀者觀眾（《查理週刊》、《荒原回聲》〔*L'Echo des savanes*〕、《性別政治》〔*Sexpol*〕等等）；同樣在這個範疇，在今天以報紙的形式提供最多前衛的知識生產，也提供其他「普及化」（亦即推廣到主流接受者團體以外）學術研究已過時的產品（如《歷史週刊》）或早成聖化的前衛作品（如《新觀察家雜誌》〔*Le Nouvel Observateur*〕）。

　　持有操縱神聖獨占權的人，所有教會的文人，對那些自以為「發現傳統權威之泉源」並直接進入他們看守的倉庫的人從來都沒有太多的寬容。就像〔研究神祕主義的猶太哲學家〕肖勒姆（Gershom Scholem）所說的：他們永遠「在往神祕主義候選人的道路上盡可能地設立最多的屏障，當屏障讓朝聖者卻步時，就可以迫使他們停留在原路上，因為新的道路對他來說比登天難，因此採取權威的觀點就好了」[98]。但是，機構的預防性查禁可以在沒有任何人使用控制或限制的情境下運作：傳統自學者還在等待學校機構給他們指引或給他們開闢一條普及化的捷徑或「聖經」時（但總是多多少少直接地在機構的支配下），那些最不受約束的新式自學者則在還能滿足威權所賦予的傳統功能的異端分子中，尋找其思想的大師，也就是說，就像肖勒姆寫道：「對新的信徒宣告他應該體會的經驗」，並「提供他可以表達這

---

[97] 由於數學和物理成為淘汰或調職之主要判準的事實，無疑助長了一種非理性和反智的傾向，這是學校體系的關係產生的矛盾情緒，由或下沉或看似上升的社會軌跡所點燃的（這種落空的軌跡效應涉及所有在教育體系的先前狀態，其實就已在其文憑和畢業學校的地位暗示其可能的未來）。

[98] G. Scholem, *La kabbale et sa symbolique*, Paris, Payot, 1975, p.35.

些經驗的符號」。

兩種市場

　　家庭與學校像同一場所般彼此不分地運作，這是透過習慣建構某個時期被視為有必要的能力的場所，同時也是這些能力形成其價值的場所，亦即像市場一樣，透過正面的肯定或負面的處罰控制其表現，強化「可以被接受的」部分，阻止不可被接受的部分。這樣沒有價值的才能稟賦注定要慢慢地衰弱下去，「笑到趴在地上」的玩笑，在某些場合還像俗話說的「可以接受」，但在另一個場合就會顯得「過份」，只會令人尷尬或責難，例如援引拉丁文，只會讓人覺得像「書呆子」和「學究」等等。換句話說，文化能力的獲得和不知不覺中學會某種文化*投資的敏感度*（sens du placement）密不可分。這種投資的敏感度就是一種適應客觀〔環境〕機會的產物，並將能力變得有價值，有助於預先適應這些機會。因為這些機會本身就是與文化關係的一個面向——親或疏，漫不經心或摩頂崇拜，享樂派或學院派——此種關係的面向事實上是獲得場所與「文化價值中心」之間客觀關係的內在化形式。講到*投資敏感度*，就像應對進退（sens des convenances）或拿捏分寸（sens des limites）的敏感度，很清楚地指出這是為了客觀化的需要，借用經濟學的語彙。但是我們卻不想用來指涉某種符合以獲得最大利潤的合理性計算為引導的行為，就像一般使用這些概念所理解的，這無疑是錯誤。若說文化是誤認（méconnaissance）的最佳場所，那是因為在創造策略以便客觀地適應利潤的客觀機會（此利潤即其產物）的同時，投資的敏感度保障的利潤，並不會被視為利潤那樣來追求，對那些擁有主流文化的人來說會像是第二天性一般獲取額外的利潤：即自認也被認為完全無私無利，且絲毫不曾將文化當作

任何犬儒和功利的運用。亦即投資的概念必須以雙重意義的經濟投資來理解，一是它客觀地總是如此，即使被誤認；另一則是精神分析所賦予情感轉移投入的意義，或更好的說法是信念（illusion）的意義——信仰或涉入（involement）——非常專注地投入於賽局，它本身不只是賽局的產物，也再生產賽局。藝術愛好者除了自己對藝術的熱愛之外不認識其他任何指引，當他出手時，因出其本能，每一次必定是那些當時最值得熱愛的東西。就像天生的生意人不強求也會賺錢，這並非出於任何犬儒式的計算，而僅是為了快樂而已，出於一種真誠的狂熱。在這些方面，才是投資成功的先決條件之一。因此，我們確實可以如此將主流支配的等級（不同藝術和文類的等級）效應描述成一種標籤化（口頭上強加標籤）效應的特殊個案，這在社會心理學是眾所皆知的：對一個人的印象會隨著給他的種族標籤不同而有所變化[99]。不同藝術、類別、作品及作者的價值端視每一個時間點（例如出版的時候），人們給它貼上的社會標記。總之，這種文化投資的敏感度總是會，也總是真心地會讓人去喜愛該喜歡的東西，並在每個時刻幫助我們在不知不覺中去解讀那些不斷提醒什麼該做和不該做，什麼必看和不必看的無數符號，但卻從來不會明白地以追求象徵性獲利為目標。某些特定的能力（古典音樂或爵士、戲劇或電影等等）端視在家庭、學校或職場等不同市場所提供給他*累積，應用與增值（缺一不可）*的機會，亦即獲得這種能力能夠讓他獲得或保證利潤的程度，這種利潤會進一步強化並刺激新的投資。在不同市場裡運用文化能力的機會特別有助於定義「教育」投資的傾向，也特別有助於那些我們有時候稱之為「通識」的課外文化投資，因為和學校課程不同，比較沒

---

[99] G. Razzan, Ethnic Dislike and Stereotypes, *Journal of Abnormal Social Psychology*, 45, 1950, pp.7-27.

有制度的限制與鼓勵。

　　越是被強制要求的能力就越「有利可圖」，越是被嚴格懲罰的能力不足就越是要為此「付出代價」，那麼主流支配在一個領域的等級就越高[100]。但這卻無法充分解釋為何越往最主流的領域，與教育資本相關的統計差異就越大，然而越往最不主流的領域，越是不驚覺地交付給品味和顏色的選擇自由，如料理、居家布置、朋友或家具的選擇時，與社會軌跡（以及資本組成的結構）相關的統計差異就越大。那些尚未成為主流支配的領域，如「智識」的歌曲、攝影或爵士樂就位居於一個過度中間的位置。在此我們又看到，是在場域特質（尤其是對任何一個行動者「平均」地給予正面或負面獎懲的機會）與行動者特質之間的關係裡決定了不同特質的「效用」：因此，「自由」投資的傾向以及這些投資會往那一個領域，嚴格來說，依據的都不是從相關領域所能獲得的「*平均*」報酬率，而是每一個行動者或每一個特定範疇的行動者，依照其資本量和資本結構所期望的報酬率。

　　「*平均*」報酬率的等級問題，大約和主流支配的程度相符，一個經典或甚至前衛文學的知識，在學校市場或其他地方，會比電影、或更有理由的在動漫、偵探小說或運動方面的知識獲得更高的「平均」

---

[100] 若我們太快的做出以下論點，那就太天真了：一切文化或與文化的關係，或甚至不同領域、文類、作品或作者等級的主流支配的定義，都是一種永無止盡鬥爭的賭注，為了每一個時刻主流支配等級的存在位置而爭鬥：例如轉化或顛倒主流支配既定的等級，透過正當化一個尚未成為主流支配的領域或文類，如攝影、動漫，或平反名不經傳或被瞧不起的作者等，還有透過強迫接受一種新的擁有的模式，與另外一種獲得模式連結起來，這正是主流支配所做的，讓人相信的不是這個或那個賭注的價值，而某一個遊戲價值的信念，此信念生產且再生產所有賭注價值。也許將那些以其自身邏輯再生產的等級，當做一種群體之間的權力關係，經由改頭換面的形式變成一種絕對的秩序來處理，可能較不那麼天真，因為出於天性，儘管其大部分象徵性效率，亦其主流支配，還是要歸功於這些等級次序都是以其原本的樣貌被感受得到。

報酬率。但是，某些*特定的*報酬及連帶要求的投資傾向，卻只能在一個領域和一個特定行動者之間的關係裡來定義，後者的特徵是具有專門的特質。例如那些文化資本主要是透過學校而來的人，像出身於大眾或中產階級的小學老師和國高中老師，會特別服從於〔文化〕主流支配的學院定義，並傾向加倍投資於那些學校所認可的不同領域。相反的，中等藝術，如電影、爵士樂，還有動漫、科幻或偵探小說，則主要會吸引那些無法完全將其文化資本轉換成教育資本的人投資，或那些無法以合法獲得的模式（亦即透過早熟的耳濡目染）獲得主流文化的人，後者往往在主觀和（或）客觀上與主流文化維持不愉快的關係。由於這些藝術尚未取得主流地位，而被擁有大量教育資本的人嫌棄和蔑視，但卻給想要將擁有這些藝術作為其文化資本最好的投資管道的人（尤其當它不完全被學校所認可時），提供了一個避難所和復仇的機會，且他們又自以為挑戰既有主流支配及獲利的等級可以獲得名聲。換句話說，這些「中等藝術」運用自如的才華，通常還是保留給那些對主流藝術具有一定稟賦的人，例如以對電影導演的認識來測量的話，所依靠的就比較不是教育資本，而是與學校文化之間以及與學校之間的整體關係，後者本身又依靠所擁有的文化資本可否被還原成在學校獲得並且被學校認可的資本（因此新興小布爾喬亞成員，儘管具有大量繼承而來的文化資本，也擁有與小學老師相當的教育資本，卻比他們認識更多的電影導演，比他們認識更少的作曲家）。事實上，我們永遠無法完全脫離主流支配的客觀等級分類。因為每一個文化商品的意義和價值本身端視它被安置的物件體系而有很大的變化，偵探小說、科幻小說或動漫可能成為具有高聲望的文化資產，因為是大膽和自由的表現；或者相反，被貶為尋常的價值，這端視能否與文學或音樂的前衛運動連結起來，或處在這兩種情況中間，形成一種典型中等品味的結晶體，並以中等品味的樣態出現，被當做主流文

化商品的簡單替代物。

　　由於每一個社會空間，例如家庭或學校，同時都是培養〔文化〕能力的場所之一，又是賦予其價格的場所之一，那麼當然會期待每一個場域賦予其產品最高的價格：學校市場賦予學院認定的文化能力和學校學習管道最大的價值。但是以課外學習價值所支配的市場，像是沙龍和「上流」晚會，或所有職場生活的場合（面試、主管會議、座談會等），或甚至涉及評量*整體人格*的學校生活（像國家行政學院的口試）則會賦予與文化保持耳濡目染關係者最高的價值，而貶抑所有帶有學校學習印記的才能與稟賦。但由於學校市場本身也可能將學校生產模式的產品貶抑為「書卷氣」，而忽視上述這些支配的效應[101]。事實上學校市場他律性（hétéronomie）最明顯的跡象依舊是對這種「書卷氣」慣習的產物模稜兩可的處置，隨著整體教育體系的自主性越弱，就會變得越明顯可見（根據不同的時代和不同的國家會有變化），也根據支配階級中的支配派系所要求創立的機構而定[102]。

　　但確定的是長期浸濡於主流文化而習得的稟賦以及「上流社會」的市場（或教育市場最「名流」的形式）之間存在著某種立即的親近性：在一般的社會生活場合裡，會將如同封閉式問卷粗暴的測驗排除在外，就連教育機構本身都會拒絕學校考試的限制，這其實暗示了接受上流社會對一切「學院」相關的不欣賞態度，而將這種測驗和評量能力的考試變成上流社會談話的一種變體。在最學術的學校情境則恰恰相反，要拆解和打擊那些吹牛胡扯的策略，此乃名流社交場合為他

---

[101] 主流支配的儀態、發音、「自在」、「高貴」都會強迫被支配階級接受，並只能以全然「文化以外」的原則來被貶抑，像男子氣概的價值一樣，必導致被建構成一個支配的標準模態作為評量女性化傾向的指標。

[102] 關於這點，尤其是國家行政學院和巴黎綜合理工學院之間的對立關係，參見 P. Bourdieu et M. de Saint-Martin, Le Patronat，同頁143注84。

們提供一展長才的無限機會。就像牌局中玩弄一手好牌一樣，社交達人選擇其馳騁的場域，巧妙避開各種測試，將知識的問題轉化成偏好的問題，將其無知轉化成倨傲的拒絕。一整套策略可能展現其自信或不安全感，自在或困窘，端視教育資本、獲得模式以及符合耳濡目染的程度或相關的距離而定。換句話說，由於缺乏主流文化特定領域有深度、有方法和有系統的知識，並不會妨礙一個人去迎合大部分社會情境所須的文化要求，即便像訪問調查這種幾乎是學院的情境[103]。

　　由於受訪者回答畫家問題時所宣稱的知識無論如何都無法檢驗，我們選擇比較不去測驗專業能力的方法（可以想見必定和對作曲家的知識一樣依靠同樣的因素）來間接地掌握與主流文化的關係以及在訪問情境下的差別效應。於是，受訪者之中知識不及其耳濡目染程度者會覺得可以使用吹牛胡扯的策略，因為這在一般的文化場合使用時獲利很高（新興小布爾喬亞尤其是這樣）。但是吹牛胡扯本身只有在耳濡目染所製造出模糊知識的情況下才划算：這也就是為什麼，如果這個問題所留下的操作空間，允許那些最沒有文化資本的人也會朗朗上口幾個人名，這些人名既不符合任何知識，也不是因為偏好。像畢卡索（21%的專業和勞動工人提到）或布拉克（10%）被提及因為在調查訪問時是新聞媒體報導的主題，但卻有些也會扮演陷阱的功能，例如盧梭（10%），無疑的，可能與作家混為一談，其他階級幾乎都不會提到（布呂赫爾則相反，沒有一個專業工人和勞動工人提到他，無疑是因為不敢貿然說出很少有機會聽到的人名，擔心發音不準）。

---

[103] 我們知道支配階級的成員，特別是其中文化資本最豐沛的派系，在上廣播或電視的益智性節目時表現出多麼輕蔑的態度，他們會把社會學的問卷當做是一種對主流文化的正當性支配關係的諷刺性否定。

　　若要證明這種名流的直覺——一種往往與高度繼承的文化資本有密切相關，無法減化成嚴格管控知識的總和——只要對照文化能力兩個面向的變異即可：其一是擁有某種專業知識，像對作曲家的認識；其二是在賦予價值時必備的「鑑賞力」（flair），以便能夠在諸多提供的不同判斷之中，辨識出福樓拜所說的「高尚意見」（opinions chics）的能力來衡量[104]。圖4所呈現的兩向度，分別是認識至少12個音樂作品的作曲家的受訪者比例和回答「我對抽象畫派和古典畫派一樣有興趣」受訪者比例，我們可以區分那些具備嚴格要求能力勝過具備適切回答直覺的派系（中等教育教師及高等教育教師）和相反，具備主流支配位的直覺卻有能與之匹配的特定能力的派系（新興和小布爾喬亞和藝術生產者），這種差距會在小布爾喬亞和上升的布爾喬亞（小學教師、中級行政主管、工程師、公部門高級主管）身上減到最小。

　　布爾喬亞（尤其是沒落的布爾喬亞）對一切「學院派」所表現出來的憎惡，無疑可以部分由學校市場帶來的貶值解釋，他們被相近的知識和靠耳濡目染來混淆的機構所傷害。如果我們知道位置穩固的小布爾喬亞具有相對較高的教育資本卻繼承相對較少的文化資本，而新興的小布爾喬亞（其藝術家是這範圍的極限）則具有強烈的文化傳承和相對較低的教育資本，就比較能夠理解為什麼，例如大部分從事創意的新興文化中介者（各式主持人或藝術教育者）會對學院自動地強烈排斥。巴黎甚至外省的小學教師在純知識測驗上可以擊敗

---

[104] 我們無法獲得有關音樂方面的評論意見，因為與有關繪畫的評論見不同，後者〔在問卷設計上〕預想到中間意見（「我很喜歡印象畫派」），前者的一系列評論意見之中，介於純粹「中等」意見（「我喜歡史特勞斯的華爾滋舞曲」）和高尚意見（所有優質的音樂我都有興趣）之間呈現太明顯的斷裂，以至於最主流支配的意見經常出現在那些不能只滿足於給出明顯太「幼稚」意見的人身上。

圖4　專業能力與對藝術的評論意見

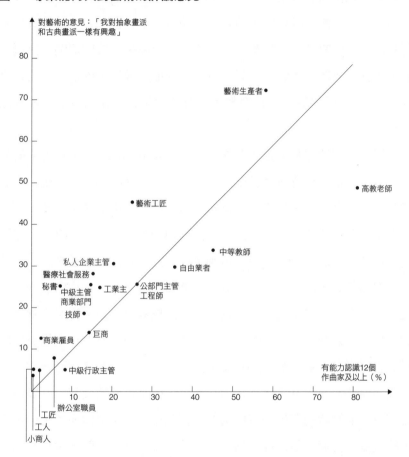

小老闆、外省醫生或巴黎的古董商，但卻很有可能在某些情況會自覺不如他們，尤其是在需要自信或鑑賞力，或甚至需要吹牛來掩蓋不足的場合，而不是在需要與學校學習相關的小心、謹慎與對界線高度自覺的場合。有人可能把畢費（Bernard Buffet）和杜比菲（Jean Dubuffet）混為一談，但完全有能力用陳腔濫調的讚美或者表示沉默的撇嘴、點頭或只是吸氣的停頓來掩飾其無知；有人可能把聖—艾修伯里（Saint-Exupéry）、德日進（Teilhard de Chardin），甚至勒潘斯

—蘭蓋（Leprince-Ringuet）說成哲學家，卻仍然在今日最受好評的市場，像招持會、研討會、訪問、辦論會、座談會、大小委員會裡展現其自信，只要具備一整套高尚氣質，舉止風采、風度翩翩、衣冠楚楚，發音和語調，儀態和閱歷，所有學校很少或根本學習不到的知識（部分是因為學校從來不教或教不完整）而這正是布爾喬亞的區判之所在[105]。

　　畢竟，儀態是最能展現品味製造者（*taste maker*）無懈可擊的品味，也最能讓文化持有者僅學得半吊子缺乏自信的品味暴露出來。儀態在任何市場，尤其是決定文學和藝術品價值的市場非常重要，只是因為這些作品的價值永遠有一部分應歸功於其選取者之價值，也因為這種價值在很大的程度上是透過選取的方式讓人知道並被認可。然而，對那些從小浸濡在一個主流文化就如同呼吸空氣一樣自然的人來說，是那麼自信對主流選擇之直覺。他們只需靠十足儀態展示就足以讓人信服，如同一個成功的吹牛者一樣。這不僅因為他具有投資好地段的直覺而已，更因為他具有文化投資的直覺，成為導演而非演員，是前衛而非經典。其實這都是同一件事，即當區判的獲利已經變得不確定時，他們能夠在最好時機選擇投資或撤資，選擇轉換到另一個跑道的直覺。終究，是這種自信，這種信心和驕傲，一般來說作為個人所壟斷的投資之中最保險的回報，在一切都靠相信的世界裡，最有機會迫使其投資成為最主流支配的，也因此是最有賺頭的。

---

[105] 在相同教育水準下的每一個人（例如高等專業學院的學生）都可以從其身體習慣、說話腔調、穿著方式，與主流文化耳濡目染關係的觀點加以區分，更不用說作為進入布爾喬亞世界入場券的整體才能和特定能力，像舞蹈、不常見的運動、同伴遊戲（尤其是橋牌），透過這類活動所保證的類聚以及所累積的教育資本，無疑的可以成為造成日後不同的生涯之所在。

　　主流支配的強迫有一個特性就是我們永遠無法確知，支配者是否因為他是支配者就比較高尚或高貴，亦即正因為他具有特權，以其存在的方式，完全為自己量身打造來定義什麼是高尚或高貴。這種恰恰是從其自信表現出來的特權，或僅是因為他是支配者就好像具有正當性去定義的唯一資格。因此，不必太驚訝於命名主流支配的儀態或品味，如同文法學家所說的，一般語言只能說「儀態」或「品味」、這類「絕對的使用」。因為這是支配者特有的屬性——巴黎「腔」或牛津「腔」，布爾喬亞的「秀異」等等，而在其自身也為其自身有一種權力足以阻止那些企圖辨識他們「真正」面目的人，並有意無意地提及他們在階級的分布位置，來給予他們一種高尚的價值。

因素與權力

　　行筆至此，很清楚的，分析的主要困難在於分析工具本身所要指涉的再現，即教育程度和社會出身，事實上就已經涉及鬥爭的遊戲，其中分析的對象，藝術和他與藝術品的關係在現實世界本身就已經是賭注。在此鬥爭之中對立的兩造分別是那些認同於學校所定義的文化以及獲得模式是透過學校的人；另一造則自認為是文化的捍衛者並與文化保持非制度性的關係，較不受學校學習與考核限制。後者往往來自於布爾喬亞最古老的部分，並可以在作家和藝術家身上以及藝術品生產和消費的神格形象裡找到無須爭辯的背書，因為他們不只是創造者也是擔保者。文學藝術界眾所矚目的作者或學派之間的爭論，其實掩蓋了更重要的鬥爭，如（整個十九世紀而言，文學評論往往是從他們之中出來的）教授和作家的爭論，就從其出身和關係來看，通常是與支配階級中支配派系有密切相關，例如整個被支配派系與支配派系之間針對什麼才是完美的人的定義以及生產這種人的教育的永無止境

的爭論。因此,如十九世紀末私人教育的創立為什麼要給予運動一個
非常重要的地位,像狄摩林（Demolins）,奧詩國際學校（Ecole des
Roches）的創辦人和弗德烈克·拉普雷（Frédéric le Play）的弟子,
像顧拜旦（Baron de Coubertin）,另一種新教育風格的提倡者,其間
的賭注就是想要在學校教育本身強加一種教育的貴族式定義,對抗只
傳授知識,只懂得學問和「學者般」的柔順尤以「中學營房」（lycée
caserne）為象徵（因為由此開端,經常被重提）以及一切為對小布爾
喬亞的小孩有利的評量標準。藉此〔私立〕學校確立其自主性,其
「價值」,像是「活力」、「勇氣」、「意志」（軍隊或企業,在那個
時代幾乎是同一件事）、領導人的德行,以及尤其可能是（個人的）
「啟發」,以自助來命名的「企業精神」,還有所有與運動實踐相關的
德行。為*教育*加持以對抗*訓練*,為*品格*加持以對抗*智能*,為*運動*加持
以對抗*文化*,都只是為了在學校世界本身,確立某種等級的存在,這
種等級是無法被化約成教育等級的,因為後者都只偏好上述對立項中
的第二項[106]。

　　這種鬥爭不只過去才有,就如同現在進入大企業領導階層的兩個
途徑可見到,一條是從奧詩國際學校或幾個著名耶穌會初中,然後往
著名布爾喬亞中學到法學院或越來越多往巴黎政治科學院和巴黎高等
商業研究院（HEC）;另一條路則從外省或巴黎的一般高中到巴黎綜
合理工學院[107]。這兩種不同的教育市場對立關係在「菁英的學校」看
得更清楚:不論是被要求的文化能力的內容或是賦予儀態方法的價

---

[106] 尤其參見E. Demolins, *Aquoi tient la supériorité des anglosaxons?*, Paris, Firmin-Didot,
　　1897; *L'éducation nouvelle*, l'Ecole des Roches, Paris, Firmin-Didot, 1898; *L'avenir
　　deL'éducation nouvelle*, Paris, Firmin-Didot, 1899; P. de Coubertin, *L'éducation en
　　Angleterre*, Paris, Hachette, 1888; *L'éducation anglaise en France*, Paris, Hachette, 1889.
[107] 參見P. Bourdieu et de Saint-Martin, Le Patronat,同頁143注84。

值。還有用來評量他們方式也大不同：從高等師範學院和巴黎綜合理工學院的一端，到巴黎政治科學院和國家行政學院的另一端。這類為了爭取文化的主流支配定義及評量合法正當的方法之鬥爭，只不過是切分整個支配階級，永無止境鬥爭的一個面向而已。藉由重視完美人的德行，主流文憑真正的目的在於確保支配的存在。因此對運動的歌頌、品格教育的學校、政治經濟文化的強調、不利於文學或藝術方面的文化，都屬於支配階級裡面的支配派系成員努力要打壓在支配階級和小布爾喬亞裡面被「知識」派系所認可的價值的策略之一，因為後者的孩子對布爾喬亞的小孩來說，在最學院式定義的學業能力上形成強勁的對手。然而更深層來說，這種反智主義所表現出來的只不過是這種對峙關係的一個面向而已，因為它遠超過正當性使用身體或文化的問題，而直接觸及存在的所有面向：支配階級永遠透過男與女、嚴肅與輕浮、有用的與無聊的、值得尊重的與不值得尊重的、實際的與不切實際的對立關係來思考他們與被支配階級的關係。

在統計上生產出類別以及「記錄」他們的資料所使用的邏輯區分的原則，也同時是社會邏輯區分的原則：因此無法正確地詮釋兩個（被天真地定義為）主變項的統計變異——教育水準和社會出身——除非能夠非常清楚它們跟主流文化以及與文化的主流關係。或更精確來說，與不同市場所產生出來對峙關係的定義脫不了關係，因此，與其中一個相關的特性就會具有不同的價值。但若將只出現在某些關係之中的效力當做是諸多因素之一，那麼就大錯特錯了，因為這種效力可能在其他場域或同一場域的不同狀態下被取消或被翻轉過來。由長期養成的慣習所建構的位置只有在場域和與場域的*關係*之中才會形成，才會運行，也才會有其價值。這種場域是一種像巴舍拉（Bachelard）談到物理場域本身就是一種「可能力量的場域」，一種

「動力的情境」[108]，在此場域力量只有在與某種稟賦的關係之中才會發生作用。因此同一種實踐在不同的場域，或在同一個場域不同的狀態或不同部門時，就可能會有完全相反的意義或價值。

回到分析工具的反思並不是一種認識論的吹毛求疵，而是一種對研究對象科學知識不可或缺的條件：實證論的懶惰使得整個精力，純粹出於防衛，集中在所檢驗關係的強度上，而不是去質問測量關係的條件本身，這甚至還可能解釋不同關係的相關強度。若要相信實證論的方法所謂的「自變項」有其獨立性，就必須無視「解釋因素」其實只有在某種特定場域才有價值，也才能運作的「權力」，並無視於它們事實上只不過是在每一個場域內部的鬥爭時所運作的分支，用來轉化定義它的價值所形成的機制。我們很容易就可以想像在一個場域裡，如果兩個關鍵「因素」的比重可以被倒置過來（例如在執行實驗測試時給予較不「學術」的研究對象和更大的提問形式空間），那是因為有關文化的日常生活鬥爭其實就是價值形成機制轉化的最終賭注，此一機制正是決定所有與教育資本有關以及與社會軌跡有關（還有透過它們來登錄的主要變項）的文化資本的相對價值。

如果說固著於行動者的屬性和其實踐之間的統計關係，只能在基於慣習建立的稟賦以及某種場域之間的關係裡才能被完全定義的話，那麼我們只有在被檢驗的關係還有效的情況下，透過表面上縮減作為全面概化的先決條件，才能定義其範圍，也只有在質問什麼關係的條件下這些關係是如何被建構起來，才能定義其範圍：在訪問情境裡，透過封閉式問卷所建立的關係——主要是針對主流文化問題——就像是考試情境一樣（儘管沒有任何制度性考核作為賭注）。就像市場是

---

[108] G. Bachelard, *L'activité rationaliste de la physique contemporaine*, Paris, PUF, 2ème édition, 1965, p.60.

一個交易的具體場所一樣，學校市場也就是經濟理論的市場。不論其
對象或它強加於交換的形式（問卷就像巴利〔Bally〕指出的，永遠
暗示著一種侵入、暴力、懷疑的眼光，因此之後接下的就是舒緩），
問卷調查，尤其是以有系統〔上對下〕非對稱的質問形式進行時[109]，
剛好與一般日常生活的談話恰恰相反，後者像是在咖啡或校園裡的討
論，可以形成某種「反文化」或名流間的交流，因而會排斥學究般的
精確或自學式的遲鈍。在這種幾近學校的情境下，若仔細觀察學歷文
憑與繼承文化資本相對比重的變異，從最學院的形式和對象，到最不
學院的形式（用來測量家學淵源的問題不再是嚴格的知識考察）或
對象（對電影的認識或料理方面的偏好），可以讓我們理解這些「因
素」與市場之間的關係。運用、展示能力（自信、自傲、瀟灑、謙
恭、認真、拘束等）和讓能力增值的*手段*的一切指標（這很難從問卷
取得），不論就其意義或它所在的市場價值而言，都緊密地依靠（家
庭或學校）獲得模式所烙印下來明顯可見的痕跡，亦即市場。這也
就是說所有市場只要相對於學校的考核能夠確保其自主性，都會賦它
們優越性：強調儀態，並透過它強調獲得的模式，這也就是讓階級的
資歷可以成為階級內部等級分化原則的機會[110]。這同時也是賦予主流
管道的合法持有者絕對的權力，絕對可以任意承認或排除的權力。儀
態本質上只為他人而存在，而主流管道的合法持有者有權力去定義儀
態、發音、穿著、打扮的價值，他們因而有無視於其自身獲得管道
的特權（就像他們可以不*拘*小節一樣）；相反的那些「新貴」想要加
入風度翩翩但又不具備相同社會條件的合法持有者的團體（即繼承

---

[109] 所有跡象都顯示當受訪者與主流文化（不管對或錯，都以訪員及其問卷為代表）的
距離越遠時，作用在他身上的暴力就越大。

[110] 眾所皆知，從商的布爾喬亞內部的等級是根據強勢資本的種類（經濟或學歷）與階
級內的資歷交叉後來區分。

者），不論怎麼做都會在所難免地身陷於過度認同的焦慮和承認其失敗的自我否定（甚至反抗）的往復交替之中：不是遵從那些非常正確「學來的」行為舉止，就是過分矯枉過正到矯揉造作，不然就是非常誇張地表現出其差異，其實注定都要以告白被拒絕的姿態呈現[111]。

　　由於文化能力是在社會場域裡獲得的，這場域又與形成它價值的市場密不可分，因此就與這些市場緊密結合。而所有關於文化的鬥爭都會以各種手段，竭盡所能地去創造對其產品最有利的市場，這些產品都烙印著某個特定階級獲得條件的標記，亦即某種市場。因此今日我們稱之為「反文化」也可能是一種突破學校市場法則的新型自學努力的產物（相對於較沒有保障的老式自學，即使從一開始這種產品就已經注定要失敗但還是繼續服從）。他們在製造另一個市場，具有屬於他們神聖化的專門機構，即有能力以上流社會或知識製造者的方式去挑戰學校機構的企圖，強迫接受這些評量能力的原則，也強迫接受在學校市場或至少此市場中最「學術式」的部門所盛行的，能與文化商品市場完美結合的方式。

---

[111] 其中一種最典型種族歧視的幻想喜歡提到霍夫曼（Hoffmann）「有教養的年輕人」的寓言故事。一隻猴子在議員家被養大，學會說話、讀書、寫字和演奏音樂，但還是無法克制自己在「幾個小細節裡」，露出其「畜牲的出身」，尤其當他聽到剝開核桃的聲音時，不自主地產生「內在運動」（Hoffmann, *Kreisleiriana*, Paris, Gallimard, 1949, p.1950）。

第二部分

實踐的經濟

「在她媽教導的做人處世的規矩和原則上，在做某些菜的方法上，在
演奏貝多芬的奏鳴曲上，在和藹可親地待人接物上，她確實知道如何
拿捏分寸而臻於完美，並非常清楚別人將會如何批評她。再說，就這
三件事上的完美幾乎是一樣的：在方法上某種簡單、樸實和魅力。她
很怕人家在絕對不需要的菜裡面放太多香料，也很怕人家演奏鋼琴時
過度情緒，濫用踏板，也很怕請客時完美自然，但說到自己時卻誇大
其辭。只要吃一口、聽一個音或見到邀請卡，就知道是否跟好廚師、
好樂師和教養良好的女人打交道。『她手指也許比我多，但少了點品
味才會把那麼簡單的行板演奏得那麼誇張』。『她可能是一個很亮眼
的女人並有很多優點，但少了點技巧在這種情境下談論自己』。『她
可能是個知道很多的大廚，但不知道怎麼做馬鈴薯烤牛肉』。馬鈴薯
烤牛肉，廚藝競賽最理想的菜，因為太簡單而最難做，甚至是料理中
的『悲壯奏鳴曲』，相當於社會生活中，一位太太來徵尋有關僕人的
意見一樣，都是最簡單的行為舉止，但在也最容易被看得出來是否老
練和教養。」——普魯斯特，《模擬與雜文》。

第二章

社會空間及其轉變

　　如果本研究就此打住，應該也不會引起太多的異議。因為藝術品味不可化約的想法是那麼不證自明。然而，就如同曾經在藝術稟賦的社會條件分析所證明的，只有將這些稟賦重新放置在稟賦系統的單元裡，才能完全理解它們如何引導主流文化商品的選擇。也就是說，讓一般生活用語狹義又規範性的「文化」進入人類學廣義的「文化」，並將最純淨物件的最精緻品味與食物味覺的最基本品味關聯起來[1]。品味／味覺的雙重意義，恰恰可用來為這種刻意栽培的稟賦辯護，為一種自發性繁衍生產的假象提供正當化的藉口。經由偽裝成本能的稟賦，這種刻意栽培的文化能力必須能夠一勞永逸地提醒人們，品味就像「立即和直覺地判斷美學價值的能力」，與區辨每一個食物味道的能力，對其中某些食物偏好的味覺意義是密不可分的。由於稟賦只追求主流文化商品的抽象作用，會進一步造成解釋因素系統層次的抽象化，這些因素會一直存在並產生作用，只有透過基本元素（即在下面分析個案的文化資本和軌跡）才觀察得到相關場域效力的來源。

　　最主流支配的文化商品消費其實只是競逐稀有商品或活動的一個特別例子，主要是因為供給的邏輯是生產者之間特定形式的競爭，而

---

[1] 針對整體物質和文化消費的提問，不論主流與否，只要能作為品味判斷的對象，料理和繪畫，衣著和音樂，電影和居安布置，我們都企圖想辦法檢驗我們通常視之為美學的稟賦與構成慣習的稟賦系統之間的關係。

不是因為需求和品味——即消費者之間競爭的邏輯。事實上，只要拆除那個使主流文化成為一個隔離世界的神奇柵欄，就可以看到那種表面上看似不可共量的「選擇」，像是音樂和烹調、運動和政治、文學或美容，其實它們之間是一種種可理解的關係。這種粗暴地將美學消費重新納入一般的消費世界（正因為對抗後者，前者得以不斷地定義自己）的好處之一就是提醒我們：文化商品的消費，根據不同商品和消費者，毫無疑問地永遠預設了不同程度的挪為己用的功課（travail d'appropriation），或更精確地說，消費者透過辨識和解讀工作，為生產他消費的產品做出貢獻，尤其是在藝術品的情況，有可能建構出一個完整的消費體系，並從中獲得滿足，——當然這也要求投入時間及需要時間來獲得的稟賦。

　　由於太接近抽象化了，經濟學家可能忽略了在產品及消費者的關係裡，可能發生在產品身上的事，亦即某種稟賦能力定義什麼是有用的屬性和如何真正的使用。以假設的方式，像諸多的其中之一，假定消費者都可以察覺到某些相同的關鍵屬性，這意味著假定產品都擁有客觀的特徵（或人們常說的「技術」特徵）足以迫使任何有感知能力的主體察覺，就好像認知能力只會固著於生產者描述產品所提供的特徵一樣（或廣告所稱的「訊息」）。就好像產品使用社會意義可以被減化為使用手冊一樣。物件，若是工業產品，並非如我們日常生活賦予這個字的意義那麼的客觀，亦即並非完全與那些善於運用它的人之利害關係和品味偏好無關，他們會將這些產品的運用強迫讓人接受成為是一種不證自明、全體一致認同的普世價值。若是如此，社會學家的任務就非常簡單了：面對每一個「自變項」和「依變項」之間的統計關係，他只要決定如何認知和評量「依變項」所指涉的東西，而這種「依變項」是隨著由「自變項」所決定的階級而變異。或你要的話，只要掌握這哪些是關鍵特徵的系體，據此就可以知道每一個行

動者範疇的特徵[2]。科學該做的是建立一種物件的客觀性，產生於它所提供並只有在社會使用的世界（其中，若涉及技術物件，其使用則依靠生產者如何設定）才會顯露的、可能性與不可能性之間所定義的物件；以及一個行動者或一整個階級的行動者之關係中，實際使用時構成客觀有用性的感知、欣賞和行為的圖示[3]。問題不在於重新引入任何形式，我們稱之為「經驗」的東西，因為最常見的情況只不過是研究者加以稍稍掩飾的「生活經驗」投射而已[4]。問題是要從消費者彼此可互換品味、可均勻感受並欣賞產品之間的抽象關係，轉移到一種以必要的方式，依據其生產經濟和社會條件而變化的品味，與他們賦予其不同社會認同的產品之間的關係。事實上，我們只要問一個經濟學家常忽略的問題，經濟學家所假設，製造才能稟賦的經濟條件，就具體的案例來說[5]，即是品味的經濟與社會的關鍵因素之問題，就可以察覺在產品的完整定義裡，必須導入消費者根據不同稟賦所產生的差異性經驗，這些稟賦又會隨著他們在經濟空間的位置不同而有所不同。這

[2] 不用多說，意識到這個前提條件的社會學家不會太多，尤其是那些方法論社會學家。

[3] 許多技術物件就像我們曾經針對攝影所做的一樣（參見 P. Bourdieu et al，同頁97注39），無疑也可以證明除了在否定決定論所暗示的限制外，我們幾乎無法根據物件的技術特性得到任何有關社會的使用。

[4] 經濟學家（他們成為當今部分受困於理論研究與真實複雜性的社會學之追隨對象）自以為是形成「經驗」或階級無意識藝術的大師。我們很難抗拒最近一項由貝克（Gary S. Becker）研究所產生的變態快感（最好將這種模組化的想像力移植到其他地方），他試圖解釋一個弔詭：硬說對某些商品的需求會隨著經驗穩定地增加（G.J. Stigler and G.S. Becker, « De Gustibus non est disputandum », *American Economic Review*, 67, March 1977, pp. 76-90）。為了將「對音樂有潔癖者」這種稟性傾向解釋成典型「有益的」怪癖，將「毒品癖好者」解釋成「有害怪癖」的特徵，他提到一個「音樂快感」生產成本減少是因為特殊人類資本積累所造成的個案，另一個「悅耳聲音」生產成本的增加是因為和諧音感的才能減弱所造成的。證明完畢！

[5] 另一個弔詭的遺忘參見 P. Bourdieu, *Travail et travailleurs en Algérie*, Paris, Mouton, 1963，以及 *Aglérie 60*, Paris, Ed. de Minuit, 1978.

些經驗，其實不需感受到就可以理解，因為這不是親身經歷就能理解，甚至同理心也都無法理解。慣習作為一種介於兩種客觀性的客觀關係，可以在實踐與生產的意義情境之間建立一種明白易懂又必要的關係，且在這種情境之中，慣習依據認知與欣賞的範疇生產意義，而這些範疇本身又是由可被客觀觀察的條件所生產出來的。

階級條件與社會條件化作用

由於只有讓構成其原則的一連串效應——浮現出來才能理解文化實踐，首先這種分析剛開始可能會讓標示行動者或階級的行動者特徵的生活風格結構消失，亦即其統一性會隱藏在整個實踐之多樣性和多元性之下，而這些實踐只在各自有其不同運作邏輯的場域才會體現，因此有能力以不同的形式（根據公式：〔（慣習）（資本）〕＋場域＝實踐）落實。其次這種分析也會讓被結構化了的實踐所勾勒出來的象徵性空間結構消失，永遠客觀地但有時又主觀地也在其相互關係，也透過這相互關係來定義的所有高尚且具有區判性的生活風格。所以，現在必須要將那些已經解體的重建起來，首先這是為了要檢驗，但也是想要重新發現在一般常識才有的取徑下會有的真理核心——也就是生活風格及其構成整體的系統性所產生的直覺。為此，必須要回歸到統一且生成這些實踐的原則上，也就是落實階級條件以及階級所設定的運作條件的階級慣習。於是，就必須建構一套客觀的類別（classe objective），像是具有同質性生存條件的行動者會聚集在一起，規範同質性的運作條件並生產出具有同質性的稟賦系統，以專門製造相似的實踐，使他們得以擁有一整個共同和被客觀化的屬性，有時具有法律保障的資產（像是財產或權力的擁有權），或像階級是慣習內化的

屬性（尤其分類架構的系統）[6]。

變項與變項系統

　　以職業類別來指認階級（行動者的類別或生存條件的等級，從這個角度看來是同一件事），只不過呈現出生產關係的位置支配著慣習，尤其統攝了進入這些位置以及製造並篩選某一既定慣習類別的機制。但這不是要回到預設好的「社會職業類別」變項。事實上，聚集在一個特定但又決定的關係下所建立起來的類別／階級的個人，除了與其分類原則有直接相關的特質外，在他們身上永遠還會帶有第二特質，會因此陳倉暗度地被引入解釋的模式裡[7]。這也就是說，一個階級或一個階級派系不只是由它在生產關係之中，像是職業、收入或甚至教育水準等指標辨識的位置來界定，也必須由某種性別比率、地理分布（沒有所謂社會上中立的）來界定，還必須透過一整套的輔助性特徵來界定，因為這些特徵會以一種早已默認的名義運作，成為真正篩選或排除的原則，卻不曾被正式地指出來（就像族群或性別變項的例

---

[6]　客觀的類別不應和刻意運用的類別（classe mobilisée）混為一談，客觀的類別是根據其客觀化或內化特質的同質性而聚集的行動者之集合，是從為了保持或調整客觀化性質分布的結構鬥爭觀點來界定的。

[7]　誠如尚・班澤奇（Jean Benzécri）說得很好：「假定個體 $\alpha\beta1\gamma1, \alpha\beta2\gamma2, \cdots, \alpha\beta n\gamma n$，每一個都被描述成具有三個特性（或特徵）。如果將描述項的最後兩個元素抽象化的話，我們會說所有這些個體都會進入以特性 α 為定義的唯一類種，總之，吾人稱之為類種 α。即使特性 α 可以定義這個類種並用來辨識個體，但我還是無法研究它，而不考慮特性 β, γ。執是觀之，若以B集合計可能具有第二特徵的 β 模組，以C集合計可能具有第三特徵的 γ 模組，那麼研究類種 α 就將會是研究 αBC，亦即除了已經固定的第一個特性，所有可以成為第二（B）或第三（C）；還有加上後者之間可能的關聯（像是 β 比較可能跟 γ，勝於跟 γ' γ）」。J. Benzécri, « Définition logique et définition statistique: Notes de lecture sur un chapitre de Ernst Cassirer », *Cahiers de l'analyse des données*, Vol. III, 1978, n° 2, pp. 239-242.

子）。許多正式的標準，事實上只是用來隱藏其他標準的面具而已。譬如說要求某種特定的文憑事實上可能是要求某種特定出身[8]。

　　因此，以互選或內定為基礎的團體成員，像大部分明示或暗示以限額制來保護的行業（醫生、建築師、高等教育教師、工程師等等）的共同處就是在公開徵求的特質之外，要求更多或其他東西。職業的共同形象，無疑的是〔決定從事〕某一「志業」的真實原則之一，比起統計學家所呈現的〔職業變項〕，較不抽象也不那麼不真實，因為它不只將工作的性質或收入總數納入考量，同時考慮到往往是其社會價值（具有聲望或降低威望）源頭的第二特徵，這在正式的定義裡看不到，但卻多多少少公開地被當作默認的要求來運作，像是年齡、性別或社會出身或種族。從進入一個行業開始並且在整個職業生涯，成員互選或內定的遴選機制使得那些缺乏這些特質的職業團體成員都被排除或排擠到邊緣的位置（女醫生或致力於女性客戶的律師，專攻黑人客戶或專注於研究的黑人醫生或律師）。總之，用一個名詞指涉一個類別來強調其屬性時，最常見的就是職業，可能會犯下所有將第二

---

[8]　應該仔細檢查分析者使用的標準清單是否符合以此標準劃分團體之間的鬥爭狀態，或更精確來說以此標準定義的團體是否有能力讓自己被如此認可。如果在工人階級內部能夠依性別和來源國籍區分的話，就比較不會忽略半技術工人可能一大部分是女性或移工。另一方面，若不僅（僅只）將正當化的策略簡單地轉譯成學術領域描述的話，外顯因素的謬誤推論就不會那麼經常發生，因為這些正是透過這些正當化的策略，團體的成員特別強調某一個主流特性的價值，聲稱是其組成的原則，以掩飾構成其存在的真正基礎。因此，越是精選的團體（像是音樂會的聽眾或高等專業學院的學生）都可能以某種方法雙重地掩飾他們篩選的真正原則：由於不能公開昭告其生存和再生產的真正原則，他們注定只能重新啟動那些機制使它變得有效率，因為他們沒有達到進入明確門檻所需的特定和系統性嚴格要求，因此也會有許多例外的狀況（不用於俱樂部和以成員互選或內定指派〔cooptation〕為基礎的所有「菁英」，他們無法管控所有「被選人的」整體特性，亦即整個人）。

特徵的效率掩蓋之錯誤，造成儘管真實的類別建立是這樣區分的，但卻名不符實。同理，我們會強烈地批評這種嚴重的錯誤，在評估社會位置的演變（以職業來辨識）時，如果因為強調某一種唯一的相關屬性（通常是最重要那一種）而忽略了所有替代〔屬性〕的效應，後者也表現出這種演變，像是一個社會階級的集體軌跡可能會以變得「女性化」或「男性化」的方式表現出來，會以老化或年輕化表現出來，會以變窮或變富表現出來，就如同變化可能會隱而不見或相互更替一樣（一個職位的沒落也可能表現在其「女性化」的事實上，也可能伴隨著社會出身的提高，或這個職位的「民主化」或「老化」）。同樣的事也在場域中的某一個占有位置所界定的團體身上發生，例如一個大學科系在學科的等級排名，或一個貴族的頭銜或學校的文憑在頭銜的等級次序等等。

依變項（如政治意見）和所謂自變項如性別、年齡和宗教，或甚至教育水準、收入及職業的獨特關係，都可能掩蓋了真正構成力量關係原則的完整系統，也可能掩蓋了因這特殊相關而產生效應的特定形式。最獨立的「依」變項隱藏著一整個統計關係的網絡，很隱密地呈現在它與某一意見或某一實踐所維持的關係裡。再一次我們看到，與其要求統計技術去解決它無法解決的問題，不如去分析分層的方法及變項，將次要變項（如性別、年齡等）帶入依主要變項定義的類別之中，並仔細質問每一個呈現在階級的真實定義裡的東西，是否在名義變項的定義裡有意識地被考慮進去，因為是以此名義變項來指稱，所以也就在詮釋這些關係時將它引入。

所謂自變項之中典型的假自變項，就是學歷文憑與職業之間的關係：不只是因為職業依賴文憑，至少在社會空間的某些部門（我

們還或多或少可以憑學歷進入），但同時也因為一般認為文憑所保障
的文化資本其實是依靠操持的職業，它可能意味在家庭裡和／或學校
裡（透過、也為了專業的培訓），維持或增加已獲得的資本；或相反
的消減這個資本（因為不合格）。這種職業條件的效應，在此還必須
區分工作本身的效應，因其本身的性質，可能要求某種程度的文化
資本和某種時間持續的投資，多少會繼續維持這種資本；以及〔職
業〕可能的生涯效應，會排除或直接保證能夠專業升遷或合法化的文
化投資。這種職業條件的效應還要加上專業環境的效應，亦即透過在
大部分情況下定義它的同質團體，對才能稟賦尤其是文化（或宗教
和政治）稟賦的強化。因此必須檢視每一個案在何種程度的職業生存
條件會有助於或有礙於這種效應的實現，這迫使我們將工作的特徵
本身納入考量（如艱辛程度等），此效應實現的條件（吵鬧或有利於
溝通的安靜環境等）、工作要求的步調、允許休息的時間，尤其是對
工作環境有利的垂直和水平關係形式（在工作期間或休息區間，或在
工作以外等）都納入考量。此效應無疑是辦公室職員（書記職員、銀
行職員、辦公室人員、打字員）和商業雇員（大部分是商店售員）之
間諸多差異的源頭，即無法完全考慮到出身的階級派系差異（辦公室
職員較多出身自農業從事者，而商業雇員則比較多來自於小老闆），
也沒考慮到教育資本的差異（前者稍微較多有BEPC，後者前較多有
CAP）[9]在階級派系和半遮半掩的文化實踐之間關係的效應之中，還有

---

[9] 商業雇員和辦公室職員，在性別、年齡、收入上都大概都呈現相同的分布，卻在
〔文化〕稟賦和實踐上有很大的差別。因此，辦公室職員較控制欲望，期待較認真負
責以及有教育水準的朋友，往往想要整潔、乾淨、細心保養的居家布置，喜歡布萊
爾、蓋塔里、馬里安諾、《匈牙利狂想曲》、《阿萊城姑娘》、拉斐爾、華特、達文
西。但相反的，商業雇員則比較會尋找社交性強、重視生活、好笑、高貴的朋友，
喜歡溫馨和親密的室內設計，最經常說喜歡巴森、費雷、馮絲華・哈蒂、《諸神的
黃昏》（Crépuscule des dieux）、《四季》、《藍色狂想曲》、郁特利洛或梵谷。

與階級有關的第二特徵分布位置所產生的效應。因此，那些不具有範式特質的階級成員，例如在一個女性占多數職業裡的男人或高等行政學院裡的工人小孩，都明顯地被其所屬階級的社會認同留下烙印，也都被強加其上的社會形象留下烙印，且必須在承擔或抗拒此形象之間做一個選擇。

　　同樣的方式，像是將教育資本或年齡與收入結合的關係也可能掩飾了兩個看似獨立的變項之間的關係，如年齡決定了收入，並會隨著教育資本和職業而有所變異，後者又部分由教育資本以及同時其他隱藏得更好的因素所決定，像是性別或文化資本和社會繼承。在另一情況下，其中一個變項在某種程度下只不過是另一個變項變化的形式而已：因此，受教年齡（即具有某種教育水準的年齡）可能是繼承來的文化資本的變形，受教年齡遲緩表示正走向降級或淘汰的階段。更廣泛而言，在某一個時間點獲得的教育資本，其實表達的是出身家庭的經濟水準與社會層級（這往往是一個再怎麼說都不是機械性關係，或多或少漫長的過程所產生結果，因為原生家庭的文化資本只能不完全地被轉化成教育資本，或對學歷文憑只是部分產生頑強的效應，就像我們看到在同一教育水準下，社會出身總是在任何情況下可能使人脫穎而出）。同理，就教育資本與某種文化實踐之間的關係而言，也可以發現，與性別有關的文化稟賦之效應有助於將繼承來的文化資本轉換成教育資本，亦即更精確而言，未來將會獲得的教育資本種類之「選擇」往往依據其原生家庭的同樣資本——女孩較傾向文學，男孩則傾向科學。又同理，某種文化實踐與年齡的關係可能隱藏另一種與教育資本的關係，尤其是年齡，能夠進入不同位置（不論是透過文憑或職業升遷）的座標，同時也或者是教育世代以及進入教育體系機會不均等的座標（擁有教育資本的職員中，年長者少於年輕者），還有年齡與社會階級的關係，因為早熟或遲緩的社會定義會隨著不同的

領域而變化，尤其是在教育領域裡[10]。同理，也不能將依居住地聚集人口多寡而變化的文化實踐，歸因於純粹空間距離的效應本身，或歸因於文化供應的不同變化而已，應檢驗這些差異是否排除隱藏於地理空間分布（甚至在同一個職業範疇內）的教育資本之不均等效應而受影響[11]。

　　在將變項一個一個進行分析時，最常會犯的錯就是將其中一個變項（譬如性別或年齡可能以其方式表達這個階級全部或未來狀況）誤認為變項集合的效應（此錯誤會因某些有意或無意的偏好傾向而助長，例如將一般性異化取代特定性異化狀況，前者與性別和年齡有關，後者則與階級有關的）。透過職業所掌握的經濟與社會條件，會在所有年齡或性別的屬性上強加其特定形式，以至於任何與社會空間的位置有關的因素結構都很有效率，呈現在年齡或性別與文化實踐之間的相關上。將根據年齡所記錄的變異歸因於生物老化的一般性效應，若考察到以下的事實，這種傾向的天真就會顯而易見了；例如在優勢階級成員身上，老化會使他們向右派移動，但是在工人身上，則會使他們向左派移動。同理，例如在相對早熟的幹部主管的情況下，

---

[10] 事實上，進入機會的轉變只不過是更有系統性變遷的一個面向而已，後者也涉及才能的定義本身，而且會禁止不同世代之間的比較（不同年齡和教育水準的才能持有者之間的衝突，像是舊式中學基礎文憑對抗新式高中畢業生，就集中火力在能力界定的問題上，老一世代指責新一世代不具備在老式的定義裡，被視為最基本的和最基礎的技能：「他們不懂得正確的拼字」，「他們甚至不懂得如何算數了」）。

[11] 應該將巴黎與外省的對立放在一種分析相當於對「教育程度」概念的分析下檢視：在「居住地」變項所進入的諸多關係，所表達的不只是文化供給的效應，也與客觀的文化資本密度有關，與提供給文化消費的客觀機會有關，也與相關消費意願的強化有關；但這些效應也同時是資產和資產擁有者在空間上不均等分布的結果（例如高教育資本擁有者），尤其是任何團體在其自身所進行的循環性加強效應，譬如若已有文化素養，就要再強化其文化實踐，否則就要淡化，甚至敵視其文化實踐。

他們獲得某一特定職位的年齡，事實上可能表現出一切區分他們的東西——儘管表面上看起來符合當時的情況——亦即決定它的先前與之後的軌跡，以及資本量及其組合結構。

建構的階級／類別

　　社會階級並非由某一個屬性來界定（即使是最具決定性的資本量及其組成結構），亦非由屬性的總和（性別、年齡、社會或族群出身，例如黑白種族的比例、在地人或移民者等等，收入、教育水準等屬性），也不會是由這些屬性的排列組合，從在因果關係裡的基本屬性（在生產關係的位置），從條件化到被條件化，全部排列起來；而是透過所有相關屬性之間的關係結構來界定，因為是這些屬性賦予它們之中的每一個其應有的價值，也賦予在其文化實踐運作的效應應有的價值[12]。就如同我們在這裡所做的一樣，在生存的物質條件最基本的決定因素，以及強加於其上的條件化的關係之下，盡可能將階級建構成為同質的，也就是在建構這些階級本身和根據這些屬性與文化實踐分布的類別變異來詮釋時，有意識地將次要特徵的網絡納入考慮。並且在每次援引根據單一標準為基礎所建構的階級，多多少少無意識地操弄著的次要特徵時，去質問這些特徵是否和職業一樣具有解釋力。同時，行動者也最有機會在其日常生活的實踐之中，彼此真正分化和聚集，並為了個人或集體的政治行動而動員或被動員（當然與動員組織的特定邏輯和特定的歷史有關），根據這個去掌握客觀的劃分原則，亦即在具有區判性的屬性之中被內化或客觀化的劃分原則[13]。

---

[12] 為了建構下面分析依據的階級和階級派系，我們有系統地，不只是將職業或／和教育水準（這也是國家統計局〔INSEE〕社經地位量表的原則）納入考慮，也同時在每一個案將不同資本類別量可取得的指數，以及性別、年齡和居住地納入考慮。

[13] 被用來生產階級的主要劃分原則很明顯非常不均等地建立在既存的社會分類上（一

　　我們無法同時以整體又特定的方式去理解文化實踐的無限多樣性，除非能夠與線性思考決裂，它只知道直接決定因素的簡單次序結構，以應用重建在每一個因素裡出現的錯綜複雜的關係網絡[14]。因素網絡的結構性因果關係，不能完全減化成不同解釋力之間整體線性關係所累積下來的效力，因為這是分析上需要而被迫獨立出來，例如一個個不同因素與相關的文化實踐之間的關係。透過每一個因素作用於所有其他因素的效力，限定的多元性不會導致無法限定，相反的會導致過度限定。因此在社會定義上的性別認同形成（社會人格的基本面向）過程中，生物或心理限定與社會限定的重疊只不過是一個特殊的

個極端像是只有一個行業或「社會類別」的名目存在，由行政機關像國家統計局〔法國國家統計與經濟研究局〕進行分類時所製造出來的產品），或社會協商所達成的共同協議；另一極端則是具有真正社會認同的團體，不屈不撓地想要表達和護衛其利益等。次要的劃分原則（像出身國籍或性別），若是它們沒有被當作某種形式動員的基礎的話，非常有可能因此被一般的分析所忽略了。這些劃分原則，說明一個社會被當作一體的團體，可能正在以某種程度深切和持續的方式發生分裂所依據的潛在區分線。由於建構一個階級條件的不同的決定性因素，它們可能在客觀地區分或真正動員的團體裡以真實劃分原則來運作，而有不同的加權比重，因此具有非常不均等的結構化效力。這些劃分的原則本身就已層級化了，並且依據次要標準（像是性別或年齡）為基礎被動員起來的團體，比起依據〔生存〕條件的基本決定因素所動員的團體，他們非常有機會在較不持久和較不深化連帶的親近性下被整合起來。

[14] 這種思考模式毫無困難地會變得簡明易懂和可被接受，包括收集資料與分析的實作邏輯和當前社會科學裡所盛行的科學概念。但相反的大家卻一致要求技術去解決一個技術無法解決的問題：譬如，當高爾德喬格（Goldgerg）在一篇嚴謹的文章，求助於「因果推論」（inférence causale）的技術（在這類的研究裡並不常見），在部分相關協助下檢驗了不同的解釋模式，這些模式傳達了對一個特定領域，像是投票行為，最關鍵的「因果關係」（A.S. Goldberg, « Discerning Causal Pattern among Data on Voting Behavior », *American Political Science Review*, 1966, 60, pp. 913-922）。然而這可能不只是一種形上學式的懷舊而已，拒絕自滿於這種在不同領域，一點一滴製造出來，無數的不完全模式，來解釋宗教實踐、政治抉擇或食物消費等行為，並且去質問解釋理論的片斷化是否與什麼是該解釋的邏輯有關，或與解釋模式的邏輯有關。

情形，但卻特別重要，因為是和其他生物限定（如老化）的情形，出自同一個邏輯。

　　不用多說，構成這種建構階級的因素並非全都相同程度地依靠其中一些因素，而且它們建立的系統結構也是由它們之中在功能上最有分量的來決定。因此，資本量及其結構會比其他因素（年齡、性別、居住地等）在決定時，給予文化實踐更特定形式及價值。性別屬性也與階級屬性密不可分，一如檸檬的黃色與其酸味密不可分：在其最根本的面向上，一個階級是由階級所賦予兩性的位置和價值，以及社會建構的稟賦來決定的。這也就是為什麼有多少的階級和階級派系就會有多少種實現女性特質的方法，並且兩性之間勞動的分工也會在不同的社會階級內部，以完全不同的形式出現——不論在實作上或形象上都是如此。階級或階級派系的真理，因此會表現在其性別或年齡的分布，甚至更可能是這些分布在時間上的演變，因為它直接牽涉到其未來。於是職位最低的，就其組成最重要（且不斷增加）的部分來看，往往是指派給那些移民或和／女性（沒有技術或半技術的工人）或移民的女性（清潔婦）來擔任[15]。同樣的，人身護理及服務、醫療和社會服務、人身照顧的交易——古老如理髮，新興如美容——和居家服務幾乎都保留給女性並非偶然，因為這些行業結合了對女性勞動定義的兩個面向：服務和居家。最古老的階級或階級派系往往處於沒落的階級亦非偶然，像是從事農業者或工商業的小老闆，出身於此的大部分年輕人都無法逃脫這種集體沒落，除非能夠轉換到有發展空間的行

---

[15] 1968年到1975年間，技術工人的範疇有比往年更快地男性化的趨勢，最沒技術工人的範疇則相反非常快速地女性化。半技術工人和沒有技術工人的比例，在1962年和1968年減低之後，有重新增加的趨勢，從1968年的24%升高到1975年的28%（參見 L. Thévenot, les catégories sociales en 1975. L'extension du salariat, *Economie et statistique*, 91, juillet-août 1977, p. 6）。

業。同理，女性比例的增加也表達了一個職業的前途，尤其是相對或絕對性的貶值，可能是工作性質或組織本身轉變的結果（譬如辦公室的職務，機械化和重複性工作不斷增加，越來越多就留給女性），或在社會空間裡相對位置的改變（譬如教授的情況，由於所釋出的職位數量整體增加，造成這個職業團體整個改變，使其位置受到影響）。此外，必須也要以同樣的方式去分析婚姻狀況與階級或階級派系之間的關係，例如我們曾充分證明單身男性並非小農的第二屬性，而是農民階級這個派系危機最重要的一個表徵。由於某種象徵性支配的特定邏輯所決定的生物性和社會性生產機制的失調，是造成這個階級深層轉變的密集化過程的一個媒介。但這裡還是一樣，應該像我們針對教育水準所做的，將常識的概念交付真正的檢驗分析：已婚並非只是單身的對立，就如同有合法配偶並非沒有配偶的對立一樣。只要想想幾個限定（經常不平均地出現）的例子：像是不用工作的婦女、被老婆養的藝術家、靠駙馬爺身分獲得職位的工商業老闆，就可以知道很難描述一個人的特徵，不引入那些作用於配偶任何一方（不只是女性）的所有屬性，透過其他像姓名（有時候是貴族的姓氏）、資產、收入、關係、社會地位（夫妻雙方都在不同程度上，根據其性別、社會位置及兩個人位置之間的差距，被其配偶的社會位置構成其特徵）。若將經由聯姻而獲得或／和擁有的屬性，從可能決定文化實踐的屬性系統之中排除，就會像經常發生的一樣，忘記去質問何者才是文化實踐的主體，或更簡單地，忘記去質問被訪問的「對象」是否真的就是我們想要詢問的文化實踐的主體。確實，只要這個問題被揭開，就可知道有多少策略只能透過家族團體（核心夫妻，或有時，擴大家庭）成員之間的關係裡，才能被具體地界定出來。這種關係本身又依賴夫妻雙方兩個屬性系統之間的關係來決定。共同的財產，尤其涉及在經濟上和社會上具有其重要性的，如公寓或家具，或甚至個人財產，如

衣物，與其他社會相似，夫妻其中一方選擇給兒子或女兒的，也都是界定一個家庭單位（被否認的）權力關係的結果。於是，譬如，我們完全有理（由）相信，若以性別的勞動分工邏輯來看，會在品味方面賦予女性優位（就像在政治方面賦予男性優位），男人衣著選擇的品味本身的比重（其服飾表現這種品味的程度）不只依賴他繼承的文化資本和教育資本（傳統角色分工在這個領域，就像其他領域一樣，會隨著教育資本增加而減弱），同時也依賴他妻子所擁有的教育與文化資本，以及兩者之間差距（同樣的情形也發生在女性在政治方面偏好本身的比重，身分地位指派的效應使得政治成為男人的事，但是當妻子的教育資本高出很多，以及其資本與其丈夫的資本之間的差距很小或比他還多時，他可能就沒有表現的機會了）。

社會階級和軌跡的類別

　　這還不是全部。一方面，社會行動者也不見得就能夠以其在某一個時間點上所擁有的屬性來定義，因此獲得的條件會存續在其慣習之中（慣習的滯後效應）。另一方面起始資本和現有資本之間的關係，或你要的話，在社會空間中起始位置與現有位置之間的關係是一種強度變異很大的統計關係。儘管共時性統計的屬性之獲得條件會永遠存續在建構慣習的稟賦裡，但只能在獲得條件和運用條件不協調的情況下[16]，才會被提出來。亦即，慣習成生的文化實踐顯得無法適應社會空間，因為它們是為適應客觀條件的之前狀態而生的（因此我們可稱之為唐吉軻德效應）。利用統計分析比較在某個特定時間點上，位居同社會位置，具有相同屬性的行動者的文化實踐，但因其社會出身而使

---

[16] 獲得模式在某些領域和某些情境下會特別明顯可見，那是因為是這種效應的特定表現（即學校獲得模式和「名流」的情況之間的不協調）。

之分離，結果完全類似於一般認知的操作方式。即在同一團體裡，很快就可以辨識出暴發戶或失去社會地位的人，因為在他們身上某些儀態或舉止微妙的指標會洩露與其現有地位不符的生存條件之效應，同樣的也發生在其社會軌跡與所被考察的團體軌跡模組不同的情況。

　　個人在社會空間的流動並非隨機而是有跡可循，一方面是因為其結構賦予此社會空間的力量，會強加於他們自己（譬如透過某種淘汰或引導的客觀機制）；另一方面是因為他們會出於自身的慣性而抗拒場域的力量，亦即是其〔階級〕屬性，可能會在稟賦的形式下以內在化的狀態存在，或在客觀化的形式下存在於財產、文憑等。相應於某一特定傳承資本量，會有大致上等機率的軌跡安排到大致上相當的位置（即客觀提供某一個限定的行動者的可能場域）。從一個軌跡到另一個〔完全不同〕的軌跡過渡，往往是因為有集體事件發生：戰爭、危機等，或個人事件（遇見貴人或壞人、交情往來、關照庇佑等）。這些我們會用（幸或不幸）的機運來形容；若不是由機構制度（俱樂部、家庭會議、校友會）所干預或某些個人或團體的「自發性」干涉的話，即使這在統計來看，發生與否還依靠其所在的位置和稟賦（例如，擁有高社會資本者之「人際關係」可保留或增加其資本）。再說，個人的位置和軌跡在統計並非都是獨立的，抵達終點的位置並非對每一個起始點來說都同樣可能的，這意味社會位置與位居其上行動者的稟賦之間有非常強烈的相關。或同樣的說法，因為安排他們到占居位置的軌跡的關係，所以軌跡模組就是成為整體階級建構因素系統不可或缺的部分（當文化實踐越無法減化到共時性定義下位置的效應時，就會像在小布爾喬亞的情況，軌跡越分散）。

　　某一個位置上相關稟賦的同質，以及它們看似奇蹟般符合此位置上嚴格要求的稟賦，這種現象部分是由於整個機制可以讓那些提早已適應者指引到位置上；或者他們自覺是為此職位而生，就像此職位是

為他而做，這就是「天命」的意義，是事先已固著於其客觀的命運一樣；但事實上這是被其出身階級軌跡模組的文化實踐先例所制約的。不然就是他們會以這些職位的占有者姿態出現，根據其稟賦是否密切協調所做的指派內定。另一部分是由於終其一生，稟賦和位置之間，期待與落實之間所建立的辯證關係之結果。社會老化只不過是漫長哀悼的工作而已，或者也可說，這是一種（被社會強化和鼓勵下）減少或撤離投資（désinvestissement）而已，是要行動者調整未來期待去適應客觀的機會，要他們認命地接受原有地位，安於其位，樂天知命，這不正是以他們是誰及他們擁有的東西自欺欺人，並以集體共謀的方式為其所有潛在的可能性進行哀悼，一點點地說服自己放棄，並因為一直無法實現，被迫承認那些期待都是不切實際的夢想。

　　在起始資本與抵達資本之間所建立的統計相關特性，可以讓我們理解為何文化實踐不能完全只依賴那些屬性在某一個時間點上，還要定義社會空間之中所占的位置；也就是說一個在起始點上具備某種程度經濟與文化資本的階級成員，注定要隨著一個教育和社會軌跡所給予的機率，被安排到一個特定的位置上，亦即某一階級派系（它無法在有限的相關解釋系統中被事先決定）。事實上，注定要偏離這個階級在整個最經常的軌跡，而取道另一個非常可能是其他階級成員走的較高或較低的軌跡，往上或往下改變其社會地位[17]。軌跡效應因此最常發生在那些同一時間點上位居相似位置的人，他們因其資本量和資本結構在演變的過程中造成差異而分開（即個人軌跡），軌跡效應非常有可能被誤解。文化實踐和社會出身（以其父親職業來衡量，其真實價值可能會被隱藏在背後的恆定名義價值所削減）的相關其實是以

---

[17] 這類「偏離」軌跡的走向絕對並非偶然：所有跡象都顯示，譬如，在沒落的的情況下，出身自由業的人比較會落在中產階級的新興派系，然而大學教授的小孩則最經常落在位置穩固的小布爾喬亞。

下兩種效應（不管是否同一方向）的結果：一方面是反覆灌輸〔諄諄教誨〕的效應，直接由家庭或起始的生存條件所行使；另一方面精確地說就是社會軌跡的效應[18]——一種作用於稟賦，或作用於社會晉升或沉淪的經驗所構成的意見之效應。起始的位置在此邏輯裡，只不過一個軌跡的起點，相對於社會生涯的性向而界定的座標而已。很明顯地，這種區別強加於所有出身自同一個派系或同一家庭的個人身上，因此會我們認為一致的道德、宗教或政治的反覆灌輸特別順從，因為不一致的個人軌跡使他們與社會世界有不同的關係，使其在宗教或政治方面有不一致的立場。在打亂社會階級和宗教或政治意見之間的關係後，這種軌跡效應無疑的扮演重要的角色，因為它操控了在社會空間中所占位置的形象再現，藉此也再現了其世界觀與未來展望。相反於那些往上升的個人或團體來說，像庶民出身或文化庶民，他們充滿了希望，整個未來都在等著他們去創造；但那些不斷往下沉的團體或個人，就要不斷地再創新昔日貴族的論述，相信其永恆天性的本質論信念，去敬讚其傳統和過去，歷史和其儀式的崇拜。因為他們無法從未來獲得什麼東西，就只能回到昔日的光輝，並藉此希望恢復其過去的社會身分[19]。這種擾亂在中產階級特別明顯，尤其在這個階級的新興派系，因為這是一個不明確的地帶，在社會結構中尷尬的狀態，最能落實這整個階級最明顯特徵的屬性，讓一群軌跡極度分散的個人共同生存。這種分散的軌跡甚至可以在家庭單位的層次得到，比起其他階級更有機會見到（相對上）不協調的夫妻結合在一個家庭，不只是其

---

[18] 這種效應本身就是反覆灌輸最基本的面向，因為父輩軌跡的傾向有助於造就積極融入社會世界的起始經驗。

[19] 在以簡單的對稱去考慮下沉的團體時必須非常小心，如學歷文憑對下降的團體而言，是一種避免被剝削的盾牌和工具的話（當他們越是被支配時，更會是如此），即使在這種情況下，它永遠有可能會像一種區判和合法性的工具運作。

出身和社會軌跡，同時也因其社經地位和教育程度（這也在產生另一個效果，讓一般通俗稱之為「夫妻問題」的東西浮現檯面，亦即根本上就是勞動的性別分工和男女的工作分工）。

集體軌跡的效應則與個人軌跡的效應相反，後者是前者的偏離，因此易被立即察覺，集體軌跡則不易被當作是這回事。軌跡效應作用於一整個階級或整個階級派系時，位居於相同位置的全體個人被捲入同一個集體軌跡，它是界定上升或下沉階級的集體軌跡。這會有風險——把軌跡效應（像是政治或宗教意見）歸咎於共時地依附於階級屬性的風險，然而這些效應事實上是集體變遷的產物。若考慮到某些階級派系成員的個人軌跡會被帶領到與其集體軌跡相反的方向時，整個分析會變得更複雜了：這並意味其集體命運不會在其文化實踐留下痕跡（譬如，工匠或農業從事者就算其個人成功地對抗集體下沉的命運而反向的往上爬，難道就不被這集體下沉所影響？）[20]。但這裡還是必須小心實體論，因為某些與社會階級有關的屬性在特定的場域裡可能不發揮作用，也沒有價值，譬如在學校機構嚴格控管的領域，文化上熟稔和優渥之類就沒有太大作用。但這些屬性在其他場域可會發揮全部作用，譬如在上流社會的世界；或在場域的另一個狀態也會發揮其全部作用，根據馬克思的說法，像是在法國大革命之後，可以讓法國貴族變成「歐洲舞蹈老師」的態度。

資本與市場

然而，若只是用一組主要由其結構所界定的因素取代一個因素的解釋還是太簡單了，即使是特別能夠解釋的社會職業範疇，其一大部

---

[20] 應該進一步去質問是否個人沉淪與集體沉淪具有相同的社會效應。我們可能會想後者比起前者更容易激起集體的反動（像是布熱德運動〔Mouvement Poujade〕）。

分效應應歸因於其次要變項，或應歸因於想要一勞永建立的指標[21]。
事實上，真正的關鍵在於根據所涉及的領域不同，構成階級建構的屬
性系統就會有不同的獨特形態。這種形態是以各個領域文化實踐所運
作的任何有效因素整體來界定的（無論如何都是理論性的）：是在某
一個時間點以及演變過程中（軌跡）所測量到資本量和資本結構、性
別、年齡、夫妻地位、居住地等，所有發生效力的。此乃場域的特殊
邏輯，它是所有投注於遊戲的賭注及玩此遊戲所需要的資本類別，也
統攝了屬性的運用邏輯，藉此建立起階級與文化實踐之間的關係[22]。為
了理解為什麼具有相同屬性系統（決定了階級鬥爭的場域之誰占什麼
位置，也被此位置所決定），不管在哪一個領域，某些屬性總是具有
最大的解釋力：如飲食習慣、運用信用、生育、政治意見、宗教等。
又為何構成此因素的相對比例會從一個場域到另一個場域有所不同，
是根據情況不同，某個因素會在第一層次浮現，有時是教育資本，有
時是經濟資本，其他情況則是社會關係的資本，以此類推？不管如
何，只要意識到資本其實就是一種社會關係，亦即一種社會能量，只

---

[21] 不用多說，這並不意味要排除這些指標，因為這可以讓我們累積整個因素系統所隱藏
的最根本的資料，像是由勒巴（Ludovic Lebart）和塔巴爾（Nicole Tabard）所創建的
社會文化地位指標，「摘錄」了每個家庭父母雙方後代的職業、本人職業、就學終止
的年齡、夫妻的教育水準等資料。另外，也像這兩個作者非常恰到好處地指出，只有
在以嚴謹地統計意義下去理解「解釋」這個字的前提下，才能辨識這個綜合的變項具
有其「解釋力」（參見，L. Lebart, A. Morineau et N. Tabard, *Techniques de la description
statistique*, Paris, Dunod, 1977, p. 221）。天真地使用這種指標，不但不會對研究有所進
展，反而會產生讓原本在每一個個案都有效的特定形構變項排除之效應。

[22] 由於無法操作這種與每一個解釋因素相關的雙重性，我們就有可能會犯下各種錯
誤，1）如果忘記以下事實：在相關的因素之中「發生作用的」，也端視它被安插的
系統以及讓它得以「發生作用的」條件，2）或更簡單來說，如果不去質問「自變
項」效力的真正原則，而只當作是一種介於經常被視為只不過是一個指標而已的因
素（像是教育水準）和某一個文化實踐（像是對政治問題的回答率，或採取美學稟
賦的態度，或參觀美術館等）之間所觀測到的關係，而不需要被解釋。

存在於它生成和它再生產的場域中,也僅在此場域才能產生其效應。
也只有在此場域中,每一個依附於階級的屬性才會具有其價值,每一
個場域的特定法則才會發揮其效率。在〔具體的〕實踐裡,即在特定
的場域中,所有在行動者身上內化的屬性(稟賦)或客觀化的屬性
(經濟或文化資產)並非永遠都同時地發揮效用,每一個場域的特定
邏輯決定了正在行使於這個市場的屬性,這是最直接相關和最有效力
的賭注,是它們在與此場域的關係裡被當作特定的資本運作,並藉此
被當作文化實踐的解釋因素運作。具體而言,這意味行動者是否意識
到在一個特定場域中被指派的社會等級和特定權力,必須先端視他們
能夠動員的特定資本,而且不論他們在其他類型的資本有額外的財富
(它也可能造成感染的效應)。因此解釋研究分析後會發現,介於階
級與文化實踐之間的關係似乎在每個情況都是以一個因素或不同因素
特定組合(會隨不同場域而有所變化)為中介。這種表象本身正是錯
誤的源頭:就是不斷地在場域去製造不同的解釋系統,而不去檢視在
每一個解釋系統裡是否是其他解釋系統的轉化形式;或更糟糕的,以
在文化實踐的特定場域才有效的特定因素組合來建立一種普世的解釋
原則。建立解釋因素系統的特定形態,必須是為了理解某一種特定階
級的資產或文化實踐的分布狀態而存在,也就是這個特定階級在這場
賭注持有的資產和文化實踐(魚子醬、前衛畫派、諾貝爾獎或國家市
場、先進的意見或高級的運動等)在某一個時間點上所做的階級鬥爭
決算表。這種資產和文化實踐的分布狀態的形式正是在這個場域裡用
來定義社會階級的客觀化資本(屬性)和內化資本(慣習),也是構
成區判實踐,亦即分類和被分類的生產原則,透過定義在所有可能場
域中所處的地位,它代表一種屬性系統的狀態,使得階級可以成為一
種解釋原則和普遍分類的原則。

三面向的空間

為了能夠從慣習生產條件的觀點，亦即生存的最基本條件及其所制約的條件化來重組最同質性的單位，我們必須建構一種三度的基本空間：分別由資本量、資本結構，以及前兩者在時間上的變化（在社會空間中以過去的軌跡和潛在的軌跡呈現）[23]。

為了生存條件的主要分類得以區隔的最初級差別，可以在作為有效運用的總體資源和權力的總資本量裡找到源頭，也就是經濟資本、文化資本和社會資本。不同階級（或階級派系）會隨著經濟和文化資本最豐沛到最缺乏這兩者的一條線而分布（見圖5）。自由業成員收入高及教育水準高，經常是出身自支配階級（自由業者或高級主管），也經常宴客和消費大量商品（不論物質性與文化性商品）；相對於此的另外一端是在各個方面都短少的辦公室職員，他們文憑不高，經常出身自大眾和中產階級，很少請客，也很少花費，但卻會花很大一部分的時間在保養汽車及在家裡修修補補。比他們更低的還有技術或半技術工人，甚至還有最低的非技術工人或農場工人，那些屬於收入最低，又沒有文憑，並且幾乎出身都是來自工人階級（因為90%出身自農場工人，84.5%非技術工人）[24]。

資本總量所造成的差異，不論在一般的認知還是科學的知識裡，

---

[23] 為了不讓這個研究工作核心的分析過於複雜，請參考另一部關於社會階級的專著，此書闡明這種建構的基本原則，亦即資本種類的理論，其特性的屬性和其統攝社會能量不同狀態之間轉換的法則，這與從特定資本量和資本結構來定義階級和階級派系的理論密不可分。

[24] 這種差距在教育程度方面要比在收入方面表現得更明顯也更清楚，因為收入的資料（根據申報的所得稅）比起文憑的資料更不精確：尤其是工商業老闆（在廣告媒體研究中心的調查中〔參見補充資料5〕，和醫生一樣是不回答收入問題最高的一群），還有工匠、小商人和農場經營者。

幾乎總是會掩蓋第二種差異，前者在資本量所界定的每一個階級內部，分化了不同的階級派系，並以不同的資產結構定義之，這也就是總資本量在資本類別之間的不同分布形式[25]。若考慮到資產的結構（不只是人們總是想到的，在一個特定結構裡具有支配性的那幾種，像19世紀常說的「出生」、「財富」或「才能」），在掌握不同種類資產間分布結構之特定效應的同時，就應該想辦法進行更精細的切割。這種分布結構可能是對稱的（例如在自由業就結合了很高的收入和很高的文化資本）；或是不對稱的（像在大學教授或大老闆身上，支配的資產種類在前者是文化資本，後者則是經濟資本）。因此，我們可獲得兩組同質共構的位置：一邊是依靠經濟資本再生產的派系，經常是繼承而來的，在上層有工商業主[26]，在中層則有工匠和小商人；另一邊則是（當然是相對而言）最缺乏經濟資本的派系，其中他們的再生產主要是依靠文化資本，在上層有大學教授，中層則有國中小學老師[27]。

---

[25] 在這個統一並有系統的方法研究模式之諸多困難中，最明顯就是經常委託他人進行的觀測（例如補充資料7）。在所觀測到的等級區分，不論是在支配階級內部（一邊是高級主管，另一邊是工商業老闆），還是中產階級內部（一邊是中級主管，另一邊是工匠或小商店），都因其文化實踐和所涉及的資產而有很大的差異。這似乎成為提供社會階級相對論者批評的口實，因為無法證實這些文化實踐或資產的本質（如一邊是去看戲的頻率，另一邊是擁有彩色電視機）和相對應團體持有資本特性間的關係。

[26] 由於工業主在訪問調查的樣本群體太小，因此和商業主放在一起，但是前者申報的所得稅卻比後者多很多（33.6%申報年收入超過10萬法郎，商業主只有14.5%）。法國統計局的調查資料（補充資料1）顯示工業主的情形則更接近新興布爾喬亞，勝於商業主：因為在這份資料裡，他們較經常傾向申報其薪資、待遇和股票，（不論是否商業的利潤）較不會申報工業所得利潤。

[27] 至於大眾階級，非常明顯地根據總資本量形成級層的分布，但可使用的資料並不足以掌握在第二面向〔按：資本結構〕的差異：像是一個外省工廠裡出身自鄉村的半技術工人，沒有學歷文憑，住在繼承而來的農家，和另一個巴黎地區企業的技術工人，幾世代都是工人階級，有一技之長或技術的證照，兩種人之間的差別無庸置疑是他們之間生活風格和宗教或政治意見差異的源頭。

　　由於越是從藝術家往工商業主的方向走時，經濟資本量就會持續遞增，但是文化資本量則會遞減，因此可見支配階級是以交叉配置結構（structure en chiasme）排列。若要建立此結構，必須運用借自區分公共部門或私人企業主管的調查所做的不同指標（補充資料5），來相繼檢視不同階級派系之間經濟資本的分布和文化資本的分布，並且將這些分布的結構關聯起來。

　　很明顯地，當我們考慮到資產的指標（像我下面所做的）在不同的階級派系之間，依據經濟資本所建立的等級結構會從工商業老闆到大學教授遞減，但是當我們提到消費指標（汽車、遊艇、旅館）時，這種等級關係馬上變得不那麼顯著，因為它們既不完全充分，又不完全清楚指涉：第一個與職業執行的類別有關，另兩個則與休閒的時間有關，這些就像我們在其他地方獲知的，會隨著經濟資本的多寡幾乎呈現相反的結果。房屋的自有率則依賴在一個居住地的穩定性（在主管、工程師和大學教授就比較低）。至於收入方面，則非常不均等地被低估（未申報的比率可以被視為少申報傾向的指標）及呈現非常不均等地與第二種獲利相吻合，像是應酬或出差（而且其中越從大學教授往私人企業的主管到大老闆就越多）。

表6　支配階級派系的幾個經濟資本指標之變異（補充資料5）

	大學教授	公部門主管	自由業者	工程師	私人企業主管	工業老闆	商業老闆
擁有房產	51	38	54	44	40	70	70
擁有高級汽車	12	20	28	21	22	34	33
擁有遊艇	8	8	14	10	12	14	13
度假住旅館	15	17	23	17	21	26	32
中數收入（法郎千元）	33	32	41	36	37	36	33
未申報收入的比率	6	8	27	9	13	28	24

表7　支配階級不同派系的幾個文化實踐指標之變異（補充資料5）

	大學教授	公部門主管	自由業者	工程師	私人企業主管	工業老闆	商業老闆
閱讀非專業的書籍(1)	21	18	18	16	16	10	10
看秀、看戲(2)	38	29	29	28	34	16	20
聽古典音樂	83	89	86	89	89	75	73
參觀美術館（博物館）	75	66	68	58	69	47	52
看畫展	58	54	57	45	47	37	34
擁有中波收音機	59	54	57	56	53	48	48
家裡沒有電視	46	30	28	33	28	14	24
閱讀《世界報》(3)	410	235	230	145	151	82	49
閱讀《費加洛文學雜誌》(3)	168	132	131	68	100	64	24

1—每週15小時以上
2—每2或3個月至少1次
3—1000人中的閱讀人口

　　至於文化資本，幾乎只是稍稍顛倒，尤其是第二變項發生作用的，像居住地（牽涉到文化活動的供應）和收入（牽涉到保證的財力），不同階級派系會根據相反的等級結構排列起來（根據所持有的資本類型不同，文學、科學或經濟政治，會有不同的差異，尤其可以在工程師身上看到對音樂和「益智」遊戲的興趣，像橋牌或下棋，勝於文學活動，像是閱讀《文學費加洛》〔Figaro littéraire〕或去看戲）。

　　這些指標無庸置疑會大幅減少不同階級派系之間的差距傾向。事實上大部分的文化消費也都意味經濟的成本，譬如看戲劇表演不只攸關教育水準，也端視收入。此外，像是FM頻道收音機和立體音響的設備也都可能因為使用目的產生不同（如聽古典音樂或舞蹈音樂），這與閱讀或看戲的不同形式一樣，會有產生非常不同、甚至不均等的價值，這完全看要參照到支配等級那一種使用方式。事實上，不同階級派系針對不同閱讀類型的興趣所做的等級排列，會與他們根據文化資本量所建立的等級排列非常接近，越偏罕見的讀物，眾所皆知，

越是與教育水準有關，會位居文化主流的正當性程度最高等級的位置（見表8）。

我們也同樣發現（補充資料14，表215a）當我們從前衛劇場（或被當作是）到古典劇場，尤其後者在林蔭大道時，大學教授（或大學生）在不同戲場的觀眾中過度呈現的現象會持續遞減，但是其他階級派系的過度呈現則會遞增（大老闆、高級主管和自由業成員，很不幸地往往在統計數字上都混為一談），林蔭大道劇場的觀眾大約只有三分之一或四分之一是支配階級中較不「智識」的派系。

一旦知道經濟資本與文化資本的分布結構，不論是呈現對稱或相反的關係，我們都可以開始討論這兩種等級化原則的等級問題（不要忘了這個等級在任何時刻都是鬥爭賭注，並且在某些局勢下，像是當今的法國，文化資本可能成為一種操控經濟資本的條件之一）。我們

表8　支配階級不同派系的閱讀類型（補充資料5）

	大學教授	公部門主管	自由業者	工程師	私人企業主管	工業老闆	商業老闆
偵探小説	25 (6)	**29 (1)**	27 (4)	28 (3)	**29 (1)**	27 (4)	25 (6)
冒險小説	17 (7)	20 (3)	18 (6)	**24 (1)**	22 (2)	19 (4)	19 (4)
歷史敘述	44 (4)	47 (2)	**49 (1)**	47 (2)	44 (4)	36 (6)	27 (7)
藝術書籍	28 (2)	20 (3)	**31 (1)**	19 (5)	20 (3)	17 (6)	14 (7)
小説	64 (2)	**68 (1)**	59 (5)	62 (3)	62 (3)	45 (6)	42 (7)
哲學類	**20 (1)**	13 (3)	12 (5)	13 (3)	15 (2)	10 (7)	12 (5)
政治類	**15 (1)**	12 (2)	9 (4)	7 (5)	10 (3)	5 (6)	4 (7)
經濟類	**10 (1)**	8 (3)	5 (6)	7 (5)	9 (2)	8 (3)	5 (6)
科學類	15 (3)	14 (4)	18 (2)	**21 (1)**	9 (7)	10 (6)	11 (5)

＊我們以加粗黑體表示最強的趨勢。括號中的數字是每一個派系在應項的排名。我們將經濟和科學類書的閱讀另立一類，因為對這些文類的興趣可能端視第二因素，一方面端視所執行業的類型（從私人企業主管或老闆的那一欄可見），另一方面端視其知識教育的類型（從工程師那一欄可見）。

可以將不同階級派系裡代際之間移動的頻率，視為在兩個支配原則之間作用力關係狀態的指標。若將整體出身自支配階級或與自身相關的派系的成員比例當作一個位置的稀罕性（或同樣的說法，封閉程度）的指標，不論是那一種指標，我們可以看到因此獲得的等級結構都會很精確地對應於依據經濟資本量所建立的等級結構。每一個派系出身自支配階級的成員比例和每一個出身自所屬派系的人的比例，都平行地從工業主到大學教授的方向遞減，而且在支配階級上層的三個派系（工、商業主和自由業）以及下層的三個派系（工程師、公共部門主管和大學教授）有一個很明顯的鴻溝。

我們也可以反駁這些指標的使用，因為不同派系之間對其社會生產條件掌控不太均等，以至於高比例的老闆都是〔派系內部〕原生的，這只不過表達這些派系很有能力、毫不保留地傳承其權力及特權而已。事實上，此種能力本身正是最稀罕的特權之一，因為相對學歷的限定，可賦予他最大的自由，也可以讓文化投資變得不那麼不可少或較不緊急，而這是那些依賴教育系統作為他們的再生產者無法逃脫的。的確，文化資本最豐厚的派系傾向投資於他們孩子的教育，同時

表9 支配階級不同派系的社會出身變異（補充資料2）

	子：					
	工業老闆	商業老闆	自由業者	工程師	公部門主管	大學教授
父： 工業老闆	33.5	2.8	2.3	6.1	4.4	1.5
商業老闆	1.9	31.0	–	1.8	5.0	0.8
自由業者	0.6	0.9	20.0	0.9	2.4	7.6
工程師	–	–	6.4	6.7	2.3	4.6
公部門主管	1.9	3.3	9.9	13.2	14.2	7.6
大學教授	0.6	–	2.9	2.7	0.3	6.1
整個階級	38.5	38.0	41.5	31.4	28.7	28.2

也投資於那些最能維持並讓其專長的稀有性增值的文化實踐；經濟資本最豐厚的派系則會棄置這些文化和教育的投資，以便獲得更多的經濟資本；昔日的工商業老闆和今日私人企業主管的新興布爾喬亞都有著相同的憂慮，也就是如何在經濟領域和教育領域做最合理的投資。自由業者（尤其是醫師和律師）相對而言都具備以上兩種資本形式，但都不至於太被其經濟生活所吞食而必須積極地賺取其資本。他們會投資在子女的教育上，但也尤其會投資在最能象徵其物質和文化擁有的消費上，以符合布爾喬亞生活藝術的規則。他們藉此保障其社會資本，即上流社會關係的資本，可以在必要的時候，作為有用的「靠山」，也藉此保證了一種榮譽和受人尊敬的資本——這往往是在吸引和保持上流社會的信任時不可或缺的，最後還可藉此保證其雇主關係，譬如說在政治生涯獲利。

　　由於學業成就主要還是依靠繼承而來的文化資本，及在教育體系的投資潛能（一旦後者越高時，不論個人或特定團體，其社會位置的維持或改善就更會完全地依賴它）。我們可以理解出身自文化資本最豐厚派系的學生比例會在教育體系之中，隨著學術等級的提高而增加，在再生產教育這個行業的機構裡達到最高峰（高等師範學院）。的確，由於高等教育機構有利於支配階級的再生產，它們也根據兩種相對立的原則組織運作：其一是在學校制度內部支配的等級，亦即依照學院本身的標準，以及與之相關的，從文化資本最豐厚派系選出學生的比例來排名學校，其二是完全相反，學校制度外的支配等級，也就是依照從經濟資本最豐厚派系選出學生的比例，以及這些學校調教學生在職場的影響力來排名學校。相較於其先前的學業成就所期待以及這些學校學院專業等級制度來看，如果〔支配階級中的〕被支配派系的子女較少進入經濟要求的最高學府（像是國家行政學校和巴黎高等商業

研究院），這當然不只是因為這些學校刻意地排除使用學術專業的標準，同時也因為對教育體制的依賴越全面時（對這種等級排名最盲從者莫過教師的子女，總是將學業成就視為人生的所有成就），這種學術等級制度就越徹底地受到尊崇（例如選擇科學系所的高等師範學院，而不是巴黎綜合理工學院，或文學院大學而不是巴黎政治學院）。

　　同樣的交叉配置結構也可以在中產階級身上看到，越從小學教師往中小企業老闆移動，文化資本量會遞減和經濟資本量遞增，位居中間的是中級幹部、技師和辦公室職員，後者對應的則是上層階級中的工程師和高級主管。至於以工藝和商業的利潤過活的藝術工匠和藝術商，在這方面相近於小老闆，但會以相對重要的文化資本與之區隔，而與新興小布爾喬亞接近。至於醫療社會服務業，相對重要的比例出身於支配階級[28]，他們占居中間的位置相當於自由業（雖然他們會較往文化資本的方向稍稍位移），但卻是唯一不只擁有薪資，還享有非商業性的收益（像自由業一樣）。

　　我們立刻可以看到支配階級空間與中產階級空間的同質共構，那是因為他們的結構都是同一個原則的產物、可見到兩者之間的對立：有產者（擁有房產、鄉村或都市地產或有價動產的人），通常都較年長，較少有休閒時間，經常是農場主或經營者的孩子；以及無產者，尤其缺少教育資本和休閒時間，出身自中產和上層階級或工人階級的受薪派系。由於位居同質共構的位置，小學教師和大學教授之間，或例如小住商和大商人之間，主要都是以其資產結構中某一類型的資本量來區分，也就是是否具備同一種稀罕資源的差異程度不均等地分

---

[28] 醫療社會服務業組成的特色是男性成員大部分出身自大眾階級，女性成員則其中一大部分（25%）出身自上層階級（見圖5中的兩個直條圖）。

類。位置較低者的部分屬性特質（和與之相關的，位居其上者的稟
賦），部分是因為他們客觀地被當作上層階級位置的對應物，並具有
朝向或追求這個上層位置的傾向。這在受薪的小布爾喬亞身上尤其明
顯，其中包括他們無論如何都會表現出的制欲美德和文化學習的強烈
意志，如上夜間課程、擁有圖書證、收集的嗜好，非常明顯地表達出
想要晉升到上層階級位置的意願。此乃位置低者表現出這種稟賦的客
觀命運[29]。

　　若要更清楚解釋不同階級派系間生活風格的差異（特別是在文
化方面），必須還要考慮到社會等級化的地理空間分布。的確，一個
團體可以擁有不論那一範疇稀罕商品的機會（以可獲得此商品的精確
期望值來衡量）：一部分端視其特定持有資本的能力，以他們可以運
用並獲得更多相關物質和（或）象徵性資產的經濟、文化和社會資本
來界定，此即其社會空間的位置；另一部分則端視他在地理空間的分
布和稀罕商品在此空間的分布（其間的關係可以取得這些商品或設備
的平均距離或交通的時間來衡量，後者要考量個人或集體的交通工
具）[30]。換句話說，一個團體取得文化商品的社會距離必須將空間距離

---

[29] 為了盡可能地重建慣習生產的社會條件，必須同時考慮到階級及階級派系成員的社
會軌跡。因為這種軌跡透過集體前途的可能走向，會主導著他們面對未來時進步或
退化的稟賦，以及幾個世代間兩種資產演變的曲線，也都會永存於其慣習中，並進
入和階級派系一樣同質的團體內部的分工。若要理解不同個案的多樣性，只須指出
一個社會軌跡就代表個人終其一生資本量的演變以及其父親或母親資產量和結構演
變的結合，前者可以非常粗糙地被描述成上升、下降或停滯，（在進行同種區隔時
可被接受的）每一種類的資本量，即資本結構（恆定的總量還可能隱藏結構變化的
事實），後者會以同樣的方式，在不同面向上有不同比例差別（例如，經濟資本或
相反、或相當，不對稱地偏向父親，文化資本偏向母親），然後還有祖父母的資本
量和資本結構。

[30] 必須仔細清查所有因其所處地理空間的位置而影響個人的文化特性，像是透過社會
接觸（參觀頻率）的品質所造就空間的親近。其中無疑最明顯可見的就是說話的口

納入考慮，後者需觀察這個團體在空間的分布，或更精確來說，相對於經濟和文化「價值中心」的分布，也就是相對於巴黎或其他地區大都會（眾所皆知在某些職業〔例如郵局金融業務〕所暗示居住方面的限制會使獲得職位或升遷機會長短不一的外放）[31]。因此，例如農業從事者相對於主流文化商品的距離，與其單薄的文化資本有密切關係，再加上地理空間阻隔，會造成空間分布非常分散，這是此一階級的特色。同樣的，支配階級的不同派系在（文化或其他）實踐上所觀察到的諸多差異，毫無疑問地與他們居住城市的大小分布有密切關係。於是，造成工程師與私人企業主管在一邊、工商業老闆在一邊的情形，有一部分原因是因為前者較多是巴黎居民也隸屬相對重要的公司（只有7%的私人企業主管在1到5人的小公司工作，相對於有34%的主管在中型企業和40%的主管在超過50人的公司工作），但是後者則大部分都是小企業的老闆（在1966年OFRES所做的調查〔見補充資料5〕有6%工業主雇用1到5人；70%雇用6到9人，24%雇用超過50人；在商業主方面雇用相對應人數的比例依次是30%、49%和12%），而且他們大部分都居住在外省，甚至在鄉村（根據1968年的調查，22.3%的工業主、15.5%的商業主居住在鄉村的社區，14.1%的工業主、11.8%的商業主居住在1萬人以下的市鎮）。

於是這裡所獲得的再現模式應該具有其說服力，如果它與社會世

音，這個表明最無懈可擊的儀態來源地或多或少污名或加值的標記。

[31] 除了可以建構社會空間所在位置的一種呈現外，一個階級或階級派系在地理空間的社會等級化的分布（尤其是相對於某些經濟和文化「中心」的距離）都幾乎相應於其內部等級化的一種呈現。因此，例如若要透過法國統計局在1967年所做的有關休閒娛樂的調查研究進行二度分析，在所有社經職業範疇中，文化實踐會隨著都會區的增大而增加（文化供給最好的指標），無疑部分是因為被使用的社經職業範疇表面上同質性隱藏其差異而成。甚至在同一社經職業範疇下，尤其在擁有文化資本方面，都根據都會大小而有不同。

界一般所理解的形象太脫節的話，後者往往濃縮成「社會之梯」的隱
喻，提醒日常生活語言中的「流動」，有「上升」也有「下降」；另
一種同樣嚴重脫節的是社會學傳統，當它不願局限於單面向的社會
空間再現，一如大部分「社會流動」的研究，以科學精確之名，透過
建立指標（這恰恰是摧毀結構最好的工具）而獲得的不同類別資本的
聚集，社會世界減化為連續的抽象層級（上中產階級、下中產階級
等）[32]。當我們從一般角度將社會階層理解成一個連續、直線、同質和
單面向的系列所建構起來的唯一軸線，這種理解所投射的其實是一種
極度困難的操作（且沒察覺時，尤其危險），是將不同種類的資本減
化成一個單一標準，進而以同一把尺來衡量工業老闆和大學教授（或
工匠與小學老師）之間的對立關係和老闆和工人（或高級主管和職
員）之間的對立關係。這種抽象的操作可以永遠在一個資本轉換成另
一個資本時找到可能客觀的基礎。然而，不同的轉換率在不同時期，
會根據不同種類的資本擁有者之間的力量關係狀態而有不同變化。出
於強迫表述不同種類資本的轉換之假設（此乃減化成一度空間的條
件），兩度空間的建構可以看出不同種類資本轉換率事實上是不同階
級派系鬥爭的基本賭注之一，其中權力和特權緊緊地固著於其中一種
資本，特別是為支配（經濟資本、文化資本或社會資本，後者透過名
望或人際網絡的深度和廣度尤其密切地與資歷相關）主導原則鬥爭
時，此乃支配階級不同派系在任何時候都彼此對立的原因。

---

[32] 在此值得一提是哲哈德·藍斯基（Gerhard Lenski），因為他發現不同類別資本和用
　　來指涉它們的某些效應之間不一致的問題，後者比它實際運作時還更隱而不見（尤
　　其是與強烈的社會地位「去結晶化」有關的「自由主義」傾向），無疑的因為要遷
　　就建立指標時的實證主義儀式他被禁止為其直覺提出任何結論。（參見，G. Lenski,
　　Status Crystallisation: A Non-vertical Dimension of Social Status, *American Sociological
　　Review*, 19, 1954, pp. 405-413）。

　　社會學論述的困境之一就是，像所有論述一樣，都是嚴謹地以線性的方式論述，但是為了要脫離這種減化論或以偏概全和片面直覺的缺乏，應該要在每一個點上，提醒它所在的關係網的整體，即以某種方式而言，置身其中。這也就是為何要像索緒爾所說的，以圖示的方式，因為其特色就是可以「在好幾個面向上同時看出其複雜性」，所以是一種掌握社會空間結構的對應最好的方法；其中又以反應不同團體間資本量和資本結構的兩度基本空間的分布，以及固著於此空間中分布團體的象徵性屬性之空間結構最為理想。然而這種圖示並非方術之士的水晶球可以一眼就看穿所有世界的事物，而是必須像數學家一樣，永遠將他們所謂「圖像」視為必要之惡，試圖在介紹它時，將之去而後快。我們怎麼能不擔心讀者將分層化的差異系統之間的同質共構減化成不同團體與不同屬性之間機械又直接的關係，或擔心助長某種窺視狂，這正是實證主義意圖根深柢固的，將社會學家的角色變成跛腳魔鬼把屋頂都掀起來，讓讀者沉醉於家庭私密的祕密揭露？

　　為了能更精確地掌握這裡所提出的理論模式，必須要想像把三張圖示（像三張透明投影片一樣）疊在一起：第一張（圖5）表示社會條件的空間，像不同種類資本量和其結構共時和歷時的分布，還有以作為其持久且明確特徵的整體屬性所決定，每一個團體（階級派系）在空間的位置；第二張（圖6）表示生活風格的空間，亦即文化實踐和構成生活風格的屬性之分布，藉此呈現每一個人的生存條件；最後在前兩張圖示之後，還必須要加上第三張，代表慣習的理論空間，也就是每一個文化實踐和屬性範疇（譬如，大學教授、貴族制欲主義）的生成原則，亦即將作為一個生存條件和一個位置特徵的必要性和便利性，都轉化成高貴的和具有區判力的生活風格[1]。

---

[1] 儘管這些圖表不只表面上看起來像，也同時要有不同的對應分析的協助才能建立起來，也就是運用諸多的對應分析才能建構這些根據同樣結構組成的空間（下面引述的我們自己所做的訪問調查資料的分析開始），這裡所呈現的圖表都不是對應分析的圖表。

圖5 社會位置空間

圖6 生活風格空間

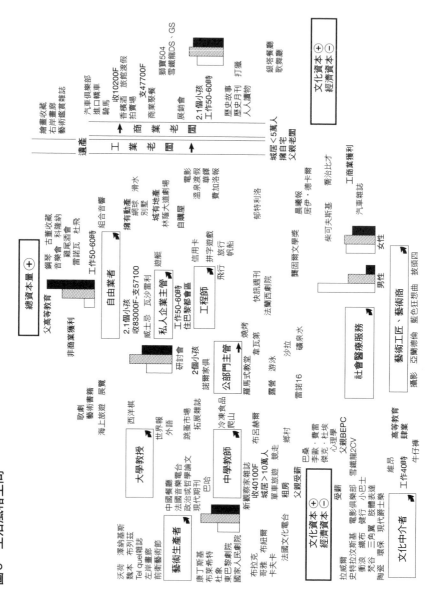

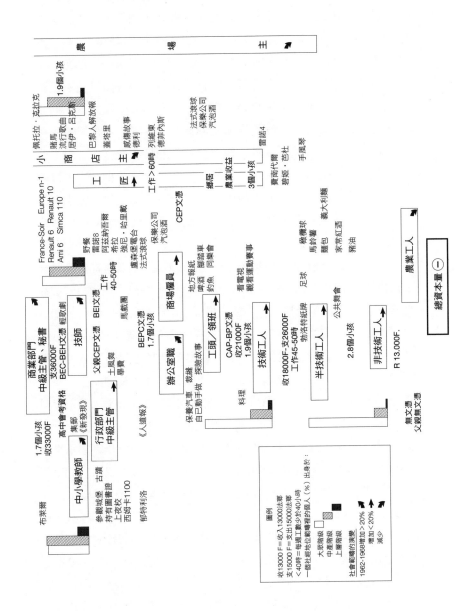

　　這種模式建構的諸多限制之中，最嚴重的應該是統計上的落差，統計能夠正確地測量消費，甚至更嚴謹地，測量收入（除了第二或隱藏性獲利外）和資產（影響個人或家庭的總體屬性），勝於資本本身（尤其是投資於經濟的資本）；其次是分析範疇的不精確，就以一致性的要求標準看來其同質性非常不均等，而且如果遇到工業主和大商人的情形時，無法隔離出有能力對資本行使權力資本的持有者，亦即大老闆（由於缺乏測量不同範疇〔資本〕分布嚴謹的指標，只能藉助於範疇最異質性的經濟與文化的分布做指標，稱之為對應名稱，像是農業從業人員、工商業老闆、工匠或小商人，以垂直的方式記錄界定它的兩端的極限）。必須牢記在心的是以對應名稱所標示的社會位置只不過呈現出在某些情況下，競爭場域裡一個或寬或窄空間的中心位置而已。

　　由於缺乏調查研究（可能在實際上也做不到），很難提供整體資產的指標，經濟、文化、社會及其演變等等，那些充分地建構一個社會空間的再現必要的指標。我們曾經根據先前研究成果所獲得的知識以及不同調查研究所獲得的全部資料（全都是法國統計局所做的），建立過這種空間簡化的模型，至少在範疇的建構上是一致的（參見附錄30）：像是1967年法國統計局所做關於休閒活動的調查（圖表只針對男性），就重新利用休閒時間和工作時間的指標（補充資料4）；1970年關於職業訓練和專業資格的調查（圖表只針對男性），也再利用父親社經職業作為社會軌跡的指標，父親學歷作為繼承文化資本的指標，以及受訪者學歷作為教育資本（補充資料2）；1970年所做關於收入的調查，也是借用收入總數的資料，鄉村和城市的地主，股票持有或工商業收益，還是受薪階級作為經濟資本的指標（補充資料1）；最後也是從1972年家庭消費調查獲得，消費總數、是否擁有洗碗機、電話、主要住所和第二住所的價值趨勢等資料（補充資料3）；以及從1968年的普查，獲得居住地人口大小的資料。

　　針對每一個提到的團體，這些資料也呈現了某些狀態：首先，每個位置的占有者根據他們取得相關位置的社會軌跡之分布，以出

身不同階級比例的直條圖表示[2]；其次就其整體而言階級派系的歷史，那些向上、向下或橫向的箭頭，表示1962到1968年間相關派系人數擴大（至少25%），減少或穩定的情形，也呈現了正蓬勃發展的新興派系，以及穩定在位或下沉的派系之間的對立關係。因此這些努力使得在某一個時間點上構成社會空間結構的階級之間力量關係的狀態浮現出來，也使得構成此結構轉變的其中一個效應及其中一個因素浮現出來：亦即個人（及團體）致力於維持或改善其社會空間位置的轉換策略。

　　若將平常屬於分類系統裡分開領域的資料疊合在一起（直到讓這種簡單的疊合變成無法想像或可笑），會呈現出一些直覺可立即掌握的關係，藉此引導著日常生活分類方式的運作，引導著所有作為這個團體特徵的屬性及文化實踐。這種概要的示意圖必須為每一個「選擇」的系統尋找基礎。一方面它必須能夠在表述處於客觀空間裡某一特定位置的社會條件和其條件化的特徵裡尋找（但往往早已面貌全非），另一方面也在與其他「選擇」系統的關係裡尋找，並相對於這些關係定義其純粹象徵性的意義和價值。由於風格本質上是區判性的，因此許多特徵只有當它們被放在某關係裡才會突顯其意義，這不只是與社會位置的關係，同時也與位居空間中另一端的特徵有關係：譬如社會空間的兩個最基本面向（亦即資本量和資本結構）上，彼此（或彼或此）最遠離的位置之間所建立最原初的對立關係：哥雅和雷諾瓦，前衛劇場和林蔭大道劇場，布萊爾和提諾·羅西，法國音樂電台（France-Musique）和法國聯合電台（France-Inter）或盧森堡電台，電影俱樂部（ciné-club）和綜藝節目等等。除

---

[2] 為了避免讓圖表變得面目全非，我們只提供幾個具有指標意義的範疇的直條圖：這已足夠顯示出身上層階級的比例（黑色）會很明顯地隨著社會階級而增加，相反的出身大眾階級的比例（白色）則減少（半技術工人的直條圖並沒有畫出來，因為他們呈現介於非技術工人和技術工人之間的中間特質）。其實至少就上層和中產階級應該可以根據其出身的階級派系做出分布圖。

了調查直接蒐集的資料外，我們也使用整個文化消費的指標，像是否擁有收音機或唱片，電視的收看情形，是否經常參觀美術館、畫展、綜藝表演、電影等，是否到圖書館借書、是否有上課、是否有收藏〔或收集〕、是否做運動，都是從1967年法國統計局針對休閒活動所做的調查獲得的資料（補充資料4）。關於支配階級成員的消費和生活風格（HiFi音響、遊艇、郵輪、橋牌、收藏名畫、香檳、威士忌、從事的運動等）都是從法國市場調查公司（Sofres）和廣告媒體研究中心所做的調查獲得資料（補充資料5和6），還有由工藝促進會（SEMA）所提供關於看戲頻率的資料（補充資料14），法國輿論觀測中心（IFOP）的調查提供最喜愛演員的資料（補充資料9和10），歐洲社會學研究中心（CSE）和廣告媒體研究中心所提供關於報章雜誌閱讀的資料（補充資料28），文化國務秘書處的調查提供不同文化活動和實踐的資料（陶藝、瓷藝、遊樂會等）（補充資料12）等等。

在以此建立的圖表上，每一個相關的資料只顯示一次，因此表示一個（或大或小根據不同的情況）社會空間的範圍，儘管此資料也同樣顯示某一個它所指涉最接近其名稱的範疇（因而受薪階級相對於工商業營利者，就處在圖表5中右半部的中間高度，相當於社會空間整個右半部，亦即指的是大學教授、主管或工程師，或是中小學老師、中級主管，技師，職員或工人；同理擁有動產〔右上角〕，同時相當於老闆、自由業者、私人企業主管和工程師）。於是，我們立即就可以理解，擁有一架鋼琴和聽《為左手寫的協奏曲》尤其是自由業者會做的選擇；而健行和爬山則特別是高中教師和公部門的主管會從事的活動；或游泳是在新興小布爾喬亞和私人企業主管或工程師的兩端中間，因為它參與了這個職業團體的生活風格。因此，環繞著每一個派系的名稱所聚集的是生活風格最直接相關的特徵，因為它們最具區判力，而且還可以與其他團體共享：像去圖書館借書就與中級主管、小學教師、技師都接近，儘管它也和大學教授一樣頻繁，雖然這種文化實踐同時也是因為其職業需要使然。

轉變的策略

再生產的策略，指的是一整套在現象上差異很大的各種實踐操作整體，藉此個人或家庭有意抑無意地趨向保留或增加資產，結果相應地維持或改善他們在階級關係結構中的位置，並因此建構一套系統以其方式運作和改變；而此一系統本身就是同一個統合和生成原則的產物。透過某種能夠未雨綢繆的稟賦為中介（其本身就是由此團體再生產的客觀機會來決定的），上述策略所依靠的，首先是再生產的資本量和資本結構，亦即這個團體所有擁有經濟資本、文化資本和社會資本目前潛在的總量，以及他們在資產結構中的相對比重；其次是再生產工具系統的狀況，不論是否法制化（像是繼承法和習慣法的情況、勞動市場和教育系統等等），其本身的運作又端視階級間的力量關係來決定。更精確來說，這些策略所依靠的就是建立在任何一個時間點上，不同團體所擁有的資產和不同再生產工具之間的關係，藉此以定義該資產是在什麼條件之下被傳遞下去，也就是說不同的再生產工具之間延遲的回報會隨著每一個階級或階級派系所做的投資而有所不同。

由於再生產策略所建構的系統是依賴再生產工具的狀態以及再生產的資本（量和結構）狀態，因此任何方面的改變都會造成再生產系統策略的重新結構化：將持有資本從一個種類轉換到另一個種類，使另一個再生產工具系統既定狀態下更易於進入，更能獲利和／或更具合法性的，因而導致整個資產結構的轉化。

既然轉換其實是在社會空間的〔資本的〕移動，那麼就與所謂「社會流動」的研究中所說，同時是那麼不真實的空間卻又天真的實在論者完全不同。實證論將不同階級或階級派系的形態學轉變效應描繪成「向上流動」也是同樣的天真，以至於忽略了社會結構的再生產可能在某些條件下不需要太多的「專業傳承」：行動者得以在社會結

構維持其位置，以及固著其上的原初屬性，但必須要成功地將後者轉譯成生存條件的變化（像是小地主轉變成小公務員，小工匠轉變成辦公室職員或商業的職員雇員）。

　　事實上社會空間是由兩個面向所構成的等級空間：一方面是從多到少分布的總資本量。另一方面從支配到被支配的資本種類；由此可以看出兩種移動的形式（這是傳統社會流動的研究經常混淆的，雖然它們一點也不對等，其機率也非常不均等）：首先是縱向的移動，在同一個垂直區域，亦即同一個場域，往上或往下移動（像是中小學教師變成大學教授、小老闆變成大老闆），其次是橫向的移動，意味從一個場域到另一個場域，也可能是在同一個水平面上的移動（如老師或他的兒子變成小商人），或在不同的水平面移動（如老師或其子變成工業家）。縱向的移動，最經常的情況是預設了在資產結構裡已具支配地位的資本種類數量上的改變（如中小學教師變成大學教授），因此資本總量分布結構上的移動，以專業場域（企業場域、教育場域、行政場域、醫療場域等等）範圍內移動的形式表現出來。相反的，橫向的移動則預設了從一個場域過渡到另一個場域，是一種資本類別到另一種類別的轉換，或從經濟資本或文化資本轉換到另一種（土地主轉變成工業資本，或文學或歷史資本轉變成具有經濟價值的文化），因此是一種資本結構的轉變，其條件是必須在總資本量維持同樣的水準，並且在社會空間的垂直面向上保持相同的位置。

　　眾所皆知，從某一個階級進入到另一個支配階級特定派系之機率是多麼的渺小，以至於進入最高等級的派系是以經濟資本來衡量的（唯一不一致之處來自於自由業，因為很多個案都是同時累積文化資本和經濟資本，所以他們從外部吸收其成員的比例也最高）。同理，在一個階級內大幅度移動也是相當罕見的，例如大老闆的兒子變成

大學教授，或大學教授的兒子變成大老闆——根據1970年的調查：大學教授的兒子變成工商業老闆的機會是1.9%，工業老闆的兒子變成大學教授的機會是0.8%，商業老闆的兒子變成大學教授的機會則是1.5%（自由業主無疑的是代表支配階級這兩端必經的過渡點）；中小學教師的兒子變成工匠或小商人的機會是1.2%，而工匠之子變成中小學教師的機會是2.4%，小商人之子變成中小學教師的機會則是1.4%（補充資料2，分析2）。

排序、降級和重新排序

近年來不同社會階級與教育系統之間關係帶來的改變，導致學校激增。不只是教育系統本身發生了相對應的變化，連帶地由於文憑與工作間的關係變化使得社會結構也全部發生變化（至少部分是如此），這其實是學校文憑激烈競爭的結果。競爭激烈無疑是因為支配階級的某些派系（工業和商業主）和經濟資本最豐富的中產階級（工匠和商人）為了確保其社會再生產，比以前更密集地運用學校教育體系使然。

一個階級或階級派系成年人的教育資本（以獲得相等或BEPC以上的文憑的比例來衡量）與同樣群體青少年入學的比例之間的差距，在工匠、小商人和工業主的身上會比職員和中級主管身上明顯地大很多。在一般情況下可觀察得到年輕人就學的機會與成年人的文化資產之間對應關係的斷裂是一個教育投資稟賦深層改變的指標。擁有BEPC文憑或高等教育文憑的比例很明顯地在45到54歲的小工匠和小商人會比辦公室職員少很多（1965年，5.7%相對於10.1%），他們孩子就學（到18歲）的比例則相同（1962年，42.1%相對於43.3%）。同理，那些工業主和大老闆比技師和中級主管擁有較少的教育資本

（分別是20%和28.9%至少擁有BEPC文憑），他們會讓其孩子就學的比例則是相同（65.8%和64.2%）。至於農業從事者，1962-1975之間這個階級出身的小孩就學比例有快速增加的趨勢，也發生了同樣的進程（資料來源：M. Praderie, Héritage social et chances d'ascension, in Darras, *Le partage des bénéfices,* Paris, Ed. de Minuit, 1966, p.348, INSEE, *Recensement général de la population de 1968, Résultats du sondage au 1/20e pour la France entière, Formatio,* Paris, Imprimerie nationale, 1971）。

　　到目前為止都很少用教育資源的階級派系開始進入學歷文憑的競逐，會產生一個效應，就是迫使原本主要或唯獨透過學校教育達成其再生產的階級派系必須加強其教育的投資，以便維持其文憑的相對稀罕性，以及與此相關的，他們在階級結構的位置。這使得學歷文憑和頒發這些文憑的教育體系因此變成階級之間競爭時最關鍵的賭注，因為是他們大量且持續要求增加教育，而造成學歷文憑的通膨[33]。

　　若將應屆同年齡參加各級考試年輕人人數除以獲得既定文憑的人數，就可以粗略地估計一種學歷文憑的相對稀罕程度：1936年在100個15歲的年輕人之中，有6.8人擁有BEPC、BE或BS文憑，1946年

---

[33] 團體之間為了重新排序和為了避免被降級而產生對學歷文憑的競爭效應之上（更經常是，針對可以讓一個團體相對於其他團體突顯並確認其稀罕性的任何種類的學歷文憑），還應該加上一個我們可稱之為結構性通膨的因素。就學率普遍的增加會產生一個效應：文化資本的大量增加，這在每一個時刻都以內化的狀態存在。但由於接受教育是否成功及其效果的持久性往往由家庭直接傳遞的文化資本多寡來決定，因此我們可以假設在其他的條件相同的情況下，接受教育的回報有持續增加的趨勢。總之，就算教育投資的回報越大，在讓更多的人獲得文憑的同時，毫無疑問地會助長了〔文憑〕通膨的效應。

有7.9人，1960年有23.6人，1965年有29.5人。1936年在100個18歲的年輕人之中，有3人擁有高中會考資格，1946年有4.5人，1960年有12.6人，1970年有16.1人。1936年在100個23歲的年輕人之中，有1.2人擁有高等教育文憑，1946年有2人，1960年有1.5人，1960年有2.4人，1968年有6.6人。

　　再比較兩個不同時代獲得同一個文憑時所開缺的職位，就可以有一個文憑在勞動市場價值變異非常接近真實的概念。當15到24歲的成年人沒有文憑或只有CEP文憑在1968年所獲得的職位非常相似於那些在1962年獲得相同文憑的人，屬於相同年齡層擁有BEPC文憑在1962年大部分可以獲得職員的職位，但在1968年，變成工頭、技術工人或甚至半技術工人的機會大幅增加。而在1962年擁有高中會考資格者進入社會時大部分都可以成為小學教師，可是到了1968年他們有很大的機會成為技師、辦公室職員或甚至工人。同樣的趨勢也可在年齡25到34歲之間擁有高等教育文憑者的身上觀察得到，比起1962年，他們更有可能成為小學教師或技師或很顯然不太有機會成為高級行政主管、工程師或自由業的成員[34]。

　　100個15到24歲擁有BEPC文憑的年輕人（男孩）之中有工作者，在1962年有41.7人，但到了1968年只有36.3人，但是相反的在1962年他們之中只有5.8個半技術工人和2個非技術工人，到了1968年則有7.9個和3.8個。同年齡只有高中會考資格的人成為中級主管的機會1968年（57.4%）比1962年（73.9%）少，相反的卻有很大的

---

[34] 參 見 C. Delcourt, Les jeunes dans la vie active, *Economie et statistique,* n°18, décembre 1970, pp. 3-15.

機會成為職員（19.9%相對於8.8%）或甚至成為工人（11%相對於6.4%）。至於25到34歲的男性擁有高等教育文憑者，他們在1968年（68%）從事高社經地位職業的機會比1962年（73.3%）低，尤其是自由業者（7.9%相對於9.4%），但是相反的他們卻有更大的機率成為小學老師（10.4%相對於7.5%）或技師（5.4%相對於3.7%）。那麼女孩子呢，我們也觀察到類似的趨勢，但稍微緩和。對她們來說，擁有高中會考資格者承受的貶值最嚴重：1968年一個15到24歲之間擁有高中會考資格的女孩，若她工作的話，比起1962年更有機會成為職員（23.7%相對於12%），但較少機會成為小學教師（50%相對於71.7%）。

我們須牢記在心，相應〔於文憑〕的職位總量會在同樣的時間間隔之間有不同的變化，因此我們可以設想一張文憑很可能面臨貶值的命運，然而在初始的階段，學歷文憑持有者人數的成長比起文憑相應的職位的增加要快速很多。各種跡象都顯示高中會考及以下的文憑尤其受到貶值的影響最大：事實上，在男性勞動人口之中，擁有BEPC文憑或高中會考資格的人數（除高等教育文憑）在1954到1968年之間增加了97%，但是職員與中級主管的人數在同一時期只增加了41%；同樣的，擁有大專以上高等教育文憑在男性勞動人口的人數增加了85%，但是高級主管和自由業者的人數只增加了68%（整個高社經地位職位增加了49%）。毫無疑問地，最明顯的差距並沒有表示在數字上：事實上那些有辦法抗拒貶值的比例，尤其是與社會出身較高有關的社會資本，會隨著在文憑等級往上升而增加。

這也就是為什麼要加上隱藏得很好的文憑貶值這個因素，因為職位（以及獲得此職位的文憑）有可能會失去其區判的價值，儘管職缺也在開始的階段和文憑以相同比例增加。也因為同樣的原因，例如大

學教授的情形，在各種層次上，都失去了其稀罕性。

　　女子教育快速的增加在學歷文憑的貶值扮演重要的角色。這與性別之間的勞動分工的形象轉變（女子進入高等教育的增加無疑顯著地助長這種趨勢），伴隨而來的是具有文憑的婦女投身於勞動市場比例的增加，直到目前為止都部分保留起來（只有在婚姻市場「釋放出來」）；具有高等學歷文憑者尤其明顯，因此25歲到34歲之間的女性，擁有高中會考資格以上文憑之中，有工作者從1962年的67.9%增加到1968年的77.5%，且在1975年達到85%。

　　這也就是說，由於任何有助於阻止文憑貶值的隔離（無論是否依性別或其他標準），以限定人數的效應，一旦取消隔離就會回歸到貶值機制全盛的效率（如同一項美國關於取消種族隔離對經濟的效應的研究，最缺乏文憑者會最直接地感受到這種效應）。

　　我們可以毫無矛盾地進一步推論文憑貶值最大的受害者是那些在勞動市場最沒有學歷文憑的人。事實上，在此之前有些職位還開放給沒有文憑的人，伴隨文憑貶值而來的是具有學歷文憑者對職位壟斷的逐漸擴張。限制競爭以遏止文憑的貶值產生的效應就是限制職缺機會提供給無文憑者（即「提高門檻」），以及強化學歷文憑作為職業軌跡機會的先決條件。在中級行政主管（25到34歲的男性）之中，在1975年只有43.1%沒有任何文憑或只有CEP文憑，但是在1962年卻還有56%；至於高級行政主管相繼則有25.5%和33%，而工程師則有

表10　1962和1968年女性就業人口的教育狀況

	CEP	CAP	BEPC	高中會考資格	高中會考資格以上
1962	43.8	59.7	59.8	67.1	67.9
1968	46.3	60.6	63.5	74.3	77.5

資料來源：法國統計局，《1968年人口普查：根據法國統人口1/20的調查結果，教育》（Paris, Imprimerie nationale, 1971）（其中包括沒有任何學歷的婦女）。

12%和17.4%。相反的，擁有高等教育文憑者成為中級行政主管的比例從1962年的7.5%躍升到1975年的13.8%，變成高級行政主管的從32.2%到40.1%，變成工程師的從68%到73.4%。從此，在社會空間的某些部門，尤其是公職部門，不同職位之間持有同一個文憑者的分布呈現負成長，而同一個職位越來越依據學歷文憑而分布，亦即，學歷文憑與占據職位之間的依賴有強化的現象。

市場上提供給有文憑者的職缺不停地在成長，當然也犧牲了無文憑者。對學歷文憑普遍認可無疑的會將正式文憑的系統和有資格占據某些社會位置的權利結合起來，並排除他們在社會空間的存在，以有等級排列原則的隔離群體。雖然不至於說學歷文憑已經完全地支配，並被普遍接受，至少在學校教育系統以外，它依舊是社會與經濟行動者價值的唯一且普遍認可的基準。

在教育市場本身以外，文憑的經濟與社會價值端視其持有者的價值，教育資本的報酬率取決於投資其上並使之增值的經濟資本與社會資本。就一般而言，社會出身較高的主管比較有機會進入決策的職務，勝於生產、製造和保養相關的職務：我們根據法國統計局在1964年所做的關於職業流動的調查進行二度分析，發現41.7%的自由業的子女和38.9%的大學教授子女成為工程師、高級或中級行政主管，或在公司裡負責行政或一般性決策職務的技師，但相對於總體只有25.7%。相反的，49.9%的技術工人的子女，43.8%工頭的子女，41.1%技師的子女負責生產。製造和保養相關的職務，但相對於整體只有29.7%。我們也知道出身自職員家庭的高級主管在1962年的平均年薪是18927法郎，相對工業主和大商人之子女的29370法郎；出身農場工人或農業從事者的工程師的平均年薪是20227法郎，相對於工業或大商人之子的工程師的31388法郎。

由於文憑數量增加所造成必然的結果，文憑持有者之間的工作機會分布有所轉變時，會在每一個時刻迫使一部分文憑持有者成為貶值的受害者，首當其衝的必定是那些最沒有繼承而來的辦法讓其文憑創造更多價值的人。因此那些受貶值威脅最嚴重的人所賴以抵抗它的策略，不論短期的奮鬥（在其職業生涯之內）或長期的抗戰（透過其子女就學的策略）就都會成為有回報文憑成長的關鍵因素，而其本身又會更加重貶值。因此貶值與彌補的辯證關係就不斷地惡性循環。

轉變的策略與形態學的轉變

一個人或家族賴以保持或改善其在社會空間位置的策略，其實會反映在影響不同階級派系的資本量及其資產結構的轉變上。

為了進一步了解這種轉變，我們製作了一個圖表可以按其所持有的資本量和資本結構的指標（很不幸地非常不完整）標製出不同階級派系的資本量演變的數據。由於無法如願地針對1954到1975年之間，一方面根據收入總數，另一方面根據收入的組成結構製作出以細部範疇區分的演變（以至於再製作出表12，呈現出1954-1968年間粗部範疇的演變）。這份資料顯示除了以收入的來源分布外，根據法國統計局所提供的資料，必須知道向稅務局申報的總收入在非常不同程度有低估的情況（根據 A. Villeneuve, Les revues primaires des ménages en 1975, *Economie et statistiques,* 103, sept. 1978, p.61）。必須將薪資和待遇加權1.1，將農業收益加權3.6，將動產資本收入加權2.9等等。只要運用這些加權值就可以將這些自營的職業，特別是農業從事者和工匠或小商人回歸到他們真正的位置。（相對而言）在經濟資本上最豐厚的範疇（可以透過持有有價動產、鄉村或都市房地產等指標來掌握）會有非常明顯下降的趨勢，一如其資本量減少所呈現的（像是農

業從事者、工匠和商人及工業主的情形），也是因為年輕人的比例減少不像其他地方成長那麼快（由於24-34歲年輕人在小商人和工匠方面的演變與整體範疇的演變不是相等就是稍微多一點，這可能以新形態的商人或工匠的出現來解釋）。這些範疇一部分教育（無疑的和經濟）資本明顯的增加必定是因為他們大批流失而造成的人數下降已經影響到他們較下面的階層。與此相反，文化資本豐厚的派系（例如持有BEPC文憑、高中會資格或高等教育文憑者的比例）則呈非常強烈的成長，這意味著有年輕化的趨勢，並常表現在女性化和高學歷的比例明顯提升（最典型的範疇就是辦公室職員、商場雇員、技師、中高級主管、教師、小學老師，尤其是大學教授，因為在他們身上，相關的不同進程都異常地緊密，又以年輕世代最烈，與工程師不同，他們的進程似乎停滯了，其成長率是最小的，不論是年輕世代還是整體而言）。另一個值得注意的特徵是自由業者的相對穩定，可能是因為限制人數的解決方案必須付的代價，才能限制人數的增加和女性化的趨勢（女性依舊在高教育資本的高等職業裡人數很少），同時才能擺脫失去其稀罕性的命運，尤其在文憑增加以及特別在尚未有相應於新職缺的文憑持有者時，或多或少能夠重新定義關鍵的職位。

　　再生產策略的調整是形態學轉變的來源，一方面表現在所謂自營範疇的收入裡薪資比例的增加，另一方面則表現在高級主管的財產和投資的多樣化，他們傾向於持有不同類別的資本，不論是經濟資本或文化資本。這與大老闆不同，後者特別偏好持有經濟資本。老闆收入中薪資、待遇和福利的比例從1956年的12.9%增加到1965年的16.4%；到了1975年同樣現象發生在不同的團體身上，我們知道這部分的增加在工匠和小商人的收入中占19.2%，在工業主和大商人的收入占31.8%（但是在農業生產者方面則維持穩定：1956年23.8%，1965年23.5%及1975年24.8%）。此外我們也知道在1975年都市或鄉

表11　不同階級和派系的資產結構和形態上的演變（1954-1975）

| | 1975年總量 | 1975男性的比例(%) | 演變的指標 1954年以100為基點 | | | | 教育資本的演變 | | | | | | 1975每戶平均收入（法郎） | 經濟資本 (1975年) 收入來源的比例 | | | |
| | | | 整體 | | 20-34歲 | | 1954獲得學歷的比例 | | | 1975獲得學歷的比例 | | | | | | | |
			整體	僅男生	整體	僅男性	BEPC	高中會考資格	大學院校或高等專業學院	BEPC	高中會考資格	大學院校或高等專業學院		薪資與福利	工商的收益	城市財產的收入	不動產價值
農場工人	375480	88.4	32	33	27	27	0.5	0.2	0.1	2.7	0.6	0.3	27740	86.0	1.5	0.8	6.3
農場主	1650865	65.7	42	46	26	31	0.9	0.5	0.2	3.5	0.9	0.6	22061	19.3	5.3	6.4	16.5
非技術工人	1612725	61.9	143	115	146	108	0.4	0.1	-	2.9	0.7	0.4	27027	93.4	1.3	2.3	3.3
半技術工人	2946860	73.2	162	167	185	186	1.0	0.2	0.1	3.5	0.5	0.2	35515	97.7	2.2	2.4	3.6
技術工人	2985865	86.5	126	120	128	〉112	2.1	0.5	0.1	5.5	0.7	0.3	39527	98.2	2.2	2.7	3.6
工頭／領班	443305	94.1	168	158	168	〉(112)	6.0	1.7	0.5	10.4	2.5	1.1	56692	99.5	1.4	4.1	6.7
辦公室職員	3104105	35.0	191	141	218	168	11.5	2.9	1.2	19.6	5.3	2.6	42785	98.8	2.1	5.1	8.6
商業雇員	736595	40.6	167	138	183	158	6.5	3.6	1.3	13.4	5.2	2.2	46196	97.5	3.4	8.9	9.5
工匠	533635	88.1	71	77	81	88	2.8	1.0	0.5	6.1	1.8	1.3	50335	34.1	96.9	12.9	14.2
小商人	912695	51.8	73	78	132	81	4.7	2.4	0.9	9.3	3.7	2.3	60160	24.3	93.2	20.2	19.2
中級行政主管	970185	55.1	182	132	218	152	20.1	11.6	5.3	26.5	12.8	9.0	73478	99.3	4.0	11.1	17.5
技師	758890	85.6	393	367	417	374	16.3	7.0	2.7	25.8	9.6	6.0	59003	98.5	2.4	5.8	8.7
醫療社福業	298455	21.0	261	261	345	340	9.7	7.7	6.1	17.7	18.1	20.3	53450	84.2	–	10.0	12.4
小學教師	737420	36.5	〉269	〉269			10.0	55.0	14.5	11.3	39.4	29.4	54013	96.7	0.9	7.6	10.4
工業主	59845	86.5	66	71	65	65	8.5	6.7	7.5	12.9	6.1	6.3	132594	83.0	26.0	34.7	40.0
大商人	186915	69.2	103	100	98	95	9.0	7.3	5.7	14.6	9.1	6.3	132435	64.0	47.5	29.7	30.2
高級行政主管	653755	83.9	236	217	293	254	15.5	18.9	25.5	19.3	16.2	32.0	107342	99.6	3.6	15.2	27.7
工程師	256290	95.6	338	305	272	263	7.3	9.0	59.8	10.0	18.1	63.2	105989	98.7	3.1	15.5	30.4
大學教授	377215	53.0	469	402	612	517	2.7	10.8	71.4	3.6	8.4	77.7	87795	97.6	2.1	10.4	21.0
自由業	172025	77.8	143	130	145	137	4.5	10.3	65.1	4.2	7.9	79.9	150108	41.0	17.5	30.3	40.6

資料來源：法國統計局，1954、1962、1968、1975 年普查資料；法國統計局，《1968 年人口普查》，《1975 年人口普查》；根據法國統計局 1/20 的調查結果，1975 年普查結果，以社經職業、年齡、教育》(Paris, Imprimerie nationale, 1971)（此卷也包括 1962 年有關教育的普查資料）；法國統計局，1975 年普查資料；年齡、姓別、學歷支憑文感分類的 16 歲以上總人口表（即將出版）；資料由 L. Thévenot 提供；1975 和 1970 年的收入調查（1975 年調查資料由 A. Villeneuve 提供，1970 年調查資料由 P. Ghigliazza 提供）；至於收入方面，法國統計局，1970 年調查資料由 P. Ghigliazza 提供）。

表12　不同階級和派系的資產結構和形態上的演變（1954-1968）

階級別	1975年應類別的總量		演變的指標（以1954年為100的基點）		35歲以下的演變率（以1962年為100的基點）(1)	教育資本的演變 1968年獲得學歷的比例（男性）			(1965)總收入（主要收入）(2)	每戶平均資產（1966年1月1日）(3)	收入來源的比例				收入結構（1965）				收入結構的演變		鄉村及城市財產的演變	
	整體 (1)	僅男性 (1)	整體 (1)	僅男性 (1)	(1)	BEPC (1)	高中會考資格 (1)	大學院校或高等專業學院 (1)	(2)	(3)	動產(4) 1965	城市財產(4) 1965	零用金(5) 1966	不動產(5) 1966	勞動收入 (2)	轉讓 (2)	企業收入 (2)	資本收入 (2)	福利津貼(4) 1956	福利津貼(4) 1965	城市財產及動產(4) 1956	城市財產及動產(4) 1965
農場工人	588200	527200	51	54	67	1.0	0.4	0.2	9859F		10.2	2.3			59.5	29.8	9.2	1.5	96.7	95.9	1.4	1.8
農場主	2459840	1527780	62	65	72	1.6	0.7	0.4	23854F		27.6	5.2			6.9	10.9	78.5	3.7	23.8	23.5	16.4	9.9
工人	7698640	6128840	119	123	116	2.3	0.4	0.2	14811F	35000F	4.8	2.9	3.2	39	66.7	27.9	4.6	0.8	98.0	97.5	0.8	0.8
職員	3029900	1188300	146	121	133	14.0	3.7	1.5	16149F	46000F	11.8	6.0	6.6	40.8	69.6	23.2	5.4	1.8	95.9	95.9	2.6	2.1
中級主管	2014000	1197360	177	168	151	19.0	16.5	7.7	26887F	92000F	14.0	8.1	8.5	50.3	73.1	18.5	6.8	1.8	91.6	94.4	4.9	2.1
工匠	622880	532340	85	88	109	4.1	1.5	1.0														
小商人	1028160	515440	81	85	107	6.7	2.8	1.4														
大商人	213500	143840	116	110	148	12.1	8.0	5.2														
工業主	79160	68940	93	93	98	10.8	6.1	7.5														
工商業主全部	1943620	1360560	86	96	110	6.4	3.0	1.9	45851F		28.6	20.7			7.1	6.4	79.2	7.3	12.9	16.4	7.0	6.7
自由業	142520	114920	119	112	122	5.1	6.3	76.8	58021F		18.9		33.1	66.3	56.5	9.6	28.9	5.0	71.8	73.0	9.4	6.0
高級主管	840280	691680	196	183	144	12.6	13.3	45.0		214000F	38.2											

資料來源：1)法國統計局，普查資料；2) H. Roze, Prestations sociales, impôts directs et échelle des revenus, *Economie et Statistique*, février 1971；3) P. L'Hardy, disparités de patrimoine, *Economie et Statistique*, février 1973；4) G. Benderier, Les revenus de ménages en 1965, *Collections de l'INSEE, M7, décembre 1970*；5) P. L'Hardy, Strature de l'épargne et du patrimoine des ménages en 1966, *Collections de l'INSEE, M13, mars 1972.*

村房地產的收入和動產的收入的比例，在私人企業高級主管身上的增加（5.9%）比公部門高級主管身上的增加（2.7%）要超過很多（由 A. Villeneuve 所提供的資料）。

　　將經濟資本轉換成教育資本是經商的布爾喬亞讓其全部或部分子女得以維持其社會位置策略之一，這可以讓工業或商業所得的部分利益所得以薪資的形式提取，這比起利息收入更不易察覺，無疑是更可靠的挪用方式。因此，在1954年到1975年間，工業主和大商人的相對比例顯著的下降，另一方面因其學歷文憑而獲得職位的受薪者比例則非常明顯的增加，像是主管、工程師、大學教授和知識分子（但是他們也可以像私人企業的主管一樣，可以在其股票獲得一大部分的收益）。同樣的，商業和手工藝方面中小公司的大量消失也可能隱藏了某些個別的行動者或多或少成功地將資本轉換的努力，根據每個個案的情況不同而產生中產階級不同派系比重的變化（參見表14）：我們再一次看到小商人、工匠、農業從事者的比例有明顯的下降，但是小學教師、技師或社會醫療服務人員的比例卻增加不少。除此之外，某一職業團體就其形態而言相對穩定也可能隱藏了其資本結構的改變，那是因為這些行動者在進入這個職業生涯的起始階級（或他們小時候）即就地轉換了，和／或因為已經被出身自其他團體的行動者所取代。譬如，小商人範疇內的總資本量相對而言沒有明顯地減少，大部分一人小公司的持有者（93%）能夠存活，部分是因為家庭消費的增加得以抵抗不景氣，隱藏了這個職業結構的轉變：（特別是受大賣場競爭衝擊的）小雜貨店或服飾店家的停滯或減少，幾乎又都被汽車商店、居家布置店（家具、裝潢等）以及尤其是運動產品店、休閒和文化商品店（書局、唱片行等），還有藥妝店的增長所補充。我們也可以想像即使在小雜貨店內部，數據改變的背後，說明這個職業本身形

表13 支配階級內部形態的轉變

| | 結構（%） | | | | 變異年比例（%） | | | 女性部分 | | | |
| | | | | | 1954 | 1962 | 1968 | | | | |
	1954	1962	1968	1975	1962	1968	1975	1954	1962	1968	1975
大商人	22.0	17.0	16.4	11.0	−1.5	0.0	−4.2	29.2	30.2	32.9	30.8
工業主	11.0	7.9	6.3	3.5	−0.6	3.3	−1.7	14.9	14.2	13.7	13.5
自由業者	14.6	12.3	10.9	10.1	0.5	2.0	2.9	15.6	17.3	19.3	22.2
高級行政主管	33.5	37.0	35.3	38.3	3.9	3.1	5.3	8.6	11.1	13.4	17.1
工程師	9.2	13.5	14.5	15.0	7.8	5.1	4.7	2.1	3.2	3.4	4.4
大學教授 文學·科學專業	9.7	12.3	16.6	22.1	5.7	9.3	8.5	39.9	43.0	44.7	47.0

表14 中產階級內部形態的轉變

| | 結構（%） | | | | 變異年比例（%） | | | 女性部分 | | | |
| | | | | | 1954 | 1962 | 1968 | | | | |
	1954	1962	1968	1975	1962	1968	1975	1954	1962	1968	1975
工匠	14.6	11.2	9.3	16.6	−2.1	−0.5	−2.1	18.3	16.0	14.7	11.9
小商人	24.1	20.0	15.4	11.3	−1.2	−1.7	−1.7	51.7	51.3	50.2	48.2
商業雇員	8.5	9.0	9.4	9.1	1.9	3.4	2.4	52.0	57.0	57.7	59.4
辦公室職員	31.3	33.2	35.7	38.5	1.9	3.9	3.0	53.0	59.4	61.9	65.0
中級主管	10.2	11.0	11.1	12.0	2.0	2.8	3.9	24.6	31.9	34.9	44.9
小學老師	7.4*	7.4	8.4	9.1	4.1*	4.9	4.0	68.3*	65.1	62.7	63.5
技師	3.7	6.1	8.0	9.4	7.5	7.5	5.2	7.1	7.9	11.3	14.4
社會醫療服務業		1.9	2.6	3.7		7.8	8.1		84.8	83.2	79.0

*包括社會醫療服務業。

資料來源：L. Trévenot, Les catégories sociales en 1975: l'extension du salariat, *Economie et statistique*, 91, juillet-août 1977, pp. 4-5. 表格的資料是從1954和1962年的普查資料，1968年以1/4比例抽樣調查、1975年以1/5比例抽樣調查所得資料，經過透徹分析後萃取而來。此乃這段時期能獲得最精確可比較的資料。

我們知道1954年和1975年間，就業人口結構已有些變化：當農業人口，農場主和工人的比例從26.7降到9.3%，工人的比例也稍微增加一點（從33.8%到37.7%）時，整個中產階級的比例卻有非常明顯的增加（從就業人口的27%到37%）。誠如表14所顯示的，當這個部門的受薪階級人口增加時，整體支配階級人數比例從4.3%增加到7.8%。

態逐漸的變化，是因為經濟不景氣的關係，越來越多小雜貨鋪和鄉下麵包店的倒閉，取而代之的是有機養生商店、地方特產的商店、生機飲食店，或專賣古老製法的麵包店。這種變化是企業性質的轉型（與同時期家庭消費結構的變化有關，它本身收入增加和尤其可能是文化資本的增加，以進入教育體制的機會結構表現出來），與這企業擁有者和經營者的文化資本提升有關。這些也都會令人想起在手工匠這個範疇也可能遭受類似像小商店範疇的內部變化：奢侈品工藝或藝術品工藝的蓬勃發展，因為它同時要求經濟方面的資產和文化資本，而替補了傳統工藝最不利階層的沒落。所以我們可以理解這個範疇平均資本量的減少，伴隨而來的是以教育程度來衡量的文化資本的提高。

　　奢侈品、文化或藝術品的工匠或商人、流行服飾店的經理、名牌商品的零售商、服飾中大盤商、異國珠寶商或鄉村物品商、唱片行商、古董商、裝潢師、設計師、攝影師，或甚至流行咖啡店的餐飲業者或老闆、普羅旺斯「陶器業者」以及前衛書店的老闆，他們在畢業後仍依戀於延後工作與休閒之間的區分，社運的激進分子和業餘愛好者之間，所有學生狀況的特質的延長。所有販賣文化商品和相關服務的，都在其職業裡找到如願以償的模糊性空間，在此空間裡成功的關鍵不只是依靠商品本身內容與品質，更重要的是售貨員灑脫的氣質及其產品高貴的特質，因為這是一種以文化資本獲得最佳利潤的方式，它對技術能力的要求比較低，而對支配階級文化的熟悉程度以及操弄品味和區判符號和符徵的能力要求比較高。

真相大白的時刻

　　文憑的通貨膨脹及其相關的貶值之效應，漸漸迫使所有階級和階級派系（從教育資源使用量最大的人開始）不得不無止盡地更強化其教育資源的運用，因而反過來造成文憑的過度生產。諸多效應之中，

最重要的毫無疑問的是那貶值文憑的持有藉由一連串的策略，以便維持他們繼承而來的位置，或以便獲得當初承諾他們符合其文憑的工作的真正價值。

學校教育所保障的文憑比起從技術層面可嚴格界定的那種財產的頭銜，更接近於貴族的頭銜，它在社會經驗裡絕對不只是占有一個職位權利和滿足此一職位的能力而已，我們不難想像那些貶值文憑的持有者同時是後知後覺（這些事，無論如何都很困難），也不易承認文憑已經貶值的事實，他們不論在客觀上或主觀都強烈地認同它（因為是建構其社會認同最主要的部分）。尤其當他不知道客觀機制的複雜性時，由於擔心其自尊心（表現在對文憑名義價值的依戀）或職位不足以支撐此價值，會迫使他不得不承認其文憑的貶值。其中最重要的就是某個慣習的一種延滯效應，即是將文憑市場認知範疇及相應的尺度的新狀態，運用於評量方式和市場都相對自主存在客觀機會的舊狀態，在此學歷文憑以較遲緩的韻律運作使其價值減低。

延滯效應最容易發生在那些與學校學院距離越遠，缺乏學歷文憑市場資訊或只有抽象認識的人。在諸多構成繼承而來文化資本的能耐之中，最珍貴的就是一種對學歷文憑市場通膨實作或學術的知識，即投資的敏感度（sens du placement）得以使其繼承而來的文化資本在文憑市場或教育資本在勞動市場獲得最佳的回報，譬如懂得在即時放棄貶值了的學科或職業，轉行到較有前途的學科或職業，而不會死守在市場的舊狀態下那些最能獲得價值利益的文憑。認知與評價範疇的延滯效應也可能相反的會使得貶值文憑的持有者成為其自身神話之共謀者，因為某種典型錯認（*allodoxia*）的效應，使其死守著已貶值的文憑，賦予自己一種並不被客觀認可的價值。因此，這也解釋為什麼對文憑市場後知後覺的人可以長期以來知道文憑的回報，也就是名義上收益背後的實質薪資在減少，還願意繼續多付好幾年的學費和精力

追求只是一張紙的文憑（正是如此，他們因缺乏文化資本而成為文憑貶值的第一批受害者）。

　　這種對過時文憑價值形象之依戀無疑的也讓文憑得以（至少是表面上）逃脫貶值命運而繼續存在於市場。事實上，固著於學歷文憑的價值，不論是主觀的還是客觀的，都是只能在被製造出來的社會使用的總體來定義。因此最直接檢驗文憑價值的相互認可團體，像同儕、親友、鄰居，（同屆）同學和同事也最有可能掩飾文憑貶值效應。然而這種個人或集體的誤認並非幻覺，因為他們可以很現實地將其文化實踐特別是個人和集體的策略，轉向建立或重建文憑和職位新價值的客觀事實，以便重新創造符合現實的價值。

　　必須要知道在賦予學歷文憑商品價值的交易中，勞動力供給者的價值取決於其文憑的價值，先撇開社會資本不說，尤其是當文憑資格與職位之間的關係已有明確規定的狀況（像是既存已久的職位，相對於新的職位）。這時候文憑貶值最直接受益者就是職缺的提供者，特別是當文憑持有者的利益依附於其名義上的文憑（即能保障文憑原初的價值），而職缺提供者的利益卻以文憑的實際價值來考量時，就在此關鍵時刻決定了不同文憑持有者之間競爭的勝負（這種結構性降級的效應還要加上長期以來經營者因應降級而發展出來的種種策略）。在此非常不平等的競爭之下，文憑相對在等級上較沒有價值，也較為貶值，有可能造成文憑持有者在沒有其他辦法來保護其文憑價值的情形下，而拒絕以人家給他的價格販售其勞動力，失業因此成為某種意義的（個人性）罷工[35]。

---

[35] 工作職缺供給與需求的研究可以讓我們理解，行動者的期望與實際上提供給他們的工作之間的落差，但當然必定是部分且不完整的。未滿18歲求職者的數量在1958年9月到1967年9月之間幾乎增加了三倍，但是職缺的供給卻保持同樣水準；這種落差在辦公室的職缺或類似工作方面尤其嚴重，也最是擠破頭的：尋找辦公室職位者

被蒙在鼓裡的世代

　　教育體制所創造的期望與實際上所提供的工作機會之間的落差，在文憑通膨的時代是一個結構的事實，影響所及依其文憑的稀有性和其社會出身會在程度上有很大的差異，但都會影響整個受教育的世代。剛進入中等教育的學生，只因為他們剛進去，常常被引導去期望像其他人在那個時候所獲得一樣的文憑，可是一旦等到他們畢業了，卻發現被排除在外。在另一年代對另一批人來說，也許這種期望完全是很現實的，因為符合客觀的可能機會，但是他們遲早都會被教育市場和勞動市場的真實所戳破。此乃所謂「教育民主化」的矛盾之處：那些至今沒有想太多或接受第三帝國意識形態的大眾階級，相信學校是一股解放的力量（l'école libératrice），一旦進入高中教育以後，就發現其實學校只是一股保守的力量（l'école conservatrice），不是被留級就是被退學。這種在期望與工作機會之間，在學校所承諾的社會認同和文憑真正給予的社會認同之間結構性落差，造成畢業進入勞動市場後的集體性失望，這都是對工作不滿並表達拒斥社會有限性的來源。同時也造就了所有構成青少年「反文化」的逃避和反抗的根源。不用置疑的，這種不協調和它所產生的覺醒，會在不同的社會階級之間以不同的形式客觀地和主觀地展現出來。因此就工人階級的子女而言，由於經歷高中教育和曖昧的「學生」身分，暫時免於進入職場世界需求的人，會有一種效應，在這種期望和可以接受的工作機會的辯證關係之中感覺到挫敗，有時候非常急切地，但最後總是自然而然地

占全部求職者的30.2%，但是這方面的職位開缺的只不過占全部職缺的3.3%而已。大部分求職的年輕人不但擔心是否能夠找到學以致用的工作，一樣擔心能否符合他們期待的薪資：44%不接受不符合其文憑的工作；35%拒絕薪資少於他們自以為該得的（參見M. Mangenot, N. Alisé, F. Remoussin, *Les jeunes face à l'emploi,* Paris, Ed. universitaire, 1972, p. 230）。

新生產線

接受其社會命運（像礦工的兒子常以進入礦坑作為他們長大成人的門檻）。一旦進入職場才會感覺格格不入，並以激烈的方式表達出他們是被降級最明顯的受害者，像是具有高中會考資格者被迫做半技術工人或去當郵差，這就某種方式來說，是整個世代共通的現象。他們以一種不太尋常的抗爭形式，表現出其抗議或逃避，而讓傳統組織工會或政治抗爭的人很難理解。因為很多事情不是個別工作職位的問題，而是以前人所說的「情勢」。拿著一紙沒用的文憑被學校系統和社會系統排拒，這些年輕人深深地質疑其社會認同與自我形象，只能以全然拒斥這些現實來重修其人格與社會整合。他們不再像前輩一樣認為這是個人的失敗，就像是教育體系要他們相信的，歸咎個人的限制，而是整個學校教育制度出了問題。影響整個世代成員被結構性降級的情形，所獲得文憑的價值注定要比其上一代少很多，而產生某種集體的幻滅：整個世代都發現他們被蒙在鼓裡，而對教育體系產生一種混合著怨恨與反抗的傾向。這種反制度的情緒（會點燃意識形態和學術的批評）在最壞的情況下會導向揭露已默認接受的社會秩序，而他會實際上暫停相信社會意見所認定的機會，也不相信一般社會的價值，進而拒絕投入使其正常運作所需要的時間和精力。

因此，我們可以理解世代間的衝突，這不只表現在家庭內部，也表現在教育體制，在政治或工會組織，尤其可能在工作職場，譬如老式自學者，30歲才獲得CEP或BEPC文憑，以強烈的文化學習意志進入職場，碰到具有高中會考資格的年輕人或在學校制度內因反制度的情緒而形成的新式自學者，常常會在社會秩序的基礎本身上產生最大的衝突：在其原始形式上比政治的不滿更激進也更不確定，這種幻滅的情緒可以點燃第一代浪漫主義者的熱情，可能會去抨擊小布爾喬亞的基本信條，像是「職業生涯」、「地位」、「升遷」或「上進」。

幻滅者

「剛開始我做過市場調查，然後在L公司找到一個朋友，也做過同樣的事。我整理出巴黎所有市場調查公司的清單，一一打電話，找了兩個月最後才找到。然後幾個月後，人家就沒有再找我了，沒有調查可以做了。有領失業救濟金（每個月1000法郎），就這樣過了七個月，然後又去採收葡萄兩個月，又再做將近七個月的市場調查。就變成了臨時工，後來就離開了公司，因為那裡都是女同性戀，很任性地分派工作，就離開了。不管如此，有工作也是輪流做。在這種公司裡，工作對我不是最重要的。若是生在像中國這種地方，我可能可以每天工作10個小時。」（F小姐，24歲已婚，高中畢業讀過幾個月的文學院，父親靠利息度日。）

「當我們通過高中會考，就已經被打入邊緣去了。因為在那時候並沒有其他就學的可能性，而且就算找到工作也是一些不懂得我們用處的工作。

我一直都是在做一些不太有興趣的工作，但總是可以存點錢停止工作幾個月。無論如何，我希望不要這樣才不會變成一個習慣。

錯過高中會考後，寒暑假期間我在休閒活動中心工作過。然後在Dreux的一家報社找到一份工作，那時候是編輯見習生，但是兩個月後要我辦記者證，結果變成論字計酬的文字工作者。我就沒辦法配合他們，我所寫的一切都付諸流水了。我也做一點攝影。但是在這種工作裡有很多權力關係，我不夠強勢，也不願戰鬥。六個月後，人家就不想要我了，於是我就離開了。然後又回去做行政工作，登記去郵政電信局工作，在分信中心三個星期，在這裡被霸凌，因為到一個我完全陌生的工作環境。倒不是人家打我，而可能是他們之間的互動關係，互揭瘡疤，完全沒有一點團結互助。因此，三週後我就辭職了。那時候有五個試用人員，其中有一個第二天也被炒魷魚（因為多休息了五分鐘），然後我們全都辭職了。最慘

的是你沒考過高中會考也沒有學歷，最後還要被當作知識分子看待。

　　之後透過國家職業介紹所，在牛肉品調節的機構找到一份會計的工作。又因為一個市場的獎金沒有給每個人，所以就離開了。我在那裡做了兩個月半。九月去採葡萄一個月，然後又去國家職業介紹所找一份工作，做了六個月機車送貨員，這是我做過最瘋狂的工作，也是最令人無法忍受的工作，一段時間之後你就在機車上完全變得很神經質，好像他們都要你的命一樣，所以我就停止了，我受夠了。

　　失業兩個月後，我又去鐵路局登記，在假期間錄用我，做電子售票（操作員之類）的工作，做了四個月後，因為我想到鄉下過日子，於是就一直留在那裡了。」（G先生，21歲，沒考過高中會考，父親警衛，母親清潔婦。）

參見，C. Mathey, Recherche de travail et temps de chômage, interviews de 50 jeunes travailleurs privés d'emploi, *L'entrée dans la vie active*, Cahiers du Centre d'études de l'emploi, 15, Paris, PUF, 1977, pp.479-658.

為抵抗降級而奮鬥

　　有一個特殊矛盾只在學校教育所構成的再生產模式之中才見得到：就是在統計上學校教育所服務的階級利益和它所犧牲的階級成員的利益之間形成明顯的對立。後者因為沒有獲得其成員應有的正式文憑而有被降級的威脅，成為所謂「一事無成」的人。也別忘記那些文憑持有者有「正常」的權利（亦即文憑和工作之間的關係還保持在起初狀態）進入布爾喬亞職業的行列，並非出身於此階級的人，因為沒有足夠的社會資本而無法讓其學歷文憑充分發揮。文憑的過度生產及其必然貶值的結果，會變成一種結構性的常態。尤其獲得文憑後的機會理論上都相同地提供給所有布爾喬亞的子女（不論是老么或老大，也不論男孩或女孩），但實際上其他階級獲得這些文憑資格卻不斷增

加（就絕對值而言）。於是，有些人為了逃離向下沉淪的命運，選擇回歸其原有的階級軌跡的策略，有些人則選擇延續原本預期但被中斷的軌跡，這些策略就成為當前社會結構轉變最重要的因素。的確，急起直追的個人策略可以讓他們以其繼承關係而來的社會資本來取代學歷文憑的不足，或轉往還不那麼官僚化的社會空間發展（在此社交能力會比學校保證的「能力」更為重要），以讓其僅有的學歷文憑獲得最大的回報。上述個人策略會和所企求的集體策略結合起來，目的在於確保學歷文憑的價值，獲得入學當初所展望的文憑回報。為了促使大量半布爾喬亞（semi-bourgeois）職位的創造，重新定義舊職位或創發新職位，以便讓那些缺乏文憑的「後代」避免向下沉淪，也提供那些持有貶值文憑的暴發戶一個幾乎對等的補償。

社會行動者用來避免文憑增加而造成貶值的策略，主要是針對在某個時間點上，所提供的客觀機會及可實現的期望之間的落差，後者只不過是一個客觀機會的產物而已。此落差在某種局勢及某些社會位置上會表現得特別明顯，經常是一種與個人或集體軌跡沒落所產生的效應，既已如客觀潛力一般銘刻於前一個位置，引導其軌跡到達現在的位置。這時候軌跡中斷的效應會使像父親或祖父曾是綜合工科學校高材生的下一代會變成工程推銷商或精神分析師，或者法學院畢業生，由於缺乏社會資本，變成社區的文化工作者，這些行動者的預期心理，就像被其慣性作用向前拋擲一樣，會在真實的軌跡之上，勾勒一條並不真實或一般意義下所謂想像的理想軌跡。這種深深嵌入其稟賦裡不可能實現的客觀潛力，一種希望的幻滅或承諾的背叛成為以下兩類人共同的命運，儘管他們表面上看起來差異很大：其一是沒有在教育體制中獲得這個階級最可能發展軌跡的布爾喬亞子女；其二是中產或大眾階級的子女，由於缺乏文化和社會資本，而無法獲得他們在另一個市場狀態下可能可以獲得的學歷文憑。這兩種人特別可能傾向

於轉往新的位置發展。

　　那些所謂得以免於向下沉淪者，事實上有可能是打造一些較符合其抱負的新職務（就社會意義而言，即奠基於學歷文憑與工作職缺之間關係的之前狀態），也有可能以重新定義即重新評量的方式，為配合其抱負而調整職務，以便其文憑得以被接受[36]。就算進入了一個職

---

[36] 和某些勞動社會學所暗示的寫實主義和固定論者的形象相反，必須提醒的是一個職位無法被減化成理論上的職位，那些可以被描述成條規、通報、組織圖的就業活動，也不是真實的職位，像是透過觀察在此職位上的真實活動所描述的，甚至也不是兩者之間的關係。的確，不論理論上所定義或是在真實的操作所定義的職位都可能只是職位占有者及其上司，或與其下屬，或與其鄰近的和競爭的職位占有者，甚至是他們（如資深和新進，有學歷和沒學歷的）之間的一種永恆鬥爭的遊戲。有野心的人或一個職位的占有者最好在實際上和／或在權利上重新定義職位，以便只能讓那些具有像他們相同特質的人才能占有此職位（譬如國家行政學院的畢業生和某個學校的畢業生之間，或在中產階級的不同世代護士之間的鬥爭）。

在1962年15到24歲的半技術工人之中只有1.5%有BEPC文憑，0.2%有高中會考資格或高等教育文憑，但是到了1975年相對應的比例則分別有8.2%和1.0%。至於辦公室職員若從1962年開始計算，在最年長者中有相對高比例的文憑持有者，而最高文憑的比例在年輕族群的增加會比年長族群的增加快很多，以至於前者高文憑的比例勝過後者（1962年，15到24歲的職員之中25%持有BEPC文憑，2%有高中會考資格，0.2%有大學或高等學院文憑，相對的在1975年相對應的比例分別是38%，8%和1.7%，同年就最年長族群的相對應比例分別是16%，3.3%和1.4%）。在上述分布裡可以看到除了不同世代之間的同事關係的變化，還應該考慮到由於將那些過去沒有較高文憑的行動者安插到通常是較差職位，而造成工作關係的變化（尤其是自動化或機器化後使得大辦公室的大量職員變成半技術工人）。這一切都不免令人想到兩重標準的反差，對年長的族群似乎非常嚴苛，但是對年輕的卻很輕鬆，無疑的會被當作放任。特別是加上蓄鬍和長髮的組合，波西米亞的傳統形象，表達出世代之間簡單的對立關係以外的東西。

位，因其文憑不同於其他職位的占有者，常會帶入一些，不論就技術的定義或社會的定義而言，不了解狀況的態度、稟賦和要求，也必然造成此職位的一些轉變。其中，若進入職位者持有較高的文憑時，最明顯可見的改變是勞動分工更加細分，主要是因為自主經營的關係，使得部分原本在理論上或實際上由外部職位負責的工作現在都自行負責（令人想到教學或輔導工作的多樣分化）。因此常常在形式和內容上重新定義職業生涯，以配合這些新要求的出現。一切跡象使我們相信職位的重新定義，乃是職位占有者教育特性（乃至於所有相關特性）的改變所造成的結果：一旦職位的技術和社會定義的彈性越大時，重新定義的幅度就越大也越明顯（隨著職等越高，其彈性也越大），社會出身較高的新進人員機會就很大。因為出身高者較不傾向像小布爾喬亞一樣去接受在職業生涯的階梯上注定要慢慢爬，而且前途有限的職位。上述兩種特質無疑的並非沒有關係：的確，不論是因其投資敏感度或擔心無法脫身，使他們會選擇進入那些既存的職位，尤其因其高度透明性而令人詬病的職位。受到向下沉淪威脅的布爾喬亞子女，如果可能的話，會優先轉向較老的行業中職位不明確的部門，或正在形成的新興行業。因此這種創造性重新定義的效應在非常分散和較不專業化的領域，和文化與藝術生產領域最新的部門尤其可見，例如從事文化生產的大型公共或私人企業（電台、電視、市場行銷、廣告或社會科學調查等等），這些職位與職業生涯尚未被較古老的科層化專業所侵蝕，通常是有內定人選（co-optation），也就是說以「關係」或慣習的親近性，而不是學歷文憑（以至於巴黎布爾喬亞的子女比別人更有機會進入譬如那些由文化生產大機構所提供的半學術半專業的職位，並且比別人堅持得更久，勝於一下子直接進入已被明確定義為終身的職業，如教書。他們也比別人較有機會進入需要特定文憑資格的專業並有所成就，像是電影高等研究院或攝影技術學

院，或社會學或心理學大學文憑等，因為這些文憑事實上只不過是為那些已經具備實戰經歷的人，提供名副其實的正式文憑而已）[37]。

　　但是參與文化生產體系的不同範疇的相對比重在過去二十幾年也發生重大的轉變：由於電台和電視台或公私營研究機構（尤其是社會科學）的發展，新的受薪階級生產者的範疇有很明顯的成長，教師職業團體也是如此，尤其是基層教師；但是藝術類職業和法務類職業，亦即知識型的工匠團體卻面臨沒落的命運。這種職業形態的改變，伴隨而來的是組織知識生活新機構（集思會、研究委員會等）以及制度化的溝通新模式（研討會、辯論等）的成長，它們通常也都具有相同的性質：即那些對經濟和政治權力的要求能夠最直接伸屈自如的知識生產者，及那些具有新思考和新表達模式、新題材及對知識勞動和勞動功能有新認知方式的人。這種轉變也可能應該還要加上那些處於知識學徒狀態的學生人口快速成長以及整個半知識職業團體的發展，它們產生的主要效應就是提供某種「知識」生產，這在過去只有「布爾喬亞藝術」才能具有的功能。換句話說，有一批數量龐大的受眾可以正當化專業生產與推廣機構的功能和發展，以及在大學場域和知識場域邊緣出現某種高度普及化的現象，「新哲學」就是其中界線的代表（關於不同社會職業範疇的演變詳見 L. Thévenot, Les catégories sociales en 1975. L'extension du salariat, *Economie et statistique,* n°91, juillet-août 1977, pp.3-31；關於1962年到1975年間，「為企業做的研究與尋詢服務」相關產業規律性的成長〔法律顧問、會計和財務顧問、廣告顧

---

[37] 原本就已經測試過的策略之上又加上或換上新的策略，像直接給予財力補助，某種預支的遺產，或將家庭的社會資本轉換成豪華婚禮，或引導往競爭較不激烈，但經濟、文化或社會資本的報酬率又最高的市場（像過去的殖民地或名校，或沒那麼榮譽如從軍或教會，進入的門檻既非經濟資本也不是文化資本的專業）。

問，建築事務所等〕，不但雇用女性，也提供畢業生重要的出路，參見 P. Trogan, Croissance régulière de l'emploi dans les activités d'études et de conseils, *Economie et statistique*, n°93, oct. 1977, pp.73-80）。

　　然而這種變遷形式最好的場所還是應該到那些都有相同點的職業團體去尋找，即確保由家族最直接傳遞的文化資本能夠獲得最大的回報，像是好的儀態、好的品味和個人魅力。這種團體包括藝術或半藝術、知識或半知識的諮詢服務行業（心理諮商、職業知識的指導、說話矯正、美容諮詢、婚姻諮商、瘦身諮詢等等），教學或類似教學的職業（青年導師、文化活動的策劃者），展演與形象相關行業（導遊、女招待員、藝術導覽、電台和電視主持人、報社駐外人員等）。

　　同時也因為現在公家機關和尤其是私人機構必須維持形象以及送往迎來的工作，這種趨勢不論在程度上及其風格上已完全不同於傳統上總是交給出身支配階級（貴族、古老布爾喬亞）中，社會資本最雄厚且具備維持這種資本不可或缺的社交技巧的男性（外交官、部長幕僚）的任務，因應而生的是女性服務整個職業團體以及強調身體特質的合法市場出現。由於有些女性得以從其魅力在專業上獲利，美貌得以在勞動市場獲得價值，不用置疑，除了諸多衣著和美容規範的改變外，也大大地促成整個工作倫理的改變，同時重新定義女性的合法形象。所以女性雜誌以及所有在定義形象和合宜使用身體的權威機構，都在大力推銷化身為具有辦公室魅力的專業女性形象，根據嚴格的職業生涯規劃而理性地精選和訓練出來的（專門學校、選美等），以便能夠用科層的規範滿足最傳統的女性功能。

　　因此，在社會結構裡職位最沒有明確定義的部門，最有強行成功的機會，以創造出只保留給少數人的專家，尤其像各式各樣的「諮詢員」，其實他們所要求的只不過將某一階級文化能力加以理性化形式

（1966年4月8日《晨曦報》〔*L'Aurore*〕）

可學到「高雅」的學校

夫人，若您認為您先生並非如你所想的是身邊的完美紳士；小姐，若您認為您的未婚夫或追求者不夠講究，可以很有技巧地給他這個地址：彭德街50號。因為在這裡，著名的Lucky模特兒學校校長克萊德．勒列芙（Claude Lelief）剛開了第一間「好品味和法式雅致學校」。

這裡的學員（從18到60歲都有）在10堂1小時半的特殊課程學習如何高貴講究地穿衣（就像卡萊．葛倫〔Gary Grant〕和溫莎公爵一樣，被視為世界上最高雅的男人），如何無懈可擊地應對進退，如何在餐桌上用餐，認識不同花卉和如何送花。

也將會熟練像這個世界的偉人一樣行走和不引人注目地打噴嚏（這方面好像七個人之中只有一個做得到）。總之，這是一間好品味的學校，自以為不可能學習高雅的無誠者莫試。至於她們，在性別上弱勢的代表，則可以學習如何在下車時不會招惹男士們冒失的目光，以及如何有技巧地婉拒一個老闆的太過主動的挑逗。

想讓自己完美的單身漢則還有另一個外加的理由來上這間學校：密謝爾，一個偉大外交官的兒子（他堅持匿名），準備上一堂密集課程，如何勾引並擄獲所有女人芳心。

的操演而已。過去是要建立一批被社會認可的性方面諮詢專家，現在因為志工協會、熱心人士或政治團體的努力推動，使他們逐漸落實成專業化。這是蛻遷過程的典型代表，在其內心滿懷大公無私的信念（此乃一切宗教熱忱的源頭），社會行動者在此過程中滿足其階級範疇的利益，因教育體系的背書，使那些被主流文化排除卻又還能抓住一點文化正當性鴻爪的人，得以產生其階級文化的稀罕性及其需求。從婚姻諮商到瘦身產品的推銷員，所有今日為那些在形象和身體保養提供跨越「實然」與「應然」鴻溝的行業者，若不強加新的身體保養標準和新體態的慣習，就無法很自然而然地為其銷售的產品製造無盡

一個可延長
您女性天職的職業

女接待員，根據杜農（TUNON）先生（此校的創辦人）的說法，是「一位面帶微笑為您服務的年輕女孩或年輕女性」。

難道您從未察覺那些選擇這條路的女性是多親切熱心、和藹可親、愉快生活？

她們的笑容並非「職業笑臉」！

只是一種她們獲得與其欲求及其人格相協調的職業而充滿喜悅和幸福的外顯而已。

因為女接待員，在行使其職業時，首先會使其女性特質加分增值，而延長其女性的天職。

魅力、高貴、高尚、優雅，這些能夠讓一位女接待員獲得職業成就的特質，都是任何女性職業生涯所不可或缺的。選擇女接待員作為職業，就是想要給自己一個平衡和調協的生活。

第二部曲：
如何在不知不覺之中瘦身？

將您身證照片剪下來，貼在這個頭上。然後再看看最後的目標，在節食之後，您會很能忍受饑餓。

的市場，像是為新興布爾喬亞發現自己的三溫暖、體操和滑雪運動，藉此同時創造相應的需求、期待和不滿足。醫生和瘦身專家挾持其科學的權威，以「正常人的身高體重比的對照表」、均衡的飲食習慣或性滿足的模式，加強其「常態」的定義。時裝設計師也以好品味為標準，給予未達模特兒標準的身材者懲罰，廣告也無時無刻不提醒和警告人們身體保養多如牛毛的新規矩（「注意你的體重」等），記者也往自己臉上貼金地在婦女週刊或女性雜誌上暴露自己的生活藝術，給那些他們製造或他們自我創造出來的黃金主管。他們為了往某一動機邁進而彼此競爭，甚至有時候還在競爭之中彼此對立，這些動機他們

運用自如，因為他們永遠不自覺在運用，甚至也不自覺在運用的同時也被利用。也只有如此才能了解那些新興小資階級的出現本身，可以滿足介於新操作的工具類別以及經由自身存在，所決定的古老小布爾喬亞稟賦和位置的轉變之間中介角色的功能。也透過參照到支配模式的轉變才可以了解，引誘取代了壓抑、公關取代了警訓、廣告取代了權威、柔軟的身段取代了強硬的手段，不再灌輸規範而是創造需求，成就了被支配階級的象徵性整合。

教育體制的改變

若將整體的轉變減化成一種文憑通膨和貶值機械的過程，就知道有多麼天真了。事實上，就學人口的大量增加，不論在教育體制裡或外，都造成上述的改變，尤其因為出現在教育體制各個等級的形態轉變，以及傳統運用教育體制的防衛性反應所造成的所有改變而影響這個體系的組織和功能。例如巧妙地操弄學科的等級和有技巧地將沒有前途的工作包裝起來以便模糊對等級的認知。為了說明解釋，我們將中學教育體制區分成兩種狀態：首先是最古老的狀態，不論是機構的組織，所提供的學科和教師，所頒發的文憑都有明顯的分層，界線清楚。小學與中等教育的區分是依據所教授的文化內容、教學的方法和展望的前途等各個面向有系統的差別來決定的（有意思的是這種分層在進入支配階級的門檻後，不但仍然被維持，甚至還被強化，亦即如進入中學後，會有菁英班的設立，C類組理工科與其他之對立。然後到了高等教育時，會有高等專業學院〔或更精確而言權貴學校〕與其他大學之間的差別）。其次是教育體制目前的狀態，大眾和中產階級的子女被大量排除在外已經不再從初中第一年級開始，而是漸漸地在不知不覺之中，在整個初中的階段，以不予承認的方式排除那些學習遲緩的（或學習落後者），像留級，或降級到放牛班科系，這意味

某種標記和污名化的效應，剛好可以使其早點認清其學校與社會的命運。最後，還要頒發不再值錢的文憑[38]。

　　如果初中三年級和職前班級（CPPN）裡不同社經範疇的子女呈現反映出法國勞動人口的整體分布，階級間的差異已經呈現在不同學科的分布上：那些實際上被長期教育所淘汰（即在職前班級或實習班就被留級）的子女比例會依據與社會等級相反的理由而變化，從農場工人的42%或工人和家事服務業的29%，減少到中級主管的4%和高級主管的1%。出身自大眾階級的子女在短期技術學校裡的比例都過低，但是中級主管和職員子女的比例會隨著越往受教年數增加而穩定地增加，從一年的訓練（職業陶冶證書），中間經過學徒預備班（工匠之子人數最多），然後職業適任證書（CAP）的第一年，直到第二級的職業教育證書（BEP）和普遍高中科技類組的第二級，然而工人子女的比例則平行地遞減（支配階級子女的比例少到微不足道）。如果我們進一步來看就可以發現在職業適任證書的層次，中產階級的男孩比較會朝電子業勝於營造業發展，也比別人有較多的選擇；而中產階級的女孩則經常往經濟和財金方向的教育發展，而大眾階級的女孩則在服裝部門的比例最高。或在往上一層次在職業教育證明來看，中產階級的男孩從明顯的比例比較會朝向商業服務部門，但是工人的兒子則大部分會往工業設計發展。因此我們很明顯地置身於一整套等

---

[38] 值得注意的是這種兩個學科專業的區分，——其實嚴格來說，總是有三個，因為有小學後技職準備學校（le primaire supérieur，按：1959年以前的舊制，小學後2（BESP）年加上3年（BS）的加強課程，畢業後通過高中會考資格，可考高等專業學校），還有整個大的行政機構所提供的在職訓練和內部的考試——，為了在另一個層次重建波德羅（Baudelot）和伊斯塔貝（Establet）所發現的那種對立而有消失的傾向，沒有人會想到它的存在，因為正是它構成再生產的教育機制最明顯的表現。

級化的學科叢林之中，從最理論性和最抽象的到最技術性、最實作性的，每一個學科專業都有其自身的等級，但都根據同樣的原則排列：例如像是電子和營造之間的對立（參見F. Oeuvrard，即將出版論文）。到了高中一年級，社會階級出身的差異在比例本身，呈現在學科選擇分布光譜就很明顯了：一端是「菁英班」的C類組理工科，中級主管、高級主管、自由業者和工商業老闆的兒子占了超過一半以上的班級人數，另一邊是特殊的高中一年級，介於短期中學和長期中學之間的「橋接班」，特別保留給一小部分，A類組（文哲）、AB類組（文哲經濟社會）或T類組（技術）等學科，以工人之子的比例最高。補考所強加的貶低效應，以訓練機制表現出來，加上技術性最高的職位因為科技的進步也在轉變，現在要求一小部分的人增加技術的能力，迫使越來越多工人階級的小孩求助於或長或短的技職類教育。尤其是那些出身自這個階級最「有利」群體（技師、技術工人）的小孩，彷彿是保持其位置的條件以及讓他們得以避免落入赤貧負面生涯的唯一方法。

正當舊教育體制強烈地標示界線導致內在化學科區分以更明確地符合社會分工的同時，新教育體制則模糊和混淆分類，以鼓舞或准許那些同樣期待模糊和混淆不清的人（至少針對處在教育空間中間地帶的人），希望以比舊體系較不嚴謹也較不辛苦的方式學習，這其中又以殘酷競爭的國家考試最具代表性，會迫使「想要鴻圖大展的人」適應學校門檻和教育程度。若新體系頒發貶值的文憑給一大部分的教育使用者是真的話（玩弄錯誤的認知，或鼓勵增加相對不可替代和精巧等級化過時的專業科目與文憑），現在就不再需要像舊系統那樣粗暴地強迫他們放棄教育的投資，而是相反的要將被選者和落選者的、讓真文憑和假文憑的等級與界線變得模糊，以便創造一種溫柔的淘汰

和接受的機制。但是新的體制在另一方面卻也有利於建立某些較不現實也較不順從於客觀未來的關係，這些關係在以嚴格分級為基礎的舊體系曾經是很受局限的。新體系千方百計所鼓勵的錯認，想要讓那些被降級的人與其降級自身合作，以高估他們所進去的專業科目，高估其文憑，讓他們以為前途無量，但事實上早已被拒絕，而且同時還要讓他們不輕易接受其文憑與客觀處境的事實。這時候新興或可創新的職位之所以那麼具有吸引力，就因為它模糊且沒有明確定義，在社會空間沒有固定的位置，就像昔日藝術工匠或知識分子工作的方式，經常不提供任何物質或象徵性的標準（沒有升遷、獎金、加薪），讓他們感受並衡量社會時間和社會等級秩序，因此也給人無限期望和操作的空間。他們因此可以避免因為職業從入行到退休都有明確定義的條條規規，突然被強迫離職的命運。這種職位所提供無限定的未來，曾經只保留給藝術家和知識分子的特權，現在成為一種可以不斷更新的緩刑一樣，就像昔日所說的屈就的暫時狀態，像畫家不得不為廣告工作一樣，繼續自以為是「真正」的畫家，還抗議這種唯利是圖的職業不過是暫時的，一旦當他賺足了可以確保其經濟獨立時就會離開[39]。這種妾身未明的行業，節省許多撤資和再投資的工作，就像從哲學家的「志業」轉換成哲學教師的「職業」，從藝術畫家轉變成廣告畫匠或繪畫老師時，省去很多精力，至少可以無限地推遲。因此，我們可以理解為何這些在延遲狀態的行動者總是不斷地在進修（或教育體制延畢的學生），與大型國家考試的運作邏輯背反，與其一次盡早了結，不如永遠停留在畫定的暫時界線，給予一個無止盡可能性開放的

---

[39] M. Griff, Les conflits intérieurs de l'artiste dans une société de masse, *Diogène*, n° 46, 1964, pp. 61-94.我們也可以在馬森‧葛里夫（Mason Griff）的同一篇論文找到非常清楚的描述在廣告業，「商業藝術家」如何強迫其學徒，經常是意圖成為藝術家的人，決定放棄投資於藝術之路，而轉投資於「內部」的場域。

未來[40]。我們也比較可以理解，為何他們要像藝術家一樣，花費那麼多的熱情和精力在年輕活潑的流行和模式，不論就美學或倫理的意義而言，因為這是一種為自己也為別人展現自己終究還沒有結束，還沒到終點。與其在學業與就業、在工作與退休之間做一個全有或全無的突然中斷，取而代之的是以無限小的滑動到不知不覺過渡（令人想到的是所有暫時的職位或兼職的工作，通常是由剛畢業的學生擔任，尤其是許多科學研究或高等教育機構提供的職缺，或是另一種情況，那些漸進式關閉的「前衛」企業所釋出的職位）。一切跡象就好像教育體制與經濟體制的新邏輯都在鼓勵無止盡的延遲最終時刻，而將界線的決定推往無限小的改變。也就是說，最後的成績有時候會以「個人危機」的形式出現。難道還需要多說為了符合客觀機會而獲得的前途期望其實是更巧妙也更狡猾奸詐，但同時風險也更大和不穩定？一個職位現在與未來所表現出來的模糊是一種接受界線的方式，但卻是一種努力去欺騙自己，其實回過來還是在拒斥，或正如我們所言，是以一種信念不堅定又模糊的革命主義方式來拒斥，相對於等待中的想像而言，其原則是一種因為向下沉淪產生怨恨。舊教育體制生產切分明確的社會認同，不會留下太多生存空間給那些在社會上做白日夢的人，但同時對那些即使被要求無條件放棄的人也是令人心口服口服並且有確定感。新教育體制所再現的社會認同及其正當性內含的願景之間結構上的不穩定，則會傾向於歸咎於個人的行動，但事實上是與個人完全無關的移動，亦即會將社會危機和社會批評轉嫁到個人危機與對個人批評。

---

[40] 因此，這種學校體制的過剩產品的一部分，也可以在為管理社會問題和衝突而雇用的工作找到，這些問題和衝突正是由教育「過度生產」所製造出來的，也因此製造出新「需求」（像是在職進修的「需求」）。

競爭與結構的轉移

　　現在我們見識到那些自認可了解「社會變遷」問題的人有多麼天真了。當他們將「新興」、「創新」的職位放在一個社會空間的位置時，不是比這個更高，比那個更低，但總是不在其位，而是放在所有那些「新進」、「邊緣」、「被排除」團體。因為對他們來說最關心的是無論如何都要將「創新」安置在其論述之中，硬將某個階級分類成「保守」或「革新」（甚至都沒有說明在何種關係下），非常有技巧的援引某種倫理的標準，生產出一些社會上有必要的論述，其實除了它所在位置外，幾乎什麼都沒說，因為反而無法觸及最根本的東西，亦即鬥爭的場域，就像一種客觀關係的系統一樣，在此所有位置以及位置的奪取都以彼此的關係來界定，它甚至也支配著試圖改變它的鬥爭。我們只要想像這是一場定義或為維持此定義或重新定義的賽局賭注，我們或多或少就可以完全地了解志在保有、改變或為了保持而做改變之個人或集體策略以及自發或有組織的策略。

　　轉變的策略說穿了只不過是每一個群體努力去維持或改變其社會結構的位置所產生，持續的行動與反應的一個面向而已。或更精確來說，在一個被區分為階級的社會正在演進的階段，在此若想要維持現狀，就只能改變，亦即透過改變來保持。在某些特殊的情況下，但卻經常發生，每一個階級或階級派系會努力獲得更多優勢，亦即占其他階級的便宜以獲得更多好處。客觀而言，這種行為也會再形成改變階級間客觀關係的結構（這種關係可由其屬性的統計分布看得出來）；這些行動會被其他階級為了相同目標的反作用力而抵銷（或用一般的語言是取消）。這種相互對峙行動，在其引發的運動中即相互抵銷，其結果是階級或階級派系之間投注於鬥爭賭注的資產分配結構的整體轉動（進入高等教育的機會就是這個情況，參見本章各圖表）。

表15　不同階級的形態演變及其與教育體系關係的演變

	形態演變率（以1954年為100的基點）	BEPC以上文憑的比例（男性）(%)		受高等教育的機率（%）		16-18歲就學率		
		1962	1968	1961	1965	1954	1962	1968
				1962	1966			
農場工人	53.7	0.8	1.6	0.7	2.7	8.0	23.3	29.7
農場主	65.2	1.6	2.7	3.6	8	7.5	22.5	38.8
工人	122.8	2.0	2.9	1.4	3.4	16.3	26.1	35.4
工商業老闆	89	8.5	11.3	16.4	23.2	30	45.0	51.7
職員／雇員	120.4	14.7	19.2	9.5	16.2	34.9	47.0	54.3
中級主管	168.3	39.9	43.3	29.6	35.4	42.6	71.0	74.6
高級主管自由業主	167.8	69.5	73.4	48.5	58.7	59.3	87.0	90.0

　　我們仔細讀不同階級或階級派系形態演變以及階級或階級派系成員運用教育資源再生產的演變程度之間關係的圖表可以發現：再生產模式尤其初期是立基於經濟資產傳承的團體的總資本量會減少或維持平穩，但會與出身於此團體子女使用教育同時增加，一大部分比例增加是會讓同屬相同社會等級的受薪階級增加。形態上擴張的階級派系成員（中高級主管、辦公室職員），尤其具備豐厚的文化資本，因為大量地有教育資源，所以最能確保其階級再生產，與同等於位居同等位置的獨立範疇的比例，會傾向於在位居社會結構同樣位置的獨立範疇上，幾乎以相同的比率增加其子女的就學率。倒置的相對位置一邊像是商業老闆和雇員和另邊像農業從事者或工人，則必須一方面以這兩個範疇的人被迫密集地使用教育而降低人數來解釋，另一方則是因為其內部結構的轉變（就較小的分布而言）造成這些範疇整體統計特徵的升高（例如在學歷文憑特別明顯）來解釋，或更精確來說，特別會因為其不利的處境所造成的危機而因此消失或必須改行。在上面

圖7 1954-1975年間16-18歲年輕人就學率的變遷

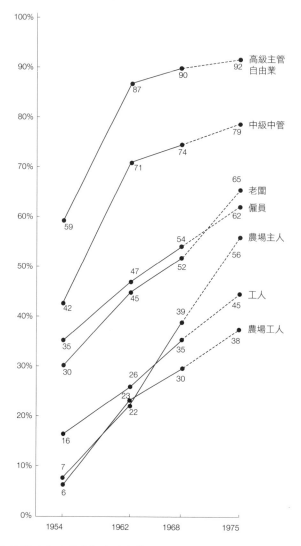

＊虛線表示1975年18歲年輕人的就學。
資料來源：INSEE, *Recensements de la population 1954, 1962, 1968,* Probabilités d'accès
à l'enseignement supérieur. P. Bourdieu, J. C. Passeron, *Les héritiers,* Paris, Ed. de Minuit,
1964, p.15 et P. Bourdieu J. C. Passeron, *La reproduction,* Paris, Ed. de Minuit, p.206; Taux
de scolarisation de 16 à 18 ans, *Données sociales,* INSEE, 1973, p.105（至於1975年的數字
是依據應年人口普查的1/5而計算出來的，tableau SCO 38C）。

表格所顯示的就學率很顯然地高估了，因為統計數據只計算調查家庭的年輕人，而排除獨居或住在宿舍的年輕人，因此會隨著越社會階層往下降而越來越多。各個階層光譜在最近這段時間稍微靠近，似乎說明部分是因為影響最上層範疇的飽和效應，部分也因為統計數據忽略在等級化非常明顯的學科專業之間，不同階級的青少年之分布。從1967-1968學年到1976-1977學年，在公立學校高一生之中，工人之子（在1975年約占17歲年輕人的40.7%）的比例保持穩定（從25.7%到25.9%），但是自由業成員和主管子女的比例在同一時間內則從15.4%增加到16.8%。此外，1976-1977學年的高一生之中有57.6%的高級主管和自由業成員的子女選擇C類組理工科（主流的學科），卻只有20.6%的農場工人之子和23.5%的工人之子選擇C類組。相反的只有9.8%的高級主管和自由業成員子女選擇T類組技術類學科，卻有24.6%的農場工人之子和28.7%的工人之子選擇T類組（參見F. Oeuvrard的前引文章）。相同的趨勢可以在高等教育的層次見到，越來越多大眾階級出身的子女被迫選擇文學院和理學院或較短的技術學院，但是支配階級出身的子女則會往高等專業學院、醫學院以及在學校成績較不理想的情況下，會往商業或管理的學校發展。

在社會科學方面，學術論述不能忽視其自身認知的條件事實上是依賴每一個時期當下社會問題的狀態來決定，這種社會問題本身至少部分又是受此論述的前一狀態的反應所影響。那些以教學理路清楚為藉口，《繼承人》和《再生產》二書中所用的分析以及利用整體研究成果深入分析減化到過度減化的人，至少還想要表達因為過度減化而感到愧疚，和那些不願去理解卻批評他們的人，都有共同之處，除了對簡單真理的熱愛之外，就是無法從關係性上來思考問題。意識形態的固執的確無法解釋像是說出1950年和1960年之間大學「平均入學提高」這種天真的論調（這幾乎是廢話），並據此結論從此布

爾喬亞大學慢慢轉變成由中產階級支配的大學（參見R. Boudon, La crise universitaire française: essai de diagnostic sociologique, *Annales,* 3, mai-juin 1969, pp.747-748）。其實只要一看大學生（尤其是文科和理科）的社會出身在高等教育機構的分布所占的位置，就知道這種被《法國人通病》一書（還沒有獲得應有的肯定）作者高度稱讚的統計分析能解釋的程度。在此提供另一種大大增進認識大學教育真實的證明（參見Alain Peyrefitte, *Le mal français*, Paris, Plon, 1978, *passim* et spécial. pp. 408-409 et pp. 509-511）：文科和理科學院比那些較沒有名或這幾年來不斷成立的商業學校，很明顯地位居高等專業學院支配場域的最底層，甚至更低於今日的最底層，如果我們以其所獲得文憑的經濟與社會回報來衡量的話。它們是一切被降級的人的收容所，且「普及化」（和女性化）的比例特別高，連謹慎的觀測者都非常驚訝。那更不用說以中等教育「普及化」會與在工業郊區像奧貝維埃（Aubervilliers）和聖德尼（Saint Denis）的高職學校的社會結構成比例。若要說有「由中產階級支配」的大學存在，除了有意或無意地操弄大學生人口裡中產階級的樣本比率和很客觀地附著於這些階級進入大學的機會之間混淆外，他還必須將在大學的社會組成的改變與入學機會結構的改變混為一談，前者可能會有很重大的影響，像是在教學溝通方面，因為缺乏舊教育體制下已先決地要求學生能力的增加，而且即使一個團體在人數上是主流多數，但可能在社會上卻被支配。後者的特徵是將每一階級（在某一大學課程的考核水準下）教育存活者除以其出身階級的整體（而不是除以同學的整體）來計算出不同的類別。因此這是一種向上移轉的簡單移動，而不是真正轉變的結構。

類似同位發展（développement homothétique）的過程，似乎也發生在群體之間為了競逐某類既定資產或稀有文憑而努力付出精力，像

是在賽跑時相互追逐，時而超前，時而追上，最後達到平衡。起跑時的差距到終點依舊保持著，亦即在起跑路上最弱勢的團體企圖獲取在社會等級上比他高一等級或在競賽中在其前面的團體所擁有的資產或文憑，此企圖多多少少會在各個等級被占有更好的位置，致力於維持其資產或文憑稀罕性和區判性的團體所抵銷。令人想起16世紀後半英國貴族販賣其頭銜，在貴族內部本身啟動自發性維持原狀機制的和貴族頭銜的貶值：其中最低的頭銜衝擊最大，像是士紳大人（Esquire或Arm），然後是騎士（Knight）頭銜，因為貶值太快了，以至於連最古老的頭銜也必須持續給予壓力以便創造另一個新的頭銜，即准男爵（Baronet）；但是這個新頭銜很快地就填補了騎士與貴族爵位的空隙，而對更高級頭銜的持有者構成威脅，因為其價值與保持某種距離有密切關係[41]。因此，挑戰者以獲得物以稀為貴的頭銜密謀讓持有者滅亡的方策，莫過於讓貴族頭銜貶值，以便以平民的身分將它買下來。至於持有者則繼續客觀地讓挑戰者貶值，不然以某種方式放棄其頭銜，以便追求更稀罕的，不然就在既有頭銜制度裡加大差距，而這種差距又以進入頭銜的資歷論（像是儀態）。然後所有參加此競賽的團體，不論是在那一個等級，因為要與後面一個保持更遠的距離，而威脅與前面一個的差距；或從另一個角度來看，期望在同一個時刻獲得位居前面一個團體所擁有的一切，或認為將來有一天他們也會擁有。

　　最稀罕頭銜（或文憑）的持有者也有可能以某種方式建立名額限制以置身賽局、競賽或競爭之外。一般而言當統計機制不足以「正常地」保障此特權團體的稀罕性時，統計分析無法掌握其低調的效率和真正的邏輯（尤其淘汰的真正標準），就必然會求助於此措施。這時候，某種有意識的保護主義就會取代長久以來保護特權團體利益的放

---

[41] L. Stone, The Inflation of Honours, 1558-1641, *Past and Present,* 14, 1958, pp. 45-70.

任主義，進而要求機構重新發掘在現有機制一直都以低調處理的一切對外表有關的自然要求。為了要對抗過多的人數以保護自己，稀罕文憑和稀有職位的持有者，必須捍衛此職位的定義，但此定義說穿了只不過是在文憑與職位之間稀罕性關係的某一個特定狀態裡占居此一職位者的定義而已。像那些醫生、建築師或大學教授宣稱未來繼位者必須像他們現在一樣，亦即像他們本身必須被留名千古般地銘刻在此一職位的定義上，其所有特徵屬性都是由少數占據者所賦予的（像在篩選時特別強調次要屬性，像高社會地位出身），亦即強迫限制競爭，藉此也限制可能發生的職位改變。

　　勾勒這些團體「雜交」地帶的統計界線，就像柏拉圖在談到存在與非存在之間界線時所言，會挑戰社會分類體系歧視的權力（年輕或年長？城市民或鄉巴佬？窮或富？布爾喬亞或小布爾喬亞？）。名額限制，就歧視性措施所賦予的極致形式而言，提供了斷然切分的鴻溝，不再以彼此間或多或少緊密相連且經常是暗示性的多數標準為基礎的入選和淘汰的篩選原則，取而代之的是一種制度化的操作，因此是有意且有組織的，以一種唯一的標準（不接受女人、猶太人或黑人）為基礎進行隔離和歧視，不會留下任何空間給不小心放錯位置的人。事實上，最層層篩選的團體反而偏好避免使用太粗暴的歧視措施，並累積看似沒有任何標準的魅力，而讓團體成員相信根據個人獨特性而挑選的假象，以保證此團體最大程度的同質性。

　　高級俱樂部為保持其同質性，往往會要求想要進入的人一連串嚴格的考驗，候選人資格申請、推薦信，甚至有時候還需要入會多年的成員充當介紹引介，遴選往往交付給全部成員或入會委員會，會費有時非常高，像布洛涅森林俱樂部（Cercle du bois Boulogne）1973年入會費每人5000法郎；聖克盧高爾夫球俱樂部1975年會費每人9500法

郎，此外還要加上聖克盧俱樂部年費2050法郎。事實上，若以為這些團體是用形式規則抵禦外來入侵那就不得要領了，不見得是為了對抗其他階級，因為他們從一開始就被排除，也不見得是同一階級的其他派系或甚至同一派系中的暴發戶，因為即使有的話也經常用不上，而是用來掩飾其篩選的任意性，或相反，明示的任意武斷，讓人感覺小心翼翼的篩選分寸是難以捉摸的，只為了掩蓋正式的規則而已：「要看客人的臉來決定」，一個俱樂部的會長這麼說；另一個則說「有些俱樂部需要兩個介紹人，大家卻都可以進去；有些也需要兩個介紹人卻很難進去」。此外，還依靠介紹人的分量「平均等待年數是兩到三年，但若有好的介紹人就不用等了」（公司負責人，布洛涅森林俱樂部會員）。同理，儘管會員權利就正式而言並非可以父傳子的繼承，但卻會問想要進入布洛涅森林俱樂部的年輕女孩，其父親或兄長是否是此俱樂部的成員。一切跡象都顯示，儘管他們許多人會公開地組織一種罕見或精選的活動，像是高爾夫球、馬球、打獵、騎馬、射擊、帆船等，但這經常只不過是一種高級俱樂部用以對抗專業俱樂部的藉口，前者的成員往往以具有相同屬性來界定，像是巴黎帆船協會成員都有一艘帆船。他們越會考量一切社會人格，全部持有的社會資本時，就會有越多特權人士加入會員，也越在意去落實利益和價值一致的社群（賽馬俱樂部、布洛涅森林俱樂部或新興俱樂部等）。

　　由於真正的篩選標準只能從外部而來，亦即以客觀化之名事先將減化的和粗糙的拒於門外，因此這類團體只能說服自己使其匯聚的原則必定是因為某種無法解釋的契合，只能在成員團體裡才能獲得。成員互選的神蹟在知識分子團體之中發揮到極致，他們不會那麼天真地棄守最起碼必要的客觀化原則來建立其俱樂部。由於是以其幾乎神祕性的參與權利為傲，這恰恰是界定其參與者的方法，他們詛咒被排除者，但除了非自願地揭發其存在的事實外，卻無法證明為何這些團

體會被排除，甚至不惜在暗地裡大肆攻擊他們，尤其為了指出分隔中選者的那條不可見的界線時。若知識分子團體，尤其是最具名望的都是如此驚人地抵禦〔外在的〕客觀化，這不只是因為必須要成為其中一員才能具體地掌握定其共同成員的機制，也是因為就算已是會員者也很顯然不見得是最適合將它客觀化的人，然而不在其中的人卻總會有風險無法掌握最根本的，並在任何情況下都有嫌疑是因為忌妒才會被排除在外。這也就是為何無法客觀化一個知識分子的鬥爭遊戲的原因，除非將其共同成員本身放在遊戲裡，但同時會冒著被視為荒謬和專制的風險。

　　降級和重新排序之間的辯證邏輯暗示著一整套社會過程，它會強加於涉入團體往同一方向競賽、追求同一個目標和相同的屬性，這些都是由在賽局中排名第一的團體所界定的，因此在定義上，後面的團體是無法達到的，因為不論這些屬性是自然生成或為有而有，都會因其區判性的稀罕性而改變和修改，一旦數量多了和普及化，被較低的階級團體擁有後，就將不再是原本的樣子了。因此，表面上看很矛盾，維持秩序，亦即一整套差距、差別、級等、優位權、得體、專有權、區判和順位的屬性，並藉此維持賦予社會形成其結構的秩序關係，透過其內容性（即非關係性）的屬性的不斷變動中得以確立。這意味著在某一個時間點上既有的秩序是與時間的秩序，先後的秩序密不可分，每個團體在過去都有下一個等級的團體和在未來也會有上一個等級團體（我們現在可以理解演進模式的內在驅力）。相互競爭的團體以其差別區分，就其本質而言，分處於時間的秩序上。因此並非偶然這個系統會創造一種預先借貸的空間：主流支配的強制性是透過競爭性鬥爭來實現的，而使文化傳教的狂熱分子不得不加倍其一切的努力，與受害者共謀來使用溫柔的暴力，在受暴者的召喚下，以解

放使命姿態任意地強迫接受各種需求，因而製造出一種像需求已事前
存在於充分滿足的方法裡一樣的奢望意圖。但這卻與社會秩序對反，
因為後者即使對處於最不利地位的人會都承認他們有各式各樣滿足的
權力，但只不過這種奢望意圖就長期而言，終究只能選擇預先借貸一
途，可以立即享受到所承諾的需求，但必須接受一種未來，它只不過
是停滯不前的現在而已，或仿製品，假奢華車或假奢華假期。然而降
級和重新排序之間的辯證邏輯也意味像一個意識形態的機器一樣運
行，其中保守主義的論述努力加強其影響力，甚至因為失去耐心而被
這種預先借貸推向妒恨，尤其當比較當前和過去的條件時，就會傾向
強加於支配者身上一種只要耐心等待就會擁有的假象，但事實上只能
透過抗爭才會有。只要將階級的差異排列於先後的秩序上，相互競爭
性鬥爭就會建立一種像既定已久的繼承法所規定的方式，在社會秩序
上區分先輩和後輩的差別，因此同時是最專制也最牢不可破，因為除
了等待以外不能做什麼事，有時候要等上一輩子，就像小布爾亞喬直
到退休才能擁有自己的房子，有時候要等上好幾個世代，像那些致力
於將其自身無法實現的軌跡強加到其子女身上的人[42]。還有最不真實也
最曇花一現的是既然我們知道無論如何都會有，那麼就知道在無法抵
抗的演化法則所承諾的等待是什麼。總之，永恆的競爭性鬥爭，不是

---

[42] 還應該分析一切集體和個人延遲的社會後果：遲緩入學（相反於早熟的狀況）並非
只是受教時間縮減的影響而已。這意味一種跟文化較不熟悉，對相關的文化實踐或
商品較不「自在」的關係（這可能會有技術上〔若涉及一部汽車〕和象徵上〔若涉
及一種文化商品〕的後果）；此外還會以一種隱藏的對等形式呈現，相當於純粹和
單純的剝奪，尤其當商品或文化實踐還具有其區判力（當然是以特權性或專屬〔獨
家〕或優先〔首輪〕的擁有有關）時，勝於他所獲得的內在滿足。（服務或商品的
售貨員會想要利用誤認的效應來獲利，操弄這種差距的極大化，例如會逆勢操作，
像是淡季的旅行團，或延宕操作，像提供退流行的服飾或活動，提供以其時間韻律
卻有其完全價值的商品）。

在不同條件下進行，而是條件的差別所造成。

　　了解此運作機制後，就可以發現：1、那些介入教育方針的爭論，不論延續或改變，結構或歷史，再生產或社會生產，都是多麼的無用。其實這些爭論才是阻止我們認識社會矛盾及其抗爭其實並非總是與既存秩序相衝突的真正源頭；2、在「捉對廝殺的思考模式」的相反邏輯以外，延續可能因改變而更獲得保障，結構也可能因變動而延續；3、因為主流支配需求的強制性（就像行銷專業術語中英文的 *in*，就將它進口、適應和強制一樣，英文也稱為 *must*）和能否得到滿足的方法之間的差距必然產生「挫折的期待」，而製造節約的效應以便（透過預先借貸）直接或間接地獲得剩餘的勞動。這種期待並不必然也不會和自動對系統的追隨構成威脅；4、這種結構性的差距和相關性的挫折都是經由移轉而再生產的同樣源頭，而透過生存條件「本質」的轉變而保障了社會位置結構的持久性。這樣也可以了解那些依恃著所謂主要屬性的人會說工人階級的「布爾喬亞化」，和那些站在反駁立場者會指出其順位屬性，他們之間當然都有相同之處，就是忽略了他們所研究的真實會有矛盾的面向，事實上都同屬一個進程的諸多面向。社會結構的再生產只能在競爭性鬥爭之中並透過它才能實現，只會導致分布結構單純的移轉，一旦和被支配階級成員一樣長期捲入分散結構的鬥爭之中，亦即由於人們的行動和反應只能透過外在的效應在統計上概述，在沒有任何交互作用和任何協定的情況下，因此在客觀的條件下，也沒有集體和個人的控制的話，有些人對他人所做的行動，最經常的狀況是會違背行動者集體和個人的利益[43]。這種

---

[43] 這種統計行為進程的局限是一系列恐慌和潰亂的過程所構成的，在此過程裡每一個行動者都會為自己會在一種令人恐怖的效應影響下做出的一些行動而感到擔心（金融恐慌就是一例）。在這種情況下，集體行動，即使是像沒有相關的個人行為的總和，也可能會產生與集體利益悖反或無法還原的集體後果，甚至還會悖反於個人行

階級鬥爭的特定形式之所以會是相互競爭性鬥爭，那是因為被支配階級成員會任憑接受支配者強加於他們的賽局遊戲。這一種整體化的鬥爭，由於從一開始就有缺失，也是一種再生產的鬥爭，因為那些進入這場賽局的人會在他們必然地被擊敗之處爬起再奮鬥，從其恆定的差距可見一斑。只因為參與競賽，他們作為追逐者會默默地認同被追逐獵物的合法性支配。

　　一旦此一競爭（或潰敗）進程的邏輯建立後，就注定讓每一個行動者單獨地對他人的反應效應做出反應，或更精確來說，對其單獨行為的統計集合的結果做出反應來，也注定讓處在大眾狀態的階級注定被其本身的數量及其本身的質量所詛咒，即使今日仍然是歷史學家爭議之處[44]，但我們已經有能力去質問那些中斷彼此相互生成的客觀機會和主觀期待之間辯證關係的條件（經濟危機，在一段經濟擴張後的經濟危機等）。這一切都令人相信有一種發生於客觀機會和依舊停留先前狀態的主觀期待之間的突然脫節，最有可能決定為何被支配階級切斷對支配者人生目標的認同直到默默接受的依戀，因為突然之間不論客觀或主觀都被排擠出競賽之外，並藉此一場真正價值的翻轉才能成為可能。

　　動所要追求的個別利益（這尤其在以下的情況下看得最清楚，對階級未來的悲觀再現形象普遍風行所產生的效應會助長受它所影響階級的沒落，沒落階級的成員會被其許多的行為推向集體沉淪，像是工匠們一邊批評教育體制讓年輕人不願進入該行業，一邊又拚命把孩子送去讀書）。

[44] 參見 L. Stone, Theories of Revolution, *World Poltics,* 18 (2), janv. 1966.

第三章

慣習和生活風格空間

　　只要稍作提醒即可理解圖表所呈現的，不過是以抽象的再現所描繪出的社會空間，就像地圖或鳥瞰圖一樣，是一種經過專業化小心翼翼建構出來的產物。它是以一個常民行動者（包括社會學家及其讀者在其日常生活的行為本身）的整體觀點來看待社會世界的方式。它是將行動者永遠都無法體會的總體位置同時性地並置在一個可以一覽無遺認識全體的視野（此乃其啟發性價值）及其多重關係之中。而這正是日常生活生存的實踐空間極力保持或標示的距離，最親近的可能保持著比陌生人還疏遠的距離。因為這種幾何空間其實是日常生活經驗的多重路徑空間，有其空隙和間斷。然而，此一〔幾何〕空間最大的問題無疑是如何放回到社會空間，畢竟在〔幾何〕空間的行動者（沒人會否定其客觀性）的觀點，還是必須依賴所處的社會位置而定，且經常在此表達出其欲改變或保留此位置的意志。諸多社會科學用來指涉階級的字眼，往往都借自日常生活的用法以表達其觀點，也經常引起爭議，因為每個群體都有其不同觀點。由於社會學家常被其嚮往客觀性的極大衝動所牽引，他們幾乎永遠都會忘記：他們分類的「對象」不只是可被客觀分類的實踐之生產者，同時也是客觀分類的操作方式之生產者，而且這種分類的操作方式本身亦可被分類。社會科學所區分的階級都會導向一個共同根源，就是由行動者生產出來，可被分類的實踐所構成，以及他們對別人的實踐或自己本身的實踐所給予

的評價的可分類實踐。因此，慣習就同時是可客觀被分類實踐的生成原則以及這些實踐的分類系統（*principium divisionis*）。慣習就是在一個可被再現的社會世界裡——即生活風格空間所建構出來的以下兩種能力之間的關係來界定的：可產生可分類實踐與作品的能力以及可分辨並欣賞這些實踐與產物（品味）的能力。

　　事實上構築於經濟和社會條件的直接相關特徵（即共時且歷時地所掌握的資本量和資本組成結構）以及在生活風格世界裡相應位置上相關的區判特徵之間的關係，只能透過將慣習建構成生成的公式，才能變成可理解的關係。因為只有藉此才能同時對可被分類的實踐和產品，以及其本身就已經被分類的判斷力進行解釋，而後者又會使實踐和作品建構成一套區判的符號體系。當我們講到大學教授貴族式的制欲主義或小布爾喬亞的浮誇，不只以其特性來描繪此一團體，更重要的是藉此指出其所有特性的生成原則，以及對其特性和他人特性的評價。慣習是一種內化的需求，有能力轉化成應有的實踐之生成稟賦，以及能夠給予因此生成之實踐某種意義的認知能力。慣習作為一種一般性可移轉的才能稟賦，可超越其直接所學到的限制，有系統又普遍地將固有的需求應用於任何學習的情況：這也就是為何行動者一整套的實踐（或是相似條件下生產出來的行動者之總合）是那麼有系統，都是應用相同（或可互轉換）模式的產物，同時又是那麼有系統地與另一種生活風格的實踐區判開來。

　　由於不同的生存條件會產生不同的慣習——一種經由簡單的移轉到完全不同實踐領域、可被應用之生成模式的系統。不同慣習所生成的實踐會以不同屬性的有系統形構方式呈現，並以差別間距的形式表達客觀地銘刻於生存條件的差異，而被具有認知與欣賞模式的行動者所察覺，這些慣習所生成的實踐是辨識、詮釋和評估相關的特徵，作

圖8

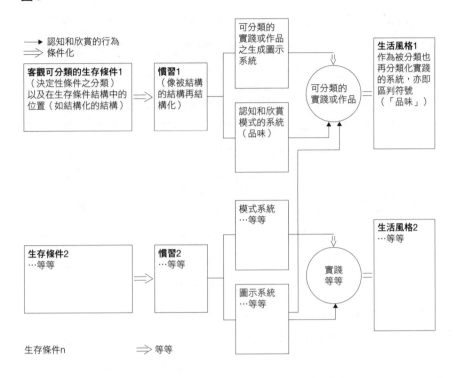

為生活風格來運作所不可或缺的[1]。

　　慣習不只是結構化的結構（structure structurante），會組織實踐和實踐的認知方式；同時也是被結構的結構（structure structurée）：分化階級的邏輯原則會組織社會世界的認知，其本身又是社會階級分化的內在化產物。每一個生存條件都密不可分地由其固有的屬性及此條件系統下因其所處位置而衍生的關係屬性來界定的。這種位置同時又是一種差異的系統，差別的位置——亦即區別所有那些不同的，特別是那些對反的：以差異來確認並界定其社會認同。這意味慣習的稟

---

[1]　生存條件以及實踐或實踐感之間的關係不應該以機械的邏輯來理解，也不應該以意識的邏輯來理解。

賦烙印著所有整個生存條件系統的結構就不可避免了，一如在此結構中所處某一個特定位置的生存條件下所經歷的一樣：任何結構條件最基本的對立（高／低、富／窮等等）都傾向於像實踐和實踐的認知方式基本結構化的原則一樣強加於自己身上。作為有系統地表達其階級條件一切所固有的需求和自由，以及表達在構成其位置差異的一套實踐生成模式的體系，慣習會掌握生存條件的差異，會以被分類也主動分類化的實踐（慣習的產物）之間的差異形式來理解，亦即根據差異化的原則來理解，而此原則本身即是此差異的產物，並會客觀地與階級條件的差異相互協調，因此會讓人感覺非常自然[2]。若要再肯定這一件事，還必須反駁一切機械論的形式：社會世界的日常生活經驗是一種知識，為了反駁諸多「階級意識覺醒」理論所減化的一種意識的自發性生成的假象，就不該忽視其重要性，因為這種第一手知識就是以「誤認」（méconnaissance）為基礎的知識，一種既存於腦中的秩序認可的知識。生活風格因此就是慣習有系統的產物，只能在其相互關係中依照慣習模式才能察覺，並會變成社會上被認可的符號系統（像是「高貴」、「粗俗」等等）。生存條件和慣習之間的辯證關係就像一種煉金術的基礎，可以將資本的分配、力量關係的決算表轉化成可察覺的差異系統以及具有區判力屬性系統，亦即象徵性資本、合法性支配資本的分布系統，以至於其客觀的真實難以辨識。

作為被結構化的產物（*opus operatum*），又同時是一個主動結構

---

[2] 將一個群體區分為階級的觀察者會發現一種也可以在社會實踐找到的相等操作方式。若沒有察覺到，那是因為他將其原有的分類系統或多或少地調整後的形式，作為科學的分類系統（大部分類型學就是如此）。那麼，他可能就沒有任何機會將其分類系統的操作方式真實地提升到意識的層次。就如同與之平行的原有的知識一樣，這種分類系統的操作方式也預設著建立關係、比較，和甚至在社會實體的現場擺放其位置時，事實上都會生產並詮釋出很明顯的區判，總之在象徵性秩序之中擺位置。

化的結構（*modus operandi*），是根據其自身各自的運作邏輯在不同
場域中再轉譯而生產出來的。同一個行動者的任何實踐與所作所為都
是可在任何整合的意圖之外，彼此客觀地相互協調，在任何有意識的
協商之外，與同一個階級的所有成員之實踐和作為相互調和。慣習長
久以來生產出來的實作性隱喻，或用另一種語言來說，就是移轉（驅
動性習慣的移轉只不過是一個特殊的例子），或更好的說法，在某種
特定條件下所強加的系統性位移。譬如說，有制欲傾向的人也總是被
期待表現在儲蓄方面，還會在某種特定情況下以特定使用信用的方式
表現出來。同一個行動者，或更大範圍，同一階級所有行動者的實踐
之間應該會有一種它們之間的風格親近性，使每一個行動者都成為任
何其他人的隱喻，因為它們都是同一個行為模式在不同場域之間相互
移轉的產物。這種慣習的類似性操作最為人熟知的典範就是我們稱之
為「書寫」的稟賦能力，亦即一個人描寫字母的獨特形式，會一直生
產同一個書寫，即字跡，儘管大小不同、載體的質料和顏色不同，紙
張或黑板，原子筆或鉛筆等工具的不同，也不管所動用的肌肉神經的
不同，都會呈現出一種可被立即辨識出的熟悉相似性，就如同一個畫
家或作家的風格與手法的特徵一樣，就像一個人走路的樣子，可以正
確無誤地辨認出來[3]。

　　這種一致性可以在「作業成品」（*opus operatum*）之中見到，因

---

[3] 真正的仿作，普魯斯特給了一個例子，並非再生產最明顯的風格特徵（像以一種滑
　稽或諷刺的手法），而是慣習。此乃里維埃爾（Jacques Rivière）稱之為「心態活動
　的泉源」，他提出非常原創性的論述：「看到每一個作者在處理到一個他沒有經歷
　過的事件時，都『重拾』或全部重做完全同樣的動作就覺得很有趣，因為他們都是
　根據真實生命的經驗來做出反應。心態活動之泉源就在其腦袋中重新亮起的燈光照
　亮下重新找到。」（J. Rivère in Mroust et J. Rivière, *Correspondance, 1914-1922*, Paris:
　Garllimard, 1976, Appendice, p. 326.）

為它就在「作業模式」（*modus operandi*）之中[4]：這可在其整套屬性／財產（propriétés）之中見到。就雙重意義而言：環繞著個人或團體的種種一切，房子、家具、繪畫、書籍、汽車、菸酒、香水、服飾，和用來區判的各種實踐，運動、遊戲、文化休閒。因為這種一致性就在原初綜合而既成的慣習單位中，統合並生成所有實踐的原則。品味，對某一種特定類別的物品或被分類也主動分類化的實踐（物質或象徵意義的）專有化之傾向和態度，就是生活風格原則的生成公式——一組以特定邏輯表達出的區判偏好所聚集的集合，在每一個象徵性次空間，如家具、服飾、語言、體態都有其特定運作邏輯表達出相同的意圖。每一個生活風格的面向都「以其他面向來表示」，用萊布尼茲的話來說，同時也是將它們象徵化。一個手工家具師傅看世界的方式，管理其預算、時間或身體的方式，使用語言和選擇衣服的方式，都全然表現在他一絲不苟、無懈可擊的手藝的工作倫理和為工作而工作的美學，即完成能突顯訂購者是多麼講究又有耐心之產品的美學。

　　屬性系統的完美匹配（其中還要把我們常說的「琴瑟和鳴的夫妻」和喜歡說氣味相投的朋友算進去），就是本源於品味。這是只有一部分被意識到的分類模式系統，而且隨著越往社會等級上升時，生活風格成為韋伯（M. Weber）所說的「生活風格化」的部分就越來越重要。品味其實就是本源於這種所有與一個人有關屬性的相互適應，亦即過去美學會囑咐要彼此提供支援的相互強化：一個人有意或無意間所透露出來的無數訊息會不停地相互加乘也相互確認，因此提供給內行的觀察者一種如同藝術愛好者所獲得、找到對稱物或相對物的喜悅，因為都只是冗餘（redondances）很平均分布的結果。這種冗餘所

---

[4] 為了反駁社會心理學的原子論，他們認為可以打破實踐的單位，建立起自以為可以幫助理解「作業成品」產物的部分「法則」，因此我們旨在建立可以一再製造生產法則的一般法則，即「作業模式」。

造成的過度決定效應會隨著在觀察或測量所強制獨立出來的不同特徵，而越會被強烈地感受到。而且對日常生活的認知而言，它會強烈地相互穿透。每一個實踐所透露出的訊息元素（如對繪畫的評論）一旦被批判了，就會被先前或同時所認知整體特徵效應所唾棄，若它是從可能的特徵衍生而來就會被修正。這也就是為什麼那些將特徵獨立出來的調查，就像是將所說的與說話的方式分開一樣，是將這些特徵從相關聯的特徵系統裡抽離開來。結果就會傾向於在每一個點上縮小階級的差距，尤其是小布爾喬亞和布爾喬亞之間的差距：例如在布爾喬亞生活的日常情境裡，藝術、文學或電影就會司空見慣地以一種沉穩、肯定的口氣來討論，發音舒徐緩慢和漫不經心般、面帶距離和確定的微笑、有節度的手勢、合宜的衣著，並在布爾喬亞的沙龍裡高談闊論著[5]。

　　因此，品味是一種實踐操作的轉換器，能夠將任何事物轉化成有區隔的又有區判力的符號，也將連續的分布轉化成不連續的對立；能夠讓烙印於身體的物質秩序的差異提升到具有顯著區判的象徵性秩序。品味也將客觀可分類的實踐（藉此一個生存條件——透過品味——來表述自己）轉化成主動分類的實踐，亦即，轉化成階級位置的象徵性表述，因為它們只能在其彼此關係之中及其所賴以社會分類的模式才能被察覺。因此它是區判特徵系統的本源，注定要被視為某一個特定階級生存條件的有系統表述來認知，亦即視為區判性的生活風

---

[5] 由於擅長於將其缺陷隨機應變地翻轉成輕蔑的拒絕或漫不經心而搞錯，布爾喬亞尤其會以其駕馭訪問調查情境的能力來自我區隔（這是所有分析結果應該納入考慮的）。駕馭文化賴以運作的社會關係為他們提供了，尤其在能力上分配非常不平均，去適應於某種語言的關係，那種被稱之為在任何情境都懂得上流社會言談的語言（有關電影或旅行的閒談），也預設了一種舌粲蓮花、輕輕略過、掩飾的技藝，以及所有語言學家所辨識出來，使用大量可能的韻腳、所有填充的贅詞、所有審慎小心的句法等，都是布爾喬亞說話的特徵。

格。任何人只要能掌握區判的符號及其在分布上位置之間關係的實用知識，以及客觀屬性的空間以及生活風格一樣客觀的空間之間關係的實用知識，就能察覺到品味的精妙差異。前者是由於科學的建構使它浮上檯面；後者以自身的方式，為了日常生活經驗也經由它而存在。這種分類的系統本身就是社會空間結構內在化的產物，彷彿就像透過在此空間的既定位置上的經驗，在經濟限制的可能與不可能情況下（且傾向於依其自身邏輯再生產），使文化實踐去適應一個階級條件的原有規則之原則。它還會持續地將生活需求轉化成策略，將限制轉化成偏好，並且在任何機械式的決定論之外，產生構成生活風格的整體「選擇」。這種被分類地主動分類的生活風格會在一系列的對立和關聯之中找到其位置，產出其意義，亦即產生其價值[6]。生活需求就是一種美德，分類系統會持續地將生活需求變成美德，使之屈從於可以適應生存條件的「選擇」，而其本身就是它的產物。因此我們可以見到每當社會位置改變之後，生產出其慣習的生存條件不再吻合他現有的生存條件時，在這種情況下，我們最能從品味有效率地分離出需求的品味或奢侈的品味，此非從收入高低來決定他們的文化實踐是否客觀地適應其資源。因為我們擁有所鍾愛之物，是因為我們喜愛我們所擁有的，也就是說，我們自覺在分布上分配位置的屬性，也因此理所當然地認為在這些分類系統裡有權利要求什麼[7]。

---

[6] 經濟理論，通常將經濟行為者視之為可相互換的行動者，很矛盾地在思考問題時排除了經濟能力的可能經濟條件，同時也完全不去真實地理解偏好的系統，如何了解決定主觀、不可比較但又相互獨立的功利問題。

[7] 倫理（學）企圖以普世規範的姿勢，強加某種生活習慣的原則，亦即某一個階級條件的強迫性選擇。這種倫理（學）依舊是一種屈服於命中注定比較委婉的說法，自滿於現況和既有的。此乃倫理（學）和革命意圖之間可明顯感受的二元悖論的基礎。

不同空間之間的同質共構關係

　　一旦將上述所言牢記於心，尤其是慣習的生成模式，僅透過移轉就可以運用到差異最大的不同實踐領域。我們立即可理解：不同社會階級在不同領域相關的實踐或資產，是根據對反關係的結構而組織起來的。此一對反關係在彼此之間又有完美的同質共構（homologique）關係，因為不同生存條件間其客觀的對反關係結構空間本身就是同質共構的。為了避免自以為是，在此僅以幾頁的篇幅展示接下來想要做的事，雖然冒著可能讓讀者見樹不見林的風險，只能非常圖示化地指出組織社會空間的兩大原則是如何支配文化消費空間的結構及其變化，並且更廣泛而言，在所有的生活風格空間中，消費只不過是其中一個面向而已。就文化消費方面而言，主要的對反關係是根據總資本量建立起來的：一邊是被指認為高尚的（distinguées）消費以其稀有性為區判的標準，尤其是對那些不管經濟或和文化資本都充裕的人來說；另一邊則是社會上被視為粗俗的（vulgaires）消費，由於其易於取得又平常，特別是在上述兩方面資本都缺乏的人；然後是位居中間位置的人，其行為實踐注定要顯得自命不凡（prétentieuses），因為其野心和他遇到可能性之間的不一致所造成。從支配者的觀點看來的支配美學，相反於被支配生存條件，其特徵就是混雜著不得已的制欲主義和沒有理由的放縱主義；支配美學中又以藝術品和美學（鑑賞）能力為其最高成就的實現，以自在（aisance）和制欲的組合為特徵，亦即將嚴選的制欲主義視為自我要求，省力、約束、保留，其中最能絕對展現其自信的莫過於在緊繃的情況下，依然顯得輕鬆自在。

　　這種基本的對立結構會隨著不同資本結構而有不同的落實：根據他們擁有資本管道的不同因而形成：一邊是全部或主要由文化資本組成，另一邊則是經濟資本為主。結果使得他們與藝術品的關係也有所

不同，而支配階級中的不同派系也會在其生活風格和透過其物件而選擇非常不同的文化實踐，甚至有時候還非常公開地相互對峙（像是「藝術家」和「布爾喬亞」之間的文化實踐[8]），以至於我們常忘記一件事實，相對於基本需求以及那些依然聽命於此需求的人而言，這只不過是同一種關係的變異而已。他們共同之處即追求主流文化商品以及藉此達到的區判獲利的獨占擁有。在支配階級的對立派系之中，一邊是支配派系的成員，要求高度否定社會世界的藝術，傾向於悠閒和自在的享樂主義美學，以林蔭大道戲劇（Boulevard théâtre）或印象派繪畫為代表；另一邊是被支配派系的成員，部分在本質上就是與制欲主義的美學密不可分，並因為此一事實使他們常會加入所有以純粹和淨化為名的藝術革命，拒斥華麗和任何布爾喬亞品味的裝飾。而且他們也會因為都是同病相憐命運的關係，總是傾向於對社會世界懷著同情的性情，此外也傾向接受社會世界悲觀的意象。

　　若說藝術提供它一個最理想的場地是不證自明的事實，那麼就不會有任何領域的實踐，其意圖不在屈從於淨化、精緻化，將易發衝動和基本需求升華，以獲得自我證成，也就沒有任何領域的「生活的風格化」不會製造出相同的效果，亦即強調形式勝於功能，而造成對功能的否定。就說話方式而言，對反關係會呈現在一邊是大眾階級的直話直說，另一邊是布爾喬亞高度自我檢查的語言；一邊生動誇張有特效般的表達，另一邊則是簡潔有力的克制與節度。精簡省力也同樣出現在肢體語言的使用上：一邊是激動和匆忙，緊張得做鬼臉和動作頻繁，另一邊是舒徐緩慢：「貴族從容的動作和緩緩的掃視」，像尼采所說的[9]，以其節制和無動於衷來標示其高人一等。甚至連最原初的品

---

[8] 「布爾喬亞」在這裡是當作「支配階級中的支配派系」的速記圖來使用，「知識分子」則是以同樣的方式當作「支配階級中的被支配派系」來使用。

[9] 尼采，《權力的意志》（*Der Wille zur Macht*），Stuttgart, Alfred Krôner Verlag, 1964,

味領域也都根據此基本的對反關係架構起來，量與質，淺嘗和大啖，材料和方法，實質與形式之間的對反原則。

形式與實質

在食物消費方面，主要的對反關係大致符合收入的差異，但卻也因此掩蓋了另一個對反關係，就是在中產階級內部一如在支配階級內部，介於文化資本最豐厚與經濟資本最缺乏的派系之間，或資產結構相反的情況下也存在一個次要的對反關係。任何一個觀察者都可看到一個簡明的事實，隨著社會階級越往上升，食物的消費部分就越少，同時食物消費中飽食（Lourde）和油膩易發胖的食物也會減少，並且便宜的食物（像是麵條、馬鈴薯、豆子、五花肉、豬肉等）也會減少（補充資料33），同時酒類消費也減少。但在另一方面精瘦、輕爽（易於消化），不會發胖的食物（牛肉、小牛肉、小羊肉、特別是新鮮的水果和蔬菜等）就會增加[10]。由於偏好的真正原則似乎是由基本需求來決定品味，那些理論將消費視為只不過是收入的純粹功能，那是因為至少就外表來說，若要與基本需求保持距離的話，收入就能提供最主要的貢獻。可是，這種理論無法解釋為什麼同樣收入水準的人，會有完全不同結構的消費：例如工頭或領班儘管他們的收入稍高於上班族，但其品味卻和工人截然不同，而比較接近一個大學教授。

為了要真正理解恩格斯法則只記錄卻沒解釋的差異，必須全盤考

Aph. 943, p. 630。

[10] 香蕉是工人和農業工人的最愛，這是他們每人每年平均消費（分別是2336法郎和2520法郎）大於其他階級的唯一水果，尤其高於高級主管的每人年平均消費（1915法郎），後者卻是消費蘋果最多的一群（3160法郎相對於工人的2100法郎），然而昂貴又高貴的水果：葡萄、水蜜桃、胡桃和榛果主要都是自由業主、工業主和大商人在消費（依水果種類分別是2904法郎、1909法郎和1733法郎，相對於工人對這些水果的年均消費是674法郎、1178法郎和490法郎）。

量社會條件的整體特質，從最早的孩提時期開始、（在統計上）與收入持有的高或低有關的特質，以及造就品味去適應這些條件的本性[11]。真正的差異原則，不論就飲食或其他領域，在於奢侈（或自由）品味和生活需求品味之間的對反關係：前者看似僅涉及個人，但其實是生存的物質條件的產物，以它和基本需求所拉開距離來界定的，以其資本的擁有所保障的自由（或有時候會說是游刃有餘）來界定；後者在其適應本身就已表達了這種品味本身就是各種基本需求的產物。因此可以推論大眾階級對食物的品味就是便宜又最大碗（雙重的誇張說法，更突顯將它減化成純粹的原始功能），以便滿足用最少的成本再生產勞動力的需求，就如同其定義所示的，強加於普羅大眾身上。品味的概念本身就是典型布爾喬亞的想法，因為預設了一種選擇的絕對自由，而品味緊緊地與自由的概念密不可分，以至於幾乎無法想像基本需求品味的矛盾：不然就是簡單、單純地把它廢除，將〔大眾飲食的〕實踐當作經濟基本需求的直接產物（工人吃豆子是因為他們買不起其他東西），而忽視大部分時候基本需求是無法滿足，因為他們不管有什麼品味都會被嫌棄，行動者都得傾全力地滿足此一需求。不然就是認為品味是自由的選擇，忘記生產它的條件化過程，並且因此將（基本）需求的東西簡化成病態或變態的偏好、某種天生的貧乏，作為階級性種族歧視的藉口，總是將大眾和又肥又胖的人、便宜的爛酒、粗劣的木鞋、粗工、放聲大笑、粗俗玩笑、會鑽小徑、黃色笑話關聯在一起。品味因此是命中注定的（*amor fati*）命運的選擇，但也是被迫的選擇、生存條件的產物，排除任何純粹只是夢想的其他可能性，除了需求品味之外別無選擇。

---

[11] 這段文字的所有結論都依據統計局於1972年針對39社會職業類別的不同職位者之家庭消費狀況調查所做的圖表所再次進行分析而來。

其實只要像奢侈品味一樣去描述需求品味[12]（但不可避免地每次都會忘記實踐的管道不同），就可以製造社會空間中兩個極端位置的虛假巧合：不論是就生育力或單身而言（其實，就晚婚亦同），對某些人來說是選擇性奢侈，但對其他人來說則是剝奪的效應。在這方面塔巴爾（Nicle Tabard）針對婦女對工作態度所做了一項分析就是一個例子。對工人階級的女性而言，「工作就是一個比較不那麼令人透不過氣的限制，但隨著丈夫的收入增加就會緩解」；但相反的。對特權階級的女人而言，婦女工作是一種選擇，就像以下的事實可證明：「女性的職業活動並不會隨著地位提高而減少」[13]。應該把這個例子牢記在心，當我們解讀統計數字時，要注意問卷問題的同質性所強加的名目上背後一致隱藏的完全不同的真實，這經常發生於從社會空間的一個極端過渡到另一個極端時：若在某一個情況下職業婦女說支持女性工作，但在另一個情況下可能同樣是工作的職業婦女會說不支持女性工作，那是因為社會上默認所謂可指望的工作，對工人階級的女性，往往指的是那些辛苦的體力且報酬不好的勞動工作，完全無法與布爾喬亞的女人口中所說的工作相提並論。為了讓我們理解本質主義和反生成主義的支配者觀點如何操作的意識形態效應，如何有意或無意地把基本需求的品味（康德所謂「野蠻的品味」）自然化，並將它轉化成自然傾向，只要簡單地將它從其經濟和社會存在的理由分離就足夠了。在此僅援引一個社會心理學家所做過的實驗：同一行為，如捐血，被當作是自願還是被迫的，會隨著這行為是特權階級成員還是大

---

[12] 這裡會說奢侈的品味而不會說自由的品味，以避免可以讓人們忘記自由的品味也是社會需求的產物，只不過這種社會需求是由其「易於得手」（facilités）來界定的，亦即它所能提供與需求拉開的距離。

[13] N. Tabard, *Besoins et aspiraions des familles et des jeunes,* CREDOC et CNAF, s.d. p. 153.

眾階級的成員來完成，其答案會有所不同。[14]

　　基本需求的品味只能生成其生活風格自身，而它又只能由否定、由缺乏、由與其他生活風格之間剝奪的關係來界定。對某些人來說是嚴選的標記，但對其他人來說可能是其身上不可磨滅的污點。「一如獲選子民的額頭會有屬於耶和華的標記，勞動分工也就是資本擁有者給工廠工人烙下的印記。」馬克思所說的印記，不過是生活風格本身，最一無所有的馬上就洩露出來，即使連運用休息時間都是如此。他們不論做什麼都難免成為一切致力於區判的對照組，並以完全負面的方式，為野心抱負和高尚區判之間的相互競逐做出貢獻，這種相互競逐就是品味不斷改變的源頭。既然工人幾乎沒有任何可在學校考試市場上獲得價值的知識或技能，也沒有上流社會所要求的談話能力，他們僅僅會一些在市場上沒什麼價值的技能，真的是一群「不懂得如何生活」的人，成天只為粗俗的食物，最飽食、最粗糙和最會發胖的食物，特別像是麵包、馬鈴薯、油脂和最粗劣的酒。他在衣著和身體保養、化妝和美容上花費也最少，他們「不懂得如何打扮自己」，「總是忙進忙出」，在過度擁擠的營地還要撐起帳棚，或是在國道的路邊野餐，開著雷諾5或Simca 1000的車，在放假的第一天急忙和大家一起去塞車。那些定期參加旅行團的人，其行程乃是文化生產工程師針對他們所大量生產設計的套裝行程。所有這些毫無個性的選擇，只不過反覆證實了階級的種族歧視而已。若是需要的話，這種確認只不過更確定他們是有罪的。

　　飲食的藝術無庸置疑是大眾階級唯一還能公開地和主流生活藝術相對抗的陣地。對反於瘦身節制的新倫理（這是越往社會層級越高層

---

[14] J. W. Thihaut and A.W. Reiken, "Some Determinants and Consequences of the Perception of Social Psychology", *Journal of Personality*, 1956, vol. 24, pp. 113-133.

就越會被認同的），農場工人，尤其是工人，他們則抵制這種美好生活的道德。對他們來說，講究美食、享受生活的人（bon vivant）不只是那種喜歡吃好料和喝好酒的人，而是那種懂得和人維持慷慨又熱絡關係的人，亦即能夠同食共飲來增進的人際關係以及它所象徵的單純和自由。在這場合裡，任何不屑為伍和不願放縱自己的距離感所表現出來的拘謹、約束和保留都完全被摧毀。

64%的高級主管、自由業主和工業主和60%的中級主管和雇員認為「法國人吃太多」。農場工人（他們還不是最認為他們吃的很「正常」，只有54%相對於上層階級的32%）和工人都是最不能接受新文化規範的人（40%和46%）。但相較於男性，這些新的文化規範卻最能獲得女性的認同，比起老年人也較能獲得年輕人的青睞。在飲品方面，只有農場工人明顯地與主流支配意見相反（32%認為「法國人喝得很正常」），可是相較其他範疇的人，工人有時候則會較不那麼接受這種看法。63%的工人（和56%的農民，相對於48%的主管和自由業和工業主）會說他們對喜歡吃好料和喝好酒的人有好感。其他工人嗜好的指標上，他們比較願意在非正統實踐上表達意見，而比較不願意在被迫要去假裝的文化方面。他們會說去餐廳吃飯時會點料理的菜，而不是只有燒烤（這正是高級主管常做的選擇）或他們會同時吃乳酪和甜點（這完全可以理解，以其稀罕性就可知，因為出去餐廳吃飯對他們大部分人而言〔51%的農場工人和44%的工人，相對於6%的上層階級的成員幾乎不曾去過〕是件不得了的大事情，因而與豐盛的想法有關，並將每天日常生活的拮据擺一邊）。在酒類的消費方面也是如此，正當性支配的比重無疑的會更大，大眾階級的成員最不傾向（35%農場工人和46%的工人，相對於55%的上層階級）將准許喝酒的年齡限定在十五歲（補充資料34）。

表16　上班族、工頭(或領班)及技術工人的食物消費結構（補充資料Ⅲ）

	技術工人		工頭或領班		上班族	
每戶平均人數	3.61		3.85		2.95	
每戶平均總支出（法郎）	26981		35311		27376	
每戶食物平均花費（法郎）	10347		12503		9376	
食物花費占總支出比例（%）	38.3		35.3		34.2	
以法郎計的平均花費和占食物總花費的 %	法郎	%	法郎	%	法郎	%
穀物	925	8.9	1054	8.4	789	8.4
• 麵包	464	4.5	512	4.1	349	3.7
• 糕點、餅乾	331	3.2	489	3.5	322	3.4
• 米	27	0.3	28	0.2	24	0.2
• 麵	65	0.6	46	0.4	49	0.5
• 麵粉	37	0.3	27	0.2	45	0.5
蔬菜類	858	8.3	979	7.8	766	8.2
• 馬鈴薯	141	1.4	146	1.2	112	1.2
• 新鮮蔬菜	556	5.4	656	5.2	527	5.6
• 乾蔬菜和罐頭	162	1.6	177	1.4	127	1.3
水果類	515	5.0	642	5.1	518	5.5
• 新鮮水果	248	2.4	329	2.6	278	3.0
• 柑橘類、香焦	202	1.9	229	1.8	177	1.9
• 乾果	65	0.6	86	0.7	62	0.7
家畜肉類	1753	16.9	2176	17.4	1560	16.5
• 牛肉	840	8.1	1086	8.7	801	8.5
• 小牛肉	302	2.9	380	3.0	296	3.1
• 羊和小羊肉	169	1.6	170	1.3	154	1.6
• 馬肉	88	0.8	112	0.9	74	0.8
• 豬肉	354	3.4	428	3.4	235	2.5
熟食肉品、烹調好的食品	893	8.6	1046	8.4	758	8.0
魚類、蝦蟹類、蚌蛤類	268	2.6	330	2.6	280	3.0
家禽類	389	3.7	403	3.2	317	3.4
兔肉、野味	173	1.7	156	1.2	131	1.4
蛋類	164	1.6	184	1.5	146	1.5
奶類	342	3.3	337	2.7	252	2.7
乳酪、優格	631	6.1	700	5.6	521	5.5
油脂類	547	5.3	629	5.0	439	4.7
• 奶油	365	3.5	445	3.5	292	3.1
• 油	149	1.4	146	1.2	125	1.3
• 人造奶油	30	0.3	37	0.3	21	0.2
• 豬油	2	–	–	–	1	–
糖、糖果、可可	345	3.3	402	3.2	290	3.1
酒類	883	8.6	1459	11.7	771	8.2
• 紅／白酒	555	5.4	1017	8.1	466	5.0
• 啤酒	100	1.0	109	0.9	68	0.7
• 蘋果酒	13	–	5	–	8	–
• 餐前酒、蒸餾酒	215	2.1	328	2.6	229	2.4
非酒精類飲料	236	2.3	251	2.0	224	2.4
咖啡、茶	199	1.9	252	2.0	224	2.4
餐廳用餐	506	4.9	583	4.7	572	6.1
食堂用餐	457	4.4	559	4.5	473	5.0
其他	263	2.5	359	2.9	389	4.1

　　在食物方面，標示與大眾階級關係決裂的界線無疑的是在工人和
上班族之間：上班族花費在食物方面，不論絕對值（9377法郎相對
於10347法郎）或相對值（34.2%相對於38.3%）都比一個技術工人
都少，也較少花費於麵包、豬肉、豬肉熟食、牛奶、乳酪、兔肉、家
禽肉、乾蔬菜和肥油等。再仔細看看上班族拮据的消費，在牛肉、小
牛肉、羊肉、小羊肉等肉類的花費比例一樣多，和在魚類、新鮮水果
和開胃菜的花費比例稍稍多一點。這種食物消費結構也會伴隨著在個
人衛生、人身保養（同時為了健康和美麗）和衣著方面花費的增加以
及一點點文化和休閒方面花費稍微的增加而改變。只要稍微仔細觀察
就可以發現，上班族這種食物消費的縮限，尤其針對最世俗、比泥土
還更低賤、最實質性的食物花費會伴隨著節育措施而減少，使我們有
理由相信此乃為了想要徹底地改變與世界的關係：「節制」的品味，
懂得如何犧牲當下食欲和立即快感，以期獲得未來的欲望的滿足。相
對反於大眾階級本能性的物質主義，拒絕在享樂和懲罰、在獲利與成
本之間（例如就健康與美麗而言）做邊沁式利他主義的計算。或應該
說兩種對待世俗食物的態度反應出兩種面對未來的傾向原則，其本身
就已反應了兩種與客觀未來不同因果關係的循環。這與經濟學關於人
類行為的想像相反，後者從不為其「暫時偏好」普世法則公式而退
縮，其實應該注意的反而是，當下欲望之所以會屈服於未來欲望的傾
向端視此一犧牲是否是「合理」而定，亦即在任何情況下，未來獲得
滿足的機會是否大於被犧牲的滿足[15]。在諸多犧牲立即的滿足以獲得未

---

[15] 只須借助博姆—巴維克（Böhm-Bawerk）最好的一個例子即可證明這種本質論分析
　　錯誤：「我們現在必須將人類所經歷的第二現象納入考慮（一個會嚴重地讓結果充
　　滿危險的現象）。那就是我們比較不會對未來的快樂和憂愁而特別關注，只因為它
　　們還在未來，而且我們的關注會隨著這未來機會越遠而越減少。結果使得那我們以
　　為預計會在未來用得上的商品，其價值的邊際效用真正強度會落入近期的未來。

來滿足的傾向之種種經濟條件限制之中，還必須考慮未來滿足是否烙印在當下的生存條件的可能性。雖然不願將其生活屈服於經濟計算之下，這仍然是一種經濟的計算：如享樂主義者日復一日地拚命抓住稀有的當下立即滿足（美好時光）就是一種生活哲學，唯一適合這種哲學的就是那些「沒有未來」和對未來沒有期待的人[16]。現在我們比較能夠理解真正現實的物質主義，尤其表現在和食物之間關係上，其實就是其風俗習慣的關係，甚至是構成大眾倫理最基本的成分之一：活在當下就是想要透過享受美好時光和抓緊僅有的時間來確認其自身的存在，這個本身也就是一種與他人的團結互助關係的確認（且這往往是他們面對未來威脅時當下唯一的保證），但前提是這種暫時的立即主義必須認可並接受其階級條件所帶來的局限。這也就是為什麼小布爾喬亞的節制會被視為一種斷絕關係：克制自己不和別人一起度過快樂時光，對未來有憧憬的小布爾喬亞正好洩露出切斷他與當下共享關係的野心。換句話說就是在家裡或咖啡店喝咖啡的對立，節制與放縱的對立，亦即在個人前途與集體凝聚之間的對立之上構築他整體自我形象。

　　咖啡館不只是供人去喝東西的地方，同時也是結夥去喝一杯的場所，在此建立一種熟悉親密的關係，放下所有陌生人交流時的檢視、常規和禮節。對反於布爾喬亞或小布爾喬亞的咖啡館和餐廳，後者每

因而會有系統地低估對未來的渴望，也低估滿足它的方法。」（E. Böhm-Bawerk, *Capital and Interest*, vol.2, South Holland, IL, 1959, p. 268，引述自 G. J. Stigler 和 G.S. Becher，前引註。）

[16] 可以想像一種與未來的深層關係（這也是其自己本身的關係，當所處在社會階層越高時，就會給予越多的價值）表現在以下的事實上：那些說「死後還會有新生」的人的比例在工人階級很少（15%相對於18%手工藝匠和商人或上班族和中級主管，以及32%的高級主管）（Sofre, Antenne 2, *Les Français et la mort*, octobre, 1977）。

一張桌子形成一個分隔與專屬的世界（我們必須請求允許才能借椅子或鹽罐）。大眾階級的咖啡館是可融入的同伴關係（每一個剛進來的人都會向大家致意：「大夥好！」、「大家早」或「兄弟好」）。所有注意力都集中在吧台，和老闆握手後，把手肘撐在吧台上。老闆因此就是主人（經常是他主導談話內容），他有時候也會和所有在場的熟人握手；而桌子則留給「陌生人」或「女人」，他們為了小孩或打電話進來喝一杯。只有在這種咖啡館才能找到大眾階級最經典的開玩笑藝術，一種什麼都可拿來開玩笑的藝術（這也就是為什麼會用「不開玩笑」或「撇開玩笑話」來表示回到嚴肅的主題上，即使如此還是可以變成另一層次的玩笑），也同時是一種說話或開玩笑的藝術，胖子往往成為最理想開玩笑的受害者，這種人總是被嘲笑的對象，因為根據通俗的符碼，胖子比較是獨特的景致而不是缺陷，一般都會認為胖子個性很好，所以應該可以接受這些玩笑並往好處想。總之一句話，就是嘲笑但又不惹毛別人的藝術。透過儀式化的嘲笑和甚至太超過的冒犯而不再覺得是冒犯，事實上不論開玩笑的內容自由度而言，反而成為他們之間的關心和情感的明證，一種看似貶抑事實上是加持、看似責難事實上是接受的一種方法，儘管也用來測試那些不想要與他們為伍的人。[17]

三種自我區判的方式

奢侈品味與需求品味之間主要的對反關係，表現在有多少對反關係運用在不同領域，就有多少不同方法呈現出與大眾階級及基本需要的區判關係。總而言之就是有多少和基本需求保持距離的能力。因

---

[17] 這並非無益的指出，這種即使箇中高手、善於取悅大眾的藝術，也可能會落入玩笑的諷刺模仿，所說的笑話也可能變成刻板印象、愚蠢或粗魯，即使根據大眾品味的標準來看。

此，為了方便起見，我們在支配階級中區分出三種消費結構，分布於
三個主要面向：食物、文化和自我形象以及再現的花費（衣著、美容
保養、化妝品、人身服務）。這些消費結構會在大學教授和工商業主
之間以完全倒置的形式呈現，一如他們之間的資本結構（見表17）：
當食物消費異常高的人（超過37%的預算），文化花費就會很低，自
我形象花費則趨中等。大學教授整體平均花費都較低：其食物花費非
常少（相對而言低於工人）、自我形象的花費也不多（其中花費最多
的就是健康），但在文化方面（書籍、表演、運動、遊戲、音樂以及
收音機和錄音機）的花費則非常高。與上述兩者（大學教授和工商業
主）對反的是自由業主〔按：醫生、律師、會計師和建築師等〕，他
們的食物花費所占預算比重和大學教授相當（24.4%），但總金額差
別卻很大（57122法郎相對於40884法郎），而在自我形象的花費遠遠
超過所有其他的派系，尤其加上人身服務就特別明顯。但其文化花費
則又少於大學教授（或工程師和高級主管，處在大學教授和自由業主
之間，幾乎所有的消費都比較接近自由業主）。

　　我們可以進一步更精確地描述此差別系統，近看食物消費是如何
分布的。在這方面，工商業主明顯地區隔於自由業主，更不用說大學
教授，因為其穀類食物（特別是糕點類）、酒類和醃製肉類（如鵝肝

表17　大學教授、自由業主和工商業主的消費結構（補充資料III）

	大學教授		自由業主		工商業主	
	法郎	%	法郎	%	法郎	%
飲食*	9969	24.4	13956	24.2	16578	37.4
形象**	4912	12.0	12680	22.2	5616	12.7
文化***	1753	4.3	1298	2.3	574	1.3

*飲食：包括在餐廳和食堂用餐。
**形象：衣著、鞋子、修補、清洗、化妝品、理髮、居家服務。
***文化：書籍、報紙、文具、唱片、運動、玩具、音樂、看戲。

表18　支配階級不同派系之間的食物消費結構（補充資料三）

	大學教授		高級主管		自由業主		工程師		工商業主	
每戶平均人數	3.11		3.6		3.5		3.6		3.6	
每戶平均總支出（法郎）	40844		52156		57122		49822		44339	
每戶食物平均花費（法郎）	9969		13158		13956		12666		16578	
食物花費占總支出比例（%）	24.4		25.2		24.4		25.4		37.4	
以法郎計算的平均花費和占食物總花費的 %	法郎	%	法郎	%	法郎	%	法郎	%	法郎	%
穀物	865	8.7	993	7.5	1011	7.2	951	7.5	1535	9.2
• 麵包	322	3.2	347	2.6	326	2.3	312	2.5	454	2.5
• 糕點、餅乾	452	4.5	552	4.1	548	4.0	539	4.2	989	5.6
• 米	16	0.2	27	0.2	33	0.2	28	0.2	29	0.1
• 麵	35	0.3	32	0.2	62	0.4	41	0.3	33	0.1
• 麵粉	40	0.4	35	0.2	41	0.3	31	0.2	28	0.1
蔬菜類	766	7.7	1015	7.7	1100	7.9	899	7.1	1222	7.4
• 馬鈴薯	81	0.8	94	0.7	95	0.7	98	0.7	152	0.8
• 新鮮蔬菜	555	5.6	729	5.5	811	5.8	647	5.1	915	5.1
• 乾蔬菜和罐頭	131	1.3	191	1.4	216	1.5	154	1.2	153	0.8
水果類	632	6.3	871	6.6	990	7.2	864	6.8	877	5.2
• 新鮮水果	295	2.9	405	3.1	586	4.2	424	3.3	547	3.1
• 柑橘類、香焦	236	2.4	343	2.6	303	2.2	324	2.5	256	1.4
• 乾果	102	1.0	122	0.9	98	0.7	116	0.9	73	0.4
家畜肉類	1556	15.6	2358	18.0	2552	18.3	2073	16.4	2323	14.0
• 牛肉	814	8.1	1291	9.8	1212	8.7	1144	9.0	1273	7.2
• 小牛肉	335	3.4	452	3.4	630	4.5	402	3.1	377	2.3
• 羊和小羊肉	156	1.6	315	2.3	438	3.2	242	1.9	390	2.2
• 馬肉	31	0.3	49	0.3	31	0.2	·37	0.3	94	0.5
• 豬肉	221	2.2	251	1.7	239	1.7	247	1.9	187	1.3
熟食肉品	634	6.3	741	5.6	774	5.5	705	5.6	812	4.9
醃製肉品	336	3.4	350	2.6	233	1.7	310	2.4	1362	8.0
魚類、蝦蟹類、蚌蛤類	336	3.4	503	3.8	719	5.1	396	3.1	588	3.5
家禽類	235	2.3	311	2.4	399	2.8	310	2.4	333	2.0
兔肉、野味	36	0.3	97	0.7	148	1.1	89	0.7	289	1.7
蛋類	149	1.4	172	1.3	190	1.4	178	1.4	185	1.1
奶類	299	3.0	271	2.0	249	1.8	287	2.3	309	1.9
乳酪、優格	692	6.9	776	5.9	843	6.0	785	6.1	1090	6.5
油脂類	399	4.0	564	4.3	525	3.8	504	4.0	551	3.3
• 奶油	320	3.2	408	3.1	379	2.7	371	2.9	405	2.4
• 油	66	0.6	136	1.0	132	1.0	103	0.8	112	0.6
• 人造奶油	12	0.1	17	0.1	12	0.1	29	0.2	19	0.1
• 豬油	1	–	2	–	1	–	1	–	13	0.1
糖、糖果、可可	304	3.0	395	3.0	265	1.9	327	2.6	407	2.4
酒類	711	7.1	1365	10.3	1329	9.5	937	7.4	2218	13.4
• 紅／白酒	457	4.6	869	6.6	899	6.4	392	3.1	1881	11.8
• 啤酒	82	0.8	91	0.7	40	0.3	184	1.4	93	0.5
• 蘋果酒	13	0.1	12	–	–	–	8	–	5	–
• 餐前酒、蒸餾酒	157	1.6	391	3.0	389	2.8	352	2.8	237	1.4
非酒精類飲料	344	3.4	342	2.6	267	1.9	295	2.3	327	2.0
咖啡、茶	152	1.5	215	1.5	291	2.1	178	1.4	298	1.8
餐廳用餐	829	8.3	1863	13.0	1562	11.2	1372	10.8	1179	7.1
食堂用餐	745	7.5	562	4.0	221	1.6	773	6.1	299	1.8
其他	264	2.6	379	2.7	258	1.8	432	3.4	324	1.9

醬）、野味的比重相當的高，但花費在新鮮肉類和新鮮蔬果上的比例則相對的低。大學教授在食物消費的結構幾乎和辦公室的上班族一樣，比起其他派系，他們大部分花費在麵包、牛奶、甜食、果醬、非酒類的飲料，而酒和烈酒類向來都很少。還有昂貴的產品消費上也明顯地少於自由業主，尤其是最昂貴的羊肉和小羊肉、新鮮水果和蔬菜。至於自由業主則是以昂貴產品的消費來突顯自己，特別是肉類（占18.3%的食物消費），尤其又以其中最貴的（小羊肉和羊肉）、新鮮水果和蔬菜、魚類和蝦蟹類和乳酪與餐前酒[18]。

因此，從工人階級到工商業老闆，中間經過工頭或領班、手工匠和小店商，經濟拮据的局限就越來越小，但消費選擇的基本原則卻是不變：對立的兩端分別建立在貧窮和（新進）富有、餬口（la bouffe）和大餐（la grande bouffe）之間，食物消費越來越豐盛（亦即同時在費用和卡路里量上），口味也越來越重（野味、鵝肝醬）。相反的，自由業主或高級主管則建立在否定大眾口味，和油膩、重口味和粗糙的對立，並轉向清淡、精美和精緻。經濟限制的解除，伴隨而來的粗糙和肥胖的社會檢禁的強化，以增進區判效果和苗條曲線。稀有和高貴的食物則向傳統廚藝傾斜，以貴重食材為主（新鮮蔬菜、肉類等）。最後是大學教授，文化資本高但經濟資本低，在任何領域都會表現其制欲式的消費，傾向尋找原創、但節省經濟成本的食物，而轉向異國料理（義大利菜、中華料理等）和大眾的廚藝料理（農夫吃的菜），似乎有意識地對反於（新進）富人和太豐盛的食物，排斥「大食客」的消費者和推銷員——那些有時被稱為「腦滿腸肥／粗俗」（gros）的人，身體肥胖氣質粗魯，只因為他們具有經濟能力，能對

---

[18] 在中產階級內部，這些對反關係反而非常不明顯，即使我們可以在一邊是小學教師和辦公室上班族，另一邊是小店家之間的對立找到許多不同的同質共構關係。

生活風格依舊非常接近的大眾階級之消費展現其傲慢，而不論在經濟和文化方面，都被視之為「粗俗」[19]的人。

　　當然，我們無法將飲食消費從整個生活風格獨立出來，尤其僅能從消費的產品來掌握。因為菜餚方面的品味（其中食材為最，統計字數能掌握的不確定程度無法給我們一個較接近的圖像），透過烹調準備的方式，會與整個家庭經濟和性別分工的所有形象再現密切相關。例如小火慢燉的菜（蔬菜燉牛肉、白酒奶油燉肉、燜肉）要求投注大量的時間和心血，往往與傳統觀念裡婦女的角色有關。因此在這方面，介於大眾階級和支配階級中被支配派系之間的對立特別明顯，對於後者的女性而言，工作勞動具有很高的市場價值（也很清楚敏感到其價值），當她有空閒的時間會優先去照顧小孩，傳遞文化資本，並傾向於質疑傳統男女的分工模式。她們會尋求經濟又省時的料理方式，尋求配合輕淡且卡路里低的食品，選擇燒烤和生食（現成的混合沙拉）。也傾向使用冷凍食品及其調理，優格、甜的乳製品以及諸多對反於大眾階級菜餚的選擇，其中最典型的就是蔬菜燉牛肉（pot-au-feu），用便宜的牛肉小火慢燉做成，相對於燒烤是較低階的料理方式，因為只要求更多的時間。這也難怪此料理方式最能象徵婦女狀況和男女性別分工的狀況，以至於有時候會稱為全心為家庭奉獻的家庭主婦為「蔬菜燉牛肉」，就像在吃晚飯前穿上拖鞋，象徵男人的補充角色[20]。

---

[19] 對外國餐廳的偏好，義大利、中國、日本餐廳以及一小部分的俄國餐廳，會隨著社會階層上升而增加（唯一例外的是西班牙餐廳，必定是與其較大眾的觀光形式有關，隨著社會階層越往下就越多的人選擇。而北非國家的餐廳則較多中級主管選擇）（補充資料34）。

[20] 傳統上扮演被藝術家唾棄的「市儈」形象的工商業小老闆，最常（60%）每天在吃晚飯前都穿著拖鞋，但是自由業主或高級主管則最傾向拒斥這種小布爾喬亞的象徵（35%說從來沒做過）。至於女工和農婦，她們尤其是以強烈地消費拖鞋來自我區

　　工人階級在家裡花最多的時間和精力在烹調上：69%的受訪者說喜歡做大餐，相對於59%的中級主管、52%的小商人、51%的高級主管、工業和自由業主（補充資料14bis）。其他性別分工差異的間接指標還有：大學教授和高級主管似乎認為洗碗機和洗衣機比較重要，而自由業主和工商業主則認為電視與汽車比較重要（補充資料3）。最後當訪問要求在七道菜中，選擇兩道最喜歡的菜時，農場工人和工人，就像在所有其他範疇的人一樣，第一選擇都是羊後腿。他們也表現出最多傾向（45%和34%，相對於28%的上班族、20%的高級主管和19%的小老闆）選擇蔬菜燉牛肉（農業從事者幾乎是唯一會選擇豬肚香腸〔andouillette〕，因為他們之中有14%的人會選擇，相對於4%的工人、上班族、中級主管、3%的高級主管、0%的小老闆）。工人和小老闆也會選擇紅酒燉雞（coq au vin）（50%和48%），典型想要表現出高貴的中等小餐館都會做的菜，毫無疑問是與「出外」到餐廳吃飯的想法有關（相對於42%的上班族、39%的高級主管和37%的農場工人）。主管、自由業的成員和老闆無法在菜餚之撰擇呈現相對明顯的區隔，因為對他們來說這個菜單選擇太少了。這個菜單也同時相對的「清淡」，也象徵性地帶有小布爾喬亞日常生活常規的印記，如普羅旺斯魚湯（bouillabaisse）（31%相對於22%的上班族、17%的小老闆、10%的工人、7%的農場工人）。同時魚類和肉類（尤其是醃酸菜〔choucroute〕和卡酥萊砂鍋〔cassoulet〕的肉品）之間的對反關係明顯地是因為地方菜區和觀光的色彩而使選擇的人加倍（補充資料14）。當然，由於資料不精確，在此我們無法掌握不同派系之間的差異，相信其第二層次對反關係的效應以及觀察到的傾向無疑的會更明

判，無疑見證與身體、打扮和化妝的所有關係，這意味退縮在家裡和家庭生活（我們知道例如工匠或商人和工人的太太們最常會說她們在其衣著的選擇，往往取決於是能取悅其丈夫）。

顯，譬如若能將大學教授獨立出來，或若菜餚的清單能根據社會學直
接相關的面向有更多樣變化的話。

　　飲食的品味亦端視每一個階級對其身體以及食物對身體的效應而
定，亦即食物對身體效應的評估是為了體力、健康還是美麗。對一階
級的某些人來說可能是重要的，但對另一個階級的人來說可能是完全

圖9　食物消費空間

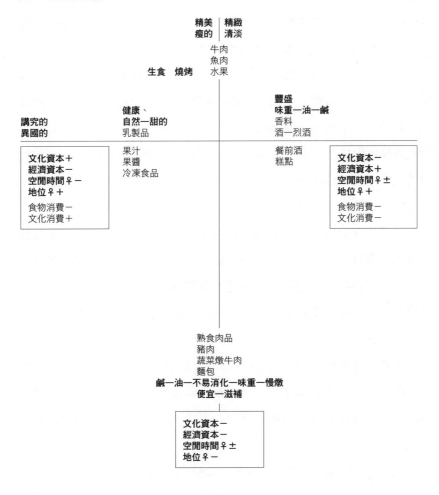

被忽視的，不同社會階級的人對不同效應也會建立其完全不同的等級次序。因此大眾階級會比較重視（男性）身體的體力勝於體形，而追求便宜又大碗的食物；自由業主則傾向偏好美味可口又對健康有益，清淡不會發胖的食物。一旦文化教養變成天性，亦即內化成為身體的一部分（incorporée），階級就會形塑身體，品味也因此對階級的身體付出貢獻。內化的分類原則統攝著所有內化的形式，不論是生理和心理而言，它選擇也修改身體所有吃下去的、消化的和吸收的。然後，身體也是階級品味最無可爭議的客觀化成果，這種客觀化以幾種方式表現出來。首先就看似最自然的外表，亦即體型（大小、身高、體重等）和體型（圓或方型、僵硬或柔軟、挺直或彎曲等），可見的形態，表現出千百種與身體之間的關係，亦即對待身體的方式、照顧身體的方式、滋養身體的方式、保養身體的方式，這些都洩露出身體最深沉的慣習。事實上，透過食物消費方面的偏好（它是最能在其產生的社會條件中持久不變，就像在其他領域裡還有口音或步伐）[21]，當然也透過在工作和休閒時的身體運用（這兩者相互關聯）方式，而決定了身體的屬性在不同階級之間的分布。

　　所謂飲食合度之社會定義乃經斡旋而建立起來的。它不只是被觀看身體形態幾近有意識的再現──此形態是經過許可的，尤其像胖與瘦──同時也是更深層的整個身體運作的模式，特別是在吃飯時使用身體的方式，才是真正選擇某種食物的原則。譬如說，對大眾階級來說，魚肉不適合男人吃，不只是像人們所說清淡的食物吃不飽，或是因為基於健康的理由而準備──即給病人和小孩吃的食物──更是因為魚肉和水果（香蕉除外）一樣屬於難搞的東西，男人的大手無法操作。面對這種情況男人和小孩沒有兩樣（女人必須在母親的位置，

---

[21] 這也就是為什麼身體意味的不只是位置，也同時是軌跡。

就像所有類似的情況，負責準備好魚放在盤子上或把梨削好）。這完全違背具有男子氣概的吃法，即克制、小口的吃、細嚼慢嚥、用嘴巴前面、牙齒的盡頭來吃（因為有魚刺）。事實上，所有男性的認同，即被稱為男子氣概的東西，其實涉及這兩種吃法的對立：不是只用前唇輕咬小塊、像女人一樣，小口小口地吃，不然就張嘴大口，大快朵頤的吃法，像個男人一樣。正如同說話的方式（幾乎也是完美的同質共構）也有兩種：用嘴巴前端還是整個嘴巴深處的喉嚨（根據其他地方已經提過介於嘴巴〔bouche〕和嘴臉〔gueule〕之間的對反關係，前者像是櫻桃小口、緊閉小嘴、朱唇；後者像是難看的嘴臉、大叫一聲，叱責，還有「不鳥那張嘴臉」）。這種對反關係在每一個身體的運用都可見到，尤其是看起來最不起眼的動作。就這個意義而言，就像口訣一樣，沉澱出一個團體最深層的價值和最基本的信念。最簡單的例證就是用面紙擤鼻涕，要求小心翼翼地擤著鼻子，不能太用力擦拭，只能在鼻尖輕輕地擤；另一邊則用大手帕就可以用大呼一口氣，大聲地緊閉雙眼用力，滿手包住鼻子，用力擤。笑也是同樣的方式，相反於有節制的笑是開懷大笑，全身震動，鼻子變形，嘴巴大開，而且要深深的換氣（「笑得折成兩半」）彷彿一種無法再克制的經驗無限擴大一樣，這種笑法的重點在於必須分享笑聲，清楚地展現給別人知道你的快樂。男性身體的實用哲學就像是某種力量一樣，大而有力、強烈，強迫又突然的巨大需求，這在男人的每一個姿勢都可獲得證實，尤其是在吃飯的時候。這種身體哲學也同時表現在依男女性別差異原則的食物分配上，不論在實踐或論述上，男女雙方都會認同。照此分工原則，男人吃得多也喝得多，以及較強烈的食物，才符合其形象。因此，喝餐前酒時男人可以倒兩次（若是節慶時又更多次）而且是用中杯子裝滿滿一大杯（Ricard或Pernod兩種酒的暢銷可能大部分是因為它同時是強烈又大量的酒，不是用小酒杯喝的），而留下那

幹哪一行就有哪一種體態

小零嘴（餅乾、花生等）給小孩和女人。她們也只用餐前酒廠商（她
們還交換食譜）所提供的小杯子喝酒（「因為要小心看緊雙腿」）。同
樣的，在吃前菜時，熟食肉比較是給男人吃的，乳酪也是，味道越濃
烈，越是男人吃的；然而生菜則是女人吃的，像是沙拉菜，這些都是
可以一再端上來又常是鋪在盤底的裝飾。肉就不一樣了，營養飽食最

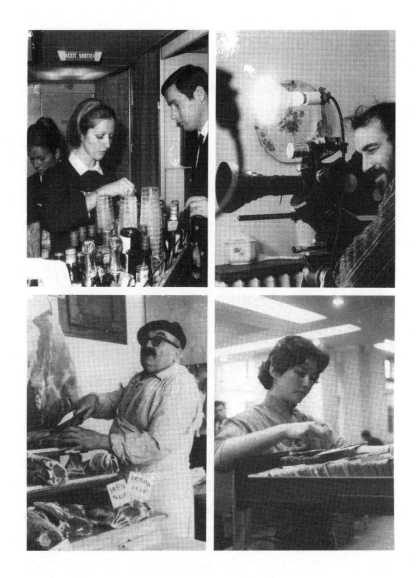

理想的食物，味道強烈也讓人有體力、活力、血氣和健壯，是典型男
人的菜餚，且常常要吃兩盤，但女人則只吃一小塊肉。這並不意味她
們自我剝奪，亦即不想吃其他人都需要的東西，尤其是男人，肉食動
物的天性，因而她會很有尊嚴地不會把它當作是一種剝奪。此外，
她們也不會有男人食物的口味，因為當女人大量吸收後往往被視為

有害其健康（譬如「吃太多肉會熱血沸騰」，變得孔武有力，長痘痘等），而引起她們的反感。

單純生理上的差異會因保持身體的差異而加劇，並且象徵性地被強化，特別是維持身體一舉手一投足的行為舉止的方式，因為這表達了所有與社會世界的關係。除此之外還要加上一切對身體可調整的部分有意志的矯正，特別是一切美容的作用（造型、化妝、大鬍子、八字鬍、鬢毛等）和服飾，這些可能需要經濟財力和文化能力投資的，都可成為一種社會標記表現在區判符號體系裡位置的意義和價值，而這體系本身又和社會地位的位置是同質共構的。作為符號承載者的身體同時也是符號的生產者，這些符號是在與身體的關係之中可認知的實體所烙印的。因此，可以透過說話時張嘴的方式及聲調來展現男子氣概的價值，而左右大眾階級整個說話的方式。身體也是社會的產物，一個人「個性」唯一可感覺到的呈現，因此會普遍被當作深層本性最自然的一種表達。因而沒有所謂「純粹」身體的符號，膚色和嘴唇的厚度，或鬼臉的形構，一如臉型或嘴型，都立刻被當作一個人「氣質」面相的指標來解讀，並賦予社會特徵，即「粗俗」或「高尚」，自然而然地「天然」或自然而然地「有教養」。這種構成身體認知的符號正是文化生產的產品，但又要看似出於本然一樣，以便在不同文化程度（即距離自然的遠近）下，製造出與不同群體之間區判的效果。吾人稱之「風度」（tenue）者，不過保持身體以及呈現它的主流支配方式，會同時被認為是一種精神的風度，以及一種放縱的指標，若放任其身體「自然」的外表的話，就是自棄於隨便而有罪的明證。

因此，勾勒階級身體的空間，細緻到看似生理的偶然，就試圖再生產社會空間的結構的特定邏輯。因此，此非偶然身體的特質往往是透過社會分類體系來掌握的，後者無法單獨從不同屬性的社會階級分

布拿出來談，因為現行的分類會以等級排列的方式，將最經常在支配階級身上看到的特質對反於最經常在被支配階級身上見到的特質[22]。藉此一身體本身的社會形象，每個行動者必須從一開始就注意經營其身體主觀的形象及身體習慣，它因此是經由社會分類系統的運用而獲得的，其原則與其所運作的社會產物的原則是一致的。於是身體很有可能被嚴格地依照比例反應出其擁有者在其他基本屬性分布結構位置的價值。但是由於相對於社會傳承的邏輯，身體遺傳的邏輯有其自立性，有時候在其他方面都看似缺乏的人可能在身體特質上可能具有最稀罕的特徵，像是美麗（有時候人們會以「致命」稱之，因為她會威脅等級次序），或相反的生理的意外有時會使他們失去成為「大人物」地位的身體特質，如高大或美麗。

不拘小節還是無恥？

因此，很清楚地可以看到食物方面的品味無法把它從世界的關係的其他面向獨立出來，而是在與他人的關係、與身體本身的關係，每個階級在這些面向實現其實用哲學。為了證明其間的關係，必須有系統地比較大眾階級與布爾喬亞的儀態，對比他們處理食物、上菜、呈現、招待的餐桌禮儀，因為這些遠比直接涉及的食材本身的性質（尤其就像大部分消費的研究一樣忽略了質的差異）更有啟發意義。但這卻是難度更高的分析，因為無法真正的理解每一種生活風格，除非將它放在與其他生活風格的關係中來理解，後者往往作為客觀和主觀的否定項，以至於行為舉止的意義會根據彼此之間所領會的觀點不同而顛倒過來從支持變成對抗，而且即使使用同樣的字詞來指稱（譬如儀

---

[22] 這意思是說運用於認知身體的分類方式（胖／瘦，強／弱，大／小等等）永遠總是任意武斷（在不同的經濟與社會脈絡下，女性的美可能是胖的，也可能是瘦的）但又有其必要性，即根據在某一社會秩序的特定原由。

態／方法）也會有大眾階級或布爾喬亞意義的不同。

　　可以想見若忽視上述所有問卷形式的調查結果，可能因為一直都是字詞的替換而已，就很可能會導致誤解。那麼當我把目標設定在收集字詞的評價或設定在激起對某些字詞的反應時就更有理由了（像類似「倫理測試」，請受訪者選擇同一個關於朋友、衣著或理想的居家設計的形容詞清單）。在這種情況下所記錄的答案都會是相對於刺激，在名目辨識（即清單所提供的字詞）以外，真正地界定出來的，會依據其所認知的真實而變化，因此有實作的效力，我們所指的效力是根據（首先是社會階級的）變異原則本身來衡量的（這會造成兩個對反階級完全沒有意義的交集）。某一個群體全心投注於共同的字詞上表達其社會認同（即其差異），以各種方法和其他群體對立。這些看似中立的字詞，不論日常生活或實作性的字詞，樸素、適切、功能、好笑、精緻、親密、高貴等都因而彼此相互分化，這些字詞如果不是不同階級給予的不同意義，不然就是保有同樣的意義，但卻賦予所指稱的事物相反的價值：像是「講究」（soigné）一詞，由於它被用來說那些精細、完美的品味，或有一點太過注意外表，而無疑的對那些排斥這種行為的人來說就會令人想起一般所認知的小布爾喬亞生活裡太狹猥和小氣的嚴謹風格。或是像「好笑」（drôle），其社會意涵會與說話的聲調有關，一種社會上突出的發音方式，比較布爾喬亞或裝腔作勢的人，因此會被大眾階級拿來指稱其他同義字，但與其要表達的價值相反，卻依舊清晰可辨，像是笑到爆、笑死人、愛搞笑。或還有「樸素」（sobre）一詞，常用於服飾或居家布置，可能會根據用來表示小工匠小心和防衛性的美學策略、還是大學教授美學化的制欲主義、抑或古老的大布爾喬亞低調奢華的品味有迥然不同的意義。可見想要建立一套各個階級通用的倫理原則的一切嘗試注定是行不通

的，除非有系統地想要像所有「普世」道德或宗教所做的一樣，操縱語言成為同時不同階級、是共同的，但又在不同特定使用時，甚至對峙的情況下，可能有不同或甚至相反的意義。

　　對大眾階級來說，說到大口吃飯就像說話有話直說一樣。對他們來說，吃飯就是要量多豐盛（這意味著沒有禁制和限制），尤其是自由自在。會做「量多」又「彈性很大」的菜，像是有湯或有醬汁的，麵類或馬鈴薯（幾乎都是配蔬菜吃），不是用大勺就是用大湯匙來挖，避免太小氣地打量或算計，對反於一切要用切的，像烤肉[23]。這種給人豐盛的感受，是任何特殊場合的通則，而且在可能的範圍內，總是會給男人的盤子裝兩次滿滿的（這種特權在男孩進入成年身分時可以看到）。交換的條件往往是在平日省吃儉用，女人尤其如此（兩人分一份或只吃前夜剩下的菜），從小女孩進入女人身分時就要開始自我節制。吃得多吃得好（也喝得多）是男人身分的一部分，且他們會特別*強調*「不要剩下」的原則，拒斥任何類似的可能。星期天當女人總是站著忙進忙出，忙著端盤子、收碗筷和洗碗時，男人則依舊繼續坐著吃喝。這種（與性別或年齡有關的）社會地位的明顯差異並不必然會有實際操作的分工（像布爾喬亞家裡的餐廳和配膳室，後者是僕人和有時候小孩子吃飯的地方），而傾向忽略所有用餐秩序的嚴格區分，因此幾乎什麼都可以擺在桌上同時吃（這樣也可少走幾步路），結果女人都已經吃到甜點了，小孩把盤子端在電視機前，這時候男人則剛吃完主菜，遲到的「男孩」則正在大口喝湯。這種用餐的自由可能被視為混亂或放肆沒規矩，其實有其功能：首先是節省勞動力才故

---

[23] 也可以同樣方式將喝的碗和杯對立起來：前者可以一次裝很多，兩手捧著不拘小節地喝，後者只倒一點以便再倒（「再來一點咖啡嗎？」），只能用兩隻手指拿，用小前嘴小口的吃（因此區判或「回歸」的玩意使得「木碗」變成一種反文化的象徵）。

意如此安排，由於男人不參與家務勞動，不只是女人不要他們參與，因為男人做家事有失面子，因此任何能節省「費用」的方式都好。就像喝咖啡時，會用旁邊的人遞過來的小湯匙，甩一甩後去「攪拌他的糖」。但是這種省力原則只有在自己人或自覺是自家人，覺得在家裡的場合才行得通，並且明確地排除任何惺惺作態：譬如為了少洗幾個小盤子，會在包裝盒上大砍昂貴的蛋糕（只是開笑玩的說法，但也表明「有何不可」的踰越），而受邀的鄰居也同樣以一塊紙片將就地吃（他會表示盤子實在不需要），以證明他們之間*很熟*。同理，上不同道菜時也不換盤子。喝湯的湯匙用麵包擦一擦就可以用到底。女主人當然會要求「換盤子」，一手拉開自己的椅子，另一手已經伸向鄰座的盤子，但大家都會叫說：「反正都會吃進肚子」。若是她繼續堅持的話，就會被說成愛現她的盤子（若真的有人剛好剛送給她，那麼大家都會同意），不然會認為她把客人當外人看待，就像有時候應付不速之客或白吃白喝的人會不顧其抗議地換盤子來保持距離。這時就不會用開玩笑，而是用訓斥小孩行為舉止的口吻（客人會說「就讓他們做吧，他們一定可以做到」，父母則會回答說「是讓他們知道該有規矩的時候了」）。之所以會准這些「放肆行為」的共同根源無疑是一種不要強迫自己，從各種限制和約束解放的感覺，尤其不在吃的方面限制，因為這是最原始需求的補償，也是在家庭生活的最核心處，當到處時時刻刻都必須屈就於基本需求的限制時，這是唯一自由的避難所。

　　相對於大眾階級的「大口吃飯」，布爾喬亞則關注用餐的形式。用餐的形式首先是節奏，這暗示了等待、延遲和矜持，從來不會餓得撲向食物，一定是等到最後一個食客都服務到了才開始吃，也低調地再自取第二盤。小心翼翼地按照應有秩序吃，同時上的菜也有其分別的秩序，烤肉和魚，乳酪和甜點是彼此互斥：譬如上甜點時，一定

會先撤掉所有在桌上的東西，甚至連鹽都不留，麵包屑也要掃乾淨。不只是餐桌禮儀，連日常生活也都要遵守嚴謹的規矩（每天一早起床都要刮鬍子並穿上像樣的衣服，不只是為了要「出門」而已），嚴格區分居家和外出，日常生活及其以外（就大眾階級而言，是與做節日的打扮有關）的方式，不只是因為有外人（僕人或客人）出現在居家和熟悉的世界內部的緣故。事實上，這是一種秩序、矜持和拘謹有關的慣習的表達方式，否則就有失身分。與食物（其實就是原始需求與快感）的關係，只不過是布爾喬亞對待世界關係的一個面向而已：因為立即或延宕、容易或困難、實質與功能或形式之間的對立關係，其實是以一種非常明顯的方式表現出所有實際的美學化及一切美學形式的源頭。對緊迫的食欲強加以一切形式和所有形式主義，所要求（或反覆灌輸）的，不只是一種透過塑造形式，以一種溫和、間接和不知不覺的檢禁（和粗暴的剝奪迥然不同），有紀律消費食物的能耐，這種能耐稟賦本身也是生活藝術的一部分，因為依照各個形式吃飯也是尊崇主人和女主人的一種方式，尊重嚴謹的用餐秩序也就尊重其悉心的照料與勞動。這同時也顯現出一種與動物性本能的整體關係，與原始需求和不知節制放縱自己的粗俗之關係。也是一種對食物消費中的基本功能及其意義的否定方式，亦即將用餐轉變成一種社會儀式，以一種對倫理的矜持和美學的精緻的肯定，對最根本的共同通俗的否定方式。呈現和消費食物的方式、餐桌排列和餐盤擺置的方式、嚴格地遵守上菜順序和擺放的位置只為視覺的享受，甚至菜餚呈現的方式依其形式和顏色的排列組合，把它當作藝術品勝於只可食用的物質而已。其他還有餐桌的禮儀要求控制姿勢和儀態、服務自己和服侍他們的方式、使用不同食器的方式、入坐的安排、全部都必須遵守嚴謹但又美化的等級次序，也要檢禁身體發出的任何飲食的自然反應（像是聲音）或吃的行為（如急促就食）、吃的東西的精緻表現在質勝於量

（不論酒或菜）。這一切都是風格化的遊戲，也就是將重點從實質和功能轉移到形式和儀態，並藉此否定消費行為和消費物品中粗鄙的物質性真實，或同時也說明放縱自己於食物消費的立即性滿足之物質性低賤與粗俗，此乃最感官（aisthesis）、最單純的形式[24]。

　　我們將一份內容非常豐富關於待客之道的調查研究主要成果製成一個綱要式表格，它足以確證並進一步說明上述的分析。在此表格裡，首先看到的是工人階級，不論即興或有計畫邀請的人僅限於家人或那些可「被視為自家人」的熟悉世界，因為和他們在一起「覺得像家人一樣」，至於關係就其字義而言，指的是在工作上，在職場有助益的人際關係，往往出現在中產階級的層次，這尤其是支配階級的現象。上述這種自由自在的明證之一，就是會邀人在家裡喝杯咖啡，或只吃個甜點或只喝點餐前酒（然而在社會空間的另一個極端，則是邀請來喝茶、吃午餐或晚餐，或邀去餐廳）。若說即興邀請偏好僅限於來喝餐前酒或咖啡，那是因為不希望「只做一半」，並以「好好準備」才算是看得起對方，而不要用「將就之道」（就像女性週刊常教的）招待，好像為了節省精力，用自助式或只有一道菜[25]。進一步分析招待飯菜的內容的話就更能看清楚這種拒絕假裝的態度（尤其不希

---

[24] 其實注重形式也就是一種否認社會世界及社會關係之現實的方式。就如同拒斥大眾階級食物方面的「功能主義」，或拒絕大眾階級總是勢利地將社會交換視為交易行為（譬如面對某個人的好意或給予幫忙，為讓自己不覺得有任何負擔任何幻滅，會說「她知道有一天我會回報」）。為了排除任何糾纏著社會關係的計算想法，我們只能在接到禮物時看到一種「純粹」友情、尊崇、情感的見證，以及一樣「純正」的慷慨及其精神價值。

[25] 在整個分析的過程中，必須注意收斂趨勢比差距還重要，後者不管如何最後都會因為支配階級被分化成不同派系而極小化，他們尤其是食物方面的品味會依對反的方向而變異。

表19　接待方式的變異（補充資料43）

會接待那些不請自來的人	工人	上班族 中級主管	主管 工業主 自由業主
• 親近家人	**51.7**	34.7	32.5
• 親密朋友	20.9	**35.9**	33.2
• 兒時朋友	2.9	3.4	**8.3**
• 同事關係	1.9	3.1	**4.2**
會接待那些預先告知的人			
• 親近家人	**41.2**	33.1	30.2
• 同事關係	2.6	8.4	**18.9**
經常邀請來			
• 喝咖啡	**49.2**	48.4	38.2
• 吃甜點	23.7	**24.7**	15.1
• 用晚餐	51.3	67.8	**70.2**
會即興邀請來			
• 喝餐前酒	**52.8**	46.3	39.2
• 吃飯	23.9	31.9	**40.0**
即興邀請時最重要的是			
• 菜好吃	**10.1**	5.9	9.4
• 夠吃	**33.6**	28.4	26.0
• 不會無聊	33.4	46.6	**47.9**
喜歡給客人			
• 自助餐或一盤菜	19.4	25.3	**26.1**
• 真正的套餐	**77.2**	71.6	70.9
宴客時，（一直或經常）都用			
• 銀器	27.8	40.7	**61.5**
• 水晶杯	29.3	49.7	**57.3**
• 瓷盤	39.6	46.3	**60.0**
• 一般杯子	**84.8**	56.5	55.4
• 陶盤	**60.6**	55.9	54.8
喜歡什麼樣的客人			
• 優雅	10.8	15.9	**30.6**
• 穿著輕鬆	**79.7**	70.9	58.5
• 自行入坐	29.7	31.3	**46.0**
• 喜歡	**65.7**	63.1	46.8
主人安排坐位			
• 分開夫婦	22.8	35.0	**50.6**
• 不分開夫婦	26.0	**38.4**	26.0
接受小孩（中等年紀，至少學齡）來			
• 用餐	6.5	7.5	**8.8**
• 參加晚會	10.9	11.9	**12.9**
• 談話中	12.0	**12.2**	12.1
接受客人贈送			
• 花	41.8	56.3	**68.3**
• 甜點	**24.6**	16.6	9.8
• 酒	**18.6**	16.9	14.0
當有客人時喜歡			
• 有氣氛的音樂	48.1	56.6	**57.7**
• 看電視	**14.4**	4.7	4.2
• 吃完飯唱歌	**64.9**	55.3	45.3
• 玩遊戲	**66.4**	59.7	50.9

此表以下列方式閱讀：57.1%工人會接待不請自來的親近家人，20.9%的工人會接待不請自來的親密朋友；34.7%的上班族和中級主管會接待不請自來的親近家人，35.9%的上班族和中級主管會接待不請自來的親密朋友等等。每一個問題的百分比可能低於或高於100，因為受訪者可以複選（每一個問題的）選項或完全不選。我們以黑體字表示每一條線下最強的趨勢。

望客人沒吃飽或菜沒煮成功，其次也不希望他們覺得無聊）。對工人來說，一餐飯菜就必須要有真正構成一頓飯的所有要件，從餐前酒到甜點一個都不能少（但是其他階級則比較可以接受「省略」前餐、沙拉或甜點）[26]。由於相對於形式比較重視實質，使得他們即便有「省略」的情形，也比較是形式方面，那些不重要、純粹象徵性的儀態、姿勢的簡化。所以只要菜特別好吃，就不用管那麼多餐桌擺設是否很一般：此儀式性評論最喜歡的主題。不管客人是否依序入坐或衣冠楚楚，也不管孩子是不是坐在一起，只要不打擾大人的談話就好。也不管信什麼宗教，都一起看電視，然後在飯後高歌一曲或一起玩牌（再一次，其功能很清楚可辨），「我們是來這裡玩的」，來這裡就是要來尋開心的，也動用各種方法，喝酒、遊戲、笑話等，即狂歡。實質勝於形式，也表現在對形式主義的拒絕否認，像是拜訪時伴手的禮物。以送花為例，就有點太容易，有點太藝術了，為藝術而藝術（常會開玩笑說「這又不能吃」），而都退而求其次，換作比較實在吃的東西，酒或甜點，後者是「永遠受歡迎」的禮物，而且不論以請客所需花費的現實觀點還是可以和大家共同分享的名義，都可以大方不客氣地收受或贈送。

在這種實質與形式對立關係的基礎之上，我們還可以再生產出一切看待食物與飲食行為兩種對峙的對反關係：一邊宣稱食物的物質性真實，養活生命給予身體力量（因此偏好飽食、油膩和味重的食物，其中豬肉尤其是典範，又油又鹹，完全是魚肉的對反，沒有油水、清淡，淡而無味）；另一邊是給予形式（如身體的曲線）優位性，而將

---

[26] 他們跳過魚類的菜實屬例外，因為隨著越往社會階層的高處爬就頻繁，對比目魚和鮭魚的差距尤其明顯，因為這些都是與奢侈想法有關的魚類，而對柯林魚（Colin）和淡水魚的差距則相對而不明顯。

實質和力量的追求擱置於次要地位，並且認同一種依據自我要求的規則精選的制欲主義才達到的真正自由。總而言之，這代表兩種對峙的世界觀，兩個不同的世界，兩種再現人類卓越形象的方式：實質（或物質）的，即所有內容豐富的，不只是第一層意義的飽食也同時是真實；相對反的是所有外表的，虛有其表的，總之是所有我們會說純粹象徵性的。是真實和假冒、擬仿、粉飾的東西，是不起眼的小酒館裡，大理石桌和紙製桌餐布，去吃真材實料的一頓飯，而不是去花俏的大餐廳裡，吃飯還要為其裝潢花錢，是本質對抗外表，本性（「他本性如此」）、自然的、簡單（不拘俗套、不拘小節、不講儀式）對抗擺架子、驕態和矯揉造作的儀態和姿態。這一切只不過是真實物的代替品，亦即真誠、真情、所感覺到的並付諸行動的。坦率真話和赤誠開懷才是真正的好漢、正直、耿介、誠懇、直爽，一條直腸子的人。相對立的是一切純粹的形式，所有只不過是做做樣子的（或嘴巴說說）和口頭的客氣（太過有禮而不真誠）。是自在及對繁複的拒斥，對抗的是對形式的尊崇，且一眼就看出不過是區判和權力的工具。就這種道德和世界觀而言，沒有所謂中位的觀點：對某些人來說是無恥、放肆，在其他人看來則是不作態和野心勃勃。因此，隨和對有些人來說是認可絕對的最高形式、拉近所有距離、推心置腹的信任、一種平起平坐的關係，對小心不要太過隨和的其他人來說，則是太自由而變得舉止不當。

　　大眾階級的現實主義使其將文化實踐減化為功能的真實，做我們能做的，也做自己本來的樣子（「我就是這樣子」、「不要講些有的沒有的」、「就這樣子」），還有實用的物質主義傾向於檢禁其情感的表達或以暴力或粗話來表達情緒，兩者幾乎是美學否定最完美的悖反，因為美學否定其實是一種本質性的虛偽（就像色情和情色藝術之間的對立關係一樣顯而易懂）。虛假的面具首先看重的是形式，其功能主

要就只是讓人做了就好像沒有做一樣。

可見與不可見

　　然而在飲食方面，正當大眾階級站在實質和本質的一邊時，布爾喬亞以拒絕區分內與外、在自家和為他人、日常生活和日常以外的方式，已經從內到外，從居家到公共，從本質到外觀，在衣著方面注入了形式和外表的範疇。大眾階級對飲食的倒置關係也可在衣著方面見到：大眾階級著重本質，而中產階級對外表的關注則是其反轉整個世界觀的明證。大眾階級把衣服當作是現實的使用，或如果你要的話也可說是功能主義的使用，相對於形式而偏好實質，若硬要說的話，錢花得值得的，會選擇那些「會用得上」的東西。而忽略布爾喬亞所關心的，大眾階級在居家生活時，這個自在的場所（女人）整天穿圍裙和拖鞋，（男人）袒胸露臂或只穿內衣，很少區分為了被看見的外衣和不可見或隱藏的內衣。相反的，中產階級，至少在外出和工作場合（那些中產階級的女人經常出入的地方）就會開始擔心其衣著或美容的外貌。

　　儘管可獲得的資料有限，我們在男人衣著方面（從購物的統計數字上，比女性衣著更明顯可見）可發現在飲食方面所觀察到的主要對反關係，在此空間的第一個面向中，分界線當然還是在

於上班族和工人之間的區分，尤其表現在灰色或白色的襯衫和藍色的工作服之間，皮鞋和較輕鬆的便鞋、布鞋或球鞋之間（更不用說上班族比工人更會購買3.5倍的睡衣）。男性購買服飾的整體增加，不論質或量上，都可以用以下的對立關係來概括：高級主管特有的整套西裝以及明顯標示農民和工人的藍色工作服（除了工匠外，在其他群體都看不到）之間的對立；或大衣（比女性大衣罕見，卻在高級主管身上常見）以及農人或工人常穿的夾克或皮衣夾克之間的對立；中間的有中級主管他們幾乎不再穿工作服，但經常買西裝。

在女性服飾方面，不論那一個範疇（除了農婦和農場工人外）都比男性花更多的錢買衣服（尤其是年輕幹部和高級主管，自由業或其他高收入的範疇），越往社會階層上升購買的量就越多，尤其在套裝和禮服（昂貴的項目）上的花費差距最大，但在連身裙、裙子和外套的花費差距較小。我們也發現越往社會階層上升就越多的大衣，越往下就越多的「萬用的」防水風衣（Impéméable）。類似於男性的是大衣和夾克之間的對立關係，對大眾階級來說，工作服和圍裙是一種做家事時的工作服，因此社會階級越往下降就越明顯增加（相反的是睡衣，幾乎在鄉下和工人世界見不到）。

就年均購買量而言，工人階級購買手帕、內衣、內褲的量和購買襪子、短襪、Polo衫和毛線衫的量一樣多，並且購買這些產品的量也都比其他階級多，但睡衣（像睡袍一樣，這是典型布爾喬亞的衣著）和襯衫總是購買得少。至於女性，階級的差異表現在內衣方面，比較是價格上，而非量上（連身裙、長睡衣、長筒襪、絲襪和手帕則相反）。但是相反的在上衣的購買，不論是價格或數量都隨著社會階層往上而增加。

至於橫向的對反關係則比較難掌握，因為有關家戶生活條件的

調查能夠提供細類變異研究的只能到較粗略的職業範疇而已。但我
們還是可以發現，在支配階級內部，除了在內衣的花費上幾乎沒有
差別，整體而言在服飾方面不同派系之間的花費，從大學教授為其
職位花最少錢，不論絕對價值或相對價值（每年1523法郎，或收入
的3.7%），然後工商業主（收入的4.5%）、高級主管和工程師（收入
的5.7%和6.1%），最後才是自由業的成員（每年4361法郎，或收入
的7.6%）會有規律性的增加。這種願意花費在自我形象工具上的價
格的差異（鞋子的消費和服飾的消費的變異是相同的）可在其生成法
則裡找到運作原則，將特殊的生活風格翻轉為階級條件和職位特徵的
必要性和方便性。例如花費在人際關係生活的空間和價格（對大學教
授來說都最起碼的少，似乎和小布爾喬亞很像，但是在自由業者或商
務大布爾喬亞則願意做最大的花費，這在統計上並不孤立）都被視為
累積社會資本的機會。然而我們無法完全了解每一個生活風格在特定
領域所表現的特定形式，除非能獲得相關物品品質的細部描述，衣料
（譬如英國人會把蘇格蘭粗呢和「鄉村紳士」關聯在一起）、色澤、
剪裁，才能掌握所使用的分類方式以及有意或無意間想要表達的意圖
（「年輕」或「經典」，「運動休閒」或「盛裝」）。不管如何都不免讓
人認為越遠離支配階級的中心時，穿著打扮就越年輕，越接近時則越
正式（亦即低調、嚴肅、經典）[27]。若是在社會資歷上年輕，亦即在派
系的空間上越接近被支配的那一端，或／和職場空間的新興產業（新
興職業），也就越會在意所有新型的穿著（單一性別的少女或少年流

---

[27] 這在男性的穿著尤其明顯，而女性衣著的對反關係則以完全不同的形式呈現，因為
性別的勞動分工在支配階級的被支配派系和支配派系之間會以非常不同的面貌出
現，前者的性別勞動分工往往被減化為最低，後者由於女性被排除在經濟責任之
外，可能被指派去扮演「年輕」和「藝術」的角色，眾所皆知在藝術世界和商業世
界之間的中介角色向來都是布爾喬亞的女人和貴族（及其沙龍）的女人來充當。

行服飾、牛仔褲、運動衫等），此乃對所謂盛裝的穿著限制和慣例的拒斥而定義的。

　　不同階級給予自我形象的關注和帶給他們的利益，以及是否自覺在這方面所投注的時間、精力，在這方面默認的犧牲和照顧，都與他們所合理地期待的物質與象徵性利潤的機會成正比。更精確來說，端視其身體的外表是否能在勞動市場使其工作表現和專業關係加分（程度會隨著不同行業而有變化），也端視進入此一市場的不同機會和市場的那一個部門美貌和衣著會發揮最大的專業價值。就美容方面的投資傾向和從中獲得利益的機會之間的對應關係而言，第一個明證就是對所有身體的保養上，都可以將女人區分為有工作或沒工作的差別（還應該根據工作性質和工作場所再細分）。在此邏輯下，我們可以理解由於大眾階級的女人進入專業職位的機會少很多，尤其進入身體美容都被嚴格要求遵從支配階級標準的行業，當然就會比其他階級較不在意美貌的「商品」價值，也就相對的較少花費財力、精力、時間的犧牲，投注在身體的修飾上。小布爾喬亞的女人則截然不同，尤其是以展示和公關形象相關行業的新興小布爾喬亞的女人，經常被迫穿著套裝（tenu），在諸多的功能之間，其目的主要在於消除任何其他異樣品味的痕跡，以符合所謂拘謹矜持的要求。根據《羅伯字典》，拘謹矜持（tenue）意指「舉止得宜和儀態端正」，還有「不自棄於粗俗和隨便」（專門訓練禮賓小姐的學校，就是要讓大眾階級的年輕女孩難看，因為它是根據其天生麗質的美貌來挑選，並且徹底地改變其走路、坐姿、笑和微笑、衣著與化妝的方式等等）。小布爾喬亞的女人充分了解其身體的特質在勞動市場上的價值，知道可能當作一種資本來運作，因此會無條件地接受支配階級的身體形象，但又不具備足夠的身體資本，至少在自己看來（無疑的這也是客觀的看法），以便

獲得最高的利潤，此乃她們緊張之處。對自身價值的自信，尤其是其身體和其說話方式的自信，事實上是與他在社會空間所處的位置有密切的關係（當然也與其軌跡有關）：因此當越往社會階層上升時，自認為自己的美貌低於平均值或相信自己比實際年齡還要老的女人就非常明顯減少。同理，在社會空間占據越高位置的女人願意花更多的錢來保養其身體的各個部分，因為其所在位置的對這方面的要求無疑的也隨之升高。我們可以理解為何小布爾喬亞階級的女人幾乎和大眾階級的女人一樣不滿意她們的身體（也是她們最多人想要改頭換面，也最多人說不滿意身體的不同部位），但同時也最清楚美貌的好處，比較會遵從支配階級的理想身體形象，而願意投資在改進其身體的外貌上，特別是時間和犧牲。也是她們最會無條件地相信各式各樣美容產品（甚至整形外科）的忠實顧客。至於支配階級的女人，她會從其身體獲得雙重的自信，和小布爾喬亞的女人一樣相信美貌的價值以及美麗需要付出代價，因此會將美學的價值和道德的價值關聯起來。不論在其身體的天生麗質或自我妝扮的藝術上都自覺高人一等，也自信於所有她們稱之為矜持的，一種兼具道德和美學的德性，據此負面地定義何為放縱的「本性」。美貌因此同時是天生的麗質又是後天努力應有的結果，天生麗質本身就是證明自己的優秀，後天努力的保養，又再一次證明，放任於粗俗隨便就是自棄於醜陋一般。

因此「不屬於自己的身體」經驗的最好明證就是困窘，與其相反的經驗則是自在，很明顯不均等地分布在小布爾喬亞和布爾喬亞階級成員的身上，儘管他們都同樣認可主流的身體形象與裝扮，卻擁有完全不同的裝備可以實現。能體驗到其身體乃是天賜恩寵或持久奇蹟的承載者，發生在身體能力達到主流認可標準者之機會比較大；相反的經歷其身體是尷尬、不自在、醜覷的機率會隨著理想身體和真實身體之間，夢想的身體和別人反射的自我形象之間的不成比例越大而增加

表20　賦予身體、美貌和身體保養價值的變異（補充資料44）

	家戶長的職業			受訪婦女的就業		
	農	工	上班職員 中級主管	高級主管 工業主 自由業者	否	是
腰圍大於標準尺寸42者	33.7	24.2	20.4	11.4	24.7	17.3
自認為其美貌						
低於平均者	40.2	36.0	33.2	24.2	34.2	31.0
認為看起來比自己實際年齡老	13.0	14.0	10.1	7.6	13.6	9.8
受訪婦女給以下部位的平均分數						
• 頭髮	5.22	5.47	5.40	5.88	5.47	5.62
• 臉	5.36	5.53	5.51	5.67	5.54	5.58
• 眼睛	6.18	6.44	6.30	6.48	6.35	6.41
• 皮膚	5.88	5.63	5.64	5.75	5.63	5.74
• 牙齒	5.24	5.45	5.40	5.74	5.40	5.59
• 身體	5.35	5.78	5.75	5.91	5.76	5.83
• 鼻子	5.94	5.48	5.56	5.65	5.41	5.74
• 手	5.88	5.99	6.10	5.82	5.78	6.17
有時候或曾經想要						
改頭換面	45.7	60.8	68.2	64.4	60.1	64.6
認為美貌是						
• 依靠對自己的保養	33.7	46.9	52.0	54.7	45.8	53.1
• 依靠收入多少	15.2	18.8	9.2	8.9	16.7	10.3
越努力保養就越能增進美貌	75.0	68.8	72.9	74.5	70.1	72.1
在美貌方面偏好：						
• 自然美	69.6	69.8	62.8	57.6	68.8	61.6
• 精緻美	12.0	15.6	22.9	25.0	16.8	22.3
認為她們的先生偏好太太						
• 自然美	65.2	65.0	51.4	50.8	60.6	54.1
• 精緻美	6.5	8.1	15.1	16.1	10.6	12.3
認為以下那一種比較好：						
• 美麗	52.2	58.5	59.2	61.9	59.5	58.7
• 有錢	39.1	35.4	33.5	27.5	32.7	33.9
認為以下那一種比較好：						
• 美麗	9.8	14.0	17.5	17.4	15.7	14.4
• 運氣好	83.7	83.3	76.8	75.8	80.2	80.3
認為以化妝來掩飾年齡是正常的	53.3	51.9	62.3	67.8	52.1	63.6
若要減重應當：						
• 節食	23.9	19.8	28.8	23.3	23.9	23.1
• 運動、體操	4.3	8.3	14.0	16.9	10.6	11.8
• 藥物治療	2.2	4.6	3.6	3.0	3.8	3.6
• 什麼都不做	69.6	71.7	60.6	66.1	68.3	66.4
認同用美容手術來變年輕	50.0	50.0	56.4	52.0	51.3	53.4
每天至少洗或泡一次澡	9.8	16.9	36.6	43.2	23.2	32.0
每天都化妝	12.0	29.6	45.0	54.7	30.1	44.8
從不或很少化妝	48.9	35.6	21.2	17.3	35.1	22.9
花半小時以上在妝扮或美容保養	12.3	45.6	48.9	45.3	42.1	48.2
化妝是為了讓自己更有精神	4.3	15.9	25.9	27.8	21.0	22.1
每兩週至少去一次美容院	6.5	8.1	16.9	20.8	9.8	13.5
晚上用什麼洗臉						
• 肥皂	34.8	35.4	20.1	15.7	28.1	25.7
• 卸妝產品等	47.8	59.4	86.0	91.4	67.5	78.8

（說話的能力也是依據同樣的法則）。

　　一個簡單的事實：最渴望追求的身體特質（苗條、美麗等）並非偶然地分布於不同的階級（例如高於正常腰圍尺寸的女性比例會隨著越往社會階層下降而明顯地升高）就足以排除將身體視為原發性的異化的觀點，而建構出「為他者的身體」，一種行動者與其身體的社會形象所保持的關係，這種本質論分析將「異化的身體」當作自發性的身體，彷彿是將「異化」視為降臨到每個身體的命運一樣，一旦此身體被認知並命名，即被他者凝視和討論客觀化（參見 J.-P. Sartre, *L'Etre et le néant*, Paris, Gallimard, 1943, pp. 404-427）。現象學家所說的「為他者的身體」其實是社會產物複製：因為其區辨的屬性全靠其生產的社會條件，而社會凝視並非像沙特式的凝視──一種普世的權力和客觀化的抽象──而是一種社會權力，其部分效力端視是運作在誰身上，以及他或她如何認可那些運用在其身上的認知和鑑賞範疇。

　　儘管並非小布爾喬亞階級的專利，但是小布爾喬亞社會世界的體驗首先就是羞怯、尷尬，對自身的身體不知所措，說話也不知所云。不是好好地在其自身身體裡面，而老是站在身體外面，透過別人的眼光，觀察、檢視和矯正自己，不然就是絕望地企圖將為他人而存在的異化身體內化成自己的，恰好陷入必須不斷的再內化，最後不是因過度矯正，就是太過笨拙而洩露自己。雖然非其所願，但羞怯卻落實了一種客觀的身體，使之陷入於集體的指認與認知之命運（像是渾號或綽號），但又因必須屈服於他人眼光的身體而洩底，產生無意識不自主的反應（像臉紅）。相反的另一極端是自在，一種無視於別人客觀凝視的漠然，使得其力量無效。因為預設某種自信，自信有能力體現這種客觀化和內化這種專有，自信達到種種加諸其上的

鑑賞標準。總之，具備所有權力，甚至進駐在其身體並散發於外表的種種特定武器，像是不可或缺的風度和魅力。這讓人想起丹尼馬耶（Dannemaier）和圖曼（Thumin）的實驗，要求受訪者回憶他們記憶中親近人物的身高時，會傾向於高估那些在他們眼中看來有權威或最有聲望的人[28]。同樣的邏輯會使人認為「大人物」都會比其實際身高高，這也同時適用於一般的情況，也會認為什麼樣的威權都較具有魅力，而天真地低估為其利益屈膝的效應。這也就是為何在政治抗議時，經常運用諷刺漫畫，扭曲的身體形象旨在打破其魅力，並將其權威的強制效應原則之一轉化成可笑的東西。

　　魅力或神格特質其實是一種能夠將其身體及自身形象強加於別人身上的力量，以此作為他們自己身體和存在客觀集體的形象，在愛或信仰之中，讓別人放棄其客觀化的原生力量，取而代之的這個人的形象作為應達成的目標，藉此不假外求地成為絕對的主體（因為本身就是他者），完全說服自己接受其存在與正當性。具有神格魅力的人能做到為了他所做的一切就是為了群體，而非僅為其自己。就如同在象徵性鬥爭的被支配者所做的一切都是為別人，總是依公眾意見要他這樣子做，經由一種鞏固其權力的象徵性力量的運作，被建構成不可或缺、不假外求和絕對的，因為這可以生產並強加其自身的客觀化。

風格的可能世界

　　於是，飲食、服飾和美容偏好的空間都具有相同基本結構，亦即由總資本量和資本組成結構所決定的社會空間。為完整地建構內部可

---

[28] W.D. Dannenmaier and F.J. Thumin, Authority Status as Factor in Perceptual Distorison of Size, *Journal of Social Psychology*, 63, 1964, pp. 361-365.

以界定文化消費的不同生活風格的空間，有必要將每一個階級和階級派系（即每個資本形態）建立一套生成慣習的公式，以便在特定的生活風格裡所反映出來具有階級生存條件（相對的）高同質性特徵的需求和才能。據此便可得知因慣習而生的稟賦是如何落實到實踐的各大領域，並實現每一個場域所提供的風格的可能性，不論是運動或音樂、飲食或居家布置、政治或語言，以此類推。經由這種同質共構空間的疊合，可獲得一個生活風格嚴謹的再現，在以下兩個面向上勾勒出每一個具有區判力的特徵（如戴鴨舌帽或彈鋼琴）：一邊是客觀地定義，亦即構成相關領域的整體特徵（像是髮型系統），另一邊則是相對於構成特定生活風格（像大眾階級生活風格）的整體特徵，內部所決定的社會意義。因此，例如觀看運動與實踐運動的世界，對一個新手來說就像是一整套完全不相干的選擇和客觀化建制的可能性，有其傳統、規則、價值、團隊、技巧和符號，並在其所建構的體系中接收其社會意義，而且其部分屬性特徵在每個時間點上都與其歷史有關。

　　若不從其歷史進程開始就無法理解某些運動的社會模糊性，像是橄欖球，為何是「菁英學校」的運動項目，至少在英國如此，同時在法國又是大眾階級與南部和羅爾河地區特有的（幾個「大學」仍然保留其堡壘，像哈辛隊〔Racing Club〕或波爾多大學運動場隊〔SBUC〕）。因為在十九世紀英國的「菁英學校」裡，引入貴族的道德與世界觀（公平競賽、勝利的決心等），才將原本大眾的遊戲搖身一變成為菁英的運動，代價是根本的改變其意義和功能。這和大眾舞蹈進入高級音樂的複雜形式後所發生的鉅大變化是完全一致的。一旦進入普及化的歷史進程後，就更是面目全非，諸多特徵都令人以為是高級音樂或民俗音樂經由唱片而普及的，然後不論在運動賽事或實作

練習上都令人以為是由菁英運動轉換成大眾運動。

　　一旦這些屬性特徵被行動者理解領會後才會分布於不同的實踐之中，這些行動者具備實作知識，很清楚自己在不同行動者等級化類別的分布，若要的話也可說，清楚不同階級實踐這些屬性的機率。這些分布屬性，會因為遲滯效應的關係，很大一部分必須歸因於這些分布過去的歷史。像是具有「貴族」形象的運動，網球、騎馬，更不用說高爾夫球還可以追蹤其（相對）可進入門檻改變的軌跡，但是像法式滾球（pétanque）則因其源自於南部又是大眾階級所喜愛，而備受鄙視，其分布的意義比較接近Richard或其他烈酒，以及任何不只是因為便宜，更是因為滋補的食物，因為飽食和味重。

　　然而分布屬性並非唯一經由我們所具有的認知系統被賦予的資產。由於行動者是依其慣習的認知和鑑賞架構來掌握所有的東西，因此若認為從事同一種運動（或其他實踐）就認為他們會賦予其實踐相同的意義，或更貼切地說，甚至他們從事同一實踐就太天真了。這很容易就可以證明不同階級對從事運動所期待的效益各有不同，尤其當它涉及特性的效益，就身體的好處而言，沒有所謂真實或想像的效益，因為都實質地被期待著。不論身體外在的效應，曲線、優雅、明顯的肌肉，或是身體內在的效應，健康或心理平衡等，更不用說外加的效益，像從事運動時所建立的社會關係，在某些情況下可以確保其經濟或社會的好處。儘管有某一種實踐的主要功能指涉很清楚、沒有太多爭議的例子，但是不能因此認為不同階級從事同一種實踐的意義是相同的。像是對體操運動的期待，就大眾階級而言是一種健美，形塑強而有力的身體、健康身體及其力量的強壯的外顯符號；但就布爾喬亞而言，則主要是滿足其保持身材的瘦身功能，或甚至像「新式體操」是為了「解放」身體，新興小布爾喬亞派系和小布爾喬亞的女人

特別是如此[29]。必須要有系統的分析不同運動實踐的意義和功能的變異，才能避免依據研究者個人經驗普遍化而建立出來抽象和形式化的「類型學」（說成是這是類別的法則），才能依據行動者（有意或無意間）所從事運動選擇，建構出一張在社會學特徵上具有解釋力的圖表。

　　由於從事運動的意義非常緊密地與從事此一實踐的頻率和資歷有關，還有能夠實現此一運動所必須的社會性條件（場所、時機、設備、工具等），以及實現的方法（例如在團隊中所占的位置、風格等），以至於大部分現成的統計數字都很難詮釋，尤其是任何非常分散的運動，像是法式滾球，根據是否規律地從事這個活動、是每個週末在專用球場，和實力相當的對手，還是偶爾為之，在放假時，像賭注遊戲一樣，和小孩子一起玩，會完全改變其意義。還有像是體操運動，端視是否在家裡不需要任何特殊設備，每天或每週的身體練習，還是在專門的健身房所從事體操會完全不同，後者的「品質」（與價格）還會依據所提供的設備與服務而有所不同（更不用說運動型的體操和古典體操會有不同，還有形形色色的「新式體操」）。然而我就可以因為相同的頻率，而將那些從小就從事滑雪或網球的人和那些成年後才接觸的人放在同一個類別，或者將那些只有在學校放假才有機會滑雪和那些有能力反潮流在人少時段，或甚至滑雪場以外越野滑雪的人放在同一個類別？事實上，很少有從事同一種實踐活動者的社會同質性很高，此一種實踐所定義的活動人口不是以場域的方式在運作的，在此場域連定義什麼是主流的實踐本身都是賭注：從事的正當方

---

[29] 參見 J. Defrance, "Esquisse d'une histoire sociale de la gymnastique (1760-1870)", *Actes de la recherche en sciences sociales*, 6 déc. 1976, pp. 22-47。

力氣與體態

「總統瓦勒里‧季斯卡‧德斯坦的網球課。像越來越多的法國人一樣,總統瓦勒里‧季斯卡‧德斯坦也對網球有興趣。為追求風格完美,現在他也規律地一大早就去巴黎郊外的俱樂部上網球課,這張照片就是在那裡拍的。」(《網球雜誌》18期)

「就我的年紀來說,我已經很強壯了,但是我在三個月內練出12公分肩肌、8公分的胸肌、3公分的臂肌,真是太好了。」

「這完全超過我所有預期。我的肌肉多出好幾公分,而力氣也加倍了。」

「我覺得自己像全新的人。以前我父母和朋友都嘲笑我,現在我爸爸都要我脫掉襯衫現給訪客看我的肌肉,感謝你們!」(「雕塑人體」〔Sculpture humaine〕的廣告)

「若對身體的協調不敏感就無法成為時尚的美學專家。」卡爾‧拉格斐(Karl Lagerfeld)解釋說。巴黎設計師每天都至少花半小時來維持其體態。常將臥房變成小小健身房,安裝各種設備:健身腳踏車、跑步機、划船器、振動按摩器等。所有這些器材使他們在Saint-Tropez度假回來後,可以依其喜好裝扮:「我要自由選擇我的體型。」(《美麗佳人之家》〔La maison de Marie-Claire〕第56期,1971年10月號)。

法，或多或少需求的條件（會費、配備、空間等）之衝突，幾乎總是轉譯了在場域中特定邏輯的社會差異。因此所謂「民主化」的運動可能會遇到社會意義上非常不同的活動人口，也相應非常不同年齡層的人口。於是，就網球的情況來看，長期在私人俱樂部打網球的人比其他人更重適當的衣著（Lacoste運動衫、短褲或短裙、專門的鞋子），也更強調彼此的團隊精神；然後在各個方面都與此相反，在市政府的網球場或度假村俱樂部才打球的生手，其穿著更顯得運動衣著的儀式並非是主流運動實踐最膚淺的一面：穿著百慕達短褲或T-shirt、外套或緊身內衣和愛迪達慢跑鞋打網球，不論就從事的方式或獲得的滿足而言都像是另一種網球。難道以所謂「技術」的定義，就可以打破以下的套套邏輯：以所從事實踐的意義，來掌握不同實踐在不同階級間的分布，然後依據此分布來掌握此一實踐在不同階級所產生有差異的意義？事實上這很難逃離其場域的法則及鬥爭，到最後會像體育老師那樣子，去確保有系統地反覆灌輸某些在實際上組織活動的認知與行動模式，而將他們生產出來的實踐模式頭頭是道地解釋成天性使然。

　　不管如何只要牢記不同階級選擇不同運動實踐的變異，不只要考慮可以獲得立即或延遲的認知與欣賞的變異，以及所需要付出的經濟、文化和身體（要冒多大的風險、體能消耗多少）的成本，才能大致上了解不同階級和不同階級派系之間所從事運動項目的分布。所有跡象顯示從事那種運動項目的可能性似乎端視每個人根據其慣習的愛好所選擇運動的經濟（和文化）資本、空閒時間、對身體內在或外在效益和成本的認知與欣賞，更精確來說，即與身體本身的關係就是一個面向[30]。像是大眾階級在所有運動項目裡所表現出來的與身體的工

---

[30] 不同運動與年齡之間的關係會比階級與運動之間的關係還要複雜，因為這並非以所

具性關係，就是將身體當作是一種目標或賭注。飲食的習慣或美容保養，與疾病或健康養生的關係，也表現在要求大量體力、勞動或甚至痛苦（如拳擊）的運動，甚至有時還要求將身體本身當作是一種賭注（如摩托車賽、降落傘、任何形式的雜耍，以及就某種意義下，所有格鬥的運動）。

　　橄欖球結合了球類遊戲以及格鬥運動的大眾特徵，將身體本身當作是兩種賭注，又能作為一種（部分規範下的）身體暴力的表達以及「自然」身體體格最直接的運用（如蠻力、速度等），都與最典型大眾階級的稟賦相近，男子氣概的崇拜和動武的嗜好、喜歡「硬碰硬」，耐操耐勞，團結一致（「哥兒們」）和狂歡（第三節中場）等。但這些特徵卻阻止不了它成為一種倫理美學的投資標的，尤其來自支配階級的支配派系的成員（或有意無意表現其價值的知識分子），有時候還殘留在其實踐之中：強調堅苦耐勞，崇拜男子氣概有時候會混雜著暴力的美學，男人和男人的對抗會使得最膚淺的運動員最深層的稟賦浮現在論述層次，比較不是口語化和理論化，而以訓斥的口吻（像是教練、領導和某些記者的派系）直接將粗暴的力量變得臣服（「好孩子」），將大眾階級的蠻力轉變成被讚揚的形式（犧牲小我以完成「集體」的大我）。然而這種貴族式的再詮釋，傳統上是以其永遠不變的「誇示」把戲為支持點，但在現代橄欖球的發展上卻遭遇瓶

　　運用體力的強度來定義的，而且這種體能消耗的稟賦能力就是階級氣質的一個面向：在諸多「大眾」運動的特質中，最關鍵的往往是默認地與年輕有關的屬性，因為自然而然地暗示具有某種暫時性的許可，像是可以浪費過剩的身體（或性方面）的精力，然後很快就結束了（最經常是在成年生命的時刻，以結婚來標示）；相反的，「布爾喬亞」的運動，主要是為保養身體以及獲得社會效益而運動，這類運動有一個共通之處即平均年齡都大於一般，越有聲望的運動從事者的平均年齡還會大更多（像高爾夫球）。

頸，由於遊戲和訓練技巧理性化的雙重效應，以及招募球員社會階層的轉變和觀眾的擴大，越來越強調達陣的技巧，越來越重視單兵的犧牲（「這是男人的責任」），並以最深奧的專業化生產的術語「下去煤礦坑」來命令[31]。

　　所有跡象也都顯示對身體保養的關注似乎就其最基本的形式而言，亦即作為一種身體保健的熱愛而言，往往是與對克制和嚴格節食的制欲式讚揚密不可分，尤其是在中產階級（中級主管、醫療服務業的雇員，特別是中小學老師，其中又以從事女性化程度高職業的女人）最明顯。我們知道這些最焦慮其外表，結果其身體是為了別人而存在，特別會沉溺於密集的體操運動。這是一種理想的制式運動，因為幾乎只剩下某種為訓練而練習（*askesis*）而已。眾所皆知，一如社會心理學家所指出的，越是能抽離自己（此乃自在的定義本身），轉移對自己的注意力，越是能逃脫因為身體被別人眼光掌控而產生的困惑（在此還必須順帶一提當今許多不願衰老的布爾喬亞女人如何將別人的眼光變成焦慮地檢視自己的凝視），由此可知小布爾喬亞的女人準備花許多的時間和精力，才能感覺自己符合自我形象的社會規範，因為這是忘記其自己和為了別人而存在的身體之前提（補充資料61）。

　　然而，所有嚴格的身體保健的活動和相關的運動文化，像是健走或慢跑都經由另類親近性，而比較與中產階級和支配階級中高文化資本者的稟賦有關：若不將運動練習，以抽象和理論性的知識來解釋其效益的話，像體操最經常會這樣做的，減化成一連串抽象的分解和組

---

[31] 由於大部分出身大眾階級和中產階級（但偶然會奇蹟般地出身於這些階級以外的人）的橄欖球運動員的稟賦才能似乎與這種訓練與運動項目的理性化要求不謀而合。

合的動作，為了符合某一個博學的特定目的（如「腹肌」），而是完全相反的將全部的動作指向日常生活存在的實用目的，這些運動其實預設了某種信念相信長期（延宕）效益的合理計算，但又經常是遙不可及的承諾（就像抗老化或防止因老化而發生的意外，既抽象又負面的效益）。我們也可以理解這些運動項目往往可以在想要往上爬，具有制欲式氣息的人身上找到成就它的條件，他們通常願意（像算錢一樣）在努力付出本身找到滿足，準備好犧牲眼前的享受以追求往後延遲的滿足（這甚至是其一切生存的理由）。除此之外，這些運動項目不論什麼時間或地點，也都可以單獨進行，似乎有意識的尋求與其他人保持最大的距離（在公園慢跑或擇偏路而跑等），並排除任何比賽和競爭（這正是賽跑和慢跑最根本的差別）。這些運動項目也都是最能定義支配階級中被支配派系的貴族式制欲主義最自然的倫理與美學的選擇。

　　至於團隊的運動，若只考慮（「身體」或嚴格）要求的能力可能會很平均地分布在各個階級，但若考慮到有限的時間和精力，也會和個人運動一樣，社會階層越往上升時，從事團體運動的人就越多。然而這也符合在其他領域，像攝影所觀察到的邏輯一樣，因為其門檻不高以及所有相關的特性，像是不願意與社會接觸，使得支配階級的成員因此不願涉足。的確，最典型的大眾運動，像是足球和橄欖球，或摔跤和拳擊在法國早期都是貴族的娛樂（或至少是那些人數從來不會太多的趕時髦的人），但現在通俗化了，已經不再是以前的樣子，不論在支配者的現實或認知裡，已經聚集了所有支配階級成員憎惡的特性：不只其觀眾的社會組成分子複雜，這是因其普及化使通俗性加劇而已，也同時是因為這些運動所要求的氣質：蠻力、堅忍、暴力、犧牲、屈服與順從於集體紀律，競技的誇大，都與布爾喬亞所要扮演「處處保持距離的角色」恰恰相反。

　　從事規律性運動會隨著社會階級有很大的變異，從1.7%的農業從事人員或10.1%與10.6%的工人和上班族到24%的中級主管到32.3%的自由業者。就像在其他地方一樣，隨著社會階層越往下降，性別的差異就會增加，且在教育水準方面也可觀察到同樣變化幅度（參見 *Collection de l'INSEE*, Série M, n°2, juillet 1970）。這種差距在個人式的運動像是網球更明顯，但是在足球的情況時，社會等級則相反，是最高比例的工人階級從事這項運動，然後是工匠和小商人。這些差異可以從部分學校的推廣促進來解釋，也同時是因為這些運動很快就隨著年齡折損，很巧合地與大眾階級早婚、早出社會等種種早熟早損有關（四分之三從事農業人員和工人25歲以後就不再運動了），但是在支配階級，他們從事運動的年齡卻一直到很晚，尤其是那些被當作健康保養投資的運動（例如像是證明可以增進兒童發展的運動）（這也就解釋何以在概要式的表格裡所見的，有規律地從事任何一種運動的比例，會隨著其社會階級的位置而明顯的升高，但是過了運動年齡之後，不從事運動的比例沒有太大的變化，且在工匠和商人身上達到高峰）。

　　至於去看運動賽事（尤其是最受歡迎的那幾種）則主要是工匠和商人、工人、中級主管和上班族（後者也是《球隊》雜誌〔*Equipes*〕的忠實讀者）；對（足球、橄欖球、自行車賽、跑馬賽事）電視轉播報導的興趣也是如此。相反的，支配階級的成員就明顯地比較少消費運動賽事，不論是在球場或電視轉播，除了網球、橄欖球或滑雪外。

　　同理，在運動還只是保留給少數人的時候，對公平競賽的崇拜，是一種要求自我控制的態度而不至於忘記這只是一場遊戲，而不為其所役。事實上這只是更證成一個事實：運動本質上的區判功能。然而

表21　運動活動與運動評價的變異（補充資料38）

	農業從事者	工人	工匠小商人	上班職員中級主管	高級主管自由業者	男	女
經常或常常參加運動比賽	20	22	24	18	16	26	10
經常或常常觀看（電視或收音機）運動比賽	50	62	60	60	50	71	47
希望自己的孩子成為偉大的運動選手	50	61	55	44	33	52	47
認為目前學校課程安排對兒童體質發展不夠重視	23	48	41	60	71	47	39
規律地做一或好幾種運動（只度假時游泳不算）	17	18	24	29	45	25	15
目前才沒有規律地做任何運動，但曾經有過	26	34	41	34	33	42	21
從未規律地做運動	57	48	35	37	22	33	64
規律地做以下其中一種運動：							
網球	–	1.5	2.5	2.5	15.5	2	2.5
騎馬	1.5	0.5	1	1.5	3.5	1	1
滑雪	3.5	1.5	6.5	4.5	8	3	3
游泳	2.0	2.5	3.5	6.5	10	4	3
體操	0.5	3	0.5	5	7	1.5	4
田徑	–	1.5	0.5	2.5	4	2	0.5
足球	2.5	6	4.5	4	4	7	0.5

我們只能從此可用的統計數字（參考補充資料清單）呈現出最一般可見的趨勢，儘管這些變異不論在定義上述運動，其頻率、其場合等都不甚精確（更不用說比實際高估運動的比例，無疑想必會依階段分布不均，形成這樣的結果主要是因為所有的調查都以受訪者的宣稱為準，不是依據從事或觀看運動的大眾〔public〕的真正調查）。這也就是為什麼我們在此只呈現每個階級、每種性別的行動者在最近關於從事運動或針對運動的意見的調查中，具有關鍵特性部分的概要表。

一旦運動不再能保證從事者的稀罕性時，那些想要證明優越者就必須和這些已貶值的運動保持距離以確認其漠然，因為這種公平競賽的美德只不過是虛有其表地像綿羊一樣盲從，而變得更庸俗。為了避免庸俗的娛樂，特權階級只要在此再一次證明，任憑其對一窩蜂的粗俗運動之直覺憎惡。總是可以在其他地方，在更高或更遠之處，找到無人經歷的處女之地。這不只是他們獨占先機，更在實踐和論述層次，理所當然地以其分布的價值，也以其能夠被美學化的程度，定義支配這些運動的正當性意義[32]。

　　支配階級對運動的認知和欣賞的品味都集中在以下幾個特徵，像是高爾夫球、網球、帆船、騎馬（或馬術）、滑雪（特別是其中最能區判形式的越野滑雪）、擊劍，那些特定保留給少數人和有區隔的空間（像私人俱樂部），在其想要時就可以去，單獨或僅與精選的同伴一起運動（所有與集體紀律相反的特性，與集體運動所要求的努力和強制的節奏相反）。這些運動所要求的體力勞動也相對的不高，即使有也不是不能自主決定的，但相對而言都需要大量地投資，不論就時間或學習的努力而言，而且越早投資，報酬率越高（這也使得身體資本及年齡衰老的變異相對的被獨立出來）。並且這些運動只有在高度儀式化的競賽才會舉行，超越所有的規則，只認可公平競爭最不成文的規定。於是運動交流不過是高度儀禮的社會交往的幌子而已，排除任何身體或語言的暴力，所有不正當的身體用度（吶喊、失序的姿勢等）及特別是對手之任何直接的身體接觸（通常會以比賽的空間組織或不同的開／閉幕儀式分開）。或是，像帆船、滑雪和所有加州式的運動都是一個人就可以獨自進行又可以和大自然奮鬥，而取代了大眾

---

[32] 在這方面也是如此，從布爾喬亞的對話得知一樣有主流支配的等級差別，決定不同運動項目被認可的可能價值，像《世界報》經常有重要名人為網球和橄欖球撰寫有分量的「評論」文章，但是對足球和自行車賽則報導得較模糊及不那麼針對個人。

運動中人與人之間的打鬥（更不用說說參與競技，根本就與其高瞻遠矚的理念不合）。

　　因此我們可以理解經濟的門檻，在高爾夫球、滑雪、帆船，或甚至騎馬和網球的情況都很高，但卻無法充分解釋這些運動的階級分布。其實還有更隱藏的進入資格門檻，像是家族傳統，早年訓練必備的儀態（衣著和行為），嚴格的社會技能構成布爾喬亞資深血統最確定的指標，這些運動（還有高尚的社交遊戲，如橋牌和西洋棋）使得工人階級被排除在外，也將中產或上層階級往上爬的人拒於門外[33]。

　　相同的運動項目在不同時期，因為其功能與意義的改變，可能會吸引貴族式群體或大眾群體的喜好，或同一時期，同一種運動可能因為不同的意義和形式而吸引不同的群體。這些都足以告誡我們不應該只從運動的「性質」來解釋其階級的分布。即使區判的邏輯往往足以解釋大眾階級和布爾喬亞運動之間的對立本質，我們還是無法完全掌握不同運動群體之間的關係，除非能夠考慮不同制度化運動的客觀潛力，亦即被這些運動活動所助長、阻止或排除的社會用度，不論就其內在邏輯或社會位置的價值及其分布上而言。我們可以設想一個一般性的法則：每項運動都有可能被某個社會階級接受，但這並無法反駁在最深層和最無意識層次，階級與身體之間的關係，也就是說身體樣態其實是整個社會世界觀和整個人格與身體哲學的沉積之處。因此一個運動中若身體的使用並不會減損其高尚的人格尊嚴，並且排除任

---

[33] 眾所皆知，和勃洛特牌遊戲（Belote）相反（更不用說馬尼牌遊戲〔manille〕），玩橋牌的人會隨著社會階層越往上升而增加，並在自由業者身上達到高峰（IFOP, 1948）。同樣的在高等專業學院的學生之中，玩橋牌的人，尤其是密集玩的人（還參加比賽），會依其社會出身有很明顯的變異。（宣稱有）玩西洋棋相較於橋牌似乎較不與社會傳統和追求社會資本的累積有關，而相反的會比較緊地依靠文化資本：這也解釋為何當社會階層越往上升就越多人玩西洋棋，尤其是越往由高度文化資本來界定的空間時越明顯（補充資料7）。

何像欖橄球前鋒的近身肉搏，或像田徑場上競技時的自取其辱的話，那麼這運動其實某種意義而言預設了布爾喬亞的用度。這些運動還要能夠將自身權威、尊嚴或優異等無可挑剔的形象強加在社會上，即將身體視之為目的，讓身體成為一種符號，一種其悠然自在的符號。換句話說，將風格擺在最前面，布爾喬亞最典型的行為舉止最能在某些姿勢、儀態的小動作上被辨認，這些小動作也最能展現其身體在空間所占有的位置，藉此表現他在社會空間所在的位置。尤其分寸拿捏、克己而展現自信的韻律，最能與工人階級的急迫和小布爾喬亞的急躁對立。布爾喬亞語言使用特徵也是如此，他們有自信是因為他們自認為有權充分運用自己和他人的時間。最能觀察出客觀地烙印於運動項目的潛能及其稟賦之間親近性關係的莫過於飛行運動，尤其以軍事飛行為最：從騎兵學校到飛行中隊（就像電影《大幻影》〔*La Grande Illusion*〕提到的），普魯士和法國貴族不論個人功勳還是騎士般的道德，都在這種飛行活動預設了一種與社會高貴和道德高尚的高人一等的隱喻。「地勢的高度，跟內心活動就有緊密的聯繫」，就如同普魯斯特對司湯達（Stendhal）的描述[34]。於是分裂成兩派對峙的布爾喬亞：一邊是好戰，狂熱民族主義的布爾喬亞，認同追求男子氣概風險的領袖作風，相信人定勝天的解決方案；另一邊則是自由交流的多民族主義的布爾喬亞，相信在組織與決策能力上追求其權力的原則——總之一句話，模控論（cybernétiques）。兩者之間完全表現從事運動的對立：世紀初貴族或布爾喬亞所崇尚的騎馬、擊劍、拳擊或飛行和現代高級主管所崇尚的滑雪、帆船或滑翔翼。

---

[34] 普魯斯特著，周克希、張小魯、張寅德譯，《追憶似水年華》，臺北：聯經，2004年2月，第五冊：女囚，頁403。——**譯注**

　　誠如支配階級運動實踐的歷史必然會聚焦於最深層的倫理稟賦的演變，聚焦於布爾喬亞關於人性理想的形象，以及尤其是協調身心德行的方法，而漸漸有越來越女性化的傾向。同樣的，針對某一個特定時期，不同運動在支配階級內部的不同派系之間所做的分布之分析也必然顯示某些隱藏於階級派系之間對立關係的原則，例如被壓抑於潛意識深處的性別勞動分工關係與支配的勞動分工的觀念。在這點上今日無疑會比以前更盛行，透過運動練習和飲食養生所達到溫柔和不易察覺的教育，慢慢變成新的健康道德，也在形塑身心時，漸漸取代過去明示的倫理教訓。由於賦予支配階級不同的分工原則的結構並非完全獨立，例如經濟上富裕與文化上富裕之間的對立，繼承者和暴發戶之間的對立，年輕（青少年）與老成之間的對立等等，因此不同派系所從事的運動實踐也會根據一連串的對立關係（或可被部分減化成對方），從支配階級到被支配階級有不同的分布：從事最昂貴和最高貴的運動（高爾夫球、帆船、騎馬、網球）或是需要最昂貴和最高貴的方法才能做的運動（私人俱樂部），以及最便宜的運動（散步、健行、跑步、單車旅行、登山等）或以最便宜的方法做高貴的運動（例如利用市政府或度假中心的網球場打網球）之間的對立關係，從事「男子氣概」的運動，需要投注大量精力（打獵、拋擲釣魚、格鬥運動、打靶等）以及「內省式」運動，朝向自我發展和自我表達（瑜伽、舞蹈、身體表演等）或「模控式」的運動，要求大量文化投資，卻相對較少體能的投注。

　　這也就是造成大學教授、自由業者和老闆之間的差異會集中在三種不同的運動項目上，儘管在其區隔的派系裡人數相對稀少（大約10%），這些運動也都呈現每一個派系的明顯特徵，因為在同齡層中，某一派系成員從事某一類運動的人都比其他派系多（補充資料5和6的二度分析）：首先是大學教授的貴族式制欲主義，最典型的例

子就是登山。比起在荒郊小徑健行（令人想起海德格）或單車旅行，經過無數的羅馬式教堂，登山更能透過駕馭自己的身體和征服非常人所能涉足的大自然，提供最小的經濟成本卻獲得最有區判性、距離感和精神的升華。其次是醫生和現代主管的健康享樂主義，同時擁有物質和文化的能力（與早年的學習有關）得以從事最具魅力的活動，遠離粗俗的人群[35]。最能表現的運動項目就是揚帆出海、海泳、越野滑雪或潛水捕魚。最後是大老闆同樣追求與他們區隔的高尚，最會從事高爾夫球，許多貴族式的規矩，英式的語彙和大片獨占的空間，更不用說其他外在的利益，如社會資本的累積[36]。

　　若知年齡在從事運動時是一個重要變項，那麼就不會太驚訝於社會資歷（l'âge social）所造成的差異。不只在相同社會位置的人生理上最年輕和最年老的異別，同時也是在同一生理年齡層中，在支配派系與被支配派系之間，或新進或既存派系之間的社會資歷的差別，並轉譯成傳統的運動和新形式的經典運動（騎馬踏青、越野滑雪或野外滑雪等），或新興運動之間的對立。後者經常由美國、新興的大布爾喬亞和小布爾喬亞成員引進，特別是時尚界人士、設計師、攝影師、模特兒、廣告人、記者。那些發明也推銷一種新形式窮菁英主義的人，與大學教授的特質相近，但又更招搖地擺脫習俗和慣例。這種「反文化」的真正面目，事實上是反抗所有傳統、自然、純粹、道地的舊式崇拜，在布滿前衛生活風格用品的新式商店配備看得最清楚

---

[35] 另一個明顯的特徵集中在兩種與身體和生命關係的對立上，三分之二（59.8%）的大學教授說從不跳舞，然而自由業者則經常跳舞（只有18%說從不跳舞，是所有人中比例最低的）。

[36] 以聖農拉布勒泰什（Saint-Nom de la bretèche）高爾夫球俱樂部為例，過半成員是銀行家、工業主、大商人・企業主管，26%的成員是企業主管、幹部、工程師，和16%的成員是自由業者。

不過，像是法雅客（FNAC）、龐畢度中心、新觀察家雜誌、度假俱樂部等，向愛好健行的人推銷防風雪外套、寬大運動褲、道地昔得蘭羊毛的花布織毛衣、當地羊毛或真正天然羊毛的套頭毛衣、加拿大獵人的夾克、英國漁夫的套頭毛衣、美國軍人的防水衣、瑞典森林管理員的襯衫、耐磨褲、美國工人鞋、印第安軟皮鞋、愛爾蘭工人的軟呢帽、挪威羊呢帽、法國軍人叢林帽等等。別忘了還有口哨、高度計、計步器、健行指南、Nikon相機和其他必備的玩意，少了它們就不算自然地回歸大自然。再說如何能不看出所有這些新興運動背後的源頭渴望著在社會上飛黃騰達的夢想：徒步旅行、騎馬旅行、單車旅行、機車旅行、帆船旅行、獨木舟、單人小艇、射箭、風帆衝浪、越野滑雪、風帆飛行、三角翼，這些運動都有個共同之處，即不論練習或實踐本身，從準備、保養到工具的使用，都需要投注大量的文化資本，尤其可能是以口傳的經驗。相對於自由業者和企業主管的奢侈運動的實物性擁有，這些新興運動有點像在藝術領域的象徵性擁有。

　　傳統與加州式新興運動之間的對立關係，就像在戲劇或文學品味上所表達出來的兩種與社會世界的對立關係一樣：一邊是對形式的尊重也重視尊重的形式，表現在對服飾與儀式的關注，和毫不需掩飾地炫耀財富與奢侈的展示會；另一邊則是誇示貧窮作為必要的德性，來對布爾喬亞的秩序進行象徵性的顛覆，擺脫所有形式的規定，對一切限制都感到不耐煩，首當其衝的就是服裝和化妝，喜休閒風的衣著、蓄長髮（在其他領域，開小巴士和露營車，或民俗舞蹈和搖滾樂）作為對布爾喬亞儀式性強制特徵的一種挑戰，像是古典風的服飾，高級轎車、林蔭大道戲劇、歌劇。這兩種與社會世界關係的對立也完全反應在兩種對自然世界的態度上：一邊是偏好天然、野性自然的品味，另一邊則是喜愛琢磨過、精煉過和教養過的自然。

新興運動資源目錄

摘錄自《資源目錄》，Alternative 與 Parallèles 聯合出版，1977。

肢體表達

羚羊舞（Gazelle）

　　長期浸潤於方舟協會組織的訓育中，這是她住過十幾年的地方，文立光（Lanza del Vasto）寫到羚羊舞時這麼說：「技藝不只是腿部的運動而已，而在心裡和腦袋裡早已深思熟慮」；「我帶它出去，是要讓源自於印度舞蹈和中世紀基督教想像的珍貴技藝不至於失傳」。

　　內在生命的取徑是透過整天課程的活動練習，然後在整個生命中繼續；事實上內在精神的追求才是核心的主題。舞蹈就此而言有其顯要的地位，不論是土風舞、宗教舞或創新的舞蹈。但舞蹈並非其目標本身，而是內在生命的載體。當然技巧的練習是必要的，但絕不能因此妨礙人格平衡不可或缺的放鬆。

跳舞讓女人重新發現其身體

　　對女人來說，舞蹈主要還是一種意識到其身體的方法，就此意義而言是一種重新發現她自己⋯⋯意識到其身體的存在對受訪者而言有時候會和作為一種特殊的表達方式齊頭並進。對女人來說，舞蹈的經驗比較像一種可以表達自信的新語言。而且，對一半以上的受訪者來說，這種活動似乎是在參與初級的色情，或甚至初級的自戀式色情⋯⋯這種對意識到自己身體的存在可以被當作一種享樂⋯⋯「當我感覺到我的身體時⋯⋯我相信跳舞可以讓我和我自己達到協調⋯⋯」「自我的追求，在身體上發現自己⋯⋯」，「這種透過身體的感受⋯⋯這是一種說話的方式，你可以說很多！」「這是一

種肯定……」。「在跳舞的時候，我自我感覺很好，我很意識到自己的存在。有一陣子，有兩年的時間，我曾經放棄自己，有些東西是我缺乏的，這是種需要。」

有篷馬車

我們共四個女生，兩個男生，一匹租來的馬，買來的馬車和一部腳踏車。

我們從涅夫勒省（Nièvre）的盧瓦爾河畔拉沙里泰（La Charité-sur-Loire）出發，沒有特定的目標。我們在一個月內走了300公里直到蒙泰居（Montaigut-en-Combraille，在多姆山省〔Puy-de-dôme〕）走波布爾多內（Bourbonnais）地區的次要道路。平均約1小時3公里（因為馬的形式與脾氣無法更快），1天大概走15-20公里。因為1小時3公里的關係，所以可以做很多坐車子不能做的事：採桑椹、騎腳踏車、和當地人聊天、爬在馬車上、游泳玩水、做愛……幾天之後，我們完全迷失了時間的概念（日復一日的時間：吃飯、工作、睡覺）。

滑翔翼

三角翼是一張裝在鋁製管上的帆布，是一個大風箏，只不過風箏線由背著吊帶裝置的人的重量取代，並從山頂上俯衝而下飛起來。

起飛是在山坡上剛好的坡度進行，沙石的跑道離地只有幾公尺之處，就地理上，到處都可以飛翔，庇里牛斯山、佛日山脈（Vosges）、侏羅山的北面的山堆或斷崖，一直到阿爾卑斯山，還有多姆山。

健走

竟然有人不知道只要走出地鐵沉悶的世界；在聖克洛德門地鐵站下車，就可以找到長途徒步1號道。正如遊記上所說的，模模糊

糊、霧濛濛，就像第二天早上吃早餐時還在做的夢一樣。但這卻是真的：過了凡爾賽大道後，就是綿延565公里（至少！）的小徑，不會經過任何城市聚落。

好玩的足球

曾幾何時，我們開始參加「場邊」的足球，在任何俱樂部、任何比賽、甚至經常在球場以外玩球。傳統單色的球衣也讓位給五顏六色的T-Shirt，各式各樣的襯衫，甚至印第安短袖衫。穿短褲的不多，穿牛仔褲的反而很多，綁著一大堆複雜的線、有著止滑釘的球鞋倒是很少見，還會在「比賽」前讓大家聚在一起議論紛紛。一般球鞋和克拉克休閒鞋才是最普遍的。

人數總是變化很大，很少達到命中注定的數字11人。性別更不會只有男性，我記得有幾場球賽是在蘇鎮公園（Parc-de-Sceaux）冬天泥濘的比賽，每一隊至少有3或4個女孩子，有些穿著高跟鞋，讓腳踝和脛骨舒爽痛快，而且所向無敵。

此乃傳奇性球賽，中場休息兩三次，喘氣不那麼厲害的人也都可以射門好幾次，因此最典型的得分都是在32-28之間。

年齡落差更大：沒有兒童、少年、青少年、老年或老兵隊的區分，常常是11-12歲的小孩——那種半大不小的小鬼，剛剛會獨立自主而已。

很明顯，不會嚴格遵守比賽規則，而且大多也沒有裁判。越位犯規只有在明目張膽的情況下才會被懲罰（例如，某個球員整個半場黏著一個對手球門，等待人家傳球給他射門）。邊界幾乎不存在，球場往往變得沒那麼長卻更寬，角球也被拿掉，因為常常惹惱球員。球隊也隨著人員的到來才慢慢成形。

競賽的精神也並非完全排除，但絕不會幻想自不量力地去和那幾個「職業級」的球隊相比。事實上來球場踢球的人不是為了在草地上想盡辦法贏球，因為根本就沒有輸贏的賭注，也很少會有同組人員玩兩次，比賽時間也很有彈性，得分往往也很接近（常常只有

一或兩分之差）。然後當有一隊明顯地比另一隊強時，就會平均一下，將兩隊的球員「調配」一下……這使得……球隊的士氣和一般所認知的國中或高中隊有很大的差別。

解決辦法？就只能帶幾個比較專業的人進場，傳球給那些完全沒有任何比賽精神的球員（這是真的，這些專業球員還會有些困擾，因為沒有遵守大家所接受的規則踢球）。

下週末，若你看到一群披頭散髮的小鬼追著一個球在跑，別忘了問他們可不可以一起踢球，他們不會把你吃掉啦！

因此，在某個時期提供給潛在的「消費者」的運動活動與賽事系統，也可以被視為是一種在那個時期所有社會學相關指標差異的表達，表達出性別之間的對立、階級之間的對立、階級派系之間的對立關係。其實行動者只要讓他自己慣習的偏好帶著走，就可毫不自知也沒有任何內在動機地根據其需要找到相應的運動實踐項目，可以完全自己找到相對應的活動參與。這種現象也會在所有實踐活動的領域發生：每個消費者雖然都須面對供給狀態的限制，即客觀的可能性（資產、服務或行動模式等），其中占有（l'appropriation）就成為階級間鬥爭的重要賭注之一，因為其與階級和階級派系的可能性關聯，會自動被動地被分類也會主動地去分類（人事物），被等級化也主動地等級化（人事物）。資產或各種實踐活動的分布狀態取決於由（現在或過去）不同生產場域所提供的機會與具有社會性差異的稟賦之間的遭遇，後者與（由總量及其結構來決定的）資本有密切關係，它完全是（根據社會軌跡的）一種產物，藉此上述機會與稟賦方得以找到落實的方法，也因此奠定了這些可能性的利益，亦即（透過占有的事實）獲得並兌現成區判性符號的稟賦與才能。

　　如此，例如針對玩具公司的市場調查研究，首先必須掌握這個
生產場域特定的形構原則，在此就像在其他地方一樣，依其「資
歷」（從生產木製玩具的小工匠到現代大公司），或依其資本量（營
業額、員工數），無疑的有不同的工廠同時並存，更可能依其在「文
化」投資的比例而有不同，亦即仰賴的不只是技術方面而且是心理層
次生產的程度；其次要依據購買玩具的條件進行分析，尤其是與傳統
節日相關的購買程度，因為是贈送禮物的季節（聖誕節、元旦），必
定會根據階級有所差異。藉此我們可試圖理解不同階級有意或無意間
賦予玩具的意義與功能，依其認知與鑑賞模式本身，以及更精確來
說，依其教育的策略，後者本身就已經是再生產策略的其中的一個部
分，因為那些賦予玩具教育功能傾向的人，必定也是那些完全地依靠
文化資本的傳遞來再生產其社會位置的人，因此也是文化資本在其資
產結構裡占比重最高的人。然後，還必須檢視造成不同類型的工廠對
立的競爭性邏輯，具備不同能力與成效保衛其不同的產品，又某種意
義上如何被不同範疇的客戶所決定，例如手工匠工廠可能因其木製玩
具符合知識分子派系對自然簡樸材料的品味而找到第二春，而大量文
化投資的玩具公司可能在文憑競爭激烈與教育投資普遍增加的情況下
很自然地找到支持者，他們也可能想要為其品味偏好的產品所提供的
廣告，不斷地以其自身生活風格作為範例，依其偏好傾向及氣質樹立
起一種普世的倫理價值[37]。由於文化性玩具生產商必須不斷地在玩具市

---

[37] 在諸多證明主流支配和主流文化實踐定義的證據中，最好的證據莫過於不知不覺、
卻在社會上被認證過的自信。藉此新的品味製造者（taste-maker）得以缺乏好品味
來批評任何一種文化實踐，而形成某種未來的規範（以對反任何古老的、舊式的、
呆板的與過時的為基礎）。有些天真的評論，把他們生產出來的統計數據當作市場
的需求而洩露其無知，例如他們依英式食物消費的分類概念區分出培根蛋的早餐或
配礦泉水的輕食午餐，或在其他方面根據哈佛、普林斯頓或史丹佛最近在做什麼為
圭臬，像政治方面強迫參與不然就出局（in）或最新哲學風潮的應然（must）。

場上配合儀式性的節慶調整其季節特性，是攸關他們生存利益的事，因此必須仰賴那些狂熱分子會相信也會讓人相信，玩具和遊戲有其（無法完全被證明的）教育效應，像是心理學家、精神分析師、教育學家、遊戲間愛好者，以及所有參與創造孩童市場者，即有能力為這些兒童製作產品及服務的人[38]。

　　接下來只要不斷增加經驗研究的分析，它必須同時考慮某個特定類別的文化產品的相對性自主生產場域，以及這些產品所聚集的消費者市場之間的關係，後者有時候會像場域一樣運作（不斷地被其社會階級場域的位置所決定）。只有這樣才能真正地擺脫那些抽象的經濟理論，只會把消費者減化成購買力（它本身又被減化成收入）以具有某特徵的產品，以抽象的方法，在技術功能上假設他們全都一致。只有擺脫它們這樣才能建立一個真正實作的經濟學理論[39]。

---

[38] 吾人亦可將文學場域當作生產場域來分析語言的可能世界與階級慣習之間的關係（參見P. Bourdieu, avec L. Boltanski, Le fétichisme de la langue, *Actes de la recherche en sciences sociales*, 4, 1975, pp. 2-33）及P. Bourdieu, L'économie des échanges linguistiques, *Langue française,* 34, mai 1977, pp. 17-34.）或甚至去分析在報章雜誌的空間裡不同政黨與社會階級的讀者之間的關係。

[39] 其實還應該以類似方式批判勞動市場這個抽象概念，並根據生產工具（即職位與工作）持有者與勞動力供應者之間的力量關係去描述他們之間關係的變異與否。這種力量關係端視職位的稀罕性及能從中獲得的實質與象徵的利益，也端視所供應勞動力的稀罕性或保證它的文憑。或以另一種方式說，端視職位持有者能夠忍受撤走個人或集體勞動力（拒絕工作、罷工）的程度，或勞動力的持有者能夠忍受（如依其學歷文憑、年齡、家庭的負擔）拒絕提供職位的程度（年輕的單身族較不受影響）。

第四章

場域的動力

　　有多少偏好的空間就有多少風格可能性的世界。每一個風格可能性的世界，不論是飲品（礦泉水、酒類和餐前酒）、汽車、報章雜誌或度假的地點和形式、家具或居家或庭院的布置，更不用說政治理念，都提供了幾個區判的特徵，作為拉開差別化間距的差異系統，幾乎所能提供和主流藝術一樣複雜且精緻的表述系統，完整地表達其最基本的社會差異。於是，這些風格的可能性也讓我們看到在這個世界裡追求區判的無限可能性。

　　若說在所有可能性世界之中，沒有一個比奢侈品的世界，尤其是文化商品最能表達其社會區別，那是因為區判關係被客觀地烙印其上，且不論自知或不知，要或不要，都會透過它所要求的經濟和文化擁有手段，在每一個消費行為上重新活躍起來。這不僅是作家或藝術家隨著文化生產場域的自主性越確定就越堅信要確認其差異[1]，而且

---

[1] 還是給幾個實例：「因此什麼叫做平等，若沒有對所有自由的否定，對所有優越和自然本身的否定的話？平等，只不過是奴隸而已。這也就是為什麼我喜愛藝術。」（福樓拜，〈給路易絲・科列（Louise Colet）的信〉，1852年5月15-16日）「在此平等的國度裡，並且正在接近中，我們活剝一切沒有被疣痂附蓋的東西。這些關大眾什麼事？藝術、詩詞、風格？他們全都不需要這些東西，只要給他們滑稽歌舞劇、監獄勞動手冊，工人住宅手冊，然後還有當下所需的物質利益。就永遠有拒絕原創性的趨勢。」（同上信，1852年6月20日）「然而一個真理對我來說比什麼都重要，就是我們不需要粗俗，不需要大部分多數的元素，不需要許可贊同，不需要神聖

還更要確認文化物件的內在意圖。或許可因此召喚所有對主流語言的社會指控批評，譬如沉積於兩相對立的形容詞組、類似自動化一樣隨時可啟動的倫理和美學價值系統，或與通俗和一般的說話方式拉開距離，在上流語言中以同樣的邏輯運用一切價值來製造差距。就像修辭法（figure）、源自於日常生活用法的調整，但最後卻凝聚成為某種社會關係客觀化，而此社會關係正是這些修辭法得以生成並運作之所在。因此若想在正確使用修辭法專論裡去尋找轉義（trope）的本質的話必定是枉然，因為就像所有區判的特質一樣，它只存在於關係之中，也只透過關係才存在，只存在於差別之中，也只透過差別才存在。一個字或一個風格的修辭從來不會只是一種用法的變異而已，而比較像是一種區判的符號。它可能會以沒有任何標示性符號的樣態出現，尤其為了區別那些意圖太過明顯的區判（被界定為「野心勃勃」）時，或只不過「陳腐」、「過時」的區判符號出現。這令人想到某種雙重的否定，眾所皆知，所有主流支配美學賦予樸素、簡約、省力的價值往往對反於字面意義的節儉和貧窮，也對反與誇張和誇浮這種「半吊子」的矯揉造作和矯飾。

　　幾乎不用多說，藝術品其實是區判關係的客觀化，而且它也在極為不同的脈絡之下天生易於承載這樣的關係。一旦藝術意識到其自身的存在，譬如宮布利希指出文藝復興藝術家阿爾伯蒂（Leon Battista Alberti）就以否定、拒斥和拒絕承認作為精緻的原理本身，並藉此宣

化。89年大革命摧毀了皇族和貴族，48年革命摧毀了布爾喬亞，最後51年革命摧毀了人民，什麼都沒有了，只剩下一群卑鄙的流氓和白癡。全都被迫成為同一等級的平凡庸俗。社會平等已進入精神層面，為大眾出版書，為大眾生產藝術，（就像建鐵路和公共暖氣房一樣）為大眾科學。人性因道德墮落而暴怒，我也因參與其中而怨恨它。」（同上信，1852年6月20日）還必須援引馬拉美的《人人藝術》（L'Art pour tous）或〈文字裡的神祕〉（le mystère dans les lettres）（*Œuvres complètes,* Paris, Gallimard, Pléiade, pp. 257-260 et 382-387）。

示與簡單的感官享受和膚淺的誘惑保持距離，與這種沒有教養的菲利士人[2]喜愛的黃金裝飾粗俗品味保持距離。「在十六和十七世紀一個階級森嚴的社會裡，『粗俗』與『高貴』成為藝評最主要的關注點之一」，評家相信「某種形式或某種模式是『真的』粗俗，因為它吸引下層階級的人，但有些本質上就高貴是因為只有那些品味發達的人才懂得欣賞」[3]。藝術家藉此確認其自身利益的區判意圖，更加傾向要求獨家的精通形式，甚至於甘冒使其主顧的「壞品味」失望的風險。這早就與由訂購者或收藏家賦予藝術品真正的功能背道而馳。就像艾里亞斯（Norbert Elias）提到十七世紀法國藝術時這樣提醒我們：「此種以純粹美學視角下的文化創造，就像某種既定風格的變化，曾經被當時的人視為一種具有某種社會地位者高度區隔化的表現」[4]。

這也就是說，根據葉慈對藝術的看法（「藝術是孤獨者的社會行動」），一切藝術品的擁有其實就是一種區判關係實現，其本身就是一種社會關係，因此就與文化共享的理想背道而馳，它就是一種區判關係。對那些只能象徵性擁有文化商品的會相信只有透過經濟手段才能獲得藝術品——或更廣泛而言是獲得文化商品的稀罕性。他們樂於見到象徵性擁有，因為在他們眼中才是唯一主流支配，就像某種神祕地參與一個共同的財產一樣，人人各有其份且眾人共有全部。象徵性擁有像是一種矛盾的擁有，不同於以真實獨占，這是一種不讓人接近表現自己的物質性擁有，以排除特權與壟斷宗旨。「當我在一幅普桑（Nicolas Poussin）的畫前沉思或讀一段柏拉圖對話錄時，這並不意味我因此剝奪任何人看普桑或讀柏拉圖，也不意味就此製造了潛在的觀眾與讀者一樣多的普桑和柏拉圖」（哲學教授，30歲）。當藝術之愛

---

[2] 菲利士人（Philistins）：聖經中被常提到的古民族，常被當作市儈的代名詞——**譯注**。

[3] E. H. Gombrich, *Meditations on a Hobby Horse*, London: Phaidon, Presse, 1963, pp. 17-18.

[4] N. Elias, *La societé de la Cour, op. cit.* p. 38.

被當作一種「對上帝知識之愛」的世俗化形式，就像史賓諾莎所相信的，「越多人分享，就越幸福的愛」。這尤其毫無疑問地在傳承於過去，且收藏在美術館或私人收藏的藝術品可以見到。除此之外，所有客觀化的文化資本，以長期積累形式的歷史產物，像書籍、文章、文件、器具等，都是理論或是這些理論批評的痕跡或具體化的結果，也是概念系統和問題意識的痕跡或具體化的結果。上述這些〔具體化文化資本的〕東西以自主世界的方式出現，超越個人意志而有自己的法則，雖然它也是歷史演變的產物，以至於無法減化為每個行動者，或整個行動者全體都無法內化它（亦即內化的文化資本）。這就像在字典或文法裡的客觀化的語言一樣，也都無法減化為真實操用的語言，被每一個行動者內化或甚至被整個行動者全體內化的語言。然而，與理念世界或「無認識主體知識」或「無主體進程」世界（這也就是阿圖塞與波普〔Popper〕非常接近之處）的自主性理論相反，在此必須提醒的是：客觀化的文化資本，只有在其文化生產場域（藝術場域、科學場域）透過物質性和象徵性的鬥爭而形成的文化資本形式存在，也因此才能持續存在。還必須注意的是：社會階級場域是社會行動者投注力量的場所，以追求獲利，這是相對於他所付出以操控所擁有的客觀化資本之獲利，也就是相對於其內化的資本[5]。

---

[5] 例如說不同於波普，涂爾幹甚至還比他的論點走得更前衛（參見 K. Popper, *Objective Knowledge: An Evolutionary Approach*, Oxford, Oxford University Press, 1972, ch.3），他認為科學世界「是人類存在集中和累積的結果」與個人理性之間關係的問題，一旦以分擔的語言回答時就會立即消失，此乃文化共產主義幻象的基礎所在：「哲學家經常在人類的理解能力外，想像一種普世且非個人化的理解力，第一批人常想要以神祕的管道參與。哎啊！這種理解力並不存在於超驗的世界，而就存在這個世界本身。因為這就存在於科學或至少科學所逐漸實現的世界，而且是最高層次邏輯的生命之源，是它竭盡個人的理性。」（E. Durkheim, *L'évolution pédagogique en France*, vol. I, Paris, Alcan, 1938, pp. 215-216.）

　　由於文化作品的擁有，不論是物質性或象徵性的擁有都意味某種稟賦與能力，這並非平均分配（儘管看起來有其慣性），使得文化作品成為獨占性擁有的對象。並且會以（客觀化或內化的）文化資本形態來運作，以確保在區判中獲利，這又與擁有它們所必需手段的稀罕性形成正比；也確保在主流支配裡獲利，這是最好的獲利形式，因為自我感覺其存在是合理的（存在的樣子），也感覺就應該如此存在[6]。此乃以階級為區分社會的主流文化以及很少或沒有分化社會的文化間差別之所在；因為前者是支配的產物，天生注定就為了表達其支配的合法性，而後者則是擁有文化資產的管道大致上還很平均地分配，以至於文化本身大略很平均地為團體的所有成員所掌握，而無法以文化資本的形式運作，亦即以支配工具的形式運作，即使僅在非常有限的範圍內，和在非常高度美化的程度上。

　　不論是物質性或象徵性擁有藝術品所獲得的象徵利益，是以此作品具有的區判價值來衡量，後者則與鑑賞此作品所要求的稟賦與才能之稀罕性以及它在階級間所造成的分布形式有關[7]。根據瓦萊里·拉博（Valéry Larbaud）的說法，文化作品被非常精巧地分成不同等級並整齊排列，以便標示文化投資努力進展的階段與程度，就像「基督徒往耶路撒冷天國的天路歷程一樣」，讓「文盲」變成「文人」，中

---

[6] 由於不只被視為擁有者的財產，也是其好品味的表現，藝術品的擁有某種程度會以配得上某人的姿態出現，就此而言本身就足以構成一種主流支配的保證。

[7] 一件高級文化作品所要求鑑賞能力的稀罕性會隨著作品越「現代」要越稀罕，亦即因為處在生產場域相對自主性的歷史最尖端的階段，由於從屬於這個場域及此場域的歷史（「劃時代」）而產生類似積累性的效應，使得人們會在透過援引參照，或最常的狀況下會以對反於前一個階段的藝術來定義「現代」藝術（尤其在音樂的領域特別明顯，例如像已達成的共識的場域持續的拓展或可接受創作模式的擴大所主導的發展）。這也解釋為何個人品味的歷史會傾向於以稍微差距的方式複製相應的藝術史。

間還會經歷「識字」和「半吊子的文人」；或僅是簡單的「讀者」，撇開「珍本愛好者」不談，到真正「讀書人」：文化的神祕經驗也會有其基督教義入門教育，有其初學者，有其立誓修行儀式，這種「低調的菁英」以其儀態／方法無數無法仿效的細微差別和大眾俗人區隔開來，又以其「高尚的品格」而彼此聚集在一起，「某種人作為人最本質的東西，屬於其幸福的構成部分，對他來說可能不是非常直接有用，也從不會幫他賺進一毛錢，與其彬彬有禮、勇氣和仁慈不相上下」[8]。現在，我們可以理解為何就像所有敬奉書籍為宗教信仰的文人都會對其經典性文本不斷的重新審視、再詮釋和重新發現：針對不同層級的讀者有不同層次的「解讀」，因此只要改變解讀的等級秩序就會打亂了讀者的等級秩序。

　　接下來要做的只不過是轉譯某一資產或某一個實踐在不同階級的分布結構（亦即每一個階級擁有此一資產者的比例幾乎會一樣地增加），就會有減損其稀罕性及區判價值的效應，進而威脅到原本擁有者的秀異。可知狂熱推廣文化的旨趣就是要以風吹草偃的普及化來征服市場，進行文化推廣的運動，也因而造成文化區判的焦慮，成為稀罕性的唯一客觀基礎。任何想要牽扯到「文化民主化」的知識分子或藝術家，都必須維持一種非常曖昧的關係——例如在文化推廣機構和大眾之間關係上，表現出雙重或更好的說法的分裂論述。

　　當被問到如何改進美術館作品的展覽方式，尤其被問到如何創新藝術教育，以便減低作品「供給水準」，提供必要的技術、歷史性或美學的解說時，支配階級的成員，特別是大學教授及藝術方面的專家，都會試圖閃避以下的矛盾，操弄著符合他人期待和符合他們自己

---

[8]　在此致謝黑諾（Jean-Daniel Reynaud）提供這條援引。

期待的不一致性。那是因為美術館原本就是一個具有排他性的特權之所，因此它必須為了像他們一樣的人服務，也就是為了為他所篩選的人服務。改變美術館，使之更易於接近，這意味著拿掉某些其優異的成就及其稀罕性的一部分的東西。但是當那些內行人被問及應該優先發展的方向時，他們卻不得不敏感，因為其天賦還是要靠別人給予認可才能構成其一部分的特權。必須接受改進藝術教育的，是他們的美術館，那種自以為只有他們能夠擁有的，即嚴肅、制欲及高貴的美術館，接受對別人開放。[9]

由於擁有或消費文化的區判力，不論是藝術品、學歷文憑或電影學養，會隨著有能力擁有的絕對人數的增加而遞減；若文化產品的生產場域（其本身就是由野心抱負與區判秀異之間的辯證關係所統攝）無法不斷地提供新的產品或擁有同樣產品新的方式的話，其區判的利潤也注定會漸漸消減。

商品生產與品味生產的相應關係

在文化商品方面的供需之間的適應（其他地方也必定如此）並非單純地由生產強加於消費之上的效應，亦非走在消費者的需求之前刻意尋找的效應，而是兩種相對的獨立的邏輯，是生產場域邏輯和消費場域邏輯客觀協調的結果。介於生產製造出產品的專業生產場域與品味之所以決定的（社會階級或支配階級）場域之間存在著或多或少完美的同質共構關係，使得產品在相互競爭的鬥爭裡被製造出來。這種

---

[9] 針對一連串環繞著口袋書出現的爭論的分析指出，口袋書對作者來說也許是浮爛，但對讀者來說卻是普及化，這也同樣產生模稜曖昧的關係。

同質共構也同時是這些產品彼此相遇的場所，也是這些產品不斷變動的源頭；在不需要刻意追求的情況下，需求會在不同社會階級或階級派系在物質或文化消費方面所維持的客觀或主觀的對立關係裡被制定出來，或更精確地說需求會在有關這些商品相互競爭，彼此對立的鬥爭裡被制定出來，此乃品味變化的源頭所在。這種供需之間客觀的協調是造成即使是最不一樣的品味也能在每一個生產場域給它們提供的可能性世界裡找到使它們落實的條件，另一方面生產場域的每一方又能在不同品味裡找到其構成及其運作的條件，因為不論就長期或短期而言，不同的品味確保市場有其不同的產品[10]。

　　生產場域，很明顯地必須依靠現有既存的品味，對多多少少已經清楚界定商品或強或弱的消費傾向來運作。它在每一時刻供給文化商品的世界作為風格的可能性系統，使得品味得以實現，因為在其中品味得以選擇構成生活風格特徵的風格系統。吾人常忘記由生產場域裡的每一方所提供的產品世界，事實上也會限制在某一個特定時期客觀上可能的（美學、倫理、政治等）經驗形式的世界[11]。然後還有，任何支配階級所認可以及以任何屬性來辨認的區判，都會根據該「階級」實際上可運用的區判符號狀態，以各種不同形式來掩飾。確實，至少在文化商品的生產領域，供需之間的關係常常會以一種特別的形式出現，供給總是以象徵性強制的效應在運作：一種文化產品，不論前衛派的畫作、政治宣言或報紙，都是一種建構的品味，一種品味被半成

<hr />

[10] 相對性自主的藝術生產場域會提供具有風格的多樣產品的構成條件，其實是因為兩個或多個藝術品生產老闆的群體存在，他們不同的藝術需求，也同樣具有權力選擇符合其需求的作品（E. B. Henning, « Patronage et Style in the Arts: a Suggestion Concerning the Relation », *The Journal of Esthetics and Art Criticism*, vol. 18, n° 4, June 1960, pp. 464-471）。

[11] 在某一個特定時期確實提供的倫理、美學、政治的可能性系統，無疑構成同時代、同一地點的個人或群體之間的當代性的思考模式與世界觀最本質的面向。

形或未成形經歷，被隱晦、甚至無意識的欲望之半隱半現的模糊存在
所引導，勉強在完成的產品之中實現出來，透過幾乎都是由專業人士
負責的客觀化工作，自完成到現有的狀態。在此正蘊含著一種客觀化
總是具備的清倉拍賣、合理化和強力的力量，尤其像在這個案中，當
結構性同質共構的邏輯將此客觀化工作指派給某一個卓越的群體時，
後者又以權威的身分運作，賦予能被集體認可的實現，任憑其稟賦發
展而獲得強力[12]。就這邊而言，品味是一種由條件化作用所建構出來的
分類的系統，此條件化作用在具有不同條件的空間裡，又與所處的位
置上形成的條件限制有關。它統攝客觀化資本的關係，也統攝被分成
等級又會主動分類等級的物件世界，後者負責在物件身上使其品味得
以落實在各領域而現實[13]。

　　因此品味能否確實付諸實現取決於文化商品系統的供應。任何文
化商品系統的改變都會造成品味的改變，但反過來說也是如此，任何
因為生存條件和所涉及稟賦的轉變而改變的品味，不論直接還是間接
地也都根源於生產場域的改變，在此場域的建構鬥爭中勝者為王者往
往是能提供新的稟賦需求的生產者。因此不需要再援引至高無上的品
味假設，認為生產必須適應需求，或是相反的論點認為品味本身其實

---

[12] 眾所皆知奢侈品廣告常會將其產品和某一個群體的人連結起來。但這還不是這些機
構以其客戶來定位奢侈品的交易最公開的場域，無疑的那是因為這種產品的供給幾
乎完全就是為了等級分類其持有者而存在的。這種標記性價值與其持有者團體價值
之間的關聯還可以在其他像比較低調的古董市場找到，因為古董物品往往標示著原
持有者的社會地位。

[13] 內化並落實品味的分類系統必須在每一時刻考慮到在機構內的客觀化分類，像是成
聖化與文化資產保存的機構，以及任何足以造就物品的等級次序，它們某種意義而
言永遠都是其產品的一部分。但反過來說，支配的分類系統會不斷為了地質疑並重
新檢視任何分類方式而鬥爭，藉此不同的階級或階級派系會直接或透過在特定的生
產場域中彼此對峙的專業人士之中介，致力於強加其自己的分類方式，以此當作是
主流合法的分類系統。

是生產系統的一個產物而已，如此才能理解這種由生產場域提供的產品和社會建構的品味場域之間在每一時刻似乎奇蹟般有著對應關係。生產者在與其他生產者競爭之邏輯所引導下，以及與其在生產場域裡的位置相關的特定利益驅使下（因此也就在其慣習引導他到達此位置的驅使下），會製造出足以區隔市場的產品，讓階級位置和條件不同而具有不同的文化興趣的消費者能夠彼此相會，因此提供能夠滿足他們的真正可能性。總之，常言道「各取所好」，此運作邏輯讓支配階級的每個派系都有其偏好的藝術家及哲學、報紙和評論，就好像有其偏好的理髮師、室內設計師和裁縫師一樣，或像一個畫家所說的，「大家都會賣掉」，意思是說，再怎麼不同風格的繪畫，終究會找到其買主，這不是刻意搜尋的產物，而是兩個差異系統交會。

因此，這也是功能性與結構性的同質共構原則是使得生產場域的邏輯與消費場域的邏輯得以協調的理由。也是此原則使得任一個特定場域（時尚服飾、繪畫、戲劇或文學的場域）都會依此邏輯運作，亦即依據所擁有特定種類的資本量（也依據資深程度，這往往又與持有時間長短有密切關係）；此外，還會依據其間的對反關係來運作，對反關係在每個個案不同，可能建立在特定資本最豐沛和最缺乏的持有者之間、支配者和被支配者之間、既得者與挑戰者之間、資深與資淺的新手之間、區判與野心勃勃之間、正統與異端之間、保守與前衛之間、秩序與運動之間的矛盾。而這些對立關係彼此之間又是同質共構。對反關係的同質共構又因此組織（支配者與被支配者之間）社會階級場域或支配階級內部（支配派系與被支配派系之間）的運作[14]。於

[14] 在此不再一一解釋場域分析所涉及的所有預設（尤其是結合特定資本與場域的相互依賴的關係，在此它得以運行和製造其效應），請讀者參考之前已經探討此概念的先前著作（參見 P. Bourdieu, "Le marché des biens symboliques", *L'année sociologique*, 22, 1971; "Genèse et structure du champ religieux", *Revue française de sociologie*, 12

是在產品的等級分類與消費者等級分類之間所客觀地建立的協調，只有在消費之中，透過商品與群體之間的共構感為中介才能實現，正是這種共構感在界定品味。依其品味精選，就是一種辨識能夠與其位置客觀地協調並匹配的文化商品，因為這些商品所處的位置大致上符合他們所在相對應的空間，電影或戲劇、動漫或小說、家具或服飾等。這種辨認操作不斷地被機構、商店、（右岸或左岸）劇院、評論、報章雜誌所強化支持，並依同一原則來選擇，但由於後者又是以其在場域的位置來決定，它們本身也就成為區判性辨認操作的對象。在支配階級方面，供需之間的關係會以事先協調好的形式出現。競逐奢侈品和「階級」標記就是支配者為強加其支配原則的鬥爭的一個面向，這個階級尤其是此一競逐進行的場所，使得其策略的選擇，會共同且客觀地往極大化獨占擁有所產生的區判利益發展，並使得他們必須要武裝不同的手段來滿足此共同的功能。在生產場域方面，為了生產高貴又具區判的「階級／分類」符號，如果可以這樣說的話，生產場域只能沉溺於其本身的邏輯，即區判的邏輯，使它永遠依照類似由其功能所生產出來的象徵性系統的結構來運作，並在每一個要件上滿足其區判的功能。

(3), 1971; "Champ du pouvoir, champ intellectuel et habitus de classes", *Scolies*, 1, 1971; "Les couturiers et sa griffe", *Actes de la recherche en sciences sociales*, 1, janvier, 1975; "L'Invention de la vie d'artiste", *Actes de la recherche en sciences sociales*, 2, mars 1975; "l'ontologie politique de Martin Heidegger", *Actes de la recherche en sciences sociales*, 5/6, novembre 1975; "Le champ scientifique", *Actes de la recherches en sciences sociales*, 2/3, juin 1976；尤其是 "La production de la croyance: contribution à une économie des bien symboliques", *Actes de la recherches en sciences sociales*, 13, février 1977）。

同質共構的效應

於是，時尚服飾的例子，很明顯地是最能解釋一種意圖追求區判的模型，就像上行下效（trickle down effect）的模型一樣，時尚變化的動力，幾乎是兩個相對自主的空間和兩種不同歷史相遇最完美的例子——流行不斷的變化是兩種邏輯客觀協調的結果：一邊是生產場域的內在邏輯，根據一系列的對立關係運作，舊與新之對立關係，其本身也是透過昂貴與（相對的）便宜之間的對立，經典和實用（或保守和前衛）之對立來表達，也是透過年老和年輕（在此領域非常重要，一如運動領域）之對立關係；另一邊是支配階級場域內部鬥爭的邏輯，就如同我們談過的，支配派系和被支配派系之間的對立，或更精確來說，在位者與挑戰者的對立關係，也就是說將權力（尤其是經濟權力）和年長等同起來。就像身體年齡一樣，社會資歷其實就是接近權力那一端，也只是長久占居其位置的一種功能而已。因此就會產生老練的資深者種種相關的社會屬性與尚未有成就的年輕人種種相關的社會屬性之間的對立。在流行時尚的場域裡，已經占有支配位置的設計師只須依循低調和話說三分（understatement）的否定策略，就可因應那些只有攻擊性的挑戰者的競爭，並調適自己來直接滿足資深布爾喬亞的需求。亦可依同質共構關係，採取同樣態度拒斥新布爾喬亞的大膽無禮。相同的，那些剛進此場域的新手，年輕服裝設計師則會推出顛覆性的想法來獲得青睞。他們事實上與布爾喬亞的新興分層和年輕世代形成某種客觀的聯盟關係。對他們來說，大膽的服裝和外貌就是其夢寐以求的典範，此典範表達出他們處在一時權位者之「窮親戚」的尷尬位置[15]。

---

[15] 參見 P. Bourdieu et Y. Delsaut, "Le couturier et sa griffe: contribution à une théorie de la magie", *Actes de la recherche en sciences sociales,* n° 1, janvier 1975, pp. 7-36. 同理，成衣業的

　　文化商品生產場域的運作邏輯及區判的策略，都是使其產品得以運作的動力來源，不論是在流行或小說的創造，都被視為某種差異化的運作，首先發生在階級內部派系之間，然後在不同階級之間，以一種區判工具的方式運作。由於生產者全然投入與對手的鬥爭而不能自拔，他們相信只要在實際的操作上投注特定的興趣，就如同能像活在完全與其所達成的社會功能無關或完全與之脫離的世界裡，長期或短期不斷地只為滿足某些特定群體的期待而工作。這些群體有時甚至非常狹窄到只是某一個階級或某一個階級的分層。上述情形沒有比戲劇的例子更能說明了。劇場聚合了好幾個相對自主的空間：製作人、編劇和演員的空間，評論的空間（以及透過它擴及報紙和週刊的空間）和觀眾的空間。觀眾的空間即支配階級的空間，完美又必要但卻又同時是那麼不可預測，以至於每一個演員與其偏好對象的交會簡直可視之為奇蹟般的預選[16]。林蔭大道劇場所提供的諸多試驗性質的表演（像國外劇本改編或林蔭大道的經典戲劇重演）都是為了票房的保證而設計的，由大牌的演員表演給年紀較大的、「布爾喬亞」、付得起高

「革命」亦生成於占居流行場域特定位置的某個設計師（庫雷熱Courrèges）的稟賦與新興布爾喬亞「現代」、「活潑」、「輕鬆」的生活風格之交會，後者在職場裡引進形象塑造的傳統功能。同理，就像最近流行的「樸實風」（真正的中國服飾，真正軍用裝備服飾像風雪大衣、軍裝褲、輕防水衣、加拿大獵人裝，日本武士裝，非洲遠征隊的半統皮靴），就是最「上道」的精品店，以黃金價格賣給走在流行尖端的顧客群：模特兒、廣告人、記者等，其成功之道就是能掌握年輕人最新的反抗文化的心理需求。

[16] 參見 P. Bourdieu, La production de la croyance, *Actes de la recherche en sciences sociales*, n°13, 1977, pp. 3-43. 同理，無需多語，即使是在市場調查的階段，某些特定種類的文化產品，像報紙是多麼依賴爭取廣告商與讀者的競爭邏輯，以至於報社的組織，就像政治團體一樣，必須不斷地盡可能地努力去滿足其客戶群，不惜犧牲在生產場域中最接近的競爭對手，甚至只稍加修飾一下就借用對手的主題、公式，還有記者，卻不會因此失去其忠實的觀眾——那些界定這些報紙並賦予其分布價值的觀眾。

價來欣賞的觀眾；與此在各方面都相反的實驗劇場，則是相對花費不多的表演，並以踩倫理和美學的紅線為樂，吸引了較年輕、「文藝」（intellectuel）的觀眾。這種生產空間的結構不只是在真實世界是這樣運作的，即經由生產的作家或演員與劇場、評論及其報章雜誌之對立關係之機制運作，也同時在腦袋裡如此運作；即以認知和欣賞的分類系統形式存在，得以分類和評價劇作家、作品、風格、主題等。因此處在文化生產場域對立位置的劇評，會根據同樣的對反關係來思考作品，但他們卻在對反的兩極建立起倒置的層級次序，此乃客觀差異的來源。

　　就像1973年杜蘭（Françoise Dorin）一齣名為《轉角》（Le tournant）的表演激起了莫大的回響。由於這部作品是一個林蔭大道劇作家改變風格成為前衛劇作家的嘗試，就其內容和形式所激起的反應會隨著不同的報社想要表達的立場而非常不同：亦即變化光譜從「布爾喬亞」的一端到杜蘭這齣戲之間的距離大小排列，隨著我們從左派到右派，從右岸到左岸，從《晨曦報》到《新觀察家》，有無條件接受的忠實觀眾到沉默的鄙視，中間還有中立觀點（以《世界報》為代表）等不同的分布。報紙的空間，這也同時就是觀眾的空間本身，就相當精確地依據劇場空間所反映出來的對反關係而排列組織。一個非常清楚事實是劇評在面對根據最典型對反關係而排列的評論對象時，由於本身在報紙的空間裡也以評論對象被分類的原則及所運用的分類系統之結構會分布在不同位置，以至於會在他們分類作品及劇評的評論空間裡，再生產他們本身就已被分類的空間（完美的循環只能將它客觀化才能跳脫出來）。在同一齣劇裡，杜蘭「布爾喬亞」戲劇（她自己的立場）常見的用來營造「非常法式」的特性：歡愉、輕盈和瀟灑氣氛的技巧，對立於「文藝」劇場，以「炫耀性的剖析」、嚴肅精神及氣氛灰暗為特徵，來掩飾其「假會」和「吹噓」。在右岸的劇評裡常

社會學測驗

　　從「左」到「右」或從「右岸」到「左岸」，首先會有《晨曦報》的評論：「杜蘭的放肆可能會與我們馬克思化和趕時髦的知識分子圈（這兩者往往是天生一對）產生格格不入。因為一個『齷齪的自私者』之作者全然對華麗的苦悶，深度的空虛、令人暈眩的虛無不表示任何的尊敬，這些都是所謂『前衛』戲劇生產的特徵。她膽敢用褻瀆的笑聲濺污那聲名狼藉的『無法溝通性』，當代劇場自始至終都是如此。而且這種變態的反動派，總是會討好消費社會最低級的口味，即不承認其錯誤又不戴著人性的光環，她林蔭大道作者的聲譽卻令人偏好季特里（Sacha Guitry）的幻想劇作和費多（Feydeau）的淫穢劇作，勝於莒哈絲（Marguerite Duras）和阿哈巴（Fernando Arrabal）艱澀的洞見。此乃十惡不赦的罪惡，更何況這是以其所有可惡但讓它票房長紅的伎倆，在快樂和歡愉裡所犯下的罪惡。」（Gilbert Guillemaud, l'Aurore, 1 janvier 1973.）由於位居於知識分子場域邊界，立基於國外已經在討論（「我們的知識分子圈」）這點上，《晨曦報》的劇評既不斟酌其字句（直呼反抗者反動派），也不掩飾其策略。其修辭語藝的效應旨在要對手說話，但條件是那些以諷刺的反話為運作的論述，必須能夠很客觀地指涉相反於他所想要說的話，不但預設著整個劇評場域的結構及其一拍即合的默契關係，還要把它拖下水，基於他與其觀眾所維持位置的同質共構。

　　從《晨曦報》，我們換到《費加洛報》。出於完美的配合，即與《轉角》的作者之慣習調和，《費加洛報》的劇評面對如此一齣完美吻合其認知與鑑賞範疇，吻合其戲劇觀和世界觀的劇作，只能體會到絕對歡愉的經驗。但是，由於無法再更美化了，反而公開地排除任何政治評價，才能平安退守其美學和倫理的陣地：「吾人應給予杜蘭夫人高度的認可，因為她是一位非常有勇氣的輕盈作家，這意思是說在精神上激勵人心，又帶著微笑的認真，灑脫又不脆弱，以最巧妙的方式將喜劇推到最直率的滑稽喜劇。作者善於以優雅的方

式操弄諷刺劇，無時無不刻展現出其令人驚奇的精湛技藝⋯⋯杜蘭早就比我們熟悉所有戲劇藝術的種種技巧，如喜劇的手法，善用情境的資源，不論是開懷的力量或是遣詞咬字都運用得宜⋯⋯的確，怎麼樣的拆解的藝術，多麼有意識地使用騰空旋轉表現諷刺，多麼精準地操控線條的第二層意義！在整齣《轉角》裡可找到所有應該令人喜愛的東西，卻沒有一點奉承和粗俗。亦無任何粗製濫造，因為可以確定的是當前的一窩蜂盲從全部都是在前衛派那一邊，可笑的都在嚴肅派那一邊，騙子都在苦悶派那一邊。杜蘭夫人以其健全的樂觀讓心理平衡的觀眾放鬆⋯⋯。趕快去看，相信你也會開懷大笑，以至於忘記一個作家多麼絞盡腦汁，因為必須要在她活的時候不斷地順應時勢⋯⋯畢竟這也是每個人都問自己的問題，而且只有幽默和無可救藥的樂觀才能解決。」（Jean-Jacques Gautier, *Le Figaro*, 12 janvier 1973.）

從《費加洛報》我們很自然地移到《快報》（*L'Express*）。其評論則力求持平於附和與保持距離，美化程度很明顯達到更高層次：「這齣戲必然會圓滿成功，一齣大膽又好笑的戲。一個演員皮亞特（Jean Piat）飾一角，就像戴上手套一樣⋯⋯無懈可擊的精湛演技，除了幾處稍微冗長，善用狡慧，完美地駕馭這一行的伎倆。杜蘭編寫了一齣戲關於林薩大道的轉角，諷刺地，這卻是最傳統林薩大道的戲。只有最迂腐的學究才會去深究兩種戲場背後兩種政治生命或私生活概念之間的對立。精采的對話，雅詞與表述卻充滿了挖苦的報復。但羅馬人不是一個諷刺，他沒有像一般的前衛派專業作家愚蠢。菲利浦撿到一個好角色，因為那是他們地盤。作者所謂『如戲場般』所婉轉地影射的，就是林蔭大道戲場，在此戲夢人生就像真實生活。這真是如此，但只不過是部分真實，也不只是因為階級真實的關係。」（Robert Kanters, *l'Express*, 15-21 janvier 1973.）在此，已經可以見到一些還算完整讚許，但卻非常細緻化地有系統地運用贊成與反對兩端模稜兩可的句子：「這齣戲必然會圓滿成功」、「善用狡慧，完美地駕馭這一行的伎倆」、「菲利浦撿到一個好角

色」。這些表語也可當作貶義詞來理解。甚至令人懷疑，透過反面閱讀，彷彿透露另一種真理的意味（「只有最迂腐的學究才會去深究……」）或只是揭露真實，卻已經被雙重的中立化：模稜兩可和反面閱讀（「也不只是因為階級真實的關係」）。

《世界報》提供另一個炫耀性中立論述的完美例子，非常有技巧地同時拆解對陣的雙方，《晨曦報》公開的政治言論與《新觀察家雜誌》傲慢的沉默：「〔彼此〕簡單或簡化的點論，經由『不同層級』的巧妙表述就變成非常複雜，彷彿兩齣戲場盤根錯結一樣。一是杜蘭編寫的，另一個則是菲利浦·羅素（Philippe Roussel）所杜撰的，後者試著將它轉向現代戲劇。這種遊戲就像回力球一樣，是會自食後果的循環運動。杜蘭有意突顯林蔭大道的刻板印象，而菲利浦則質疑並透過他的話，猛烈抨擊布爾喬亞。然後第二回合，她再和另一個年輕作家一起同樣猛烈攻擊以回應挑戰。最後戰線回到林蔭大道式的舞台上，空洞的伎倆又被傳統劇場的技巧所揭露，結果卻不減其風華。菲利浦也許可以自稱是個『勇敢又靈巧』的作家，杜撰出『就像大家一樣說話』的各式人物，也可以聲稱『無國界』的，因此即是非政治性的藝術。可是被杜蘭所挑出來的前衛作家則完全被扭曲，以便用來展示其攻擊。這個作家梵可維奇（Vankovicz）是莒哈絲的追隨者，過時的存在主義者，迷迷糊糊的社運人士。他是被極端諷刺的對象，就像這齣戲揭露的：『一塊大黑幕加上個鷹架必能增色不少！』或劇目像『你會在咖啡裡加一點沒完沒了嗎？Karsov先生』。讀者觀眾則為這種現代劇的離譜圖像欣喜若狂；對布爾喬亞的批評若只針對某個選定的嘲諷對象時，都還算令人愉快……。這就反映出布爾喬亞劇場的真實狀態，以揭發其防禦系統而言，《轉角》一齣可謂是關鍵切入點。很少戲劇可以那麼不顧及『外界』觀感的威脅，並以如此無意識的憤怒贏回一局。」（Louis Dandrel, *Le Monde*, 13 janvier 1973.）羅伯·康特（Robert Kanters）所營造的模稜兩可在此達到頂峰：「簡單」或「簡化」的論點之間做選擇，一齣戲被拆成兩半，又讀者必須在兩個作品之間選擇，亦即

布爾喬亞的「猛烈」但又「能贏回批評」以及非政治藝術的攻防。有誰會那麼天真地問到底這篇評論是「贊成還是反對」，到底它覺得這齣戲是「好或壞」？兩種答案：首先是從客觀線民的觀點，他必須忠實地指出這個被挑出來的前衛作家是「被極端諷刺的對象」，同時又要指出「觀眾……欣喜若狂」（但又無法得知相對於這些讀者，評論的位置如何，所以不知欣喜若狂所指為何）；然後出於謹慎、細緻化及學院式的迂迴而發展出一連串模稜兩可的字句（「就……情況而言」、「可謂是……」）。肯定《轉角》是一部「重要作品」，但若仔細聽，尤其是在當代文明危機報導的肯定，無疑就像是在政治科學院說話的口吻。

　　妥協和折衝的藝術達到為藝術而藝術最精湛程度的非《十字報》（La Croix）的記者莫屬。無條件的讚賞又那麼精巧說明其理由，配上雙層否定的間接肯定，語帶保留的細緻化，加上不斷地自我修正。協調對手，畢竟是天真的耶穌會教之能事，不論在「形式或內容上」都像他自己所說的，幾乎是順理成章：「我說過《轉角》對我來說是值得讚賞的作品，不論形式或內容。這並不意味她不會讓許多人咬牙切齒。我恰巧坐在一個前衛派的死忠支持者旁邊，整個晚上都可以感受到他壓抑的怒火。我不會說杜蘭不公平地對待某些應受尊敬的當代劇場的探索，雖然這些探索往往很無聊……若說她戰勝了『林蔭大道』，但它本身也是前衛之大道，那是正是因為很久以前有像阿努伊（Jean Anouilh）的大師在站這兩條路交叉點上做指示。」（Jean Vigneron, La Croix, 21 janvier 1973.）

　　儘管《新觀察家雜誌》保持沉默本身無疑的說明些什麼，若能在閱讀其雜誌的評論，知道這個週刊的位置多少可以知道個梗概。像是刊登於《新觀察家雜誌》，對馬叟（Flécien Marceau）的劇作《以4證明》（La preuve par quatre）的評論，或泰松（Philippe Tesson）為《鴨鳴報》所寫對《轉角》的評論，那時候他還是《戰鬥報》的主編：「我不認為由那些商人或做生意的女人組成的上流聚會可以稱之為戲劇，充其量只不過是一個知名被追捧的演員在一

個像舞台的裝置上，朗讀一篇由一個相同知名的作者費神難懂的文字，即使不斷地打轉在弗龍（Folon）有節制的幽默……在此無『儀式』、無『抒發情緒』或『揭露』可言，更談不上什麼『即興演出』。只不過是一盤布爾喬亞廚房裡常見冷飯熱炒的菜而已……。至於劇場的氣氛就像所有巴黎林蔭大道的戲院一樣，該笑的時候，就會有爆笑，在最盲從之處，就會看到寬厚的理性主義心靈之運作。演出的默契非常完美，演員也非常上道。這齣劇作要是在十年、二十年，或三十年前會更好！」（M. Pierret, *Le Nouvel Observateur*, 12 février 1964, à propos de *La preuve par quatre* de Félicien Marceau.）

　　「杜蘭是一個自以為聰明的人，專事撿現成便宜，再雙倍的加工修飾的。她的《轉角》是最典型林蔭大道的喜劇，其伎倆不外乎虛情假意和譁眾取寵。這位太太只是想證明前衛劇場不過是貓吃的稀糜而已。為此，她祭出粗繩，不用多說只要她打個結，觀眾就笑到爆，然後大喊：再來一次，再來一次。作者等的就是這個。她把一個左派的年輕劇作家搬上舞台，稱之為梵可維奇。跟著我的視線！把他放在一連串可笑又窘困的情境，然後很不厚道的去證明這傢伙很無聊，他不過是像你我一樣不怎麼布爾喬亞而已。杜蘭夫人，您真上道，多麼明鑑，又多麼坦誠啊！至少您敢說出您的意見，健全的意見，至少在我們國家認為是好的意見。」（Philippe Tesson, *Canard enchaîné*, 17 mars 1973.）

見的一連串明顯對照的屬性，如擅長技巧、生活樂趣、明快、優雅自在、輕盈、玫瑰人生，對反於苦悶、悲情、晦澀難懂、假會、沉重、灰暗人生，幾乎都是對反陣營的劇評裡常見到的評語，只不過同樣評語卻改變其符號，所批評的缺點都變成優點而已。

　　這彷彿是一場反射的遊戲，每個劇評站在對立的兩端，所說的可能是完全對方劇評所說，但卻所處的情境使其所使用的字詞都變成有諷刺的意味，以至於對手陣營劇評所稱讚的都變成反話。於是，即使

左岸評論以她所自傲的特性讚許杜蘭，但只要從他嘴裡說出，在其讀者聽來，就難免不立即變成是在嘲弄人家（技巧變成「粗」線條，「通情達理」立刻被理解成布爾喬亞愚蠢的同義詞）。將杜蘭用來批評前衛劇場的矛頭反過來指向她自己，然而利用場域結構的邏輯的時候，杜蘭也同樣可再利用左岸評論自己用來批評「布爾喬亞」多嘴和「布爾喬亞」劇場的矛頭，反過來指向批評前衛劇場，如此不斷再生產不言自明的道理和刻板印象（例如尤內斯庫〔Ionesco〕把《禿頭女聲樂家》〔*la Cantatrice chauve*〕和《傑克》〔*Jacques*〕兩齣戲形容成「一種林蔭大道戲劇的滑稽或諷刺，一種正在腐敗並變成瘋子的林蔭大道劇場」）。兩邊都運用同樣的伎倆，那自認能與其觀眾保持良好的倫理與美學默契關係的劇評，為了打擊諷刺評論與其觀眾所維持良好默契，而說出一連串「不對位」的言論，這時候就會令人不悅或令人發笑，因為場合不適當，觀眾也不對。相反的，它們無法變成「嘲諷」或滑稽，除非他們能夠說服與其心靈契合的觀眾拒絕（若能在事先確知）這種諷刺評論所預設的東西。

最能說明範例是同質共構的邏輯，而非犬儒的算計，使得作品會因其觀眾的期待而調整。知識分子和藝術家投身於與對手的奮鬥所產生部分客觀化效應，讓人忽略最本質的東西，而把它描述成有意識地追求票房成功的結果，但事實上只不過是兩個利害關係（這可能與「布爾喬亞」作家的人格不謀而合）系統早已協調好的產物，或更精確來說，在生產場域中某個特定作家或藝術家的位置和在階級和階級派系的場域裡觀眾位置之間功能與結構性的同質共構。除了犬儒的算計或純粹的漠視以外，由於拒絕認可生產者與其觀眾之間任何其他可能關係，作家和藝術家往往會以方便的方法，假裝無私卻不斷揭露其對手為達成功不擇手段：挑釁和製造醜聞（右岸的批評），為錢屈膝（左岸的批評）。至於那些自詡「獨立作家」的，也正是自以為

就嚴格意義而言宣稱不為任何人服務；但客觀地來看，只因為他們完全真誠地只為其自身的利益而服務，只為其某種高度升華和美化的特定利益而服務。然而這種「利益」就戲劇或哲學形式而言，邏輯上還是與在某個場域中的某個位置脫不了關係，並且會將其蘊含的政治意義隱藏得很好（除非在危機時刻），甚至在其辯護者眼中也是如此。在純粹的無私與犬儒的屈膝的兩極，生產者與觀眾之間還會超越任何有清楚企圖，客觀地建立的種種關係，這使得在專業化及相對自主的生產場域內部所生產出來的文化實踐與作品都必然是多重因素所決定的。這也使其在內部鬥爭中所擔任的功能會不可避免地隨著外部功能而加倍，像是那些在支配階級派系之間，或至少在不同階級之間的象徵性鬥爭之中承受的。「真誠」（此乃象徵性效率的條件之一）只有在一個情況下才有（真正的）可能：銘刻於所處位置的期待（在較不負盛名之處會稱「職位定義」）完全、立即符合其在位者的稟賦。這尤其是那些具有社會直覺的人（英文會說「知道自己分量」〔sense of one's place〕的人）之特權，他們很快在生產場域找到其安身立命之處。依照只對信服者說教的法則，劇評只能在其讀者賦予此權力時，才能在他們身上發揮影響力，因為他們在社會世界的視野、品味及慣習上都與劇評結構性地協調一致。高提埃（Jean-Jacques Gautier），長期主筆《費加洛報》的文學評論，很清楚描述了這種讓記者及報紙，並經由他與其讀者完美結合的選擇性的親近。一個好的《費加洛報》主編，本身就依據同樣的機制萬中選一，懂得如何辨識一篇《費加洛報》應有的文學評論，因為「它具有懂得和這份報紙的讀者說話的筆調」，懂得不刻意「非常自然地說《費加洛報》的語言」，他也一定是這份報紙的「忠實讀者」。「試想明天的《費加洛報》開始說《現代雜誌》（按：沙特創辦的左派文學期刊）的語言，或像《文學聖禮拜堂》（*Saintes Chapelles des Lettres*）這種期刊的語言，就沒人懂

得我在說什麼，也就沒有人會聽了，因為我大量使用讀者不屑一顧的概念和論點」[17]。在每個位置上都有相應的前提條件和信念，生產者及其客戶所占位置的同質共構才是這種融洽默契的條件。像是在劇場領域，對那些將其最重要部分投入、幾乎完全投資的人，此條件就會越嚴格。

選擇性親近

　　上述有限的個案迫使我們重新思考需求對供給或供給對需求那種看似直接的運動，並引導我們以新的眼光看待所有文化商品的生產邏輯與品味生產的邏輯之間的相遇，以及透過此相遇建構起契合事物（choses appropriées）之世界：物件、人物、知識、回憶等等。能夠讓社會上被分類的人能夠與本身也就已被分類並彼此匹配的人或事物之間協調的，不外是結構性的巧合和同質共構的連鎖反應。這會表現同理心、友誼或愛情之類「相互選擇」（cooption）的一切行動上，才能以維持長久的關係，不論社會是否認可。這種社會感（sens social）可以由每個人身上承載無限多餘的象徵性符號系統來辨認和彼此標定：衣著、口音、舉止、步伐、儀態等，都會無意地被記錄成為「反感」或「好感」的基本選項。即便是看似最一拍即合的「選擇性親近」永遠也部分基於無意識地解讀對方表現出來的特徵。這些每個特徵只有在其階級變異系統的內部才會具有意義和價值（只要想想日常語言的笑或微笑方式就可想見）。品味乃使合得來的人與物配對並結親之物。

---

[17] J.J. Gautier, *Théâtre d'aujourd'hui*, Paris, Julliard, 1972, pp. 25-26. 他的話應該值得相信，尤其他說有效率的評論不在於精打細算地去適應讀者的期待，而是一種在評論與讀者之間客觀協調的一致，也因為會有效率，使完全的真誠成為讀者信服的要件。

這種社會融洽或不融洽一拍即合的感覺，最沒有爭議的例證就是不同階級之間或同一階級不同派系之間的階級外婚，不論自由戀愛選擇或家族插手介入都幾乎一樣有保障。眾所皆知婚姻介紹的流通結構傾向於再複製在這裡所描繪的社會空間的結構（參見A. Desrosières, "Marché matrimonial et structure des classes sociales", *Actes de la recherche en sciences sociales*, 20/21, 1978, pp.97-107）。然而我們可能低估了夫妻的異質性，而且我們對於夫妻及其家族「第二」特徵的知識仍然減化成很明顯是偶然的機率。例如，1964年針對連續六屆文科師範生的婚姻策略的調查顯示：在此之前就已婚者（占全部的85%）之中，有59%娶教師為妻，其中與教師結婚者又有58%娶具有高中或大學教師資格的女性（參見P. Bourdieu et M. de Saint Martin, "Les catégories de l'entendement professoral", *Actes de la recherche en sciences sociales*, 3, 1975, pp. 87 et 90）。同樣的，位居公職和工商企業之間中介位置的中央行政主管裡，有22.6%的父親具有公職，有22%的父親是在工商企業界，而16.6%的岳父是公務員，以及25.2%的岳父來自工商企業界（參見N. Suleiman, *Politics, Power and Bureaucracy in France. The Administrative Elite*, Princeton, Princeton University Press, 1974m p. 69）。最後，同樣的，培養私人企業未來主管幹部的歐洲工商管理學院（l'INSEAD）的畢業生之中，有28%是工商業界老闆的兒子，19.5%的高級主管或工程師之子，23.5%的岳父是老闆和21%的岳父是高級主管或工程師；但卻很少父親（2%）或岳父（5%）是教師（參見J. Marceau, *The Social Origins, Educational and Career Paths of a Young Business Elite,* Final Report for SSRC Grant of 1973-1975, Paris, 1975, 117 p. dactyl.）。婚姻交易的邏輯對大布爾喬亞再生產的關鍵性貢獻就不用多說了（參見P. Bourdieu et M. de Saint Martin, *Le Patronat, loc. cit.*）。

　　品味因此是匹配的製造者，它不只搭配顏色，也搭配人。所謂「琴瑟合鳴的夫妻」，首先指就是品味方面。所有相互選擇的行為其實都內含著以「初級團體」為基礎認識對方之行為，認定對方可以成為認識的對象。此認識行為並非以知識性語言進行，而是透過一種慣習來進行操作和辨認（尤其在第一次見面時特別明顯），藉此可以確認是否與對方慣習具有親近性。於是，我們可以理解尋常夫妻驚人的默契，其實是從其社會出身的匹配就開始了，然後再慢慢地因彼此文化相互適應而相配[18]。這種藉由慣習辨識慣習，正是一拍即合的親近性之來源，它引導著社會巧遇，阻止社會（地位）不協調的關係，促成相配的關係。沒有這種操作就不會形成在看似無辜的社會語言裡，所謂「反感」和「好感」的問題[19]。兩個獨特人物之間奇怪的相遇，這種極端的不可能性掩飾了情境性巧合的可能性，進而將相互選擇當作是天作之合，只有命運才會成就巧遇（「只是因為是他，也因為是我」），以此來強化奇蹟的感覺。

　　那些我們認為對味的人會在其文化實踐裡，安排一種與在其文化實踐的認知裡運作的相同品味。於是，兩個人都給予對方品味親近性最好的證明，因為此乃為對方量身打造的品味。就如同藝術愛好者，好像為了彼此重逢而量身打造一樣，為了其「賞識者」等待的關注眼

---

[18] 在以不和睦夫妻和離婚的例子反駁之前，也應該想到這也是慣習協調的強制力量所造成的結果，才能抵銷社會慣例與法則所界定的姻婚市場固有的矛盾。

[19] 慣習的直覺提供一種快速可以理解的方式（比起只有長期用功才能解釋）。在被要求指出您最想要邀請人物的清單時，高級主管或自由業者比較會選擇西蒙·韋伊（Simone Veil）、季斯卡·德斯坦（Giscard d'Estaing）、巴爾（Barre）、紀荷（Françoise Giroud）、席哈克（Chirac），也會想邀請寇路許（Coluche）、布里多（Poulidor）、戴維內（Thévenet）、馬歇（Marchais）。中產階級第一想要邀請的則有勒路宏（Le Luron）、密特朗（Mitterrand）、卡洛·狄莫納柯（Carole de Monaco）、普拉蒂尼（Platini）和若弗雷（Jauffret）。

神而一直存在於那裡一樣，又像為對方而存在的感覺。就以沙特的話
來說，就是「為對方而造的」，為對方存在之目的而打造，完全將其
自身存在的狀態懸宕，因此能夠在最偶然的情況之下接受、確保和認
可對方。其一舉一笑，一言一語，總之就其存在方式和做事方式上任
意地去合理化其生物與社會的命運。愛情有一種是去愛另一個人天生
的命運，也是感覺到在其自身的命運裡被愛的方式。這無疑是一種本
然直覺（intuitus originaus）最佳的體驗，其中奢侈品和藝術品（為其
主人而做的）的擁有就是一種親近的形式，也在因果關係裡造就了認
知與命名的主體（我們都知道在愛情關係裡命名的重要性），以及被
認可客體存在的理由。

> 大師用深沉的目光追隨著夢想的腳步，
>
> 伊甸園平息了他心頭不安的奇蹟，
>
> 他唯一的聲音裡命運的顫慄
>
> 為玫瑰和百合喚醒了一個名字的神祕。[20]

　　品味因此是最典型的愛的宿命（amor fati）。慣習所養成的各式
形象和文化實踐總是要比外表上所見更能夠適應生成慣習的客觀條
件。馬克思說：「小資產階級無法超越其腦袋的限制（其他人可能會
說其理解的範圍）」，意思是說在其思維裡甚至都會有其（階級）條
件的限制。為其條件所局限就某種意義而言是雙重的限制：其一是其
條件所強加於其實踐的物質限制，其二乃強加於其思考上的限制，因
此也就是加諸於其文化實踐，令他接受喜愛這些限制[21]。於是我們終

---

[20] 葛雷・馬拉美，梁棟譯，《馬拉美詩全集》，浙江文藝出版社，1997，頁63。

[21] 應該把那些無窮盡、自足於現況的酸葡萄的言論收集起來，像這句話所要表達的意
　　義：「說什麼笑話，跑到海邊去租一棟別墅花了他們多少錢？」

於比較能理解所謂喚醒意識的真正效應了：讓那些預先和設定浮現出來，並製造出一種對此設定立即性的固著懸宕起來。既存狀態的解釋其實預設並生產了對此既存狀態緊密依戀的懸置，這導致認識可能性關係和認可這些關係之分離，使得愛之宿命可能因此翻轉成恨之宿命（*odium fati*）。

象徵性鬥爭

為了避免陷入主觀主義的幻象而將社會空間減化成互動關係彼此接連的空間，即減化作抽象情境的不連續的序列[22]，我們必須將社會空間視之為客觀的空間，一種客觀關係的結構，決定互動關係所形成的形式，以及投入其中的那些人想要的形象。這也必須超越一種暫時性的客觀主義，將社會事實當作物件來處理，物化所描述的東西。這種客觀主義認為在觀察者面前所呈現的社會位置好像在靜止狀態下並置的位置一樣，然後置身事外地去質問占據這些位置團體之間的範疇種種理論性問題；但事實上這與為了鬥爭場域保衛和征服這些位置而發動的策略性布局密不可分。

要特別小心避免客觀主義的習性（尤其以空間圖示表示而被強化），想要一勞永逸地將此空間切分以單一關係來定義並以清楚劃定

---

[22]「情境」的概念是符號互動論謬誤的關鍵之處，因為它把組織所有真正的互動關係，正式建構位置所保障的關係下長久形成的客觀結構，減化成在互動關係裡所呈現的零星、局部、不穩定（像陌生人之間的巧遇）和經常是人造的（像社會心理學的經驗）秩序。在互動關係中的個人比他們任何最情境性的互動下的屬性都還重要。社會結構中（或在特定場域中）的關係位置才是決定互動關係位置的關鍵（關於「情境」與結構或市場的對立，參見 P. Bourdieu, "l'économie des échanges linguistiques", *Langue française*, 34, mai 1977, pp. 17-34）。

界線的區塊。例如就像我們已舉過工業老闆的例子，以及稍後會看到中產階級新興派系的範例，因為這是小布爾喬亞所呈現出來相對不確定地帶之中特別無法明確定義的區塊。一般統計分類範疇所要求建構的每一個位置的分類，本身也可能以相對自主性的場域運作，並且只要將統計累計的必要性所強制的相對抽象範疇取代為最嚴謹界定的職位，就可以勾勒出競爭關係的網絡，例如形成稟賦之間的衝突（像合法執業頭銜以及合法執業方式的衝突），使得具有不同合法性頭銜的行動之間的相互對立，像醫生、麻醉師、護士、運動醫療師和無照治療師（上述的每一個世界本身又像是一個鬥爭的場域）。還有些職業，一大部分是最近創立的，像是「社會」輔導（社工、社會和家庭收支諮商員、監護代理人、家事勞動者）。教育服務（特殊教育員、感化教育的訓導員等）、文化服務（主持人、社會教育訓練員等）。其共同特點就是只能透過以及在彼此對立競爭之中才能界定，以及為改變既存秩序來確保一席被許可之地而發展出來彼此對抗的策略之中才能界定。

這裡所提出來空間的模型當然有其限制，不只是因為使用（和有用）資料本身的性質，尤其幾乎不可能實際上進入結構裡去分析事實，像是某些個人或群體所擁有的經濟權力，或無數相關但又間接或隱藏的獲利資料等。如果大部分從事經驗研究的人經常都明示或暗示地接受理論，將階級減少成簡單的層級的分層，而沒有對峙關係的話，那尤其是因為在其文化實踐的邏輯會讓他們忽視每一個（階級）分布所客觀銘刻的東西。作為前一階段鬥爭所獲得的，與可用來再投資於下次鬥爭之間的資產決算表，分布不只是統計上的「分布」，也同時是政治─經濟學意義下的「分配」。這同時表達了階級之間力量關係的狀況，或更精確來說，應該是為了爭奪稀有財產或為了爭奪利

益分配與再分配之真實政治權力之鬥爭。也就是說，以社會階層語言和以階級鬥爭語言來描述社會世界的兩種理論的對立；相應的是兩種理解社會世界的方式，也是兩種方法在實際操作上很難妥協，然其原則上卻絕不相斥。如果說所謂「經驗研究」似乎注定是前者，後者則像所謂「理論家」的事，那是因為描述性或解釋性的調查，只能以個人之間不同屬性分布零星集合的形式，才能呈現階級和階級派系。這種分布就某種意義而言，永遠是在鬥爭之後（或之前），而且必須將生產這種分布的鬥爭放在括號裡。若是忘記了這一切所處理的屬性，以及所有分類和測量的屬性本身，亦即用來分類和衡量的標準，都是階級鬥爭的籌碼和武器，那麼統計學家往往只會將一個階級和另一階級的關係抽象化。對立關係不只使其屬性具有區判價值，也同時使得權力關係及爭奪權力的鬥爭就是分布形成的原則本身。就像一場彈子遊戲或撲克牌遊戲的照片在某一個時間點上將彈子或籌碼活生生地凝結成資產決算表，統計調查也在每一個時間點上將行動者投注於鬥爭的瞬間，不論武器或籌碼，凝結成前一個階段的鬥爭中所獲得資本，及其可能意味對鬥爭本身的權力控制，並藉此控制他人擁有的資本。於是，階級關係的結構其實是一張階級鬥爭場域多少穩定狀態的共時性剖面圖。在此，個人得以投入其關係性力量，或另一種說法，不同種類的資本在那一時刻的分布狀態，決定了這個場域的結構樣態。但相對的，為了能界定鬥爭的賭注，個人所具備的力量也依賴鬥爭的狀態。事實上，界定何謂合法的鬥爭工具及其賭注本身，就是由鬥爭賭注和相對有效、可支配的工具（即以各種樣態出現的資本）組成的，而且定義本身就是賭注本身。因此也必須聽命於賭注競賽本身之變化。這也就是我們不斷（以引號方式）提醒「總資本量」的概念，它是為了解釋某些實踐面向而建構出來的，而不會只是理論性的仿作而已。一旦忘記這點，將一切都抽離，只為了建構它，就會產生非常危

險的效果。最明顯的例子就是在每一個時間點上，從一種資本轉換成另一種資本的兌換率本身就是鬥爭的賭注，也因此都會遭受到不斷變化而波動。

稟賦（disposition）不只是一種可能性與不可能性的方式以調整自己去適應階級條件的才能，也同時會去適應在彼此關係之中所定義的位置，即在階級結構的位階，因此它至少會客觀地與參照到其他位置關聯的稟賦。一旦透過與基本需求保持距離的遠近，適應了某一特定階級的生存條件，某個階級的「道德」和「美學」就不可避免地會依據平庸或秀異（distingué）程度的標準，相對於彼此透過與基本需求保持距離的遠近而擺置。於是稟性生產出來的「選擇」都因此自動地根據有關的區判位置而找到其位置，因此具有區判價值。所有這些甚至都不會表現在任何明顯追求秀異或尋找差異的意圖，因為真正有意圖的策略是不斷地追求與位階比他低一級的團體（或被當作如此的）的區隔，而將其視之為墊腳石；同時也自比於位階比他高一等的團體（或被當作如此的），被視之為主流生活風格的持有者，只有刻意加倍努力才能確保此策略的充分效率。真正的策略是在追求一種自動、無意識、烙印於階級條件和稟賦差異化的辯證效應，來回於稀有與普遍、新穎與過時之間的辯證效應。即使並非有意和大眾階級的放縱保持距離，但每個小布爾喬亞嚴謹的要求，對整潔、節制、井然有序的讚揚其實都隱含了某種不可言喻的指責，不論是對用詞不正確或對物的不潔、對不知節制、對顧前不顧後的譴責。而布爾喬亞所宣稱的自在（aisance）和低調、超然和無所謂以及無意追求區判，也都在暗示性地譴責那些「野心勃勃」的人，那些永遠不是太過就是不足的小布爾喬亞，不是「局促」就是太「花俏」，不是「自大」就是「屈膝」，不是「無知」就是「學究」。是故，索緒爾所說，「每一個團體都會在產生其價值之處去認可其本身的價值」就有跡可循。亦即，

就它自己定義的結構和本質的差距而言，最後的差異也最經常是最近的征服。正當大眾階級（往往被減化成只要滿足「基本需求」的貨色與德性）只求好用和乾淨的同時，早已超越緊迫需求的中產階級，他們就會追求溫馨、親密、舒適或精巧的居家空間，或流行、原創的服飾[23]。有些價值是被特權階級降到次要地位，因為他們早已擁有且看起來就像與生俱來一樣。因為已獲得被社會上認可的美學意向：彷彿尋求某種協調和組成一樣，就無法再將其屬性、文化實踐或德性當作秀異的標準，也就不再需要去要求，因為已經變成太普通了，無法保留其慣用的價值，因而失去其區判的價值。

　　下面一系列的直條圖顯示根據不同階級派系對理想居家布置的形容語的變化情況（除了其中三個，經典、精巧和節制，因為其意義太模糊），選擇強調純粹美學的屬性的比率（混搭、充滿奇幻、協調）會隨著社會等級往上升而增加，但是被稱為「功能性」（乾淨、清潔、實用和易於整理）的選擇比率則減少。當我們從三組相對而言不可共測的群體時，可以發現直條圖持續的變形：小商人往工業主或大商人，小學老師往中學老師，文化中介者往文化生產者[24]。

---

[23] 新興小布爾喬亞在這方面還會經常精選其形容詞來自我區判，像是在居家布置上用「混搭」或在服飾上用「高貴又有教養」來清楚傳達其區判的意圖。仿奢侈品的店家（Faubourg Saint-Antoine）公開地在廣告上宣傳那些真奢侈品的商號（Faubourg Saint-Honoré）只不過暗示的「價值」（像是援引藝術），因而像是尋求「特效」一樣地著實了對自身「粗俗」的指控：「克萊德裝潢（Claude Deco）的家具（Faubourg Saint-Antoine一家商店）有著『說不上來』優雅和高貴的靈魂」。

[24] 至於排斥的形容詞，也是相同的邏輯。大眾階級不會排斥乾淨和整齊，易於打理和實用。至於中產階級層次，位置穩固的派系（辦公室職員、中級行政主管、工匠和小商人）會很清楚地排斥新奇，而不會排斥古典；相反的新興小布爾喬亞（藝術工匠除外）則會像大部分的支配階級一樣（尤其又以大學教師和自由業者為甚）經常會排斥古典，而不排斥新奇。

　　品味因此遵循一種普遍化的恩格斯法則：每一個分布的等級裡，那些對先前或下一級位階的人是稀罕且無法接近的奢侈品或荒唐的想法，最後會變成平庸和普通，而很自然地會讓位給更新的、更罕見的和更具區判力的商品。再一次可見此乃非刻意追求具區判力和高貴的稀罕[25]。這種投資的直覺（sens de placement）會讓他們放棄過時的，或簡單的說，貶值的物件、場所和文化實踐，轉而投向永遠最新的物件。以一種往前外拋的方式，它也定義附庸風雅（snobisme）的往前、超前和前衛。這種直覺可同時應用各種領域，舉凡運動或烹飪，度假的地點或餐廳等，並會由無數不同的指標和線索來指引，像從最明顯的警告聖特羅佩（Saint-Tropez）或里昂車站的歐式自助餐或其他任何地方已經人多到變得不可能去了，到幾乎無法察覺的提醒——像是通俗化和擁擠的經驗往往也會很陰險地對通俗物品或文化實踐產生恐懼或厭惡的傾向（這也就不意外見到繪畫或音樂的品味經常會走回歸或平反的路線，不斷再生產名人傳記的故事）。於是追求區判，並不需要區判的姿態出現才能獲得確認，任何像是布爾喬亞教育不斷灌輸，對噪音或某些接觸的不容忍，已經足夠讓他們（不論在工作或休閒）轉變場所或更換物品，轉向在那個時間點上最稀罕的物品、場所和文化活動。那些已位居高尚地位的人則有特權不必擔心其區判力，可以如此自豪是因為有一個客觀機制為他們保障各種區判特徵，也因為他們有「區判感」使他遠離任何「通俗」的東西。正因為小布爾喬亞或新富布爾喬亞「過度炫耀」，反而洩露他們沒有安全感。布

---

[25]「上行下效效應」模式根本性的錯誤是減化成一種有意志的追求差別，但事實上只不過是客觀又自動的效應而已，可能會也可能不會因為條件的差異化和消費者的稟賦以及生產場域的差異化有意志地被擴大（參見 B. Barber and L. S. Lobel, Fashion in Women's Clothes and the American Social System, *Social Forces,* XXXI, 1952, pp. 124-131; Ll A. Faller, A note on the « Trickle Effect », *Public Opinion Quqrterly,* Vol.18, 1954, pp. 314-321）。

圖10 內在特質

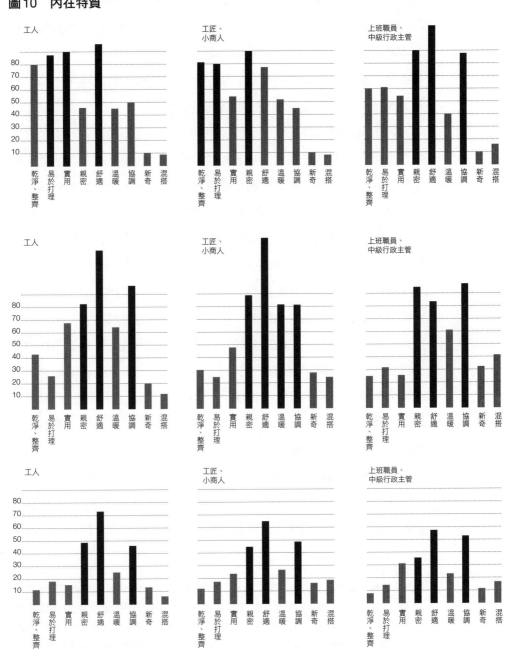

爾喬亞的區判之特性就是一種低調、樸實和輕描淡寫的炫耀，一種拒斥任何「炫目的」、「看見我了嗎」和「野心勃勃」，追求區判的意圖本身就已經令其貶值，因為此乃最令人厭惡的「粗俗」形式，完全與所謂「渾然天生」的區判和高雅相反，因為真正的高雅是不尋求高雅的高雅；真正的區判是不追求區判的區判[26]。

　　追求擁有經濟或文化商品的鬥爭與追求擁有區判符號的象徵性鬥爭密不可分。區判符號包括被分類也分類別人的商品或文化活動，或是為了保存或顛覆區辨特徵的分類原則。結果，生活風格的空間，亦即位居不同社會位置用來區隔自己特徵的世界，不論有意或無意區隔自己，都已經是在某一個時間點上象徵性鬥爭的決算表，其遊戲規則就是強迫接受主流的生活風格，以及在鬥爭之壟斷「階級／經典（classe）」的符號、奢侈品、主流文化的商品或擁有這些商品被認可的合法方式。文化商品生產、再生產和流通的場域動力，就在追求區判的獲利的同時，在創造其稀罕性並使人相信其價值的策略找到動力來源。這些策略甚至還會因為對手的競爭而促使這些客觀效應的實現：「秀異」或更好是用「典雅」，其實也就是社會階級形式變形到難以辨認的合法展示，只有透過追求壟斷看似「天生秀異」的區判符號之鬥爭才會讓它浮現。

　　文化是一種賭注，就如同所有社會的賭注一樣，同時也都預設強迫進入賽局並投入其中。文化的利益即生產於它所產生出來的競賽和競爭，若無此利益就不會有競逐、比賽，也不會有競爭。拜物中

---

[26] 當她們被問到去「丈夫老闆家」赴宴是如何穿著的，33%中級主管的老婆或職員（還有32%的工人老婆和29%農業從事者老婆）會說穿「最好的衣服」，相對只有19%工業主或大商人、高級主管和自由業成員的老婆。相反的後者之中有81%相對於67%中產階級老婆和68%的工人或農業從事者的老婆會換件衣服但不見得要「穿上大禮服」（補充資料42）。

的拜物，文化的價值就生成於投入賽局的事實本身所要求的原始投資，以及投入相信競賽價值的集體信仰，此乃競賽得以成賽，且為賭注的不斷競爭之理由。所謂「道地」和「學不像」的對立，所謂「真正」文化和「通俗」文化之間的對立也形成一個競賽，因為它創造了一種絕對信仰相信賭注的價值。其上述對立隱藏了對生產和再生產信念（*illusio*）、對競賽和文化的賭注的基本認可某種不可或缺的密謀合作。高尚或野心勃勃，高級文化或中等文化，或其他高級時尚或流行，高級髮廊和理髮店，以此類推。他們只有透過彼此相對的位置才存在，這是彼此的關係或其生產機構某種客觀協調合作的結果，各自為其客戶生產所需文化價值及擁有它的手段。正是在對手間不斷的鬥爭所形成的客觀共謀關係裡，生成了文化的價值，或同樣的說法，生成了對文化價值的信仰、對文化利益的信仰，和相信追求文化的好處。這並非不言而喻，儘管遊戲的效果之一就是遊戲者的欲望和快感本身。若問「文化有什麼用？」就太粗暴野蠻了。因為文化若要得以成立，就要接受文化不為任何本身利益的假設前提，並接受文化利益亦並非事物的本質，且不平均地分布，就像把預選者和野蠻人分開一樣。但它同時是一個簡單的社會製品，一種特別被歌頌拜物教的特定形式。若問所謂「無私」（désinteressée）活動何利之有？因其本身無利益（如無感官之快感），故得以談論「無私之旨趣」（l'intérêt du désintéressement）之問題。

鬥爭本身會因此製造出掩飾其鬥爭存在事實的獨特效應。我們只能用一般的語言漠然地表達不同社會階級與文化所保持的關係，即（霍布瓦克〔Halbwachs〕愛用的）「與文化價值的中心所保持的距離」；不然就會只有用衝突的語言來表達同樣的事。那是因為階級間的象徵性鬥爭，不會有機會以鬥爭的形式出現和運作，且必定以競爭形式，不斷地再生產不平均分布的差距，此乃競賽原則本身。這並非

偶然，除了普魯東如此厭惡腐敗的藝術家、放肆的小資產階級的生活風格之外，馬克思稱之為「正義怒火」（*irae hominis probi*）的東西，也把隱藏和壓抑小資產階級對藝術的矛盾形象，甚至愛恨交加之情緒揭露出來。對被支配階級成員或自覺不夠格的文化代言人來說，他們幾乎不會去懷疑藝術與文學只不過是一種真正客觀化的文化遊戲[27]。

　　被支配階級只能以被動參照或被當作墊腳石的身分參與象徵性鬥爭，才能獲得區判的特徵。因為區判的特徵會以不同面貌的生活風格出現，尤其會爭奪何謂值得擁有特徵的定義及何謂正當擁有模式的詮釋權。在這種情況下，被建構出來與文化相反的自然，只不過是一切「人民的」、「大眾的」、「粗俗的」、「通俗的」東西。然後所有那些想要達陣的暴發戶，就必須支付入場券，經過一場本質的改造，才能成為稱得上人的真正的人（此乃最好說明「本體論跳躍」的最好時機）。經歷了這種本體論晉升一樣的「社會晉升」，或者你要的話，也就是（從自然到文化，從動物到人性的大躍進）文明化的進程（雨果在某個地方說過「藝術的文明化力量」）。但由於這種晉升已在文化內部本身，在其階級鬥爭，因此注定要對老一輩的人感到差恥，反感，甚至憎惡，不論是使用的語言、身體和品味，乃至於所有與他相關的來源，其出身、親人、同儕，有時候甚至是母語，從此就被一個比禁忌更絕對的界線切分開來。

　　投入於賭注的鬥爭就是要獲取社會世界裡所相信的一切：信譽或失信，認知或欣賞，知識和認可、名號、聲望，威望、尊敬、榮耀、

---

[27] 沒什麼比某些投身於藝術爭論的藝術家（P. Bourdieu, *La production de la croyance, loc. cit.*）或以反文化之名所聚集的抗議活動最能表現出這種客觀化。他們將一個文化和另一個對立起來，支配文化與被支配文化的對立，後者處於生產的相對自主場域和文化推廣（這卻不見得是那麼被支配的文化）。因此，自古以來即扮演著永遠的文化前衛派，以其存在的事實本身不斷地為文化賭注的遊戲做出貢獻。

權威，所有象徵性力量的東西都可以當作具有公認的力量。這些似乎都只關乎「秀異」之持有者和「野心勃勃」的挑戰者。野心抱負，其實就是汲汲營營地透過擁有一切，來保證被認可為秀異，不論是以虛張聲勢或是以模仿的虛幻形式，不斷地與尚未擁有的人進行區隔。這會鼓舞人們努力獲取最具有區判力的特徵，但其實此舉本身已在通俗化了。藉此有助於繼續維持象徵性產品市場的緊張關係，強迫那些有區判性屬性的持有者，不斷地被普及化和通俗化威脅，而無止盡地去尋找新的特徵，以確保其稀罕性[28]。在這種辯證關係中生成的需求，就其定義而言將會是無窮無盡，因而相對於永遠以否定定義自身的秀異而言，被支配者的需求也必定永無止盡地重新被界定。

　　表現在本質和外表，合適或不合適的象徵性展示的象徵性鬥爭，就像昔日禁侈令一樣嚴格地依不同的社會階級而界定身分（「你以為你是什麼人？」），例如將具有自然天賦、自在和從容等真正「高雅」（chic）的人和那些只會「裝腔作勢」（chiqué）、疑以故意造作而貶值、即想篡其位的人區分開來；這種象徵鬥爭會以自由度為基礎並投入賭注，所謂自由度乃指象徵性展示本身的邏輯所給予的限制而言。為了調節外表和本質之間的差距，此類社會稟賦的例證不勝枚舉，從禁止某種制服或裝飾的法令，或禁止冒名任何形式頭銜的法令，到最溫柔的抑制，都是要提醒一個現實：注意現實感和界線之所在。藉由

---

[28] 尼采所謂「開明的菁英主義」其實與這種生產相信文化價值的機制科學研究成果相距不遠：「您經常說，倘若人們知道，最後真正教育成了的和一般來說能夠教育成的人的數目是如此難以置信地稀少，就沒有人會願意接受教育。然而，如果不是有眾多的人違背其本性，只因受了誘人幻覺的支配而參與受教育，就不可能有這真正教育成了的少數人的存在。人們千萬不可公開洩漏真正教育成了的人數與龐大的教育機構之間的這種可笑的不相稱，這裡隱藏著教育的真正祕密，即無數的人表面上似乎是在為了自己受教育，實際上是在為了使少數人受教育成為可能而替教育事業工作。」（尼采，《論我們教育機構的未來》，周國平譯，南京：譯林出版社，2012，頁23。——**譯按**）

展示財富比自己階級高的外顯符號，表現出「自認為」超越其現在原本的樣子，這種野心勃勃的挑戰者（prétendant "prétentieux"）反而會被其惺惺作態所出賣，被其外表和愛現的形象所出賣，因為比起他人表現出來的真實樣子，他們的形象實在太不協調了，以至於必須不斷地修正其形象（因為「幻象破滅」）[29]。這並不意味誇浮（prétention）的策略注定是會失敗的，因為最能保證正當支配的符號往往就是最能給予人自信的東西，就像人們常說的「令人敬畏」（en impose）。虛張聲勢（如果成功的話，當然首先要能說服自己）是脫離其（階級）條件限制的唯一方法，透過玩弄象徵符號的相對自主性（也就是說操弄其形象和其形象的認知方式的能力），將自我形象強加給別人，往往以更高社會階級的樣子出現，才能確保其歸屬感而獲得認可，這才是一個主流支配且客觀的形象。這還必須提防的是符號互動論的理想主義（典型的小資產階級），認為社會世界就只是再現和意志而已，因此就會得到很荒謬的結論，將社會事實當作不過是行動者以再現方式所製造出來的真實。事實上，社會世界的真實部分就在行動者如何再現其社會世界（及這個世界）的位置所進行鬥爭的遊戲。

　　當我們從工人階級移轉到小資產階級時，在食物和衣著花費的比例，或更普遍的，在實物與外表花費的比例就會呈現相反的關係，那是因為中產階級的花費相當一部分與象徵性有密切關係。他們對外表的關注，有時好像遭受到不幸的意識形態，有時會偽裝成傲慢（像小

---

[29] 每個人與自己身體的關係表現在某些行為舉止方面，像是可以准許這樣做（「他竟敢這樣做」）的「天生」自信、自在和自以為是的「威望」，或是因太刻意表現明顯不是他持有的而被懷疑其主流支配的合法性而表現出來的困窘或高傲。由於這是一種會因為過早展露而退回原型情境的效應所留下最明顯痕跡之一，但這可能因為階級不同而會有不同的可能性，這種與身體的關係無疑是最有力的社會標記，因為是策略性操弄的最理想的目標，而表現出強迫性，受他想要令人相信而影響的自在，最後永遠都會被那些不受騙的人戳破謊言而嘲笑。

資階級的別墅所提及的「我已滿足」或「我喜歡」）。這也就是他們
誇浮的原因，因為長久以虛張聲勢或僭越社會認同所形成的稟賦傾
向，即外表超前於本質，意圖以擁有外表來擁有真實，以擁有頭銜來
擁有實際，以修改其形象的順位及排列原則以改變其在客觀排行的位
置。小資產階級注定是那個集所有矛盾於一身的人，處在客觀地被支
配的條件限制，但又有強烈意志想要參與支配的價值，於是非常在乎
別人的眼光，更在乎別人對其外表的評價而為其外表煩擾不已。不是
擔心太過火，就是擔心做得不夠，馬上洩露出對其所在位置的不確定
和憂慮，也總是擔心顯露出還在所屬階級位置的印象。於是小布爾喬
亞注定要被那些不必為別人存在而煩惱的工人階級，或對其存在有自
信，可不在乎外表的特權階級當作只注重外表，為別人的眼光而苦
惱，不斷地忙碌於如何引人注目（「愛現」〔m'as-tu-vu〕，「炫人耳
目」〔tape-l'oeil〕）。既然已深陷在意其外表，就應努力完成所賦予的
任務，亦即扮演好他的角色，令人相信、說服別人、令人有信任感或
尊敬及展現其社會人格，展示其表現和其再現，才能保證他所提供
的產品和服務的品質（售貨員、業務人員或招待人員等等），但在此
同時也肯定其野心抱負（prétention）及其要求，要求預先支付利潤
或提前晉升的計畫。於是小布爾喬亞就會向柏克萊眼中的社會世界傾
斜，一個社會世界被減化成戲劇的世界，存在的只不過是被認知的存
在，以及（戲劇）表演的（心理）再現而已[30]。小布爾喬亞位居社會結
構中的尷尬位置，有時候會因為作為階級間的中介功能所特有的曖昧
不清，而使之更變本加厲。這種中介功能使他成為被操弄的操弄者，
被騙的欺騙者，往往由於其社會軌跡使他永遠只能當老二（第二順

---

[30] 我們將在其他地方試圖指出，因為高夫曼視角下的社會世界所建構的預設，才會產
　　生一種社會邊緣主義，它將社會秩序的真實減化成行動者（主觀）再現的總合，後
　　者則是由行動者給予其他行動者的（戲劇性）再現而製造出來的。

位）、配角、灰衣主教、路人甲、輔佐、替補、抬轎人或代理人的職
能，沒有任何公認地位上的象徵性好處，可以讓他合法吹噓的官方授
權（還有質疑真正基礎的適當位置）。所有這些都令人以外表和真實
的範疇來認知社會世界，而且越是幻象破滅的人，越傾向於用妒恨的
懷疑眼光來看待這些操弄和欺瞞[31]。

　　然而象徵性鬥爭最理想的場所還是在支配階級本身。藝術家與知
識分子之間，為爭奪主流文化的定義的對立，只不過是支配階級內部
不同派系之間永無止盡鬥爭的一個面向而已。在此，支配階級不同派
系的相互衝突，只為了爭奪遊戲規則的定義以及何謂社會鬥爭可使用
的正當性武器，若要的話，亦即為了爭奪定義主流的支配原則、經
濟資本、教育資本和社會資本等。由於社會權力的特定效力可能因為
象徵性的效力本身而加倍，也就是會從被認可而獲得權威，因集體信
任而獲得委任。支配的派系和被支配的派系之間的鬥爭（這種因鬥爭
而分裂的場域本身就是依照支配階級相對於整個社會空間的同質共構
形成的），會在意識形態的轉譯（其中被支配階級常常是發動者且精
通此道）過程中，幾乎完全會以和支配者重疊的視角來組織並建立起
支配階級和被支配階級之間的對立關係：一邊是自由、無私、崇高
品味的「純粹」，在彼世得到救贖等等；另一邊則是基本需求，利害
關係，物質滿足的低賤，在此世獲得解脫。據此，所有藝術家和知識
分子製造出來對抗布爾喬亞的策略，不可避免地會在任何明顯的意圖
外，僅依其生成的空間結構，就以加倍效應的方式，不分青紅皂白地
反對所有屈從物質利益的形式，不論它是工人階級的或布爾喬亞的：

---

[31] 這同樣也解釋他們擺盪在屈膝和攻擊之間的本質上的曖昧，也因為可能被羞辱的風
險，使得野心勃勃的挑戰者與地位穩固的持有者之間的關係，充滿了妒恨而永遠在
情緒上和生成原因上都很緊張。

「所有只想著低俗的，我都稱之為布爾喬亞」（福樓拜這麼說）。就是這種本質上過度決定論，使得「布爾喬亞」輕易地成為藝術品和藝術生產所反對的目標，借此證明其秀異的機會。即相對於被支配階級，他們會標示自己是站在「無私」、「自由」、「純粹」和「靈性」的那一邊，並拿起當初為對抗他們而打造的武器來對抗其他階級。

　　於是可以看到這並非偶然，主流藝術和主流生活藝術之間都共享最基本的區判邏輯，建立在基本需求與奢侈之間的對立。前者粗糙又粗暴地強加於每一個普遍人身；後者表現出與基本需求保持距離，表現出強迫自己的禁欲主義限制。但不管如何奢侈，兩個表現都以一種限制的方式否定自然、需求、食欲、欲望；除此之外它也建立在不知節制的揮霍（令人想起日常生活的匱乏和看似不用花錢炫耀性自由）和精選限制的禁欲之間的對立，最後它還建立在自我放縱與節儉之間的對立——前者指的是易於滿足立即又輕易可得的東西，後者指的是財力／手段／能力（moyens）的節省，證明有錢有勢就能想到的辦法。自在（aisance）會如此普遍地被認可是因為它最能明顯地肯定自由。此自由指的是能擺脫支配平常人的限制，如資本就是最無可爭議的證明，因為它能夠滿足生物上或社會上的基本要求，或可以讓人無視於這些種種限制。因此，為了展現其絕技，在語言方面的輕鬆自由會表現在任何踰越文法和句法規則的嚴格要求，例如說話時做不必要的連音（liaison facultative）、使用罕見的字詞或修辭取代平常的字詞或句子，不然就在語言或情境的要求之下擺脫這些要求的限制，來證明相對於別人沒有的自由或身分地位的資格。這兩種相反的策略，使其得以超越限制一般說話者的規則或慣例，兩者之間一點也不互斥，因為不論是對限制要求競相叫價或從容不迫地踰越，都是炫耀自由的形式，也都可以在說話的不同時刻和不同層次並存：例如「放縱」用詞遣字的秩序可利用加強句法或措辭的張力來補償，或是相反（這尤

其在屈尊的策略上看得特別清楚，藉由語言層次的差距轉換成象徵性秩序的差距，形成一種拉開距離的雙重遊戲，即表面上看似否定差距反而更能證明其間的距離）。同樣的策略（最好是在不知不覺之中運用才會更有效力）就是針對那些野心勃勃挑戰者過度矯正的策略進行絕地大反攻，那些永遠注定不是做得太多就是太少的人，迫使其焦慮地懷疑自己是否符合主流的規則與儀態，並因為反思而不知所措，背離了自在的邏輯，最後不知用那一隻腳來跳舞。那些容許自己超越語言規則，認為那只適合去規範學究和文法家而自由發揮的人（可理解他們絕對不會對成文化的語言遊戲規則有任何興趣），他們往往以制定規則者自居，亦即品味製造者，優雅的仲裁者自居。於是踰越本身就不再是犯錯，而是一種新的時尚、新表達方式的開端或宣告，或甚至注定要創新行為，而成為楷模、常態，因此自然而然變成規範。反而指責那些拒絕參入其行列，不願與之為伍，拒絕融入其分類的階級者才是一種新的踰越，然而這種階級的分類卻是以最不明顯分類的、最不被注意到、最普遍、最不具區判性、最不高尚的特性來界定的。行文至此，吾人可反駁所有天真的達爾文式信念，認定「天生秀異」的幻想（社會學上可成立）基本上是以支配者所擁有的權力為其基礎。透過其存在本身，此權力強加其自以為卓越的定義，其實不過是其存在的方式而已。注定要以獨特、與眾不同的姿態出現，因此是任意獨斷（既然只是其中之一）且完全必要，絕對地自然。

　　所謂自在在天賦才能（facilité naturelle）意義下，說穿了不過是「優渥環境保障的安逸生活」意義之下的自在：這是一個自打嘴巴的表述，因為若真的不是其他的東西，實在不需要提醒我們它只不過是如此，此乃其真理的部分。客觀主義的錯誤就是忘了把研究對象的再現納入此對象的完整定義之中，反而要摧毀它才能達到「客觀」的定義。它也忘了還原將進行最後還原的工作，雖然這些還原是為了掌握

社會事實的客觀真實，因為對象也存在於它如何被認知[32]。於是在自在的完整定義裡，必須重新引入那個原本被摧毀的東西，並提醒我們所謂自在，就像亞里斯多德的德性一樣，也同時是某一種透過其自身的存在，將實存（à être）強迫他人接受成應然（il faut être）的效應而產生的自在（或相反，因尷尬而更尷尬）。這種完美巧合其實就是自在的定義本身，會回過頭來證成實存和應然之巧合及其內含自我肯定的力量。

灑脫，或說任何與其自己拉開距離之形式所付出的代價，事實上就是透過對反於挑戰者（prétandants）的焦慮緊張，因其擁有而緊繃，總是質問自己也質問別人；甚至透過其傲慢本身，來證明他們擁有大量的資本（像語言資本或其他），也同時證明因為擁有這些資本而有許多自由，這其實不過是克服基本需求拉力後的次級肯定而已。藝術品不論物質性或象徵性消費所視之為前提條件的東西，諸如某種口頭上的吹捧，或看似不用錢的時間花費和金錢的消耗，或者絕對能夠保證「富人的禁欲主義」（根據馬克思引用塞內卡〔Sénèque〕的話）作為禁制和限制的第二力量，以及被視為所有「純粹」美學原則、對膚淺的拒斥，其實全都是主奴辯證變異的演練而已。藉此擁有者透過其所擁有的肯定其擁有權，因此加倍與沒有擁有者拉開距離，後者不滿於以任何形式屈就於基本需求，反而遭到懷疑其仍然為欲望所役，因此也潛在地會遭到懷疑其被未有或尚未擁有之物所役[33]。

---

[32] 涂爾幹著名的訓言：「必須將社會事實當作事物來處理」，其實內含了對其本身的否定：若社會事實及構成社會事實的在一般人的認知裡，對待社會事實的方式就是科學想要我們對待它們的方式的話，就馬上可以看出其實無需如此大聲嚷嚷地做方法論的宣示。

[33] 貴族式不為物所役的無私無疑是諸多「消費社會」指責的來源，後者忘了對消費的指責其實是消費者才會有的想法。

第三部分
階級品味與生活風格

「吾人自尊因品味遭受非難而傷害勝於意見之非難。」
　　　　　　拉羅什富科（La Rochefoucauld），《箴言》（Maximes）

為描述生活風格具有其應有的經驗檢證價值，應該回到調查本身，運用一種稱為對應分析（analyse de correspondance）的方法似乎最合適於掌握同時又全部（tota simul）所觀察的整體，又能勾勒其內面的結構，又能強加任何的預先假定，去比較這種方法所揭示的單位，以及基於某種區分原則而建構的單位。據此區分原則客觀地定義同質性條件和條件化的主要階級，即習癖，並藉此定實踐。再從相反方向，以相同的方式操作再生產出一種轉化：將一般認知所操作的社會性建構之認知和欣賞架構，運用於實踐和行動者之屬性，據此建構出具區判性的生活風格，又透過此生活風格可以想見其社會條件*。

---

* 就像語言學家一樣，只限定在研究發話者有限集合裡所能引發的句子構成的限定素
　材，而非去窮盡文法上或實際上可以組成句子的無限可能世界，我們也只限定於調
　查研究所收集到的資料，而不會去窮盡每一種生活風格的無限可能性。此外，即使
　冒著實證主義的風險，就像波赫士（Borges）所說的畫一張和國家一樣大的地圖，
　也要在所有理論的能力範圍內，儘量找出最能夠說明其特徵的語言，像是曲線裡的
　微分，因為這些特徵是其日常生活實踐世界的縮影。為了避免一再重覆引用調查
　研究使用的指標，我們可以每次都以同一類別不同的作品或作者交替引用（例如

誠如亞里斯多德所言，正是因為吾人身體有相同的膚色所以才能察覺到某些人與其他人的膚色不同，不同事物得以區別是因其相似。同理，支配階級不同分層正因為他們都屬於這個階級的整體而相互區判，也就是說，因其特權來源的資本種類不同，也因其與通俗區隔的方式不同和確認其區判的方式不同，而其區判又是彼此相關的。

又如我們借用阿納托·拉帕波（Anatol Rapaport）為例，當我們談到雲或森林的時候，儘管在這兩個情境，樹或水滴的密度都具有連續的特性，但其界線卻從不以斷面方式存在。同理，我也可以說階級分層，儘管無論在什麼地方都無法劃出一條分界的線，一邊有人，另一邊則無；一邊具有所最常見到的所有屬性，另一邊則毫無最常見的屬性。事實上，在此連續的世界裡，建構與觀察的工作能夠隔離出（相對）同質性集合的個人，是因為他們具有在統計上和社會邏輯上不同程度的相互關係之特徵屬性的整體，也就是說，因其差異系統和分成不同的群體。

巴哈的《歌德堡變奏曲》〔*Variation Goldberg*〕或《安瑪·瑪格塔蕾娜的鋼琴小曲集》〔*Le Petit cahier d'Anna Magdalena*〕取代《十二平均律》，或像在音樂方面，以雷加尼〔Reggiani〕、費雷、巴巴拉或格列柯〔Greco〕取代布萊爾和杜埃，或甚至馬賽·亞蒙〔Marcel Amont〕、阿達摩或蜜海兒·瑪蒂取代阿茲納吾爾）。儘管這種方法符合品味的運作邏輯，不斷地在相對等的階級內部使用替換的援引參照，也完全能被理解領會成社會身體的坐標，我們還是棄而不用這種方法，因為甚至相對等階級的本質都依靠實際運作的分類系統，也因為之後會再提到有些人接受「偉大音樂」的可替換的元素，有些人則拒絕這些替換，即使表面上（在作品家、創作眼

第五章

區判感

　　若我們嘗試在支配階級建構出一個相對自主的空間，在此空間的結構是由其成員的不同種類的資本分布來定義，那麼每個派系在此分布會形成某種形態而有其獨特性，經由慣習為中介，會有某一個生活風格相應於此派系。若在不同派系之間的經濟資本與文化資本的分布形成對稱或倒置的結構，若不同的資產結構和社會軌跡同樣決定著慣習和在所有實踐領域生產出來的系統選擇，這種選擇一般會被視為美學的選擇，其實只是其中一個面向，那麼，我們應該可以在生活風格的空間重新找到這些結構，也就是說，在不同屬性的系統之中表達不同傾向的系統[1]。所有這些我們試圖建立的、所有收集的資料都必須接受對應分析的考驗[2]。

　　首先在有條不紊地解讀圖表後，我們將支配階級成員（n=467）針對不同問題群的回答進行分析（參見附錄1：訪問問卷），以便檢

---

[1] 這裡所呈現支配階級不同派系的分析只使用正在進行中的調查研究（其中有些已經在其他地方發表過），但卻是解釋生活風格的基本差異不可或缺的資料。

[2] 在分析方法上，參見 L. Lebart, A. Morineau et N. Tabard. *Techinques de la description statistique. Méthode et logiciels pour l'analyse des grands tableaux.* Paris, Dunod, 1977. 關於運用的理論基礎與邏輯條件，參見 J. Benzécri, *L'analyse des données. Leçons sur l'analyse factorielle et la reconnaissance des formes et travaux du Laboratoire des statistiques de l'Université de Paris VI,* Paris, Dunod, 1973, 2 vol.

驗涉及的結構與解釋因素是否根據相關領域的實踐活動：首先是繪畫、音樂的知識和偏好，以及參觀美術館的次數等的題組都有其共同之處，即在測量主流文化的能力；以21個主題去詢問是否可以拍出漂亮、有趣、無意義或醜陋的照片，這是要測量美學稟賦；其次是歌曲、電台、閱讀、對演員和導演的熟悉程度，以及是否玩攝影的問題群都是與中等文化有關的指標；最終是室內布置、家具、料理、服飾、朋友的品格等題組最能夠直接表達其倫理的稟賦等等。在這些分析中可以發現，第一因素會使文化資本最豐沛的派系與經濟資本最豐厚的派系對立起來，大學教授或藝術家和商業大老闆分別處在這兩個極端，而自由業者、高級主管和工程師則位居中間。在中等文化的偏好指標方面，分析結果發現：都是中等學校教育教師（不包括大學教授和藝術生產者）與商業老闆對立最明顯，這跟我們在小學教師對歌曲偏好所觀察到的邏輯一樣。在倫理稟賦指標方面的分析結果發現：藝術生產者——對立於教授、工程師和公部門主管——表現出無視於社會準則的瀟灑與冷漠，因此較接近商業老闆的位置（他們彼此間在其他方面也非常明顯地對立，這可從第二因素可能發現）。就這樣在標示每個類別最具解釋力的指標之後，為了避免因所收集資料較多而產生過度負擔的效應（參見附錄1：訪問問卷），會在最後分析時排除因不適當問題所造成單獨出現的數據結果（像服飾或最喜歡的書之類的問題），或是相對問題無法分類的問題（像是料理方面的問題），結果測量出大致上相同的稟賦能力（我們也將全部有關攝影方面的問題另外再處理）。我們因此獲得了關於室內布置偏好（12個形容詞）、喜歡怎樣的朋友（12個形容詞）、樂於招待朋友的菜（6個選項）、去哪裡購買家具（6個選項）、最喜歡的歌手（12位）、最喜歡的古典音樂（15首）、最喜歡的繪畫（15幅）、去參觀現代美術館或羅浮宮美術館的次數、認識多少作曲家（分成4個程度）、對

繪畫的態度（5個選項）等的資料（最後也成為不連續過錄〔codage disjonctif〕的對象）。為了充分發揮論證的效力，我們將主要特徵：年齡、父親職業、學歷文憑、收入、所屬階級派系視為解釋變項，因而成為最有解釋力的因素，但不以其原本的意義單獨使用。[3]

　　透過連續的分化，對應分析可以隔離不同偏好的一致集合，其源頭來自於有明顯不同且具區判性的才能稟賦系統，後者是由他們之間所維持的相互關係來定，也是由他們聚集在其生產的社會條件的關係來定。測量文化資本的指標（我們已經知道其變異幾乎與經濟資本的指標呈相反的比率）對構成第一因素影響最大（占總慣性的5.8%，相對於第二和第三因素分別占3.6%和3.2%）[4]：因此在圖11和圖12的最左邊有收入最低，卻有最高的文化能力，知道最多的音樂作品（6%）和作曲家（7.7%），會說偏好要求最「純粹」美學傾向的作品，如巴赫的《十二平均律集》（1.8%）或《賦格藝術》（1.7%）。這些人同時地是最有能力將這種美學傾向運用於較不神聖的領域，如歌曲、電影甚至烹飪或室內裝潢，他們對抽象畫有興趣，經常出沒當代美術館，也期待他們的朋友是藝術家（2.4%）；相反的在最右邊則是擁有最高收入，卻只有最差的文化能力，認識少數音樂作品和作曲家，喜歡認真工作的朋友（1.5%），偏好傾向次級，被降級或經典的布爾喬亞文化作品，如《阿萊城的姑娘》（3%），《藍色多瑙河》（2.9%）、《茶花女》（2.1%）、《匈牙利狂想曲》，畢費（Bernnard Buffet）、弗拉芒克（Maurice de Vlaminck）、郁特利洛、拉斐爾（Raphaël）（2.3%），華鐸（Jean-Antoine Watteau），達文西（Vinci）

---

[3] 我們也針對中產階級和大眾階級進行完全同樣的操作。
[4] 在這整個段落以及之後的篇幅，括號的數據代表相關變項對相對應因素的絕對影響程度。

圖11和12　主流品味的變異

對應分析第1和2慣性聚集軸線圖：屬性的空間（圖11）和不同派系的空間（圖12）當標題符合最大的數值在第1因素時以黑體底線表示，在第2因素時以黑體表示。

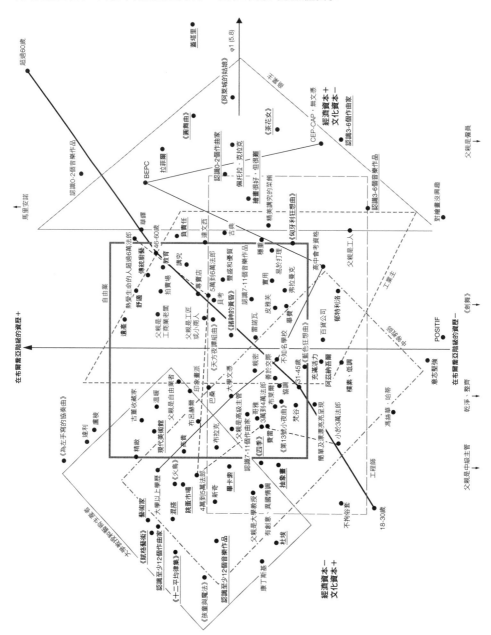

的繪畫，也偏好小歌劇，蓋塔里（1.8%），馬里安諾或被廣為播放的歌曲，佩托拉‧克拉克（2.2%）[5]。

很直覺地即可看到這些不同生活風格的指標所依據而組織的結構，對應於生活風格空間的結構，如同它被建構的一樣，因此也對應於社會位置的結構。據此，就個人層次而言，最明顯的分界線是：一邊是商業部門和部分工業部門的老闆，另一邊則是高等教育教師和藝術生產者，兩者就這階段的分析而言幾乎難以區分。聚集的點則代表同一階級派系的成員依其預定的結構而分布[6]。作為社會位置決定值的補充性變項（收入、文憑、社會出身、年齡）之投射，確認這種社會結構呼應資本類別分布的結構，教育資本分布於第一個主軸（x軸線），從沒有任何文憑到大學的高等文憑；相對的收入則呈現相反的分布（但較分散，較不線性）。工商業主最接近第一軸線的頂端，其文化資本占其資本結構比率就越低。介於兩者之間的是屬於專門職業的自由業主和文化商品的工商業主（古董商、唱片商、書商等等），他們都擁有高出這個派系的文化資本（大學或大學校文憑）。小商人（除了文化產品的售貨員外）從另一個方面來看（以第三因素來掌握的話），在其文化偏好都非常接近中等文化（《藍色多瑙河》、蓋塔里、佩托拉‧克拉克），以及最投入倫理傾向的選擇（被問到理想的室內裝潢和理想的朋友時，他們會引用工人或中產階級經常被提到的特性，如易於保養和實用、工作負責和冷靜），他們在這方面就與工業主對反，後者就其整體而言較接近布爾喬亞的品味[7]。至於高等教育

---

[5] 我們可理解因先存評價而形成的意見也是以相同的邏輯運作：一邊像是我對抽象畫和古典畫派都很有興趣，或是相反，繪畫很好，但很難，或是選擇歌手，里費雷、巴森、杜埃的人都很能用第一因素來解釋。

[6] 我們沒有將代表公部門和私人公司主管的聚集點放上去，因為在這圖上太分散了。

[7] 可以確定的是在文化、語言和生活風格上，小商人和大眾階級的界線無疑的較不明

教師擁有高度的文化能力，甚至在較不神聖的領域，如電影也是如此，占據第一軸線的另一個極端：其偏好擺盪於某種大膽與謹慎的經典主義之間，而拒斥「右岸」平易近人的品味（goût facile），卻不會往前衛藝術冒險；追求「重新發現」勝於「新發現」，朝向最罕見的過去作品勝於當代的前衛作品（喜好氣氛溫暖、設計過、充滿想像力的室內裝潢，布拉克〔Georges Braque〕、畢卡索、布呂赫爾的繪畫，有時會喜歡康丁斯基〔Kandinsky〕，《火鳥》、《賦格藝術》和《十二平均律》音樂）。

　　自由業的成員占據中間的位置，又分成兩個不同的次團體，尤其在文化資本方面：第一群體是文化資本最多，接近藝術生產者那一端，包括建築師、律師或巴黎地區的醫生（以及幾個牙醫手術師或藥劑師）；第二組接近老闆，大部分是在外省執業，相對年長的牙醫、藥劑師、公證人等。第一個群體會提到例如最罕見的作品，布拉克、康丁斯基、《為左手寫的協奏曲》、最「學術」的電影（《泯滅天使》〔L'Ange exterminateur〕、《龍頭之死》〔Salvatore Giuliano〕），通常也認識提到電影的導演。然而第二個群體則宣稱偏好最尋常的中等品味：烏拉曼克、雷諾瓦（Pierre-Auguste Renoir）、《藍色多瑙河》，去看最受歡迎的電影（《花落鶯啼春》〔Les dimanches de Ville d'Avray〕）或是大場面的歷史電影（《最長的一日》〔Le Jour le plus long〕）。

　　於是，既然這種與總資本量密不可分的偏好差異會部分被取

顯，不管如何都位居較高的位置，也都自主行業（尤其是在商業部門），而非受薪族群。後者較接近職員的水準。就像在飲食方面，小老闆又比職員更接近工人階級，因其說話方式、因其品味（對運動、歌舞廳的喜好）、因其價值觀（如重男子氣概）。雖然他們在上述的各個面向上的對立很明顯，但是在政治立場上的位置則很接近。

消（因為是針對同一階級的成員進行分析，在這方面他們都旗鼓相
當），每一個人在社會空間的位置是由前兩個因素來決定，基本上也
都依靠其資產結構來決定，也就是他所擁有的經濟資本與文化資本
的比重（第一軸線）和其社會軌跡（第二軸線）。透過相應的〔資
本〕獲取方式，它們主導了他與其資產維持的關係[8]。這些都是其在布
爾喬亞中資歷深淺有關傾向的指標，對第二因素所做貢獻絕對最大：
內化於社會軌跡和文化資本獲取方式的痕跡，主要浮現在與主流文化
關係和日常生活藝術的細微差異之倫理與美學傾向，也會使得擁有相
同資本量的人有所區隔。我們可以理解，就個人而言，在每一個派系
內部，第二因素都會使那些長期以來就已經進入布爾喬亞世界的人與
那些剛剛才發跡的人──亦即暴發戶──對立起來。特權中的特權那
些獲取其文化資本是透過早熟和日常接觸稀罕和「高尚」的物品、人
物、場所和表演的人──對立於那些其資本是由學校系統引導下努力
獲得的或是在偶然的機會下有貴人指導的自學獲得，他們與文化的關
係也就顯得較嚴肅，較嚴謹，甚至是緊繃。當然第二因素分布於各個
階級派系，依其成員的源自布爾喬亞或其他階級：一邊是自由業主
和高等教育教師（以及較少量的私人企業的主管）；另一邊則是工程
師、公部門的主管和中等教育教師，那些代表正在通往支配階級特權
的範疇（以其學校成就為中介），老闆則平均分布於這兩極之間。第
一群體，聚集了具有正向價值的第二因素者，共同特性是都（在起始
階級）就在其家庭之中耳濡目染獲得其資本，也都會表現出很早就歸
屬於布爾喬亞的符號像是擁有祖傳的家具（3.1%）和經常出入古董
店（2.4%），偏好舒適的居家裝潢和傳統烹飪（1.5%），經常去羅浮

---

[8] 這意味著第一因素分析的第一因素相應於社會空間的第二面向，第二因素相對應於
　　第三面向。

宮和現代藝術美術館（1.8%），喜歡《為左手寫的協奏曲》，因此我
們知道這必定與會彈鋼琴有密切關係。第二群體的人則其資本的獲得
主要是來自於學校和晚熟的學習，因此會較支持也意味著高度學院文
化，與前者相反的喜歡意志堅強（2.6%）和積極精神（3.6%），而比
較不像另一端，喜歡文雅和藝術家的朋友，喜好整潔乾淨（3.2%）、
樸實和低調的居家布置（1.6%），也偏好中等布爾喬亞文化的作品，
如《劍舞》（*La Danse du sabre*）（5.1%）、郁特利洛和梵谷或在其他
方面，偏好布萊爾和阿茲納吾爾、畢費和《藍色狂想曲》，這些指標
都顯示正在向上晉升。其特徵就是謹慎地選擇，因此相對的同質，絕
不會下降到可能被視為平庸或粗俗的作品，如《阿萊城的姑娘》或
《藍色多瑙河》，也很少會往已經有一點不那麼「經典」的作品去冒
險，如經常被文化仲介者或藝術生產者選擇的《孩童與魔法》。

　　父親職業、年齡、教育程度和收入等的投射，都展現其區分原
則都是社會軌跡最典型的變項——支配階級內部兩種人的對立關係
——一邊是支配階級中較年長也來自最古老的派系，同時／或是具有
最豐沛的經濟資本（自由業主、工商業主）；另一邊則是支配階級中
其父親是雇員、中級主管或工人，擁有相對較少的經濟資本，也較為
年輕。在階級派系中社會空間位置間的複雜關係，進入布爾喬亞的資
歷和年齡（也與前兩項因素有關），是理解支配階級成員間許多美學
和倫理差異非常重要的（例如說運動或服飾的差異）因素。隨著從支
配階級往被支配階級移動，正如我們已經知道的「暴發戶」也隨著增
長，這種複雜關係就會越來越清楚（更不用說由於其教育資本積累的
比例，主管的分散分布無疑是因為其出身較低，以至於他們獲取其職
位的機會較低，在年齡上也相對較晚）[9]。

---

[9] 在過去曾經做過不同的分析顯示，不論是以相同的指標（尤其是為了取得最終總結

圖13　主流品味的變項

對應變項的分析
第1與第3聚集慣性軸線的簡化圖

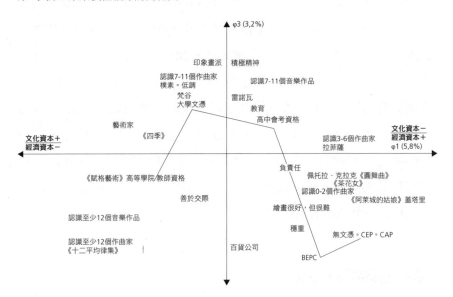

就個人層次而言，第三因素對反於大部分的大學教授，尤其是藝術家（他們比大學教授更傾向於表現出對布爾喬亞品味的拒斥），也對反於商業老闆。最典型布爾喬亞（由於其出身、居所和訓練）、自由業、工業部門和主管，尤其傾向於以「布爾喬亞品味」為這個範疇的特徵，去對立於所有其他派系的品味。首先是對反於裝備齊全又大膽的「學術品味」（goût intellectuel），其次是對反於負面定義又累積的中等品味和大眾品味的元素（像是大商人）。布爾喬亞品味，模範的品味還是流行的品味——正如對印象畫派繪畫喜好的強度（4.2%）所顯示的，以選擇梵谷（2.1%）和雷諾瓦（2.1%）獲得確認，也依

的分析）或是不同的指標，第一因素都會比第二因素較為穩定（穩定的意義並不會因在不同派系的相對位置的排列位置而有所影響），而資產階級資歷的重要性反而在這領域裡會降低到第三順位。

其中等文化能力為基礎（認識7到11個作品者3.3%，認識7到11位作曲家者3.2%）。布爾喬亞或名流的品味基本上是傳統的品味（也偏好法國傳統餐宴1.3%或到古董店購物1.0%或偏好有良好教養的朋友1.5%），一種有節制的享樂主義（例如居家布置喜歡舒適但又樸實和低調1.8%，親密的1.2%），即使是其大膽也都非常節制（選擇《火鳥》或《藍色狂想曲》，1.3%，或喜歡富有正面精神的朋友1.7%，而對反於藝術家）。第三因素尤其是以對反於同時是以「學校」（認識12位或以上的作曲家3%，認識12部作品或更多1.9%，偏好達文西1.6%等等）和相對性大膽（選擇康丁斯基1.4%和畢卡索1.3%），但同時也較制欲（偏好哥雅或《十二平均律》，到跳蚤市場購物等等）的文化為特徵的總體指標來界定。

擁有藝術品的模式

　　但是這些統計分析若無法幫助我們去理解這種分布建立背後所運作的邏輯，那麼就不能算真正完成其檢驗的功能。因為若能證明同時從共時性和歷時性來界定的資本量和資本結構構成實踐與偏好的區分原則，我們就可以比較清楚其間關係的社會—邏輯（socio-logique），例如結合了文化資本支配不對稱的資產結構與某種對藝術品的特定關係，並且解釋，也就是說完全理解為什麼最制欲形式的美學傾向和在文化上最主流和經濟上最省錢的實踐，像是在文化活動方面，經常進出美術館，在運動方面，登山或走路，有很大的機會相遇在一起，發生在文化資本（相對的）最雄厚但經濟資本（相對的）最薄弱的階級派系身上的機率特別高。

　　為了證明上述所言，必須跟著立即的直覺走。當此直覺發現到大學教授對純粹作品的莊嚴樸素之品味，像是巴赫、布拉克、布萊希特

（Bertolt Brecht）、蒙德里安（Piet Mondrian）時，同樣的制欲傾向也
會在其所有實踐裡表達出來；當此直覺感到那看似無辜的選擇下，隱
藏了類似與性和金錢關係的症狀，只不過掩飾得比較好而已。當此直
覺感到表達於對林蔭大道戲劇或印象畫派的品味，對雷諾瓦所繪的節
日女人和花朵的品味，對布丹（Eugène Boudin）所繪陽光下的沙灘
或杜菲（Raoul Dufy）所繪的戲場道具的品味時，這種直覺推測其整
個世界觀和其存在的視野。

　　正如我們在戲劇或繪畫方面看到的（對其他藝術也是如此），那
些專注於透過不連續或不相稱的指標，以至於必須求助於測量才能
察覺的，往往是兩種與藝術品的對峙關係，更精確來說，是兩種擁有
藝術品的不同方式，表達兩種對反的資產結構。因此，例如，如何解
釋在戲劇的年平均花費從大學教授的4.17法郎（金額還少於私人企業
的中級主管4.61法郎和公共部門的中級主管4.77法郎）跳到公共部門
高級主管的6.09法郎，自由業主花費7.00法郎、私人企業高級主管的
7.58法郎，商業主7.80法郎和企業主9.19法郎，結果我們又回到階級
派系根據其經濟資本量而分布的最尋常的階層。[10]如果我們考慮到他
們在最便宜戲劇呈現的比例時，如何相反的解釋倒置的階級派系的層
級？太快地將相對便宜的前衛劇場和知識分子派系，或是貴很多的林
蔭大道劇場和支配派系之間理解成選擇性親近（我們僅看到經濟成本

---

[10] 我們發現，一般來說，文化實踐會根據收入的多寡而有非常強烈的變化，當然是在
其文化資本的範圍內，從需要直接支出較高的花費的活動（如戲劇或展覽）或必須
擁有昂貴設備才能從事的活動（如聽唱片音響、練習樂器如鋼琴或密集實作業餘電
影）。參觀美術館（相對而言，較平均地分布於社會空間勝於戲劇或演奏會）完全
依賴文化資本（那是很明顯地因為門票的價格維持在很低的水準）。如果觀光，本
身就與經濟資本有密切的關係，只會強化參觀美術館的實踐（這也解釋為什麼代表
支配階級最富有經濟資本的派系到旅遊景點參觀美術館的比例會高於「一般的」美
術館）。

俄式莎慕瓦茶館風格的臥房

摘錄自德聖梭瓦（D. De Saint-Sauveur）撰，「費加洛太太」專欄，
《費加洛雜誌》（*Le Figaro Magazine*）1978年7月10日，頁1

「依莎貝兒‧歐納諾（Isabelle d'Ornano），部長的嫂嫂，將其臥
房改造成公寓的展示廳，一件巴洛克風格的鉅作。」

　　「我懂得如何喜歡生活，布置就是一種表達的方式。」一個原則就是不為流行和慣例所役，運用此原則在其整個公寓狂想的顏色，假的綠大理石和威尼斯遮簾，尤其是在她臥房。一間彷彿在時間之外，但又非常現實感的房間，也是依莎貝兒工作時的辦公室（她在希思黎〔Sisley〕化妝品做行銷，是由她丈夫在三年前創立的品牌），也同時是五個孩子的電視間，也藉此機會將其他的招待室打通，作為大型宴會時的第二沙龍。這原初是一間灰暗的大圖書室，華麗但無聊，她把

> 它變作一個溫暖的地方，愜意的地方，像她說的。
>
> 首先，在幾乎半高處蓋了一個環形的室內陽台，環繞整個房間（……）並以主要家具：床為中心，安排房間的動線，而且不是隨便哪一張床，依莎貝兒‧歐納諾喜歡「強而有力」的家具，她要一張「令人想起威尼斯遊艇的床」，還讓她的裝潢師傅花了一年半的時間，吃盡苦頭。
>
> 因為對所有偉大的古典規則的蔑視，組合了不同的家具風格，事實上，幾乎所有的風格。路易十四細木鑲嵌的圓柱型辦公桌，裝軟墊的短安樂椅，第二帝國的爐邊取暖坐的矮椅，全部用岡迦（Granja）手工坊製的水晶做成，在馬德里古董店買的十八世紀大型掛式分枝吊燈，一兩件十九世紀末的英國小家具放在架子上，上面也放了植物、

和經濟手段之間關係的效果），我們可能冒著忘記以下事實的風險：我們會樂於花錢去接觸藝術品，或更精確來說，是物質成本和預期的「文化」獲利之間的關係，是為了表達每一個階級派系再現所有他們建構特有的藝術品，以及擁有它的正當方式。[11]

對知識分子，相關的行業或其新手而言，常去劇院、展覽或觀看藝術電影之類的文化實踐，其經常出入和類似專業的正式會員關係足夠去分析所有日常生活以外，某種屈從於尋求以最少經濟成本獲得最大「文化報酬」的計算，這意味放棄任何炫燿性和額外的支出，除非能夠獲得藝術品的象徵性擁有之花費（「去劇院是去看戲，而不是去

---

[11] 在此邏輯中我們可以理解希望的價格會對第一因素貢獻最大，巴黎地區的劇院及其觀眾樣本整體特性的對照分析證實這一點（SEMA，《法國劇院的狀況》〔*La situation du théatre en France*〕，見附錄，表231b）。或更甚者，傾向認為美術館入場券便宜或非常便宜的人，會隨著一般的層級而非常明顯的增加，當我們從文化資本（相對）富有的派系往經濟資本富有的派系移動時尤其清楚，只有自由業主以其平均分布在這兩種方式（剛好—非常便宜）而區隔。

書本和一盆蘭花（「唯一可以持久的花」），兩盞在杜奧古董店以便宜三倍的價錢買的燈泡，裝在現代燈罩上，兩個梯形床頭櫃最近由木器師傅做的。

大膽地混搭上某種顏色和布料（……）

到處點綴的不是小擺飾（「沒什麼用」）而是十幾幅照片（……）藤織的籃子裝滿各式各樣的舊貨，小孩的定音鼓插滿了鉛筆。小說、展覽會型錄、居家布置雜誌（她剪下推薦商家貼在簿子上）散落各處。其他細節也非常獨特，像是以彩陶方磚圍繞壁爐台（……）總之，採用原創和個人的裝潢風格，以至於室內設計師亨利‧撒母耳（Henri Samuel）——作為技術和改裝諮詢人——當我問他如何定義這個臥房時，他都這樣回答我：「這是最純歐納諾風格，可喜可賀！」

被看」就像其中一個所說的）。他們期望在作品本身，其稀罕性及其論述獲得其實踐的象徵性利益（從出場開始，在酒杯之間，在其課堂上、文章和書本裡），藉此他們努力獲取其應得的那一塊區判價值。相反的，支配派系將去看戲變成一種「晚會」，一種花費及展示其花費的場合。他們「盛裝」（需花金錢和時間），買劇院裡最貴的座位，最貴的邏輯就像在其他領域一樣就是去買「最好的東西」，看完戲後再去餐廳吃晚飯。[12]選擇其劇院也像選擇「精品店」一樣[13]，用所有符號來標示其「品質」以保證不會有任何「不悅的驚奇」或「假的

---

[12] 有人指出坐位價錢只占其經常出入劇院支出的很小一部分（如果加上交通的花費、時間的消耗，晚餐的花費，「托嬰」的花費的話），而且整體支出會隨著收入而增加。（參見Thomas Moore，〈百老匯劇院門票之需求〉〔The Demand for Broadway theater tichets〕，*The Review of Economics and Statistics*, 48 (I), fev. 1966, pp. 79-87.）這意味「出去」看戲的整體花費無疑的因為坐位的價值本身以及附帶的花費，會隨著從知識分子到自由業主和工業和商業主移動而明顯的增加。

[13] P. Martineau, "Social classes and spending behavior," *Journal of Marketing*, 23, oct. 1958, pp. 121-130.

品味」：一個專精於其行業的編劇家，知道所有「喜劇的驚奇效應，情境的活力來源，遣詞措字的滑稽或尖酸的分寸」。總而言之，金飾匠或最好是珠寶設計師，「善變把戲」的大師，對「戲劇藝術的技巧」[14]瞭若指掌。認識那些以其能耐表演他所提供的「純金」角色而著名的演員，將這種完美技匠的狂熱順從於這個戲劇藝術大師的多才多藝的安排之下[15]；一齣最後包含了「所有應該令人愉悅的元素，而沒有一丁點奉承或粗俗」，完全是為「將身心平衡的觀眾因其健全的歡笑放鬆而產生均衡」而設計的，因為戲中只會問「大家都會問自己」的問題，在此只有散發「幽默和無可救藥的樂觀主義」。

在此姑且不再重提所有布爾喬亞戲劇和前衛戲劇之間對立所意含的分析，而只停留在研究調查僅能直接提供的有限資料做分析，我們很快發現，以電影來說，那些對「抱負野心」作品的喜好並要求大量文化投資的人，會與那些對大場面的場景效果和直接表明就是為了娛樂而拍的影片有興趣的人相互對立（其間的差異常常是與門票價格的差異，與電影院坐落的地理空間的差異並行發生）。毋庸置疑，會有支配階級各派系（及其評論家）都會去看的電影，其中諸多清單之中，像是《審判》（*Le Procès*）「強烈又沉重的作品，知識上非常有勇氣，不容錯過。」（《世界報》1962年12月25日）、維斯康堤（Viscoti）導演，亞蘭・德倫（Alain Delon）主演的《洛可兄弟》（*Roco et ses frères*）、尤其是馬斯楚安尼（Mastroianni）主演的《義大利式離婚》（*Divorce à l'Italienne*）「誠實的商業電影」，《戰鬥報》（1962年6月2日）這樣評論，「一部犬儒、殘酷、大膽又令人

---

[14] 括號裡的說法借自高提埃最理想型的文章。此文乃是針對杜蘭最理想型的劇作《轉角》所寫的評論（《費加洛報》1973年1月12日）。

[15] 我們會說一個作者或他的戲被演員「發揮得淋漓盡致」。

圖14 ──看過的電影（以偏好遞減排列）*

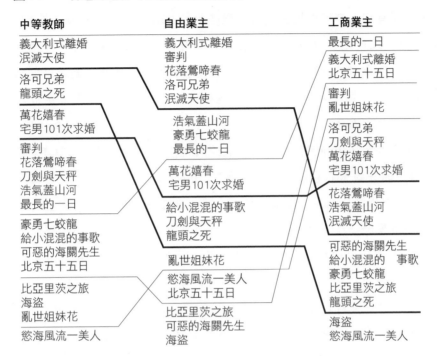

中等教師	自由業主	工商業主
義大利式離婚 泯滅天使	義大利離婚 審判 花落鶯啼春 洛可兄弟 泯滅天使	最長的一日
洛可兄弟 龍頭之死		義大利式離婚 北京五十五日
萬花嬉春 宅男101次求婚	浩氣蓋山河 豪勇七蛟龍 最長的一日	審判 亂世姐妹花
審判 花落鶯啼春 刀劍與天秤 浩氣蓋山河 最長的一日	萬花嬉春 宅男101次求婚	洛可兄弟 刀劍與天秤 萬花嬉春 宅男101次求婚
豪勇七蛟龍 給小混混的事歌 可惡的海關先生 北京五十五日	給小混混的事歌 刀劍與天秤 龍頭之死	花落鶯啼春 浩氣蓋山河 泯滅天使
比亞里茨之旅 海盜 亂世姐妹花	亂世姐妹花	可惡的海關先生 給小混混的 事歌 豪勇七蛟龍 比亞里茨之旅 龍頭之死
	慾海風流一美人 北京五十五日	
慾海風流一美人	比亞里茨之旅 可惡的海關先生 海盜	海盜 慾海風流一美人

* 這裡是針對巴黎民眾所做的調查。至於里爾地區受訪者的片單（根據播映電影的不
同）則有不同，其選擇的結果也依循類似的結構。

驚豔」的喜劇電影（《世界報》1962年5月22日）。可是在社會空間
的兩個極端之分歧就非常明顯，自由業主則跟往常一樣處在中間的位
置。因此工商業老闆會比較喜歡歷史電影，像是《最長的一日》「巨
型的重構」呈現上一場戰爭「最壯觀的場景」（《世界報》1962年10
月12日）、像是《北京五十五日》（*55 jours à Pékin*）這樣的「超級
製作」，「瘋子聚集最好的電影樣板」，「鋪張的場景，小心翼翼地剔
除知識分子的元素，能夠讓電影院滿座，因為他們懂得刺激觀眾的
驚奇能力」（《世界報》1963年5月17日），票房成功的電影像是華
汀（Roger Vadim）的《亂世姐妹花》（*Le vice et le vertu*），一部「以

不可否認的高超技巧，拍得很好的」電影，「拍虐待狂，拍得很有節制，讓每個人都可以接受」（《法國晚報》〔*France Soir*〕，1963 年 3 月 2 日），最後是喜劇片和喜劇演員，費南岱爾（Fernandel）、達里‧考爾（Darry Cowl）等。相反於此，幾乎總是能夠提到他們看過電影的導演和演員，大學教授都有系統地排除著名的喜劇片或票房成功的商業片，而比較喜歡「經典」電影（幾乎都被對電影史所吸引），像是布紐爾（Bunuel）電影的《泯滅天使》，《世界報》（1963 年 5 月 4 日）的評論拿它和沙特的《密室》（*Huis Clos*）、《龍頭之死》做比較，「羅西（Franceso Rosi）引人入勝，非常美的電影，結合歷史學家的嚴緊和藝術家的抒情重新描繪西西里島生活的時刻」，「探討義大利南部的風俗研究」（《世界報》，1963 年 3 月 6 日），最後還有艾泰（Pierre Etaix）的喜劇片《求愛者》（*Le soupirant*），影評甚至預言他「有一天將在從麥克‧山內（Mack Sennet）到大地（Tatti），中間經過麥克斯‧林戴（Max Linder）、卓別林（Charles Chaplin）和基頓（Buster Keaton）以及其他著名喜劇的偉大傳統中有其一席之地」（《世界報》，1963 年 2 月 6 日）。有趣的是，為了合理化其指令，「認真」的日報會警告其讀者（「要看」、「不可錯過」等），一句這樣的話：「不是令人喜歡的娛樂」（《世界報》，1962 年 12 月 25 日有關《審判》的評語），可能會是一個無法上訴的判決。

相反於「布爾喬亞」的戲劇、歌劇或展覽會（不用說首演或盛大晚會），給予社會儀式進行的機會或藉口，可以讓嚴選的觀眾確認並證明他們歸屬於這個「上流社會」，必須遵從融入又區隔的名流作息的節奏，美術館在任何時候，吸引任何人（任何有必要文化資本的人），不需要任何服裝的限制，也因此不會為名流的社會展示提供任何令人滿意的東西。除此之外，美術館不同於戲劇，更不用說歌舞廳

和綜藝節目，永遠提供純粹美學所要求的淨化和升華的享樂。比較接近的是圖書館，往往要求嚴肅刻苦，幾近學院的稟賦，美術館能讓人朝向經驗和知識的累積，或是辨識和解讀的快感，與朝向單純的愉悅一樣多。[16]

　　在美術館嚴肅刻苦做功課之後勉強的讚揚和想要推展的「沉思」背後，顯露出把參觀當作是某種永遠是辛勤的事業之事實，強迫自己去完成而且徹底完成的事業，還有要有系統地努力不懈，才能在完成責任的情緒上和沉思的立即享樂中獲得回報。「美術館給我的印象是，安靜和空曠，也可能是因為安靜的關係。此外，也讓人能夠沉思作品，穿透作品。我並沒有因此讚賞不已，太枯燥乏味了。有系統地參觀美術館實在太累了，像是強迫自己的紀律一樣，造成某種約束和不消化。我想要很快結束參觀，因為我只想告訴我自己已經去看過這個美術館。實在太單調乏味了，老是沒完沒了的繪畫，作品本身應該不時跟其他東西交替展示。」（工程師，亞眠〔Amiens〕，39歲，里爾博物館。）這個參觀者的說法和紐約大都會博物館的研究員的說法一致，他認為在其博物館「就是一個參觀者可以發展其眼睛肌肉體操的地方。」（R. Lynes所報導的言論，節錄自《品味製造者》〔*The tastemakers*〕，紐約：Universal Library, Grosset and Dunlap, 1954，頁262。）

---

[16] 主要是中產階級和教師，其次是工程師，最有將美術館和圖書館連在一起的傾向。（「我最喜歡什麼？圖書館，因為它收藏了許多有價值的作品，而且必須有意願去。」──工程師，康布雷〔Combrai〕，44歲，里爾美術館。）也是同一批人，他們最有可能實踐沉思與記錄（像是做筆記）和收藏（像是購買仿製品）。此外，我們也發現是教師們最有傾向拒絕將藝術品的直接經驗與博學知識分開來看（他們最不能忍受這樣的評論：「我才不管是誰，怎麼畫的，對我來說，只要畫看起來愉快就好」）。

　　我們可以理解，當我們從音樂會或前衛劇場、美術館，這種高度
文化推廣卻低度娛樂觀光的前衛展覽，過渡到大場面的展覽，大型音
樂會或「經典」戲劇，最後到林蔭大道劇院和綜藝節目，不同階級派
系呈現的比例隨著文化資本遞減和經濟資本遞增而分布，也就是依次
為大學教授、行政部門主管、工程師、自由業者、工商業主，並傾向
有系統又持續的改變，以至於階級派系的階層會隨其公開場合的比重
不同變成倒置[17]。大學教授、工業主和大商人分別在觀賞兩類性質相反
的表演頻率之相關圖表上占對稱的位置：一邊是音樂會和藝術展覽；
另一邊是綜藝秀和商品展覽，自由業的成員和高級主管則在此兩者之
間位居中間的位置。自由業者，在使用圖書館或參觀美術館上會有呈
現不足的情況，但比起參觀美術館的觀眾，他們在參觀展覽會有過度
呈現的情況，而會相對密集的觀賞戲劇（比較是「布爾喬亞」的戲劇
或「綜藝表演」勝於古典或前衛的戲劇）。

　　美術館，一個朝拜物品的聖殿，展示私人收藏以外的物品，並
以取消經濟手段（neutralisation économique）使得它成為「中立」
（neutralisation）物件，藉此界定其「純粹」的領會。相反於藝廊，和

---

[17] 高中及大學教師（在1968年占支配階級的16.3%）分別在支配階級總體成員中使用
圖書館的占54.4%（參見〈法國公眾閱讀〉（La lecture publique en France），《文獻筆
記與研究》（Notes et études documentaires）3948, 15, déc. 1972）、39.5%去著名的前
衛劇院，像是奧德翁劇院（Odéon）、東巴黎劇院（TEP）、國家人民劇院（TNP）、
蒙帕納斯劇院（參見SEMA，《劇院的觀眾》，巴黎，1964，和非專業的主管和自
由業主一起算）、34.1%美術館或博物館（參見我們的補充調查1965年），27.7%
去「古典」劇院，工作坊劇院（Atelier）、法蘭西劇院（Comédie Française），最
後有13.5%去林蔭大道戲院。根據法國統計局（INSEE）針對休閒的調查的第二次
分析顯示高中及大學教師（占支配階級樣本的13.7%）分別占所有支配階級中的：
1）40.9%自稱每個月至少去一之圖書館、2）38%每年至少去聽音樂會5-6次、3）
27.1%至少6個月內參觀過藝術展覽、4）19.4%經常去美術館、5）16.1每年至少去
看戲5-6次、6）最後有6%一年會有一次觀賞綜藝表演。工商業主的部分則是完完全
全呈現倒置相反的分布，例如他們占支配階級成員18.6%曾經觀賞綜藝表演。

其他奢侈品（「精品店」、古董店等）的買賣一樣，提供被沉思的對象，也提供了可能的被購買的物件。美術館則以相同於「純粹」美學稟賦，普遍分享於支配階級中被支配分層成員，特別是大學教授，強烈地過度代表於美術館的觀眾，也對反於支配分層中的少數幸運兒（*happy few*），有辦法在物質上擁有藝術品。事實上，所有與藝術品的關係就因此改變，一旦繪畫、雕塑、中國瓷瓶或古董家具是屬於可

獨一無二的大布爾喬亞[*]

　　S是位律師，45歲，律師之子，隸屬於巴黎大布爾喬亞家族。其妻，工程師之女，政治科學院（Instituts de sciences politiques）畢業，不工作。四個小孩在巴黎「最好」的私立天主教學校就讀高中。他們住在巴黎16區一棟超過300平方米非常大的公寓；一間很大的玄關、寬廣的客廳、餐廳，書房和多間房間（其事務所不包括在內）。

　　在客廳有現代元素（大抱枕、大沙發和椅子）、古董，「一個希臘的石雕的頭，純粹是那個時代的，非常美」（是件結婚禮物）、一件傳家之寶稱為「特別祭台」（非常漂亮的宗教的東西，從父母那邊拿過來的）。他父親收藏各式各樣藝術品，向一位俄國舊貨商購買

---

[*] 所有訪談都是在1974年做的。為了盡可能有系統地掌握每一個生活風格最明顯的特徵，此調查分析（此時已經很先進了）做了以下的處置：基於先前研究所累積的經驗，即受訪者的屬性及其實踐活動的源頭的一般性公式，我們決定有條不紊地將訪問調查（通常根據家庭關係或熟悉程度將訪員聚集）引向其生活藝術最核心的地區（涉及主題異質性高的地區，相對於統計調查所收集的資料太過同質性的地區），並提供他們日常生活情境裡能夠讓人「暢所欲言」的保證與確認，甚至超出所期待雙倍的加強。最後我們也透過高度濃縮的簡潔語言，交替地使用直接、間接、半直接的風格，努力讓此生活風格體系的整個風貌很具體地立即可感受到，這統計分析在操作過程被破壞的，即使這些操作想要使它更清楚。

「一大堆東西、景泰藍、聖杯、十字架⋯⋯」,「一件唐三彩」在臺灣一家古董店買的,當時有10個專家陪著他去。幾幅繪畫,其中一幅是塞呂西耶(Paul Sérusier)的畫(有其一定的魅力,但我寧願把它換成一幅現代畫),餐廳還有一幅靜物畫。

「獨一無二」

　　當他買這些物品持,「並不是只要擺在那裡。」對他來說最重要的,「首先是東西、作品的美,其次不只是要獨一無二,還要是出自藝術家之手」:「你想要重做一個,但可能會搞砸它。因此變成獨一無二,因為你不能複製同一件作品,同一個主題(⋯⋯)。一張臉的美、一件雕塑品的美,就是其一顰一笑、一個眼神,這些你都不能重做第二次,你可再用石膏重做,但是你無法用同樣的材料重做。材料非常重要,最後材質也很重要。我很喜觀美麗的銅器,有些銅器絕對是非比尋常。」

「新富那種樣子」

　　他並不常去畫廊,也不會「有系統地」去跑去古董店或都奧拍賣會(L'Hôtel Drouot)。他買(一件物品或家具⋯⋯)是因為買的當下讓他感動。他很少會為那些「想要投資又沒有時間的人」屈尊。「那些沒有時間去對自己感興趣的人,他有興趣的,主要不是讓他們愉悅的東西,而是那些有價值的東西。」這些人也是那群「每年繳X會費,委託其他人去收購。一邊在擺東西,另一邊又是完全不懂。幫他在牆上掛上不論什麼狗屎東西都好,反正也不在乎,只要這狗屎值錢就好。這就是新富的樣子,一副想要展示他也有東西可以現寶⋯⋯或告訴別人他也有能力擁有東西。這就像找一個室內設計師,委託他人來做一樣。」

「你找好久,最後讓你找到」

　　「具有內在以及情感價值的物品,如果你很久前就想要,也找了

很久。這正是你所要的，最後是在偶然的機會下，被你找到……這真是天啟（……）若是為我所樂的，那就不再是價值的問題，像這個管風琴（是個小玩意，電子的），我想要，我也有了（……）再一次，我們通常會根據我們所有的，限制自己的可能性。我不會去買夏爾特（Chartres）的大教堂（雖然我很想要有一座教堂，然後改建（……）我覺得很漂亮，這些石頭，石頭的形狀，拱形的穹頂。石頭真的很美。」（出身自一個天主教家族，已經不再去教堂，但經常半諷刺地提到宗教。）

「只為我個人的快樂」

在勃艮第（Bourgogne）鄉下的房子，非常大（室內建築就有1000平方米），主廳堂裡，他在「兔皮商」那裡收購了大量的家具：「我遇到一個傢伙，一個有很多粗獷家具的舊貨商，全都是原木的。我還買了其他東西，製成標本的動物，尤其是製成標本的野豬，買的時候大家都非常生氣，除了我自己（……）因為我覺得很好玩。快樂，就是好玩。

「我很討厭那些買東西只為現寶的人，好像是說他擁有這些東西並且擺在那裡。東西的價值不重要，是我們覺得快樂最重要。我買野豬標本，只是為我個人的快樂或只是很簡單的我覺得好玩，因為這很蠢或因為它令人抱怨連連。」在這個房子裡，「太潮濕不適合放鋼琴」，他將會「放一張三角琴（……）在遊戲間，他們都會有會擺動的三角琴（……），它可能少一或兩個鍵。」

「遺產，你讓我發笑」

在布置這個房子時，遺產接收來的家具對他不重要。他太太提醒他遺產的家具，他回答：「遺產，你讓我發笑。只不過三件家具而已。」他太太又進一步說明：「當我結婚的時候，X姑姑死了，我繼承了相當數量的銀器，嗯，這是第一筆遺產。其次，還有C太太，第二筆遺產，還有L小姐，這是第三筆。就是因為我有那麼多盤子、

舊機器和家具，我們永遠不會有那麼多家具的問題，就是因為我們繼承了相當數量。第四筆遺產，公公婆婆去世，我們繼承了許多椅子。」

若是家具他不喜歡，他就「丟掉」，「這樣才不會太擁擠」。「必須要有足夠空間的大公寓才能有某種內在的寧靜，不能太擁擠，相反的，反而需要其他的房間給自己心愛的東西，從來不會是紀念品那樣的東西，這種東西直接丟到垃圾桶，只是那些我們想要它環繞著你的東西。」「我很討厭旅行的紀念品」，從來不帶回家，「除非像剛剛提到的東西，中國的彩陶。我也會買那些可以到處分送的小東西，但是這些都不占空間。這讓人看不出來我們去了什麼地方。當地的紀念品，在當地購買的，實在沒什麼意思。」而且在旅行的時候，最好保持一顆開放的心靈，「空手而去，到處看看，而不要老是眼睛瞄著照相機。」（在遠東旅行的時候，「我們也拍照啊！」她太太提醒說，但他加上一句，「我們觀賞過了，也給人家看過兩次」，現在早就束之高閣了。）

「在荷蘭、在義大利花很多的時間在美術館，只為了快樂」

他有一間畫室，他花很多時間在那裡，（「他很喜歡拿畫筆」，她太太強調說。）但是他自己覺得都是些「無趣的」（sans intérêt）東西，他寧願不去講它。相反的，他倒是樂於承認他「在荷蘭、在義大利花很多的時間在美術館，只為了快樂。」他曾經「非常驚豔於義大利的繪畫，也被它薰陶。」「達文西，威尼斯繪畫，席安那（siennois）繪畫，所有我們可以在羅馬的波爾加塞（Borghèse）美術館看到的繪畫，波提且利（Botticelli）的繪畫。」他「出於性情使然，也非常敏感於荷蘭繪畫哈爾斯（Frans Hals）、林布蘭（Rembrant）的繪畫。那是非常不一樣的繪畫，因為比較濃稠，也比較厚實（……）還有一些馬諦斯（Matisse）和考克多（Cocteau）的素描。」雖然沒有「一定」要具象畫他才會欣賞，但相反的，也完全不能接受那些愚弄人的畫，例如一張「往不同方向撕裂的」白

色畫布。就像他太太指出的她「不叫它繪畫」，他則較細膩的說：
「終究，這不是幅畫，只不過是一種表達的藝術。」

「喜愛，就是要自己擁有」

對他來說，「一幅畫是可以讓他夢想很久，同樣的也觀賞很久都
還是有同樣樂趣的東西。可能會因為不同的人和其心靈狀態而會有
不同的樂趣。」「其衡量的標準就在是否想要放在自己家裡（⋯⋯）
喜愛，就是要自己擁有。」他還補充說：「賞心悅目的東西，都不是
必需品，我並不為收藏而活，我是為了生活而活。我儘量在我的能
力範圍內活在當下，但總是不容易的事。」

「就像瓦斯爐一樣必要」

他沒有高傳真音響無法生活，這部音響是十年前買的，八千
法郎左右，「並不是什麼名牌，只是組裝的，我稍微探聽了一下，
就買了。就像管風琴一樣，也是稍微探聽了一下，就買了」。「這
是像瓦斯爐一樣必要的東西」（⋯⋯）任何人即使沒賺什麼錢也需
要音樂，就像食物一樣的必需品」。在他的唱片之中，有「韋瓦第
（Vivaldi）、巴赫、很多巴赫的大合唱，彌撒大合唱，追思大合唱、
蒙特維爾第（Monteverdi）的大合唱。他「有點排拒現代音樂，並
非出自意願排拒，而是因為耳朵不習慣的關係」：「馬勒（Gustav
Mahler）、朱利維（Andre Jolivet）、梅湘（Oliver Massiaen）都完全
在我智力範圍內可以接受的東西」，但是「有相當一大部分純粹系列
音樂、電子音樂的東西，有些很好聽，但有些對我來說只是唬人的
東西，就像在繪畫一樣。」

「一旦有重要作品，你會知道」

他很少去聽音樂會，不是那種「因為應該去看就會去看」的
人，也不看《世界報》（他每天看的報紙）的戲劇評論，而他比較會
參考朋友的評論或判斷：「一旦有重要作品，不論是戲劇、電影或其

他，你會知道。你知道因為你總是和一大堆的人接觸，這也就是為什麼我不讀評論。如果真的需要讀，也要完全透徹地讀。」最近，他看了一齣獨角戲，「一個義大利人，毛澤東主義者，只有他一個人表演」，「觀眾在半場就離開了，因為他演得像隻豬一樣爛」。若他去看戲，並不一定每次都會去吃一頓大餐：「我們不能同時做太多的事……應該完全享受某些事。」

「我對自己有很崇高的理念」

他拒絕一切服飾的「追求」：「若有人要來看我，不是為了我的腳上的鞋、我的手帕或衣領飾扣，或我身上的領帶。若有人想要來看我或邀請我，就以我現在的樣子邀請我，也就是說我對自己有很崇高的理念。」他進一步解釋，再一次抓住機會和布爾喬亞的品味拉開距離，也同時和社會學家（是他姻親的家族成員）問他的問題拉開距離。他補充說：「我覺得五百法郎，買一套衣服就足夠了，沒有必要花一千法郎在一套衣服上，即使我不在乎。」

「料理，需要有才氣」

他非常忙，中午只有一點的時間。他希望將來有一天會發明一種藥丸，可以避免白天吃東西（……）「料理，需要有才氣」。為了能夠品嘗，應該要懂得「放鬆」：「一道龍蒿炒蛋，某種俄國菜，完完全全的美味可口。烹調，不是只有烹調，還要有氣氛。若要吃煙燻鰻魚，在阿姆斯特丹的魚市場要比隨隨便便的餐廳吃更賞心悅目（……）料理的烹調，真正料理的料理，是花兩天時間來做馬爹那酒醬（sauce madère），長時間的小火慢燉的東西，這才是料理，這才是藝術。但是現在我們講到烹飪時，已經不再是料理，只不過把東西攪和，然後在五分鐘之內煮熟。而且都是已經煮好冷凍的東西，終究這不是烹調，不再有料理，也不再是藝術了。」

「這是某種禮拜儀式」

　　他喜歡在米其林餐廳指南或古爾米留美食指南（Gault & Millau）尋餐廳，他還記得三年前「所喝過的酒，香氣迷人，一瓶波特酒（Porto），一瓶某一年份的聖愛斯台夫酒（Saint-Esptèphe）」：「我非常清楚記得1923-1929年的酒……波爾多（Bordeaux）。我這裡還有十幾瓶1923年的酒，而且我還有四瓶1870年的酒」。一瓶好酒「不會跟隨隨便便的人喝（……）需要某種禮拜儀式，一方面是為了酒放在室溫的禮拜儀式，另一方面則是品嘗的禮拜儀式，這真的是聖餐禮。」（只能和某些有能力用同樣方式享受的人一起慶祝〔……〕「我寧願自己喝，勝於和一些不懂得欣賞的人一起喝。」）「香檳晚餐，這有點地方民俗色彩（……），一瓶酒則非常多樣，不同，拿香檳來比酒，就好像拿小提琴來比交響樂一樣。」

「我比較喜歡享樂」

　　在他的書架中有些是「祖母留傳下來的」或有些是「在普羅旺斯街那種商店買來的」，有幾本是「十七世紀風格」裝訂的書，「為了書本的精美勝於書本內容，博絮埃（Bossuet）的《講道錄》，巴斯卡的《沉思錄》，一本十七世紀的書在當時是一種色情小説，有夠好玩。」他在巴黎只剩下「哲學和宗教之類的書，還有一點詩集」；「小説之類」的書（大約有兩千本）都在鄉下的房子。他也有一些德國史的書、阿爾及利亞戰爭的書……如果撇開「那些精裝的書」不談，「有點愚蠢可笑」，「書本對我來說，比較是閱讀的工具，而不是為了擁有書而買書。」他沒有屬於任何一個俱樂部（「有些人喜歡擁有制服或屬於某一個團隊，某一個東西，某一個俱樂部，我寧願保持個人，無論如何都要是個人主義者。」）他已經不再打獵了，「因為要去很遠的地方，因為真的有夠累，而且也因為有夠貴」；他在放假的時候會打一點網球，「只為享樂」的滑雪。「我不會放著纜車不坐，爬上山去。我比較喜歡滑下去勝於爬上去，我比較喜歡享樂。」

以被擁有物件的世界時，因此銘刻於我們擁有的奢侈商品系列，可以不顧一切，只為追求愉悅地享受，也享受其所見證的品味。即使沒有親自擁有它，某種意義上還是歸屬於我們所屬團體的地位象徵的一部分，布置於我們使用的辦公室或常去的家庭沙龍。

只要打開《認識藝術》（*Conniassance des arts*）之類的期刊就可以發現支配派系銘刻於藝術品的系列，奢侈品的世界，高貴又區隔，精挑又細選：珠寶、皮草、香水、地毯、壁毯、古董家具、掛鐘、燈飾、銅器、瓷器、彩陶、銀器、精裝書、高級驕車（Volvo、雪鐵龍SM、賓士、勞斯萊斯等）、高級雪茄（Craven, Benson and Hedges, Kent, Rothmans）、高級服飾（Dior商店和Old England）、城堡、莊園、領地、貴族的鄉村住宅、「有特色的財產」、「有池塘的林園」、香檳酒、波爾多酒、勃艮第酒、干邑白蘭地（Cognac）、遊艇、攝影機。巴黎鑑定拍賣（commissaire-priseurs）的公司不時地插入廣告豪華地產插圖，都奧拍賣會或是卡麗耶拉時尚館（Palais Galliera）的拍賣品，放在兩家在quai Voltaire和Faubourg Saint-Honoré街上古董店的宣傳標語的旁邊，要賣「家具和藝術品」、「古陶瓷器」和「繪畫、雕像、家具和藝術品」；有一頁是Arditti藝廊介紹美國超現實派繪畫的廣告並列於賣「珍品」廣告標語，要賣「十九世紀法國和英國家具」；另一頁是Martin-Caille（在Faubourg Saint-Honoré街上）藝廊介紹Max Agstini（後印象主義畫家，據說生於1914年），對面則是都彭（Dupont）打火機的廣告。[18]

物質性擁有和象徵性擁有的結合賦予奢侈品的持有具一種第二層

---

[18] 因為考慮到有用資訊的集中程度可能不下於其質量，在此我們決定僅使用一期雜誌（1973年11月號）的全部內容做分析，然而兩年（1972-1973）的仔細分析應該可以保證其代表性。

次的稀罕性，同時也是合法性賦予優異符號的最好的明證。「干邑王子這種白蘭地：談論它，必須具備干邑地區語言中非常古老的字彙：肥美（*Charnu*）：但是肥美而不肥，苗條的肥美只有肌肉而已。是波提且利（Sandro Botticelli）對上魯本斯（Peter Paul Rubens）。花香（*fleur*）：精緻香檳葡萄樹開花的香氣，干邑白蘭地中的貴族。干巴王子一定要精緻的香檳有這種花香，一種高貴、純潔的花香，要有奔放（*évolée*），也要純種。紅棕酒桶（*fûts roux*）：非常老的酒桶，非常文雅（*civilisé*），拋棄了其孢菌，排除過多的丹寧。干邑王子就在這種紅棕酒桶中釀出來的，因此才會有其乾爽、俐落，但又合適的木桶味。天堂：這是我們存放最古老干邑白蘭地的酒窖名字。干邑王子就是在干邑城堡裡的奧大（Otard）酒窖之天堂裡撫養長大的。干邑王子因此量產有限，每年只有幾千瓶，只有在嚴選的商店和餐廳才能找到。

談到勃艮第酒的時候也是一樣喜愛用古語的玄奧：「在勃艮第，剪枝的時節，葡萄收成的最後一回才剛剛靜止，就開始在葡萄園裡工作。俐落、精確的修剪，園丁剪去無用的嫩枝，並為植株接受未來春天的修剪做準備。這就是剪枝，非常精細的操作，極度要求手巧，麻拉（Moillard）酒窖為您全程看顧。在最富盛名的氣候之中為您的享受精選，麻拉酒窖只交付高品質產品給酒商。」

為了駕馭這種伴奏的語言，最好是選擇技術性高、古老又深奧的語言，才能從心軟又被動的單純消費區隔出有見識的品嘗，沉浸在享受當下立即的無言之中，行家正是以懂得象徵性地擁有，以具物質能力獲得的稀罕物品來確保其受尊重。「對行家來說，在法國只有一種啤酒可以喝，這種行家並不多。但越是行家就越會苛求、獨占。如果有些人不喜歡1664，非常簡單只因為一瓶1664講求獨特的享受。一種稀罕的享受〔……〕而且，是一種有三百年歷史的享受〔……〕有時候重拾道地的品味是很好的。」「很少人膽敢冒昧去解釋什麼是偉大的

干邑白蘭地，而干邑城堡的男爵就有特權。1795年，奧大男爵決定定居於干邑城堡〔……〕他同時也在其城堡的穹窿找到可以使其干邑白蘭地成熟的最好地方。我們可以理解這有多麼重要，一旦我們知道一個瓶好的干邑白蘭地必須有多長久的年份變成V.S.O.P.。自從1795年以來干邑城堡什麼都沒改變：穹窿、陳酒過程，以及對偉大的干邑白蘭地的細心照料也都沒有改變。」

最終的審判是：購買「無價」的物件所需要的炫耀性和看似不用錢的花費確認這種無價之物的價格最無爭議的方式，也見證了不可減化為金錢的絕對喜愛，以至於只有花錢才能獲得：「——什麼是真正的奢侈？——是精緻，對那些可以自己送給自己的人是一種必須和對那些看到就能注意到、就能有品味的人的一種鑰匙，能夠在最簡單的物品中都能找到：圍巾、裙子、鞋子和衣服，如果真的漂亮的話。——但是貴嗎？——高級服飾，是絕對的嚴謹而且是絕對的無價。」（馬克‧柏漢〔Marc Bohan〕，迪奧〔Christian Dior〕公司的藝術總監，訪談錄。）

「必須成為Perrier-Jouët並擁有卡門地區山丘（Côteaux de Cramant）最好的葡萄園才能給自己也給我們這種喜悅：一種幾乎完全用全世界最貴的葡萄做出來的香檳酒。而75釐升（cl）裝在十八世紀的酒瓶裡的香檳，對那些為香檳而愛香檳的人來說是無價的，尤其一支好的年份時更是如此。」「為突顯閣下的性格，我們特別創造了豪華、精緻又小巧的手錶〔……〕我們只做限量系列，每一只錶都讓懂得選它的人更有個性〔……〕因為閣下擁有一只獨一無二又珍貴的錶。」

我們會以為在讀馬克思：「人生而為私有財產者，也就是以其獨占的擁有姿態確認其性格，據此獨占的擁有與他人區判，也與他人產生關係：私有財產即其個人的、區別的存在方式，亦即其本質的生

命[19]。」具有物質基礎的擁有象徵性物件，如繪畫讓財產的區判效力如虎添翼，而讓象徵的代替品，即純粹只有象徵性擁有的模式降到較低的地位：擁有藝術品，就是確認此物件獨一無二的持有者以及擁有這個物件真正有品味的人，也因此物化地將所有不值得擁有它的人轉化成否定的形式——缺乏物質或象徵性的手段方法來擁有它，或簡單的，因為擁有的欲望不夠強烈到可以為它犧牲一切。

　　藝術品的消費，幾乎一目了然地說明了上述的分析，它只不過是諸多區判實踐的其中一個。只要我們想想第二居所的流行趨勢和小布爾喬亞們對大眾旅遊的拒斥使得新的自然狂熱重新成為流行的品味，而這又與支配階級最「古老」的派系，所謂「舊法國」生活風格保持深層的親近性：動物、花卉、打獵、美食、環境、騎馬、園藝、釣魚、品酒學、健行，所有《認識鄉村》雜誌中經常有的標題。這些都是自然的高貴品嘗，相對於《認識藝術》是文化的高貴品嘗一樣，介紹物件和合法擁有獨一無二的計畫。擁有「自然」，鳥類、花卉、風景等，預設了某種文化，只有古老世家的人有此特權。擁有一座城堡、莊園，甚至領地，不只要有錢，還必須內化為已有——經營酒窖和裝瓶等工作——才能說得上是「與酒有深度的相通」，每一個「酒的信徒」必須「至少完成一次」。擁有打獵的記憶，釣魚的祕密和園藝的秘方，同時需要古老又長時間習得的能力。或者像廚藝或酒的知識……總歸一句話：擁有貴族或鄉居人不顧時間的流逝和深根於持久之物的生活藝術。「沒有什麼比做醃小黃瓜更簡單的，」我媽這麼宣稱，「只要在新月時採收，用麻布搓揉後，放在粗陶罐裡二十四小時，放粗鹽讓它滲出水來，它自己就會變成粗糙到剛好的程度；只要放入晾乾但又不是乾燥的龍蒿（estragon），疊放在真空的罐子裡等

---

[19] K. Marx, "Manuscrits parisiens, 1844", in: *Oeuvres* t. II, *Economie*, Paris, NRF, 1965, p. 24.

等。」(《認識鄉村》，9月號，1973年)拿出一罐「家裡自製的醃黃瓜」或是「老奶奶的醃黃瓜」，搭配這類的論述當佐菜，就像在我們知道可以古董店裡發現「十八世紀法國畫師的小畫作」或像我們找了好久終於在舊貨店找到的「極美的家具」，炫耀大量消耗的時間和只有長時間接觸有文化的老人和老東西而能獲得的能力，也就是說顯示自己屬於一個古老的團體，唯一保障擁有的一切財產裝備了最高的區判價值，因為這種價值只能長時間積累而來的。

　　事實上，真正賭注的正是「人格」，也就是說，是這個人的素質——只有擁有優質物件能力的證明[20]。裝備最高區判能力的物件最能見證其擁有的品質，因此是擁有者的素質。因其擁有需要時間或能力——像繪畫或音樂的文化——這些都預設了長時間投資，不是匆匆忙忙或委任代理可以獲得的，最能證這個人固有的素質。自此，可以解釋為何凡尋求區判者都會為所有像是藝術消費類的文化實踐讓出空間，這種實踐要求純粹的消耗，不為什麼目的，除了最珍貴和最稀罕的東西——尤其是它們身上最具有商品價值、最不能隨便浪費的東西——時間，花費在消費的時間，或是所花費在獲得消費相應所需要的文化的時間[21]。

---

[20] 我們可以在這些才能稟賦的最深處看出個人特質主義的傾向以及所有誇張個人獨特性的形式。它會根據不同派系——即根據構成階級成員最主要基礎的資本類別而有不同的變異，這些都是構成人格、知識價值、道德和精神價值等而被誇大的屬性。

[21] 不要忘了一方面儘管可以透過獲取別人的時間所累積的經驗，或利用各種理性化的策略節省時間，尤其是反潮流地在不同時間和地點自由來去，可避免擁擠效應，但是時間無疑是人類最難克服的極限；另一方面時間的商品價值(多少直接根據酬勞、出席費和交通費等給付的方式，像醫生，月薪或分紅)會隨著社會階級的升高而增加，因此若要理解揮霍時間(給別人時間的「施」與「受」的行為，屬於在接受中贈予的重要面向)，以及所有象徵性價值的休閒永遠有一部分是根據支配時間和金錢的能力，才能確認他能夠「悠悠哉哉」，亦即揮霍如此有價值的時間。

　　所有這些轉換的策略志在形成和累積象徵性資本，購買藝術品客觀地見證「個人的品味」，因為它是最能接近最無懈可擊和最不能模仿的累積形式，區判符號，以天生「秀異」、以個人「威望」或「文化」等形式展現權力的象徵之內化（incoporation）。獨家擁有無價的藝術品無異於財富的誇耀性消毀：無懈可擊地展示財富，這與想要挑釁那些無法將其存在與擁有分開的人脫不了關係，也挑釁那些無法進入無私的人，而至高無上地展現其人格的卓越。正如同那些賦予文學和藝術文化的特權勝於科學和技術的文化，那些僅僅擁有我們稱之為「學問淵博」（grande culture）的人，其所作所為無異於在社會交遊的誇富宴上，砸下大量的時間，無憂無慮地消耗最有威望但也是最沒有用，也沒有立即回報的練習。

　　支配階級沒有獨占藝術品的使用，客觀性（有時候也是主觀性）地導向追求獨家的擁有，以證明其擁有者獨特的「個性」。然而一旦缺乏物質性擁有的條件時，就只能在擁有模式的獨特性上尋找獨一無二：以不同的方式喜愛同一件東西，以同樣的方式喜愛不同的東西，雖然比較沒那麼強烈地被賞識，但是一樣被重視的重複策略，超越也轉移的策略，是品味無盡轉變的原則，可以讓被支配派系，在經濟上較缺乏的人，也就幾乎注定只能象徵性的擁有，並確保每一刻都獨家擁有。知識分子和藝術家對那些高風險高獲利的區判策略都有獨特的偏好，那些確認權力，特別是他們專屬的權力，就是將毫無價值的東西指認為藝術，甚或更糟糕地將其他的階級或其他階級派系的成員認為是藝術品的東西（如媚俗），以另一種方式建構成更高尚的藝術品：在這種情況下，是消費方式創造了讓它成為消費物品，而且第二層次的樂趣讓聽任於一般消費的「通俗」商品，西部片、漫畫、家庭照片、塗鴉轉化成高尚又有區別的文化作品。

支配品味的變異

　　一旦大學教授與知識分子文化實踐還原到其所屬的世界時，其禁欲色彩就顯得非常明確了，這使得我們不得不去質問文化本身的意義及象徵性擁有意味什麼：它們崇高的取代所有物質性的擁有和那些支配分工留給其窮親戚的所有世間的食物，並從中升華。相對於支配階級場域對反兩極的生活風格之對峙關係，事實上完全在大學教授和老闆之間（無疑的特別是這兩個範疇的中小成員）形成明顯的對比，並展現出民俗學意義的兩種「文化」的對立。一邊是閱讀和閱讀詩集、哲學論文和政治學著作、《世界報》和（比較左派的）文學和藝術月刊；另一邊是打獵和賽馬賭博，若有閱讀的話，是讀歷史故事、《法國晚報》（France-Soir）或《晨曦》（L'Aurore）、《汽車雜誌》或《人人可讀》（Lectures pour tous）之類的。這邊是比較古典或前衛的戲劇（譬如說由勃朗松所導演的《偽君子，塔士夫》〔Le Tartuffe〕或《放回／工具庫》〔La Remise〕，羅卡〔Lorca〕的《血婚》〔Noces de Sang〕和屠格涅夫〔Tourgueniev〕的《鄉間的一個月》〔Un mois à campagne〕）、美術館、古典音樂，法國音樂電台（France-Musique）、「跳蚤市場」、露營、爬山、健行；另外一邊則是出差旅行或工作應酬，林蔭大道戲場（拉牧爾〔Robert Lamoureux〕，阿夏爾〔Marcel Achard〕、杜蘭〔Françoise Dorin〕）、歌舞秀、電視綜藝表演、商展─展覽會、賣場和「精品店」、高級轎車和遊艇、（三星級）酒店和溫泉城市[22]。就不同文化實踐的風格本身而言，他們所投入的社

---

22 在此我們使用前面提過法國民意調查機構所做的調查進行對應分析後的結果（見補充資料5），這裡將不再重複其細節。就如同我們自己做的調查，因素分析的第一軸線上的光譜兩端分別是兩個派系的對立：一端是（相對而言）最有休閒時間和最有文化資本，但（相對而言）最沒有經濟資本（像教授，或退而求其次，公部門的

以活動來分類

奢侈的品味

動物
消費
新橋鳥店
維爾莫杭鳥店
動物標本
奈雷布貝公司

古董商
阿隆
班西蒙
阿格諾耶
尚松
古格爾
拉格宏
拉胡希勒
李維
立提布赫
瑪利德封費
孟瑟爾
佩杭
戴伊瑪

銀器商及瓷器商
安德利厄
艾爾夫特
古格爾
尼古利耶

浴缸
戴安娜之浴
猶太戴樂芬

鞋匠
羅傑維維耶

診所
景觀診所
獸醫診所
奈厄拿博士診所
阿爾佛家族獸醫診所
溫瑟基金會
弗雷吉動物醫院

美髮沙龍
亞歷山大
雅頓
凱伊黛
尚路易大衛

時裝品牌
寶曼
皮爾卡登

活希源
迪奧
愛馬仕
拉皮迪斯
拉巴納
聖羅蘭
溫加羅

室內裝潢
卡爾李安
德瑪希
尚松

殯葬禮儀
瑪黑特公司
侯布羅

兒童
玩具
藍色小矮人
家具
柏妮熊
提侯
服裝
迪奧童裝
多米尼克
童趣
小農牧神
小淘氣
小小姑娘

煙火
胡吉希

花店
布蕾
拉休姆
朗貝
莫赫
薇哈

皮草服飾店
何維雅

美容院
雅頓
凱伊黛
嬌蘭
愛雅
蘭蔻
蒙黛
赫蓮娜‧魯賓斯坦

珠寶店
伯瓊
卡地亞
尚美
梵克雅寶
夢寶星

出租
工匠
馬胡安尼與塔維爾
船
國際海洋服務
城堡
安德爾羅亞爾縣政府
幫傭
好幫手
火車
法國國鐵——巴黎商務部
汽車
莫道克租車

食品店
法蘭西海岸
多米尼克
馥頌
歌帝梵
艾迪亞
貝托香
松露之家

占卜師
貝琳
克里斯
戴雅
馬丁涅
薩巴托

皮件商
愛瑪仕
莫拉比托

醫師	**洗染店**
伯瓦凡	比亞爾
夏堤耶	博邦
朵爾托	普揚
杜博斯特	史達西斯奇
艾爾維	
拉岡	**外送餐館**
拉加許	巴登迪耶
雷波維西	卡西米爾
納特	我家餐館
魏雷	裴勒侯爵夫人
	彭
地毯	波泰爾與杜父魚
貝納達瓦	史考特
卡坦	

S. Schroeder, J. Matignon, *Le goût du luxe*, Paris, Balland, 1972.

Le goût du luxe, pp. 188-189

女僕和男僕、女廚師、園丁，並嚴格規定其工資。

家僕		
膳食總管	月薪	1500 法郎
管家	月薪	1500 法郎
司機	月薪	1200 法郎
褓姆	月薪	1200 法郎
女僕	月薪	1100 法郎
男僕	月薪	1000 法郎
女廚師	月薪	1000 法郎
不同分工的園丁	月薪	800 法郎

他很遺憾法蘭西喜劇院完全沒有終生包廂，而且還可能有點惡意鄙視盛裝晚場的預訂票價。
法蘭西喜劇院

季票：	
盛裝晚場	108 法郎
古典早場	85 法郎

他提到一些時下知名的醫師，診察費都很神祕，像是產科醫師艾爾維、杜博斯特、魏雷以及夏堤耶，或像是男性的精神分析師拉岡、丹尼爾‧拉加許、沙夏‧納特，以及女性精神分析師朵爾托。

醫師診察費	
不知名的精神分析師	每次 60 法郎
知名的精神分析師	每次200 法郎以上

他描述了一間有庭園景觀的公寓，也就是上塞納河布洛涅鎮的景觀診所。那裡什麼都有，唯一不能做的就是使用電影放映機，因為可能會干擾其他電子醫療設備。但是，只要預先向院方報備並獲得特別許可就可以了。

診所	
價位最高者：景觀診所	
生產全套價格內含：產房、照護、膳宿、常用藥品費	
	8天
庭園景觀房	800 法郎

　　會哲學或世界觀就可以比較清楚地看到：如果我們能夠意識到他們所屬的實踐世界，例如如果我們知道前衛劇場或是閱讀詩集或哲學是與布爾喬亞劇場或歌舞秀相對反、也與閱讀歷史故事或冒險小說或圖文週刊相對反。一如大學教授的健行、露營、鄉村或山上度假，既對反於一切標示資深布爾喬亞的實踐或奢侈商品，賓士或Volvo、遊艇、酒店度假、溫泉城市小居，也對反於最昂貴和最富盛名的文化與物質消費的匯集，藝術書籍、攝影機、錄音機、船、滑雪、高爾夫球、騎馬或滑水那些自由業主的地盤。

主管）；另一端是經濟上最豐厚，也最投入經濟生活，不只是財產，還有財力的投資、利潤的參與，以及在工作中、執業時才能獲得的特定能力，而非在學校或研讀經濟和財務方面的報刊。但他們也相對而言最缺乏文化資本及休閒時間，像工商業老闆。私人公司的主管和自由業者則這兩個面向上，位居中間的位置。

　　最能證明美學的選擇歸屬於構成生活風格的整體倫理選擇的，就是在文化資本方面，甚至在美學領域，兩個都很接近的範疇像是自由業主和大學教授之間所建立的對立關係[23]。而這種對立關係又建立在相應於不同軌跡的倫理傾向的對立上，它又會因為不同的經濟條件而找到非常不同的強化程度和現實條件。事實上，只要我意識到，除了資本組成的不同外，還有軌跡所造成的差別，尤其考慮到一個事實：那些晉升到支配階級因為教育資本的累積的人會隨著從支配階級往被支配階級移動而增加。這也就可以理解，教師，然後是工程師和主管，都是最有可能將其前期積累而發展出的制欲傾向轉向進一步文化資本的累積，這一切都是以排他性的強烈意志進行，因其不多的經濟資本使他們無法期待太多其他的享樂和利益。相反的，自由業的成員則有辦法去實現其對奢侈品放縱的傾向，這不只是與其布爾喬亞的出身有關，也同時因為行業本身要求大量的象徵性資本的積累而獲得鼓勵。大學教授（和公共部門的主管）的制欲式貴族癖好，就像我們看到的一樣，會很有系統地朝向花費最少和最嚴肅刻苦的娛樂，朝向嚴肅、甚至有點嚴格的文化實踐，例如參觀美術館，特別是外省的美術館（勝於大型的展覽、藝廊和外國美術館，如同自由業主），對反於崇尚奢侈品味的自由業成員，收藏（文化上和／或經濟上）最昂貴、最富盛名的消費，閱讀大量彩圖的月刊，經常聽音樂會，古董店和藝廊、溫泉城市度假，擁有鋼琴、藝術書籍、古董家具、藝術品、攝影機、錄音機、外國車，去滑雪、打網球、高爾夫球、騎馬、打獵和滑水[24]。這些自由業的成員即不具有這樣的能力也沒有這種必需的傾向，

---

[23] 由於在相對的比例上大都出身自大眾或中產階級，行政主管（就法國統計局廣義的定義而言）因其制欲的品味，而非常接近中等學校教師，儘管學歷較低，但較傾向從事沒那麼有名的文化活動，像是參觀古蹟或城堡。

[24] 除了我們的調查分析外，法國民意調查機構所做的調查研究以對應分析後獲得的第

去將其高奢侈的品味經濟報酬的文化資本為他們所獲得的利潤，有效地再投資於經濟上。而因為其訓練和其生活風格反而比較依附於「知識的價值」上（他們提供很高比例的業餘作家）[25]，可以在高級的運動和遊戲活動、在宴會、酒會或其他名流聚會見到他們的身影，除了他們自己尋找的內在滿足和他們所履行的教育行動外，精選的進出這些場合可以使他們創造和維持其人際的關係，也積累其執業時不可或缺的聲譽資本[26]。也只有在這種場合的奢侈品，「所有習俗中最揮霍的」就像馬克思所說的，一旦「財富展示」被當作「信用的來源」來運作時，它就成為一種「行業的必需品而進入再現的成本花費之列」[27]。相

三因素也發現，自由業者相對於其他派系，尤其傾向於奢侈的消費與休閒，如同最具特色的清單（依降冪排列）所證實，它對這個因素的絕對比例最大：固定訂購畫刊、擁有錄影機、滑水運動、擁有錄音機、藝術書籍、打網球、泡溫泉、玩橋牌、打獵、騎馬、專業調酒等。而且像是《認識藝術》或《法國居家》之類雜誌的讀者群中，自由業者也是占一個重要的比重（15.5%及18.5%）。此外，也可以在廣告媒體研究中心1970年所做的調查這個派系同時是經常購買下列雜誌的讀者：擁有古董家具、藝術品、拍賣會和畫廊等。最後法國統計局的關於休閒活動調查研究也發現，自由業者也以高頻率地辦宴會來突顯自己。

[25] 在《名人錄》榜上有名的法官之中有14.5%，及醫生之中13.5%（但僅有9.7%的高級公務員或4.2%的企業主管或老闆）至少曾經寫過一本非其專業的書籍（政治或文學方面）。

[26] 這些一般性的傾向會根據不同的職業、專長、居住地，而有非常不同的形式出現。因此，醫生儲蓄人口的比例高於全國平均值（30%相對15%有可支用的收入），但也相對不成比例的高收入，也在高收入很大的百分比中用於花費，尤其是度假（可支用收入的10%）、汽車及持久財。經常擁有自宅（超過三分之二），往往也擁有第二棟住宅、房產、農場、森林或地產（幾乎不會有工廠企業），也都持有股票。其中鄉村的家醫科醫生最常購買不動產，至於財務投資，一般隨著年齡而增加，則會在外科醫生和其他專科醫生身上最常見到（參見Centre de Recherche économique sur l'épargne: *Enquête sur les comportements partimoniaux des médecins exerçant en pratique libérale*, Paris, CREP, 1971, 3 vol.）我們也可想見外科醫生和其他專科醫生（尤其是巴黎地區）會特別花費很大一部分收入於奢侈品消費，尤其是收購藝術品。

[27] Marx, *Le capital*, livre I, chapitre XII, in: Œuvres, t. I. *Economie*, Paris, NSF, 1965, pp. 1097-1098.

反的，所有大學教授的選擇（例如他們偏好協調，節約和低調的居家布置，或簡單但擺置漂亮的食物），都透過文化資本和休閒時間所能獲得利益極大化（一切也都在極小化其金錢的花費）來將一種需要轉變成德性的方式來理解。如果第一類人總是無法找到和其財力相當的品味，第二類人則永遠找不到與其品味相當的財力，而這種經濟資本與文化資本的差距使他們注定要成為制欲的美學主義（藝術生活風格中最刻苦的變異），他們以其有限的資源發揮極大的效用，用「鄉村的東西」替代古董，用羅馬尼亞地毯替代波斯地毯，用翻修過的農舍替代家族莊園，用石版畫替代油彩畫，那麼多不願承認的替代，就像真正窮人的泡沫或假貨，全都是窮困給予擁有的致意[28]。經濟資本和文化資本之間的差距，更精確來說是教育資本作為認證過的資本形式，毫無疑問使他們傾向去質疑社會秩序的基礎之一，因為這種社會秩序沒有完全認可其成就，反而比較認可學校系統以外的排名原則。這一種功績主義（méritocratique）的反抗（也因此，在某種意義上，是一種貴族主義），會隨著其忠誠度、被拒絕和不可能性，或不可能性的拒絕的增加而加倍，所牽涉的人是社會出身以小布爾喬亞或大眾階級為主，加上經濟的限制，被完全禁止進入布爾喬亞[29]。相反的，對那些以販售文化服務給其顧客（比如自由業主的成員）累積經濟資本的同時也累積象徵資本，亦即獲得其能力的威望和值得尊敬的形象，以及

---

[28] 此乃文化資本與經濟資本之間差距所產生的結果，同樣形式也出現在新興中產階級派系身上（參見熱愛生命的護士的訪談）。

[29] 為解決因文化資本乃是支配權力中被支配的源起（principe dominé de domination）這個事實所產生的矛盾，主觀上可接受的方式之一就是加入有資格為被支配階級利益發聲並辯護的組織成為主管。因此支配階級的不同派系成員分布於那些政治代理職位追逐者的場域（歷屆民意代表選舉候選人的社會特質分析可有一概貌），會非常契合地相應於他們各自的派系在支配階級中相對獨位場域的分布，後者如前所見，又根據社會階級場域同質共構的結構組織而成。然後政治的抗爭其實只不過是為了爭奪正當性支配原則的主導權時的其中一個陣地而已（正當性，即支配及使其不察覺到）。

可以輕易轉換成全國性或地方性顯要的信譽。因此，我們可以理解，他們不只團結，也覺得必要在（道德）秩序上團結，為此他們非常強烈參與並日復一日地投入其中，像是醫生的「同業公會」（Conseil de l'Ordre）的聲明，或爭取某一個職位和政治行動只不過是最明顯的形式而已[30]。

　　我們平常見到的，介於「知識」或「左岸」的品味與「布爾喬亞」或「右岸」的品味之間的對立，不只是建立在對當代作品的偏好（有限選擇的清單中，畢卡索、康丁斯基、布列茲）和最古老和最神聖的作品之品味（印象畫派，特別是雷諾瓦、華鐸、《匈牙利狂想曲》、《四季》、《小夜曲》），在繪畫、音樂一如在電影或戲劇方面，介於最保值的品味與最新穎投入之間的對立，也建立在兩種世界觀，兩種存在哲學。如果你要的話，由雷諾瓦和哥雅（或是莫洛亞〔Maurois〕和卡夫卡）為代表，集中在兩個不同的選擇的叢聚：粉紅和黑色，玫瑰人生和黑暗人生，林蔭大道劇院和前衛劇場、沒問題的人之社會樂觀主義和問題重重的人之反布爾喬亞悲觀主義。一邊是在物質和知識上都優渥，加上親密又低調的室內裝潢居家布置和吃法國傳統的料理；另一邊是美學和知性的追求，加上異國料理的品味或（相反）隨隨便便的吃，自己設計或（相反）易於整理的居家布置，

---

[30] 根據法國民意調查機構針對全國樣本200個醫生對總統大選投票意向所做的調查分析發現：59%投給季斯卡（Giscard），16%投給密特朗，9%投給沙邦—戴爾馬（Chaban-Delmas），11%投給另一個候選人，其餘（5%）仍然未決定。當被問到誰最有希望獲選為法國總統時，71%認為季斯卡，2%密特朗，3%沙邦—戴爾馬，1%另一候選人，有13%人不知道（le Quotidien du Médecin, n°710, 3-4 mai 1974）；我們無疑的也可以有大致上精確的想法，大部分醫生會選擇季斯卡是因為讀了發表在同一期某民意代表醫生對他的專訪，他的訪談完全契合醫生的期待，宣稱支持嚴選醫學院學生、保護醫生、家庭醫生執業的自由、公私立醫院體系共存、宣稱準備解決某健保「資源浪費」的問題、認可醫生公會的存在，沒有改革的必要。

「非常經典」的教授

　　約翰‧L‧曾通過會考取得物理高中／大學教師資格（agrégé en physique），烏姆街上高等師範學院的畢業生，36歲，現任巴黎某大學講師，住在西北邊的郊區。父親也曾通過會考取得文法學高中／大學教師資格（agrégé en grammaire），曾經是高中教師，祖父也是小學老師。他太太，藥劑師之女，是牙醫，也在牙醫學校任教並有一間診所。

「一張路易十三時代在修女院用的桌子，在跳蚤市場找到的」

　　由於「節約」和「低調」品味的關係，他不喜歡「大抱枕和厚重窗簾」，也不喜歡「設計師裝潢的公寓」，他對「整體居家布置的調和非常敏感」：「如果你運氣好找到一件非常漂亮的家具，只要在房間角落擺上一件就夠了，對整個房間來說就可以了。」「我們家，直到不久以前，都只有一些便宜的家具，結婚的時候買的（樣式平凡的現代家具，其實也不賴），柚木夾板的家具，一點也不貴，只不過椅子已經正在壞了（……）現在我們擁有一或兩件撿來的古董家具，真正的古董（……）一張路易十三時代在修女院用的桌子，很不錯，在跳蚤市場找到的，有個人告訴我們的，一張路易十三時代的矮櫃，也很不錯，在亞眠（Amiens）的古董店裡找到的。」「當然路易十三時代的椅子我們不會有，因為貴得嚇人，而且也不牢固，如果真的是路易十三時代的。我們會去找路易十三風格的椅子，但不會假裝它是古董。」居家布置和家具擺置是他太太的事，她非常用心於此；「她知道不少，我一點都不懂，尤其是價格（……）我只知道享受，但是如果只有我一個人，我想不會在這方面花那麼多的時間，也不見得對這個有品味，但我太太對這個則很有品味，畢竟我還是欣賞居多。」他太太很喜歡古董陶器：「樂意之至，若她說『走，我們去看一件陶器』，我也很愉快地跟她去，我感覺到她比我更敏感於此（……）有一件東西我想要買，我還沒買，但一直在

看，就是古代的科學儀器，因為那時候做的絕對非常出色，不是上個世紀就是三或四世紀以前的東西。」

「我偏好讀較簡潔的東西」

在他家，他會修理一些東西，「職責所在」。「是我太太對我說，應該做這個，應該做那個。我會非常仔細地做，甚至無意義地仔細，花好多時間，我可以做快一點，即使做得沒那麼好，但是我從中獲得樂趣，設計什麼東西，實行看看後就做出來。」

他家沒有電視，但他有時會有機會看電視。「有趣的事本身常常都被稀釋了，在某些主題上，我偏好讀較簡潔的東西。但是，有些東西對我來說還是無法取代的。我承認跑去我媽家看登陸月球的第一步，像這類的東西（……）我還記得看過五分鐘的伊凡・伊利奇（Ivan Illich），我一直都記得，很高興看過他，而不只是讀過他的東西，看過他長得什麼樣子。」

「我所有的閱讀都以《世界報》為主」

他會收到《社會主義論壇》（*Tribune socialiste*）——「其實也沒那麼差」——，偶爾會看《新觀察者》雜誌。她太太會收到《快報》（*l'Express*）：「它看東西很表面，有時候會有好的訪問。我所有的閱讀曾經以訂閱的《世界報》為主，現在，已經不那麼規律閱讀了。」他閱讀的東西比較嚴肅，沒有偵探或小說：「甚至索忍尼辛（Soljenitsyne）的《第一圈》（*Le premier cercle*），因為我太太跟我說你應該讀讀讀看。」他最近也讀了伊凡・伊利奇的《沒有學校的社會》（*Une société sans l'école*）（「讓我印象深刻」），勞倫茲（Konrad Lorenz）的《偶然與必然》（*La hasard et la nécessité*）、《攻擊的本能》（*L'instinct d'agression*）。他有聯合國科文教組織出版，七或八冊各國文化的歷史書：「這是套非常了不起的書，不是故事書，尤其不要是故事書。如果有主角和那些東西，我沒興趣。考古學，我就很有興趣（……）有件東西，我看很多，叫做《考古字典》。」

「非常經典又很有智慧的東西」

　　「一本維梅爾（Vermeer）的書，我可以看兩個鐘頭，真的是很滿意，但這本就完全不（一本「叫做艾樹的傢伙」的畫冊）。我很喜歡藝術史，尤其是一套由法蘭卡斯特（Francastel）主編的畫冊：這套書非常好是因為其文字，而不見得是其複製的圖像，圖像倒沒什麼，相對而言有特色，但是文字很好是因為把繪畫的理念分析得很好（而不只是一些奇聞軼事而已），像是它如何與當時的社會經濟結構盤根錯結。」他不會「地毯式地跑遍所有美術館」，會依其「意願」而去：「我很喜歡，若有朋友跟我說那邊有什麼東西好看，或我看到或讀到什麼東西可看，我就會很樂意地去，停留一段時間。」他去過好幾次托斯卡尼（Toscane），「喜歡那邊所有可以看的東西（……）他喜歡把同一時期的畫家放在一起看，我跟我自己說，安基利柯（Angelico）還在畫這個的時候，某一個畫家已經在畫那個」。他很喜歡「義大利文藝復興時期，波提且利（Botticelli）、法蘭契斯卡（Piero della Francesca），也非常喜愛維梅爾，華鐸（Watteau）」；「我不知道怎麼說這個，不知道是因為材質、是因為裂縫（……）我喜歡那種表面，然後優雅、迷人和憂鬱的空間。」他很清楚沒有畫家不使用人工的造作，因此他不欣賞盧梭所用的那個：「其中做法上有某種不自然的、故意的、矯飾的、詭辯的東西。」「譬如，馬提斯（Matisse），非常經典又很有智慧的東西，我就很喜歡；畢卡索，我大多很喜歡，我也很喜歡維雍（Villon），但所知有限。坦白說，我不熟悉現代畫（……）有一件東西對我來說不是繪畫，就是所有的超現實主義。在我看來，這純粹是心智的練習，達利和其夥伴，我很討厭。」

「《賦格藝術》，我比較喜用管風琴演奏」

　　他沒有高立體聲音響（「我很想要有一組，但對我這不是不可或缺的」）但是「電子音樂也是不錯的」，「有一個單音的，四、五年

前花了六千法郎買的」。「音樂，在我看來，應該為看懂得演奏的人表演，這是最好的方法。不然在自己家裡，只需要一些不太差和好的詮釋的東西（……）我對音樂的詮釋不是很敏感，雖然我喜歡。」他對「節省財力的直覺」，他對所有「節約」東西的品味，「也是他的科學訓練」都讓他會去欣賞「純粹的音樂」。「《賦格藝術》，是典型的，我比較喜歡用管風琴演奏勝於交響樂。這是真正的純音樂，這不是音色的問題。相反的，我不喜歡浪漫的音樂，太過強調、太華麗了。」「譬如說，我喜歡白遼士（Berlioz），但是《幻想交響曲》就太華麗了。」儘管他有「一大堆各式各樣的小活動」，他還是「一個禮拜有四個晚上被小的聚會、小歌唱排練所占滿了」跟他所屬已經十年的合唱團：「而且，這段時間又跟一群歌劇愛好者，一起唱歌劇，一起彈琴，最後也花了不少時間」。「對我來說，音樂的登峰極致是《女人皆如此》（*Così fan tutte*），是莫札特（……）一般來說我對浦朗克（Poulenc）都非常喜愛，很喜歡德拉蘭德（Delalande）（……），也曾經很喜歡伍采克（Wozzeck），我曾經在歌劇院看過由布列茲（Boulez）指揮的伍采克，而在此之前我不認識他。」他每年會去四、五次音樂會：「這個星期，我去聽費雪狄斯考（Fischer-Dieskau），對我來說，他真的是歌唱之神。」他完全不聽專輯或歌唱，從來不買歌手的唱片（「我很喜歡巴桑（Brassens），但我不聽」）。

「以很少東西，和最經濟的方式」

他不是「很懂得電影的人」，他經常去看「簡單、愚蠢的，在D的電影院，現在票房好的品質都還不會太差」。他很喜歡楚浮，但是他「太排斥美國藝術了」（他覺得在美國電影裡都有某種孩子氣的東西，除了伍迪·艾倫）。他不太看歷史電影，但是「岡斯（Abel Gance）的《拿破崙》當然不可錯過，還有《波坦金戰艦》（*Cuirassé Potemkine*）或是涅夫斯基（Alexandre Newski）」。我對所有太過修飾的表演都很過敏，我非常喜歡有人以很少東西，和最

經濟的方式，讓我感覺到非常強烈的東西。」

　　既不是「美食家」，也不是「行家」，但他卻對送上來的菜餚「很敏感」。「當有朋友邀請時，我發現，這是我喜歡的享樂。」他試圖在他家「收藏像樣的酒」（「我在薄酒萊的一個酒商那裡找到一個我覺得很好的東西，我就是在他那邊取貨的」）。

「我迫不及待地去走路」

　　他「喜歡下棋」，有時候也會玩拼子遊戲。他也玩一點攝影：「每年都會拍完兩捲三十六張底片的膠捲，主要是在放假期間（……）有一件去山上度假時一定會做的事，就是拍風景照（……）我帶著可以辨識確認位置的地圖，花好幾個小時在拍照」。放假時，「我迫不及待地去走路，結果就像個笨蛋一樣，第一天就邁開大步走了四十公里，之後就腳痛十五天。當我做這件事時，就做得非常頻繁。可是很不幸的，已經有一段時期沒有再做了（……）。一年前，我開始有一隻母狗，我必須帶牠出去散步。十公里，半跑半快步走，我以全速在做這件事。」

到跳蚤市場買家具和去看前衛劇場[31]。

　　為了還原建構生活風格整體選擇的組合，介於純粹美學偏好的不同系統之間的對立，以康丁斯基和雷諾瓦為代表，我們只要看看像是《認識藝術》的讀者的特性就知道了。這本奢侈文化的期刊，相對而言價格昂貴，同時也是奢侈品買賣的廣告平台，尤其是藝術品的買賣，也因此無疑的提供了這個團體相當精確的形象。這個團體結合了「布爾喬亞品味」，聚集了所有最名流也最昂貴的文化活動、高級商

---

[31] 比起其他派系，老闆和自由業成員會認為受傷男人的照片醜而加以拒斥。

展、歌劇院的盛大慶祝晚會、劇院的「首演會」、上流社會的音樂會等。私人部門主管和自由業的成員，以及非常少量的、嚴選過的幾個教授和工業主為其讀者及觀眾，同時也是一批人從事奢侈又享受富聲譽的活動（高爾夫球、騎馬），而且朝向物質性擁有的文化實踐至少和象徵性擁有的文化實踐一樣多，經常出入（通常是右岸的）劇院和藝廊、拍賣會、古董商店、精品店。「布爾喬亞的品味」不只是以對反於「知識分子的品味」為其特徵，也同時（主要是以持有藝術品、經常出入藝廊和劇院）是以對反於大部分工業、特別是大商人的「中等的品味」為其特徵，《汽車雜誌》的讀者，他們只想擁有僅能用金錢獲得的稀罕資源，像是高級房車（補充資料6）。[32]

正當「知識分子」派系要求藝術家必須對社會寫實和「布爾喬亞」藝術的正統再現提出象徵性的異議之同時，那些「布爾喬亞」則期待其藝術家，其作家和評論家，就像期待其服裝設計師、珠寶設計師或室內設計師一樣，提供足以作為區判的標記，同時又是否定社會真相的工具[33]。奢侈品和藝術品只不過是環繞著布爾喬亞存在最明顯

---

[32] 若要知道「布爾喬亞」觀眾和「知識分子」觀眾之間的距離，只要看看學生、教師和藝術家參與以下活動的比例就知道了：53%去過聖特斯城（Saintes）的古音樂祭、60%去過拉羅歇爾（La Rochelle）的當代藝術國際展、66%去過南錫城（Nancy）國際戲劇節（針對前衛戲劇創作而辦的）、83%去過魯瓦揚城（Royan）的當代音樂節。而參與這些活動的頻率也以同樣的方法變化，從聖特斯城平均每人3.5場、拉羅歇爾5場、南錫城和魯瓦揚7場（參見Hernrard, C. Martin, J. Mathelin, *Etudes de trois festivals de musique,* Paris, CETEM, 1975 et F. X. Roussel, *Le public du festival mondial de théâtre de Nancy*, Nancy, CIEDEHL, 1975）.

[33] 事實上，一個階級或一個階級派系不是以他們對知識分子或藝術家的整體評價（儘管反智主義是某些小布爾喬亞和布爾喬亞派系的關鍵特徵）來界定的，反而是由生產場域所提供的清單之中，他所選擇的特定藝術家或作家的態度來界定。因此支配階級中的支配派系的反智傳統可能表現在特意挑選某些知識分子，他們在所有知識

〈熱愛藝術的人〉,《電視週刊》

傑克・希西耶撰

　　巴黎內分泌科診所的主治醫生,吉爾伯貝特・屈里弗斯(Gilbert Dreyfus)教授除了看診,也訴說他在年輕的時候,如何因為林布蘭(Rembrandt)的啟發,他娓娓道出對藝術的愛好;我們也在《視覺場域》這個節目上看到另一位郊區的醫生,是個繪畫收藏家,「只為眼睛的愉悅」;而陶爾斐斯(Dolfusss)醫生則熱愛古埃及學與古考學;阿貝爾本(Apelbaum)醫生畫畫只為「重新和自己相處」;傑儂・卡達羅(Genon-Catalot)醫生則將許多現代畫掛在他的候診室,將它變成畫廊。

　　《視覺場域》的製作人想要了解,也讓我們了解為何很多醫生都是藝術愛好者。屈里弗斯教授給出了答案:「因為,就像藝術家一樣,他們熱愛生命,卻厭惡死亡。」

這個節目就以此為主題開展:曼帖那(Montegna)、達文西、傑利柯(Géricault)和塞尚的作品都契合對抗死亡的理念。至於Vasale的作品,為了醫學研究的人體解剖圖及「剝皮人體圖」,就他們呈現的方式來看,也都成為藝術作品。三位導演共同完成這一集的報導,這裡可見靈活的剪接、彩色影像很均勻地呈現出的美感,給予這個單元令人注目的風格,還必須加上豐富的圖像資料。

　　「熱愛藝術的人」這一集是《視覺場域》處理過最有趣的主題之一。只可惜這將是倒數第二次了,不然就是最後一次了,因為施耐德(Pierre Schneider)和瓦雷(Robert Valley)的節目影集就將吹熄燈號了(第二台)。

天真地相信藝術家和醫生之間有關係的是製作人及被吸引的觀眾客戶:即醫生與藝術家有共通之處就是「熱愛生命,厭惡死亡」。其實只要仔細想想其間不證自明的否認,如何規定了以此為主題的電視節目製作人,以及為此節目寫評論的記者,無疑的還有早已接受這種想法的讀者。

可見裝飾的一個面向，至少是這種基本上是兩面生活的隱私和居家的部分，由兩種彼此對抗的假分工而假結合而成的兩面生活：無私對抗利益、藝術對抗金錢、精神對抗世俗的。非常文明（policés），不然就是低調地政治化（politisés）或高調地去政治化（dépolitisés）的政論報紙、室內設計雜誌和藝術書籍、藍色旅行指南（按：針對尋求深度旅行而寫的）和遊記、地方主義的小說和偉人傳記，諸多掩飾社會真相的煙幕。勉強修飾一下布爾喬亞生活的其中一個形式就上演，用他們的裝飾、漂亮的女人、俗爛的冒險故事、膚淺的對話、令人心安的哲學（所有其他的形容詞和名詞的組合都可以接受），「布爾喬亞」戲劇無疑是辨識「布爾喬亞」最理想的藝術形式，因為光看其內容就知道了。布爾喬亞期待藝術（更不用說他們稱之為文學或哲學的）強化自信，因為自信滿滿，也因為自信不足，他們無法真正的認識到前衛藝術的大膽，即使是在已經最中立化的領域，像音樂：少數幾個見多識廣的愛好者能夠理解不妨像普魯斯特筆下的坎普梅太太（Mme de Cambremer）一樣，自我肯定地說「在藝術，總是左派」。也不應該忘記現在也有很多福樓拜和馬勒的仰慕者，同樣對失序沒耐心，儘管是象徵性的失序，以及同樣對「運動」的恐懼，儘管藝術上多麼升

分子場域的可能性也因此注定要反智了。的確越遠離最「純粹」的文類，即越是能完全淨空社會現實或政治的參照者（依次音樂、詩、哲學、繪畫），就會有越多支配派系認可的生產者，劇作家、劇評家或政治評論和哲學家，都離被生產者自己本身認可程度很遠。此外，就像某些沒落的小布爾喬亞的反應提醒的，藝術家的生活風格，尤其是那些質疑年齡（或社會地位）與象徵特徵之間正常關係的人，後者像是衣著、行為像是性或政治行為。因為這種反應剛好揭示了在實作某些布爾喬亞生活藝術的預設。就如同澳洲神話裡的老女人想盡辦法打破世代之間既存關係的結構，以魔法凍齡於20歲永保青春一樣，藝術家和知識分子，往往以沙特的方式拒絕諾貝爾獎或擁抱年輕左派分子，而同年齡的人正追逐聲譽，只做有權有勢者會做的事。他們有時候會質疑被社會秩序壓抑到最深層的基礎。像史賓諾沙所說的「崇敬」（obsequium），某種「自重」也自覺有權利要求人家尊重的稟賦。

華的運動，就像之前他們的對手一樣。

　　應該把藝術生產場域的邏輯和它與支配階級場域所維持的關係一併考量，才能理解為什麼前衛藝術注定要在短期內不均等但永遠地讓布爾喬亞的期待失望[34]。此事並非偶然，研究分析顯示：目前所遇到的前衛藝術品味一貫地都是以對立的說話方式來表達。事實上，儘管已經代表了藝術支配的主流，一切都彷彿是前衛藝術生產者的品味以類似否定的方式來界定，就像對所有社會所認可品味的拒斥的總合：對大商人和暴發戶老闆中等品味的拒斥，福樓拜筆下的「市儈」（l'épicier）就是藝術家眼中的「布爾喬亞」的代表之一，也許今日尤甚。文化追求向中等文化或門檻比較低的主流文化的商品之小布爾喬亞（像是小歌劇和最易入門的林蔭大道戲劇）接近，不久就被此擁有所貶值了：對布爾喬亞的拒斥，也就是說對典型「右岸」奢侈品味在藝術家的派系中找到共謀；最後是對大學教授學究品味[35]的拒斥，儘管他們與上述品味對立，但在藝術家眼中，只不過是布爾喬亞品味的變體，因其呆板的自學、愛爭辯、消極和枯燥乏味、嚴肅的精神，或許尤於其謹慎和遲緩而被鄙視。也因此雙重否定的邏輯可能導致這些藝術家，像挑釁一樣，重拾某些具有大眾品味特徵的偏好。例如我們可以看到與大眾和中產階級中的弱勢派系站在一起，而與「布爾喬亞的舒適」背道而馳的選擇好整理和實用的居家布置。即使他們可以被平反，但永遠是次一等的、大眾品味的最貶抑形式、媚俗或蹩腳的彩

---

[34] 關於生產和消費之間關鍵性差距注定造成最能先見市場的生產者及其死後的利潤。參見P. Bourdieu, le marché des biens symboliques, *L'année sociologique*, vol. 22, 1973, pp. 49-126; La production de la croyance: contribution à une économie des biens symboliques, *Actes de la recherche en sciences sociales*, 13, 1977, pp. 3-43.

[35] 若要說明生活風格，我們永遠有不同的選擇，或是中立的術語（制欲的品味），或挑釁一點，以及流行的「標籤」（學究品味、布爾喬亞品味）。但各有其利弊，都可能重新落回造就這些詞彙的象徵性鬥爭的戰場。

色畫片。這種以和其他生活風格以及他們對彼此的眷戀保持距離，來界定的藝術生活風格，預設了某種特定的資產類別，其中休閒時間扮演一個自變項，而且部分可由經濟資本來替代[36]。但是休閒時間本身和具備足以辯護為何放棄他可能獲得的才能，就已經預設了使這種放棄和才能成為可能（亦即活下去的）所需要的資本（通常是繼承而來的）、高度貴族式的棄絕。

時間的印記

毫無疑問地，在階級裡不只有年輕與年長、挑戰者和持有者之間的對立；也同時有階級中資深和新興之間的對立，他們還不一定是相互重疊（因為至少在有些部門，最資深的也可能是最早熟的那一群人）。這些對立在支配階級的內部本身也同時非常關鍵，因為支配階級能否克服其危機才能確保其本身的永續。這些危機的可能性早已銘刻於派系之間為了強加支配的支配性原則之競爭，也銘刻於每個派系都會發生的繼承之鬥爭。世代之間的差異（和世代衝突的潛在可能）會隨著職位的內涵或進入這個職位制度性的方式──也就是每個人負

---

[36] 一般的看法幾乎完全相反的事，藝術家很司空見慣地認為（往往是其本業以外所賺的）錢能夠換取進行創作及過著「藝術家生活」所需要的時間，後者是其職業活動不可或缺的部分（關於藝術家運用時間的方式我們可以在以下的文章找到很有意思的說明：B. Rosenberg and N. Fliegel, *The Vanguard Artist*, Chicago, The Quardragle Books, 1965, p. 312）。就這樣藝術家（及知識分子）以金錢換取的，也是他們可能賺到的是消磨時間，是他們不計代價地花費在製作（短期而言）沒有市場需求的作品，以及「發現」可以創造其稀罕性的物件或場域、價格、古董、小餐廳、新劇等，並以獨占的方法取得公共的財產或服務，美術館、畫廊或文化電台。隨著消費傾向的不同，休閒時間以及與時間的關係的變異，成為和消費支出一樣，都是不同階級表達其資源非常不均等的諸多因素之一。

責擔任某個職位的世代管道——發生遽變時變得越大[37]。結果，在某個時間點上（在非常分散的群體尤其明顯，像是主管和工程師），進入某一個職缺的不同管道之差異，會隨著在這段時間職缺內容變化和進入這個職缺條件的變化之間差距而加倍，尤其是以教育系統轉化及產學關係之影響而進入職缺的不同管道之相對比重變化[38]。這些變化都與歷史有關，它在與經濟最直接相關的派系情形尤其明顯，像是工程師和主管。這些變化也以非常陰險狡猾的方式影響整個支配階級，也非常有可能不被察覺，因為它們向來都是和年齡合併呈現，因而容易被視為生物年齡或甚至社會年齡的效應，而非世代的問題。然而世代問題會被轉譯成軌跡的問題，也就是說，個人歷史成為集體歷史提供給一整個世代客觀機會之既定狀況的答案。與自由業（或至少是醫生）不同，懂得如何維持職位的傳統定義以及相應能力的要求，在諸多的事情中可以防守進入職位最馬爾薩斯主義的條件，因此就某種意義而言便逃脫歷史和世代之間的分化。相反的，那些像主管或工程師的範疇則聚集了同時在社會軌跡和世代差異的個人，成為在同一個世代管

---

[37] 現行官方使用的分類系統必然只針對分類系統鬥爭的前一階段過時狀態的描述，就不可避免地會遺漏因新興及沒落職業的消長，及舊職新造的重新定義所產生的差異。

[38] 介於最年長者偏好最制欲式的倫理稟賦以及最年輕的認同現代經理人最典型的價值之間的對立關係，表現在主管經理和工程師身上最明顯，然後是大學教授和自由業成員。例如，就兩個上層階級而言，45歲以上會選擇負責任的朋友者有51.5%，最年輕的卻只有24.5%；選擇有活力的朋友的最年輕者是39%相對於年長者的19.5%。就主管和工程師而言，42.5%的最年輕者會提到有活力的朋友，相對只有8%的年長者會提到；另外有15%的年輕者會提到負責任的朋友相對於年長者卻有54%（兩者相同的變異形式，只不過在主管和工程師身上會更明顯地使用不同選擇朋友的形容詞，像是有活力、有教養，或負責任等）。此外，我們發現主流文化的品味方面也有相同方向的演變（無疑的是與文化資本普遍增長有關）：因此，小於45歲的主管和工程師較經常提到《藍色狂想曲》（32%年長者相對於17.5%的年輕者）或《四季》（47%相對於24%），較少提到《阿萊城的姑娘》（14.57%相對於28%）、《匈牙利狂想曲》（32%相對於58.5%）、《藍色多瑙河》（13%相對於30.5%）。

道產品的集合，這個世代管道與客觀機會相似狀態有密切關係。事實上，因為其進入管道的雙重性，即透過文憑和升遷，以及相應的分工，打破了進入管道一種有組織的防衛和相應的特權，這些範疇則非常明顯直接受到教育擴張效應之影響，此效應以增加文憑來給予進入職缺的權利，改變了文憑和職缺之間關係，也改變了介於持有者與非持有者競爭職缺的形式[39]。進一步來說，在經濟方面的改變也反映在管理和領導部門的不同職務之間的數值與層級關係的改變，也同時決定性地打亂了開放給不同類型訓練出來的產品之機會系統，像是升遷的自學者，出身不知名學校的工程師、出身科學名校的工程師（綜合理工學院〔Polytechnique〕、礦冶專科學院〔école de Mines〕等）；政治科學院的畢業生或高等商業學校的畢業生。毋庸贅言，社會出身和教育的差異，仍然是在任何時候決定了某個時間點上在形式上占有同樣職位的個人之間的重大差別。當然也在於不同的個人彼此間，因為經濟變化而造成的改變，可以給予的不同回應原則。相對於技術部門而言，財務與行銷部門的強化，肇因於銀行對工廠支配的強化，以及工業集團之資本、領導階層及其專利國際化的擴張，造成通向這些職缺的文憑與機構的重新評估，一邊是巴黎政治大學（Science Po）或國家行政官學校和高等商業學校，另一邊是綜合理工學院和其他工程師學院，也同時重新分配了開放給使用這些學校的布爾喬亞派系的機會。因此，由於經濟結構改變的優勢和主要透過政治科學院的中介，亦即處在權勢學校教育本身等級的最低處，巴黎地區的大布爾喬亞無疑的比以前更全面地再專有化這些在經濟部門的領導位置和國家的高

---

[39] 在這方面大學教授位居自由業者和工程師或主管之間的中間位置。由於無法管制進入門檻的條件，只能就其已完成的成就設下條件門檻，至少在高等教育方面（參見 P. Bourdieu, L. Boltanski et P. Maldidier, La defense du corps, *Information sur les sciences sociales*, X, 4, 1971）。

級行政主管（造成綜合理工學院畢業生集體和個人的反擊，迫使他們之中越來越多的人到哈佛、哥倫比亞大學或麻省理工學院深造）。再加上新職位的大量出現，至少同樣給予那些已有既定職位者利益的期待和嚴格的生涯目標，但卻不提供同樣的安全保障，而趨於打亂利益分化機會的系統：這些處在社會結構臨界點上的新職位，至少在風險最大，也最有利可圖的階段，基本上是吸引那些其社會出身讓他們可以具有冒險投資傾向，有必要的社會關係可以去實現和有足夠資訊去成功的人。

　　我們因此可以在像工程師的範疇之中區分，品味符合對文化與教育資本敬重的個人子集合家族和在布爾喬亞之中具有資深地位的個人子集合家族。在一個端極可以在一個上了年紀的工程師身上找到小布爾喬亞的品味，出身自中產或大眾階級，是從升遷的管道爬上來的或畢業於二流的學校，而在另一個極端則可以在年輕的工程師身上發現布爾喬亞品味，剛剛畢業於名校而且屬於布爾喬亞成員至少已經一個世代。[40]

　　同樣的區分，更不用說，也可以在雜物間一樣的管理主管範疇裡找到，某種過渡的地方，在此可以遇到資深的工程師，裝備著傳統

[40] 在工程師之中，48.8%畢業於工程師學校，6.5%是曾有另一個高等教育文憑，10.6%擁有高中會考資格後需要再研讀一或二年的文憑，9.2%至少擁有高中會考資格，8.3%有技師證照，5%有初中文憑，3.8%只有CAP文憑，4.7%只有CEP文憑（補充資料2）。在行業公會之中有可區分彼此遭遇的兩個群體，從一開始進入這個行業就有6或8年差距，而且只會越差越大：一邊是畢業於某某名校者，另一邊是經由工程師資格考試而進入這一行的。後者會在新的行業公會裡失去其年資的好處而被降級到較低的地位，要花好幾年的時間才能趕上相等於那些原本就是本科出身的工程師的報酬。其晉升也是如此，往往要到退休之前幾年才會爬到總工程師的等級，而巴黎綜合理工學院的畢業生們通常在35到45歲之間就可達到，其間還可以到幾個私人企業去「過過水」（pantouflage）。

文化資本（最常是科學方面），執行著權威的職務（代表）；行政方
面的主管從升遷晉升而來（在公共部門，則是經過內部考試），代價
是大量的補強教育（如夜校）但很少被文憑認可（除非是內部的文
憑）；年輕的主管出身於名校（綜合理工學院和國家行政管學校），
他們之中部分注定要到私人部門的高層位置；最後還有新興的主管，
最常從商管的職位退居下來，持有在商業學校或政治科學院所獲得教
育資本（當他們有的時候），而且傾向於與那些「古老布爾喬亞」不
同的生活風格，而他們常常出身於此（註41）。所有這些似乎在說明
由教育資本和持有的社會資本所決定的不同進入管道（透過升遷或文
憑），相應於非常不同的職業生涯，對持有教育資本和社會資本的人
來說非常快，尤其是在生涯的後半（觀察者大都同意，自學者較有機
會的時機，在初入職場一直到職業生涯的中間這段時間，大約在35
到40歲左右）。但是職業生命的週期也依靠企業，文憑持有者有一大
部分是與大企業連在一起，因為這是唯一能夠有辦法保障科層型生涯
的地方。其實，就像我們稍後會看到的，只有大的私人企業的主管之
中有最高級主管才具有新風格的布爾喬亞生活的所有特徵。[41]

---

[41] 其實就像「過過水」（pantouflage）的表語，即公部門的「菁英」，即一般會放在高
級主管這個範疇的行政職位者，調任到私人公司（可能除了中央部會的重大決策部
門），對那些擁有最顯赫文憑者而言，只不過是暫時性職位且社會出身越高者越是
不屑（像是出身支配階級的國家行政官學校畢業生，尤其又以高級公務員之子最不
屑；相反的，出身大眾階級或中產階級的畢業生則認從國家行政官學校畢業或肄業
後到私人公司上班是很正常的事）。但這卻相反的能讓「出去走一遭」的人在其職
業的桂冠上「錦上添花」；事實上，根據國家統計局的資料在被歸類為「高級主管」
的人之中，有6.2%聲稱沒有文憑，16.7%只有CEP文憑，10.9%只有CAP或同等文
憑，11.8%只有初中文憑（補充資料2）。

一個「懂得生活」的年輕主管

　　米謝爾R.是巴黎一間廣告公司的主管，尖端跨國公司法國分公司的總經理之兒子，曾就學於在巴黎17區一間私人天主教學校，然後讀巴黎政治大學；其妻，伊莎貝拉，外省工業家之女，也是讀巴黎政治大學，在一家週刊出版社工作。他們分別是30和28歲，育有二子，住在巴黎15區一間5個房間的現代公寓。他們喜歡的是有一點柔軟的舒適，他們一點也不會修修補補，公寓的布置完全不是他們自己做的。「裝潢是前一任房東的，餐廳的綠色我不是很喜歡，有一點暗，我們還是這樣過，因為要我自己去負責我的房子有點厭煩。」在門上有護條，「我覺得很難看，想要把它拿掉；仿十六或十八世紀的壁櫥，我不知道為什麼現代公寓要有這個東西，實在很恐怖，我都忍受下來，但讓我覺得很煩。」米謝爾這樣說，他已經拿掉一些，但不再「有勇氣繼續下去」。

祖父母的世界

　　他們的公寓，「有點像是祖父母、曾祖父母的世界，他們曾經是大布爾喬亞」：米謝爾祖父的繪畫，「他一生都在畫畫，從來都不曾工作」，其他畫是別人送的，一幅波丹（Beaudin）、一幅畢席耶（Bissière），另一幅還是弗隆（Folon）。但是米謝爾普遍喜歡印象畫派的東西，尤其是波那爾（Bonnard）、莫內和馬奈，「那個畫很多風景畫的畢莎羅（Pissarro）」，就不是很喜歡。

　　他也不喜歡靜物畫，也不喜歡「惹麻煩的」繪畫，「費南爾·雷捷（Fernand Léger），像這樣的東西很難看，很沉重，太厚重了（……）；看兩、三幅布拉克（Georges Braque）還算有趣，但是當你看了200幅都是同樣系列，一直重複同樣的東西，我覺得很悲哀，有點夢魘般（……）我在繪畫中尋找一點風景的氣氛。我祖母家有一幅波那爾的畫，那是她唯一擁有的高價值畫作，我們將永遠不會擁有它，因為她有很多的子嗣。但最好是有這樣東西，真的是難以

置信。我要的不是大家都想要追捧的、某種沒有時間的東西。」

　　依莎貝拉並不完全同意她丈夫：「在現代畫有些東西我很喜歡，因為顏色讓我很喜歡（……）例如，薇拉達‧達‧席勒瓦（Vieira da Silva）（她名字上有點遲疑），在我後面的波丹，我很喜歡。」他們兩個都偶爾會去藝廊，一年兩或三次去看畫展：他們看過布拉克的畫展，他們也必定會去杜蘭雷爾（Durand-Ruel）畫廊看印象派畫展。

「我們看到一大堆平平庸庸的東西」

　　餐廳的桌子和椅子是桃花心木做的，十八世紀英國風格，在其後不久在倫敦買的：「我不知道還提到它（……）我們買它，我也不知道為什麼，這在布爾喬亞的眼光中確定是一個很好的投資。」在去了很多古董店之後，他們「最後買了一些很貴的東西，這些在巴黎要賣兩倍的價錢，我們看過一大堆平平庸庸的東西，我們彼此說：『這個我們不喜歡』。」把家具運到巴黎「不是問題，是免關稅的，只要付增值稅而已。在客廳，一個古董家具和一個現代家具，一個書櫃在羅奇堡家居店（Roche-Bobois）買的，一張沙發在瑞士村精品店買的……」

　　米謝爾只有一部「舊的雷諾404」，而「他的老闆們則有積架（Jaguar），部門主任開愛快羅密歐（Alfa-Roméro），一部蘭吉雅（Lancia）」；「偶爾人家會問我：『你不換車嗎？』我換車可以讓他們安心，因為怕我開這部車去見客戶。」

「這對在廣告界的人很好」

　　若是週末，在家他夢想「一條一點也不好看的亂七八糟褲子」，在其職業生活中，他總是穿得非常講究又體面；他在巴恩斯（Barnes）購買整套的西裝，在巴黎是廣告人的裁縫師，Victor Hugo大街上。「這種衣服對在廣告界飛黃騰達的人很好，英國布料，威爾斯王子風格，有一點點奢侈（……）這不是高級公務員可以穿得起，銀行家也無法穿它（……）因為在銀行工作必須穿著一致的襯

衫，銀行不是一個炫耀的地方，但是在廣告業是，大家都盡其所有。在我們這個行業裡，我們很容易歸類人，有階級，也有社會等級，也就是涉及將某一個產品給予某一個等級。當有新的人進入公司，馬上一眼就（⋯⋯）那個穿著天鵝絨西裝，大翻領，是那種來尋求補償的，他不是很確定他自己，他想要表現給別人看」。有一段時間，在公司裡，有「一位財務部主任出身卑微，當他到職後，穿的是多麼的糟糕甚至有礙招攬顧客（⋯⋯）他穿得實在像辦公室的小職員。」「小翻領，下窄，有點短，耀眼顏色的西裝，加上一件不相稱的襯衫和一條太窄的領帶，例如說。依照現在標準，這真的是難看。」

「這不像某些秘書小姐在趕時髦」

「相反的，太過追求時尚，也很難看」，依莎貝拉補上一句。她幫孩子穿得非常古典，非常注意顏色的選擇，「有時候我喜歡蓬鬆漂亮小禮服（robe à smokes），我很喜歡英式大衣，事實上，這很時髦，但這不是像《快報》雜誌社的秘書小姐一樣去趕時髦，在一些新創業的小精品店為其小孩買衣服，Minimachin, Minipêche, Minitout，都賣得天價，其實只是大人的縮小版而已。」秘書小姐「都很會穿衣服，依據我的標準，她們在顏色上從不會犯錯（⋯⋯）有些女孩子剛來的時候，穿得很糟糕，粗俗，廉價，便宜，簡直是難看（⋯⋯），四年後，她們就趕上來了」。依莎貝拉有一個朋友總是穿得風格高貴，總是很迷人，我會說這就是高貴（chic），就是高雅（de la classe）（⋯⋯）在所有形式上精心講究的人」。米榭爾的父親也「很會穿衣服，從來不會超過，從來不會有一種不協調的顏色，精緻但不會有一丁點炫耀，他就在倫敦治裝的。」米榭爾的母親「也從來不會超過，她總是穿著美麗又剪裁合宜的毛皮大衣」，她也經常在倫敦治裝。

「在院子裡塞滿小磨坊、小矮人的外省小職員」

　　「小布爾喬亞沒有任何品味，這是一個人們常用的標語，雖然我們很自覺於種族主義。」（米榭爾和依莎貝拉也經常標示他們如何與老一輩的大布爾喬亞的習慣「保持距離」──毫無疑問特別是在社會學家面前，他們指的是一個朋友的妹妹。）依莎貝拉的父母，外省的工業主，就比較嚴肅也較不能容忍：「講到小布爾喬亞的現象，外省小職員在院子裡塞滿小磨坊、小矮人，那些恐怖的東西。媽媽説：『真令人可恥，應該禁止人們製造這些東西』，這根本就是威權、法西斯嘛，在此我們則為每個人都應該有權利活出他自己的品味而辯護。」

「非常輕淡的一餐，水煮青菜加上一塊乳酪」

　　在烹飪方面，一如服飾或家具，都一樣是對浮誇（prétention）、對過多的拒斥，也有一樣的「區判」感。不必成為「懂得區分年份的品酒師」，米榭爾「對酒還滿專家的」，其岳父有一酒庫，幾個酒窖，一點一點地教他；當他們去他家的時候，他們喝「1926年份的瑪歌（Margot），傳奇性的東西在餐廳已經喝不到了（……）在我生活周遭，去餐廳的時候是我在選酒，例如，我不會對一瓶卡奧爾酒（cahors）感到可憐，因為我知道這不會跟一瓶聖愛斯台夫酒，一瓶聖愛美儂酒（Saint-Emilion）有一樣的味道（……）；一般來說，沒有人懂如何選酒，如果你懂一點點，你就好像是懂得生活的樣子。」在他們家，他們有幾個大瓶裝，他們買的1962年份凱歌香檳（Veuve Clicqot）：「高品質的東西，我們一個月喝兩、三次，然後還喝了年終的禮物（……）若是威士忌，我們只喝起瓦士（Chiva），我們還是很挑嘴的。」他們「直接向波爾多人買酒，一瓶十五或十八法郎，市價要四十法郎，非常好的酒。」晚上若只有他們自己，就做「非常清淡的一餐，水煮青菜加上一塊乳酪」。他們喜歡招待朋友「奶油煮肉片、嫩煎小牛肉、咖哩，有時

候會買鮭魚。」米榭爾很愛吃「新鮮的鴨肝煮葡萄，放在菸灰裡煮熟，油浸鵝胸肉（confit d'oie）。他吃過古爾米留美食指南提到巴黎前100餐廳中的30個，大部分是商業午餐（30個之中，只有10個是他掏腰包）。他也喜歡古老做法的菜，「事實上是阿婆的料理」，但很少小餐館和「異國料理，義大利菜或中國菜」。

「這很健康」

米榭爾和依莎貝拉都是高爾夫球俱樂部的會員。「真是太好了，沒有人去，去的人都是些老年痴呆的，在法國社會上具有明顯某種類型的特徵，但在日本有30%的人口都是俱樂部的成員。」註冊會要花費100萬，他們已經不再去了，因為孩子的關係，但每年還是繳年會。米榭爾也不再打網球：「神經性地很難忍受（……）必須要跑來跑去，還要衝上網，對我是一大問題，我背會痛（……）高爾夫球對肌肉比較不那麼激烈。」「流行的受害者，今年冬天我們打很多」，他們也會去越野滑雪。他們也還買了二手的比賽單車，在去年夏天的時候長途散步。「這很健康」。

當他們還在念書的時候，米榭爾會去國家人民劇院、奧貝維里埃劇院（théâtre d'Aubervilliers）去看貢布羅維奇（Gombrowicz）、布萊希特，但現在已經不去了。他們最近有去卡杜舍利劇場（Cartoucherie de Vincenne），去歌劇院，還經常去電影院。他們有一套立體聲音響，一部錄音機，會聽法國音樂電台的唱片評論講堂。米榭爾非常樂意聽莫札特、《費加洛婚禮》、舒伯特的《四重奏》、巴赫、貝多芬的《四重奏》，「那些純粹的現代音樂，魏本（Webern），我一直沒有辦法入門。」米榭爾很少讀文學的東西、小説等，會去讀唐尼‧杜維（Tony Duvert）（他喜歡有點振奮人心的書）；他曾讀過格里耶（Alain-Roger Grillet）的《橡皮》（*Les gommes*），「但沒有辦法讀進去」，他尤其讀「所有人文科學的東西」，心理學和經濟學的著作。

主管的素描

　　《世界報》徵才欄為期一週的摘要分析就足夠標示出新形態主管的特徵系統，比較是市場行銷取向，稱為企業結構的新狀態。

　　「產品經理」、商務工程師，商務部副理、財務部副理、「行銷總經理」、「行銷工程師」，他首先必須是協商人，具備相當的客戶關係（1973年7月3日）以及：

*有才能可以「和層峰接觸」：知道如何「靈活委婉」地應對進退（7月4日）；具有敏銳直覺地「和各種層級的人接觸」：「熟稔與行政最高層接觸，很好的協商人」（7月7日）；「擅長與高層接觸」（7月5日）；「與較高層接觸和協商」（7月5日）；「與較高層協商」（7月5日）；「與銀行協商」（7月3日）；「負責與行政部門的連結，代表公司出席同業公會」（7月3日）；「喜歡與人接觸和組織辦會」；「喜歡處理人的問題和接觸，易於口頭的表達」（7月4日）。

*有才能於內部協商：也就是說，對銷售行政部門的主管來說是：「介於銷售與管理處之間的持續調停與仲裁行動」（7月3日）；對採購的負責人來說，「這職務要求能圓滿地控制行銷部門和生產部門的關係」；對商務工程師來說，「他要進行協商需要其才能可能做到理解的態度和創造的精神」（7月3日）；最後，「在顧客、經銷商、行政部門、售後服務技術人員和製造商之間扮演協調者」。

*曾就學於以下幾個新的學校：巴黎高等商學院（HEC）、歐洲工商管理學院（INSEAD）、高等商業學院（ESC）或商業高等學校（ISA），總體而言最常被指名的是：可能的話曾經「遊學美國大學」。

*具備能夠涉足跨國公司工作以及為國際貿易奉獻的才能與工作態度（英語是絕對不可或缺的）：英文字彙的使用：*Marketing, merchandising* 等等，還有英語化的字彙：「機會」（opportunité）

等等。

* 喜歡「團隊工作」（7月7日）和具有「活絡氣氛」的能力（以取代威權）；「有活力，身段柔軟（……）必須能夠融入工作團隊」（7月6日）；「領導和激勵20個人的工作夥伴」。

* 創造力與活力（就像公司本身的擴張一樣越來越要求貢獻於探索工作」（7月4日）；「領導、激勵、培養一個工作團隊」（7月3日）。

* 年輕（年輕的主管）

* 機動性高，必須能夠經常出差，尤其是在美國短期居住。同樣的特徵也可以在「有點受歡迎的工作，也就是珍貴的工作」之演變的描述可以找到，只要讀讀某一期的《拓展》商業週刊（*l'Expansion*）（1973年7月，64期，頁139）標題是「罕見的新鳥」：「發展部負責人，向來都是以年薪7萬到8萬法郎起聘；管理控制師介於7萬到9萬法郎之間；非常搶手的內部稽核師，通常會偏好從畢馬威會計事務所（Peat Marwick）、安達信會計事務所（Arthur Andersen）或資誠會計事務所（Price Waterhouse）來挖角，「年輕的」年薪起薪7萬到8萬，「資深的」11萬到12萬法郎。財務分析師，繼續由每年至少6萬法郎起聘。員工職訓部經理去年跳升到4萬5千到7萬，今年到5萬到8萬，大的銀行甚至到11萬至13萬之間。競出高價的還有大商場的經理。今年有五種經理的職缺：客服部經理、餐旅部經理、業務部經理（負責在市場行銷時，改善其品牌在新的銷售通路的植入）、基本業務負責人跑遍大商場所有的部門以便確保其品牌在第一線上可以看得到、商業方法分析師（負責分析公司行政業務的流程與標準；其聘用薪資，有一大部分像會計稽核師一樣，依據他來自於那一個事務所有很大的不同），工廠管理（來自於英美系統的職位，負責尋找曾經在「專案會計」事務所工作經驗的人才）。明天呢？兩隻罕見的新鳥出現在地平線上：稽核行銷和稽核公關。

　　1973年所描繪現代主管的素描，似乎已經有所轉變，毫無疑問因為經濟危機提供古老的指揮方式最好的條件（我們因此又見到「強人」再出現——根據受調查者的説法，「只會説不，但不需要解釋」的人——，同時也越來越要求在實戰經驗養成的生產線專家和商務部經理），另一方面為因應這種情勢，工程師學校開始設立管理學院（例如X學校就在1977年成立行動科學院）。根據《新經濟人》的調查（1967年11月8日）5千家公司的人事部主任，企業一直都要有「心胸開闊」、「保持活力」、「適應和接觸的能力」、「綜合的精神」和「積極幹練的個性」，但也堅持「忠貞」（在聖戈班高集團〔Saint Gobain〕）和「團隊精神」（在BSN和萊雅〔Oréal〕）。最後，49%的受訪者説，會考慮政治與工會選項的重要性，33%則説不會考慮（18%沒有回答）。

　　儘管只有主管和工程師以工具、機器等形式，持有文化資本象徵性擁有工具的壟斷權，這是在經濟資本對文化資本施行權力時不可或缺的，而且他們必須要給此壟斷權實際的指揮權力和在公司內部相對的特權，其文化資本所生產出來的利潤至少部分是由對此資本行使權力的持有者所獲得，也就是由擁有必要經濟資本以便確保文化資本得以實現和集中的人。然後，因為他們處在支配階級外懸的位置，使得他們對公司和對「社會秩序」有非常曖昧的依戀關係：在請願或反抗時，他們同時要顧慮如何保持正當的距離，因為出於知識的判決，必須和一般勞動者站在一起；同時又因為能力主義的謹慎，認為必須給予他們應有的肯定，在此情境下產生真正團結的情感；但是相反的，由於他們尋求融入支配階級的焦慮，不是為其自身，就是為其子女，根據其真實利益結合的不同狀態，使得他們多多少少對這種既無法完全認同，又不能進一步忽視而完全拒絕的反抗活動產生一種曖昧的不

滿。上述這些主管範疇的特徵傾向都會在其整體中高密度地呈現，他們因為沒有在關鍵的時刻擁有足夠的或擁有名校的教育資本（亦即，高等學院〔grande école〕的文憑而非不知名學校〔petite école〕的文憑，或是經濟—法律方面的文化而不是文學或傳統科學的文化），或因為沒有必要的社會資本在獲利率最高的市場獲得利潤。他們被分配到技術人員的位置，亦即沒有自己所屬的經濟、政治和文化權力之執行者。他們在支配階級的弱勢位置數量龐大，小布爾喬亞的傾向使他們想要進入這些位置。他們在各個方面都與出身名校的年輕主管相反，這些年輕主管往往也出身大家族，占據大部分私人企業所提供的新職缺[42]。這個派系的擴散分布，一個官方統計上的簡單範疇，但也同時是一種行會集體防禦的運動，以便在其擁有或給予自己的形象裡確認其自己，他們表現出「主管」位置的客觀「雙重性」，注定要在合作和保持距離之間擺盪，也注定要玩可以讓他們為其團結討價還價的兼併策略遊戲；這種雙重性也表現在「主管」這個字眼上，主管是頭銜的一種，屬於與所占據的職位有關的報酬的一部分，可以玩弄名與實之虛虛實實遊戲的有利工具。

　　即使在新職位及其相應的生活風格是對立的，但是既有職位所建的對立關係卻不見得符合公共部門和私人部門之間的對立，尤其是在

---

[42] 在場域的另一個區塊也是如此，即為數眾多的大小老闆們，像休姆所言的小舟繼續向前漂流，「胼手胝足」白手起家者會延續其起家時的品味與旨趣，保持禁欲精神與節儉的習慣。這意味這些老闆們不只是依其公司的大小和地位彼此區隔，更密不可分地，以其擁有的資產或專業學院文憑彼此區隔，還會依其達到他們現在成就的軌跡來區分，儘管在程度上較少。（此乃根據兩百個法國大企業老闆的屬性分析並檢驗過的結果，參見 P. Bourdieu et M. de Saint Martin, « Le patronat », *Actes de la recherche,* 20-21, mars-avril 1978, pp. 3-82。）

私人部門的主管身上易於遇到「新興布爾喬亞」特徵的生活風格[43]。其實雖然調查不太能呈現新興布爾喬亞的區判特徵[44]，但至少它記錄了整體而言輕微、但有系統的對立關係出現在公共部門和私人部門的主管之間。前者往往出身中產或大眾階級，而且比較接近工程師；後者較年輕，整體而言社會出身較高，通常也都畢業於巴黎商業高等研究院、巴黎政治大學，比較接近自由業主。私人部門的主管會經常出入古董店，會選擇達利和康丁斯基的畫，相對反於烏拉曼克（Vlaminck）、雷諾瓦和梵谷，這些公共部門主管所偏好的。他們也偏好《賦格藝術》、《為左手寫的協奏曲》勝於《阿萊城的姑娘》、《茶花女》和華格納的《諸神的黃昏》（Crépuscule des dieux）、《小夜曲》、《天方夜譚》（Schéhérazade），還有他們也偏好阿茲納吾爾、馮絲華・哈蒂（François Hardy）和巴桑勝於貝考、皮雅芙（Piaf）、傑克・布萊爾，偏好哲學論文和詩集勝於遊記、歷史故事和經典著作；他們所描述的理想中的好朋友比較像是藝術家和有良好教養的而不是認真負責的、熱愛生活和沉穩的人；夢想的居家布置是設計過的、充滿想像力和溫馨的而不是節約、協調和低調。總之，即使公共部門和私人部門的主管在所有屬於風俗範疇的各個領域有著顯著的對立，但在嚴謹意義下的文化能力（作曲家的知識）卻沒有太大差別。

---

[43] 根據法國民意調查機構的調查指出私人公司主管小於35歲者有22%且小於49歲者有49%，但是在公部門的行政主管方面卻分別只有14%和40%（補充資料5）。公務單位高級主管（A類）申報的平均家戶收入為47323法郎，相對於其他高級主管申報的平均家戶收入62803法郎（補充資料1）。

[44] 1963年所做的調查並非掌握與歷史相關的文化實踐與偏好系統變異最好的工具，部分是因為它想要掌握相對而言超越時間的深層才能稟賦的關係。這也就是為何我們選擇利用「主管消費」的市場調查（補充資料5）進行二度分析，因為此調查乃希望能夠預測他們對奢侈商品的需求，是為了知道新生活風格中什麼是最具區判力的消費而做的。

「商務觀光」

「獎賞性的研習營」和「顯赫的研習營」，就像在地語言所說的，屬於現代企業給予其主管整體福利的隱藏部分。「供住的研習營」（也就是說，那些超過一天，在公司以外進行的，而且1973年總計有2萬5千個）照顧了目前最蓬勃發展的產業，在「商業觀光」裡負責專門化的旅館事業（諾富特飯店〔Novotel〕、法蘭特飯店〔Frantel〕、索菲特飯店〔Sofitel〕、P.L.M飯店、艾美酒店〔Méridien〕，美居酒店〔Mercure〕、Motellerie飯店，連鎖旅館像研習旅館〔Seminotel〕，以確保在研習營和研討會方面專門化旅館事業平均4%營業額的成長），諮詢指導公司（企顧司集團〔Cegos〕和協瑪〔Sema〕）及旗下的心理師─社會學家也提供他們的服務清單（參見企顧司集團的「目錄」，294種「風格」的選項，費用從一天200到600法郎都有），「創意研習營」及其負責組織的「活動股長」。「研習山莊」（Séminarc）是一位歐洲工商管理學院（ISEAD）畢業生的創意，為了讓阿爾卑斯山上的Les Arcs滑雪場，在秋天和春天兩季死寂的六個月有盈收，而改造成一個研習會議中心。就像上述資訊來源的經濟週刊（1973年12月的《拓展》）所說的，「春秋兩季有利於招聘高級主管」。冬天的淡季則是保留給「培訓─獎賞性質研習營犒賞那些在銷售網絡工作表現很好的員工」，而冬天的旺季接待高階經理人或重要顧客的顯赫研討會。我們可以相信Gilbert Trigano，他非常清楚：「在俱樂部，二十年來，毋庸置疑的有50%的假會議和50%的真放假。」那些去質問冗員過多原因的人，在諸多被忽略的因素之間，應該納入考量一個事實：生意人，利用其「商務觀光」，其「企業犒賞」，其職務用車，都是這些生意人最好賺的資源。

「一個研習會學員的告白」

「俱樂部招待員天使般的笑容，很快就辦完了登機的手續，我們的飛機準時起飛（我跟您說過我們要去突尼西亞嗎？），我已是老馬識途了，這趟旅行會非常愉快，度假村的接待也是如此。Djeba la Douce 是一個真正小天堂。不久就有來自里昂和布魯塞爾的集團進駐，就像我們一樣由專機送來。更衣換裝（因為天氣的關係），然後是節目和俱樂部的介紹，就直接往俱樂部的豐盛餐宴移動，真是名副其實，美食家背書過的。之後，我就穿上百慕達短褲：不然怎麼去滑水。

那工作呢？他從早上開始，然後隔天早上才又繼續，只做早上，但在非常好的環境下工作：在一間非常舒服且裝備齊全的會議室，有投影設備、麥克風等，這對俱樂部來說又加了一分。

這個有助於報告和熱絡的辯論和最好的想法。其餘的時間：遠足、音樂會、運動……從來都不是義務，發懶和表演、晚會，沒忘了夜總會，直到最後一天盛大的慶祝晚宴。

就這樣，一個星期！成果斐然：我們在美好的環境中工作，而當我們真正放鬆的時候工作得很有效率。我不是要為我的聖人宣道，但是你有比俱樂部更好的提議嗎？」

（《拓展》第 63 期，1973 年 5 月）

三星級的研習會

五間旅館：

Trois Arcs 旅館（非常舒適）

La Cascade 酒店（豪華）

Pierre Blanche 旅館（非常舒適）

La Cachette 旅館（大標準房）

Golf 旅館（大標準房）

所有房間都包括：浴室和獨立廁所、電話、滑雪場內的自動洗衣機、收音機等，十二間餐廳在 Arc Pierre Blanche，另兩間在高海拔的 Arc Chantel。」

「可以讓人呼吸的研習會」

「大自然讓 Les Arcs 什麼都有了：面對伊澤爾河谷（Isère）的滑雪場，伊澤爾河到此還是湍流不止的山澗小溪，此河谷特別優渥的坐向使人可以享受最大的日照。

我們的房間也跟會議室一樣好，你可以一眼環視整個白朗峰山脈的全景。」

1975-1976年的房價

（1975年12月1日起到1976年11月31日止）
600間3星級旅館房間，每人每天的價格：

學員數	整季	旺季（學校放假期間：76年1月24日到76年3月20日）		
		兩天一夜 三天兩夜	四天三夜	五天四夜 六天五夜 七天六夜
10-25人	170	250	235	205
26-50人	165	245	230	200
51-75人	160	240	225	195
76-100人	155	235	220	190
101-200人	145	230	195	185
201-300人	135	225	190	180

「我見過幸福的研習會學員」

若辦研討會或研習營的最好的地方，那就非白朗峰山脈中心的梅傑夫（Megève）（在高地薩瓦〔Haute-Savoie〕）的阿爾布瓦峰（Mont. d'Arbois）莫屬。

我遇到的研討會學員曬黑、放鬆，最後，總之在那裡很幸福。為了工作這是一定要的囉，但是在環境改變和輕鬆的有利條件下。

除了工作以外，阿爾布瓦峰飯店回應每一個公司嚴格特定的要求。設備非常齊全：會議廳和20到200人的接待會議室，視聽設備，同步翻譯室，每一場報告都「為您量身打造」。

交通方便，航空可搭阿爾卑斯航空（90分鐘從巴黎到阿爾布瓦峰），若搭火車，離首都只要一夜的旅程；若自行開車，你可以選擇你想走的路線。

> 　　在娛樂方面，這裡是個天堂。依不同季節，你可以在神奇的白朗峰山脈中心滑雪或在法國最美的高爾夫球場打球。飯店也配備有網球場、室內游泳池和三溫暖，還有健身房。
>
> 　　對那些不喜歡運動的人，也有穿梭於非凡風景和梅傑夫迷人小村落的多樣、愜意可能性散步路線。飯店本身，也會辦愉快的晚會，可以要求布景道具、樂團、甚至明星。至於晚宴，這家非常高級的飯店也為您準備了無懈可擊的料理和特別貼心的服務。至於價錢，請您安心，都非常具有競爭力，尤其是在9月和12月。說服您最好的方法就打電話詢問阿爾布瓦峰飯店做比較（電話：50.21.25.03，找托曼先或吉格雷先生）。
>
> 　　最後一點細節，高海拔被證實有益智力活動。阿爾布瓦峰海拔1300公尺……您的研習營會很有效率。
>
> 　　　　　　　　　　　　　　　　　（公司廣告，977，1974年5月31日）

　　其間的差異會表現得比較明顯，如果不將個人的派系所呈現出來的主要特徵限定在對反的範疇上：社會出身布爾喬亞的名校畢業生暫居公共部門的高級職位時，會表現非常接近綜合理工大學畢業的工程師或自由業主；出身中產或大眾階級沒有文憑的私人部門的主管則會表現得非常接近公共部門的主管和一般的工程師。

　　然而主要是相對立於古老的商人布爾喬亞來標示出與新興的布爾喬亞的區判。最年輕的暴發戶到達權力位置的，經常也是最沒有大學文憑、屬於最重要和最現代的企業，私人部門的主管想要與工商業老闆、傳統的布爾喬亞區隔，則藉由在溫泉城市度假、名流的款待和義務，透過較「現代主義」、較「年輕」的生活風格，不管如何都比較符合領導人的支配性新定義（即使同樣的職位也不過在諸多老闆

之間）；因此，他們也是最多數閱讀財經報紙《回聲報》（*Les Echos*）
（透過指數126相對於工業主91）和財經週刊（透過指數224相對於工業主190）；他們似乎較沒有傾向將其資本投資於不動產，比較經常入會於同時高貴又有活力的，經常是需要「回控駕馭」的運動，像是帆船、滑雪、滑水、網球，其次是騎馬、高爾夫球、同時「知性」又高貴的社交遊戲，橋牌和西洋棋。他們尤其較全然地認同於眼光朝向國外的現代主管的角色（他們和公共部門的主管，以及工程師是屬於出國旅行比率最高的一群），也對現代理念最開放（從他非常積極參與研討會或專業研習營可以見證）。我們還可以看到最後一個指標，看起來不起眼但卻非常具代表性：私人部門的主管在家中（比例上）擁有威士忌明顯地多，相對立的是工商業老闆則比較依戀地留停在香檳，這種傳統上最理想的飲料[45]。這種同時是「知性」又奢華屬性的組合，彼此看似不相容，因為這些一般而言是與處在截然相反的社會位置有關的屬性。支配階級中相對反的，新興商人布爾喬亞對反於大學教授，也對反於傳統老闆，（新興商人布爾喬亞）喜愛豪華汽車、在飯店度假、遊艇、高爾夫球，令人想起從此被視為「老玩意」倫理傾向。但是，他們也對反於自由業主，透過奢侈與文化間不太一樣的組合來顯示其不同，透過嵌入多一點經濟生活，像是每天所閱讀的日報（《回聲報》）和經濟週刊（《拓展》、《企業》），也透過能夠顯示現代主義和具有國際性生活風格的專業活動，透過經常性長途的商務旅行（搭飛機）、商業午餐、酒會、研討會和研習營等。

---

[45] 81%的私人企業主管、80%的工程師、74%的自由業成員、60%的公部門主管、62%的工業主、60%的商業大老闆以及58%的大學教授說他們家常備有威士忌，然而80%的工業主、75%的商業大老闆與自由業成員、73%的私人企業主管、72%的公部分主管和工程師、49%的大學教授說他們家常備有香檳酒。

　　我們必須知道閱讀經濟報紙和週刊在標示新興布爾喬亞時的關鍵性比重，1973年法國公共輿論研究所（IFOP）所做的調查，非常重要地提醒：20%的《企業》週刊的讀者屬於1000名以上員工的公司；20%在化學、航空、汽車、機械或電機工廠工作，而這些企業類別卻只占法國企業的2.6%；只有6%《企業》週刊的讀者於營造和公共工程，而這兩種企業就占了全國企業的13.5%。金融機構、服務業和銷售類的公司則占相對重要訂閱比例；商業公司的旅館、咖啡店和餐旅業者則相反（但它們構成企業的非常重要的比例）；至於在公司內部，有4.6%的讀者是企業老闆或總經理室的成員；15%的收件人負責商務的職務，12%負責行政職務，只有10%負責生產職務。（資料來源：〈《企業》週刊，讀者專業特徵〉，法國公共輿論研究院的調查結果，巴黎：出版品管理局〔régie Presse〕，1973，頁20。）我們透過其他資料（補充資料6）也知道，《企業》和《拓展》（其讀者呈現相似的特徵，但無疑的又更突出）、《回聲報》的讀者特別與其他報刊組織的讀者區隔，因為他們喜歡討論經濟和商業，因為他們經常在法國或到國外出差旅行，他們都擁有信用卡，他們都讀外文期刊，他們也都有當代風格家具。這些指標非常模稜兩可，儘管除此之外我們也可以觀察到新興布爾喬亞、新住宅區、現代不動產和現代家具之間有系統的連結。我們可以更精確地描繪這種新興布爾喬亞的形象，若能將他們都是歐洲工商管理學院畢業生的族群特徵納入考慮的話，大部分出身自傳統老闆世家，都在這個學校獲得非常原創性（大部分以英語教學，由經常是美學訓練的國際教師團授課）的必要能力，以便成功地轉換到跨國企業，特別是美國的主管職位（尤其是商務或行政職位）。這些有活力的年輕主管，閱讀《拓展》（63.5%）、《快報》（53%）、《企業》（33%），然後其次是《新觀察家》（22.5%），會去

滑雪（71.5%）、打網球（58%）、玩帆船（37%）、騎馬（23.5%）。他們的配偶，經常也投入新興行業（10%從事記者、6%翻譯、12%醫生或心理師），也分享同樣現代化的才能（84%至少會說一種外國語），全部依舊留停在傳統形式文化的依戀（28%每個月至少參觀美術館或展覽）（參見 J. Marceau,《年輕商業菁英的社會出身、學歷和生涯管道，1973-1975年社會科學研究委員會補助結案報告》〔*The origins, Education Experience and Carreer Paths of a Young Business Elite, Final report for SSRC Grant of 1973-1975*〕，巴黎：1975，頁117，打字稿。）

　　分類的鬥爭首先就發生在企業內部本身，目標是要生產部門屈從於廣告部門，工程部門屈從於行銷部門。鬥爭也是每個部門的領導人都想要超支其專業的利益，透過強加其評量的尺度，以便在職務的最高位時，感覺到充分武裝。所有同樣形式的鬥爭發生在支配階級的領導派系內部，都與他們所投入的世界觀和所有生活藝術的價值衝突密不可分[46]，因為讓他們產生對立的，不只是限定在某一類的利益，而是學歷與專業經歷的不同，並經由此，也就是社會錄用的不同，而因此也是慣習的終極差異。例如，像是大公司的財務部經理（參見《拓展》，1975年4月號和1975年7-8月號），幾乎都是出身於巴黎政治大學或巴黎商業高等研究院，擁有非常強大的社會資本（家族關係、

[46] 在爭奪有關社會世界現實的論述之中（涉及有科學根據的標籤者），幾乎總是會動用強加象徵性符號的策略（但卻不自知也不認為如此），運用「權威」扮演非常大的角色。因此「美國研究」的象徵性高報酬率，很自然而然地會具有某種雙倍中立「科學」的客觀性聲譽，因為來自國外。例如常被拿使用的John Mac Arthur及Bruce Scott所做的批判性分析認為，法國公司較傾向優先解決技術上的問題，而非財務管理和市場的問題，以至於公司的未來往往以技術的精進與新作業程序的研發來衡量，而非以大量生產有利潤的產品來衡量等等。

同期的同學關係），經常是俱樂部的會員，幾乎都可以在《名人錄》上有頭有臉的人，並且有一大部分是在上流社會名人錄榜上有名。跟以上對反的無疑就是「研發部」主任的所有生活風格，他們最經常畢業於工程師學校，經常出身自工人或中產階級，其休閒活動也非常接近大學教授的休閒活動（爬山、散步等等）。這意味任何職位（及其在位者）的調動都不可避免地必須在象徵符號上全部的改變，才能在形象上獲得認可。因此成為那些想要強加新的分類系統以及原有分類系統持有者之間一種永恆的鬥爭。品味就成為象徵性鬥爭的源頭，會在每一個時刻，讓支配階級的不同派系彼此對立。但若象徵性鬥爭僅只因每個行動者對其生活風格的原始固著及初衷信仰，那麼此對立較不那麼絕對，也會較沒那麼全面。簡化的唯物論太強調他們的生產的經濟和社會條件，勝於表面上看起來無關利害的文化實踐所扮演的社會功能。但他們因此讓人忽略了在文化方面的投資，不只是經濟的投資，同時也是心理的投資。對藝術或生活藝術的衝突有時候才是支配階級內部或某個特定的場域內部，亟欲爭奪以強加於人的真正主宰的支配原則。另一種方式來說，每個群體為自己爭取已擁有同類資本的最佳兌換率，這類的衝突並非一定要以悲慘的形式進行（例如像學校課程內容的爭議），若這種衝突不涉及個人最終價值的話，其實也是一種利益高度升華的形式。

　　新興布爾喬亞只不過是新經濟體系所要求的生活倫理轉換的肇始者，藉此試圖從中獲得最佳的利益，其特色就是創造消費者及其需求和產品的生產一樣重要。這種經濟的新邏輯裡，以信貸、花費、享受為基礎的享樂道德，取代了過去以克制、節儉、儲蓄為基礎的生產與積累的制欲道德。在此經濟裡，社會世界評價一個人的標準是根據其消費能力、其名氣大小（standing）及其生活風格的重要性，和以其生產的能力的重要不相上下。新經濟的最佳代言人是新興布爾喬亞中

的象徵性商品與服務的公司老闆、主管和銷售員，像是旅遊、報章、雜誌和電影、流行服飾、廣告、居家布置、房地產仲介業者。他們暗地裡以半推半就的推薦，或以其生活藝術作為理想生活的範例，這些新品味的製造者倡議一種減化為消費藝術、花錢與享樂藝術的道德觀。藉由不斷地提醒注意外表的建議或提醒要有警覺心，他們讓消費者，尤其女性（消費行為最好的主體與對象）永遠保持一種恐懼無法達到「自在」生活風格必要的高度，要求消費者完成無數義務。也擔心永遠無法滿足這種生活所必備的稟賦，總之，保持一種前所未聞，道德上被羞辱的感覺。

　　新布爾喬亞往往由支配派系所組成，有能力在必要時進行轉換，因企業場域結構的改變而必須適應新的獲利模式，因此他們往往是布爾喬亞階級內部，在倫理稟賦與世界觀改變時走在最前端的人，而布爾喬亞本身已經是完全改變整個生活風格很前端的一個階級（如表22所示），尤其表現在性別之間的勞動分工以及強制接受支配的方法上。也是他們發明或（從美國）引入以溫柔的方式為基礎的新支配模式：不論是在學校還是在教會或公司，強調「放鬆」的生活風格，以美化所有能展現與他人的社會距離的方式（尤其是服飾）來標示自己的位置，並棄絕用以原本能確保其地位的貴族式嚴謹。經過那麼多關於權力象徵性符號的歷史研究，只有最天真的人才會忽視，服裝與美容的方式是支配模式最主要的元素。於是所有「老把戲」與「新遊戲」、傳統老闆與懂得最新的管理技巧、公關與團體動力的現代老闆之間的對立，其實應該解讀成大腹便便、呆板的老闆與古銅色肌膚、苗條和「放鬆」的主管之間的對反關係，表現在其服裝，一如其儀態、表現在喝的雞尾酒，一如與他稱之為「社會夥伴」的關係。

表22　道德傾向的變異

	農民	工商業主	工人	雇員、中級主管	高級主管、自由業
男生在18歲以前可以單獨出去（1959）	39	29	42	40	62
女生在18歲以前可以單獨出去（1959）	12	5	14	14	26
要讓滿18歲的男生隨意看他想看的電影（1971）	56	62	69	70	69
要讓滿18歲的女生隨意看她想看的電影（1971）	55	58	63	66	66
男女混校對男生的教育有幫助（1971）	59	64	75	81	87
男女混校對女生的教育有幫助（1971）	55	64	74	78	86
未成年且未婚的女生可以不經父母同意購買避孕藥（1967）	8	18	13	20	32
墮胎不等於犯罪（1971）	24	*	44	56	47
多給孩子信心讓孩子積極主動似乎更好（1972）	60	60	58	65	70
（如果不花錢）年輕人不可能有其他生活方式（1972）	34	41	42	48	41
男生（只有）滿18歲以上（才）可以單獨出去（1959）	58	71	56	58	38
女生（只有）滿18歲以上（才）可以單獨出去（1959）	83	88	82	82	70
不可以讓滿18歲的男生隨意看他想看的電影（1971）	38	33	25	26	26
不可以讓滿18歲的女生隨意看她想看的電影（1971）	38	38	31	30	28
男女混校對男生的教育不好（1971）	21	22	18	13	8
男女混校對女生的教育不好（1971）	24	24	20	15	9
未成年且未婚的女生（只有）經父母同意（才）可以購買避孕藥（1967）	74	70	78	76	62
墮胎就等於犯罪（1971）	59	*	43	36	43
提醒孩子該做的事並保持威嚴似乎更好（1972）	36	34	40	29	25
年輕人太會花錢了（1972）	50	47	45	37	37

*在本調查中，企業主與高級主管、自由業歸為同一類。

　　就像所有關於家庭道德的問題一樣，自由主義或放任主義的人傾向會隨著社會階層上升而增加（在此所涉及的關係就像無法複製的統計數字所顯示的，一旦社會秩序〔而非道德秩序〕有問題時，就會非常規律地呈現相反的狀況）。其實不需要進一步深入分析所有變異，就可以知道上層階級總是新倫理創新的前衛支持者。所有的跡象顯示（尤其是1959年調查的職員和中級主管比以前的調查研究表現則更嚴格）。新教育道德和與之相關聯的新性道德越來越被普遍接受。無疑的，一方面是因為女性雜誌與婦幼家庭教育的專門機構不斷努力不懈地進行合法性的強制效應，另一方面尤其也是因為越來越多布爾喬亞的女性年輕世代進入高等教育的結果，不只是經由學生身分的延長經驗，也經由教育的內容本身。造成某種布爾喬亞道德的改變，特別是道德價值觀中所有觸及女性方面，尤其是那些過去必須要保守的價值。

　　上班族的職員和中級主管包括了在位的小布爾喬亞和新興小布爾喬亞（像年輕的職員、醫療服務人員等），他們往往受較長的中等及高等教育。吾人因此假設他們對其希望過的新生活風格是否具有合法性特別敏感，因此最能呈現新道德穿透最佳的管道。

　　不論在說話的方式或保持身體的方式，最能定義布爾喬亞秀異的是在緊張中的還能放鬆。在穩重與克制中的「自在」其實是兩種對反的屬性高度不可能的組合，更顯其稀罕。老派布爾喬亞與新興布爾喬亞之間鬥爭就像爭奪秀異在妥協時到底應該賦予那一個優先特權的遊戲一樣：於是正當支配階級的年輕人和新興布爾喬亞揭露出老派布爾喬亞不知變通的拘謹束縛，並宣揚「輕鬆」生活風格的「舒坦」的同時，老派布爾喬亞則譴責新興布爾喬亞的「放蕩」生活風格，並且不論在語言或道德方面，要求更多的矜持與謹慎。

這些物件在此並非要達成什麼技術或美學功能，而只單純地指涉並莊嚴化其次悠久資歷，及其銅銹見證的功能。這些東西，因為被減化成一種儀式的器具，所以從沒有人去問它們的功能或其商品性：都進入「不消多說」模式（Cela va de soi），屬於被接受必需品的一部分，迫行其使用者必須適應它。

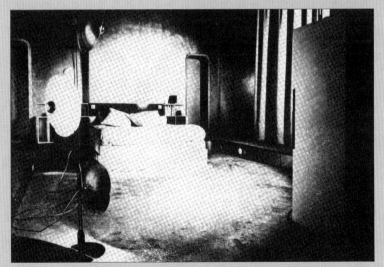

「在布爾喬亞的建築物中（……）一間肯定是現代但不至於到革命的公寓」，根據《住房與庭院》雜誌記者的說法是賽凡—謝柏（J.-J., Servan-Schreiber）的公寓。在這公寓裡全都追求效率與舒適；「主臥房牆上鋪滿了銀色的壁紙，為了能夠讓三個燈頭的照明燈更明亮（……）床的每一側都有小玄關通往浴室；極盡精 ，一個開關就可以從床邊打開浴室的燈。」《住房與庭院》第162期，1970年4月號。

　　透過幾張刊登在《企業》雜誌（1972年10月27日894號）「不動產推銷員」人物素描，描繪出某種新興布爾喬亞身體習性所拼湊出來的形象，以下是其中兩個例子：「高大、修長、古銅色肌膚，穿著灰色西裝、戴著玳瑁角質眼鏡，W.S.先生32歲，大學法律系，擁有巴黎高等商業學校文憑，工業主之子，自稱熱愛這個行業，但也懂得花時間去打高爾夫球、網球和讀幾本當代的小說」。「高大、修長、前額微禿、面帶微笑」「J.C.A.先生55歲，大學法律系，巴黎股票交易所附近有價證券行業公會理事長之子，在同儕間面對公共權力時一樣自信、穩若泰山。他早就對玩撲克失去興趣了，在空閒時間喜歡到高爾夫球場呼吸新鮮空氣或演奏管風琴」。因此可見幾乎都出身自商業的大布爾喬亞家族，畢業於巴黎明星高中，然後又畢業於著名高等教育機構，這些理想或理念型的不動產的銷售員往往也都宣稱自己熱愛藝術或古典音樂，也至少都參加一種高級的運動俱樂部，通常是滑雪、高爾夫球或網球，還有騎馬，浮潛、帆船、打獵或開發機。這可以從他們「陽光氣質」和「曬黑」的臉上，還有負向的「纖細」可以看到標記。至於服飾方面，就像在其他地方分析過的（參見P. Bourdieu et Y. Delsaut, « Le couturier et sa griffe », *Actes de la recherche*, I (1), Janvier 1975, pp.7-36），這與其想要表達的身體關係和倫理稟賦是一致的。只要翻開《費加洛報》（1975年1月12日）的一篇文章提到里布（Antoine Riboud），BSN（Boussois-Souchon-Neuvesel）集團的總裁喜歡穿輕鬆和運動服裝；也提到地中海俱樂部創辦人吉貝爾·崔佳諾（Gilbert Trigano）也很少打領帶。這說明服飾一如語言或其他的特徵屬性，幾乎都是有意識的操弄的策略選擇：「一位年輕的法國工業主向我們告白，平時備有三套衣服：若要去地區發展委員會開會，會遇到很多銀行家和公務員時，就必須穿得很正式；在談生意的時候，我會穿得比較隨性一點，因為從事的是家具工業，很接近室內

設計；然後視察工廠的時候，就會換上夾克和高領毛衣」（斜線是我的強調）。

　　這些前衛新倫理的生活風格非常直接地表達了其資產的結構乃是其權力和其生存條件的源頭。大型國營企業的主管，無論是公立或私立的（其間的區分非常造作），或現代大企業（經常是跨國公司）的老闆，並不像地方企業的小老闆或地方上的顯要固著於某一個地區，後者其名望與實際互動的網絡密不可分，也與地方的經營密不可分。他們嘴邊常掛著「總部」，等待著「總部高層」的決策與晉級。他們一大部分的名望與權力來自於學校的文憑，這些文憑本身也是國家或國際名校，也越擺脫地方的特權與名望，因為隨著在國家或國際的等級次序上被單一的經濟與象徵性市場取代後，它就越來越沒有價值了。由於他們擁有其職位乃因其學歷文憑與技術能力或「超強的人力」（「有活力」、「鬥志高」），因此被認為應該能保證及熟稔政治科學院或商學院所教授的政治經濟的文化，以及相關的現代經濟與社會的世界觀。他們被認為應該在研討會、委員會或討論場合裡培養新一代的有活力的主管。因而後者慢慢放棄「古老法國」（及其相關的世界觀，法國觀點以及法國在世界的角色）的老闆喜歡的香檳，取而代之的是經理人的威士忌。也放棄法文「優雅文字」的傳統給其妻子，取而代之的是因應財經消息需要而學習英文的品味偏好。既否定老式老闆的作風又是其未來，因為他們也是其接班人。畢竟，只不過因時代差距（一般會相信因世代的效應），最後隨年齡增長而取代他們，才能更好的保留下來而已。這不只是支配階級內部結構如此，支配派系與被支配派系之間的關係結構也都出現深層地蛻變，因為越來越高比例的領導階層擁有權力，至少是其權力的合法性的基礎，越來越不直接地立基於經濟資本，而更多的是因純粹在高競爭的名校完美獲得

的教育資本。這些新經濟的領袖們，在他們具備的新文化裡，竭盡其力理性化他們的世界觀，並隨著經濟科學部門的發展，越來越廣泛地被接受而運用到企業的管理，使他們飄飄然自以為擁有知識的權威就可以指導社會的行為[47]。因此原有知識分子「無關利益的文化」與「布爾喬亞」鎮日埋首於其實際生活的利益的「沒文化」之間對立關係，就轉換成不只是新布爾喬亞身上可以見到另一種對立關係：知識分子不計利益、不真實也不現實的文化與「現代經理人」的經濟與跨界科技文化，後者想要成為行動派但又不甘被減化成僅懂「實作」而已。

　　若說老派知識分子還能保有對主流文化實踐很明顯的壟斷，至少就這些實踐的定義而言，那可能是因為文化生產與傳播機構（特別是教育機構）的慣性以及慣習的延滯效應使然，它們又因為文學與藝術文化依舊是無關利益的文化最佳的形式而不斷地被強化，結果，相對於其他階級，也相對於性別的分工，後者使得女性保有品味判斷的特權和維持文化資本在其傳統形式的功能，最具主流支配的區判符號會保留給持有新文化，品味的偏好移轉到經與權力的行動派的男人。也因此可證實一種常見的觀點：「行動派的人」與「知識分子」之間的對反關係有時候只不過是男與女對反關係的一個變異而已[48]。

---

[47] 關於這種世界觀，參見P. Bourdieu et L. Boltanski, « Le production de l'idéologie dominante », *Actes de la recherche*, II (2-3), juin, 1976, pp. 3-8.

[48] 報章雜誌讀者的性別分布非常清楚地說明這種不同利益之間的分工（儘管就像我在其他地方得知，比起其他階級，這種情形在支配階級較不明顯）：在科技、汽車、經濟或科學方面雜誌的女性讀者比例非常低，長期以來政論性雜誌也低（亦即公眾意見的報紙或週刊），同樣的在文學、居家生活、電視和藝術方面的機構裡男性的比例也偏低。另一方面既然女性化的比例（這涉及越往政治領域依舊非常低）會隨著越往以下報章雜誌的順序而增加：《晨曦報》、《法國晚報》、《世界報》、《費加洛報》、《快報》到《新觀察家》，亦即在支配階級之中的支配派系的比例減少時，被支配派系的比例就會增加。吾人亦堅信認為固著於男女分工的傳統形象的頻率也會在不同的派系之間，根據相同的邏輯而變化，據此最「女性化」的派系也就越難

世俗與精神的權力

擁有不同種類的資本定義了其階級的歸屬，其分布也決定了在構成權力場域的力量關係的位置，同時也決定了在鬥爭之中可能被採用的策略，過去是靠「出身」、「時運」及「才能」，現在是靠經濟資本與教育資本，這全部都是權力的工具，也同時都是追求權力的競賽本身。在不同時代，當然根據不同的派系，會有不同強度的差別，被認可成主流區判符號的權威也會有不同。不同派系之間層級秩序的界定，或同樣的，合法性層級秩序的界定，亦即合法性鬥爭的遊戲規則與其工具的定義本身就是不同派系之間鬥爭的賭注[49]。

由於參加此賽局者當然會接受並同意此遊戲的規則，至少是某種程度的同意，才能產生爭議。因此吾人可依願意專注於敵對之間使他們彼此聚集的共謀結構，或集中在共謀之中使其分裂的敵對態度。最簡單的例證就是藝術家與藝術商人之間的高度曖昧的關係，至少是十九世紀，其間的關係往往只不過是老闆而已。他們經常會以合夥經營概念，以一種夠現實的形象之名：文化商品生產者，來回應藝術家象徵性的挑釁，也就是說，已公告決裂的布爾喬亞之子，或被打發去一邊站的窮親戚。他們甚至還會為使其遭受的剝削找到藉口，只因為他們要為其「理想主義」及其缺乏「實用」感而辯護[50]。在另一邊，知

接受在定義工作任務時，將女性排除在外，或女性將自身摒除在政治之外。

[49] 支配派系之所以能成為支配派系，也必須只能以經濟層級的次序被接受成為支配性的原則，既使是在文化生產相對自主的場域，至少就長期而言也是如此，在此專業的價值與商品價值之間的分歧也會隨著時間而漸漸消逝。

[50] 參見 A. Boime, "Entrepreneurial Patronage in Nineteenth Century France," in E. Carter II, R. Forster and J. Moody (eds.), *Entreprises and Entrepreneurs, Nineteenth and Twentieth Century France*, Baltimore and London, Johns Hopkins University Press, 1976, pp. 137-208.

識分子和藝術家也可以在被支配者與支配者之間，被支配派系和支配派系之間結構性的同質共構之中，不論在曾經歷、有時候很真實的經驗裡，找到與被支配派系站在同一陣線的情感，同時又操弄著象徵性的特權，以至於「布爾喬亞」某種程度都不得不承認他們。他們不得不承認這是其精神性榮譽的最好方式，難道不是因為藝術家對「布爾喬亞」物質主義的否定中，其實也蘊含了對大眾階級的拜金主義否定嗎？那些在支配階級之中暫時位居支配位置的人，事實上都處在一種非常矛盾的情境，這讓他們傾向與文化商品及其生產者保持一種曖昧的關係：一方面對知識分子和藝術家打入盲目拜物主義和反智沙文主義的一邊，以至於當他們相對於被支配階級要定義自己時，不得不援引使用知識分子和藝術家用來攻擊他們的字彙。他們並不會因為供養「他們」的知識分子和「他們」的藝術家而完全感到滿意（即在文化生產場域很世俗，也很暫時地位居支配位置的知識分子與藝術家，同質共構於他們在支配階級所處的位置）。依據與世俗權力和相關利益的關係來界定所謂「布爾喬亞」的知識分子和藝術家們，難道不會懷疑「無關利益」的想法在支配者看來，不正就是專屬於知識分子和藝術家的嗎？

　　因此，知識分子和藝術家被安置在社會空間中最與利益無關的位置，也就是與普世價值且舉世都認可為最高的價值有關的位置（特別他們越接近文化生產場域的被支配端時最明顯）。他們用來打擊支配階級空間中對手派系的文化實踐的意識形態策略（關於「左岸」對「右岸」戲劇的批評就是最好的例子），每次都幾乎成功完美，這應該歸功於以下的事實：由於不同資本類別分布的交叉結構，使得在某類資本排行中第一名的最有機會成為另一類資本排行中的最後一名。只要打擊對方珍視特性，視為任性武斷，就可以提高自己的聲望。於是，文化生產者都普遍希望創造一種超越世俗等級次序的翻轉，因為

曾經歷「世俗」權力秩序與「精神」權力的秩序之間的不一致所產生的不堪狀況的實戰經驗。尤其那些文化生產場域中位居劣勢者，相對應於文化生產者在整個支配階級場域的處境。由於與那些製造直接逢迎支配者品味的產品的生產者相對立，使他們在社會上最被認同，相對應於與支配派系階級對立的整個文化生產者：作家和藝術家在人世間暫時地都是被支配者，因為其產品必須為其市場而生產。也因此他們是世界末日論希望的天生攜帶者，而其「世紀的禁欲」及其「使命」感往往是知識分子真正的鴉片。這種與宗教的類比並非矯揉造作：事實上這兩者都一樣，最無可爭議的卓越（transcendence）都是最嚴格地相對於世俗的利益，往往也都是從最激烈鬥爭的內在性（immanance）中脫穎而出者。

第六章

文化學習的意志

　　不同社會階級的成員之間，比較不會以認可文化的程度來彼此區判，而比較會以其所認識文化的程度相互區判。〔對文化的〕漠然宣告是非常例外，有敵意的拒斥者更是例外，至少在類似考試的文化調查的訪問關係裡，所製造出來具有主流支配（légitimité）的強制情況是如此。認可此一主流支配最明確的見證之一在條件最差的人身上可以看到──他們不是想掩飾其無知或不關心，就是文化主流支配的盲目尊崇。在他們眼中調查訪問者就是這種主流支配的持有者，並在其文化資產裡選擇他們認為符合主流支配的定義，例如「行板」的音樂作品，維也納的華爾茲、拉威爾的《波麗露》（*Boléro*），或多多少少膽怯地說出某某偉大的名字[1]。

　　不論是對主流作品或實踐的認可，與研究者的關係上，受訪者最後往往都是以表達其困窘的狀態做終結。因為調查情境與社會位置的不對稱關係，有利於權威強加其主流支配。這可能是以單純的信仰主張（我很喜歡），或強烈學習意志的宣稱（我想要認識），或漠然的告白（這個我沒興趣）來表達，但事實上大都是因為針對主題，

---

[1] 其實只要將他們對音樂的意見對照對音樂作品的知識，就可以看得出來一大部分（三分之二）的人會選擇那些最「高貴」的答案（我喜歡所有好的音樂），但都對音樂作品的知識非常薄弱。

而非針對對象缺乏興趣。畢卡索或更好的說法，「畢卡索那種」（Le Picasso），成為一個類別指稱的概念，其中包含了所有現代藝術的形式，和特別是那些人們所熟知的風格，即某種裝飾的風格，它往往成為刻意顯露的唯一對象。彷彿無法拒絕主流文化，除非戴著某種抗議的面具被迫承認，這種抗議又被限定於看似最無抵抗能力的點上。在訪問情境中，由於主流文化支配的強制效果是如此運作的，若吾人不稍加注意的話，就會像諸多以文化為主題的調查研究一樣，製造一種不符合任何實際狀況的信仰主張。因此就會像某一份有關劇場觀眾的調查研究結果，74%小學程度的受訪者都同意制式的評語，像是「戲劇提升心靈」，而迷失於奉承的言語，如戲劇具有「正面」的德行，「教化人心」、「知性」等；相反的電影則是僅供消遣的娛樂，膚淺、矯揉造作，甚至粗俗。這些表明是如此的虛構，以至於反而窩藏了一個事實：不論多麼漠不關心，這些人都是在文化上處於最不利的、最年長的、也最遠離巴黎的人。總之那些最少機會真的去看戲的人，最經常會承認「戲劇提升心靈」。若是將此強行認可的信仰主張兌現成現金（就像許多出於善意的「文化福音主義者」〔populiculteur〕[2]所做的）或忽視它也會犯下同樣的毛病：這正好說明文化資本以及將它集中的機構所能行使的強制性力量，甚至會超越文化本身的範圍。因此可見隨著越遠離這些文化資本集中的機構，對文學神聖化的迫切請求就越是無條件。結果也最有可能會完全地服從於這些機構強加並保證的規範。

　　如果說對文學獎所形塑的評價傾向和能力，會隨著閱讀習慣和對獎項的資訊而改變的話，那麼他們之中大部分都沒有任何閱讀習

---

[2]　Populiculteur，作者自創新字，英譯成Cultural Evengeliste，這裡指的是將主流的支配文化推廣普及化到沒有文化的人身上的人，相當於文化推廣者，但此取英譯之意為文化福音主義較為傳神——**譯注**。

表23　對文學獎的意見（％）

	實踐		對獎項的知識	對文學獎的評價			
	不會購買		不知道作者	評審有問題？	好的書	評審有問題？	好的書
	文學獎[1]	書籍[2]	[3]	不知道[4a]	不知道[5a]	否[4b]	是[5b]
農場工人	95	88	65	50	26	44	81
工人	90	75	59	43	16	37	64
工商業主	82	63	45	39	16	37	64
雇員中級主管	74	53	36	28	10	35	56
自由業主高級主管	29	46	16	18	16	33	64
初級教育	94	85	68	51	27	48	78
中等教育	66	67	68	51	27	48	53
高等教育	55	21	9	18	5	25	37

資料來源：法國輿論調查研究院（IFOP），《法國人關於文學獎態度》（*Attitudes des Français à l'égard des prix littéraires*），1969 年 11 月號。

因為這些資料只有在將它們關係建立一個完整體系時才會有意義，因此必須在此概略的圖表裡，附加上由一系列有關文學獎的訪問問題所呈現出直接相關的事實全貌：

1. 您是否曾購買一本得過獎的書？
2. 過去一年中，您是否購買過大人閱讀的一般文學書籍，亦即不算學校用書，自習或兒童讀物？
3. 每年都會頒發文學獎給不同的書籍，可否請您說說看您所認識的文學大獎的名稱，至少是最重要的？
4. 對以下的意見您覺得如何：「大的文學獎頒發的方式常常都很有問題」？
5. 對以下的意見您覺得如何：「大的文學獎一般來說都會獎賞好的書」？

慣（更不用說，閱讀得過獎的書），也沒有任何文學獎方面的知識，儘管都在這方面發表意見，且大部分都表達出對文學獎有好感的意見（問題5有54%的受訪者，整體有67%的回答是正面的）。這種沒有知識的認可會隨著越往社會階級下降而出現得越頻繁（正如同那些既不買得獎的書，亦不買任何書的比例會和那些對文學獎或評審不表意

見的比例之間越來越大的差距所顯示的事實一樣）。同樣的，明白地
表明對獎項主流支配的肯定評價，會隨著職業與教育程度的下降而越
來越增加（欄4b和5b），更何況這還不算應該把這些變異歸因於問的
問題所直接產生的主流支配的強制效果（因為問題4是以負面評價來
提問卻和問題5一樣根據同樣的原則變化，而且只不過比問題5少一
點回答而已，毫無疑問那是因為它更明顯地要求文化能力和預設對文
學界的特定知識）。

知識與認可

　　小布爾喬亞和文化的關係幾乎可以從知識（connaissance）和認
可（reconnaissance）之間非常明顯的差距來推斷。文化學習的意志
原則也會根據熟稔主流文化的程度，以不同的形式表現出來，亦即根
據社會出身和獲得文化的管道不同，而它們之間彼此又有關聯：往上
升的小布爾喬亞會將其檝械了的學習意志投注於主流文化實踐或作
品的二流形式，參觀古蹟文物和城堡（對反於參觀美術館和藝術收
藏）、閱讀科普期刊或歷史月刊、攝影的實踐，追求電影和爵士樂方
面的文化。小布爾喬亞也以同樣的方式為生活展現神奇的精力和創造
力，〔其實是〕像我們所說的，「沒有辦法的辦法」（au-dessus de ses
moyens）。例如，在居家方面，所有「迷你」的商品（女性雜誌常提
到的「迷你廚房」、「迷你餐廳」、「迷你房間」），設計增加房間或
那些專門用來節省空間的「東西」，「收納區」、「活動隔板」、「沙
發床」，更不用說各式各樣的仿製品和所有能耐「做」超過其原本功
能的東西，千百種讓小才「大用」的方法。

　　不說別的，文化學習的強烈意志尤其展現在一種常見的選擇，見
證了最無條件地文化順從（朋友的選擇「要有教養」；挑選「寓教於

對職業婦女而言，請客就是事先準備

「因為請客時，回到家後到第一聲門鈴響之前，只有擺花、檢查桌子或儘快換衣服的時間。換裝並丟掉所有工作上的操心事，轉身成為細心、微笑的家庭主婦。」

「為了做到這點，可以待客、擺有花飾的居家，符合接待風格的服務、美食等一樣都不能少，從進門的香菸到道別的最後一杯酒都不能忽略，對那些必須經常遠離家的婦女而言，就應該以其善於組織—諮詢的天賦，取代長期在家的時間。」

首先，公寓不應該只給人有印象，只是過夜的旅館一樣，相反的該是溫馨、精緻的避風港，有強烈的個人特質。她們必須要先把自己當作這個家的首席貴賓。由於沒有太多時間可以給這個家，她們要它總是準備好可以隨時接待客人，即使她們一整天都不在家或長期旅行。結論：親密、溫馨的公寓，住起來令人愉快，足以見證她們的存在及其偏好。

在此，有她們喜愛的顏色，很快就能認出她們的布置；由於她們常常旅行在外，更要好好享受每一次回家的時間！不論她們喜好繪畫或閱讀，或牆壁及書櫥都能展現其品味。

透過家居生活，可以看出其職業常要求她們考慮別人的觀感，且很女性地享受自我，肯定地說：「我就喜歡……。」

她們如何宴客？這當然視其場所的布置而定：家裡是否有餐廳，還只是固定或可折疊的小餐桌。可不可能舉行古典傳統的晚宴，或是有幽默感和高雅的「外燴」或「自助餐」，這些條件必須端視於上述場所布置和家政的能力。

至於廚房的工作，就必須經常是在遠距遙控，手上拿著記事薄，腦袋裡預先計畫著。〔因此，〕她們對現代科技所提供任何省時的方法都必須瞭若指掌。擁有一長串前一夜就可以準備好的拿手菜清單，且善於利用熟食店的部分服務，並讓其菜單不失個人風格。

因此，這種接待客人的策略可說是既有效率又有魅力，雖是職

業婦女,卻看起來像是全職的女主人。

趕得上時代的接待員

「在此,工作的女人是自己工作……因為這個居家布置的作者不是別人,就是馮絲華‧謝(Françoise Sée),室內設計師和創意師。在塞納河邊的公寓裡只有三個房間,她利用其中一間大的起居室來接待客人,分成兩個部分:客廳和小餐廳。非常精幹的布置,但又不顯寒酸,她擁有女性特有的天賦,讓人注意到小細節又不會令人無法忍受(……)一道很大的滑動門需要時就可以將客廳和餐廳分開。兩邊是充滿芥末黃的牆面,橄欖綠的地毯,白色野生絲質的窗簾,以及白色的天花板。臨時的餐廳裡,在白色的沙發床前,鍍鉻成無光澤粗面的桌腳上,擺著一張白色烤漆桌面,以及麥基爾白色皮製可折疊椅。收起來時,這張桌子就變成控制台的位置,補足小客廳空白的小家具。在大客廳裡,舒適又更進一步,一組L形的小牛皮絨面沙發占據最主要的位置,前面一張金屬鑲邊綠色烤漆的矮木几。」

巴黎的女服務員

蘇珊‧荃(Susan Train)是 *Vogue* 雜誌的美國記者,也經常旅行,她住在左岸一棟寧靜的現代大樓的三房公寓。由於在美容和時尚方面的豐富經驗使她在從事室內裝飾時,能夠在顏色材料的遊戲之間,在風格巧妙的對比上展現古典優雅的巧思與品味。儘管蘇珊‧荃以輕鬆的方式請客,但她家還是預留了一間餐廳,雖然很小,但可以避免在矮桌子上自助餐式或野餐式的不舒適。就這樣子,沒人使用的時候,用完餐後,她就把門一關忘記紊亂不堪。用餐時,她則用柳條編的籃子陸陸續續地把用過的盤子和刀叉收集起來。第一道菜通常是在〔客人到達以前〕就上菜了,另一方有輪子的桌子上面有菜肴保溫器放著菜單裡的其他菜肴。簡單的菜單,卻非常精緻,因為是美國人又是經常旅行的人,她常從各地帶回美味的食譜和新奇的想法。

《居家與園藝》1970年4月第162期

樂」或「富有教育意義」的戲劇品味），但又往往與一種不夠格的情緒混雜在一起（「繪畫是很好，但很難」等等），後者會隨著尊敬程度而增加。小布爾喬亞總是對文化卑躬屈膝。這令人想起朱娜・巴恩斯（Djuna Barnes）作品裡的人物[3]，菲利克斯（Félix），就像法蘭克（Joseph Frank）所指出的，他和另一個現代文學裡的流浪猶太人布盧姆（Léopold Bloom）有相同之處：都「徒然地」試圖「想要融入一個他本質上就陌生的文化」[4]。法蘭克同時是猶太人和小布爾喬亞，或站在小布爾喬亞的界線上，因此被雙重排除，同時因被納入而倍加焦慮。恰巧，他對所有看起來像是文化的東西，極盡恭敬之能事，並不加思索的膜拜過去貴族的傳統。這種純粹卻空洞的文化學習意志，顯然缺乏應用時不可或缺的座標和原則，以至於不知投身於什麼目標，使得小布爾喬亞注定成為文化誤認（allodoxia culturelle）受害者。也就是說，所有認同時所犯的錯誤和所有形式的錯誤認可都洩露出知識與認可之間的差距。由於恭敬屈膝而無法分辨在正統幻覺之所親歷的誤認、異端，而混雜著貪婪和焦慮，使得他們將輕歌劇當作「偉大的音樂」，把科普當作「科學」，把贗品當作真品。並且在令人不安又過度自信的虛假認同中，找到一種自我滿足的原則，還讓他有高人一等的秀異之感[5]。

　　中等文化在中產階級的成員眼裡，應有其魅力，因為他們都是援引主流文化時最理想的說話對象，這些援引充斥整個中等文化。他們

---

[3] D. Barnes, *L'arbre de la nuit*（*Nightwood*）, Paris, Ed. du Seuil, 1957, pp. 27-29.

[4] J. Franck, *The Widening Gyre,* Bloomington-London, Indiana university Press, 1963, p. 36.

[5] 誠如其內容本身（例如大肆聲張地援引主流作品），那些〔文化〕產品的廣告對那些中等文化的人來說，是一種文化誤認的持續性教唆。廣告可使所供給產品的經濟和文化門檻變得看似降低，同時又能使其主流支配更具高度的合法性，透過引用一些文化權威（像是院士或文學獎的評審），其自身權威又是一種誤認的效果，因為，就像我們所看到的一樣，權威所操作的認可會因文化能力而以相反的方向變化。

往往也傾向並准許將中等文化和主流文化混為一談：前衛探索〔作品〕以大眾方式演出或人人可接受的作品卻自以為是前衛的探索；古典戲劇或文學作品的電影「改編」；高深音樂的「大眾版」「改編曲」；或將大眾音樂深奧成「交響樂」樣子；將古典作品以一種富有吟唱和天使合唱的風格來朗讀詮釋。總之，所有可讓週刊或綜藝表演看起來具有「水準」的東西，完全只為了提供給大家一種晉升到主流消費高度的感覺，並且結合了兩種通常是互斥的特性：供給產品的立即可得和文化主流的外在符號。

　　不同於正當的文化推廣，也就是那種透過學校教授，公開地宣示教育目標，以便達到要求後天努力學習不同，此種推廣必須降低課程的程度。一般的文化普及化，就其定義而言，無法以其原貌屈就，若無消費者的共謀，其間的欺瞞不但是設定的也將注定會失敗的。此一共謀幾乎早已達成，因為就文化而言，如同其他地方，「贗品」的消費其實是一種無意識的吹噓：首先要騙倒吹噓的人，最好是把仿作當原作的第一人，把假貨當作真品的第一人，以買家的仿製、大拍賣或二手貨的伎倆，以說服自已「比較便宜，但又能製造出相同的效果」[6]。

　　雖然在中產階級的空間裡彼此的位置相隔很遠，但中等文化的生產者和消費者之間卻有著相同之處，就是他們與主流文化基本關係是

---

[6]　這也就是消費者與銷售者之間的共謀所達成的保證機制；在其他領域亦能見到，因此一個市場研究的專家提出一個論點並建議道，廣告其中一個最重要的功能可能就是提供購買者在購物後能夠讓他們感到安心。（J. F. Engel, The Influence of Needs and Attitudes on the Perception of Persuasion, in S. A. Greyser (ed.), *Toward Scientific Marketing*, Chicago, American Marketing Association, 1964, pp. 18-29）這類令人安心的意識型機制可解釋社會行動者對其文化實踐所做的評價與這些實踐的客觀真實之間的差距：所有一切彷彿就這樣發生了，不論在神聖化程度的哪個層次，人們給予這些實踐的價值往往高於場域結構所客觀地給予的價值。

相同的，與獨家持有者的基本關係也是相同的，以至於其間的利益是彼此配合，就像預先設定協調好的一樣。新興的文化中介者（最典型的就是收音機和電視文化節目負責人或「有水準」的週刊和報紙的評論以及所有記者作家或作家記者）面臨生產者（即作者〔auctores〕）以及主流文化的再生產者（即讀者〔lectores〕）的雙重的競爭，若非掌控大量播放或發行的工具，他們幾乎沒有任何機會得以生存。因此，他們會開拓一系列介於主流文化和大量發行的中間性產品文類（論戰性短文、隨筆、見證等）：指派給自己不可能的角色，但也因此位在不敗的位置，從事普及主流文化的事業。這也使他們更接近上述的觀看者〔即主流文化的再生產者〕。但由於不具有符合身分的權威，且經常不具主流文化推廣者所需的特定能力，他們必須，像康德所說的扮演「有天分的猴子」，尋找作者神格樣的威權替代品或目空一切的自由，藉此表現出美學家的灑脫（例如從其風格可見的隨和輕鬆）。並明顯地表現出對呆板的教導、憂鬱、沒有個性、無聊的學究氣之拒斥，這些都是符合身分能力之人所應付出的代價或應有的外顯符號。因自己沒實力，卻又要「自我吹捧」，這類角色必須活在內在矛盾的不自在之中。由於處在文化生產場域劣勢位置，以及他們與知識或科學權威的矛盾情緒，進而鼓舞他們將等級秩序進行局部革命操作：像是把即將成為主流的藝術經典化，或將不起眼或邊緣形式的主流藝術經典化，最後與〔文化〕誤認的效果結合起來（後者正暴露其與文化價值的中心的遠近），透過「文類」、「風格」、「水準」的混搭，製造出小布爾喬亞文化的客觀化形象。將「較易上手」、「過時的」、「落伍的」、「被降級的」，即「已貶值的」主流產品和大量生產場域裡最高貴的產品結合起來，例如大量出版「詩般」歌曲合集、「知識分子」週刊，聚集扮演權威的〔文化〕推廣人和想要推廣的權威人士，像結合爵士與交響樂的電視節目，結合歌舞院與室內樂的節

目、絃樂四重奏和吉普賽協奏曲、聚集小提琴家和蹩腳鄉下小提琴手、結合酒吧音樂和教堂大合唱、女歌劇家與小歌手同台演出、《天鵝湖》的「雙人舞」和羅西尼的《貓之二重唱》混合的節目。沒什麼比一個輸家的踰越更具顛覆力，尤其當他受到想要平反和變成高貴的動機鼓舞時，他就不再只是單純不對位認可的表達，也是對等級秩序無政府式的激進表述。小布爾喬亞的觀眾也有默契地領會那些品味製造者想給予他們認可的「品質保障」。這些品味製造者，一群不滿現狀，但又會抗議到底的人，提供了小布爾喬亞觀眾裝備所有文化機構制度性符號的形式保障。這其中也不乏通俗化歷史期刊的院士、在電視政論節目上的巴黎索邦大學教授、「有水準」的綜藝節目中梅紐因家族（Menuhins）[7]。我們不會搞錯這就是中等文化，因為他們常自以為是站在通俗的對立面。

　　由於難保其排名，且掙扎於天生傾向的偏好和意志的品味之間，小布爾喬亞注定被迫做出不協調的選擇（其中新興小布爾喬亞就是最主要的一群，處心積慮地想要平反民俗風或異國音樂），這不只表現在他們對音樂或繪畫的偏好，也表現在其日常生活的選擇[8]。就聽廣播方面，他們合併流行音樂的品味與文化節目的興趣——兩種在社會空間的兩端，彼此互斥的資產類別。事實上，工人們幾乎毫無例外

---

[7] 更無需以那些檢禁或「政治密謀」（儘管它們不只在一個案發揮作用）來解釋那些最「學院」的產品，這也跟那些最典型的「中等」產品一樣，都可以在電視節目裡找到相當的奧援。這正好可以調整小眾的生產與大眾的生產場域之間的關係，其中像是以廣告的經濟效果作為媒介而進行對出版與發行策略的相關轉變。

[8] 《夜林》一書中的菲利克斯也表現出這種怪誕的品味：「專注於詔書、律法、傳奇故事、異端，也是稀奇酒類的品嘗者；愛翻最珍奇的書和老婆的故事——從聖靈而來的人以及從地獄出來的怪獸故事——博學於防禦工事和橋梁計畫，駐足於所有墓地，所有道路，許多教堂和城堡的行家。他的靈魂『經常』恭敬卻張冠李戴地回歸到賽維尼夫人（Madame Sévigné）、歌德、羅耀拉、布蘭托姆（l'Abbé Brantôme）」（前引註）。

一位「非常簡樸」的護士

　　B太太，父母在洛特（Lot）有一小塊地賴以為生。她今年48歲，在巴黎一聖路易醫院工作將近二十年。她「很喜歡學校」，原本想要成為小學老師，但小學畢業後一年就中斷學業，因父母「沒有辦法」供她讀書。28歲離婚，帶著兩個小孩，就這樣她在醫院找到這份工作，然後邊工作邊讀書，最後才考上護士。她兒子，26歲，已婚；女兒20歲，還在讀書，念生物學，跟她一起住。B太太很喜歡小孩，但「討厭小孩多的家庭」（「因為有太多擔心的事」）。

「當我聽到一個錯會很驚訝」

　　她很「後悔沒有受過高等教育：對自己很滿意，但若能知道更多，我會非常快樂（……）教育非常重要」。教育，首先就是文法規則、正確拼字的認識：「我在工作時接觸很多小孩，他們法文説得不好，把應該是陽性的字説成陰性，或相反，證明他們沒有任何文法的常識，這正是説明他們粗淺的狀態」。「當我聽到一個錯會很驚訝，昨天，有一個小孩寫成exames amener（帶來考試）；er結尾（……）若要是我犯下這麼大的錯，我會真的覺得非常不快樂（……），要是我的話，會寫apporté（進行），但終究這是極其嚴謹的説法……我會説amener un enfant（帶一個小孩來），但説apporter un examen（進行一場考試）。

「我很討厭自命不凡的人」

　　她喜歡「簡樸的人，尤其不要自命不凡」：「我很討厭自命不凡的人，我無法忍受舉止不當的人（……），不説你好，就大剌剌地進來，也不看你一眼，當作你不存在，為什麼？可能因為你不夠格。我也不喜歡被上級踩扁。」（她自己會「尊重職務比她低的人」）。她也不太喜歡「骯髒的人」：「我覺得即使我們不是很有錢，但總是可以打扮樸實卻保持乾淨。我見到病患到醫院，腳非常髒，他們可以

去市立澡堂洗澡啊。」

「這裡非常樸實」

　　她的公寓非常「樸實」，兩個房間，一間廚房；其中一個房間是她女兒的，另一間她住，沒有餐廳：「這裡非常樸實，沒有洗衣機，因為她不喜歡洗衣機，她都用手洗，你們看看，我沒有那麼多的衣服，因為她都把衣服在煮衣桶裡煮過，所以我覺得衣服都像這樣非常乾淨……我想不管如何，洗衣機也沒有辦法達到煮衣桶的溫度……我有我的冰箱、附烤箱的瓦斯爐，都是用現金付的，我非常不喜歡分期付款。至於大的項目，像是多一間餐廳或多一間房間，我同意必須要向銀行借錢，但畢竟只是一個小小的瓦斯爐，一個小小的洗衣機或冰箱，我想借錢真的沒有必要。」

「我很喜歡什麼都弄得乾乾淨淨的」

　　在她房間，「有一個家具是在莎瑪麗丹百貨公司（Samaritaine）七千法郎買的，一張桌子在附近的小商店買的，還有一張小長椅；我覺得我家非常好，我很滿意，這裡非常樸素」。牆上有幾張家庭照片，小擺飾，人家送的小紀念品都放在箱子裡：「因為很占地方，很礙人，我喜歡什麼都乾乾淨淨的（……）不然，若我們有有一個玻璃櫥櫃，那當然，可以放一些小擺飾，不會疑人，又在裡面，不會招攬灰塵」。

「很尋常的衣服，棉質的小套裝、小禮服」

　　在服飾方面，同樣的「樸素」，同樣出於「合宜」者的考慮：「我們不會花大錢……應該知道如何組織預算，這才最重要。」她不會穿著「牛仔褲」到處跑（因為她覺得這只適合她的女兒），她只穿「很尋常的衣服，棉質的小套裝、小禮服」：「這段時間，我喜歡穿一條深藍色的百褶裙，是巴斯奇的（Gérard Pasquier），在城區一家小商店買的，他們賣的都是名牌，像是卡夏蕾（Cacharel），還有

其他。我覺得穿著這種衣服非常舒服，勝於那些他們做的各式新裙子。」她每個星期都會去做頭髮：「這可以讓我放鬆，真的，我很喜歡去理髮店，捲個髮，很快就做好了。氣氛也很好，很安靜，只有幾個太太，就這樣，我悠閒的翻翻雜誌，那種流行時尚雜誌。」

她不會買期刊，因為「期刊有太多的廣告，又貴，而且不能學到什麼東西」。她會看一點電視，電視在她女兒的房間，看電視只是為了「愉悅自己」或「放鬆自己」，會看綜藝節目或一點歌曲。事實上，她「沒有那麼多時間」：「例如我更想要更多的睡眠時間，而不是吃得更多（她大部分時候吃烤肉、沙拉和水果）。我覺得對我的身體狀況，這樣比較好。我應該要有八小時睡眠時間。」她已經有兩或三年沒有去看電影了，「看過的最後一部電影，我已經想不起什麼片名了，只記得是醫生的故事」。

她會聽「電台，尤其是法國國內廣播電台，聽它的音樂」，喜歡弗朗索斯（Frédéric François）：「我覺得他的歌，在歌詞中，有不錯的意義，有些啦……馬西亞斯（Enrico Macias）也不錯，他很現代，我覺得他的歌充滿了懷舊。奧菲瑞（Huges Aufray）我很喜歡，因為我覺得他的歌都非常美妙，他是一個具有恐怖哲學的傢伙（……）。我尤其喜歡歌詞有意義的歌曲，我會仔細聽歌詞。」

放假的時候，她會去租一個小公寓或海邊的別墅（昂達伊〔Hendaye〕、阿卡雄〔Arcachon〕、隆納海灘〔Les Sables d'Olonne〕）。她休息，去「一下下」海灘，玩「一下迷你高爾夫球」，織「一點毛線，但不是大件的，當天氣暖和時」，「什麼事也」不做。

地偏好非正統的消費；而支配階級、高級主管和自由業的成員則最接近知性的一端，其偏好會表現在非常符合主流支配所建立的等級次序裡（若將重播的廣播節目不平等的貶抑效應納入考慮的話）。他們也透過賦予支配文化中的小眾形式（像是小歌劇）或主流消費中的

替代品（像是廣播歌劇、科學節目或詩等）重要的地位，以便很清楚地與其他範疇的人區隔開來。眾所皆知，他們也是吸收大部分狂熱的攝影師、爵士樂和電影專家，而且他們認識的電影導演（相對的）比較多於音樂作曲家。同理，在最主流的藝術層次裡，他們會特別頻繁地傾向於選擇「中等」或「被降級」的作品，繪畫上有畢費和烏拉曼克；在音樂上有《一千零一夜》、《藍色狂想曲》、《茶花女》、《阿萊城的姑娘》或《劍舞》。儘管極為容易在那些所擁有的物品當中，找到遭受新興文化中介者擺布的特性（至少在某一段時間內），加上其小布爾喬亞觀眾的身分，就其用途而言，即非專門為他們設計的產品，仍應就其為一種特定形式的消費所賦予特性，在某一段時間內將這些事物放置於中等文化中。就如同下述事實所見證的：同一物件，今天是典型的「中等」，有可能因為美學家推一把（而將即使多麼不再有影響力的物件平反）。其實，沒有所謂中等文化的比較是中等語言。造成中等文化的〔事實上〕是小布爾喬亞與文化之間的關係：對物件的誤解、蔑視、不對位的信念、誤認等。而且還要小心不能以實體論來看待這種不論主觀或客觀都不幸的關係。儘管在支配者看來，即使在最沒有爭議、最具客觀的指標上也會洩露其獲得〔文化〕的管道和模式（就像今日，某些音樂偏好系統典型看起來是「唱片愛好者」）。造成小布爾喬亞與文化之關係，以及他那種將任何接觸到的東西都轉化成中等文化之能力（如他人所言），主流的眼神「拯救」了一切他所關照到的一樣，如果我們可以這樣說的話，都不是他「天生的」，而是小布爾喬亞在其社會空間的位置本身，小布爾喬亞的社會本性。首先，不斷地提醒自己本身是小布爾喬亞的身分，主導了他與主流文化的關係，也主導了他想要拚命抓住這種關係所表現出來貪婪又焦慮，天真又嚴肅的方式。道理很簡單，因為這不過是一個事實而已：這些主流文化既不是為他量身打造，不是為對抗他而來，也不

是為它而生。於是，一旦小布爾喬亞擁有了它，就不再是主流文化了。就像如果明日福雷（Gabriel Fauré）或迪帕克（Henri Duparc）的歌曲在郊區或外省的音樂學校推廣開來，不論唱得好或壞，都變成了小布爾喬亞的客廳了。

學校與自學

　　其實討論小布爾喬亞不同派系之間特有的文化關係沒有什麼意義，因為他們所在的位置只不過立基於擁有小額的文化資本。其中，至少部分積累是透過沒有花費太多功夫的自學行為。這其實就是一種資訊系統，僅透過其存在本身以非常不均等的方式提供一種學習的管道，並且它還會根據標準化的課程與學程，有制度般地組織不同的進度。等級化的知識（根據不同領域和不同學科，多少會以一種武斷的方式）與等級化的文憑本身之間的相應關係，使得擁有最高學校文憑者，暗示著比等級較低的文憑保證，擁有更多且更有保證的知識。甚至兩個站在相同職位的人，具有相當實用的能力，但由於〔所擁有的〕文憑不同，可能會有完全不同的機遇，而最後被不同的地位（當然，還有處置）的差異區隔開來。所有這些都出自一個信仰之名：唯有經過較高文憑證實過的能力，才能保證進入所有所謂實踐或應用知識（savoir）之基礎的知識（connaissance）。因此，這不正出現某一種矛盾？在自學與文化的關係裡及在自學本身，都可以看出教育體系生產的產品唯有經過考試與文憑，才有資格傳遞這種以主流文化（所）構成的能力與知識層級化主體，也方能達到所設定的入門門檻。由於自學者並非透過教育制度所建立的主流次序來獲得其文化，即使名列前茅，也注定要不斷地被其焦慮本身或整齊的分類，洩露其分類的任意性，以及洩露其知識的武斷。如某種無線的珍珠，這種獨

特的學習過程是不斷地累積下來的，很可能會忽視所有制度化和標準化的階段及其障礙，也會忽視整個教育文化其實是一個被階層、也階層化的諸多暗示性知識所構成整體的學程與進度[9]。其文化的缺乏、缺陷與分類的任意，都在相對於學校所教授的文化中才會感覺得到。學校所教授的這種文化在某種程度上是要讓人無法辨識其分類的任意性，甚至要他認可其自身的缺陷。於是他們會偏好不協調的風情；把文類和排行混淆；把歌劇和輕歌劇（opérette）混在一起；把科學和科普混為一談；時而無、時而有學問地不可預期；除了偶然之外看不出任何關聯的書目；所有這些都因為〔他們〕異端的學習模式所造成獨特性。由於缺乏一種具體的投資敏感度，經常要以所有外顯的指標來自我裝備，像是出版者的名字、導演或劇場或音樂會的場地，讓他能夠「優先選擇」的文化消費，可能以保證挑選產品品質的方法，像某些「名牌」或某些名店所自傲的「品質保證」一樣，來確認其自身的位置。小布爾喬亞總是暴露於不是懂得太多就是太少，就像電視上益智遊戲的主角一樣，用錯地方的博學只會讓擁有文化教養者所恥笑而已。他們也注定要不停地堆積那些不協調的知識，相對於大布爾喬亞們收藏名畫和奢侈品，他們注定花很多時間和心血去收藏並分類那些廉價的小東西（集郵和微型工藝品）──那些相對於主流知識而言，通常已降級的微型文化（culture en petit）。

　　自學者尤其是缺乏文憑效應的受害者，他們不知道可以忽視知識證書所授與的權力，且不用置疑會枉然地踏破鐵鞋尋覓一種足以

---

[9]　39.5%出身上層階級的新興小布爾喬亞成員自稱認得12首訪問清單上的音樂作品，但卻只有25%的人可以指出12個以上同樣作品的作曲家。這種差距在出身大眾和中產階級的新興小布爾喬亞身上就看不到了：他們之中15%宣稱認得至少12首音樂作品，也同樣15%的人可以說出12個以上的作曲家。也是同樣的邏輯使得前者（85%）更經常於後者（58%）會宣稱他們對所有高品質的音樂感到興趣。

確認或洩露為何造成這種強迫性的折衷主義與美學家精選的兼容併蓄之間差異的方法。前者是透過偶然的遭遇與閱讀所獲得的文化；後者喜歡去尋找文類的混合和上下層級的顛覆，展現其全能的美學稟賦的機會。只要想到卡謬的《反叛者》（L'Homme révolté），這本令人大開眼界的哲學必讀書，除了滿足文科初學青少年自私心靈的高潮，以及不管如何讀它都可獲文藝青年（belle âme）的美譽外，這本書其實並沒有其他的好處。或像是馬樂侯（Malraux）的《沉默之聲》（Voix du silence），將形上學的陳腔濫調包裹在史賓格勒式東拼西湊的文化裡，它絲毫不難為情地將最矛盾的「直覺」關聯起來，草率地借用施洛瑟（Schlosser）或沃格林（Worrigner）在修辭上看似激昂卻很平庸，如咒語般異國名詞的贅言，人們可能認為這是一部非常出色的綜覽，因為甚至一點都不虛假[10]。事實上（但誰會說呢？知之者不言，因合其位；而利之所在者卻不知）小布爾喬亞文化很難擺脫另一個具體的形象，就是郵差沙瓦的夢想建築（Palais idéal du Facteur Cheval）[11]。它簡直就是出自《茅屋守夜》雜誌（Les Veillées des Chaumières）裡的連環插圖的仙境，其迷宮、地道、洞穴和瀑布，茵妮姿（Inize）和德魯依教的魏勒姐（Velléda la Druidesse）[12]、阿拉伯式的地下墓穴和中世紀的城堡、聖母瑪麗亞的石窟和印度教的神殿，瑞士山莊、白宮和阿爾及爾（Alger）的清真寺、馬樂侯廉價劣質的誇浮結合在同一個句子裡「大海無數的微笑」和帕德嫩神廟的騎士，魯本斯的《狂歡

---

[10] 應該不用多說，這兩個高知名度的例子更有理由的是要請大家自行推論。

[11] 位於法國南部的Hauterives區，郵差沙瓦的夢想建築是由一名郵差費迪南・沙瓦（Ferdinand Cheval），每天步行三十多公里去收集石頭，用了33年的時間，慢慢一點一滴建造出來的夢想之屋。這個建築，融合印度、長城、吳哥窟、埃及等不同風格的建築形式——**譯注**。

[12] 這兩個人名都是夢想建築上的人物像，後者為日耳曼文學中，前基督教時代的女先知——**譯注**。

節》（*La Kermesse*）和高棉的雕像，宋代繪畫和濕婆之舞，羅馬時代的三角楣（tympan）和「安提戈涅（Antigone）永垂青史的事跡」，所有這些都以宇宙交流之名呈現[13]。這些參考文獻除了〔表現〕高傲、自負、蠻橫無理之外都是堆砌。總之，一句話，自信，根植於永遠都擁有的自信，就如同一種遠古以來就擁有的「天賦」一樣。這種擁有的自信也精準地對於天真、無知、卑賤、認真，正是在此洩露他並不符合主流。「若有比我更不屈不撓的，就去做吧！」「一顆勇敢的心，沒有什麼不可能。」「在功夫上，我獨孤求敗。」這些對工作狂熱純愛的告白，當然不是針對馬樂侯的作品。

　　在此無疑的觸及一個介於所有上升階級（過去的布爾喬亞、今日的小布爾喬亞）和在位階級（昔日貴族和今日布爾喬亞）之間的對立關係。一方面這是蒐羅、積累、收藏，是一種占有的胃口，一種對財產的擁有焦慮感）密不可分，尤其是女人，這種占有者嫉妒暴政，其實只不過是沒有安全感的效應而已；另一方面，不只是炫耀、揮霍和慷慨，這些構成社會資本再生產的條件，同時也是一種保障，表現在貴族式的文雅和自由主義的優雅，並禁止將所愛之物據為己有的嫉妒之心[14]。彷彿所有特權都給了天生就擁有財產的人，他們可不在乎這種糾纏於蒐羅者沒有安全感的心態，不論如哈巴貢（Harpagon）或阿爾

---

[13]「魏朝和奈良的佛陀，高棉和爪哇的雕像，宋代的繪畫表現出與羅馬式的三角楣、濕婆之舞、帕德嫩神廟的騎士不同的宇宙交流，但是所有這些作品都表達出同一個宇宙交流，甚至魯本斯的《狂歡節》都是。只要看看不論哪一個希臘的傑作就可以知道，即使這些東方的神聖事物是如此耀武揚威，其勝利的基礎並非奠基於理性，而是立基於前仆後繼的無數微笑；古代已經遠去的雷擊隆隆聲不但掩蓋不了安提戈涅的不朽事跡，反而成為他的配樂。」（A. Malraux, *Les voix du silence,* Paris, NRF, 1952, p. 633）

[14] 參見 P. Bénichou，上引註，頁 177-178。

諾爾弗（Arnolphe）[15]，（他們）最清楚「財產就是偷竊」（之意），才能免於害怕別人偷竊其財產。

　　若說貪婪是所有偉大文化積累的動力原則，明顯地那些爵士樂或電影的愛好者則是一種反常，他們常將那些主流定義下具有文化素養沉思的東西推向到極端，甚至荒唐的地步。他們將附隨的知識擁有（如電影片頭的字幕、配樂的創作、錄音的日期等等）當作作品欣賞本身甚或取代之；或對於那些在社會上微不足道的主題，卻擁有無窮盡知識的收集者想盡辦法不屈不撓要獲得一切。在象徵性階級鬥爭中，「自命不凡」的挑戰者（prétendant 'prétentieux'）對抗具有文化資格文憑的持有者：護士對抗醫生、技師對抗（巴黎）綜合工學院的畢業生（polytechnicien）、從「窄門」進入的主管對抗出身「名門」的主管。前者全都有機會見到知識和技術貶值，正因為其獲得的方式，太過緊迫也太過熱情，使之過於狹隘而必須屈服於某個實用的目的，或者，因為利害關係重大而太唐突，不理解主流的偏好是更「基礎」也更為「不求利益」的知識。無所不在也沒完沒了的市場研究調查，從全國性高考到雜誌的編輯，從徵才的面試到上流社會的聚會，都可以見到小布爾喬亞慣習的文化生產無處不被巧妙地降格。尤其收藏比起其他領域更明顯——是要收藏卻不是要去搶購。由於太慎重其事了，甚至連贈與都是如此，他們的文化生產就太明顯地洩露出只有他們身上才見得到的倫理傾向，在與文化的合法關係上幾乎完全背道而馳。

　　小布爾喬亞不懂得將文化的賽局玩得像遊戲一樣：他們太嚴肅以至於無法忍受任何的吹牛或冒充，他們不懂只是單純地保持距離

---

[15] 這兩個人物都是莫里埃戲劇裡的人物，阿巴貢是吝嗇鬼、守財奴；阿爾諾爾弗則是妒忌，對女人沒有安全感的中產階級——**譯注**。

和從容瀟灑，因為這些才能見證真正的熟稔。太過嚴肅的態度使之無法擺脫因無知出錯的永恆焦慮，也無法逃避挑毛病的測試，或逃避不把他們放在眼裡的冷漠，這也使他們無法超然不受束縛地自認有權可承認甚至大聲反嗆本身的不足。他們將文化視為知識，認為有文化素養的人就是擁有無數知識寶藏的人。他們也無法置信當主教布道的時候，只是因為其中一個開玩笑，就可將禁止鄉村神父放肆的教義，收回成命當作不過最單純和最崇高的說說而已，他們必須把它當作與文化有某種關係（「文化就是當我們什麼都忘了時，那個還留下來的東西」）。因為總是將文化視為生死或真假的問題，他們無法想像在哲學、藝術或文學汲取靈感的論文的小小一頁文字，會蘊含多麼不負責任的保證、傲慢的從容瀟灑、甚至隱藏不正直行為。對不斷收購的人來說，他們無法與文化維持某種准許他們放肆和無禮的親密關係，這是與生俱來，天生與天性使然。

坡度〔集體軌跡〕與傾向〔個人軌跡〕

　　表現在與文化的關係的稟性如擔心是否跟得上潮流之類，決定了他們急迫地追求某種權威的行為模式，並在傾向上選擇穩當和認證過的產品（如經典和文學獎）。在語言的關係裡，有一種伴隨著矯枉過正傾向的嚴苛，他們總是過度擔心做得不夠，並在自身或他人身上挑出不正確的說話方式——此外也挑出道德的不正確與瑕疵。這些與文化關係的稟性只不過是表現在與道德關係而已。他們也對技術和行為規範有幾乎無法滿足的飢渴，使其一切的存在都屈從於某一嚴格的紀律，也使其在任何方面都以原則和箴言來管理自己。與政治的關係也是畢恭畢敬地遵從主流價值或是小心謹慎的改革主義者，而這常常令美學革命家大失所望。往上爬的小布爾喬亞之文化積累或學校教育的

真正策略，若將它與其〔上升的〕總體策略放在一起討論就再清楚不過了。這種總體策略非常清晰地表達了專屬於小布爾喬亞之慣習需要而發展出來的典型特徵原則：制欲主義、嚴守戒律、墨守成規，以任何方式累積的癖好。因此，其繁衍後代的策略就跟那些若不節制消費就無法成就其經濟與文化資本的原始積累人的策略是一樣的，他們會將全部的資源集中在少數幾個後代身上，由他們擔負起延續整個團體的上升的軌跡。

　　眾所皆知，大致上來說，生育率在低收入者都較高，到了中等收入者降到最低，然後在收入高者又重新升高。若真是如此，那是因為養一個孩子的相對花費，對收入最低來說相對少，因為他們無法想像自己的孩子除了目前現狀外還有什麼其他的未來，因之投注於教育的投資也就極度縮減；對高收入的家庭而言，也〔相對〕不高，因為他們（的）收入也平行地隨著投資而增加；只有中等收入者，養育一個孩子花費相對最高的，對中產階級而言，社會晉升的企圖心迫使他們付出相對於其資源不成比例的教育投資。這種相對花費是由家族所能支配的資源和它必須給予的金錢或非金錢的投資來定義的，換句話說，讓其後代成就應許的未來，達到社會結構的某些位置來界定（這同時又是非常動態地來界定）。為此，他們必須給予這些孩子能夠實現他們精心培養出來的野心抱負的有效方法。這也因此解釋吾人所見我的觀察，介於不同社會階級或不同階級派系之間，不同繁殖策略與提供給其成員客觀地社會晉升的機會之關係形式（表24）。大眾階級傾兩代之力進入支配階級的機會幾乎是零，其出生率非常高，也慢慢地隨著代間晉升的機會增加出生率也減低。一旦有機會進入支配階級（或同樣獲得能力保證的工具，如進入高等教育之機會）到達某種門檻後，像是工頭和辦公室雇員，其出生率就會明顯降低（如公共部門

表24　不同階級和階級派系的出生率與進入支配階級的機會

	進入支配階級的機會*	出生率*
農場工人	1.8	3.00
非技術工人	2.3	2.77
農民	2.9	2.83
半技術工人	3.7	2.42
技術工人	4.3	2.10
工頭／領班	9.6	1.94
工匠	10.6	***
辦公室雇員	10.9	1.97
商店雇員	12.0	1.68
小商人	15.6	***
中級主管	19.2	1.71
技師	20.4	1.67
小學教師	32.5	1.68
工業主	35.0	2.09
大商人	35.6	
工程師	38.7	
高級主管	42.0	2.00
教師	52.7	
自由業主	54.5	2.06

* 　資料來源：國家統計與經濟研究院（INSEE），《1970年職業類別與組合調查》。
　　對男性而言，進入支配階級的可能性是相對於其父親的職業。

** 　每一個完整家庭的平均孩子人數參見，G. Calot, J.C. Deville, Nuptialité et fécondité
　　selon le milieu socio-culturel, *Economie et statistique*, 27, octobre 1971, p.28.

*** G. Calot和J.C. Deville的研究顯示，工匠和商人出生率非常混淆（都是1.92）。
　　但其他的研究則發現工匠的出生率遠超過商人：事實上，（根據1968年的普查資
　　料）在每戶小於16歲的小孩人數之社會職業的類別分布，大致上呈現與上述出生
　　率分布同樣的結構：工匠比商人較接近工人。每戶小於16歲的小孩人數在工人是
　　1.35，工匠是1.01，雇員0.88，商人則是0.78。

的辦公室雇員的出生率，其中體力勞動者最高2.04，相對於私人企業的辦公室雇員的1.83，後者全都是非體力勞動的受薪者）。真正中產階級的晉升機會則不能相比地高出許多（也比收入更分散），其出生率則維持在最起碼的低（擺盪在1.67和1.71之間）；至於支配階級的出生率就高很多，這見證生物繁殖的功能並會與這些類別的繁殖策略具有相同的功能，後者主要在保持其〔社會〕地位。

　　小布爾喬亞有著很矛盾的特性，他們被其客觀機會所決定。因為他們不會有上述這些機會，若非其擁有的奢望，若非在其經濟與文化資本之上多加點「道德」資源。作為暴發戶，其過去已經擺脫了普羅階級，並自以為進入布爾喬亞，但其未來因從某處抽取不可或缺的資源到資本缺乏之處，都還必須努力完成此一晉升的必要積累。這種追加性的力道往往銘刻於其過去軌跡的坡度，此就是實現這種軌跡所需要的未來條件。此力道只能以負向的方式運行，像限制和緊縮的力量，以至於只能以「負向尺度」的形式來衡量其效應，康德會這麼說，這涉及「經濟」的問題，例如拒絕花費或限制出生，例如節制自然的繁殖。若是上升的小布爾喬亞，其所作所為就像永遠會有比現在擁有更好的機會（若不相信更好，至少好過他可能變成的）。若此機會真的增加了，乃因其稟性傾向於再生產，不只是再生產某一個時間點上能抓住的位置（這只是其產品而已），同時也傾向再生產個人與集體軌跡交會的坡度。小布爾喬亞的慣習就是將此個人或集體的社會軌跡之坡度（pente）變成傾向（penchant），藉此這種上升軌跡的傾向延續和成就其自身：誠如萊布尼茲所言，是一種「堅持不懈的努力」（nisus perseverandi）。藉由過去軌跡牽引朝向未來的趨力，使他得以生存下來，但卻也必須局限自己於「合理」的抱負，此一志向也

一個「試圖往上爬」的技師

傑克C是一家工程顧問公司事務所工作的製圖員；他曾在高中階段選擇技職專科，後來就中斷了，高二時取後得同等於工業訓練能力測驗的證書（這不是一個考試）後，17歲進入他父親（也是高級技師）任職的公司工作，成為初級製圖員（月薪450法郎）。當完兵後，並沒回去原職位，而是進入另一家公司，一直都做製圖員。

還要再念五年的國立工藝學院（CNAM）

他換了好幾家公司：「我會在同一家公司待兩年來學習，等全部都學完後就離開。就這樣慢慢地往上爬升。」三年前，他開始想要做木工。1966年開始在國立工藝學院上課（一間能給他「好點子」的學院）。因為他一直都很想要做室內設計（父親在他年輕時很反對），想要「嘗試去做建築」和開始學「可以應用於這個行業的技藝」：「就這樣我開始進入了營造業」（……）。他姊姊在一家建築學校當秘書，因此跟他講很多「建築事務所裡面的氣氛」。因此他就去上建築、建築史、營建方面的課程（「幸虧這些課，我才能進入一家工程顧問公司工作」），接著再念「五年的國立工藝學院」。

他太太（父親是警衛，母親是百貨公司的售貨員）26歲，在雷諾汽車總部做秘書已經五年。她已通過高中會考，技術與經濟專科，也有領導部門秘書高級技師證照，然後開始「秘書」的工作（「好像跟當初所期待的工作差很遠（……）老闆不太知道如何用我們秘書的文憑和能力（……）有法律方面的知識。我們不會到了21歲還在上高中而沒有基本知識，他卻只把人家當作書寫—打字員用」）。

「舒服，有一點柔軟，親密」

他們住在巴黎西邊郊區住宅區的一棟公寓，家裡沒有太多訪客來（「除了家人之外（……）我們沒有太多的朋友」）。我喜歡居家布置「舒適，這是最重要的」，「有一點柔軟」、「親密」（「我很喜

歡溫馨的親密感」）。我還很想要有「多一點點的空間」，但卻受財力限制。其家具「一張大躺椅（在Roche-Bobois打折的時候買的，我們付了7000法郎）；長餐具櫥是在一家裝潢店找到，有打折，3000法郎」，兩年分期貸款買回來。他喜歡「現代感的東西」，很想要「白色家具」，但是不喜歡英國風格的家具，但他太太很喜歡（她則想要「一張大的家具裡面裝滿收藏的盤子」）。

在繪畫方面，他「不見得喜歡經典的，必須真的讓我很喜歡」。他很喜歡「莫迪利亞尼（Modigliani），他的形式非常純」：「我沒有全看過他的畫，但是我看過的都非常喜歡（……），這些都是在報章雜誌上的複製品，可能我也在巴黎看過（……）我去了不少大皇宮的展覽；我記得有一個（……），是現代畫展，這我就不那麼喜歡了（……）。我非常喜歡的繪畫，也有梵谷的畫，這些畫都非常恐怖，讓我們感覺好像有東西在沸騰一樣。」（他太太也很喜歡印象畫派，曾去看過畢卡索的畫展和「她曾經很喜歡一開始，所有藍色時期的畫」。）

「試圖往上爬，有所成就」

去上課是為了「試圖往上爬，有所成就」，他安排了整天滿滿的行程，早上他八點就出發，一直到晚上七點才回家；每週兩或三個晚上和星期六早上，他都要上課（除了國立工藝學院的課外，還又在家教數學家教）。因此他「實在沒有太多的時間可以閱讀，不論是什麼，尤其是休閒的書」，只讀「技術、科學方面的書籍，所有這些都是為了學習」。我很喜歡「有很多動作的書」，他讀過「冒險小說」（《庫斯托》〔Cousteau〕，我不知道這算不算是科幻小說），「戰爭方面的書籍」（「二次大戰，空戰方面的書」）——他在「學校時喜歡歷史課」，但卻「不那麼喜歡歷史書籍」。「愛情小說，我真的一點也不喜歡，不知道該怎麼說。」自從上國立工藝學院的課以後，就「不再有閱讀的胃口」：「我們讀其他的東西，不能被分心去思考其他東西，也沒有時間。」（他太太很喜歡「有一點醫學知識的書」和「會問道德問題的書」），最近讀了維昂（Boris Vian）：她

覺得「《青春之沫》(*L'écume des jours*)很有趣」,但對於《揪心》(*L'arrache-coeur*);她則「一點也不喜歡」。

「因為上課和考試的關係」,他們「今年冬天幾乎沒有出門」,直到最近才有一點空閒。有時候會去看電影,因為「這是不用大腦的事,我們可以就這樣去電影院,然後也不太貴,10塊法郎(⋯⋯)。我們還是對好電影有興趣,一般來說,不會就這樣去看電影,會在去之前先做一點功課」。他「喜歡看西部片、冒險片和動作片」。但是「沒有特別偏好,只要有好影片的時候,只要片子拍得好,導演很好地引導他的電影,都會去看」。他看過一些「四不像的義大利電影,一位修女在屋頂上試圖飛行;一個工業家賣掉他所有財產;這也許是一種心理形象,但充其量只達到某種水準」。此外,也會和「經濟學和數學系學生或這類的人」去看那種「他看不懂的」電影(⋯⋯),「畢竟,我不知道有誰可以看懂這些電影」。他們看過《詐騙》(*L'arnaque*):「讓我們喜歡的,我想,特別是演員的演技、角色」,她太太說她也愛看《教父》(*Le parrain*),尤其是為了「馬龍·白蘭度(Marlon Brando)的演技」。

他很「保守」,喜歡「經典的東西」,「儘管」他「也是非常反成規的人」:「當我們還年輕的時候,才不管人們怎麼說,我們都是反成規的人(⋯⋯),我們一直都有一點,我不說是革命,但想要有一點小小改變的東西。」他會讀《鴨鳴報》(*Le Canard enchaîné*),因為他「非常喜歡看例如政府人物的批評和內幕消息等等,也喜歡看不論是政治和房地產或金融方面所有的交易」,會看《新觀察家》,「尤是是為了國際政治」,但是他沒有每天讀報的習慣。

「看得出來下過功夫」

直到今年,他們才開始預訂巴黎市立劇院(Théâtre de la Ville)的定期票:「並不貴,這很重要,如你所知,在歌劇院看表演是天價,而且連其他所有劇院都是如此,真是不可思議。」(「我原本要去看諾里耶夫(Noureev),但兩人超過90法郎,這讓我們非常遲疑,最後就沒去了」),他太太進一步解釋說她高中會考之前還會去國家人民劇院

看《哈姆雷特》、《夏洛特的瘋女》（*La folle de Chaillot*）、《電椅前公開賣唱》（*Chant public devant une chaise électrique*）：他們很欣賞芭蕾舞（尤其是「古典舞蹈」）：「莫依賽依芙（Moïsseive）的芭蕾，我們非常喜歡，看得出來下過功夫」；他們也在工藝博物館旁邊的音樂劇院（Théâtre de la musique）看過芭蕾舞：「雖然不是古典舞蹈，但非常好看」。「那齣是《火鳥》，他太太補充解釋說：「可以感覺得到曾下過功夫。」（她也喜歡「法國省城的民俗舞蹈（……）而且各個地方的民俗舞蹈都喜歡」）。在劇院，他希望戲劇就「好好演」。他想要去看魔法劇團（Magic Circus），因為他曾經在電視裡看過片段。

　　他們幾乎每年都去西班牙度假（「非常經濟實惠」，他父親，西班牙人，在西班牙海邊有一間公寓）。假期中，他「讀不少東西」，並且，他太太提醒他，「每天晚上都會出去夜店」。他曾試過滑水（他太太玩很多）：「但是玩不起來，也就是說他腿不夠有力，整年應該要有相當的運動訓練，但我們沒有，因此到了放假的時候就會精疲力竭（……）；若是我們工作時數少一點，我們就會有更多的休閒，尤其是我，我把休閒都拿去改善我的工作（……），真的要像我一樣瘋狂的人才會這樣做」。「這個時候，我想要一個百萬富翁的生活，我已經受夠了枯燥的日常生活，即使是那些我們所設計的假期。我想要成為百萬富翁，瞧，一大片土地、森林、游泳池、大別墅，然後所有運動，網球。」至於他太太則很想要坐遊艇出海：「釣魚、和朋友一起嬉戲，曬成古銅色，跳舞，讀讀書」。她很喜歡有一次參加地中海俱樂部去羅馬尼亞的假期；他們選擇了「汽車旅館模式」：「（具備）所有的舒適，但又融合在一起，很容易就交到朋友，不像在酒店，我們無法認識其他人（……），我們要什麼馬上就有」。旅行期間，他們參觀了一點羅馬尼亞，因為「若我們去到外國，就應該去當地參觀」：「每次我們旅行，都會去參觀古蹟，認識這個國家這是必須的」，他補充說。他倒是一點也不喜歡那些「團員的想法」。晚上，大部分時候都會有「由可愛的團員所辦的表演，他們一般都是去那邊度假的學生來充當。因此完完全全沒有準備，甚至也不是即興表演，完全在耍人嘛！」

局限了現實應該付出的代價。事實上，小布爾喬亞就像無限地重寫資本主義起源的歷史：為此，他只能像清教徒一樣依靠制欲主義。在社交方面，別人可提前支付真實的保障，像是金錢、文化或關係，他只能提供一種道德的保證；在經濟、文化和社會資本的（相對）貧乏〔的情況下〕，他也只能以付出犧牲、節儉、放棄、強烈的意志、承認，總之就是以其德行為代價，「合理化其抱負」，就像我們會這樣說，並據此給予自己實現這些抱負的機會。

經濟資本最充沛的派系，像是中小商人、工匠或地主，他們比較偏向儲蓄（至少到最近為止）；而若是文化資本最豐厚的派系（中級主管和雇員）則主要投資於學校教育，兩者（都一樣在其經濟與教育策略投入其制欲的稟性，成為銀行和學校最好的客戶：具有文化學習的強烈意志和節約的精神、在工作上認真努力不懈，這些機構提供小布爾喬亞諸多的保障，全心交付自己，任由他們擺布（相反於經濟與文化的真正持有者），因為僅有藉此才能從基本上是負向的資產中獲利。抱負（prétention）也可以寫成「向前趨力」（pré-tension）：向上的坡度轉換成偏好傾向，以永久延續他在過去所創造出來的晉升，並以節約的精神作為抵償，使得一切小裡小氣的行為都成為小布爾喬亞的德性。但如果向前張力限制了小布爾喬亞無法雄心大志的進入敵對競賽，使其永遠居於經濟拮据的情況之下，那麼持續趨力的代價，就可能會使他們爆發攻擊性。同一個趨力給他們抽取自己的必要能量，透過各種自我剝削，制欲主義、尤其是馬爾薩斯主義，這些〔社會〕晉升成為不可或缺的經濟和文化手段。

在社交場合和相關的滿足上，小布爾喬亞做了不是最大，就是最顯著的犧牲。因為他們是透過自身的努力，而非其位置才能獲得肯定，使他們相信只能靠自己，才能出人頭地。因此，自顧自己，自掃

門前雪。在集中精力和減低花費的考量下，他們切斷許多人際關係，甚至切斷防礙個人晉升的家庭關係。窮人的惡性循環以及團結的義務，使得悲慘成為那些（相對的）最赤貧到沒有錢的人永恆的回歸。「起飛」永遠預設著一種決裂，背棄過去不幸的同伴只不過是其中一個面向而已。變節要求的是顛倒價值觀和轉變所有的態度。因此，（除了一些負向原因，像是避孕技巧駕馭不足等，我們無法解釋）小家庭或獨子取代大家族，其實真正放棄的是大家族的社會關係和大家族單位功能的一般大眾認知的觀念。這不僅斷絕了大家族的美滿，同時也斷絕所有傳統社交的模式：互通有無、節慶、衝突，多子多孫來獲得保障。在一個總是恐懼家庭不穩定和社會經濟不安定的世界裡，大家族幾乎是唯一確定的保障，尤其是對母親而言，可以對抗年老的不確定性。家族或朋友的關係對小布爾喬亞而言，不再能夠作為對抗不幸和災難、孤獨和貧困的保障，也不再能夠成為需要幫忙的時候（借些錢或住一晚）可以支持和保護的網絡。此外，這些還不算是我們稱之為真正的「關係」，亦即一種可獲得更多經濟和文化資本回報時，不可或缺的社會資本。這只是牽絆而已，應該不惜任何代價地摧毀它，因為這些恩情、互助、團結和物質性與象徵性的滿足，不論就長期還是短期，都是應該禁止的奢侈。

　　若非僅有一子，他們也會將家庭限制在極少數的小孩，並把所有的希望和努力寄託在這小孩身上，小布爾喬亞只不過是遵守這種內含於他們雄心壯志裡的強制體系而已。因為無法增加收入，只好節制花費，也就是節制消費者的人數。可這樣做的同時，另外也要遵從主流繁殖的支配性形象，屈服於社會再生產的強制性：限制出生只是一種少數特權（*numerus clausus*）的形式（這無疑的最根本的形式）。小布爾喬亞〔事實上〕就是讓自己變小，來成為布爾喬亞的無產者。

　　小布爾喬亞就是小號的布爾喬亞，若在現實生活中，而不僅存於社會學家的腦袋裡，只為客觀性的客觀主義所定義，並拋棄「小布爾喬亞」這個概念的話，就可以發現我們將會失去的。在此一如其他地方，原生的概念往往以一種特別具有號召力的方式，集中了社會學最大的洞察力。儘管客觀化的還原非常劇烈，也完全不同於階級性輕蔑。那麼多關於小布爾喬亞的著作都爆裂成為碎片，成為美學化先知口中最經典的受氣包，政治詛咒最喜歡的箭靶。（令人想起馬克思提到普魯東：他將最常被階級歧視主義指認的慣習特徵，類似「自命不凡」或「心胸狹窄」之類帶入生產這些特徵的客觀條件裡。）至於那些可以表現出不那麼倔強的德行，以及可以呈現不那麼「無情無義」面孔的人，我們常常忘記的是這些被指責的特徵，其實是確保其個人晉升機制無可回避的抵償物，也就是說，循規蹈矩的個人之選擇性的預先扣除，然後將它變成小布爾喬亞的「惡行」和「德行」（難道還需要提醒嗎？這種定義還不是根據主流支配道德而來），往往被視為個案，應該歸咎於社會行動者個人本身而非結構，因為是結構讓他們有「選擇」的自由及選擇異化的自由。

　　棄絕了無產者大量生育的繁殖能力，小布爾喬亞「選擇」了精選和有限的生殖，並常只局限在一個產品，不論受胎或培育都根據進口階級的嚴選與期待。他們退縮到一個緊密相連的家庭裡，既窄隘又有點壓迫。這並非偶然狀態，用形容詞「小」及其相關的同義詞來描述他們，多多少少都帶點貶義，一切小布爾喬亞所說、所想、所做、所擁有的，或所以是的都連結在一起，甚至連道德亦是，儘管此乃其強處。由於諸多的形式主義和一絲不苟，使其變得嚴格又嚴謹，狹猛又局限，緊縮又敏感，小氣又刻板。細微的憂慮，小小的需求，小布爾喬亞其實就是一個拮据地生活的布爾喬亞。就連其肢體習慣也表現出

所有他與社會世界的客觀的關係，〔因為〕他必須讓自己變小才能通過進入布爾喬亞的窄門。於是在儀態和穿著方面，要嚴格又節制，謹慎又嚴厲。說話方式也是如此，矯枉過正的語言就是過度的警惕和審慎；其姿態和所有舉手投足上，永遠都缺乏一點氣度、寬闊、豁達和大度。

小布爾喬亞品味的變異

於是，若統計數據的聚類程度夠高的話，即可發現布爾喬亞氣質和小布爾喬亞氣質之間的對立關係：前者是自在，與世界和自我的關係確定，因此生於斯長於斯（vécu）即是不可或缺的（nécessitaire），換句話說，實然與應然像是巧合成真一般，構成並允許〔他們以〕任何最隱秘或最顯露的形式〔表露〕出其自信（certitudo sui）、瀟灑、優雅、靈巧、高貴。總之一句話，就是渾然天成。後者因其抱負野心而受限，嚴謹的意志主義者令人想起是尚未被挑選的上帝選民，將其抱負寄望於持續的祈禱，祈禱其應然（devoir）有一天可以變成被實現的應然（devoir-être）。然而，只要再精緻地分析，即可發現這種稟賦的系統披覆著諸多的模式和管道以進入這種社會結構的中間位置，並透過或保持可能是穩定、上升或下沉的位置本身。

我們將收集到有關中產階級的資料（n=583人）經過對應分析，並重複操作，獲得與支配階級一樣有效又典型的變數：第一因素具有相對於在支配階級的分析較為重要的權重（第二因素是7%相對3.4%，以及第三因素是3%）──無疑的，一旦進入資本的組成，亦即不只是資本的結構，同時也是資本量時，其中的效應並沒有因為定義階級界線的困難和相對任意（不論是在文化面向，其中文化中介者

非常接近中學老師有可能被排除；而在經濟面向上，以我們可以使用的資料元素來看，介於大、小商人和工匠之間的切割永遠不是件易事）而完全地被抵銷。（因為如此，圖表〔15和16〕所呈現出來的是一個社會空間的系統性變形，就像在上述的理論圖示裡所顯示的：資本量和資本結構相應於兩個不同的面向，然而這裡所呈現的卻是第一因素相應於第二個面向，但有一部分也同時相應於第一面向，第二因素則相應於第三個面向。）這個第一因素得以讓一種對立關係的結構浮現出來，它幾乎相等於在支配階級分析裡所呈現的第一因素。這些都是在主流文化方面的能力的指標，且尤其可能是文化的野心抱負對第一因素的構成做出最大的貢獻：一邊是至少能辨識12位作曲家的能力（2.0%），至少知道12部音樂作品（2.4%），經常參觀羅浮宮和現代藝術館（2.7%），古典音樂的選擇是典型「愛樂者」傾向像《四季》（2.4%）、《賦格藝術》（1.6%）、《平均律鍵盤曲》（1.6%）、「知識分子」的歌唱家，像是杜埃（Jacques Douai）（1.8%）和費雷（Léo Ferré），繪畫品味的空間則是相當於巴赫或韋瓦第的畫家，若是布呂赫爾（Bruegel）（1.8%）之類，對野心勃勃的繪畫評價則是「我對抽象畫沒有像古典畫派那麼有興趣」（2.4%）。最後，好與「藝術家」的朋友交遊（2.0%），喜歡混搭和充滿奇幻的居家布置。但另一邊認識為數不多（0到6個）作曲家（2.9%）和音樂作品（2.7%），並因為誤認的關係，可能會選擇被當作主流的作品，如《藍色多瑙河》（2.8%）或《阿萊城的姑娘》（1.5%），或與輕歌劇有關的歌手像蓋塔理（1.6%），且有最「共同」的偏好（像居家整齊和清潔，容易整理）。（除了這些〔數據〕相對的基值外，我們也發現用來描述居家的形容詞第一因素比起其他的因素更能解釋——尤其是協調、混搭和充滿奇幻，這些詞語比較連結到文化面向；整齊和清潔，容易整理則比較連結到經濟面向，以此類推畫家的偏好選擇會是像雷諾瓦和康

圖15和16　小布爾喬亞品味的變異對應分析

第1和第2慣性聚集軸線圖：屬性的空間（圖15）和個人派系的空間，並排除太過分散的辦公室雇員（圖16）。
標題符合最大的數值在第1因素時以黑體底線表示，在第2因素時以黑體表示。對應變項的分析第1與第3慣性聚集軸線的簡化圖

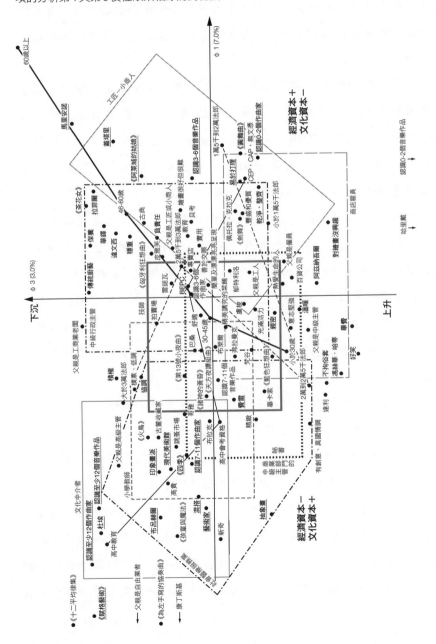

丁斯基。)

最典型變數的預測，一如支配階級，出現在文憑以線性方式分布
於第一座標（收入並非如此）。就個人方面，工匠和小商人在第一因
素上首先對反於擁有最多文化資本的新興小布爾喬亞的成員（文化中
介者，社會醫療服務業）。其次也對反於位置中介位置的小學老師、
技師或中級主管。

第二因素則非常有系統地呈現的最傳統或最保守者倫理或美學
稟賦的特徵，固著於古老又神聖的價值。在繪畫方面有：拉菲爾
（2.6%）、達文西（2.3%）或華鐸（1.6%）；在古典音樂方面是《茶
花女》（2.4%）；或在歌曲方面：馬里安諾（1.6%）；還有在生活
藝術方面：烹調偏好法式傳統口味（2.3%），精心照料（2.3%）和
協調的（1.6%）居家布置。這些都與那些不是拒斥就是忽視的既存
價值的稟性相反（喜歡哈里戴〔4.4%〕、阿茲那弗〔3.3%〕、畢費
〔2.3%〕、溫馨的室內設計〔1.6%〕、好笑的朋友〔2.9%〕）。（在許
多最能夠被第二因素解釋的指標之中，也可以發現同樣的對立關係，
一邊是選擇的有責任心和積極進取的朋友，另一邊是有意志堅決的朋
友，到大賣場去買家具，選擇〔歌手〕馮絲華‧哈蒂或認為「我對繪
畫沒有興趣」。）

一旦「客觀」的特徵投射成最典型變異時，一如支配品味的例
子，就會在第二因素上呈現出依據年齡的對立關係（最年長的出現
在第二軸線的頂端和經濟端，最年輕的則出現在此一軸線的底端和
文化端）；這又與其社會出身的對立關係密不可分：老闆（不論大或
小）、高級主管或自由業成員的孩子位於這條軸線的正值的一邊；但
是工人、〔辦公室〕雇員或中級主管的孩子卻站在負值的一邊。換句
話說，在每個派系內部，第二因素使得那些較為向下沉淪者和那些較
為向上晉升者之間相互對立，不同派系的總體分布大致符合這兩個範

疇在派系之中的各自比例，亦即往正值傾斜的文化中介者及中級行政主管，與往負值一邊傾斜的商店雇員和秘書之間對立起來。

最後，一如支配階級，最能充分體現布爾喬亞品味的是自由業，他們對反於代表支配文化空間極端的兩個派系，一邊是教授與知識分子，一邊則是大商人與工業主。〔在小布爾喬亞〕第三因素也將擁有整個階級最完整模態特徵的派系，即那些最能對抗其他階級的派系，也就是最典型中產階級的派系，對反於那些最沒有文化資本的派系（即工匠和小商人），也對反於那些具有文化資本最多者（即文化中

圖17　小布爾喬亞品味的變異

對應變項的分析
第1與第3慣性聚集軸線的簡化圖

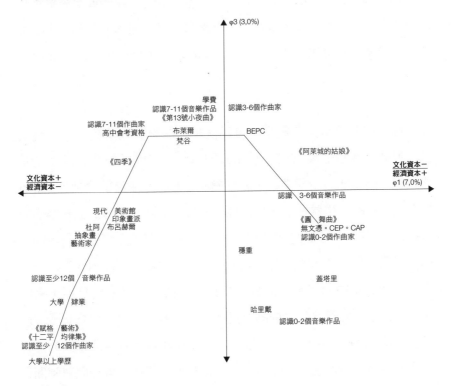

介者和小學老師）。中等文化的指標，像是平均知道（7到11）音樂作品（4.0%），平均知道（3到6）作曲家（2.9%），或最典型中等的文化商品，像是布雷爾（2.9%）、畢費（1.7%）、梵谷（1.9%）、達文西（2.2%）、《小夜曲》（1.9%）。這些指標一方面對反於知道很多（12個以上）音樂作品（2.2%）和很多作曲家（4.0%），還有偏好最主流品味的作品如《賦格藝術》的指標，另一方面也對反於知道最少（0到2）音樂作品（3.3%）和很少作家（1.8%），還有偏好最不主流的作品，像蓋塔里（2.4%）或哈里戴（1.9%）（這些能被此因素解釋的指標影響都非常大，也全數都已引述過）。

最典型變異的投射，就像吾人想像的，會出現在持有中等文憑者（BEPC或高中會考資格）與只有持有較低（CEP或CAP）或高等（大學肄業或大學畢業）文憑者之間的對立關係，前者出身於中產階級者又更加深與出身大眾階級或上層階級的對立關係。因此「中等文化」比較是小學老師、技師、醫療服務業成員和中級行政主管的現象。

雖然相關分析具有優點，可以使事物的整體在系統性中浮現出來，但此一考察並沒有辦法被充分的解釋，儘管看起來在現象上差異頗大（因為他們所穿戴的，就整體而言是較不主流的物件）。小布爾喬亞成員的選擇偏好幾乎是根據相似於支配階級成員的品味結構平行排列。根據完全類似於區分工商業老闆和教授以及藝術生產者的原則，那些以經濟資本的擁有為立足點而占據位置者，會因此對反於小學教師和文化中介者。吾人無法真正面對由第二因素所呈現出來問題，即美學與倫理稟賦之間的整體關聯，大致上像是「保守」或「創新」，還有社會出身和年齡，這些本身就牽涉到社會空間橫向的位置之間所產生的複雜關係。除非能夠有系統地質問在社會空間與時間上

所建立的每一個位置（或職位）及位居此一空間的行動者本身才能真正面對問題。

　　平常很難理解在這個社會空間的核心所發生的事，因為在最好的情況下，為了試圖去認識和測量（例如運用在定義上已經被定義的編碼），必須要停止行動者及其位置帶往同一方向或相反方向的運動。也只有這樣才能看出一個社會空間的中間地帶，介於社會階級場域裡的兩個端之間相對不確定和不明確的地方，一整個都是在移動的過渡性地帶，或以更好的說法，整個都在運動中的過渡。在此，被同一個方向或相反方向，上升或下沉的軌跡帶著走的行動者，會在或長或短的時間裡彼此遭遇。為了更貼近真實，我們可以將這種中間位置的特性描繪成移動[16]中的過渡地帶，在一個社會時間與空間相對而言沒有明確定義的區域，其實這不過是這些規律運動的秩序結構之部分失序而已，至少是人們在或長或短的時間裡彼此相遇的部分。中間的實踐與軌跡都部分地被附屬於這個場所的決定因素所限定了，被其運動所牽動了。更精確的說，是被其所在職位的真實和形象所造成的改變所牽動，並在某些情況下，被其運動牽著走。這可能發生正往上爬的行動者被其位置往「上帶」的情形，也可能發生下沉者因其位置在沉淪而往「下帶」的情形（因為潰散的效應）。在此順帶一提，我們不得不借用機械的隱喻來描述一個不太容易被命名的事實，但這種隱喻卻容易讓人忘卻另一個事實：不只是行動者在未來可能創造自己的職位，也依賴此位置對未來的客觀召喚，同時也因為其他的行動者可能這樣做，而有助於決定所重視的位置之客觀未來。事實上，充分地描述此一世界預設必須時時刻刻將任何有關稟賦、傾向、偏好都放在

---

[16] 顯而易見的是所有這裡所說的都是中等的位置，因為事實勝於雄辯，這句話比在社會時間與空間的任何一個位置都明顯。

實質的現實裡來質問，因為它是銘刻於日常生活的思考和日常生活的語言，也是一般對社會科學的期待，要求做嚴謹的分類，以至於將處在邊界的團體就其名稱（應該〔或可以〕叫小布爾喬亞的就應該叫小布爾喬亞），就其數量（人們都喜歡精確的數據，精確的數字看起來比較「科學」）好好證實，清楚定義[17]。這樣好像事先要求原諒任何可能再犯的錯誤，目前可能是不可避免的事，就現實主義的思考方式而言，這可能在後面的分析還會經常見到。

因此，社會場域的中間位置可能共時性地被定義成處在中介的地帶，以其（在社會空間垂直的第一向度）相對而言不明確性即其特徵，不論在哪一個次場域（水平的第二向度）：經濟場域或文化場域，還是在哪一個社會階級的場域的；也可能歷時地被定義成有其歷史（可能是同一職位相繼在位者的集體歷史）相對獨立於某一個時期，位居此一位置者之個人歷史，或你也可以說，是過去與未來的軌跡，一個過去與一個未來。這個未來，是對此在位者所承諾的集體未來，可能是相對而言預先決定的，多多少少對他們有利，相對明確地應許一個或多或少明示的上升、下沉或停滯，或是幾乎尚未決定的開放性。

在中間或中立位置上任何在位者的諸多共同特質之中，最具代表性的無疑的是取決於這種結構不確定性的特質：處在社會階級場域兩極的相等距離，即在一個中間點上（更好的說法是中立的地方）推與拉的力道都相互抵銷，小布爾喬亞不斷地必須面臨倫理、美學或政治的取捨問題，因此也不得不將生命中甚至最平常的每一個舉動都訴諸

---

[17] 今日我們可以宣稱在法國的小布爾喬亞「最多不過4,311,000人」。（C. Baudelot, R. Establet, J. Malemort, *La petite bourgeoisie en France*, Paris, Maspero, 1974, p. 153.）

良心，並仔細衡量其策略選擇。為了能夠在渴望的世界生存，他注定要生活在「經濟拮据」的情況下，於是必須不斷地注意和敏感，過度敏感於他所表現出來任何應對進退的細微徵兆。還要不斷地被要求遵守秩序，被拒斥或無禮的待遇，以便打壓其勃勃的野心，要他們「滾回去其位置」，因此他們會隨時都在警戒，也隨時會將順服轉化成攻擊。

　　在已明確界定的職位一邊，吾人可再區分沒落中的職位，像是因為經濟與社會的快速衰退在數量上大量消失的工匠或小商人的情況；以及穩定或上升的職位，例如辦公室的職員，中級行政主管或商店的雇員，他們不過是經歷一個平緩成長所伴隨而來一點改變，而嘗到有關的經濟與社會的好處。[18] 相對的，另一邊則是不確定區域中最大不確定的地方，主要是中產階級文化端的那一側[19]，他們位居仍然難以明確定義的職位，不只現在不確定，連未來也不確定，但同時其前途也非常開放的，非常冒險也非常分散（相反於有保障但封閉有非常明確界定的職位）。這些新的或重新編制的職位都是為了因應最近的經濟變化（特別是製造需求的象徵性工作，扮演越來越重要的角色，即使在商品的生產上也是如此：像是包裝、設計、推銷、公關、市場行銷、廣告等）。或某種程度是被創造或被這些職位的占有者強迫創造出來，以販售他們想要提供的象徵性服務。為此，他們必須利用象徵性行動（通常委婉的說法像是「社會工作」、「舉辦文化活動」等等）

---

[18] 在公務部門（像是中等行政主管）已經非常確定的職位特質中，以被看重的程度而言，最值得被注意的無疑是因為其法定被保障的職業生涯，可提供相對可預期的個人軌跡的保證。

[19] 這很容易理解，因為這些職位的出現——大部分是因為學校教育系統轉化而產生的效應。

在有潛力的消費者身上製造出需求，試圖強加各種規範與需求，尤其是在生活風格和文化或物質消費的領域。

　　彷彿共時和歷時的職位是由一個狹窄的統計關係緊緊地黏附在個人身上的共時與歷時的特質，也就是在某一時間點上支配職位的資本結構與資本量，以及在社會空間中定義過去與潛在軌跡的這兩個特質之時間演變，以便能夠以同樣的方式，就像到目前為止經常做的，以在位者的特質來描繪這些職位或相反。這也可能顯示出（經常都是如此），就共時的特性而言，由於資本結構和資本量是那麼明顯地與其職位相聯，以至於在某些情況下，反而忽略去詰問在位者和職位之間的關係及使其得以實現的機制；但是中產階級給予我們一個非常好的機會去了解歷時性特質的個案。於是，必須回到此一分析的起點，也就是廣泛觀察那些被歷時性特質所定義的職位類別，以及明顯地與時間有關的個人特質（像是年齡）之間所建立起的關係。後者表現出過去（就經濟端而言，經濟系統的過去；就文化端而言，教育系統的過去）和未來之間的關係，或者像社會出身，資產量與資產結構演變（不完美的）指標，還有與其他社會階級在過去與未來的所有關係，像是吾人所以來之處和所以去之處[20]。

---

[20] 這種介於未來與社會晉升或是過去與沒落之間的關聯，深深地烙印在此世界的支配者視野之中（這也就是為什麼會說一個人「有前途」或一個職位「有前途」，來說明他們大有社會晉升的機會，也就是變成布爾喬亞）。他在所有競爭的社會機制裡找到一個不斷強化的基礎（最明顯的例子就是流行），在此階級間差異轉變成往同一個目的競賽的暫時性差距。這一切都在政治或甚至科學的無意識下運作，透過所有演化論圖示的規範性使用，將人民與其過時的過去等同起來。或更巧妙地，運用革命論觀點，顛倒支配者的視野，引導人們將人民與未來等同起來，此為最道地的古樸作風（這種思考模式對建立在新舊對立關係的世界尤其有效，像知識場域）。

「只不過是平庸」的麵包店老闆娘

　　D太太，格勒諾勃（Grenoble）一家麵包店老闆娘，12歲就變成孤女，被託付給社會福利單位；她直到14歲才入學，但是小學沒畢業。她丈夫原先在牛奶工廠做夜班，做了八年的麵包工人後；12年前開始有自己的店。他們的女兒22歲，已婚，現在是藥劑師助理。他們是一家小麵包店的老闆（雇用一個工人），不久就要轉手，想要去做其他的小生意，是屬於沒那麼強制性，「較不辛苦」的。他們剛在格勒諾勃郊區買了一棟房子，包括客廳、餐廳、幾個房間、廚房和衛浴，還有環繞著的大院子，他們花很多時間來整理。

「我喜歡乾淨」

　　在家裡，什麼東西都擦很亮：「不是要自我誇讚，只是我喜歡乾淨，所以我喜歡把家裡打掃得乾乾淨淨，擦我的灰塵，也許有點過火了，但畢竟當我們待久了，就只會做這個。」保持對她來說中庸的顧慮，成為「只不過是平庸」，不要太引人注目，一直主導著她的談話。因此，她們家，她說有點是「工作的成果」，「一種補償」，「這個房子很好，但還有很多更好的；但當然已經不錯了（……）一間非常中等的小東西，並不是我要感到自豪；若它小一點，我還是會買。應該說：這不過是平庸而已，不是什麼豪華，奢侈，但也不是全然是一般」。「我們靠節省撫養孩子長大的」；「一直以我工作的方式工作，沒有時間去消費（……），沒有時間出遊，因此就被迫儲蓄。我經常說，有人有錢，有人有閒，我有錢，但沒有閒，說起來很不幸，但這是事實。」

「某種介於現代和古老之間的東西」

　　對家具的選擇，列維坦（Lévitan）家具風格，曾經讓她「傷透腦筋」。「我跑了不少的商店（……）才不會搞錯（……）；我想要某種可以配得上我年紀的東西，因為我不認為一個50歲的人配上超級

現代的家具（……）；我想要某種介於現代和古老之間的東西」。她
寧可「等待應該等待的時間」，買一間房子，不是「蒙著眼睛買」；
「有人馬上就買了房子，但是我們，沒有這麼幸運，這對我們沒有什
麼幫助；我們等待了好多年，才讓我們可以有比較舒服的東西」。

「不是最普遍的，也不是最漂亮的」

　　客廳的家具，「不是最普遍的，也不是最漂亮的，我選擇比較
傳統的」：一張灰色大軟墊長椅，「以此調性，我們可以坐下來」，
「我們又不是奴隸」（又不怕弄髒）「而且又很好看」。她應該是自己
一個選擇，她丈夫既沒有時間，也沒意願陪她去買：「他完全不在
乎，對我說：你就買你想要的」。她想找「可以跟這個房間風格配合
的東西，但是我不認為自己在這方面很行，但是總應該尊重這些房
間的某種風格吧」。

「這些東西現在有價值，因為很乾淨」

　　在牆上，有一幅姊夫給的畫，以及一幅她向「街頭畫家」買的
畫。「我會很喜歡繪畫，但是我沒有財力。」她想她可能也會喜歡聽
唱片，但沒有買過，也不認為自己會去買。什麼都不丟的擔心，節
省的念頭使她的家「回收」一些小擺設。「我有一大堆的小髒東西，
我撿回來的，我在姑姑家、叔叔家的閣樓裡找到的東西，我擦得亮
晶晶的機器。所有這些東西現在有其價值，因為很乾淨（……）；當
我撿回來的時候，沒有人會彎下腰來撿它，因為實在太髒了。」

「我不喜歡穿戴得琳琅滿目」

　　她喜歡她的居家布置；如果有錢的話，她想要「放一個家具或
一些東西在家裡」，買窗簾或地毯，一些她可以「保留很久」的東
西，而不是一條裙子一年之後就「過時的」東西或是她不會穿戴的
珠寶。「有些人喜歡漂亮，買很多東西。我覺得有這需要，因為終
究，即使幾次，我們買了些我從來不會用的東西。買的時候很喜
歡，不知道為什麼，但幾天之後，就不再喜歡了。鞋子，只要穿起

來不痛腳就好了，你穿著半天或一小時，然後說『讓我的腳太痛了，我不再穿了』，然後就放在盒子裡。我確定不是只有我這個樣子。」她「喜歡真正的寶珠」，「金質的珠寶」，但不會穿戴她擁有的。「我不喜歡穿戴得琳琅滿目，戴著所有珠寶出門，人們會說『瞧！她現出所有珠寶』；我不喜歡展示我所有的財富，如果可以這麼說的話。」

「整理一下而已，不過如此」

她「從來不會穿什麼貴重的」衣服：「我不是那種會花很多錢在化妝上的女人」。不管如何，「流行一直在變，在變；（⋯⋯）都是白費功夫，我們永遠不會在流行之中，如果要從那邊鑽的話」。她比較找「平常」的衣服穿。受婚禮的邀請她會很遲疑的：「實在沒有什麼意願去，因為要買太多很貴的東西，最後幾乎都只用這麼一次」。她有時候會去美容院，對她來說是「苦差事」：必須「整理一下而已，不過如此」。在她從小長大的鄉下，「沒有人會站在鏡子前打扮自己的」。在日常生活中，D太太也不常做飯，因為他們只有兩個人；但是，如果有人的話，她「很喜歡煮一些經典的東西」，洛林派、奶香焗烤馬鈴薯、各式各樣的烤肉、鑲肉烤蕃茄。

「那些把所有東西都往窗外丟的人」

她和那些跟她有「同樣品味」的人相處得很好，喜歡「跟實在的人交往」。「有夠節省，但又不小氣」（「畢竟我們不喜歡浪費」），相反的，她認為無法和「那些把所有東西都往窗外丟的人」相處。她搞不懂，說得難聽一點，那些「窮得只剩一條褲子」的人，還賺多少就花多少（⋯⋯）不是那些最有錢的人貪得無厭，往往是那些中產階級的人什麼都要；當他們想要的時候，就去吃好吃的蛋糕，喝好喝的酒，然後沒錢的時候，就在發牢騷」。她也很嚴屬地指責那些不知「管理預算」的人，那些在月底的時候，要求將其花費算在他的帳上，日後再付款，也就是說，她描述的無疑是那些工人，雖然她沒有明白講。

「快樂的節目，不需要太多的思考」

　　她已經「至少十年」沒有去看電影了，也沒讀什麼報，週刊則閱讀像《鏡報》（*Match*）或是《法蘭西風雲雜誌》（*Jours de France*），那些客人有時候遺忘在麵包店，「很多的頁數，但內容很少，很多廣告」。她會看一點電視，但不會「太多」，尤其是星期日，但不會晚上十點以後；她不是一個「電視的狂熱分子」，「喜歡快樂的節目」，「不需要太多的思考」，尤其是綜藝節目，條件是導演不會「太刻意求完美」：「現在我發現就連綜藝節目，他們也要刻意做得很好，傳統就很好了。」她拒絕一切形式上的講究，不喜歡 Averty 的節目。「我不喜歡看什麼東西都會切割的，只看到頭，只看到鼻子，只看到一條腿。我覺得這很愚蠢，當然，我是個老古板（⋯⋯）。我們看到一個歌手很高，三公尺高，有兩公尺長的手臂，你覺得好玩？我不喜歡，這很愚蠢，我不覺得把東西變形有什麼好玩的。」相反的，她喜歡看「傳統」的歌星，也就是說「一個唱歌的歌星，正常的唱歌，身高正常，不會變形的歌星」。

「我先生不喜歡住旅館」

　　他們每年都會開露營車出去度假15天或3週；曾去過兩三次蔚藍海岸，最後一次是去格勒諾勃地區的湖邊。在還沒擁有露營車之前，我們不放假，因為她先生「不喜歡住旅館，一點也不喜歡，也不去餐廳」。度假時，她先生玩很多滾球、玩牌，「交很多朋友」。至於她則不喜歡整天什麼事也不做，休息的時候也會做編織或絨繡之類的事，「這是很好殺時間的方式，時間很快就過去了」。他們也會去一下海灘，和朋友一起喝喝茴香酒。由於工作的關係，除了放假外他都無法外出。她先生每星期天從21點開始工作，所以他必須星期天下午就睡覺。最多就是每年外出「一次，復活節星期一或聖靈降臨節星期一。因為是節日的關係，我們休兩天，星期天和星期一」。

沒落的小布爾喬亞

　　下降的數據表示了經濟衰退的職位，不論就客觀的特質或其所做所為而言，據有其位者似乎都是有過一段不堪回首過往。位居於第一軸線的極端的是工匠和小商人，他們就整體而言較年長，也較缺乏教育資本（最多就只有CEP或CAP的程度），在其所有偏好上都表現出退化的稟性，他們毫無疑問地被壓抑的傾向，他們顯而易見地對任何企圖與過去斷絕的相關符號都非常反彈，甚而是從對待年輕人的行為開始。因此，對現代主義所有傾向的反彈，或對放縱自我的舒適特別反感，使得他們對任何與日常生活藝術有關的事物，都做出我們稱之為退化的選擇。因為他們離工人不遠，雖然受限的基本需求並不相同（例如他們會說他們偏好整齊清潔，易於整理或實際的居家布置）。同樣的，就音樂和歌曲方面，他們很有系統地讓自己的偏好朝向布爾喬亞文化中已經被降級的作品（《阿萊城的姑娘》或《藍色多瑙河》），尤其是那些同時最不流行又是最傳統的歌手（像是蓋塔里和馬里安諾）。

　　根據一種也適用於其他職位的運作邏輯，也就是最能將年齡與軌跡這種歷時性特質適應職位的歷時性特質的次範疇裡，精確地把握集體的歷史感，也最願意將它表達成客觀的事實和預示未來。因此（位居第二軸線上方的）小工匠和小商人就整體而言大部分都出身於小工匠和小商人本身，由於缺乏轉換時所需要的經濟資本，特別缺乏文化資本，使其注定不惜任何代價也要經營瀕臨倒閉的小公司（賣食物的小生意或傳統的小工藝），〔這些工藝或公司〕也注定要隨著他們而消失（其年紀通常也較大）。於是他們會有系統地檢取對其他派系來說落伍的，遺留下來的偏好作為其選擇，這些派系有一大部分是現代工匠（水電工匠、機械工匠等等）。他們尤其是居住在巴黎地區的

人，也都在年輕的時候獲得BEPC文憑或甚至高中會考資格，並在倫理和美學的選擇，無疑的也在政治選擇上，非常接近技術人員[21]。因為相信職位能夠不被時間的凌遲所脅迫，全靠他「單純」、「認真」和「踏實」的生活，沒落的小布爾喬亞在各個方面都表現出偏好最嚴肅清苦及最傳統的品味（然而，他們偏好整潔和古典的居家布置、有責任心和沉著穩重的朋友、傳統法式菜、最經典的繪畫：拉斐爾、達文西、華鐸，以及就像我們看到的，以前最神聖的歌手：皮雅芙、馬里安諾和蓋塔里）。他們的反感常常反應在對新道德的怨恨，例如引人側目的浮誇，金錢使用的自我放縱（求助於信用借貸），教育的放任主義或性方面的放縱。這些反感並非沒有意義的，因為這些都是構成工人最渴望的生活風格，最具代表性的元素（像是錦衣玉食的特性）。另外他們也有系統地排斥所有被新興行業成員認可的德性（藝術家的、好玩的、血統純正的、精緻的）以及這些人樂於炫耀的「現代」品味（他們從來不會提到畢卡索，眾所皆知他是小布爾喬亞最怨恨的藝術家，也是最喜歡攻擊的對象之一，就連年輕人新興生活風格的代表榜樣像哈蒂絲和哈里戴也都好不到哪裡去）。在「負責任」的氣質方面，所有關於工作、秩序、嚴謹和細心的價值都獲得他們認可。可是「講究」的美學不能與「樸實」的品味混為一談，前者經常是那些擔心沒有人看到他們晉級的工人或小布爾喬亞成員身上可以見到（然而，就從另一個完全不一樣的方向來看，透過低調的奢華來肯定自己的古老布爾喬亞，也拒斥那些小布爾喬亞和新興的大布爾喬亞

---

[21] 工匠的例子是一個很好的機會提醒我們應避免將現實上的一個空間（有時還真的是一個場域）當作一個點來處理，進行一個不可避免減化的操作。因為必須置身其中才能試圖整體地掌握所在社會空間的尺度本身所強加的東西（以及因此避免幾乎不可避免的東西而注定要犯的錯誤，因為自主化本身的關係，那些針對某一個「行業」而寫的專著）。

「自命不凡」或「粗俗」的厚顏無恥）；他們尤其反感於新興的小布爾喬亞「無拘束」的品味，也反感於前衛商店賣的那種惹人注目的花俏小玩意以及「不男不女」的髮型。

執行幹部的小布爾喬亞

由於位於資本結構的中間位置，執行幹部的布爾喬亞成員，就像我們曾在一開始提到的，呈現出小布爾喬亞最淋漓盡致的特徵。這些特徵使他們成為最有成就的小布爾喬亞，他們對自學的崇拜和對所有需要花時間和需要文化學習意志之活動都特別喜愛，並成為其品味（像是集郵）[22]。

不論他們以何種方式與鄰近派系區隔，也不論其成員如何分布，因同屬中介群體，故所呈現的同樣也是唯一件事：就歷時性特徵的關係而言，從最年長的（尤其是他們之間那些出身於布爾喬亞或小布爾喬亞，在其倫理和美學的選擇上都非常接近沒落的小布爾喬亞階級中最退化的派系者）到最年輕的（尤其擁有較高文憑學歷，屬於上升的新興小布爾喬亞的成員）。構成此一派系的基本特徵彷彿就好像會有系統地依據年齡和社會出身而變化，從上升的年輕族群中最樂觀的進步派，到最年長悲觀和退化的保守派。

由於這個區塊能提供未來最穩定工作的行業，故他們之中最年輕的（像是中級主管和辦公室的職員），尤其又以那些出身自大眾階級以

---

[22] 19.5%的中級主管（行政幹部、技師、小學老師）和20.3%的辦公室職員都有在圖書館辦借書證（相對於3.7%商店的雇員和2.2%的小老闆）；18.5%中級主管和12.9%的辦公室職員有收集郵票（相對於3.7%的商店雇員和2.8%的小老闆）；14.2%中級主管和10.3%辦公室職員有註冊函授課程或有註冊上課（相對於0%的商店雇員和2%的小老闆）。

及僅持有中等學歷文憑者（BEPC或高中會考資格），經常會以最完美形式的制欲稟賦而彼此聚集在一起，也會因為對那些透過文化積累而延續其晉升野心的相關文化敬而仰之後彼此群聚，因為此種晉升可透過少量文化資本的原始積累達成。由於預期透過教育的努力學習可逐漸獲得進步，也相信教育對智識的啟發，他們自然而然地會支持並秉持著進步的世界觀和溫和的改革主義，根據其學習給予每個人應有的成就。他們不僅受惠於教育才能擁有其所有，也因此期待未來給他們的憧憬，所以在與上級主管的關係經常將自己放在執行決策的關係之中，扮演他們須遵從指令的起草者，他們須實現計畫的及他們須使用手冊的作者。於是他們傾向將工作的等級關係等同於才能的差異，或更簡單地，等同於文憑的高低。相反的情形也經常出現，那些想要出頭天的人可能會在執行職務必須的技術時踢到鐵板（像不懂代數），會因為其學習障礙而阻絕其未來發展。因此，可理解他們為了與沒落的小布爾喬亞區隔，想辦法擺脫某些與大眾階級相關的氣質，像偏好不拘小客套的吃飯，講究美食，享受生活及好笑的朋友。上述特質本身很明顯地就暗示出缺乏制欲價值的印記。有制欲價值印記者像選擇負責任或受過高等教育的朋友或偏好穿著樸素和端正的衣服，更不用說所有文化學習意志的印記，強烈但又苦無良策。這往往使其獻身於所有要求精確、嚴謹、認真，總之需要堅強毅力和犧牲奉獻精神的工作和任務。由於他們光有強烈的文化學習意志而較少文化資本，其「偏好」[23]會明顯地向典型「中等」作品傾斜，像是《劍舞》或郁特利洛，

---

[23] 其實就主流文化而言，若非具備某種程度的文化能力（相當於高中畢業以後的文憑）其實說不上什麼的「偏好」。諸多跡象顯示在此程度以下的受訪者，往往將偏好的問題當作是知識的問題，會說喜歡他們認識的繪畫。而且認識作曲家數量多於或等於自認為知道音樂作品的數量之受訪者的比例會隨著教育程度的升高而增加，但最有文化素養的受訪者則往往會拒絕認可某些他們認得作品的價值。

在大賣場買家具，喜歡整齊乾淨，容易整理的居家布置，選擇阿茲那弗、佩托拉・克拉克或哈里戴，以及對攝影和電影非常有興趣[24]。

　　這種純粹但空洞的文化學習意志，實乃晉升的強制使然，也表現在道德方面：對反於沒落派系因社會退化而心生怨恨壓抑的嚴格作風。此恨無以名狀，除非指向那些前途無量的人才能讓這些只能回味過去的人獲得滿足，像是年紀輕輕就當上首席主管的人。上升派系制欲的嚴格作風經常是與在政治上謹慎的進步觀有關，因為都是因為別人強加也強加自己及其家人的紀律的關係，只為能夠達成社會晉升。事實證明，比起其他社會階級，上升的中小布爾喬亞平常會表現得更嚴格（尤其在有關孩子的教育、工作、外出、閱讀和性方面）。但是他們會對主流道德有彈性（此乃支配階級中最重視道德的派系〔那些以「原則行事」者〕所固著），因為當碰到所在乎的問題〔或行為〕時，像是墮胎或未成年人避孕，可能為了社會晉升而改變態度。就此一邏輯可理解：上升的小布爾喬亞隨著年紀增長，會從樂觀的制欲主義傾向變成壓抑的悲觀主義者，且原本合理化其努力和犧牲的未來也會隨之幻滅。

　　在歷次的訪問問題中，我們發現中級主管和職員這範疇裡年齡差距比起同一階級其他派系，更能提供那些具有壓抑稟性者自我表達的機會（例如這個派系的大部分成員，隨著年齡增長從35歲以下到35

---

[24] 辦公室雇員中，尤其是最年輕的，很高的比例看過〔訪問〕清單中的電影（平均3.5部電影相對於技術工人和工頭看過2.4部，工匠和小商人看過2.3部），他們對演員的興趣比導演的興趣高（平均能夠列舉2.8個演員卻只知道1個導演，而且經常會提到的導演他們不見得看過）。因此，若是他們比其他的範疇的人更經常看過維斯康堤的《洛可兄弟》，毫無疑問的是為了安妮・吉拉爾多（Annie Girardot）和為了亞蘭・德倫（Alain Delon）而來。

到50歲，最後到50歲以上，都認為教師不夠嚴格的人會從36.2%下降到29.0%和26.4%。同理，相同的年齡分布的同一批受訪者認為教師從事太多政治的人，也從44.6%增加到47.6%和60.4%（參見IFOP, Attitude à l'égard des enseignants, mars 1970, analyse secondaire）。

　　上升的小布爾喬亞最經常一輩子都只能等待他無法享受的未來，不然就只能透過代理的方式，透過其子嗣，在其身上「寄予厚望」。將過去軌跡的想像投射於子女身上，所謂「為子女規劃未來夢想」，往往絕望地自我投射，消磨其餘生。因為他注定要為好幾代子孫的未來犧牲奉獻，迫使他每次都要延遲享受已到手的財產，直到超過生命的界線。他是延遲享樂也延遲現在的人，總是說以後再好好享受，「等有時間了再說」、「等付完貸款再說」、「等念完書再說」、「等孩子長大再說」或「等到退休再說」。換句話說，往往最後一切都太遲了，因為先向生命借了債，已經沒有時間還了。就像人們常說的「放棄理想抱負」或更好的是「別再死咬不放」，因為無法彌補已消逝的現在。尤其在最後當犧牲與〔獲得的〕滿足之間形成不成比例時（例如與子女斷絕關係時）就會溯及既往地去清算過去付出的意義，因為此意義完全以向前看的張力來定義的。由於寄望於不計代價的奉獻而精打細算，寄望於自己的小氣吝嗇，但又充滿自私的慷慨或慷慨的自私，他們完全是為「另一個自我」（alter ego）而犧牲自己，才能期待自己往社會階層晉升，不然就是透過依其形象打造的替身，那個「一切為了他」也「一輩子都欠他」的兒子。〔幻滅時〕所剩下來的只有怨恨，總是縈繞不去，以潛藏的狀態，化為恐懼，害怕被他付出那麼多的世界給騙了。

　　在付出漫長又緩慢的代價之後，他們來到了競賽的終點，這是個決算的時候，這些年紀最大的中級主管和職員也因為受過更多教

育和帶來新觀念的世代到來，而格外倍感威脅。威脅其職業價值，甚至威脅其概念本身，其稟性不得不趨向保守，就如同對應分析中所顯示的小工匠和傳統商人，不論就其美學或倫理的面向或政治的面向都保守。若想要他們復仇，只要將他們放在有選舉的地方，或有道德訴求的地方，即可讓其需求變成德行，將其個人的道德升格為普世的道德，多麼完美地符合道德的共同想法。那是因為他們不只對其利益有道德正義，就像大家一樣，而且道德對他們還攸關利益：對他們來說，揭發這些特權階級，道德是唯一能夠讓他們有權染指任何特權的頭銜。怨恨往往引導他們選擇根本就是模稜兩可的政治立場：〔一方面〕不論對主觀或客觀的完美主義而言，口頭上忠誠於過去的信念而難掩對現況的失望，尤其當它不只充當表達道德上憤怒的管道時；〔另一方面〕有點令人落淚的人文無政府主義者，在某些長髮的老波西米亞身上還會甚於青少年，隨著年紀的增長更容易轉向有魅力的虛無主義，而自我封閉於不斷地反覆咀嚼那些醜聞和陰謀而鑽牛角尖。

　　因此在描述政治傾向演變的諸多形式之中，其中一種會讓中級主管和職員隨著年齡的增長，慢慢適應而接近小商人，尤其是沒落小工匠的立場，甚至這比同一階級較年輕的成員更接近。在此可見，相反於典型保守主義的傾向，介於生理老化（也暗示智慧與理性的增長）與趨近保守主義的演變之間會建立一種跨歷史性的關係，而稟性與政治立場的改變、與年齡之間的變化只不過是一種表面的關係；事實上要透過社會位置的改變才能成立。因後者需時間來完成，且有多少種社會老化（亦即社會軌跡）就有多少種政治意見的演變形式。保守派的意識形態認為通往保守主義的演變與老化之間關係是人類學的法則，因之在此關係中找到悲觀告誡之最佳藉口。看穿一切意識形態和革命的意識形態，對他來說全都是只表象而已：簡而言之，一方面，

既然小布爾喬亞和（唯一意識形態重視的人）布爾喬亞青少年社會老化的形式可能有無數種，它可能分布成兩個大的類別，這兩類大致上符合社會有成或失敗；另一方面儘管由不同管道而被兩種類別的軌跡引導成保守主義傾向（當然其模態非常不同），只要無視意識形態的變異和介於意識形態老化和社會老化間關係變異的社會原則，即可將社會學上可理解的統計轉化成自然法則。

　　從年齡和軌跡的觀點來看，恰好與前述的相反的是受過最好教育也最年輕世代的中級主管和技師[25]，特別是小學教師，他們最接近於新興的小布爾喬亞，尤其就其才能及對主流文化方面的偏好（同樣比例的人引述《賦格藝術》、《四季》、《小夜曲》、《十二平均律》，但更常提到《劍舞》、《匈牙利狂想曲》、《藍色狂想曲》，較少提到《小孩與魔法》）；然而有時候也會與新興小布爾喬亞保持一段距離，當他們受新世代的教育影響較小時，尤其表現在與日常生活藝術最直接有關的事物上：例如若被問及最理想的朋友，新興的小布爾喬亞會說有活力、精緻、有良好教養和藝術家，但是這些人生性傾向則偏好吃吃喝喝、負責任、好交遊的朋友。若他們提及與藝術家做朋友，只是因為毫無疑問地，藝術家的朋友是在構成布爾喬亞價值的諸多面向之中，它是制欲式的小布爾喬亞唯一可以接受的其中之一，因為這是他們認可的主流文化的價值[26]。

---

[25] 技師（他們就整體而言，位於最接近中心點的位置）偏好選擇的最明顯的特徵依舊停留在一個事實，就是他們所閱讀的科學和技術方面書籍明顯地多出很多，同時也從事較多的攝影和電影。

[26] 小學教師的職業某種程度上具有新興行業的特徵，這是學校招生與社會聘用還有教師行業訓練上曾經有過大轉變（其中最明顯的特徵就是女性化，無疑與社會出身的提升有關），使得經由不同社會軌跡的行動者，帶著原有的所有特性，來到同一位置共同生活（例如社會晉升的男人和因其出身或婚姻屬於上層階級的女人）。

「熱愛生命」的護士

　　依莉莎貝特F，25歲，通過哲學的高中會考資格後就讀護士學校。四年後，她現在巴黎國際學舍的醫院工作。父親公務員，母親是郵電信局（PTT）的職員。她獨自住在一間有玄關的套房，沒有家具，也沒有桌子、椅子，也沒有置物架。全都放在地上，床墊、唱片架、書本等。在牆上有一張達里奧·福（Dario FO）關於智利戰爭的海報，是在國際學舍一場有關智利詩歌的晚會上購買的、一張「很美」的葉慈戲劇的海報、一張電影《愛神之子》（*Aphrodite Child*）「很感人」的劇照、一張她小侄子的照片、一個「非常好用」的橘色水晶玻璃、一個紫紅色的大籃子放滿了貝殼、珍珠、琺瑯、穀粒做成的項鍊，其中部分是她自己做的。她沒有打算要買家具，「並不是我不喜歡，而是我沒有，我覺得這不是最重要的事，我承認不是很方便，尤其請人到家裡做客吃飯時，不過這不太重要」。她有一部二手的雪鐵龍金龜車是她乾媽以「友情價」賣給她的；她有一部電子樂器，是高三時用「週四在活動中心工作的錢」買的，不能放古典音樂，唱片也「非常、非常、非常破爛」。

「我喜歡創作東西」

　　她很在乎表達個性，有機會就自己「創作」東西：「我很喜歡畫畫（……）；在家裡，我們都畫畫、我妹妹畫畫、以前爸爸也畫畫，大家都畫畫（……）」。她尤其愛為喜歡的人畫單色素描，斷斷續續的方式，「我很喜歡五顏六色，但對我來說，在畫畫時這不重要」，重要的是「線條、然後（……），最後是表情，捉住一個的表情；快樂是在畫畫的時候，之後就已不重要了」。她曾學過做琺瑯陶，開始是看書學，後來她姑姑在15歲時送她一個燒窯，然後她在少年之家和她妹妹及朋友一起做。

「活在小小的世界裡的人」

平時不化妝，只上看不見的粉底，淡色半長的頭髮。她喜歡和「歡樂的朋友在一起，我很喜歡陽光健康的朋友，快樂生活的人」；「我喜歡滿意自己身體的人，因為我不見得總是如此。事實上我覺得人活著總是要有希望，不能自滿於現狀（……），我沒辦法接受有些人，好像空的一樣，因為他們很無趣，他們沒有品味偏好、沒有熱情，不過沒有熱情這個字可能有一點過分了，比較像是熱愛什麼；我覺得他們好像對什麼都沒感覺，活在小小的世界裡，沒有生命熱情，只不過是一個環境的囚犯而已，沒想要出門，也沒意識到要出門。我認識很多這種人，有些是我照顧的病人、有些一起工作的人，這些可能太過於依賴其物質生活的滿足了（……）。我不能說不喜歡他們，只是對他們沒興趣，因為他們很無趣。」

「用她的身體做些事」

她獻身於某種自然的崇拜，崇拜「任何在人身上或街上自然的東西」，很喜歡「巴黎的大自然、森林或花」。她曾在蒙特勒伊劇場（théâtre Montreuil）上過肢體表達的課，用她的身體做些事，做一些不見得是戲劇的動作，而較是肢體的表達，我很喜歡。度假時，她會避免露營，「現在已經太過組織，幾乎是旅館了」；她無法在海邊一星期「什麼都不做」：「去海邊曬太陽，需要時才游一下泳，兩天後我就開始無聊了。」她搭便車去希臘、義大利，去西班牙巴利亞利群島。「我很喜歡這種旅行的方式，可以做我平時整年都不會做的事，不一樣的生活風格；還有一點冒險的生活，非常引人入勝，因為可以認識不同的人，和他們溝通。」去年假期，她去魯埃爾蓋（Rouergue）的一家修道院餐廳實習，然後整年她都和一個考古隊參與Eure-et-Loir的考古挖掘；同時每兩個星期三又在高等實踐學院上課（星期三只有隔週有空），「學一點理論」（「認識一點歷史與考古的觀念還是很有趣」），「大家選一個主題，一起討論，然後一

起創作」。她也曾和Bois-Arcy那邊（在巴黎地區）的朋友一起搞戲劇，他們一起做了不少吟詩表演，特別是鮑希斯・維昂（Boris Vian）的吟詩表演，試著讓更多的人認識鮑希斯・維昂。他們也會自編戲劇：「大家選一個主題，一起討論，然後一起創作」；「但是那時候大家都太年輕，後來失敗就是這個原因，高中會考後，大家都離開了，各奔前途；然後就這樣不再重逢了」。有時候還會跟一位還在玩戲劇的朋友，彼此之間做些小東西」，「我從來沒想過要從事這一行，只不過是玩票而已」。

「我不會因為不貴而不去看戲」

她還是經常去看戲，一段時間，一段時間：她在國際學舍的劇院看了《阿里巴巴的洞穴》「一群歪搞的劇團演的，我覺得還不錯」。達里奧・福曾在傑米爾戲院（Gémier）表演，「備受爭議，是以說事的形式表演，非常有意思」。她會去看不會太貴的戲劇表演：「我不會因為不貴而不去看戲，而應該說，在國際學舍有很好的戲劇表演卻不貴（……），當然座位不會太舒適，但可以度過非常愉快的晚上時間，也不太貴：十塊法郎左右。之後，到我這裡或到另一個朋友家，（若想要的話）我們會討論看的戲。」她更年輕的時候也去過法蘭西劇院（Comédie française），後來就不去了：「雖然不至於不喜歡，但也不是我想看的那種戲劇，這還是非常傳統的戲目，畢竟我不熟悉。」至於林蔭大道戲劇，「那不是戲劇（……），戲劇是可以感動人心的，讓演戲的人和看戲的人都參與其中（……），林蔭大道戲劇無法帶給人什麼，我也不知道看戲的人會放鬆，因為畢竟他們只演其生命故事，他們只看到他們平常日子發生的事，不叫放鬆，戲劇是要人夢想，有創造力。」

「鮑希斯・維昂及不少關於他的好書」

她很喜歡古典音樂，特別是巴哈、貝多芬；「我聽很多勒克萊（Félix Leclerc）和費雷（Léo Ferré）的唱片」、布萊爾是她15歲時的

「最愛」，「這是多年來我一直喜歡的歌手」、巴桑：「我一點也不喜歡希拉（Sheila），這不是因音樂、只是商業、鴉片而已，是我討厭的那種東西」。儘管她不喜歡，「可能是教育的關係」，但她的家人也一點都不喜歡，但她認為「哈里戴還有點東西」，她只很「膚淺地」喜歡 Pink Floyd，有張他的唱片。

　　她有時間的時候會讀《世界報》，但很難找到時間，倒是固定會看《新觀察家》和《鴨鳴報》。她高中的時候讀比較多小說（最近讀一本韓素音〔Hans Suyin〕寫有關尼泊爾的書），所有 Françoise Sagan 的書，「鮑希斯・維昂及不少關於他的書」。她喜歡去「發現新作者」，「沉浸在一本書裡，然後說正在讀一本引人入勝的書」。她喜歡梵谷（在小皇宮看過他的畫展）、哥雅、畢費，「所有那種把人拉長的畫」，也喜歡印象畫派：「這是比一個具體物件更深層的視野（……），我們真的有看到一個看東西時的印象，然後複製出來的感覺」。最近她又去羅丹美術館，「非常神奇」，「我很喜歡他的作品，真是奇妙」。

新興的小布爾喬亞

　　年齡的差異明顯呈現在不同世代的教育方式的差異（越靠近文化端尤其越明顯）在此情況下表現得特別清楚。不同世代的差異也因此在教育體系的關係裡透過它來定義：中級主管或職員（大部分都出身於大眾或中產階級）之中最年輕的世代往往具有最高文憑。他們和新興行業成員（尤其非出身於布爾喬亞者特別明顯）有相同之處：即一種與文化及部分與社會世界的關係裡，被中斷軌跡找到基石，並透過努力以延長或重建此一軌跡。因此，誠如眾所見，新興行業往往是以下這些人的候選之地：所有沒有在學校體系獲得足夠文憑，以至於讓他無法成功地應其社會出身取得相應的職位；還有獲得文憑的人沒有

能像前人一樣獲得此一文憑所能和所應獲得的相應職位。

　　在此，所有位置的完整描述依舊受限於僅能（隱然規範性地）描述那些已具備占有此位置的條件或能夠在此位置上成功的人，即更精確來說，透過某種媒介去描述最能善用軌跡相關的稟賦來適應職位者，總之，即一切隱藏於吾人稱之為「志業」（vocation）者之中。由此可見，當下或潛在的不確定性，使得這些職位無法提供任何的保障，反之，也不要求任何保證，無任何進入門檻的要求。尤其是正規的文憑，它可提前享受未受認證的文化資本的最高獲利，但卻不保證有任何未來的保障（例如提供穩定工作的職業類型），也不會排拒任何人，包括最野心勃勃者。這些職位也都預先為沒落者最典型的稟性而調整：他們不是那些具有大量的文化資本但又無法完全轉換成教育資本者，就是那些往上爬但又因為缺乏社會資本、教育資本無法自局促的中等位置脫身的人。首先，因其職位不確定性所造成的結果，對風險的態勢或承受力在其他條件相同時，無疑的會隨著承繼的資本而有很大的變化。部分是因其稟性本身的效應，越有保障的越有安全感；部分也端視在此暫時獲利不多的職位上能提供的經濟手段，與擺脫基本需求的真實距離而定[27]。然而，內含於風險最大的職位風險，不論主觀的或客觀的，都會隨著其所承繼的資本增加而減少，獲利的機會也隨著任何形式的資本增加而增加。不只是讓他們等待有未來前途職位的經濟資本；或是透過創造新產品所必需的象徵性力量來打造前途的文化資本；甚或是最有可能的社會資本，在制度還未上軌道的部門裡，人事聘用往往是自行任命，社會資本可讓他獲得競選並升遷。此外，越是沒有風險且越能獲利的職位，至少就長遠來看，就定

---

[27] 此法則對藝術家的生涯選擇影響非常大，不利於他們去選擇風險不大的職業（或相反），而且在諸多藝術的生涯選項中，關鍵時候往往必須選擇風險最大的（種類、方式等）。

義而言必強制要求更多的資本。這對被降級而備受威脅但又不想失去其資格，而正尋找一個體面避難所的人來說，會形成另一種吸引力。無疑的，就短期而言，並在所謂「天職」具體的限定中是非常重要的。只要想想介於文化教育工作者（或策劃者）與小學教師之間的對立關係、介於記者（或電視演導）和中學教師之間的對立關係、介於民意（或市場）調查機構專員和銀行（或郵局）行員之間的對立關係，就可以清楚理解不同於地位等級秩序相對明確的穩定職位，他們不論現在還是未來，必定毫不含糊地強制要求一個明確界定的職業形象。但新興或更新的職位則允許也有利於那些善於使用象徵性重建的策略者，最典型的例子就是使用高貴的代名詞，以露骨的婉轉說法，像「個人助理」[28]取代「秘書」，或「心理治療護理員」取代「精神病護理員」。然而，此效應再也沒有比以下的情況更露骨，特別當行動者竭盡全力打造一個職位以適應其抱負，而不是調整其抱負野心來適應既存的職位時。原本是志工的服務，透過各種努力為自身的產品創造需求，來變成讓人接受的「公共服務」，例如多種「社工」專業，依照專業化的傳統程序（創造專業的訓練，頒發文憑，有其專業倫理和職業的意識形態等等）正式被認可後，即可或多或少的獲得國家資助。

　　新興小布爾喬亞最能自我實現的行業，像是主持介紹和業務代表等專業（商務代表、廣告代言、公關專員、流行服飾或裝潢布置的專員等等），還有在所有專門販售象徵性商品及服務的機構，不論是社會醫療服務的行業（婚姻諮詢、性學家、營養師、就學或就業顧問、

---

[28] 法文原文是"collaboratrice"（女性合作者）與英譯"personal assistant"出入很大，法文原文非常婉轉，甚至掩飾得面目全非，這裡選擇英譯較為清楚——**譯注**。

幼教人員等等）或是文化活動或生產行業（文化活動的策劃人和教育者、廣播電視的導演或主持人、雜誌的記者等）。這些職位在過去幾年大量增加，甚至連現存的專業像工藝師或護士也都如此。除了在傳統意義下的工藝師傅：壁毯師傅、打鐵匠、木器師傅、裝裱師傅、金銀匠、珠寶師傅、鍍金工匠、版畫雕刻師以外，近十五年左右還出現從工藝學校畢業，非常接近小工匠及其價值的珠寶製造商、印花布製造商、陶器製造商、針織服飾製造商，他們具備較高的知識教育水準，比較經常是出身巴黎地區和布爾喬亞，在生活風格上屬於文化中介者。同樣的還有在秘書和護士之中，有些出身大眾或中產階級，他們非常接近行政幹部，有些年紀較輕，往往都是巴黎人且出身布爾喬亞，會表現出所有新興行業的特徵。就一般而言，新興或更新行業的不確定性使得行動者不同軌跡的異質性在此突顯得非常清楚，我們大概都可能依據其社會出身及所有相關的稟性來區分成兩個集團，他們或多或少以公開的方式，在定義職位和能力，或保有此職位所必要的德性方面上彼此相互對峙。

這種出現在新興小布爾喬亞內部因為兩種〔社會〕出身不同而產生的對立，非常清楚地表達在其偏好與倫理的拒斥的關係上：不同於上述所見的沒落小布爾喬亞，他們會整體直接地拒斥與其對反的價值，即使連新興的小布爾喬亞尋求的德性（好笑、精緻、良好教養、充滿幻想）也是如此。但是社會醫療服務的成員則會做出矛盾的選擇，似乎（會）表達（出）介於起點的價值和終點的價值之間的衝突關係（根據社會出身有所不同）。有些人會拒斥大部分其他人擺在第一順位的優點（精緻、良好教養、好笑），但有些人則會拒斥最穩坐其位的小布爾喬亞所接受的優點（穩重，經典）。這種猶豫不決，甚

至不一致性，大概是因為每個新興行業的成員都想創造一個新的生活藝術，尤其在居家生活方面，藉以重新定義其社會座標。事實上，若他們採取虛張聲勢或美化說辭的策略，那麼其職位的不確定性也會要求在位者為其社會身分認同的猶豫不決付出代價。就像我們在此工業主之女身上可看的，35歲的她在巴黎開了一家賣設計、當代物件、禮物的「商店」，曾經在室內設計學校混過，沒有獲得任何文憑，從事藝術買賣有點就像藝術商：「當有人問我做什麼時，我都說『我是商人』，但我總有覺得有另一個人幫我回答，因為我並不認為自己是商人。但畢竟，最後，久而久之，我必須成為商人，我並不想這樣說（……）。我仍然覺得自己離擔心生計問題很遠，而且自認與公司

圖18　看過的電影
（以偏好遞減排列）*

社會醫療服務業	商業部門的中級主管及秘書	辦公室雇員	工匠及小商人
義大利式離婚	義大利式離婚	洛可兄弟	最長的一日
審判	最長的一日	義大利式離婚	亂世姐妹花
花落鶯啼春	花落鶯啼春	亂世姐妹花	義大利式離婚
宅男101次求婚	洛可兄弟	豪勇七蛟龍	花落鶯啼春
龍頭之死	宅男101次求婚	最長的一日	洛可兄弟
萬花嬉春	豪勇七蛟龍	慾海風流一美人	刀劍與天秤
洛可兄弟	審判	比亞里茨之旅	宅男101次求婚
泯滅天使	龍頭之死	審判	豪勇七蛟龍
最長的一日	亂世姐妹花	宅男101次求婚	慾海風流一美人
刀劍與天秤	萬花嬉春	刀劍與天秤	萬花嬉春
給小混混的敘事歌**	可惡的海關先生	給小混混的敘事歌	可惡的海關先生
比亞里茨之旅***	給小混混的敘事歌	花落鶯啼春	審判
浩氣蓋山河	刀劍與天秤	海盜	給小混混的敘事歌
亂世姐妹花	比亞里茨之旅	萬花嬉春	泯滅天使
慾海風流一美人	海盜	可惡的海關先生	北京五十五日
可惡的海關先生****	浩氣蓋山河	北京五十五日	比亞里茨之旅
北京五十五日	泯滅天使	龍頭之死	海盜
豪勇七蛟龍	北京五十五日	浩氣蓋山河	龍頭之死
海盜*****	慾海風流一美人	泯滅天使	浩氣蓋山河

* 這裡是針對巴黎民眾所做的調查。至於里爾地區受訪者的片單（根據播映電影的不同）則有不同，其選擇的結果也依循類似的結構。

** « Ballade pour un voyou »

*** « Le voyage à Biarritz »

**** « L'abominable homme des douanes »

***** « Le boucanier des îles »

或室內設計室負責廣告的人較接近。這真的很難說，我覺得自己就這樣，有點在邊緣，有點在兩股水流之間，我不想這麼說。對我來說，這就是這樣一種商業遊戲，總是一種賭注，有買有賣。」

出身上層階級的新興布爾喬亞的成員，由於（大部分時候）缺乏教育資本，應該早已有往新興行業轉型的準備，像是文化中介者或藝術工匠。因為只有比其出身階級的平均受教年數短，但又比中產階級的平均受教年數長，並具備著因熟悉而獲得的文化資本以及重要人物的人際關係的社會資本，所以他們才能在中產階級內部顯露出最高的才能，並且任憑自己走向去選擇與布爾喬亞偏好非常相似的系統：《賦格藝術》、《為左手寫的協奏曲》、《火鳥》、《四季》、哥雅、布拉克、布呂赫爾、杜埃、現代藝術館；在骨董店或跳蚤市場買家具；協調、低調和混搭的居家布置；高雅精緻、藝術家和良好教養的朋友；「學術性」的電影：《龍頭之死》、《泯滅天使》、《審判》；或諸多喜劇片之中，只喜歡《求愛者》。由於他們與學校體系有著又愛又恨的關係，以至於覺得與任何一種象徵性的不滿都有點共謀的成分，而傾向接受任何一種暫時處於主流文化邊緣（或次等）的文化的形式：爵士樂、電影、動漫、科幻小說，以及例如以美國為榜樣的流行：爵士樂、牛仔褲、搖滾樂或地下音樂。他們也會做起專賣的生意，藉此機會報主流文化一箭之仇。但是他們最擅長的反而經常是被學校機構放棄的領域中最具有博學的稟賦。這種稟賦連學校也無法否認，所以要求恢復其地位的意圖很明確，他們也會為了採取類似於文化復興的策略，建立專業的計畫。

因此，社會醫療服務的成員比較常提到的是導演而非演員，藉此標示出他們與那些只對演員有興趣的辦公室或商店職員或秘書之間

表25 巴黎和外省已在位的小布爾喬亞和新興的小布爾喬亞

		認識0－2作曲家	認識3－6作曲家	我對繪畫沒興趣	繪畫很好，但很難	傑克·布萊爾	阿茲納吾爾	吉貝·貝考	《藍色狂想曲》	《劍舞》	積極進取的朋友	溫暖的居家布置
已在位的小布爾喬亞*	巴黎	3.73	34.9	9.3	66.7	53.6	37.7	31.3	21	24.5	13.4	27.0
	外省	58.5	23.1	19.8	61.4	35.8	42.5	28.3	28.8	20.3	16.6	25.6
新興的小布爾喬亞**	巴黎	10.4	17.9	3.0	20.9	34.3	23.9	13.4	17.7	9.7	12.1	25.8
	外省	32.7	26.9	5.7	42.3	50.0	36.5	32.7	35.6	15.6	30.8	43.1

		認識7－11作曲家	認識12以上作曲家	非常喜歡印象派繪畫	喜歡抽象繪畫	費雷	杜埃	《火鳥》	《賦格藝術》	《十二平均律》	藝術家的朋友	混搭的居家布置
已在位的小布爾喬亞	巴黎	21.4	6.3	16.3	7.7	32.5	8.7	12.2	5.1	5.1	10.5	3.6
	外省	14.2	4.2	8.2	10.6	28.8	4.7	4.0	2.8	2.8	8.1	3.8
新興的小布爾喬亞	巴黎	43.3	28.4	37.3	38.8	47.8	23.9	21.0	22.6	22.6	39.4	20.9
	外省	34.6	5.8	25.0	26.9	36.5	13.5	8.9	2.2	2.2	15.4	15.7

* 我們把工匠、小商人、雇員、中級行政主管、小學教師和技師放在已在位的布爾喬亞範疇。
** 我們把社會醫療服務人員、文化中介者、藝術工匠和商人、秘書、商業部門的中級主管放在
新興小布爾喬亞範疇。

的區隔[29]。他們偏好「不可思議又令人心碎」的電影《審判》，或對塞吉·布爾吉農（Serge Bourgiognon）的《花落鶯啼春》（他有時會運用「有爭議性」的方法，但「從不落入俗套」），重溫「一段非常純潔又詩意的故事，描述一個12歲小女孩和30歲男人相遇並成為莫逆之交非常講究又沒任何敗筆」（《世界報》，1962年11月6日）。因為幾乎是職

---

[29] 從另一個指標也看出社會醫療服務人員所處的尷尬位置，他們之中從事高級運動的要比中產階級的其他成員不成比例地高出很多（例如，他們之中只有41.6%說從來沒有打過網球，相對於70.4%的小學老師說沒打過；未曾滑過雪的比例則分別是41.6%和78.5%）。

業性的關心所有關於心理問題的「探問」[30]，對上述電影的偏好，也成為
諸多證據中，構成一種他們高度文化企圖心的見證（相呼應的還有他
們經常宣稱閱讀哲學作品），雖然位居過渡和中間的範疇，但他們很
顯然認同並渴望成為其所服務的支配階級。於是他們非常接近，但主
任秘書與主任、護士與醫生之間，卻同時又有一道不可見的藩籬。

　　由於高比例的新興職位都是由女性所占有，這當然有助於完全實
現她們潛藏的實力，並很精確地在徵聘時獲得證實。但若要從此性別
比例的範疇（本身就是一種範疇的特性）尋找此範疇某一特性之合理
解釋，就會顯得非常天真了。因為社會上反覆灌輸的稟性（尤其是品
味方面的反覆灌輸），使得此階級派系的女人會特別嚮往在她眼中最
高貴的形容詞（良好教養、高雅等等），同時這也是引領她們尋求新
興行業所謂「志業」的運作原則。也就是為何她們可展現全然職能性
的工作態度：從被要求美學的稟賦開始，不論在財物或服務的生產或
銷售抑或是自我展現上（不僅出現在一個案例），這些都成為其職業
裡執行象徵性強制運作成功的最重要條件。
　　這些被降級但又企圖平反的小布爾喬亞的整個偏好系統，關鍵在
於他們使用以下形容詞的頻率，且毫不轉彎抹角地宣稱具有最天真的
貴族特性（良好教養、高貴、高雅、講究）[31]：這種系統地追求區判的

---

[30] 比社會醫療服務人員具備少一點文化資本的商業部門的中級主管和秘書，會做出更
不協調的選擇：相對於教師和社會醫療服務人員，他們對大眾階級成員或小老闆喜
愛的電影比較有興趣（像《最長的一日》、《豪勇七蛟龍》、《亂世姐妹花》）。他們
也對所有的電影都有興趣——至少明顯地對教師和社會醫療服務人員喜愛的電影有
興趣（像《龍頭之死》、《審判》、《花落鶯啼春》）。
[31] 這種符合區判理想的追求，清楚地顯露於結合不拘客套的吃飯和有創意與異國情調飲
食的選擇——「中國小餐廳」；或也顯露於像是馮絲華·哈蒂、畢費、梵谷系列的選
擇，此一系列的選擇可能會遇到教授們的康丁斯基或自由業的《為左手寫的協奏曲》。

野心，幾乎有條不紊地操心如何在品味以及德性上與在位的小布爾喬亞和大眾階級標示出距離，使他們在從事任何活動時永遠都顯得極為拘謹，即使是在休息時也是如此，因為追求一種自由或「解放」的生活風格而受局限，在「放鬆」和簡樸的時候還必須裝模作樣，其實這不過是這類小布爾喬亞氣質最新變化、最明顯的展現。

不論在手段或模式上，完全不同於上升的小布爾喬亞焦躁的野心，他們長期浸濡於社會出身高的文化中，因而熟稔此文化而具備精心規劃的雄心壯志。這會類似社會「洞察力」一樣的運作，可在最艱困時指引方向，特別是尋常人易犯錯之處。因此，比起其他人，新興布爾喬亞成員生性更傾向於接受（尤其在實際操作上）拍攝的處理，讓一些物件改頭換面：例如懷孕的婦女、葬禮的墓場、肉舖、受傷的男人或車禍現場。他們較擅長於挑出大眾的品味或小布爾喬亞美學認為「可愛／可笑」的物件來，像落日、風景、玩貓的小女孩、民俗舞蹈（那些他們很少會說可以拍出美麗照片的物件）。

一般而言，因直覺而具備某種文化的「虛張聲勢」（bluff），使他們在提到最稀罕的繪畫、音樂家或作品（像《小孩與魔法》、《火鳥》、康丁斯基、達利、布拉克）時，會小心衡量援引這些作品的潛在效果與參觀美術館（尤其是現代美術館）頻繁程度之間的差距。此種文化「虛張聲勢」的能力，會隨著每個範疇裡的人所繼承與所努力賺得部分之間的比例不同而有很大的差異：有些在文化中介者和商業部門的幹部身上經常見到，但在上升的小布爾喬亞身上則很少見（公共部門的主管和中學教師也是如此），甚至在新興行業中上升的派系最後變成純粹只為區判的空洞意圖而已（位居第二軸線負值的那一邊）[32]。

---

[32] 39.5%出身上層階級的新興小布爾喬亞成員自稱認得12首訪問清單上的音樂作品，但卻只有25%的人可以指出12個以上同樣作品的作曲家。這種差距在出身大眾和中產階級的新興小布爾喬亞身上就看不到了：他們之中15%宣稱認得至少12首音樂作

　　新興小布爾喬亞所具備的稟賦只有在巴黎才能找得到充分展現的條件[33]。文化上的自命不凡加上教育（這又使更自命不凡）可能是構成有助於他們更接近文化價值中心而獲得更多有利的因素之一，就像是密集的文化供應一樣，其本身就在文化上比較優勢的團體成員之間相互往來而產生的歸屬感和刺激感[34]。在任何範疇裡都沒有比巴黎人和外省人之間的差距更明顯，更有系統：主流文化活動（例如參觀美術館）的強度以及文化能力（像是音樂）的廣度之差別；在其他條件都相同的情況之下，就其間的差異也表現在與主流文化之間的關係上，外省人置身繪畫或音樂世界時的陌生感（「這不是我的強項」，「我不知道」）總是特別深刻；尤其是認可（卻不認識）高雅意見的態度之差異。巴黎人在各種層次的能力上發表意見時，天生總是傾向於接近最主流的評論；但是外省人則在表達對主流的合法性認可時比較是在讚揚而非評論，並帶有點無知的告白（「我不知道」）或無能（「這很困難！」）。這也表現在文化抱負野心指標之差異，例如充滿想像或混搭的室內設計，高雅或高貴的衣著，這兩種是小布爾喬亞新生活藝術頗具代表的表達方式，也根源於大量發行的女性雜誌大力推廣。又特別是他們宣稱對最少見音樂作品的偏好：《火鳥》、《賦格藝術》、《十二平均律》（而不是像外省人宣稱偏好的《藍色狂想曲》），因為巴黎地區的新興布爾喬亞是透過上述作品非常有意識地與外省的上升

　　品，也同樣15%的人可以說出12個以上的作曲家。也是同樣的邏輯使得前者（85%）更經常於後者（58%）會宣稱他們對所有高品質的音樂都感興趣。

[33] 雖然外省的新興小布爾喬亞可以透過雜誌（這可能是《新觀察家》〔Nouvel Observateur〕的主要功能。）提供他們獲得巴黎居民享受的替代品，換句話說一種「身在其中」的良好感覺，一種文化的直覺和膽識的真正原則。

[34] 當一個人擁有的資本越多時，獲利於文化環境所提供的機會就越大；並且當文化資本越多時，某個團體實行於其成員身上教唆他們順從也就越大，所以巴黎和外省之間的差距就會隨著教育的程度而變得越大。

的小布爾喬亞區隔開來。最後是生活風格的任何選擇，衣著的選擇、烹調品味或是倫理偏好，各個方面外省人總是表現得較小心謹慎，較不大膽地「放得開」。

　　除了巴黎人和外省人之間的對立外，出身於支配階級的新職位占有者與出身於其他階級的新職位占有者之間的對立（在文化能力上非常明顯），也進一步提醒我們社會〔關係〕的虛張聲望如何成為成功的條件，而這總是在定義新興行業時扮演部分角色。由於只能抓住新興生活風格之中最顯而易見，但卻較不負責的面向，上升的個人往往會尋找那些較邊緣和定義較不狹窄的職位，以逃脫與學校教育所勾勒的遠景不相容的宿命。由於並無具備文化能力、倫理稟性，尤其社會資本以及投資的敏感度，這些出身於支配階級的人就等待那一天可重新回到其原有的位置。他們很有可能因此從這些職位中被排擠出去，尤其當他們被教育體系所造成的誤認效應所誤導時，會因為只能有唯一合法占有者（會彼此排擠的關係）的所有舉動，而必須隨時重新讓自己有價值。

從責任到享樂的責任

　　吾人見到繼承而來的稟賦是如何較易於獲得這些稟賦所引導的職位。和販賣需求的商人一樣，象徵性商品與服務的販售者，不論以一個模範或以其產品價值的保證人之方式，總是可將他自己賣出去。他們可代言得那麼好，一方面是因為他們介紹得好，另一方面也因為他們相信自己介紹與代言物品之價值。正直和值得信賴的販售者其象徵性權威往往以既暴力又溫柔的強制形式出現；因為販售員必須要先騙過自己才能騙過顧客，真心誠意地相信他所販售產品的價值。因存在於仿製品充斥的新興工業，擅長於販售美妙的言辭勝於物件本身，這

是賣給那些沒有能力購買物件，卻願意花錢買美妙言辭的人。他們在
新興小布爾喬亞身上找到最理想的客戶群——這群天生易於配合新興
布爾喬亞的最新信念而強加的生活風格，其軌跡也最可能達到所期望
的真實目標[35]。總之，這些小布爾喬亞消費者總是想著如何善用信貸：
亦即預先取用，在其時機成熟之前，先將主流生活風格的主要特性都
占為己有：「居住」在帶有古老高級社區名字的地方或去住麥爾蘭沙
灘（Merlin Plage）[36]的度假小公寓，假的高級房車，假的豪華假期。
這一切全都設計來扮演傳動帶的角色，以便帶動人們投入消費競賽，
同時也為了打算付出任何代價與自我區判的人相互競爭而設計的。事
實上，在諸多用以自我區判的事物之中，其中就包括以自覺有合法的
地位和資格來教導其他人主流的生活風格。透過一種象徵性的行動，
不只可製造對其自身產品需求的效應，長期而言，也可藉此讓自己正
當化也正當化行動者的支配地位，同時亦正當化其生活風格為模範
——也就是支配階級的生活風格，更精確來說，是那些構成前衛倫理
的派系。

　　對那些在廣播、電視、意見調查機構、研究單位、大型報紙或
週刊，尤其是「社會工作」和「文化活動」等行業的公司或大型文
化生產機構裡工作的人來說，他們的自我形象與其行為之間之所有差
別，是因為被指派去做新的職業分工要求他們溫柔的操縱行為。由於

---

35 喬治·培瑞克（Georges Perec）的小說《事物》（*Les choses*, Paris, Juilliard, 1965）以
　對其特有的方式很清楚地提到一個本身就被蒙騙愛故弄玄虛的人，這種談論事物話
　語之專業人員如何被事物所著迷（主角就是在廣告公司研究辦公室工作的心理學
　家），如何維持與事物的關係，這些事物所有的價值都在他們致力工作的話語之中。
36 麥爾蘭沙灘（Merlin Plage）位於旺代（Vendée）地區的大西洋岸，從十九世紀來降
　就是巴黎上流社會週末度假的去處——**譯注**。

位居文化生產和流通機構的層級中被支配的職位及幾近異化狀態的生活，使得他們有時在想法上與被支配階級有共同團結的基礎。因此，新興文化中介者，是位居於社會結構中尷尬的位置，就像從前低級教士一樣，都會同情那些挑戰文化秩序的論述和想要維持等級秩序的文化「等級」，而重捨所有異端的偏方密藥，揭發（專家政治的）壟斷文化才能的野心，敵視所有的層級秩序，特別是獨一的等級秩序，普世創造力的意識形態。事實上，這些職業注定要讓在位者處在一種本質性的曖昧狀態。因為在專業分工中，此職位往往具有某種（象徵符號）顛覆稟性，但是又必須執行操縱或保管的工作職能，於是會在專業計畫的主觀再現以及職業客觀的功能之間產生差距、不協調和自相矛盾的現象。此一職能的展現本身就已經預設了這種不協調的差距，一種以掩飾和誤解為基礎的原則，就如同一些六八學運的前革命分子後來變成企業的心理學家，必須去接受這種曖昧的職位，並承受因接受此一職位的一切曖昧性，因而會非常有技巧地創造曖昧的論述和實踐，就好像已預先烙印於此一職位本身一般。（參見，M. Vilette, La carrière d'un "cadre de gauche" après 1968〔一個左派主管的生涯〕, Actes de la recherche en sciences sociales, 1979, 29 (29): 64-74.）被迫生活在救贖的希望以及實踐的現實之間不協調的差距，被迫培養其社會認同的不確定性，藉以能接受並致力於質疑這個世界，好掩蓋對自己焦慮的質疑。這些御用學者都體驗到一種整個世代的知識分子對生存焦慮特有強度，令人很絕望地去期待一種集體的希望，在自我退隱的神祕自戀之中尋找一種改變社會世界或了解社會世界希望的替代物。

這也就是為何在支配階級的支配派系內部所發生的鬥爭之中，相較於過去初期的保守主義以階級、世代或性別的等級秩序建立起威權的公開形象，現在轉型的保守主義會去的配合那些能善用學校教育體

系的人的利益，成功地找到方法以達成新經濟邏輯所要求的轉型。新
興或翻新的布爾喬亞，不論就經濟或政治而言，都在新興小布爾喬亞
身上找到天生的夥伴，因為最能在他們身上找到認同現實的布爾喬亞
的人類理想（「有活力」的主管）。而且帶有點悶悶不樂制欲主義的
上升小布爾喬亞，更會狂熱地與公司強加其上的新倫理規範和相應的
要求合作無間（尤其是消費方面）。

　　耐心地等待這種新救贖倫理的教義所強加的職業升遷和個人救
贖，新興小布爾喬亞已準備好在一切有關於生活藝術，更精確的說，
居家生活和消費、性別關係和世代關係、家庭的繁衍及其價值等方面
的鬥爭之中，扮演前鋒的角色。他們幾乎都排斥所有沒落的小布爾喬
亞的退化道德，像是宗教或政治的保守主義，後者常是譴責道德失序
的道貌岸然者，特別是違反性道德傷風敗俗的事。像所有縈繞著右派
思想，主要是小布爾喬亞，從普魯東到帕列多（Pareto）的「淫婦政
治」（pornocratie）和反女性主義的主題。但是，基本上由於他們想要
成為貴族的野心抱負，以及性別角色的顛覆形象，使他們也排斥上升
小布爾喬亞的制欲主義，像是刻苦的樂觀主義，或有帶點英雄主義的
嚴守戒規，完全對反於沒落小布爾喬亞退化的悲觀主義[37]。

　　不同於以享樂與擁有財產的對立為原則的道德責任，他們對所
有樂趣和快意都帶有普遍性的質疑；由於對享樂的恐懼，與身體也
保持距離，因而造就出「審慎」、「羞恥」和「克制」的身體；伴
隨而來的是禁止滿足任何衝動而產生的罪惡感。前衛新興倫理則是

---

[37] 在諸多使得新興行業成員傾向顛覆性別角色的再現之決定因素中，必須考慮到一個
　　事實，在中產階級內部之中——尤其是新派系——兩夫妻的文憑或職業地位不協調
　　最經常是對女性有利，而且夫妻之間的文憑或職業地位相當對性別有利，也無疑的
　　較不需要太有耐心就可以被感覺得到。

一種享樂的責任[38]，也會像經歷挫敗一樣傷害到自尊，乃至於變成無能「享受」。去找樂子（to have fun）[39]或是像我們現在喜歡有點緊張地說「去爽」，享樂已經不再是被允許的，而是以被要求不再以倫理之名而是科學之名[40]：擔心不夠快樂，擔心不能克服害怕享樂的邏輯，伴隨尋找自我和身體的表達以及和他人的溝通（「建立關係」、「交流」），甚至融入他人（不只要被視為團體成員，還要被視為尋找其自身的主體）。取代個人倫理的是個人健康和心理治療的崇拜。與「政治化」完全背道而馳的是將個人經驗去個人化，然後以階級共有的一般性經驗之特殊個案姿態出現，將個人化經驗成「道德化」和「心理學化」，就此完美地呼應於多少已世俗化形式的宗教救贖的追求[41]。就如同精神分析常使用難懂術語一樣，現代主義的道德是一種

---

[38] 以老式道德的觀點前瞻性預示對他來說是無法想像的事，康德寫道：「一種對於享受的義務顯是無稽之談。所以，對一切只以享受為其目的的行動所制定的義務，同樣也必定是荒謬的：儘管這種享受可以被任意地設想為（或打扮成）精神性的，即使是某種神祕的、上天的享受也罷。」（康德，《判斷力批判》，鄧曉芒譯，臺北：聯經，2004：44。──**譯按**）

[39] M. Wolfenstein, "The Emergence of Fun Morality", in E. Larrabee and R. Meyersohn (eds), *Mass Leisure, Glenoe*, III, The Free Press, 1958, pp. 86-97.

[40] 難道需要明說，像在這裡，當我們投入於客觀化一個社會道德時，所有可能犯的錯誤之危險，尤其正值它又從一開始就非常具有攻擊性地非如此不可時，自知之明可能只不過是在擁護對立的意見而已？這也理所當然，用來描述對立的兩種道德特徵的字詞，對支持對立的道德或辱罵它的都一樣可以成立。因此尋找一個完美「中立」的調性根本就是徒然的事（像心理學的通俗版會將「制欲」的和「受虐狂」等同起來）。總之，必須在每一個個案，重建社會學客觀化的真實的背面（例如強調制欲德性者的英雄面向，在用功和在超越自己的興奮中找到其快樂，或是在自我解放的儀式找到豐盛的天真，這只不過以高度敏感於社會得失和限制為基礎的解放），就如同我們在此不停地做的，將所描述的秉性或傾向帶回到其生產的社會條件裡，總是懂得，譬如在看到壓抑的秉性或傾向裡看到壓抑的產品（或社會退化）。

[41] 若將政治化和心理學化之間的對立推得太遠，可能會冒著忘記以下事實的風險：參與社運人士團體也可能對一個存在性的困境提供一個出路──當這種困境並不構成

帶有分析色彩的心理學通俗版本；或像它賦予的「彼此達到高潮的烏托邦」（愛利克森〔Erikson〕所說）的地位所見證的一樣，這種道德會根據實證論的古老夢想，將一個假的實證論定義成常態性的強制，而像金賽對性風俗的偽科學考察上，建立起高潮義務的道德理論。就此將「有來有往」可怕的理性計算引入性交換的領域，這對大部分社會來說依舊是集體誤解的終極避難所[42]。然後再經由這種性的偽科學，自然化一種依據社會條件非常不均的可能性分布，最後才被創造出來看待性和性生活的方式[43]。這種性道德注定要陷入「性貧乏」的病態之中，亦即需要精神分析或性學家好好治療，因為只有他們有能力去定義正常的性能力，所有古老的道德都將注定因其「自然」性行為而成為野蠻，也跟不上「性革命」的落後，再一次地成為一種性能力普世化定義的受害者，但獲得此一能力的條件卻沒有因此普世化。

　　與上述情況比較接近的是宗教先知而非科學，注定所知道的只是部分且暫時的真理。這種道德仗恃著科學有系統地解決日常生活所面臨的問題，提出例如一套身體運動和保養的概念，及關於教育小孩，盡早接受與其性觀念完全一致的教育想法。相反於傳統健身的刻苦修

排除加入的原則──浸入這個團體後就能獲得它所提供的所有的保險和再保險。而這個團體本身是整合的、與世隔絕、自我封閉，有其自身的法律、語言和明顯可辨識的儀式，召喚並認可忠誠與犧牲（參見，D. Mothé, *Le métier de militant*, Paris, Seuil, 1973）。但是若減低參與的邏輯，而傾向團體治療的邏輯，可能冒著以下事實的風險：心理上的交易，尤其是奉獻與認可（同志間的祕密）之間的交易只不過是介於「全心投人機構」和其成員之間，更深層交易的親身經歷形式（這不意味它們是無關要緊的）。這種機構要求全然的依賴，給予人們給它的一樣多，更全面地給予人們所有的以及在它外面所不能擁有的；而其成員則也（自我）奉獻給機構的比他們想像的要多，因為在機構之外他們已經擁有越來越少，也越來越少人在機構之外。

[42] 參見 P. Bourdieu, *Esquisse d'une théorie de la pratique*, Paris-Genève, Droz, 1972, pp. 194-195.

[43] 參見 N. Elias, *La civilisation des moeurs*, Paris, Calmann-Lévy, 1973 和 *La dynamique de l'occident*, Paris, Calmann-Lévy, 1975.

行，就經歷的形式而言，其付出的努力，甚或以痛苦來衡量運動的價值，就像俗話所說的，「要受苦才能變成漂亮」，讚揚紀律訓練，讓身體的努力成為一種「毅志學派」，甚至在肌肉緊張的經驗裡獲得一種快感的形式。新興的健身方式有時候自稱為「反健身法」，反對一切強制性的戒律系統，而是以相反的方法操作：以放鬆取代緊張，以快感取代努力，以「創造力」和「自由」取代紀律，以溝通取代孤獨，對待身體的方式就像精神分析師對待靈魂的方式，開始「傾聽」身體（傾聽我們的肌肉）「解開」、解放，或更簡單的，找回和接受〔身體〕（「全身舒暢」）。這種與身體關係的心理學化與自我讚揚密不可分，但卻是一個只能夠與他人（「分享經驗」）溝通才能達到真正完滿（「容光煥發」）的自我，透過身體的中介將它視為符號，而非工具（因為若將身體視為工具，會讓所有「異化」身體關係的政治有機可趁）。如此便可理解「肢體表達」的意圖，一種無痛分娩自己的身體[44]。

　　同樣的對立關係也可在幼教和兒童教育的領域中找到。清教徒式的想法將兒童本性視之為衝動的根源，既危險又強大（主要是針對自我情色），而將教育當作矯正，把教學法當作是一套如何支配兒童的技術，同時又可抑制其固有的惡劣的本能。這種清教徒的想法賦予成人定義需求的權力，亦即，正當的欲望是什麼？譬如區分正當的喊叫（飢餓或痛苦）以及不正當的叫喊，或更甚者區分「好」或「壞」的習慣。與此相反的是治療的倫理，為「自由派」提供所有老生常談東西（「與父親關係」、「害怕長大」等），它認為孩子本性「善良」，

---

[44] 儘管我們只能依靠日常生活存在的觀察和調查所提供間接的跡象，但相信可以指出這種以新型的身體練習而組織的教派之信徒，尤其以吸收新興小布爾喬亞的女人為主，解放身體的訴求都帶有強烈宗教色彩的問題意識（至少就其用詞而言），類似「夫妻問題」、「婦女解放」。

應該接受其原本的樣子，承認有其正當快樂的需求（需要注意力、母親的溫情和照顧）；同時教養孩子也是正當快樂的泉源（因為生殖，為了達成此一消耗的目標而帶來愉悅、朝氣，以及父母雙方的結合，也因此是一種心理治療的責任），應當把孩子視之為一種學徒，透過探索去發現身體和世界，打破遊戲和工作、義務與享樂的界線，而將遊戲界定為學習的動力或知識。藉此，像是必要的享樂一樣，主觀上快意又客觀上不可或缺，因此不論小孩或是對父母，就創造了享樂的義務。作為科學年齡的理性化神話，自由詮釋的精神分析提供了主流支配者的正當性論述，給予那些既任意又必要的精神氣質一個理性的基礎。而從倫理到治療滑動，也創造了對於它所製造的治療師之需求。無須多疑，以求助精神的理性治療專業（精神分析、心理治療、婚姻諮詢）來追求心理健康，會與身體的專業發展維持一種辨證的關係，他們有能力創造對自己產品的需求，也就是他們準備提供的商品和服務的市場。

　　也許應該避免過度將所有家庭的倫理歸咎於單一個因素，事實上這可能只是一束（相對性）獨立因果系列聚合的效應而已。例如，新的心理學理論的出現（精神分析、發生心理學等）、布爾喬亞的女兒大量進入高等教育機構和相關的生活風格、社會再生產模式的轉變等，進而使得學校教育跟隨道德走錯誤的路途、上學焦慮（表現在男孩身上）取代了倫理的焦慮（在女孩身上較常見）、女性進入勞動市場的不斷增加，或甚至經濟生產本身的改變，迫使它必須讓出一個總是更重要的位置來製造其自身產品需求以及人為地創造其稀罕性，所有這些都會間接地有利於消費者道德的發展。還有治療性道德的蓬勃發展不用爭辯地與行業的專業形象建構起密切關係（精神分析、性學、婚姻諮商、心理學、專門的記者等），他們都稱擁有定義合法教學能力和正常性能力之獨占權，並不斷地提醒所要求的能力與實際的

能力之間差距，來建立起其商品與服務的生產場域。然而，這種差距若不放在整體的轉換策略則無法被理解，因為是這些轉換策略才使那些原本在家庭或學校即有類似訓練的行動者，能扮演前衛倫理的角色，並游刃於專業的行業和醫學的專業之間，在被原本勞動市場拒絕後，找到令人稱羨的職位。因此，所有那些曾經發誓宣揚信仰的狂熱分子的範例故事，最後都以投入宣教行列做終結，尤其所有那些在支持體系的協會、終身教育、文化活動推廣或教育、性方面的諮商等都在一個世代之內，將傳教士式自願者狂熱的不確定性變成半公務員性質的安全穩定，並在短短的時間內為所有這些行業開展了一個雙面的真理：以科層化形式將「範例性先知」變成一個行業，並在此將其自我生活藝術作為範例（來販售）。

若說在科層化的社會裡，倫理先知在宣揚倫理的狂熱時很自然地永遠會反抗那些穩坐其位的小布爾喬亞的制欲式道德，那是因為他們創造了這些職業而非進入既存的職業，其生活風格與倫理和政治位置取得都是以拒斥所有一切本身既已完成的、已定義的、已明確的事物為原則，總而言之，即所有小布爾喬亞的東西。也就是說，拒絕被安插在社會空間裡已明確定義的地方，實務的烏托邦主義，原本只是知識分子的特權，而且他們天生也傾向接待任何形式的烏托邦。被排名也被降級過，又力求重回其原有等級，他們寧可成為無法分類的，「被排除在外的」，「邊緣人」，而不是被分類到某個階級或類別，被指派到社會空間某個已明確定義的位置。儘管他們的文化、運動、教育、性實踐都在講究排名，但卻會以一種否定的方式談論。像是以下引自青少年[45]反文化「資產」的清單索引的幾個標題所呈現的：

---

[45] 我們可以理解所有社會學的客觀形式對他們的鼓舞——以及對他們實行的誘惑之恐怖，相反的也可以理解心理學或精神分析的迷人之處。而且他們也準備為科學「化約主義」以古老人身攻擊的方式揭發所有當前最流行的各種變異的品味而鼓掌，而

有機農業、合氣道、人智學（anthroposophie）[46]、反體操、反核、反精神病學、反幅射、反唯科學主義、反疫苗、占星術、生物動力（bio-dynamie）、生物能源（bio-energie）、《查理週刊》（*Charlie Hebdo*）、另類電影、非口語溝通、身體、創造力、舞蹈、養生術、勾引、毒品、生態、孩子、玄學、肢體表達、外星人、瘋狂、民俗、在職訓練、未來學、完形心理學治療、圍棋、迷幻藥物、殘障、哈達瑜伽、草藥、順勢療法（homéopathie）、同性戀、想像、移民、發明、柔道、劍道、運動治療法、弓道、拉爾札克（Larzac）[47]、自由、抗爭、磁力、東方醫學、超驗的打坐、長壽保健食法（macrobiotique）、游牧、非暴力、新報紙、緯線、特異功能學、陶藝、監獄、超能力、植物、健行、地區主義、相遇、壓抑、旅行掛車、科幻小說、心靈感應、治療、編織、藤編、素食、綠色、社群生活、滑翔機、跳傘、旅行、超科學的普及化、瑜伽、禪。那麼多勉強掩飾的表述，表達一種社會飛黃騰達的夢想，也表達了一種不帶任何希望的努力想要擺脫社會場域重力的吸引力。

　　被他們反制度的脾氣所牽引，也亟欲逃離所有令人想起競爭、等級和排名等東西的憂慮，尤其是學校的排名，被分成等級的知識也用以等級化，理論的抽象或技術的能力等，這些新興知識分子發明一種

它正是學院貴族的基本形式，並在將科學地客觀化文化實踐的努力當作倫理，甚至在政治的譴責之中找到出人意表的奧援（像是「科學＝古拉格群島」的主題可以讓已經是最磨損的後海德格化石，出乎意料地重回知識分子的高級週刊的版面）。但願社會科學在某些時代會比一般的情況較有可能存在，例如社會學家的職位對那些想要逃脫分級排名的人來說，仍然其中一個避難「場所」之時代。

[46] 人智學，德國哲學家R. Steiner創立的把人類作為研究一切知覺中心的「精神科學」學說──**譯注**。

[47] 拉爾札克（Larzac）法國南部中央山脈地區的一個石灰岩平台高地，有深峻的峽谷穿過。傳統上是農民抗爭的象徵地──**譯注**。

生活藝術，可讓他們以最少的代價卻能確保其報酬以及知識分子的聲
望，以對抗「禁忌」和清除「情結」之名，採用知識分子的生活風格
之中最外顯，因此也就是最容易取得的面向：自由和解放的態度、大
膽的衣著和妝扮、無拘無束的姿勢與姿態。將有文化教養的稟賦有系
統地應用於正在變成主流的文化領域（電影、動漫、地下文化等）或
是日常生活（街頭藝術）、私密（性、美容、教學、休閒等），生存
（與自然、愛情、死亡的關係）的各個領域。一般大眾所夢想的新知識
分子普及化，事實上是知識分子生活風格的普及化，這可從在最近革
命自發主義者（spontanéiste）[48]的通行教本可馬上辨識出來，他們將佛

---

[48] 革命自發主義者（spontanéiste）一詞主要是源自於巴枯寧（Michel Bakounine）的革
命政治理論，認為革命或暴動是自發性形成，與馬克思革命理論有諸多抵觸，而成
為馬克思在第一國際的主要對手──**譯注**。

洛依德和費賀內（Freinet）[49]混在一起談，羅哲斯（Rogers）[50]和納粹帝國（Reich）放在一起，傅立葉（Fourier）和巴枯寧（Bakounine）並列。他們勉強可說有「文化教養」，甚至勉強可說有學校教育，其實頂多不過是一種社會世界的浪漫出走，因為他們讚揚身體和自然，有時候自認為是回歸「原始」或回歸「自然」：他們與主流文化的共通之處就是其〔運作的〕原則保持在隱晦暗示的狀態（懂的人是因為他們都有同樣的精神氣質的稟賦），因為即使是反文化，他們還是有能力達成區判的功能，將幾乎所有原本保留給知識分子的區判籌碼，像高貴的姿態和其他能夠展現內涵的外顯符號都放在唾手可得的範圍。

在廣告最流行的主題（長期就習慣於以欲望的語言表達[51]）和最典型高度通俗化的哲學話題之間交會處；在支配階級「社會政治」與新教學法（百分之百從布爾喬亞擴散開來）之間的相應點上，前者放棄了零和遊戲的傳統做法且讓步只為保住其位，後者將其賭注壓寶在自由主義和放任上，這些都足以證明在前衛的布爾喬亞和小布爾喬亞身上找到最佳場所的新倫理，是多麼完美地與開明的保守主義完全配合[52]。

---

[49] 費賀內（Céléstin Freinet, 1896-1966）法國教育學家，以其不同的教育理念創辦費賀內現代學校而聞名。目前在法國和全世界有多所費賀內現代學校——**譯注**。

[50] 羅哲斯（Carl Rogers, 1902-1987）美國心理學家，人本主義的創始人之一，提倡全人教育理念——**譯注**。

[51] 參見，例如E. Dichter, *La stratégie du désir, Une philosophie de la vente*, Paris, Fayard, 1961.

[52] 我們甚至質疑自由主義的道德是否從一開始就給經濟提供完美的消費者，像是夢想，而且不只是刺激消費和永遠提供新的產品而已。新道德最大貢獻可能在於生產孤立的消費者（儘管所有的協會，純粹只是累加的統計集合），藉此，甚至可以自由地（或局限於）面對新的經濟秩序裡分割市場的廣泛的目標（給孩童、給青少年、給「銀髮族」的市場等），並打破被集體記憶和集體期待所強加的局限和約束。總之，從每一個家庭單位專屬時間結構中解放開來，以配合其特有的生命週期，他們長期「規劃」，有時甚至超過好幾代，以集體防衛對抗市場立即性和突然的限制。

第七章

基本需求的選擇

　　若要將基本需求化為美德，使之成為慣習，這個基本命題可以在
大眾階級的個案中找到最佳證據。因為對他們來說，基本需求包含了
這個字平常理解的所有意義，亦即不可避免地在生活必需品上省吃儉
用。基本需求會強迫人們只有基本需求的品味，這意味著一種適應並
只能接受生活基本需求的形式，這也是某種深層的稟賦，聽天由命
的接受各種命運的安排。這與革命的意圖完全互不相關，雖然常常被
拿來與知識分子或藝術家的反抗模式做對比。社會階級並非只是由生
產關係的位置來決定，也由階級的慣習來決定，那些「常態地」（即
統計上較高可能性的）與其所在的〔社會〕位置有關的[1]。任何時代或
國家的民粹派（narodniki），都會自我認同於其談論的對象，以至於
將自己的關係與工人的生存狀況混淆，也將工人的關係當做自己的生
存狀況。因此以為只要在某一個時刻站在生產關係中工人的位置，不
論是觀察者或行動者，就可以了解在此位置上的工人經驗。他們總是
要將工人的生存狀況講成統計上是不可能再現的，因為統計上的再
現並非與其日常生活的生存條件緊密相關的產物，甚至不是能使之運
作的條件。若只站在工人的位置卻不具有工人慣習的話，那麼就沒有

---

[1]　這並非偶然：忽略慣習及其效應常常是一般民眾對布爾喬亞的共通觀感，從悲觀的
　　保守主義者（由社會條件所產生的特性移植而來），到樂觀的革命理想主義者（忽
　　略工人階級是由基本需求所塑造出來的），甚至在其反抗基本需求的形式都是。

必要去檢視知識分子製造出來的工人世界悲慘形象是否真假的問題，因為所理解的工人狀況並非根據工人階級的成員理解世界的認知與欣賞架構。的確，一個知識分子能夠以暫時和決定性的方式進入工人身份*真正*獲得這種經驗。但是隨著越來越多的人被迫進入工人地位，但又沒有相應於在這個位置的慣習，就像現在正在發生的狀況，而變得統計上越來越不可能，因為這些慣習是只能「常態地」被迫接受這種生存條件者注定會有的產物。民粹主義從來都不過是倒過來的種族中心主義而已，若說工人和農民階級的描述永遠幾乎只擺盪在悲慘情緒和世界末日的狂熱之間，那是因為這些描述總是將階級狀況的關係抽象化，此乃完整定義此狀況的遊戲之一部分。也因為將其自身關係投射於這種生存狀況的描述容易，要能陳述這種生存狀況的精確關係（rapport juste）困難。這難道不是因為這種虛假認同和它所喚起的憤怒讓他們外表上看起來更具有合法性[2]。

基本需求的品味和從眾原則

　　基本需求品味的特有效應往往以極為隱蔽的方式持續地運作，因為其行為舉止常與基本需求混淆不清。最能表現出這種情況的莫過於即使造成基本需求品味的條件已經消失，但仍然以不合時宜的方式繼續行為處事。那些工匠或小包商就是很好的例子，他們說自己：「不知道怎麼花賺來的錢」，或是那些千辛萬苦才脫離其農民或工人身份的小職員，當他們精打細算地（以省去它或「自己動手做」）免去購買一個商品或服務時，多麼陶醉於能夠幫他們「賺多少錢」而覺得

---

[2]　*毋*需贅言，他們社會世界觀點的精確再現並不是出身這個階級就有能力可以製造的，同時也因為與此階級所保持的距離，可以和純粹又簡單地與它保持完全陌生的距離一樣，堅實地假設和決定與這些階級的關係（像是民粹式的改變信仰者）。

非常滿足；但在此同時也基於同樣的理由，他們若無法節省時，便很難不會有浪費的痛苦情緒。不是有了一百萬就會過百萬富翁的日子，有些暴發戶甚至花了一輩子的時間來學習一件事：在他們看來是有罪惡感的揮霍，到了新的身份時則變成基本需要花費的一部分³。我們別忘了，例如在所有象徵性服務的許多面向（旅館、理髮等），使得奢華店家和一般店家最根本的差別即在此，必須要認為自己是值得被這些無微不至的服務和等級化的個人照顧的人，才能欣賞「其應有的價值」，並與那些拿錢的人保持某種看似很隨和的距離（這屬於額外「慷慨」恩寵的一部分），此乃布爾喬亞面對他們僕人的態度。若有人懷疑，像布爾喬亞論述所言：「懂得被伺候」是布爾喬亞生活藝術的元素之一是事實的話，只要看看那些工人或小職員，在某些重大的場合進入高級餐廳，他們如何被餐廳領班或服務生修理（那些「一眼就看得出來那人有搞頭」）像是象徵性地破壞服務的關係，並密謀讓他們服務的對象覺得不自在。一個工人看到一隻兩百萬法郎的錶，或聽到一個外科醫生花三百萬法郎給他兒子訂婚戒時，他們並不想要那支錶或訂婚戒，而是兩百萬，因為他們可用來做很多其他事。在這樣一個基本需求的系統中，他們無法理解：以兩百萬的價格只買一隻錶，難道沒有更好的東西可以買嗎⁴？當「還有一堆必須優先做的

---

³ 艾里亞斯（Norbert Elias）（繼丹納〔Hippolyte Taine〕之後）轉述了李希留（Richelieu）公爵的一個姿態，讓我們看到什麼叫做不計較的揮霍藝術，藉此在17世紀表明貴族與節省和營利的布爾喬亞之間的距離，就如同今日標示布爾喬亞和小布爾喬亞之間的距離。在一個階級的生存是依賴社會資本的再生產的情況之下，這種姿態可以成為一個非常明確的教育目標：「公爵交給他兒子一個錢袋以便讓學習如何像一個大領主一樣的花錢，當他把裝滿金幣的錢袋帶回來給他父親時，他則一把搶過來，並在他兒子的眼前，將它扔到窗外。」（N. Elias, *La société de Cour*, Paris, Calmann-Lévy, 1974, p.48）

⁴ 有千百個理由讓我們相信，尤其是這兩個生活世界身體與社會的區隔，使得這兩種經驗都非常不可能（即使兩者都借自經驗）。事實上，就像馬克斯所注意到的，不

事」，就像人們常說的，確實，「真的瘋了才會這樣做」：去買一隻兩百萬法郎的錶。可是我們從來無法真正在站在那些位居社會另一端的人之位置上去思考。對有些人來說是瘋狂的事，對其他人來說可能是優先的基本需求。不只是這兩百萬的邊際效應會隨著擁有多少個百萬而有不同：許多我們稱之為炫耀性的花費並非都是浪費，不只是因為這些花費是某種生活排場所必須的，更經常是一種最好的投資，像訂婚的喜宴，可以累積社會資本。

　　統計數字所記錄的需求系統不過是一致性的慣習選擇而已。無法「花更多錢」，換句話說，即無法進入預設擁有更高等級資源水準的需求系統，就是一種最佳的證明：將消費傾向縮減到其能力範圍，或將慣習縮減到某一個時期受限於經濟條件的不可能性（例如，像是掌握在某一個限定的收入水準下）。如果人人都相信收入與消費之間有直接的關係存在，那是因為品味幾乎總是經濟條件的產物，而這些經濟條件又與它運作的經濟條件是相同的，以至於我們可歸咎於收入是一個有效的因素。但這有效的因果關係只有與它所生產出來的慣習連結在一起時才會有效。事實上，當同樣收入水準，但卻有非常不同的消費時，慣習本身的效率可以清楚看得到，這只能在我們假設不同的揀選原則介入的情況下才能理解。

―――――――

是沒有一點粗暴，「呈現在我們眼前的世界，不論是質還是量，都不僅只是以目前的狀態出現，甚至與此無關，而是依據他荷包的大小和分配社會位置的社會分面貌出現。這也許限制了他不少事情，包括限制其所見所聞。」（K. Marx, *L'Idéologie allemande*, Paris, E. sociales, 1968, p.326）。除非例外，那些特權階級的需求系統會是怎麼樣，大眾階級的成員幾乎「都沒概念」，也不太清楚其經濟來源，僅有一些非常抽象的認識，沒有一個是符合真實的情況（因此，例如被問到「在香榭里榭大道附近高級晚餐的平均價格大概多少？」13%的工人說不知道，35%認為15到24法郎之間，22%說介於25到29法郎之間，13%認為30到39法郎之間，13%認為50法郎以上。同樣價格的等級分布，對幹部、工業主和自由業成員來說，分別是2%，11%，20%，33%和14%，中級主管則提出中間的評價）。

　　因此，工頭領班每戶平均收入較高於技術工人（34581法郎相對於25716法郎），但在食物上花費占其總收入的比例卻非常接近技術工人在食物上花費的比例（35.4%相對於技術工人的38.3%，以及中級主管的30%），然而就花費在食物方面的總金額卻和高級主管相當（12503法郎相對於12904法郎）。所有的證據都顯示事實上他們仍然依戀於「吃吃喝喝」的大眾價值，尤其依戀的是大眾實現這些價值的方法：首先，就大眾飲食裡最具特徵的消費，澱粉類、豬肉、馬鈴薯、家禽肉，不只沒有減少，反而增加。其次，是花費大的消費，工人應該限制在那些象徵「吃得好」的：熟食肉類、酒、咖啡，尤其是糖（在上層階級減少很多），奶油的消費增加很多（444法郎相對於365法郎，但是其他油品消費則減少）；第三，尤其布爾喬亞生活風格特徵的，昂貴的消費卻增加不多或甚至一點也沒有增加，例如小牛肉、小羊肉、羊肉、魚類、蚌蟹類、柑桔類等；同樣的新鮮蔬菜則比新鮮水果增加更快，但這兩者都沒有熟食肉增加得多[5]。

　　其他例子：當收入等級從30001到50000法郎過渡到更高的等級，高級主管購買食物的花費結構一點也沒有因此改變，和工人的邏輯是一樣的。如果食物的消費在這種情況下都增加的話（高級主管的增加會相對明顯），增加的項目依次在高級主管方面（包括教授和工程師）是餐前酒、餐廳用餐、非酒精飲料、羊肉、糕點、牛肉、新鮮水果、魚肉和蚌蟹類、乳酪，而在工人方面則是豬肉、餐前酒、兔肉、新鮮水果、乾果、麵包和新鮮蔬菜[6]。

---

[5]　由於收入之中在食物上花費的就絕對值而言增加很多，在其他方面的花費相對而言就沒增加那麼多。因此，支出結構還是停留在幾乎和技術工人一樣的水準。不過幾個項目則非常明顯增加（小家電、保養和維修的費用、美容／美髮、電話、書籍／報刊／看戲、教育訓練費用、渡假的花費）（補充資料3）。

[6]　C. Roy, Les conditions de vie des ménages, exploitation triennale 1965-66-67, *Les collections de L'INSEE*, décembre 1973, M. 30.

　　在生活風格，甚至「生活風格化」方面最明顯的差異原則，還是因為他們受物質的限制和時間的緊迫而產生與外在世界客觀與主觀距離的差異上。如同美學稟賦本身就是對世界和他人保持距離，超然和從容稟性就是其中一個面向，這種稟賦我們都很難以主觀稱之，因為它實在被非常客觀地內在化了，只有在相對窘迫的生存條件才能發展出來。由於必須屈服於基本需求，使得大眾階級傾向於一種實用和功能性的「美學」，拒絕形式和所有毫無收穫和無聊的為藝術而藝術。同時這也是他們日常生活存在和生活藝術的任何選擇的原則，此種生活藝術迫使他們排除任何純粹美學意圖之瘋狂[7]。這也就是為什麼比起其他階級，工人會最經常說他們喜歡整齊和清潔[8]、易於維持的居家布置或是品質好的衣服勝於總是被經濟需求所限定的衣服。雙倍謹慎小心衣著選擇同時「簡單」（像常說「可以到處穿」）又可百搭的衣服，也就是不太突出也盡可能不冒風險的衣著（「不會裝模作樣」、「實用」等）和「有賺到的」，也就是既是便宜又耐用的，廉價又「多功能使用的」，無疑是最合理的選擇策略，尤其一方面要顧及投入購買衣服的經濟資本和文化資本（更不用說時間），另一方面要顧及這種投資可以獲得的象徵性回報有多少（至少在工作上，譬如與職員不同）。

---

[7] 這大概也是同樣的「現實主義」使得他們排除政治或工會的行動，因為就其使用的方法而言（在他們印象中，一切都還停留在典型學生抗議形式），種種跡象看起來都像是純粹象徵性的樣子，尤其是他們鎖定的目標。

[8] 就像被支配的族群成員一樣，大眾階級的成員可能都以能揭穿支配階級之所以成為支配階級而製造的臉孔為榮。因此，對乾淨或老實（像他們常掛嘴邊的，「人窮，但老實」）的大眾崇拜無疑是顧慮到拒斥布爾喬亞偏見有關的某種東西，譬如某種展現節約的形式。同樣的，平反的意圖也是強迫說服自己「少的是錢」（不是品味），或是「如果我們有錢，就會買下來」（或「就會穿得像樣點」）之類論述之原則。

　　總是不在外工作的女性（59%相對於47%）以及從來不讀女性雜誌的女性最常會說：「她們較傾向不在乎流行」，而且在工匠和小商人、農場主和工人（分別是62, 61和55%）的女性會比高級主管、自由業、大商人或工業主（43%）的女性身上更清楚。同樣的，擔心「跟不上流行」者在中級主管或職員的妻子身上明顯地較高，而「最實用和最經濟的」（隨著年齡的增高，這種選擇會越頻繁，而且在不工作的女性比其他人更是非常普遍）則比較是農場主、工匠或小商人和工人的妻子的選擇（最後兩個範疇最傾向於說她們都是以丈夫的偏好為主要的考量）。最後，選擇「經典」的衣著（勝於「精緻」、「不盲從」或「運動」），就像選擇「最實用和最經濟」的衣服一樣，會隨著年齡增高而增加，而隨著閱讀《ELLE》雜誌（投資於穿著打扮的重要指標）而呈現相反的變異。「經典」衣著的選擇尤其在農場主（67%）和工人（59%）的妻子身上最常見到，但是布爾喬亞的女人，比較不傾向做這種選擇（39%），卻比較多人選擇「運動」或「精緻」的衣服（補充資料42）。另外一個有趣的觀察是大眾階級的女人很少會在服飾上投資，也比較不傾向投資在這個方面的美感追求，她們相對而言比較多數的人是在市場，透過郵購或在「平民的」大賣場買衣服，但是布爾喬亞的女人則傾向於將其服飾的購買保留到精品店或高級的百貨公司（補充資料45）。在美容方面也是同樣的邏輯，大量在這個主題市場調查都同意並顯示大眾階級的婦女將化妝品和美容保養品的花費降到最低（但這方面的花費會隨著從農場主到工人，到工匠和小商人，到中級主管，到高級主管會有很明顯的增加）。就這樣她們呈現化妝的零度，而其複雜的程度（從只塗口紅，口紅＋粉底，口紅＋粉底＋睫毛膏，口紅＋粉底＋睫毛膏＋畫眉），金錢成本和尤其是投入時間會隨著越往社會階層上升而增加（根據上述的順序），至少到職員和中級主管為止。

　　因此，儘管似乎可從客觀的條件裡直接地減去這些消費，因為節省了不管如何都不太划算的金錢、時間和精力，大眾的文化實踐也是以基本需求的選擇為圭臬（「那不是給我們的」），不論就技術上的需求還是「實際操作」的意義而言（或用另一種語言來說，功能性），也就是說，必須「就只是剛好，不能再多」，經濟和社會的基本需求迫使「單純」和「樸實」的人注定只能有「簡單」又「節制」的品味。適應由慣習建構出來的稟賦裡所銘刻的客觀選擇機會，是所有現實主義選擇的依據。這種選擇以放棄不管如何也無法獲得的象徵性利益為基礎，將其實踐或物品減低到技術的功能性，剪個「清爽」的髮型、「很簡單的裙子」、「結實」的家具等等。於是，對大眾階級女人而言，沒有什麼比一些布爾喬亞的典型想法更覺得奇怪的，像是把居家的每一件都變成美學選擇的機會，直到浴室和廚房，這些被定義純粹只是功能性的地方，都要講究協調和美感，或更甚者在鍋子和壁廚的選擇上苛求純粹美學的標準。節慶的飲食和衣著要與每天的衣著和飲食不同，由一種約定俗成的武斷來區分，「做該做的事」「應該做點事」。同樣的，也必須有社交上指定用來裝飾的場所，客餐、餐廳或「起居室」相對於日常生活的場所，亦即根據類似於「裝飾」和「實用」的對反原則，然後根據既有的慣例，用小擺設飾裝飾壁爐，用小灌木叢裝飾在碗櫥之上，花束放在桌上，毫無任何勉強的選擇或特別去研究思考。這種遵從約定俗成的約定俗成主義其實也是大眾階級照相時的原則，依戀於某些約定俗成擺姿勢的慣例[9]，相反於布爾喬亞的形式主義以及在禮儀手冊和女性雜誌大肆吹捧的為藝術而藝術的所有形式。不僅照相如此，接待藝術、擺桌藝術、當媽媽的藝術也是如此。這樣做除了能保障最起碼的風險之外，特別是在我們幾

---

[9]　參見 P. Bourdieu, *Un art moyen*, Paris, Ed. de Minuit, 1965, pp.54-64.

乎並不具任何確定想法時，「選擇」「做該做的」或「一般人會怎麼
做」的（居家商品的售貨員最懂得對大眾的不確定感施行「這是這樣
做的」的權力）就會很自然而然地以追求「實用」及拒絕「矯揉造
作」或「扭扭捏捏」為原則的實用經濟一部分[10]。就算是在支配者的標
準看來，最「不理性」的選擇都似乎還是因為基本需求的品味——當
然，因為沒有文化資本而缺乏資訊和專業能力造成的所有負面效應：
例如，對新奇的小飾物和障眼法的小玩意的品味偏好，在「起居室」
和「玄關」布滿了從市場買來的小擺飾和小東西，一種不為人知的經
濟和日常美學之意圖：因為以最小的花費獲得最大的「效果」（「這製
造不少的效果」），這種表現手法，剛好是在布爾喬亞品味看來甚至
是粗俗的品味（區判的其中一個意圖即以最大的時間、金錢和才智產
生最小的可能效果）。那些贗品或劣質商品要不是可以不花什麼錢就
可以製造很多的效果，那麼人們怎麼還會容許這種「瘋狂」事，就像
俗話說的「不花什麼錢就買到了」？商店的小販和促銷專家都知道儘
管消費者都會提高門檻和自我檢查來防止不必要的浪費，也都會因為
禁止的消費「有賺頭」而購買：強迫自己不看顏色來說服自己只集中
在便宜價格的出清沙發，因為它是你夢想以久「放在電視前面的」，
或是不會穿的尼龍裙還是把它買下來了，因為它在打折，但是我曾經
「發誓不再穿尼龍的衣服了」。

　　如果還需要進一步證明屈服於基本需求就是需求的品味，只要想
想拒絕將家務的日常生活管理交付於理性計算限制和形式生活的原
則（「萬物皆有其位」、「萬物皆有其時」等等）所造成的時間與精力
的浪費。而這只是在表面上看起來對反於拒絕將時間花在保養其健康

---

[10] 參見，Y. Delsaut, L'économie du langage populaire, *Actes de la recherche en sciences sociales*, 1975. 4, pp.33-40.

（傾聽你的身體）及其外貌（精心打扮自己）：事實上，這兩種生活風格的特徵見證了大眾階級的女性，作為雙重地被支配者，她們不得不承認沒有花足夠的時間，也不夠努力來使她們自己更有價值，她們唯一可以毫不計較的花費就是去操心如何愛惜以及節省時間與精力。如果要的話也可說，*她們不夠重視自己*（再說她們在勞動市場上也沒多少價值，不同於布爾喬亞女人有能力的勞動心神和精心保養的身體），因為若沒有一點點沾沾自喜，就無法花時間和精力來關注自己和打理自己，而給予其身體無時無刻的保養、操心和注意力，這卻是讓自己有自信或保持健康、苗條和美麗所必須的[11]。

　　整個匯聚起來的指標都傾向於顯示，大眾階級的女性比其他階級的女性給與其身體比較少的價值和興趣：例如，40.2%的女性農務從事者和36.0%的女性工人在美容方面自我評價低於平均值，相對於24.2%的支配階級女性和33.2%的中產階級女性在這方面自我評價低於平均值。13.0%的女性農務從事者和14.0%的女性工人，相對於10.1%的支配階級女性和7.6%的中產階級女性自認為看起來比實際年齡老。而大眾階級的女人幾乎永遠都覺得比其他階級的女人差（除了皮膚、鼻子和手外）。此外，她們也較不認為美麗有價值，也很一致地花比較少的時間、金錢和興趣在所有的身體保養。（補充資料44）

　　回到自己位置的提醒（Les rappels à l'ordre）（「她把自己當誰啊！」「這不是給像我們這種人」），即在說明從眾的原則，這是大眾階級唯一明顯的規範，其目標是要鼓勵在任何情況下都被客觀條件所強迫的「合理」選擇，另外也要注意小心任何想要以認同其他團體來

---

[11] 在此我們可以找到大眾階級的女性作為女性主義要求的形象來源。

自我區判的野心，亦即不斷地提醒社會地位的團結。不同階級之間的文化實踐和偏好差異很大，因為每一個人在其周遭，可以為其文化經驗和所發表的意見找到有價值的「市場」之機會幾乎相當於他們接觸這些經驗的機會。這些經驗又毫無疑問地決定了這些機會：大眾階級成員對他們可取得的主流文化作品表現出低度興趣——主要還是透過電視——不只是因為他們沒有能力或不熟悉，而是因為和電視一樣，即使是以粗俗聞名的節目還是充滿了布爾喬亞的談話（補充資料6），典型布爾喬亞談話的主題：展覽（按：包括商展）、看戲、演奏會或甚至電影，不論在事實上和權利上都不在大眾的談話之中，因為他們只要發表意見就會被當作想要表現出自我區判的野心。回到自己位置最無情的提醒，無疑的只要說明大眾階級了不起的現實主義，其實是由可直接感覺到的同質性社會世界之封閉效應所建構出來的：沒有其他可能的說話方式，沒有其他生活風格，沒有其他親屬的關係。世界的可能性是關閉的。他人的期待和客觀條件對強化這個階級的稟性（或傾向）一樣重要。

　　某些話語和實踐之儀式化，甚至會變成刻板印象的運作，部分是因為太過嚴格執行從眾原則的效應：一個年齡成熟的男人去作客時必須接受喝些什麼東西；一個熟女穿一件相對於她的年齡太露的衣服也會被嚴厲地，甚至殘酷地批評（在她背後指指點點或開玩笑等）。然而，階級之間的巨大差異卻可以被容忍（「她〔布爾喬亞的女人〕真是有創意」，「她不像我們其他人」），因為這種差異會以其本質的差異來解釋（我們會說醫生娘「天生就為了化妝打扮」）。但是卻不能忍受同一個階級成員之間（或出身於這個階級的人）稍微的差距或稍微的偏差言行，因為在這種情況下，差異只會是為了展現自我區判的意志而已，亦即拒斥或棄絕這個團體（也因此人們常會對和其家族決

裂的布爾喬亞兒子抱以同情的偏見，但是卻對想要做其他事的工人兒子批評指責）[12]。

　　如果說特別針對男性禁止在文化、語言和服飾方面各式各樣的「野心」，不只是因為禁止他們對美感的追求，尤其是在美容和服飾方面是女性專有的，這種基於性道德以及性別的勞動分工比其他階級更較嚴格的再現[13]。也不只是因為這些野心或多或少混雜著令人聯想起那些被視之為布爾喬亞特性的稟性或儀態（「扭扭捏捏」，「裝腔作態」等等），或是那些準備將自己屈從於布爾喬亞們的要求，以便被他們接受，其中又以「走狗」或「玻璃」等常聽到的辱罵最能呈現其極限。同時也是因為屈從這些要求會同時被視為是娘娘腔又是布爾喬亞，成為某種雙重背棄男子氣概，雙重屈膝的指標，因為日常生活的語言很自然而然地會以性支配的邏輯和字彙來思考並表達所有的支配形式。

---

[12] 其實被罵的，不見得是差異，而是表現出想要和人區別的意圖，因為界定布爾喬亞的「天生」差異和其大眾階級自身的「簡樸」一樣容易被接受，只要這種「簡樸」不是某種負面判斷區判的意圖之產物即可。只有對那些曾經在政治上或工會打滾過的人才能看得到並且揭發這種差異的真正面目，那些其他人會說「他是搞政治的」，暗示著「已經潦下去的人」、「實實在在做事的人」、「不會輕易放過任何事的人」。因此我們可以看到任何形式的父權的屈尊策略都可以從這種稟賦的人身上提取利益。

[13] 全部所有的指標都傾向於顯示在一切與性和性別的勞動分工有關的事物上，大眾階級仍然是最固著於較嚴格的道德標準。因此，在服飾方面，可能是基於功能性的理由，大眾階級〔的女性〕比其他階級的〔的女性〕更能接受在工作時穿長褲，但在家或外出時拒絕穿長褲。同樣的她們也永遠都非常不贊同穿迷你裙，尤其是工作和外出時（*Sondage*; n°1, 1968; p.79.）。工人和尤其是農人最不傾向（34%和53.2%）於認為男子氣概不重要，相對於中級主管（57%）和高級主管（59%）。那些認為在生命中肉體之愛很重要的比例會隨著社會階層的上升而稍微地增加；相反的，那些認為他們一生之中只愛過一個人的比例會隨著社會階層的上升而降低，同樣的，那些認為不能同時愛兩個人的比例或愛主要是帶來溫情（勝於例如肉體享樂）或認為情色或不貞會殺死愛情的比例，會隨著社會階層的上升而降低（補充資料46）。

　　而且這不僅止於在思考上，將大眾階級和支配階級（特別尤其是此一階級的被支配派系）的對立，以相似的方式組織起男性與女性的對立，也就是說根據強者與弱者，葷（食物或笑話）與素（或精緻）等等。因此，在食物方面，大眾階級（大概男性會多於女性）相對反於其他階級，就如同男性相對反於女性的飲食：例如我們發現高級主管比其他的社會階級（農人除外）有更多的人每天早餐時喝牛奶（59%相對於42%的工人），就像女性整體而言也比男性更多人做此項消費；巧克力的消費也是如此（12%的高級主管相對於5%的工人及5%的農人，性別的差異在這個情況則不明顯）。至於茶則是典型布爾喬亞（27%的高級主管相對於3%的工人以及0%的農人）和女人的飲品。但是大眾階級則在其早餐之中給予鹹的和飽食的，這類很明顯是男性食物的很重要的位置，像是濃湯，幾乎只有農人在早餐時喝，或是肉類（46%的農人和17%的工人相對於6%的高級主管說他們偶爾會吃而已），還有乳酪消費，高級主管和自由業很明顯地第一名（40%說每天都會消費相對於29%的農人以及11%的工人）；至於溫和及甜的，像是果醬和蜂蜜很明顯地畢竟是女性消費為主（只有38%男性說他們有時候會吃，相對於63%的女性——補充資料48）[14]。此外我們也知道，整體而言，社會建構的性別差異會隨著社會階層往上升而傾向於轉弱，尤其是在支配階級的被支配派系的女性，她們較傾向於具備最典型男性特徵的能力，閱讀政治有關的報導或評論；而這些階級派系的男性也會遲疑地表現出他們像是在品味方面的興趣和

---

[14] 同樣的對立關係也可以在更早的研究調查中看到：早餐吃鹹食（蛋、火腿、香腸、肉醬或乳酪）的人之比例會從農人或工人越往職員到高級主管而減少，但是早餐吃甜的（果醬、蜂蜜或水果）的人之比例則會以相反的方式變異（參見，H.Gournell et A. Szakvary, Enquête sur le petit déjeuner en France, *Actes d'hygiène de langue française*, T. 3, n° 2, mai-juin 1967, p.28）。

稟賦，像是那些可能會被視為「很娘」的東西[15]。

　　在進一步應用演化論者所謂文化慣性或「文化遲滯」來探討支配
階級如何將他們存在或做事的方式當作應該完成的責任之前，應該先
自問大眾對身體力氣的評價，是否將它視之為男子氣概以及任何可
以製造或提升它的東西（如重口味食物或烈酒〔nourriture et boisson
« fortes »〕），不論是食材還是味道，或需要體力的操練和工作等）
的最基本面向之一[16]。這難道不是為了與農婦及工廠女工維持一種可理
解的關係嗎？因為相對於文化生產與勞動市場的運作法則要減少肌肉
的力量的其他階級的女性，她們的勞動力更依靠它[17]。還有不能忘記像
工人這種階級，他們擁有的只有勞動的體力，除這種體力外，沒有什
麼可以用來對抗其他階級。因此其戰爭力只能依靠其成員身體的力量
與勇氣，及其眾多的人數，這也就是為何他們要強調其階級的意識及
團結一致，或你要的話，團結力量的意志。

　　這也就是說若忽略了道德化（或去道德化）行動的純粹政治所
產生的效應，那就大錯特錯了，這種效應透過新興的道德治療（女
性雜誌、週刊、廣播節目等）作為媒介來運用的。就如同少數幾個的

---

[15] 無疑的，最能容忍違背性別勞動分工的規範的部分原因可能是，著名且出櫃的同性
　　戀比例會隨著社會階層上升而呈現非常明顯的增加（也會隨著人口聚集密度的大小
　　而增加）：受訪者之中自稱「在他朋友周遭認識同性戀」的比例會從農人的10%到
　　工人的16%，22%的小商人和工匠，25%的中級主管和職員，以及37%的工廠主、
　　高級主管、自由業主和大商人，而且也會從10%的少於兩千人的聚落到38%大巴黎
　　地區的生活圈（補充資料47）。
[16] 說話時有時候會動用性別勞動分工的架構，其中包涵著個人與集體認同的再現（例
　　如工人在依職業分類時，會把所有非體力勞動職業的人都放在同一類別，並說「那
　　全都是娘炮！」），事實上意有所指的比較不是該實踐的性別本身面向，而是要表達
　　與兩性有關的身份地位上的德行與能力，亦即有力與無能，主動和被動。
[17] 這個事實也很具體地提醒我們隨著年老力衰，其勞動力很快就貶值了。

「後來定居的貝內雅克人（Bénéjacquois），布呂阿（François Bruat）今晚將在奈鎮（Nay）衛冕他乾豆大食客的法國冠軍頭銜（15分鐘2.7公斤），布拉美（Henri Bouramé），波城人（Palois），今年會挑戰成功嗎？

就像拳擊賽一樣，他們脖子上圍著餐布，在觀眾圍觀的擂台面前，衝向還在冒煙的白豆煮五花肉盤子。

我要把你吞下去，一匙是為了瓦蘭（Verlaine），另一匙是為了蘭波（Rimbaud），還有一匙是為了西莽‧巴雷（Simin Palay）……

不應該答應他們的，我不斷打嗝，喘不過氣來，一仰而盡這些豆子，嘴巴嚼得好酸……

你還要再吃一盤？觀眾要求再來一盤，為他們最愛的貝內雅克人布呂阿加油，法國冠軍頭銜的保持人。某種大胃王界的雷蒙‧布里多（Raymond Poulidor）（按：環法自行車冠軍車手），吃的速度打敗天下無敵手，又再次500克一盤接一盤地繼續挺進，果真是正狼吞虎嚥的人。

兩頰塞得鼓鼓的，肚子也這麼大！

雙方擺出蘭開夏式摔跤選手的架勢，只為挫敗對手。

繼續拚第三盤，嘿！原來是跟進！」

《庇里牛斯山共和報》，1978 年 7 月

農民個案所顯示的，支配階級的生活風格的強制性以及身體主流形象已損及其特定的再生產條件（像是農場經營者的單身狀況），甚至損及生存本身，因為所危害的是他們作為一個有能力定義其自我認同的階級。因此，大眾階級的男子氣概可能是被支配階級獨立自主的最後避難所之一，在此他們能夠自己生產其自身形象，亦即作為一個能夠自我實現的人和社會世界，然而工人階級成員所依戀的男子氣概之價值卻不斷地被質疑而飽受威脅，但這卻是他們作為一個階級自我肯定最獨立自主的形式之一。而且階級認同及其一致性最基本的原則，那些仍然是不自知的原則，事實上主要的影響關鍵還是在於與身體的關係，甚至可能到達被支配階級只透過支配者的凝視來掌握自己作為一個階級的存在，亦即是相對於支配階級所界定的身體及其使用方式來認識自己作為一個階級。也就是說，在這領域，就像其他那些並非被政治地建構出來的領域一樣重要，所有對〔身體形象的〕強制效應之集體反抗都不可能有實現的機會，除非是以支配者的分類方式進行的負面評價的特質（依據「越黑越美」〔Black is beautiful〕）或是創造能夠正面地評價的新特質。因此，對被支配階級來說，就只剩下兩個選項：不是忠於自己及其團體（永遠可能會重新落入為自己感到羞恥的窠臼之中），就是各自努力將自己同化於支配者所界定的理想範式，而這種理想範式與想要集體地重新掌握社會認同的抱負是背道而馳的（像是美國女性主義者高舉「自然打扮」的集體抗暴所追求的類型）。

支配的效應

適應被支配的位置意味一種接受支配的形式。政治動員的效應本身只能很勉強地抵銷一種無法避免地依賴自我評價的效應，這種自我評價是與早在教育市場裡就已經被預先合理化，以職業地位和薪資來

衡量社會價值的符號有關。我們很容易就可以列舉被支配階級生活風格的特徵，像是無力感、失敗或失去文化尊嚴，一種以支配者所界定的價值為認同的形式。就如同葛蘭西（Gramsci）曾經說過的，工人就其所有稟性或傾向的各個方面來看，天生就易於轉化成劊子手（執行者）。沒有任何奢侈品的消費，威士忌或名畫，香檳或音樂會，郵輪或藝術展，魚子醬或古董，大眾階級的生活風格是以稀有物的廉價替代品充斥為其特徵，起泡的白酒當作香檳，假皮取代真皮，仿製的名畫取代名畫，典型被貶低到接受次級品的指標，認為別人定義為好的東西才值得被擁有的。透過大量發行的文化產品，像是作曲結構簡單且重覆的音樂容易引起被動且心不在焉的參與者共鳴，或是針對大量電視觀眾，由新類型文化生產工程師所設計的一大系列預製的綜藝節目，尤其是把專業和業餘完全切割開來而聞名的大型運動節目，玄學奧修技術的高手或具有異於常人的「超能力者」，甚至，剝奪他們自己去定義其自身的目標，以一種陰險的形式更加倍去認同被剝奪的狀態。對大眾文化的生產之批評，其中阿多諾長期以來就已經在大量發行的音樂之形式本身、使用以及其異化的工作環境之間建立了直接又天真的對應關係，無疑的基本上有其解釋的效力，就像某些對運動的批評。畢竟這種批評可以站在民粹式、無可非議的倫理高度來表達一種業餘者的懷舊情感和反感，這事實上反而掩蓋了最根本的[18]：就是

---

[18] 參見，T.W. Adorno, "On Popular Music", Studies in Philosophy and Social Sciences, 9, 1941.其實很容易就可以證明，例如透過唱片和收音機，最主流的音樂比起「大眾（或受歡迎的）」音樂並非就不會被拿來做被動和間歇性使用的對象，只是其價值卻不那麼容易被貶低，也比較不會跟大眾音樂一樣，將異化的效應歸罪於最主流的音樂。至於音樂形式的重覆特性，在基督教傳統額我略聖歌（le chant grégorien）被發揮到極致的程度（卻被高度的評價）；另外還有許多現今被視為高度文化水準的中世紀音樂，以及大量17和18世紀的娛樂性音樂，一開始也都是為了「當做背景音樂」在聽的。

並不只是在音樂和運動的領域，一般人被簡化成「迷」的角色，這種幾乎被激進的社運分子反諷的形象，注定要狂熱地參與其中（有時甚至到沙文主義的地步），而通常也是很被動和虛幻的，因為這只不過是一種被專家剝奪後獲得補償的錯覺而已。因為，這與「大眾」（而實際上是「菁英」的）文化產品的複製有關，不論活化和強化。因此不只電視台或辦公室的單調重覆，而是以工人經驗世界為基礎的社會關係，使得勞動與勞動產物，即「所有的作品」（*opus proprium*）在勞動者面前變成了「異化勞動」（*opus alienum*）。而這種被剝奪狀態從來沒有如此地不被承認，雖然心照不宣的承認，但是一旦隨著機器自動化的進步，經濟的剝奪又更加深了文化的剝奪，而後者則是提供前者最好的合理化藉口。由於不具有內化的（根據主流定義的）文化資本，這是在技術項目上擁有客觀化文化資本的前提條件，一般的工人都是被機器和服侍它們勝於使用它們的工具所支配，以及被那些擁有合法支配他們手段的，亦即會理論工具的人所支配。由於在工廠一如在學校都在教人去尊敬那些無用、無關痛癢的知識，其目的是以科學和教學的理由，在非常牢固的層級化個人與活動之間，建立一種關係可以直接給予「與生俱來」的威權，一般工人在面對這種主流文化時，就像某種命令的來源一樣，不需要證明其實際的效用就能夠具有其正當性。文化資本最貧乏的人也許有追求主流文化的作品（或甚至眾多娛樂產業所提供他們事先錄製的表演節目）之經驗，只不過是更根本和更常見的經驗中的一種形式而已。更常見也更根本的經驗是介於實用、局部、說不出來的知識與有系統、明確的理論知識（其趨勢已經延展到政治的場域）之間的區分，介於科學與技術之間，理論與實用之間，介於「概念」和「執行」之間的區分，介於「知識分子」或「創意家」（賦予其「原創」或「個性化」作品的專有名詞，也因此成為其〔智慧〕財產）與「體力勞動者」（只是一個超越其意願的

單純僕人，以及在實際操作時已經被剝奪思考的執行人）之間的區分[19]。

學校教育體系是制度化的分類系統之操作者，這種分類系統本身就是一種客觀化類別系統以變形的方式複製社會世界的等級，根據相應於社會階級不同的「等級」和極大化地反映出社會分工的專業和學科分工來分門別類。像是理論與實作、構想與執行之間的對立，這種表面看起來全完中立的，事實上是社會分類轉換了教育的分類，並且建立起層級的關係。這種層級關係在實際的感受上並非純粹是技術性的，因此是局部的且片面單向的，而是全面的，自然而然形成的層級關係，因此會將社會的價值等同於「個人」的價值，而將文憑的尊嚴等同於人性的尊嚴。被視為可以保障學校文憑的「文化」，事實上是在其支配性定義下，一個完美的人的其中一個基本的組成元素而已，以至於缺乏的人會被視為一種本質的殘缺，會損及一個人的認同及其尊嚴一樣，注定要在所有必須「公開露面」，在別人面前展現其身體、儀態及語言的正式場合保持沉默[20]。

由於誤解學校教育所扮演的社會決定因素（也因此誤解了社會軌跡所扮演的關鍵角色），而賦予學校文憑一種價值認為此乃與生俱有的權利，而使學校成為維持社會秩序的重要機構之一。無疑的是在

---

[19]「在8月8日《星期日西南報》（*Sud-Ouest Dimanche*）出現一幅將雷諾R5改裝成4個坐位的敞篷小汽車的照片，下面標題寫著：『當一位集高級轎車設計師和高級時裝設計師於一身的人為一部車穿衣服時』，把高級轎車的修理師傅羅爾（Lohr）介紹成一個汽車改裝的作者，事實上完全不是這回事，是我構思這部車的藍圖，當初是為了時裝名牌卡夏爾（Cacharel）所設計的，所以保留其藝術的特質。也是我親自到車廠去監督其製造到完成，修理師傅只負責技術的部分而已。如果下面的標題改成：「當一位集藝術家和高級時裝設計師於一身的人來改裝車時」會更貼近真實（讀者回函，1976年8月22日《星期日西南報》）。

[20] 就像這位貝亞恩地區的（Béarnais）的農夫，解釋為什麼他不敢想像自己成為鎮長，雖然他在市民選舉時獲得最大多數的選票支持，他說：「我不會講話！」。

教育和文化領域，被支配階級的成員最沒有機會去發掘其客觀的利益以及製造和強制符合他們利益的提問方式。事實上，在社會與經濟決定因素裡意識到文化剝奪，幾乎會隨著文化上被剝奪狀況相反而變化（就像表26和27所清楚顯示的）。至於所謂超凡魅力之意識形態，歸因於個人特質及其天賦才能或功動，或對其社會命運的全部責任，則遠遠超越學校教育的系統而發揮它的影響力。因為只有在等級關係才能部分獲得主流的正當性，就連被支配者本身都認可這種等級關係，而含糊不清地意識到參與了「受教」和無知之間的對立關係。

　　在工人階級之中最能明顯察覺到的正式差別（亦即官方所記錄的職稱和薪資）就是資歷和（技術或一般的）教育訓練。但是我們可以質問這些，尤其在工頭身上，是以保證其能力的文憑還是以「道德」的證明書，亦即從眾，乃至於柔順程度來衡量的。因為沒有任何文憑的人的比例（或出生自一位沒讀過什麼書的父親）會從體力勞動者，中間經過專業工人和技術工人，最後到領班工頭而會循序明顯減少。而禁欲的稟性或傾向的不同指標也經常與社會流動的野心有關，像是生殖率或體操和游泳的運動實踐會隨著文化學習意志的趨向而有所變

表26　認為影響成功與否的社會因素變異

	求學成功的關鍵在於			職場成功的關鍵在於				
	不知道	聰明才智	社會出身	不知道	職業道德	社會出身	聰明才智	教育程度
農業從業員	6	65	29	–	51	13	21	15
工人	3	55	42	2	48	11	19	20
工匠商人	1	74	25	–	45	9	35	11
中級主管	4	45	51	2	34	18	28	18
高級主管	4	52	44	5	34	18	35	8

資料來源：法國市場調查公司（Sofres），1971年1月。

表27 認為是減緩不均等的最佳方法的變異

減緩法國年輕人機會不均等的最佳方法是：	農業從事人員	工人	老闆	職員中級主管	高級主管自由業
徹底改革遺產制度	–	3	–	1	6
教育完全民主化	10.5	16.5	–	25	29.5
增加弱勢的社會福利	38	50.5	71	49	23.5
私人企業國有化	–	4	–	3.5	–
提高國家經濟成長	24	20	8	18	38
無意見	27.5	6	21	3.5	3

資料來源：法國市場調查公司（Sofres），1970年。

異；參觀城堡或紀念館，看戲或聽音樂會的頻繁程度，唱片的收藏和是否在圖書館辦借書卡亦是。然而，我們卻不該因此論斷位居工人階級最高層的勞動者與小布爾喬亞最底層的人是混淆不分的。他們以好幾種方式彼此區隔：首先，這樣的差別

對社會出身效應的意識在工匠和商人、農業從事人員和工人身上尤其特別低，但在高級主管身上，他們認同這些效應，但卻不會排擠對聰明才智價值的依戀[21]。

甚至會呈現在他們（工頭或領班）是否利用其休閒的時間做體力勞動的工作（53.9%的工頭和50.8%的技術工人每週至少在家裡修修

[21] 所有的跡象都顯示，若要大眾階級認可他們在教育方面的階級利益，他們至少必須投入整個教育學習的程序，才能發現「學校是一股保守力量」之前必須要有「學校是一股解放力量」的先前經驗。因此吾人發現出身中產和大眾階級的學生往往對「民主」的問題最敏感，雖然他們常常對支配整個教育機構的神格魅力的價值非常迷戀。尤其是在最沒有價值的科系和學科，以及在發現獲得的文憑貶值後被降格的經驗才會最強烈，這才是最易於觸發集體意識的來源。

補補一次)。其次,他們與大眾生活風格的團結一致表現在任何一個
領域:消費、閱讀、休閒,尤其是在所有觸及象徵化社會位置的東
西,像是服裝方面,都會比專業工人和體力勞動工人表現得稍微不那
麼節省一點,但是他們對衣著的關注並不會表現得像職員以上典型的
非勞動工作者一樣。總之,所有的跡象都顯示技術工人和工頭,他們
往往屈服於從眾原則,但是職員,至少在心理上都早就已經超越了真
正的界線,不論在生活風格或政治位置的取得都是如此[22]。

　　前者〔工頭或領班〕比較不會像後者〔職員〕表現出想要與最典
型殺時間的大眾娛樂保持距離的憂慮,像是露天園遊會或運動競賽:
他們之中有60.4%(以及58.2%的專業工人和體力勞動者)說他們至
少在最近一年去過露天園遊會,相對於49.5%的職員,49.6%的中級
主管去過;我們也知道工人就其整體而言稍微較常觀看運動節目或馬
戲團表演,但是中級主管和職員則看比較多科學、歷史和文學性節目
(補充資料7)。就幾乎相同的收入水準而言,工人食物花費比較多,
人身保養方面(衣著、衛生、理髮、醫藥)的預算比較不會占太重的
比例(補充資料3):在職員之間,85.6%的男人會花費購買可以穿出
去的衣服,女人則是83.7%。工人也會在較便宜的商店購買同樣的衣
服(例如只有職員大衣花費的83%,外套花費的68.7%,鞋子花費的
83.5%,女性方面的差異又比這個更明顯)。而且尤其是衣服的選擇

---

[22] 若能進行一項純粹的語言學分析去探討這種界線是如何被界定出來的,一定很有
　　趣。若我們接受調查者「社會感」的判決,最好的測量尺度並非受訪者所使用的語
　　言之程度,而是面對文化水準高(運用學校所用來分類語言與發音的分類法)的訪
　　談者時所表現出來的社會形象,事實上這種差異尤其是在工人(以及工匠和小商人)
　　與職員之間表現得特別明顯:前者只有42%說話說得「正確」,但77%職員可以說
　　得「正確」(此外還要加上4%得說一口精煉正確的語言,這是在工人身上完全看不
　　到的);同樣說話「沒有口音」的也從工人的12.5%到職員的28%。

「為別人做很多工」的領班

　　L先生，61歲。從14歲半就在法國國家鐵路做學徒工人，然後才成為工人，到現在變成領班：「負責旅客拖運行李」。她太太，52歲，沒有工作，只有初中畢業，曾想要找一份工作。他們育有四個小孩，長子是程式設計師、次子多明尼各教派的僧侶，三女曾做過秘書，婚後不再工作，最後一個還在準備高中會考。他們住在格勒諾勃市的一棟社會住宅的公寓。

「必須懂很多事情……」

　　L先生為這個公寓房子做了很多的事情：「你只要仔細看就知道，以前這有一間房，那有一間房。因為人數眾多，我們真的覺得被關在一起。啊！我就把牆打掉，變得多一點空間，可以坐得下更多的人，尤其是全家人（……）應該要有一些空間，尤其當我兒子帶朋友來家裡時，就需要更多的空間，跳舞、玩」。家具大部分都是從突尼西亞買的，因為他們在那裡住過好幾年。舊貨商和古董商全都是不老實、滑頭的奸商（……）」，他太太接著說：「要懂得很多事情（……），但我們不懂得那些東西的價值，這就是為什麼我先生會說都是不老實的奸商，常常會被騙，用假貨當真品賣，而且你看到那價格沒有……」

「我知道要怎麼用它」

　　家裡不是一座「美術館」：小擺設和花瓶「只會招來灰塵而已」。家裡裝飾的不同物件，大部分都是孩子和朋友的禮物而已，或是「撿回來的」，全都有其「利用價值」。L太太不會買任何東西，除非「在家裡找到擺設的位置」。「這個花瓶，是因為我曾經需要一個花瓶，因為必須要有花。那時候有朋友問我需要什麼？我就說一個花瓶，朋友就送給我一個花瓶。但那是因為我知道要怎麼用它。」小孩子非常清楚不應該買那些沒有用處的東西或只放在碗

櫃裡的東西。必須要有一個地方放才行。不然，我不喜歡只為了整理而買的東西」。他們大部分去家樂福、里克（Record）或新商城（Nouvelles Galeries）等地方去買東西。「我不喜歡逛街，我會去大超市，幾乎什麼都有，好好的選卻不需要跑來跑去」。L先生也說，他渡假的時候一定都是先「去市場走走」。「我很在意買東西的價格和品質，若我閉著眼睛買，人家就會亂塞東西給我」。

「現在，我心繫工作」

不久前，他們在格勒諾勃近郊的山上買了一間獨棟小房子。這房子是他們的朋友（以前是工程師）幾年前想要讓給他們的。過去三年他們做了很多的工程；「全都破破爛爛的，我爬上二樓，卻掉在一樓……也沒有水管，水流得到處都是」。他自己一個人把所有東西都整修完成。「你知道我以前在鐵路局做學徒，學徒什麼都必須做，實習、掃廁所三個月、電焊三個月……所以對這個行業很熟悉」。他們打算把這房子蓋成主要居住的地方：「現在我心繫工作，現在房子是我的了，我不再只為別人工作，我做夠了也被剝削夠了。」

「42歲才開始滑雪」

我很喜歡「冬天寒冷及下雪，但不喜歡滑雪」：「怕受傷，只會跟我的孫子玩小雪撬。因為曾和姐夫在突尼西亞發生車禍，手腕受傷，你沒看到我手腕變成什麼樣子（……）所以我只玩小雪撬，坐在上面，不擔心會跌倒」（他太太也是42歲才開始滑雪），「因為孩子的關係」）「是去陪小孩，因為不想整天在咖啡店大眼瞪小眼，或在車上凍得半死」。年輕的時候，「做很多運動，踢足球」。

「最後還是必須喜歡它」

他有時候也會自己開伙：「有時候太太放假或去她姐姐家，自己一個人在家時，我寧可自己開伙，也不想去我媽家或小姨子家吃

飯」。當他太太想要「討人歡心」時,「會從她的食譜裡想菜色」;「我完全不同意我的小孩,因為他們說『應該要做我喜歡的東西』。我則會說『在生命中,往往開始的時候必須做我們自己不喜歡的東西,最後還是必須喜歡它』。「餐桌上的酒,我會去家樂福買,因為比較便宜。像11°一瓶1.40法郎,你在外面買2.35吧!」

「總是有很多事情可以做」

　　渡假的時候,他們會去露營:「在海邊,會去游泳(⋯⋯)、我很喜歡去撿貝(⋯⋯),在山上,我會去採香菇,也會去撿蝸牛,天啊!總是有很多事情可以做」。她太太接口說,上一次渡假「有點失望,就是因為沒有什好採撿的(⋯⋯)他不想坐著不動,必須要做點什麼事情,這也就是為什麼會選擇露營的渡假方式,因為不喜歡去旅館、去餐廳」,但是這裡呢,他一方面忙著購物,當然還有游泳,做該做的事。然後會到附近走走看看(⋯⋯)。我們去義大利的時候,大概到處都去過,就喜歡去古老的地方,去考古遺跡,但我先生比較不喜歡。就個人而言,我會參加文化營隊,因為我也有興趣」。

「馬戲團、星光大道、居伊・路克斯(Guy Lux)的綜藝節目」

　　他也會看電視,「看足球賽、自行車賽、運動賽事:為了看世界盃,2、3年前,還會半夜1、2點起床看足球賽」。其他的就不太看了:「我喜歡看西部片,若是有古裝的武俠片也喜歡。但若是戲劇,或類似的東西,我很快就睡著了」。至於他太太則比較喜歡看戲劇,他還說她很喜歡「馬戲團、星光大道、居伊・路克斯的綜藝節目(⋯⋯)」。她不會看球賽節目,「太緊張了」,但會看報紙的「球賽結果」。他自己不會去買報紙,但會撿旅客留下來的報紙;昨天晚上,就這樣他又撿了《費加洛報》、《晨曦報》、《鴨鳴報》、《新觀察家》;她太太說:「在他撿來的報紙當中,他比較會看《晨曦報》,看車禍、打架之類的新聞,而《世界報》則會看政

治新聞」。「看偵探小說，莫理斯・盧布朗（Maurice Leblanc），澤瓦科（Michel Zevaco）」「任何舞刀弄劍的東西到了我手上我都讀，否則，我就沒有太大的興趣，我上床，會立刻拿起報紙，讓我好入睡。」（他太太被拋在一旁，去社區的圖書館，最近讀了索忍尼辛《癌病房》〔Le pavillon des canéreux〕，聖彼得的米歇爾〔Michel de Saint-Pierre〕，彼得—享利・西蒙〔Pierre-Henri Simon〕，芭杜麗葉〔Françoise Parturier〕的書信集，也會買她「認為有價值」的書）。

「別問我經典作曲家的名字」

年輕時，他「玩過單簧管，後來就踢足球，因為無法兩者兼顧，就放棄了。現在我會鼓勵我的孩子學音樂，因為我喜歡音樂。「韋瓦第，很好聽，很悅耳的音樂，很吸引人而已；貝多芬，也很好，音樂很柔和（……）。別問我經典作曲家的名字，除了貝多芬、蕭邦、巴赫或之類的東西，但之後，其他的就不用說了（……）」。他們有些唱片收藏，主要是舞蹈音樂。歌手方面，他喜歡希拉：「有兩個人真的令我受不了，就是雪兒薇・瓦丹（Sylvie Vartan）和居伊・琵雅（Guy Béart）」（他太太則尤其欣賞瑪麗・拉福萊〔Marie Laforêt〕、歌伴合唱團〔Les Compagnons de la Chanson〕、慕斯塔基〔Moustaki〕。）

「它呈現出某些東西」

他們很少去看電影：「家裡就有電視了，為什麼還要出去看電影」。去巴黎時，會去夏特雷劇院看「《白馬客棧》（L'auberge du cheval blanc）、《金羊毛》（La Toison d'or），去巴黎莫加多爾戲院（Mogadorles）去看過維也納的華爾滋（valses de Vienne）」。結婚後，就沒有再看過歌劇了，當他還年輕時，曾看過也喜歡《托斯卡》，《茶花女》。他們第一次去巴黎時，就「參觀過所有的美術館」：甚至格雷萬蠟像館（Grévin）、羅浮宮、凡爾賽宮、萬神殿，都去過一次」。「我喜歡繪畫，但不太認識畫家（……）。聽過哥

雅、皮蘭德婁、米開朗基羅，這類的人」。她太太看他這樣自白對畫
沒有太大興趣有點不好意思，急忙說：「啊！但你也很欣賞米開朗基
羅，西斯汀小教堂（La chapelle Sixtine）你也很喜歡啊！」，他接著
說：「我喜歡這些繪畫，那是因為它呈現出某些東西。然而當你看到
一幅潦潦幾筆劃的鉛筆畫，人們像瘋子一樣出高價購買，若是我的
話，如果落在我手裡，就直接丟到垃圾桶了（……）。而且，我們也
擔心被人家騙了」。

很不一樣：一邊是皮衣或仿皮衣和防風外套（以應付寒冷早上要騎機
動腳踏車）；另一邊是大衣（小布爾喬亞的象徵）；一邊是連身袍、
吊帶褲的工作服；另一邊則是夾克、外套、小外套和運動外套。技術
工人是唯一在現有的統計資料中被獨立出來的範疇，他們幾乎與職員
一樣自我區判，雖他們與整體的工人階級具相同的收入水準（除了在
電影和唱片的花費外）。

　　可是，不應該在文化領域，探究他們如何與支配階級及其價值保
持距離，除非是在默認情況下的負面距離。當然在生活藝術各個方
面，一定有一種因為基本需求、痛苦、羞辱而獲得的以及從承襲的語
言中沉澱下來的智慧，積澱到變成刻板印象；也有節慶和歡樂、自我
表現以及實際上與他人團結的感覺（可以由大眾階級都自以為「喜歡
吃吃喝喝的人」之形容詞可以理解）。總之，一切可以在現實的（非
自暴自棄的）享樂主義以及懷疑的（但又不犬儒式的）物質主義者之
中生成的，並且可同時構成一種既是適應生存條件的形式又是一種對
抗這些條件之保護[23]，所形成的一種說話方式。這種說話方式可以生

---

[23] 工人是最多數選擇形容詞「喜歡吃吃喝喝的人」來形容理想的朋友，也是最多數

動又有效地擺脫各種加諸於他們的，幾乎是類似於書寫的說話方式之檢禁和限制。相對的，於實際脈絡的操作就比較自主，並可以在不同的情境、經驗和分享的傳統裡找到共同的參照，以及各種節制、省略和隱喻的說法。還有一切屬於政治範疇的東西，屬於工會抗爭傳統的東西，在此就可以存在著真正反文化的唯一來源，但〔即使在這些地方〕文化支配的效應的運作也不曾停止過。對那些相信「大眾文化」存在的人，事實上只不過是透過文化的支配性定義，不論想或不想要，都強加於其上的字詞連結而已。他們應該只會找到，如果他們去看的話，一些原本是高級文化或多或少古老（像「醫學」知識）的散落碎片而已，然後這些碎片又根據習慣分類的基本原則理所當然地精選並重新鑲入，並且整合於造就它的統一世界觀。而不是他們口中的反文化，其出現是真的要對抗支配文化的文化，有意識地要求一種身份的象徵或獨立生存狀況的宣告。

　　如果不存在都市工人階級藝術意義下的大眾藝術，可能是因為這個階級僅知道以負面方式，相對於次普羅階級的貧窮和絕對不安全感拉開距離來衡量的等級分類方式，並且在文化方面一如其他方面[24]，這種等級分類方式基本上還是以能否並列布爾喬亞的收藏與否之剝奪關

　（但遠遠地）說他們傾向偏好一個喜歡吃吃喝喝的人（63%的工人，相對於56%的農人，54%的中級主管和職員，50%的商人和工匠和48%的老闆、主管和自由業）（補充資料34）。我們也可以聯想到前面已經提過的對所有一切可以營造表演節目、節慶、吃飯「氣氛」的品味，以及對懂得營造這些氣氛的人的偏好。還有，非常明顯的傾向偏好要求將這種存在的「美好時刻」永恆化以及留下節慶象徵的照片圖像。

[24] 對工人來說「職業生涯」，他們大概首先感受到的可能是像是讓他們走向次普羅階級的負面生涯的另一面；因為在此，所謂的「升遷」只不過是多一點財力的資源，多一點保障能夠讓他們對抗總是不斷出現，重新掉入貧窮和不安全感的威脅之中。這種負面生涯的潛能在了解技術工人的稟性或傾向時是和「升遷」在了解了職員和中級主管稟性或傾向時是一樣重要的。

係來定義的。那是因為，我們一般所理解的大眾文化，也就是資本主義和前資本主義社會裡的農民階級藝術，只不過是與某一種等級的存在有關的意圖風格化的產品：即使是地方性相對於自主的獨立群體也有其奢侈和基本需求的等級區分，有其用來表達以及強化的象徵性的符號、衣著、家具、珠寶等等。在此也是相同的，藝術也是用來標示它所預設的差異。因此這並非偶然，大眾階級可以實踐的唯一領域，可以表現自己的風格，進入風格化的領域就只有語言，其黑話，首領的語言、「教父」的語言，保留著反抗主流支配的自信表達，例如故意嘲弄和去神聖化支配道德和支配美學的意圖。

我們經常會忘記所有文化支配的特定邏輯，就是要讓那些最能完全認同主流文化的人和主流政治最激進的質疑可以並存，而且經常並存。再說，政治意識的覺醒與企圖平反和恢復自信心的努力也往往是團結一致，其間還會經過一種再確認的過程，像是經歷文化尊嚴的解放一樣，這種文化尊嚴暗示了一種屈從於支配價值的形式，和屈從於某些支配階級用來建立起其支配權力的原則，像是認同文憑相關的等級秩序或學校所保證的能力等。

只要一份特別的調查就可以無可爭論地在工人階級內部，亦即在生產關係的位置上，建立起政治意識和他們與文化之間的關係。但是我也知道，一方面參加工會的人數比例從體力勞動工人的23%增加到專業工人的29%和技術工人的30%（其中24%是法國總工會〔CGT〕），然後又掉落到師傅和技師的18%。因此，受教育的水準和參加工會之間的關係會減弱，因為最受過教育的師傅也同時是最少參加工會的人。（參見，G. Adam, F. Bon, J. Capdevielle et R. Mouriaux, *L'ouvrier français en 1970*, Paris, Armand Colin, 1971）；另一方面就如

同受教育的水準一樣，主流文化的知識〔水準〕也會隨著職位等級的位置而增加。比起專業工人和體力勞動工人年齡較高和受教育時間較長的技術工人和工頭或領班，也都表現出稍微較高的文化能力：認識少於兩件音樂作品的人數只有17.5%，相對於前者的48.5%，他們之中有很高比例的人不願回答繪畫和音樂方面的問題；他們比較經常提到最經典的繪畫，梵谷（38%相對於20%）、華鐸、拉菲爾，但是比較專業性的作品就幾乎只是偶然地知道一些最有名的名字，畢卡索、布拉克、盧梭，將海關人員和作家混為一談[25]。專業工人和體力勞動工人尤其易於接受他們對繪畫沒有興趣的說法或「偉大的音樂」對他們來說太「複雜」了，技術工人則較屈服於主流文化，往往較容易表現出一種因為承認自己無知而產生認同的信念（「我喜歡偉大的音樂，但我不太懂」或「繪畫很漂亮，但很難」）[26]。

　　因此，所有跡象都使我們認為即使是最具有工人階級意識的派系，不論在文化或語言方式，都依然非常深度地順服於支配者的規範和價值，因此對於他們身上所強力行使的權威效應也非常高度敏感，包括政治，所有具有文化權威者都會對那些相信教育體系的人（這也是初級教育的社會效應）反覆地灌輸一種沒有知識的認可。

---

[25] 10.5%的專業工人和體力勞動工人和17%的小商店主談到畫家時會提到盧梭，技術工人只有6%，小學幼稚園教師和技師只有3%，中級主管0%（布拉克的名字，有10.5%的專業工人和體力勞動工人提到過，相對於4%的技術工人，似乎是一種道聽途說的知識，應該是訪問調查的時間很巧合地是布拉克死去的時間，使得他成為電視和收音機大量評論的對象。）

[26] 年齡差異和受教育水準的差異之效應會交互影響，會在歌曲的品味偏好上，產生夠明顯的差異：工頭或領班和技術工人比較傾向喜歡最古老和最有名的，但也同時也已經在文化價值的等級上占有一席之地的歌手，像是皮雅芙、貝考、布萊爾、巴桑，然而專業工人和體力勞動工人則比較常會提到強尼·哈里戴和法蘭絲·哈蒂。

第八章
文化與政治

　　毫無疑問，對政治問題最激進的提問，莫過於馬克斯與恩格斯對藝術關係的提問：為何藝術生產能力都只集中在少數幾個人的手裡，而大眾卻相對（甚至因此）不曾擁有？他們想像一個（共產主義的）社會不再有畫家，因為人人都會拿起筆創作，如同從事其他事情一般[1]。在此社會中，歸功於生產力的發展，工作時間普遍減少（總量減少且平均分配），使得「人人都有空閒可參與社會一般事務，*不論是理論或實作的事務*」[2]。也「不再有政治家，因為所有或大多數人，如從事其他事務一樣參與政治」。這個領域，也像在其他地方一樣，烏托邦往往是透過摧毀其自我證成的方式，找到科學的（無疑也是政治的）藉口，並迫使人們回頭檢視日常生活秩序習以為常的預設。事實上，昔日知識分子和藝術家總是自願犧牲很多，以討好的民粹主義方式，認為一般百姓皆具有本能性的政治知識。表面看來慷慨，卻與普選制呈現對角線的對反。這不過將生產社會世界論述的能力，及藉此產生有意識改變世界的行動能力僅集中「少數幾人」的現象*神聖化*——只掩飾而非陳述（或揭露）它。烏托邦式的矛盾正是打破這種俗見（doxa）：想像一個世界「人人都可能為〔繪畫上或政治上的〕拉

---

[1]　K. Mark et F. Engles, *L'Idéologie allemande*, Paris, Editions sociales, 1968 , pp. 433-434.

[2]　F. Engles, *Anti-Dühring*, Paris, Editions sociales, 1950, p.214.

菲爾」而功成名就。這迫使我們檢視其實（不論內化或客觀化的）生產工具集中情形，比較不是發生於政治，而是在藝術方面。這也迫使我們不能忘記「國家意識形態機器」才是該為所有拉菲爾沉睡負責的壟斷機制。

即便賦予理想化的人民一種能夠掌握社會世界整體樣貌的實際知識，抑或至少在此世界的位置及其相關利益的實作知識；但也仍然必須檢視這種*政治敏感度*，是否以及如何在符合真理的論述之中表達出來——後者蘊含著實作的狀況，因而成為有意識行動的動力來源[3]，並是否及如何透過內含於各種真正*集體*解釋力的動員表達出來。為了更貼近真實，還必須要問這種政治敏感度是否就像有時人們所宣稱的，真的、絕對可靠地感覺得到，並至少可在主流意見及問題生產工具的擁有者所提供的各種論述產品*市場*中，鎖定最適合自己的產品[4]。

早先政治科學就發現，當受訪者被問及政治問題時，「不回答」（s'abstenir）與回答「不知道」（non-réponses）的比例，其重要性隨著性別、年齡、教育水準、職業、居住地及政治傾向而有明顯差異，但早期政治科學者卻不給予任何結論，只惋惜這些「棄權者」該負責任。其實稍加注意即可發現，此一「淵藪」大部分集中於其他地方稱之為「人民」或「大眾」——他們曾被懷疑是否可履行「民主自由」的功能，也被質疑對維持既存秩序能做出什麼貢獻。「棄權論者」也許不像是一種體系的失敗者，反而其實是一種認可，如同*不被納稅選舉制*（système censitaire）接受般，是運作功能的條件之一。

---

[3] 若吾人接受馬克思在《德意志意識形態》（引上述，頁59）所提到的公式，「語言乃真實又實作的意識」。

[4] 關於看不見那隻手哲學的歷史生成，及其在經濟與政治思想中所扮演的角色，我們可參考 Albert Hirschman, *The Passions and the Interests, Political Arguments for Capitalism before tis Triumph*, Princeton N.J. Princeton University Press, 1977.

　　甚至「個人意見」本身也應該被提出檢視。將所有受訪者累計，毫無區分地製造出一個「個人意見」，這種任何以「依您看來」、「依你意見」、「您認為如何」的問卷所提示的意圖；或自行填寫、毫無任何協助地在幾個早已設計的意見中進行選擇。所謂意見調查，往往默認地接受了某一種政治哲學——亦即將政治抉擇視為一種純粹的政治*判斷*，運用某些政治原理回答被理解成政治的問題，並認定人人都應該有、不只是權利，也該有生產這種判斷的權力。毫無疑問地，社會史指出「個人意見」的觀念，在18世紀發明時根植於理性主義信念之中，並據此「正確判斷」的能力。誠如笛卡爾所言，一個內心的、本能的和立即的直覺分辨好與壞、真與假，這是一種放諸四海皆準的普世能力（對康德來說，美學的判斷能力也是如此）。儘管如此，我們也必須承認，19世紀以後，國民教育成為讓此能力得以充分發揮不可或缺的因素；據此，方能真正建立人人皆有的判斷能力及普選能力。「個人意見」的觀念之所以能建立，部分應該歸功於有效地對抗教會系統對判斷力合法生產的壟斷；這與容忍觀念密不可分——亦即質疑任何威權（秉持著相信，對任何主題皆有所意見，且無論何種意見的生產者都同樣具有同等說話的權力）以不論那一個意見生產者都同樣具有平等的說話權力。事實上，此信念從開始就表現出知識分子的利益，知識分子是公共意見獨立的小生產者，其角色同時也與專業生產場域及文化商品市場的建構平行發展，並且也與政治意見生產的專業次場域（即報紙、政黨及民意機構）同步發展。

　　事實上，生產一個回應政治方面問卷的意見，就像選舉、或另一個層次的政治參與，閱讀一份政論性的報紙，或參加某一個政黨一樣，都是一種供給與需求的特殊個案。相對自主的世界，一邊是意*識形態生產場域*，在彼此競爭與衝突之中，研發製造此一時期面對社會世界問題可用的思考工具，並同時於此世界定義*政治上可思考的場*

域，或你要的話，這是一種*主流合法的問題意識*[5]。另一邊則是位於不同階級關係場域位置的社會行動者，依其專業的政治能力高低，辨識何者才是真正政治的問題，並有方法根據政治本身的原則（如非以倫理的原則）回應，以政治的方式處理、並提供政治的答案。然而，這種能力與或多或少會使其強烈地感覺自己有*能耐*（就其字面充分的意義而言），也就是社會上被認可有處理政治事務的才能，有能力在與他們相關的事務上表達其意見、甚而脫稿演出。的確，這不免讓人設想在此（政治文化）技術能力意義下，其才能是否會如同被社會認可的能力一樣，依其社經地位的位置及其屬性而有所變異。相反而言，最無能也客觀（「這不關我的事」）與主觀「這我沒興趣」地被同時被排除[6]。

選舉權與檢禁

若認真看待回答不知道及其變異的話，意見調查可提供我們最重要的資訊：就是可看出某一個見落在某一特定範疇的機率有多少（是以某一範疇的成員，在提供不同意見的清單之間選擇的頻率來計算）。但這只不過是*有條件的機率*（亦即在某一條件下，一個可能性出現時，另一可能性也會出現的機率）發生在某一意見生產的特殊案例，而不是於簡單和純粹不回答的情況。因此，我們無法充分解釋所收錄的意見（指可行解釋的部分）。除非充分了解這些生產此一意見的（*絕對*）機率所依賴的存在條件以及意義（至少和生產某一個特定意見的有條件機率一樣重要）。意見調查會隨著答題者的社會屬性及

---

[5]　就像其他地方一樣，藝術生產場域在任何時候都要劃定藝術位置可能場域的界線。

[6]　這種關係很容易。例如藝術能力的領域就可被觀察得到，主觀排除（「這我沒興趣」或「這不是給我們看的」）只不過一種客觀排除的效應而已。

問題本身的屬性而有所不同，更精確來說，隨著關係回答者社會屬性及問題屬性之間的關係而有所變異：男性的機率大於女性，越年輕的機率越大，居住在人口密集的大城市（尤其像巴黎），所擁有的教育資本（就文憑衡量）、經濟資本（以收入來衡量）越重要，所占據的社會位置越高的機率就越大。當所問的問題，不論是內容或表達的方式上（在意識形態的生產域場之中較次要、也較晚近出現），越遠離經驗，越抽象，越是抽離日常生活現實時，與上述變項相關的變異也就會越明顯強烈。答題者會更急迫地要求用政治本身的原則記錄回答（問題本身的句法和字彙尤其明顯）。

　　一切跡象都顯示好像最「主流支配」（légitime）的行動者（即雙重意義下最有能力的人）自我感覺就像是「主流支配」的人。他們同時具有傾向、也常被邀請發表意見，所問的問題也較「主流合法」。同理，我們亦可發現那些無法回答屬於他們所屬（意指他們自認為最接近的政黨），或他們政治偏好問題的人，皆傾向不回答其他問題。當明顯地問及政治專業的問題時，沒回答的情況也一樣明顯。被法國市場調查公司歸類為「沼澤派（Le marais）」的，當他們被詢問法國是否應援助「貧窮國家時」，他們不回答的比例，比起極左派（91%）、左派（90%）、中間派（86%）、右派（93%）或極右派（92%），較不明顯（81%）。但是，若被問及法國是否應對「民主政權」國家感興趣時，比起那些自稱接近極左派（76%）、左派（67%）、中間派（75%）、右派（70%）或極右派（74%）[7]。「沼澤派」很明顯地較不回答這個問題（51%）[8]。

---

[7]　SOFRES. *La France et le Tier Monde*, février 1971.

[8]　SOFRES. *La France et le Tier Monde*, février 1971.

　　為了完全檢驗這種二度分析而提出的命題（根據1960到1967年間，各大民意機構調查問卷的回答與回答不知道分布資料而做的），必須做另一項調查，也就是需有系統地針對問題的目的與形式之變化進行分析。例如國外政治問題，需同時對具體的經驗陌生，又被當做是任何可想見的政治行動難以接近者；到最日常生活的問題，被要求回答尋常倫理問題者；或是最直接涉及其政治，有工運經驗，觸及薪資、勞資關係、工會等問題者。從最抽象的「政治學」（politologie）表語到具體的問題，後者有時候和前者一樣實際。如此一來，對比從不同機構取得的問卷，這種方式才能重建一種理想的問卷。然而，回答不知道的比例變化很大——不同民調機構（在其他的條件都相同的情況下，法國市場調查公司回答不知道的比例似乎總低於法國輿論調查研究院）根據不同的調查（獨立於主題）——給予訪員的指示不同，進行訪問者的稟賦也會有所不同[9]。

　　此外，沒有回答也不全然是負面抉擇的產物。而且除了這些特別分析（因能力缺乏而回答不知道之外），還必須考量選擇性回答不知道，真正棄權原因。表達與正當性主流答案不合的效應，這種自我審查不正是表達倫理或政治衝突時，除了沉默外別無選擇。自我檢禁最明顯的個案就是高比例的農業從事者與小老闆放棄回答（17.1%和15.8%，相對於上班族和中級主管的4.1%，高級主管和自由業成員的5.1%，以及工人的8%）。關於假報所得稅的問題：申報所得稅時，鉅細靡遺申報收入、依意願扣除收入、儘可能少申報收入？這三個態度，哪一個對你來說最正常？（法國輿論調查研究院，1969年

---

[9]　以階級研究來看，目前還無法掌握同一民調機構在不同時期，以同樣問題所獲得回答不知道比例變異的運作邏輯（例如法國輿論調查研究院針對核能在1974、1975、1976、1977年所做的一系列的問題）。無論如何，所有跡象都顯示這些變異都小於各種意見表達的變異。

4月）。這是與檢禁關聯的典型個案，高級主管不回答的比例相對高（和工人一樣，22%，相較於上班族和中級主管19%，老闆27%，和農業從事者的41%）。而回答工會角色的問題：你同不同意目前法國工會所扮演的角色？（法國輿論調查研究院，1969年4月）；農民對工人及其組織之間維持曖昧，甚至模稜兩可，肯定以高比例的放棄不回答來解讀，這不僅因為收入，因為在同一份調查，他們卻經常回答不熟悉的學生運動問題（72%和59%）？

　　甚至連典型的分類都會變成很尷尬的形式，像是將一個團體的成員分布在三個幾乎均等的類別：有人放棄不答、有人贊同、有人反對。例如1968年法國輿論調查研究院問及俄國與捷克間關係：「莫斯科在今年8月26日簽署俄國與捷克的協議，對捷克人來說，你覺得他們滿意，還是不滿意？」37%投給共產黨的受訪者會放棄不回答這個問題，19%認為協議令人滿意，44%認為不滿意。投給其他左派或左派政黨的受訪者則比前者更經常回答（投聯合社會黨〔PSU〕不回答的只有18%，投給中間黨派的有22%，投社會黨及激進黨的有26%，投捍衛共和聯盟〔UDR〕有27%，投給獨立共和黨的則有32%不回答）。而且他們更經常覺得這協議會使捷克滿意（80%投給聯合社會黨的人認為滿意，73%投給中間黨派的人認為滿意，70%投給社會黨及激進黨的人認為會滿意，69%投給捍衛共和聯盟的人認為會滿意，64%投給獨立共和黨的人認為會滿意）。同理，對於學校性教育授課的提問：「您同不同意在學校開授性教育的課程？」法國輿論調查研究院，1966），19%的農業從事者放棄回答（相對於11%工商業主，9%工人、上班族、中級主管，7%高級主管和自由業成員）；33%聲稱他們不同意（儘管在這情況下必定有強烈的主流價值強制的效應）；48%同意這種課程（但74%的高級主管、自由業成員聲稱非常贊同，72%的工人、上班族、中級主管一樣非常贊同，60%的工商業

老闆也非常贊同）。

　　現在只剩下必須很精確理解回答者（就雙重意義而言）能力以及問題的目的和形式之間的關係，並同時檢視回答不知道比例之間，如男女的差距。如何在單一或同一調查（同1971年2月由法國興論調查研究院所做「法國、阿爾及利亞和第三世界」的調查），亦即其他條件皆相同的情況下，個案產生的變異。首先，當問及「法國是否充分讓外國移工有住居？」女性幾乎和男性一樣（男女都是85%），「是否給予訓練？」（70%相對於75%），「是否熱情招待」（80%相對於83%），「是否給予合理的薪資」（77%相對於83%）。因為比起純粹政治的問題，這類倫理問題依據傳統標準，女性較有能力回答。因此只有75%的女性（相對於92%的男性）回答是否「繼續和阿爾利亞的合作政策」。與純政治問題類似的邏輯，越是遠離內政的具體生活經驗問題，尤其又是在任何倫理的參照以外（例如「就法國與阿及利亞關係上，你認為法國繼續與阿爾及利亞的合作政策是否符合眾望？」），更是如此。事實上只需要用倫理的字彙來取代抽象的合作概念，甚至以慈善的字詞，傳統性別分工裡，女性是情感和熱心的專家（「在低度發展國家的不同的團體，您認為法國是否應特別對*最貧窮的國家*感興趣？」），男女就有同樣比例的回答率（都是88%）。但是，我們卻常常以專門政治或政治學的問法——用抽象的字彙讓不同的群體對應聯想到不同的真實——去問是否法國應該對「具有*民主政權的國家*」感到興趣。這時女性回答問題的比例，相對於男性的74%，又明顯地掉至59%。

　　在這裡我們看到性別勞動分工效應最典型的例證：男性非常強烈地自覺被要求形塑意見（不只是准許而已），而女性則自覺可免除，或

更*自由地以委任方式選擇代理此一任務*。這種〔意見表達〕的責任只是幻象而已（有時候卻難以承受，諸如文化方面的訪查清楚可見），對被支配權力牽著鼻子走的男性來說，其實意味某種既存性別勞動分工的排練。而且這會隨著經濟、尤其文化資本等級越低時越明顯[10]。

　　一般而言，議題越觸及日常生活或私人的生活，並明顯與家庭道德有關的，如住宅、飲食、兒童教育和性等議題，男女間的差距，教育程度高低間的差距就會較不明顯，有時甚至完全沒有。例如有關女兒的教育問題[11]，女性回答只比男性差一點而已（93.9%相對於96%），教育水準低甚至比教育水準高的還多出一點（94.5%初等教育程度相對於92.8%的高等教育程度）；若被問及廚房問題，這在社會上被分派給女性的領域，整體而言，女性回答得甚至還比男性高（例如針對最喜歡的菜，98%的女性相對於94%的男性）——除了與

---

[10] 性別地位的效應可能會被文憑以外的其他政治能力的效應所強化或被抵銷。因此，若問題是有關國會議員選舉的意向時，女性的總回答率就會不如男性，且性別的差異會隨著越往社會等級下降而增加：高級主管回答不知道的男女比例是（21%，18%），中級主管22%相對於17%，上班族職員27%相對於17%，工匠與小商人32%相對於24%，工人28%相對於18%，農業從事者38%相對於26%（G. Michelat et M. Simon, Catégories socio-professionnelles en milieu ouvrier et comportement politique, *Revue française de science politique*, XXV, 2 avril 1975, pp.291-316）。事實上，若依不同階級派系再分析性別的差距，不論是政治或美學方面的問題，必定會隨著被支配階級到支配階級越來越小；單就支配階級來看，性別的差距必定會從經濟上的支配派系自小布爾喬亞到被支配派系而變小。所有跡象都顯示，不論在政治或其他方面，拒絕性別角色的情形，會隨著教育程度提升而有增加的趨勢。因此受過中等或高等教育的女性，往往比受過同樣教育的男性認為參與家庭計劃運動是一種政治行動，或認為性教育是一個政治問題（但是教育程度越低時，男女回答的情況就會呈現相反的關係，兩個問題都是如此）。

[11] 可能是因為題目設計很明示地以一種原則性的方式發問（「您認為是否應該讓18歲的女孩看她想看的電影」？），男性回答的比例依舊大於女性（IFOP, mars 1971）。

酒相關的問題，因為酒的知識通常是指派給男性的；也除了以普遍性的方式問飲食問題（「*就一般而言，您是否覺得法國人吃的太多、正常，還是太少？*」）（98%的男性；96%的女性）[12]。同樣的邏輯，我們也可理解在一般情況，工人回答不知道的比例會特別高，因為他們應該更熱心回答類似在勞資衝突方面的政治問題（沒回答的比例從工人的13%，上升到自由業或高級主管的18%，職員和中級主管的19%，工匠和小商人的25%以及農業從事者的31%）[13]；或被問哪個政黨或工會維護工作者薪資的權利（沒回答的比例從工人的36.4%，上升到老闆的37.6%，職員和中級主管的38.9%，高級主管和自由業的40.1%以及農業從事者的49%）[14]。相反的，若提問並未直接與日常生活經驗，或相關團體自身的利益有關時，觸及純政治或政治學的問題，不論主旨還是使用語言，男女間的差距以及教育水準高低間的差距就越大。因此像法國民意調查研究院所做的有限問題：中東「衝突」或越南「戰爭」的問題[15]，40.6%的初等教育程度的受訪者，相對於8.5%的高等教育的受訪者，與男性21.1%相較，女性回答不知道的比率高達40%。或是另一個關於莫斯科與捷克利益結合的問題時，相對於男性只有21.1%，女性沒回答的比率高達44.6%；39.46%的初等教育程度的受訪者，相對於11%的高等教育的受訪者[16]。

---

[12] SOFRES, *Les habitudes de table des Français*, déc. 1971（補充資料34）。

[13]「依您看來，勞資之間的發生衝突時，政府應支持勞方訴求，資方利益，還是保持中立？」（SOFRES, oct. 1970）。

[14]「下列的工會組織或政黨，您認為目前哪一個最能維護受薪人的權利？保衛共和國聯盟、中間派、共產黨、法國勞動民主聯盟（CFDT）、法國總工會（CGT）、社會黨、工運（GGT-FO）？」（IFOP, 2 fév. 1970）。

[15]「依您看來，中東的衝突和越南戰爭是否有關？」（IFOP, 9 oct. 1967）。

[16] 針對外交政策的問題（「您是否滿意或不滿意政治在以下部門的行動：法國外交政策？」）也可發現以相同的方式分布（依序有43.4%的女性和19.6%的男性回答不知道；38.9%教育程度較低和9.4%教育程度較高的人回答不知道）（IFOP, 1966）。

表28　男女回答不知道者的比例變異

1.「如今法國有為數頗多的外籍勞工，經常從事費力的工作。您認為法國政府是否夠努力？」

	足夠	不夠	不知道
讓他們有地方可住			
男性	30	54	16
女性	27	57	16
讓他們受教育			
男性	34	41	25
女性	31	39	30
熱忱提供協助			
男性	47	36	17
女性	40	40	20
給他們適當的薪水			
男性	44	39	17
女性	37	40	23

3.「開發中國家可以分為好幾類，您認為法國應該特別與誰合作？」

	是	否	不知道
最貧窮的國家			
男性	70	18	12
女性	74	14	12
前殖民地			
男性	50	37	13
女性	41	39	20
外交政策與法國較親近的國家			
男性	56	24	20
女性	48	20	32
具有民主體制的國家			
男性	40	34	26
女性	25	34	41

2.「考量到法國與阿爾及利亞的歷史背景，您是否希望法國繼續與阿爾及利亞維持合作關係？」

	是	否	不知道
男性	56	36	8
女性	47	28	25

民意調查是一種民主選舉的實驗性展現，突顯出介於自發性民主和技術官僚貴族主義之間的悖論，前者允許任何人，無論性別或階級，都有權利與義務表達意見，而後者只保留給因「智力」和「能力」而獲選的「專家」。民意調查是為技術官僚的嚴選機制找到一個實際上的出路，使其自身在任何情況下之都可以免於被排除於民主的遊戲之外。

地位相關的能力與無力感

因此，每一個情況回答與否的機率都會依照問題（或更廣義來說，一個情境）和行動者（或階級的行動者）之間的關係來界定；後者又是依相關的能力，即是否能行使此能力之機會來衡量。現在就比較能夠了解「對政治的冷漠」或「興趣」了，若是知道使用政治「權力」（像投票的權力，「談論政治」的權力或「搞政治」的權力），這些偏好是如何以此權力的真實面來衡量的話，或你也可以說，冷漠只不過是一種無力感的抗議[17]。

此一假設是唯一可理解一般認為理所當然的事實。傾向回答宣稱對政治有興趣的，男性會大於女性，且隨著教育水準高、社會位置高、年齡較長以及居住城市越大而越高。根據法國公眾與論研究院的資料（*Sondages,* 1-2, 1969），宣稱對政治非常有興趣的人，比例會從初等教育程度的2%，到中等教育程度的13%以及高等教育程度的34%；根據達瞿（Emeric Deutsch）、林頓（Denis Lindon）、威爾（Pierre Weill）的研究《當今法國政治家族》（*Les familles politiques aujourd'hui en France,* Paris, Ed. de Minuit, 1966, pp.104-105）上述三種教育程度對政治有興趣的比例分別是6、14和32%（男性11%，女性5%）。同理，對政治辯論（如電視節目「面對面」）以及對政治、經濟和社會問題的節目有興趣的人的比例，男性也高於女性，巴黎勝於小城市，高教育水準大於低教育水準。「經常」、「偶爾」會看

---

[17] 冷漠與無力感的關聯，曾經被不同的研究者發現，例如D. Riesman and N. Glazer, « Criteria for Political Apathy », in A.W. Gouldner, ed., *Studies in Leadership*, New York, Russel and Russel , 1965, pp. 505-559; E. Kris and N. Leites, « Trends in twentieth Century Propaganda » in G. Roheim, ed., *Psychoanalysis and the Social Sciences*, New York, IUP, 1947（特別是p.400）。

表29　不同教育程度回答不知道的比例變異

	初級教育	中等教育	高等教育
老師是個很棒的職業	10.5	9.8	11.4
老師有目前的工作條件是應得的	11.2	8.3	4.1
現在很多老師都不認真負責	35.5	26.7	17.7
老師對學生都不夠嚴格	21.6	16.9	8.3
法國的老師都放太多假	12.0	7.2	3.1
老師薪水都不夠好	46.4	25.9	19.2
老師都參與太多政治	32.3	17.6	12.4
師資培訓成果差，無法應付實際工作	47.9	24.5	12.5

（法國輿論調查研究院，1970年3月號）

電視節目「面對面」的人，從無文憑者43.3%到CEP程度51.8%，到初中或CAP文憑55.5%，最後具有高中會考資格或高等教育文憑的65.7%。觀看政治經濟和社會問題電視節目的人，依上述文憑比例分別是34.8%, 47.8%, 55.8%及65.7%（Secrétariat d'Etat à la Culture, *Politiques culturelles des Français,* Paris, 1974, T.II. pp. 28 et 29）。同理，自稱對民意調查結果有興趣男性更經常多於女性（26%相對於22%），年輕人更經常高於年長者（49歲以下的26%，相對於50-64歲23%，以及65歲以上19%），高級主管、自由業成員（32%）更經常高於中級主管和上班族職員（28%）、工匠和小商人（27%）、工人（23%）、農業從事人員和農場工人（17%）（SOFRES, *Sondages sur les sondages d'opinion,* nov. 1975）。根據法國市場調查公司所做的另一項調查，也顯示出在高級主管和自由成員的群體裡，最高比例的人自稱他們之間經常會討論某一政黨的政見、參加示威遊行，加入政黨，且捐款給政黨「以便讓他們的理念勝利」。

　　還應將從政人員錄用和晉升的規則一起觀察。所有跡象都顯示，

若我掌握更多的資訊……

　　我必定可以更了解某些事情。就這樣，若我掌握更多資訊的話，事情可能不一樣。因為我參加不夠多的聚會，而且……你們有報紙、有電視等等。俗話説：「武器相當」，但還需要追，老是同樣的問題，都要時間，尤其這個問題，我需要更多的時間。若有時間的話，我想要多知道些，掌握最新的資訊。但是，我真的就是沒有時間，有更多的時間，我就會去做這些事，就會試著了解某些事的來龍去脈及其發展。也就是説，若我掌握更多資訊的話，可以跟某些人平起平坐地討論。但若就只能站在一邊遠遠地看。

（清潔婦）

　　當然，人人都可參與政治。但是還是需要某種教育水準，才能去搞政治。首先上學，才能好好的學到東西。

（社區職員）

男性擁有較大的機會主動參與政治或在政黨裡占據重要的職位，也擁有較高的教育資本。在國會眾議院只有1.8%，上議院只有2.5%的女性。且任何政黨的總部，女性的比例都比地方黨部低[18]。投票意向調

---

[18] 在一般政治的活躍分子方面，我們主要使用J. Lagroye, G. Lord, L. Monnier-Chazel, J. Palad, *Les militants politiques dans trois partis français, PC, PS, UDR*, Paris, Pedone, 1976; M. Kesselman, Système de pouvoir et culture politiques au sein des partis politiques français, *Revues française de la sociologie*, XIII, oct.-déc. 1972）；關於社會黨的活躍分子，R. Cayrol, Les militants du Partie socialiste, contribution à une sociologie, *Projet*, 88, sept.-oct. 1974; H. Portelle, T. Dumias, Militants socialistes à Paris, *Projet* 101, janv. 1976; *L'unité*, 257, 1er-6 juillet 1977 et Qui sont les cadres du PS ?, *Le Point*, 249, 27 juin 1977；至於共產黨的活躍分子，F. Platone, F. Subileau, *Les Militants communistes de la Fédération de Paris*, Paris, Fondation nationale des science politiques, 1975；最後關於國會議員，R. Cayol, J.C. Parodi, C. Ysmal, *Le député français*, Paris, A. Colin, 1973, et M. Dogan, Les filières de la carrière politique, *Revue française de sociologie*, VIII, 4, 1967, pp.468-492.

查雖顯示50%女性是社會黨潛在的票源，但卻只在1977年6月南特舉行的全國社會黨大會代表占1.5%，占巴黎市社會黨地方性人員的30%。而巴黎地區共產黨聯盟大會出席的女性有31%，實際參與黨決策的代表29%是女性，同一個聯盟秘書處裡的女性占26%。

同樣的，工人在投給捍衛共和聯盟選民中占31%，16%是該黨的黨員（其中17.6%黨員來自吉倫特省〔Gironde〕，但只占該黨主管的2%和1968年當選議員的1%）。然而，根據投票意向調查，他們投給社會黨占全國36%（全法國計算工人占40%），以及吉倫特省社會黨部黨員的21.9%（該省黨員工人占34.2%）。在巴黎的地方黨部缺席（1.7%），而在南特的全國社會黨員代表大會上占5%，1968年的國會議員則是0%。工人在社會黨的黨員之中占最多的投票人口（例如吉倫特省，相對於34.2%全部投票人口，有53.8%加入社會黨），但工人們在該黨的決策高層和秘書處的代表中則比例較少（相對於占整個巴黎投票人口的26%，巴黎地區才擁有17%比例），在眾議院的席次也少一點（相對於占整個法國投票人口的40%，1968年才占37%）。

我們也發現政治人物中高等教育文憑者所占的比例過高（儘管工會活躍分子提供低文憑者另一種進入的管道）：1968年67.5%的國會議員具有高等學歷，14%具有中等學歷。在（1973年6月）格勒諾勃市舉行的社會黨全國大會代表有54.6%曾經進入高等教育的機構，23.3%的代表有中等教育水準。所有數據都顯示高學歷越來越成為當選社會黨代表的必要條件。在1971-1973年間加入社會黨的議員有三分之二具有高等教育文憑，相對於在1968年以前加入社會黨的議員只有36.4%。能夠進入領導權位（國會辦公室，或委員會等）的議員，不是依靠教育資本的量（在社會黨的「領導」議員有64%具有高等學歷，相對於「非領導」議員只有31%），不然就是依靠教育資本的種類（現代進步民主黨〔PDM〕和捍衛共和聯盟的「領導」議員

比「非領導」更經常是法律或文科出身），尤其加入政黨絕大部分的議員都具有高等學歷時。

　　若將教育資本和回答最純粹政治問題傾向之間的緊密關係，視為政治專業能力分配不均等這種單純又直接效應，那就太天真了。此一能力就狹義而言，是以具有能產生專業政治的行動與判斷力所需求的博學與實作知識來定義的，並且尤其以能夠操控專業政治的語言來定義，這些能力當然預設它會因教育資本而有所差別。

　　當受訪者被要求將不同的運動、群體或政黨以其認為適當的方式分類時，一般來說，社會位置越高或教育資本越高時，分類的類別就越多。大多高中會考資格以下文憑的受訪者只有分成四個，但是較高文憑者卻能分成5個或更多；大學文憑以上的受訪者中有四分之一至少可以區分成9個類別（這對CEP或CAP文憑來說只是非常例外的情形，且在無文憑者從未發生）。至於操作更細緻分類的能力、對操作的分類進行評論，尤其是給分類類別命名的能力，就更會因社會位置、教育資本和社會出身而有很大的差異[19]。

---

[19] 此乃依據一項在1970年間巴黎地區，針對18歲以上的男女深入訪談（n=130）所做的前測獲得的統計分析（太小或不完整的樣本量無法看出其規律性，因此除了一些趨勢指標外就無法觀察其他的東西了，這些趨勢指標在此只不過是當舉例，而非證明使用，當然還必須再接受驗證）。一開始，先給受訪者看一組15張紙牌，每個紙牌都有一個運動、團體或政黨的名稱：法蘭西運動（Action Française）（按：被視為保守保皇黨的延續）、中間民主黨（Centre démocrate）、共和政團大會（Convention des institutions républicaines）、無產階級左派（Gauche prolétarienne）、左派戴高樂主義（Gaulliste de gauche）、共產聯盟（Ligue communiste）、拉圖迪潘運動（Mouvement de la Tour du Pin）、西方政治運動（Occident）、共產黨、現代進步民主黨、聯合社會黨（Parti socialiste unifié）、激進黨（Radicaux）、獨立共和黨（Républicains indépendants）、社會黨、捍衛共和聯盟，並請他們依其意願將紙牌分

階級意識

　　結婚，我沒有什麼清楚的意見，我從布列塔尼來，覺得有問題，感覺得到，但無法指出是什麼問題。我嫁給一個共產黨員。剛開始，當我看到《人道週日刊》(*Humanité-Dimanche*)週刊，那時候非常生氣。就如你所見，我完全不知道有這份雜誌，幾個月，我都不知道。然後，漸漸地，就如你所見，我開始去認識它。你知道，這份雜誌的立場許有點嚴厲，但事實上卻很有效。我工會分子，所以我常常要面對工會人士；然後又生1個、2個、3個小孩，接下來你所知，我經歷了人生最艱難的時刻，這也是大家一點一滴經歷過的，但我特別辛苦，因為我還有一個母親要照顧。我先生是一個工人，你知道的，我經歷過工人的問題。然後，我又在阿爾及利亞戰爭時非常投入，就如你所知，我知道到他們在那裡做了些非常可怕的事。我們向來都非常反對認為這場戰爭不應該打，就是，我才覺為何戰鬥。特別是夏隆那地鐵站(Charonne)那個抗議事件，你知道吧？因為這個事件，我完全反感。因為你知道嗎，還好那天晚上我把丈夫留在家裡，不然他很可能就會去那裡。

　　　　　　　　　　　　(裁縫女工，車床工人之妻，42歲，共產黨員)

　　這種過度強調政治資本分配不均的解讀方式，從任何外表看來，只會因為政治分工上兩個相互對照但又相互補充的形象更加獲得證

類（但不刻意請他們對分類的操作或建構類別的名稱發表意見）。然後，讓他們看一組24張紙牌，每張紙牌寫了一位政治人物或工會人士的名字（Bergeron, Chaban-Delmas, Descamps, Duclos, Duhamel, Edgar Faure, Maurice Faure, Geismar, Giscard d'Estaing , Krivine, Lecqnuet, Marchais, Mendès-France, Mitterand, Mollet, Nicoud, Philippon, Poujade, Rocard, Savary, Seguy, Servan-Schreiber, Tixier-Vignancour, Wallon, Philippon這個名字被放進去是為了要檢測受訪者面對不認識名字時的反應），並先請他們問每一個人是屬於那一個政黨或團體，然後以這些紙牌建立分類。

實：一是技術官僚的形象，以純粹技術能力成為進入某一個「責任政
治」或某一個「責任制」政治選擇的前提條件；二是另一互補形象，
以無力感和無能力為基礎的形象，這些經濟和文化最缺乏的人，注定
只能求助這些「專家」或求助於相信影子政治（cryptocratie）──也
就是另一種過度高估其他階級的方式。就像所有數據資料所顯示的，
表面的觀察可能會產生一種效應，以至於無法察覺這些形象的客觀性
基礎。更精確地說，就是在政治分工的現實之中，找到勞動分工形象
的真實。事實上，如同其他領域般，這個領域是透過一種機遇形式的
才能稟賦為中介，建立起形象與真實之間的關係，而這種機遇又與勞
動分工的特定位置有密切關係。而「技術」的能力也很基本地依賴社
會能力，也依賴對此頭銜的信任進而邀請他們執行專業能力，這樣才
算是擁有此能力。但這種信任感必須經由具有獲得此種稟賦才能辦
到，而它又端視社會上是否認可有獲得此能力的必要和能力而定。換
句話說，為了要理解教育資本和回答政治問題的傾向之間的關係，只
考慮是否了解政治論述和再生產的能力，甚至生產教育資本所保證的
政治論述的能力是不夠的，還必須要考慮到能夠讓人認為有能力去處
理政治（社會上被准許並鼓勵）的信任感之社會基礎，或自覺具有談
論政治的威權，也有權威以政治的方式談論政治的事務，有能力落實
專業的政治文化（即明確地以政治原則進行分類與分析），而不是只
以泛泛的倫理原則隨隨便便說說而已[20]。學歷文憑的效應就運作的原
則而言，並非像表面上看起來的與性別身份的效應差異那麼大：在
這兩種情況下，真正的關鍵在於能夠對政治有法定的權利（un droit

---

[20] 冒著可能褻瀆神聖的風險，必須要知道在上一個世紀，甚至那些以堅信之名，在其
　　文化能力所賦予的合法性之中，知識分子之所能夠揭發普選的危險或是以其願望和
　　福樓拜一起召喚官僚的統治。在今日，他們可能為認為是本分同時也很合理，也有
　　義務去製造並大聲說出他們對那個時代大問題的意見。

statutaire），以及同樣重要的是一種單純的政治文化；真正的關鍵也在於行使此權利的條件就是那些人必須自覺有權行使此權力。技術能力之於社會能力就如同說話能力之於說話的權利一樣，它同時是行使的條件亦是其效應。學歷地位或性別認同所產生烙印效應，不只會對那些在社會定義上，被要求以其應有高度生活的人身上留下疤痕，也會對其他被期待完成其本分的人產生印記（這種關係的社會心理學轉譯在一對夫妻之間的關係尤為明顯）。這也就是為什麼特定文化意義下的能力，對法定身份意義下的能力，是更根本的存在。因為只有那些擁有前一項能力者才能可能真正獲得後項能力，且只有那些有資格擁有的人才會自覺有權利去追求它。

　　一開始，這些分析就證實，在其他條件都相同的情況下（尤其教育資本都相同），女性與男性差別較不在嚴謹的技術能力上，而是在於肯定此能力的方式不同。因此在相同的教育水準下，針對政治運動或政黨世界的人物分類測試中，女性和男性一樣區分相同的類別數量，也幾乎一樣精確將政治人物的姓名放在他該屬的團體類別。當然，毫無疑問地，部分因為政治是男人的事務，且男人投入更多的心力，因此男性比女性更知道他們屬於那個政治團體、政黨或運動，也更能夠對區別選區議員的名字和政治傾向。尤其社會肯定此一能力時，更容易表現出男女性別的差距──相對男性而言，在同一教育水準下，更多的女性會以不知道答覆問卷所提的問題，不論此一問題是否與政治有關[21]；比起男性傾向掩飾無知，女性較會承認不知道 Philippon（按：作為測試作假而加入的虛構名字）是誰；女性傾向僅指出政治光譜的某一區塊，而男性則明確地指出精確的那一點。尤

[21] 受訪者被要求在17個之中選擇他們認為像是政治的問題。

其，女性更傾向承認政治乃專家的事。最後，女性明顯地有較多比例表示對於投票選擇候選人的困擾。此外，她們更常將政治選擇權委託給他人（首先當然就是她的丈夫）。女性的政治觀點也比男性更區域性、更道德化、也更感情用事。因此，在其他條件都相同的情況下，較多的女性會認為對殘障的協助是政治的問題；相反的，較少的女性認為這些須在國會或市議會投票，或同意為越南募款。

由此可見，不論大致上依據在哪一個場域獲得權力的機率而定，回答不知道的比例會依性別、教育資本和社會階級而有所變異。這也證實就社會所認可的能力而言，政治能力都是一種只在有權或有責任擁有的範圍內才會有的才能。而且在所有條件都相同的情況下，會隨著對那些的暗示盲從於去政治論述（中立的風格、婉飾托辭）規範的問題感到厭倦而有所變異。這是因為「政治科學家」，看似專家或虛有其表的專家，想要透過強加對政治能力嚴格限制，在問卷及其分析披上科學的外衣，進而強化那些「無能者」不夠資格參與政治的感覺。

民主法治的國度（le pays légal ╱ the right to speak）

在政治上站出來說話的傾向，即使是最基本的形式，如同事先設計問卷勾選「是」與「否」的答案，也都與有說話的權利的自信成正比例。沒有什麼比那些號稱自發性回答的樣本組成更能說明這點。1968年[22]之後由報紙合辦一項關於教育體系的「全國調查」，這些自

---

[22] 這個調查是在科學研究發展協會（L'Association d'étude pour l'expansion de la recherche scientifique）的要求下，以一份出版的問卷形式，在1969年8月1日到15日之間的各大報和週刊上進行的（但由於《人道報》〔L'Humanité〕和《巴黎人解放報》〔Le

發性發言的人都自稱以*攸關利益者*的身份說話，自以為可*自由表達意見*，也自以為*夠權威可表達意見*，為主流的遊說團體[23]發聲。在此議題*被動員的民意*，以聯署簽名的邏輯來看，非常湊巧地符合使用高等教育的群體。對一個孤立的行動者來說，想要在沒有任何所有代議委任的情況下，能夠針對教育體系發表明確又一致性意見的機會，端視他依賴這個教育體系來進行〔社會〕再生產的情況，也端視主觀或客觀上他是否對體系的運作*有興趣*而定。

　　就好像自己越有分量，就越有傾向去衡量教育機構的命運一樣；自覺在這方面有正當性發言權者，以及對其運作有直接興趣的人，就越會回答關於教育體系的調查[24]。因此回答率方面，男性明顯地比女性

Parisien libéré〕沒有出版這份問卷，無疑對大眾階級次範疇代表性造成問題），問卷共20個，對一整學年學校相關問題、教學狀況、內容教授、教學方法和大學組織；以及教師的訓練、篩選、給付；教師與學生家長間的關係；不同範疇社會行動者的權力、學校應該負責的功能（職業的準備、道德的教育等等）、學校機構的政治問題、義務教育的延長、私校的補助等等。問卷之前都會有一段根據各大報長短不一的文字說明調查的目的，針對「關鍵議題」的「真正的全國性調查」，由科學發展研究協會組織，「幸虧各大報熱情相助」，「完全獨立且無任何營利目的的運動」。

[23] 這些群體非常等比例地代表企圖影響教育體系的不同團體，也完全地代表自我宣稱主流的遊說團體，他們不斷地在任何等級教育體系的走向給予壓力，以至於使其表達意見構成一股力量，可以預測全部後來的發展趨向。例如「大部分」（如果此語言是充分的話）回答者都希望國家考試能夠繼續、引入篩選機制、維持高等專業學院制度（grandes écoles）、教學改革方向（對自己）加強整體文化知識（culture générale）並（對他人）轉向職業的準備等。在所有我們可以用來比較的點上（亦即，所有提到的問題，除了關於高等學院制度和國家考試的問題外，因為這兩個問題不曾在其他民意調查機構出現過），自發性樣本調查結果的走勢，都比代表性樣本的走勢要強烈許多。

[24] 當然可想而知，這些才能與稟賦必須具備能夠書寫回答問卷的能力，而這與教育資本密切相關，加上具有倫理稟賦本身的效應明顯地表現出來，尤其是當受訪者被要求時進行一項規律且有後續追蹤的真正調查研究時（像是廣告媒體研究中心所做的

高（此外，後者往往以「學生家長」的身份，而非以利益團體或總體
利益代言人的身份發言），巴黎地區也明顯地比外省高。並且在既定
的社會階級上，回答率也非常接近讓其子女進入高等學院的客觀機會
（亦即農民和工人幾乎等於零 0.09/1000 和 0.05/1000、工匠和小商人
0.7/1000、上班族職員 0.9、中級主管 3、小學老師 19、工商業主 5、
高級主管 11、工程師 22、自由業者 26、高中大學教師 110；數字表示
每個類別的男性回答者除以對應派系的勞動人口）。至於學生的回答
率也大致吻合其學歷程度，以及所唸的學校（高中勝於高職或技藝學
校，高等專業學院勝於大學）。住在巴黎地區勝於外省，其參與率緊
密地與社會出身相關（工業主、高級主管、自由業主之子是工人小孩
的 2 到 3 倍，大學生更是高中以下學生的 6 倍）。

　　同樣的趨勢也完全可以在民意機構所做關於教育體系的調查問
卷中，對於不同問題的答案得到。一般來說，回答不知道的比例，
女性大於男性（例如法國輿論調查研究院 1968 年 6 月針對高教改革
方向的調查，29.7% 的男性相對於 25.7% 的女性；關於入學測驗的問
題，16.9% 的男性相對 11.2% 的女性；但是針對初中三年級拉丁文課
程的問題，男女比例相同。都是 26% 的回答不知道（法國輿論調查
研究院，1968 年 9 月）；教育程度較低者與大學程度高者（小學程
度 32%，高等教育 15%），針對上述兩個議題，兩者差異分別是 19%
相對 6%；以及居住在外省者會大於住在巴黎地區者的回答不知道，

收聽率調查研究，受訪者需在一個月內，每天以 15 分鐘為單位在收音機前面收聽。
收聽率部分會隨著表現在教育熱忱的文化學習意志而有所變化。的確，中級主管和
工頭領班收聽率達到最大，其次是技術工人——我們知道他們也是去圖書館和收集
癖等的比例相對高的一群人）。為了使其更完整，也須考慮報紙篩選的特殊效應，
並試著去掌握什麼原因使訪問問題受到讀者習慣閱讀的報紙所影響，而不是透過例
如學校、協會、工會或政黨等可能影響回答者樣本結構的機構（其實資料已經顯示
習慣閱報的人回答問題的傾向就比偶爾閱報的人高）。

35%相對於10%。此外,回答者的比例也會隨著社會階層上升而增加。這意味著這種對調查研究樣本取樣的代表性,「全國調查」自發回答的樣本就是一種局限,或以另一種說法,儘管不易被察覺,基本上這還是一種根據上述法則所建構出的產物。

在這種自願自發的樣本裡,越不具代表性的類別,就越不能「呈現」此群體在其所屬整體的情況,以至於偏差原則幾乎總是與教育體系脫不了關係(於是,90.7%的工商業主擁有高中會考或以上的文憑,而若將這個類別放在整個勞動人口卻只剩下11.3%;同樣,28.7%的小商人和工匠擁有高中會考或以上的文憑,但將這個類別放在整個勞動人口中卻只剩下2.8%)。同理,吾人亦察覺,靠教育體系越近的派系,回答者越有可能來自對教育體系最感興趣的派系,也就是在受訪期間孩子正就讀高中或大學年齡層的人。因此,在自發性回答的樣本中,49.7%的大學教授年齡層落在35到54歲之間,相對在勞動人口中只有38.9%大學教授在同一年齡層;自發性回答的樣本,69.7%的自由業者的年齡層落在35到54歲之間,相對在勞動人口中只有38.9%;自發性回答的樣本中77.1%的工商業主年齡層落在35到54歲之間,相對在勞動人口中只有50.7。

其實只要順著此一過度取樣的效應,就可發現不同階級及派系之間的差異(尤其是中產階級和支配階級內部,其代表性會隨著文化資本增加更顯重要)會減到最低,結果也可發現不同階級及派系之間針對不同問題的同意程度也會比樣本母體更高[25]。若教師是如此

---

[25] 將問卷退回到學生家長聯盟(而非學術研究發展全國調查委員會)的學生家長,大致上他們社會、教育程度較低,女性比例較高。在其他條件都相同的情況下,這可能與一個組織內部先前的流動有關;以及成員賦予的「權威」增加,政治上參與的傾向也增加。這也可能解釋整個教師群體之中,自發性和非組織性回答者,因為他們主要出身通過高中大學教師會考資格的女性及具有文憑的男性,所以呈

質性與量化

「在這個領域，以量化取代質性會很危險。若要對問題形成客觀的評論，對我來說，某些必須的能力是必要的。」

高中大學教師會考資格的教師，在學術研究發展全國調查委員會問卷旁的眉批。

被過度取樣，那是因為其中幾個原因他們比較有興趣，也較有合法性。事實上，從出現機率的等級，可以發現主流支配的效應大於與單一成員追求利益的效應。的確，不同範疇教師出現的機率會隨著教育機構等級升高而增加（幼教老師19/10000、小學老師〔CET〕34/10000、國中老師〔CEG〕60/10000、高中老師199/10000、大學教師224/10000），也會在每一個學校內隨著職等越高而增加（兼任講師〔maître rectoral〕58、有中學教師資格者〔certifié〕175、通過會考取得大學或高中教師資格者〔agrégé〕382、高階助理〔assistant du supérieur〕164、助教〔maître-assistant〕204、教授或副教授320）。若是通過會考的高中教師，尤其是教「古典」科目（拉丁文、希臘文、法文、歷史、地理）的老師比其他範疇的回答率都要高，因為比被約制於教育體系的小學教師，以及比更依附於教育體系的大學教授

現出與「教改」激進行動派極為不同的特性。參見J.M. Chapoulie et D. Merllié, *Les déterminants sociaux et scolaires des pratiques professionnelles, des enseignants du second degré et leurs transformations*, Paris, CSE, 1974, pp.120-124）。值得注意的是，學生家長聯盟的學生家長往往在教育與文化資本方面取樣不足，儘管更易於動員，但一般來說對各類問題傾向較少回答，除非（尤其是）針對私校補助問題的回答率就會比較高。

（除了最傳統文科的教授，法文、拉丁文、希臘文、歷史，他們比其他學科或其他學院的教授更傾向回答），他們更具發言的正當性，並可將精力投資於學校機構以外的事務，而不只是研究而已。這可能也是因為他們比其他範疇的人更不覺得被此危機衝擊。

若說過去中等教育主導支配的學科，拉丁文、希臘文、法文、歷史有特別高傾向回答問題（1968年5月後他們寫了很多的書或文章），這也是因為重新定義主流文化的內容及合法正當的傳遞方式，特別是在中等教育層次，威脅了他們的生存，畢竟作為這種產品的生產者，他們只有此一市場，威脅著中等教育存在的理由以及他們所準備教導會考的教師資格。

然而此一分析最根本的教訓，在於非常一致性地將只設計給一些人的問題強加於所有人身上，即使這是以多麼無懈可擊地從問卷到答案管控，以及抽樣代表性的管理，都非常有可能只不過一步步地製造一個假象而已。這是創造問卷提問前不存在的意見，且於其他場合不會再如此表達、或以其他方式表達──例如透過具吸引力的發言人，其意見的表達就可能完全不一樣了。不管如何，這些公共意見都很難*自發性地*自己形成，自發性地自己*發聲*。抗議運動只不過是一種透過*動員為它發聲的團體*，凝聚公共意見力量的方法。政治意見並非僅是一種只要透過真理的內在力量，就可以掌握資訊的純粹判斷力而已；政治意見是一種信念力量（idée-force），其中內含的野心抱負與如何落實成為行動一樣重要。換句話說，因為政治意見必須動員並假裝它的存在，因此政治意見不僅只是以其資訊內容來定義，更應該以它作為一種純粹政治的力量來定義。不管它是什麼，只要能夠動員具有潛力的團體，就能讓這種力量存在。

因身份地位而來的能力使其具有說話的權利，這是一種強而有

力的發言，使其言論易於落實，並為那些沒有身分地位加持而無能的沉默者回答，後者自覺在技術上無能為力，且注定要委任代議。這就形成一種無能者不為人*知且又積習已久*的自我剝奪以讓位給有能力者，女人讓位給男人，教育程度低者讓位給教育程度高者，「不懂說話的」讓位給「懂得說話的人」。若委託他人，因認可其技術能力，那麼政治事務的責任感就會隨著教育資本擁有的增加而減少——因學歷文憑（及連帶被認為可保證的文化〔能力〕）往往被（持有者也被其他人）默認為持有合法正當的頭銜而得以行使其權威。一邊是那些認為政治與他們無關，以及那些無法拿出實際辦法行使，而放棄應有的正式權利；另一邊則是自以為有權發表「個人意見」或甚至授權意見，同時也是獨占能力的人。這兩種彼此相反但又互補的政治勞動分工的形象，會在階級與性別之間再生產出實踐與論述兩種稟賦——一種政治「權力」的客觀分工，藉此有助於此一分工的再生產[26]。時至今日，有一種習以為常且矛盾的回歸現象。如十九世紀的改革者為了生產有能力投票的公民（「就像朱爾・西蒙〔Jules Simon〕所說的，法官必須知道自己在做什麼，也必須把話說清楚」），以便確保普選運作良好的條件就是寄託在教育上。但現在教育反而變成非常有效的篩選機制，儘管沒有官方的強制也甚至不是一種默認，卻為不平等參政的選舉民主提供合法性的基礎，並逼此一趨勢為*整個政治的勞動分工*提供合法性的基礎。

---

[26] 任何想要教唆大眾階級成員，表達他們對社會世界看法（例如階級分工裡他們自己的形象）的嘗試，都會碰上這種混雜著無能與資格不足的情緒所引發的困難——（「我實在不知道像你這種人為什麼要來問像我這種人的意見，所有東西你都知道得比我更多」）。甚或另一方面，有些社會學家會引起反感，任由他們隨便抓住一個人就訪問，而不是只給被准許發言的人說話。

個人意見（L'opinion personelle）

　　尼采曾經嘲笑學校對「個性表達」的崇拜，但其實要完整的描述教育機構如何生產此一崇拜的機制卻不是件輕鬆的事，尤其知識分子與學院，他們鼓勵*個性」的文化與崇拜*，這種個人、排他、獨特、原創特質的整體，展現在「個人想法」、「個人風格」，以及在此之上「個人意見」上。或許我們可以指出稀少、高尚、精選、獨特、排他、有差別、不可取代、無與倫比、原創性以及普通、粗俗、平庸、隨便哪個、平凡、中等、習慣、庸俗之間的對立關係，也可以指出所有亮眼、暗淡；精細、粗糙；精緻、毛胚；高級（或高雅）、低賤之間的對立關係，但其實這都只是布爾喬亞道德與美學相關字彙中一個基本面向而已（另一個面向是環繞著優渥和窮困的對立關係而形成的）。對那些認為教育體系的反覆灌輸可提供一種社會世界觀的人來說，歷史教科書內可尋找最直接也最明顯的意識形態干預（像是法蘭克福學派關於歷史形象〔*Geschichtsbild*〕基本元素的作品之中處處可見的歷史菁英哲學，早已深入教育訓練的肌理），但這無疑會遺漏最根本的東西[27]。事實上，就整體教育機構而言，從規定最嚴格的個人工作組織，到分類的操作中操作的分類系統架構，都偏好原創性而貶抑平庸性，更遑論教學內容以及教學方法，都往大布爾喬亞或小布爾喬亞的小孩帶進教育體系的個人主義或自我中心主義方向傾斜。如同紀德（Gide）在〈日記〉所言：文學裡「沒有什麼比個人性的東西更值得看的」。在文學場域裡，個人性儼然已成為一個應該被慶讚的對象，更不用說在教育體系中，已成為自我崇拜的中心。所謂的哲學，

---

[27] 這類分析值得再進一步討論：若將重點放在主宰者主角的話（如歷史上大人物）或個人的共同實體，教育史充滿了這種歷史的神格式哲學，完全不顧社會利益以及對立團體的衝突，對歷史的進程及社會條件，不做批判性的反思，而是去召喚道德評價。

非常個人的意見

我對政黨沒有興趣。我才不要投給政黨，我只投給候選人。沒有政黨色彩的候選人最好。

我不知道社會主義精確的定義；這已是過度使用的字眼，什麼都要說，也等於什麼都沒說。因此我不會跟你解釋應該如何或不應該如何以它的樣子去建構，因為現在我已不知它是什麼，太氾濫了。

就我個人而言，我不認為可以讓我加入某一政黨，因為從一開始我就無法和他們有相同的品味。我出身自嚴謹的冉森教派，加上祖父是開書店的，因此我對任何事物都保持開放，不願為一個一般性理念而動員；也就是說，在諸多政黨間，我只接受對我來說好的。畢竟我只看重非常個人的意見，儘管我也不認為這可行，但沒有一個政黨可以滙集幾個政見的某部元素在一起，即便我不認為它們之間不相容。

（會計師）

其實只是思想家自認異秀的高傲自說自話而已。這一切反而可以說明為什麼精神分析，儘管它描繪了一般性的機制，准許並鼓勵浸潤在獨一無二的原初經驗（相對於社會學，若它不減化成為一般性和共同性的話，並不會引起那麼多的抗拒），其實就是這種自我崇拜現代版的變異。

為了要能充分了解小布爾喬亞對「個人意見」的追求，不只應考慮經由教育體系或推廣機構所行使的強化作用，同時也應該考慮到生產慣習社會條件的個別特徵，這種追求不過是其中一個面向而已。事實上，我們可以看到要求「個人意見」的權利和不信任各種形式的代議委任，尤其在政治，極合邏輯地都烙印在純屬個人的稟賦系統上。他把所有過去和一切未來計劃都孤注於個人救贖上，立基於*個人*

一位無法歸類的大學教授

問：請您在政治等級上給您自己的定位？

答：聽著！這仍然是一個我無法回答的問題。我只能回答在什麼時
期，我投票給哪一個團體，

問：請您以另一種方式定義？

答：現在嗎？像戴高樂主義者您會放在哪裡？對我來說就一個問
題。有的戴高樂主義者說自己是左派，有些自稱是右派。其
中之一曾經這樣說（笑）。真有勇氣。若檢視一下有投票權
後所投過的票，曾投給右派，投給孟戴斯—弗朗斯（Mendè-
France），也經常投給戴高樂。您可以將我放在任何您想要之處。
若把刀子架在脖子上要我選擇一個政黨，我還是不會選擇，我
會想辦法不做任何選擇。才不會，不知道，可能是我不滿意任
何政黨的原則，若您要的話。我認為這像其他東西一樣是必要
惡。而言我不覺得跟我有關。您要的話，我還可以用排除法。
用排除的話，我不是共產黨。我確定吸取左派的靈感，或左派
的擁孟戴斯和戴高樂主義者，兩者聯合在一起，對我都不陌
生。但一方面，矛盾的是我又支持某種秩序。我認為脫序不能
成就什麼，在此承平時期。另一方面，我又不是一個中間派的
人。當我認為應該站在某一政黨時，會支持此一政黨。您看，
這真的很難回答。因此，若您要的話，我會說現在有點第一線
的戴高樂主義者，像我以前曾經是的戰時的戴高樂主義。這不
是一個政黨，而是某種哲學。只有在戴高樂運動時，我才會認
同，我也不認同很多的事。所以我永遠不會參加任何一個政黨。

（大學教授，巴黎）

的「天賦」或「成就」，也與沉重的連帶責任絕裂，甚至不論居家還是工作，背棄令人討厭的義務。他們也不論是休閒還是思想的義務，都有系統地選擇偏好私人、（在「家」般）親近的，而討厭公開的、集體的、共同的、任何人的和借來的[28]。然而，小布爾喬亞天真的「自私」稟性卻與微妙自我中心完全不同，後者是那些有辦法在所有的實踐中，在其專業裡，像*自由的活動*般，自在的選擇肯定自我人格的獨特性。單單藉其德行，就可確認一種無法被減化成無名、非個人性、不可替換角色的「個人特質」。同時小布爾喬亞還必須讓自己向他們看齊（「規定就是規定」）才能生存，或至少才能被承認其社會存在，尤其是當他們與布爾喬亞發生衝突時[29]。而且，因為小心翼翼的不信任，也會妨礙他們委任代議或參加政治活動，他們與那些有獨到思想與最佳意見代言人所具有的堅定信念不可相提並論。

　　我們發現較多高級主管以政治訊息的方法討論，他們尤其也對報紙（高級主管27%、中級主管及上班族職員24%，相對於農業從事者14%、工人11%、工匠和小商人8%）和雜誌（高級主管19%、中級主管及上班族職員7%、、工人6%、工匠和小商人5%、農業從事者4%）有信心，援引最專業和最主流的工具，即公共輿論的報紙，以一種形成意見來表達其關注（會隨著教育程度增加）。因為可依個人意見對反電視或電台所提供公車式產品的「大眾溝通工具」（Sofres,

---

[28] 個人救贖的要求，尤其是在夜深人靜或順從於上級時，會與集體成功的要求產生衝突，如參加工會活動的兩難，不只有現實的考慮，也因為這代表兩種截然對立的看待社會的世界觀。若不能保證對公司或社會秩序的認同與依賴的話，進修訓練或內部升遷的考核就不會那麼有積極的作用了。

[29] 這裡必須加上，所有「醫療秩序」辯護者所寫的作品中，認為醫療行為應該獨一無二，自由地由具自由意志的人完成，或者大學秩序的辯護者所發出憤憤不平的抗議，要求集體工作的認可。

> 政治，我相信就是抗爭，因此，必須人數眾多，應該動員大眾。
>
> 　　　　　　　　　　　　　　　　　　　（家庭主婦，共產黨員）
>
> 　當他們群起罷工時，就是因為他們真的有需要，人們不會為了
> 要創造罷工的歷史而罷工。
>
> 　　　　　　　　　　　　　　　　　　　　　　　　（家庭主婦）

Télévision et politique, mai 1976）。然後以同樣的對反結構，我們也可以辨識，為了讓抗議的訴求能夠實現，高級主管也特別會直接去公家機關交涉，但是工人和上班族職員則更經常依靠罷工勝於其他任何方法。而工匠、小商人和中級主管則會選擇示威抗議的手段，前所未有地突然動員或製造突發性事件。

　　就算相當概括，也提醒得夠清楚了：建構「個人意見」訴求並使其落實的社會條件讓我們看到，相反於在政治上程序平等的天真信念，大眾階級觀點是非常實際的，他們看不到其他選項，尤其對條件最差者來說，只有棄權一途，用簡單又單純的放棄，承認身份地位的無能為力，任憑全權委任，毫無保留地將自己交託出去，就像神學概念所說的「默認信仰」（*fides implicita*），默認地相信，默默地將自己交託出去，因為選擇代言人就是為自己發聲。

意見生產的模式（Les modes de production de l'opinion）

　　事實上，並非所有回答就是意見。而且某一特定群體的回答往往不過是一種被掩蓋、或是為了討好強加其上的提問，或是倫理論述讓步而回答不知道而已。被當做是「個人意見」的機會可能也如同作為

其（他）特徵的回答不知道機會一樣大。將個人利益和經驗提升到政治論述層次的傾向和態度，以採取相同立場的傾向和態度，尋求一致性意見並整合在同一明顯且明確的政治原則，事實上都會非常緊密地依靠教育資本，其次才是全部資本的結構，也就是說，文化資本的相對比重會隨著經濟資本增加而增加[30]。

　　即使強迫我們去正視政治判斷的社會條件的可能性，但承認身份地位能力的不平等並不足夠。一個最基本的最政治問題依舊完全被掩蓋了，也就是回答政治問題的生產模式這個問題時，僅接受知識分子的假設：認為所有政治問題的回答都是一種判斷行為的產物，也是一種純粹政治的判斷行為的產物[31]。

　　事實上，應用主流政治定義而研擬出問題（如學生的示威或墮胎的問題）的回答，可能由三種不同的生產模式生產出來。回答的生產原則，首先可能是*階級氣質*（l'ethos de classe），一種生成公式無法以應有的方式建構出來，以至於針對日常生活存在的所有問題，與世界實際關係的操作性假設一致性的回答，都可以客觀地被生產出來。其次，可能是*有系統的政治「黨派」*（« parti » politique systématique）（就我們常說的藝術派系的意義而言），亦即一種有邏輯控制和反思理解，明顯且專業政治與法律的原則系統。總之，就是政治的原理（axiomatique）（用日常生活的語彙，就是「路線」或「綱領」）產生

---

[30] 就吾人所見，美學也可找到相同的論點，它是較廣泛論點的一個特殊個案，也就是在口頭或實際想占一席之地，會依賴顯性原則的傾向或態度，隨教育資本增加，使其如此服膺於有意識的系統化（某一倫理、美學或政治思想的原則，勝於風俗慣例的原則）。此一關係至少是透過獲得此一資本必需的生存條件而建立的，勝於它所保證的特定能力效應。

[31] 為了證明民調與投票之間的相似性，除了烙印問卷本身的政治哲學外，還應該檢視分析方法之中所蘊含的哲學（尤其是統計上純粹聚集的邏輯）。然後會發現民調從來沒有如此接近其真實，尤其以模擬投票預測一場選舉投票的結果。

或預見在其運算法中所暗示的政治判斷和政治行為之無限可能，除此之外別無其他。最後，可能是*兩段式選擇*的產物，也就是以知識的模式，去偵測符合*政治黨派*所界定「路線」的回答。這裡所指的政治黨派，是能夠提供一個政治「路線」，在整體建構形成政治專業的組織。因此，在這種明示或默認的委任代議制裡，參加政黨就其原則而言一如吾人所見，本身可能就意味著由階級氣質，或明示地根據某一個「政黨」的選擇而操作的實際上認可[32]。

於是，在實作與理論上，*有意識的一致性與實踐上客觀的系統性*之間有很大的差異：前者根據某一個明確，也很明顯的「政治」原則而產生；後者則根據某種暗示性原則而生產出來，這是在「政治」論述之外，依照某種客觀有系統的思考和行動模式生產出來的。這是以不預先思考的模式來達成，很單純地經由長期熟悉而獲得，往往不需要任何明顯的反覆灌輸。若不那麼機械性地依戀於階級狀況，*政治稟性*的這兩種形式原則上本身就非常緊密，主要是因為賴以生存的物質條件，以生存的急迫性、不平等性最為緊峻，因此在不同程度上易於象徵性地將它「失去作用」（neutraliser）。它們也會透過教育的訓練緊密地聯在一起，因為教育訓練能夠獲得象徵性地掌握文化實踐的工具，是*政治經驗*口語表達化和概念化的工具。

民粹主義者喜歡給大眾階級一種自動自發的「政治」傾向（在其他領域也可能是「美學」傾向），就好像大眾階級自然而然的就具備了主流政治定義所規定的特性，而忽略他們表現在日常生活選擇上掌握文化實踐的能力（不論是否可依照政治的主流定義，能被建構成政

---

[32] 品味的領域上也常見這種兩段式選擇，就像吾人常指出的，消費者會選擇某一個生產或發行單位（商店、戲院、電台等），透過這些選擇，以及它所提供的獲選商品，消費者往往會簡單且單純地交託給美學代理人，像室內設計師、建築師和美容服務的銷售人員，這些人他們在這些方面扮演類似於政黨的角色。

> 我的政治來自於我從小就遭受的苦難經驗，你懂嗎？。
>
> （社區辦公室職員，共產黨員）

治）。這種民粹傾向並非在持續警覺以及到處展現才華意識的外顯原則中找到其立基點，而是在階級慣習所暗示的思考和行為模式裡找到其立基點。也就是說，若要避免將政治的討論被簡化成簡單的公式，應該在階級的無意識裡尋找，而非在階級的意識裡尋找。

　　因此，當問及像性教育這樣的家庭道德問題，透過學校機構化作用，都有可能被建構成政治問題傾向。除了高級主管外，任何一個群體，都會生產出回答。由於被其階級氣質所牽引，這些回答幾乎都會脫離所宣稱的政治意見：例如農業從事者大多數抱持著不應該和孩子討論性，或是15歲以後再給予性教育的看法。但是上班族職員和中級主管，由於文化學習的強烈意志，在這個領域也像其他領域一樣，會使之認可主流的規範（問卷本身可能都在提醒）。因此他們認為應該在11歲以前給予這種教育的人數最多。不管是那一個群體，依照政治傾向變化的情形都不明顯。相反的，所有跡象似乎都顯示高級主管和自由業成員的回答都與其階級氣息脫不了關係，都有某種教育的放任主義傾向並根據明顯的政治原則：相對的，只有50%自認為是接近中間，其中只有33%認為自認為是右派，80%自認為是左派的認為應該在11歲之前給予孩子性教育。一如前述「純粹」美學稟賦所見的，每個美學的抉擇都是一個美學「派系」的展現，於是依據純粹政治原則而運作的日常生活選擇的傾向，即依政治「黨派」而非倫理直覺，其本身就是〔階級〕氣息的一個面向，表現在語言的關係、和身體、和他人、和整個世界的關係。

　　事實上，因為生產政治判斷的專屬政治原則被提升到很顯眼的層次，第二種和第三種意見的生產模式與第一種不同，並以下列的方式被建構出來。要不是透過人們所托付的生產或管理這些原則的機構，不然就是透過單獨的政治代表，那些本身就擁有政治問題及答案的生產工具的人。因為他們可以提供一套有系統且高度一致性的政治的解決之道，來回應表面上看似差異很大的問題，像是利普（Lip）工人的抗爭、性別教育或污染等問題。在上述兩種情況下，社會階級和政治意見之間的關係就不再直接了，而是要透過階級的無意識。為了要能充分了解政治意見並給予完全地解釋，必須要讓專屬的政治機構介入，投入的政治「路線」或政黨「綱領」，在實際壟斷政治意見生產的原則中製造。或是提出政治原理，針對任何問題，不論是否能被建構成政治問題，依此生產出有專業政治意見[33]。現在還剩下那些無法以「政黨」或無法被政黨建構出來的問題，那麼行動者就會訴諸階級氣質（因為它表達了生產這種氣質的特定社會條件）。這不只是一般的行動者可能會這樣做，就連專業的〔意見〕生產者、知識分子、社會學家、記者或政治人物也都會如此。不管是生產社會世界的（科學或其他）論述或是為這個世界擬訂政治行動路線，這種階級氣質都身負補充原則和方法不足（或是對思考或行動工具掌握不足）的任務。革命政黨的「工人運動」無疑的是直覺到意見生產與政治行動原則的雙重性，直覺到某種有根有據的質疑，是能夠僅以政治原理的原則來回應日常生活存在的任何問題和任何*實際*挑戰的可能答案。不管如何，這兩者的對反再明顯不過了：一個是由「政黨」幾乎強迫而形成有意

---

[33] 公開宣示的政治歸屬與忠誠只不過諸多因素的其中之一，其效應可以研究性別、年齡、職業。相對於經濟和社會決定因素，純粹政治原則往往以相對自主的因素運作（儘管對這些原則的依賴並不獨立於這些決定因素之外），生產出不見得與個人立即利益相符的意見或實踐。

識的系統化，另一個是依階級氣質原則而生成的實際與判斷「本身」
的系統化。或甚至一個是將製造政治意見生產的原則托付給政黨所需
求的最起碼又基本的意識；另一個是有系統的意識，足以將任何情況
建構成政治，並提供根據純粹的政治原則而生成的政治的解決之道。
於是，如果政治的意識沒有適當稟賦就會顯得不切實際又不明確，空
有才能稟賦而沒有政治意識對其自身來說也會晦澀不明，也因此永遠
易於被挪用操作成錯誤再認（fausse reconnaissance）[34]。

　　知識分子行業的成員（教師、研究員、藝術家）比起其他群體最
常宣稱自己是「革命行動的支持者」，對抗「威權主義」也支持「國
際階級團結一致」，他們也最認為「1968年5月的危機有助於人民的
總體利益」，也最常宣稱「罷工時強行停工糾察隊是合理的」，「人
民陣線是個很好的經驗」，他們比較喜歡「社會主義」勝於「自由主
義」，也相信「若國家是所有大型企業的擁有者一切都會更好」；然
而他們的回答有時候也會背叛階級氣質形成言行不一致，例如他們比
起工人更常說對「工會有信心」，但自從68年5月後卻不再有信心，
或是一個最重要的特徵就是他的個性（工人最常提到階級）或甚至
「經濟的成長對大多數人有利」（工人則比較認為對少數人有利）。
（這部分的分析是仰賴Mattéti Dogan在法國政治科學協會關於「西歐
工人與政治」的圓桌會議上所發表的調查結果，該調查在1968年後
根據3288位男性樣本而做，其中有176位從事知識分子的行業）。這
也可能是因為高度一致的政治傾向使得知識分子將任何問題都視為政

---

[34] 在所有知識分子裡，沙特無疑最能「真切」地體會這種界於抽象的不切實際的「承
諾」（當它是自由選擇下的產物時，永遠覺得是任意武斷的）以及迫於生存條件的選
擇所帶來的晦暗之間對反關係。

治來處理，並在生活的任何領域和任何面向上尋求完美的一致性。這種高度的一致性是被階級氣質與論述之間建立起最根本的不協調性所逼迫出來的，尤其當他們出身自被支配派系，這與在支配派系成員身上所觀察到的不同。

作為意見生產源頭的稟賦主要在表達意見的方式上表現或洩露出來，亦即更精確來說，在回答記錄時幾乎不可避免地會遺漏不起眼的東西（最常見極度的簡化就是為了快速完成訪問作業的標準化）。然後，我們也會被引導去表達非常不同稟賦的回答，透露出相當的不同，甚至放在同一個範疇中相反的行為。若只看其外表的話，儘管都很相似，但有些共通的直覺可辨識許多難以掌握的姿勢與儀態，論證或習慣間細微差別。「左派」、「右派」、「革命派」或「保守派」之間不同的存在方式、所有雙關語和話中話的操作，都在提醒同樣的慣習連結很可能表面上意見非常不同。但是不同的慣習也可能很膚淺地（即選舉層面）表達看起相似的意見，但形態上不相干。因此Lipset總結說，在學生的群體中，父親職業與子女的政治立場的相關性並不存在，而將所有觀察的差異歸因於就讀大學類型和科系等因素。他可能忘了，像其他人指出的，在某一時期各個大學地位之差異其實不過是社會出身的差異在教育上的轉譯而已。甚至在志願層次都是如此，因為科系的選擇往往表達了某個社會出身的個人可以達到的教育成就，以及可以做的夢想和抱負。尤其更甚者，他可能也因為沒能適當的運用問卷取得受訪者政治活動與政治判斷的形態，使他注定要以政治立場的表態來取代。然而即使他們表達政治內容相同，也可能表示出完全相反的稟性。就像日後的發展可以見到，隨著他們的轉向，不論短期或長期，尤其是後者，會越來越不能預知其政治實踐。表面上看起來微不足道的儀表和語調的細節可能表示了「誠諾」形態；更

違論意味深長的沉默，可能表示贊同、質問、同意、敵視、藐視或順從[35]。

　　第一人稱表達的意見生產和代理意見生產之間的對立，永遠都是既存秩序的衛道之士提出來的反對理由。例如尤其當罷工的時候，他們會以投票或民調的「民主」邏輯反對由工會表述的「中央」的邏輯，藉此切斷委任代議的有機連帶，減少其個人資源，如此才能將他們單獨地送往祕密圈票室。民意調查不過是建立一種意見生產的模式，恰恰會去限制那些最無助的人無法產生對反於他們自以為／假裝（兩重意義）信任的代言人的意見，因而使得委任代議的信任機制的有效性受到質疑[36]。這兩種意見生產模式的對立關係還可以參照到兩種不同程度死忠的政治支持者：一邊是有群眾的大黨，另一邊則是小黨或「前衛」的小團體，其中幾乎大部分的運動活躍分子都是靠這種「陣線」才能生存。因此兩種群眾與政黨之關係的概念：一種最常以「現實主義」之名，高度要求交付代理以利中央決策的運作，另一種則是邀請自我管理其政治意見，透過一種不自覺地將小布爾喬亞的政治關係特質提升到普世化的手法，他們有自己政治意見的生產方式，當然就沒有任何必要將生產意見的權力交託給他人。一般我們對政黨機器及其支持者之間關係的印象（尤其不完全代表的意識形態認為

[35] 參見S.M. Lipset, Students and Politics in Comparative Perspective, *Daedalus*, Winter 1968, pp.1-20；至於根據法國學生為對象的調查研究分析所提的批評，參見Y. Delsaut, Les opinions politiques dans le système des attitudes : les étudiants en lettres et la politique, *Revue française de sociologie*, XI, I, Janvier-mars 1970, pp. 3-33.

[36] 此並非偶然，代理（協助）往往是那些沒有「個人意見」生產工具者，進入政治意見門檻的條件。它也因此往往成為保守或「保守的革命」思想不同程度精巧掩蓋的目標之一（參見P. Bourdieu, L'ontologie politique de Martin Heidegger, *Actes de la recherche en sciences sociales*, 5-6, nov. 1975, pp. 109-156）。

「政治菁英無法回應社會基層的要求」或是「製造政治需求只為繼續執政而已」），忽略了事實上此一關係可以根據政黨，也根據同一政黨內部支持者的範疇會呈現完全不同的形式。

在諸多因素之中，政治意見的委任人與代理人之間關係的變異還應考慮政治決策者的錄用、訓練和升遷的模式（例如一邊是共產黨透過幾乎完全由政黨保證[37]，完全自行訓練，靠自己從無到有地創造自己的政治人物；另一邊是保守的政黨只需將已具備一般訓練名人顯要或在其他地方占有要職的人吸納入政黨即可）。也應考慮基層的社會特性（特別是教育程度以及相應可能造就的政治思考模式），以及考慮政治論述規劃的模式，或此論述如何被設計或被傳播等團體組織的模式[38]。

民意調查的分析提供有關第二點（基層的社會特性）的一些資訊。例如共產黨的選民根據生產其政治意見的原則「應該如何思考」，會隨領域而有所不同，亦即根據他們是在實作或在理論知道，是從經驗或從政治學習而來會有不同（生產關係場域裡鬥爭的所有案例都是如此）；相反的，他們任憑其階級氣質並致力於守護過時的布爾喬亞道德狀態。讓根據兩個不同原則生產出來的回答出現矛盾或不協調，對社運的活躍分子或領導者而言，簡直就像兒戲一樣簡單。尤其特別是他們表現在政治方面的革命傾向以及在「倫理」方面所洩露出來的保守傾向。這些的矛盾或不協調，在某些情況下，可能正是真正保守政治實踐的源頭。但是相反的，聯合社會黨的選民有一大部分

---

[37] G. Ansart, *De l'Usine à L'Assemblée nationale*, Paris, Éditions Sociales, 1977.

[38] 作為論述的自行生產者，知識分子總是會向那些自以為壟斷象徵財產生產的機構，像是教堂或政黨，要求自行管理政治意見的權力（基於這個理由，環保運動者就拒絕以「擁有」選民之選票自居，拒當政黨機器特權之一，代表想要將烏托邦落實的知識分子政黨）。

圖 19

您是否認為可以讓未滿十八歲的少女看任何想看的電影？（法國輿論調查研究院，1971年3月號）

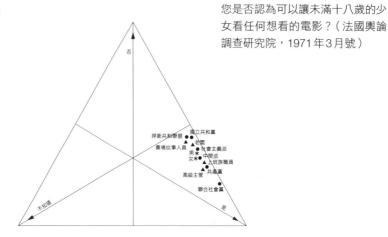

如上三角圖所示，聯合社會黨（PSU）的選民在受訪時，只要是涉及個人政治觀點時，可能會有的一些道德問題，回答的傾向都非常明顯。因此，其中例如就有53%受訪者不同意「老師對學生都不夠嚴格」的觀點，相對於共產黨的選民只有33%，社會黨有28%，捍衛共和聯盟（UDR）有22.5%，獨立共和黨（RI）則只有20%。此外，對於其他如「法國的老師放太多假」、「老師太過參與政治」，他們最傾向不同意這種觀點。（法國輿論調查研究院，1970年3月號）

來自知識分子的「相關行業」，從他們的回答可以表現出高度一致性以政治的眼光看待一切（根據相似的稟賦，對美學的態度，以美學的眼光看待一切），以及也很明確地提供一套彼此協調的回答系統，也比共產黨的選民更清楚地將明確的政治原則整合入其回答之中。他們與其他人最明顯的區隔就是他們表現出那種能夠以純粹政治生產的原則證明一切，即使別人傾向「退縮」到倫理原則的地方也是如此。

　　任何政治決斷，即使是最明智的決斷，都不可避免包含了一部分的*默認信仰*：即政治抉擇就是代言人的選擇是相同的邏輯；以及*作為權力基礎的東西*，像理念、意見、願景、政見、規劃的選擇一樣，皆是*內化其中的「人格特質」*——這也依靠其真實性和真實的可信度，還有「人格特質」的可信度。關於像決斷這種東西的不確定性，不論一個人或一組理念，都烙印在相同的政治邏輯上，不論在任何政權

個人的直覺

——你在選擇國會議員時會考慮什麼？

——首先會考量政黨，其次不是誠實，而是他爭取的方式。我個人較喜歡有點粗俗的人，下台時可能沒有那麼好的結果，但勝於溫文儒雅的人。我比較喜歡不說空話的人。像目前，例如在共產黨領導裡，我喜歡傑克·杜可羅（Jacques Duclos）勝於喬治·馬歇（Georges Marchais）。因為我認為杜可羅想說什麼就說什麼，他不會「戴著手套」假假的。馬歇也不會，但比較細緻一點，會「戴絨毛手套」給人甜蜜、柔美的感覺。

（工人，共產黨）

激進派，他們以前曾經尤其是，我不知道現在如何，雖然Servan-Schreiher想辦法要讓它年輕化，但終究還是一個老頑固的政黨，我想可能有很多共濟會員（Francs-maçons），也不只是很多不可動搖的意見。我覺得這不是一個很誠懇的政黨。

（秘書）

交託自己

我對他們有信心，一直對他們有信心，他們向來都會做他們說過的話，所以我一直都投給他們。

（社區職員，共產黨）

總的來說，我一直很熱心地在做事，尤其為了黨。所以，我一直都做他們要我做的。我告訴你，有些事情我不喜歡，我會跟他們說：這我不喜歡。總之，總的來說，我覺得沒有什麼問題，我覺得他們做得很好。

（清潔婦，共產黨）

> 我會先遵從黨給我的建議。採取行動並根據黨給我的指令投票。
>
> （家具工人）

> 很多人去投票是因為必須去投票。但是我不是，個人而言，這不是我的情況。我會去投票是因為我很確定我投的票。我是黨的成員，也投給和我意見相同的人。
>
> （打寫員，共產黨）

> 我個人對黨中央委員會有信心，當他們在討論選這候選人，而不是那個時，比我更有說服力。黨所選的這個或那個對我來說都很好，甚至在我看來都比正式候選人都更好，但是可以有些細節我忽略了，但高層並沒有忽略。因此他們會選這個，而不是另一個。因為有強烈的理由！
>
> （鎖匠，共產黨）

下，都有必要讓人們相信其精心研擬的問題或政治解決之道。這使得權力的基礎永遠可能因其政見或因其「人格」而被選出來，前者因其（客觀化的）政見，是在擬定好並召告於世（像宣言的邏輯）的判斷清單裡進行選擇；後者是以其慣習為*內化的政見*（就資訊的意義而言），就如同整個判斷與（在「政治範圍」的）行動的生成原則一樣，可能在抉擇的時候，不論候選人或選舉人，都不能很明確地講清楚。這種政見因此只能以諸多稟賦所散發出很微妙的暗示，像是以身體姿態、俗語、儀表、儀態才能表達出來。這裡所涉及的不是政治的「選擇」，而是形影不離的保人人格以及他所保證的東西。代議人同時要表達委託已經表達過的意見（俗話說，他被政見「綁住」了，因為這是一種明確地委任合約），又要依其內化的政見勝於客觀化的政見（或依據他在意識形態生產領域位置上的特定利益）表達尚未形成

暗示和潛藏的意見，藉此方能使之存在。他甚至可能以委託人賦予他代言人的地位壟斷說話權，透過*未經檢證的越權*，製造委託並未認可的等待、意圖或要求（這在不同的情況可能是整個團體的前衛或後衛人士）。總之，因為代議人不只是政見的保證，也是「呂洞賓點出來的黃金」。像整個已擬定的議案，同時也是「呂洞賓的手指」；或像整個尚未形成議案的生成原則（「陣線」）；所以，若用涂爾幹的表述來說，即政治委任代議的承諾並非全都寫在合約裡。

　　支持改變的人就必須繞一大圈，以客觀化政見的形式才能生產異端的意圖，並與那些依戀於日常生活秩序的理所當然、不言而喻的共享意見與之決裂。就此而言，他們往往是對代言人表述的政見及其慣習所洩露暗示性政見之間的矛盾最為敏感。更甚者，因為進入有政治能力階級的隱藏門檻（尤其是教育），明確政見的生產或甚至再生產壟斷的辯護者，往往也就是社會條件生產的產物（這可從其慣習的外顯符號察覺得到），這些條件非常有可能與生產其委託人的社會條件完全不同。相反的，那些只不過想複製既存秩序的人則會節省許多闡述說明的功夫，只要以其人格特質、秀異、優雅及其文化，甚至特性（貴族頭銜、學歷文憑等）的包裝之下，提供一套保守的內化政見的保證。於是在言談之間就會很自發地表現符合的身體姿態、用辭遣字和發音聲調，使得話語及其發話者之間有種立即、完美又自然的協調。

剝奪與侵占

　　這種政治選擇本質性的模稜兩可才是真正理由之一，為何不是金錢，甚至不是操弄政治意識手段？能夠在實作上不求助於不同的生產模式，而且*這在他必須用較不政治的方式回應的情況下*會更加劇烈。

在其他條件都相同的情況下，當問卷越清楚地被理解成政治問題時，這兩種純粹政治生產意見的模式，代理或自主生產就越經常被運用。若問題是以政治方式形塑，當政治意識越高時，這兩者生產模式也越經常被使用。換句話說，也就是依靠統攝能夠回答最專業政治問題才能稟賦（相對於最有可能投票棄權的傾向）的整體因素（性別、教育程度、社會階級等）。

　　根據我們的調查研究，那些可以全部或幾乎全部辨識出所提的問題是政治問題的比例，在無文憑者身上很低，但隨著教育程度上升會很規律地增加，到了高中會考資格和大學畢業程度會達到三分之二（毫無疑問這是涉及「問題」本身的問題，因為教育程度變異在這裡會更大於如何才能辨識哪些行為才是算是政治的變異）。因此，同樣可以預期的是教育資本所造成的變異，也會隨著在政治爭議中相對晚近出現的「問題」而變得更大，例如女性解放、自然保護、性教育，或那些很少會在意識形態生產場域以外被提出來的議題，譬如刪除中等教育的拉丁文之類。但我們也發現在失業、工人參與經營、加薪和肉品價格等議題上，有能力辨識成政治問題的變異幅度就明顯很大。

　　這意味社會階級與政治意見之間的關係會根據社會階級而變化，亦即根據在此階級中最常見的意見生產模式：針對政治建構的問題，生產純粹政治性回答的機率會隨著社會等級（及收入與學歷文憑等級）上升而增加。因此，在典型政治的問題裡，諸如國際關係此類，形成政治意見與否會與社會階級有密切的關係（當然還有性別與教育），尤其涉及是否參與「意見」的能力更為明顯。從可能回答不知道的比例可以看出（農業從事者37.7%、工人38.6%，小老闆30.9%、上班族職員與中級主管25.0%、高級主管和自由業16.1%）。當涉及

圖20

你是否滿意政府在外交政策上的作為？
（法國輿論調查研究院，1996年）

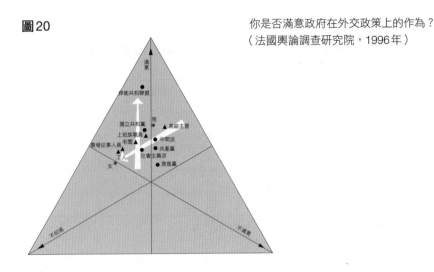

表達意見的政治取向的程度時，會與宣稱所屬政治團體有密切關係（像是對政府國外政策的贊同意見，共產黨48.7%、社會黨47.7%、激進黨41.2%、中間派52.5%、獨立共和黨56.8%、捍衛共和聯盟76.3%〔IFOP, 1966〕）。一如圖表顯示，被問及大部分國外政策方面問題時，不同社會階級和階級派系會根據回答不知道的軸線而分布；而對不同政黨的偏好則會根據滿意程度的軸線而分布。以此可見，就一般而言，就像在民調或選情分析常做的略過回答不知道，根據選舉本身的邏輯，相對於樣本母體僅計算有回答者，這就會取消（或減少）社會階級關係的效應。因為事實上，刪除後每個範疇的比例越大，這個範疇「所剩下的樣本」就越不具代表性了，特別在其政治化的程度。

　　此外，介於有能力生產最起碼的回答以及有能力生產相對應的問題之間的差距，前者不論贊同和拒絕，後者不論它是生產或提問的人（亦即在專業的政治問題意義的生產場域），至少是有能力能掌握所問問題裡的專業政治意義。他們是*強加問題意識的效應*的源頭，會由*挪用侵占表列答案選項的意義*反映出來：的確受訪者都被剝奪了其回答的意義，但是還是要在表列的答案之中選一個答案，回答實際上不

表30　強制的效果

「全世界各國家中，經濟對政治皆有一定的影響力。您認為，這樣的影響力在法國的情況是太大、剛好，或是還不夠大？」

	太大	剛好	不夠大	無意見
農業從事人員	28	13	3	56
工人、服務業員工	34	19	14	33
小商人、工匠	39	23	7	31
中級主管、雇員	44	25	11	20
高級主管、自由業主、工業主、大商人	55	21	8	16

（法國市場調查公司，《政治與金錢》，1971年11月）

是他們提出的問題，卻因此被當做他們自己的意見，也就是說，問題是在實驗冒險階段，對他們來說完全*陌生*，或他們並非在回答所問的問題，而僅是試圖去理解原初問題而產生的回答就被當做是答案（的確，從一個語言轉化成另一個時，幾乎永遠有重新再理解的工作，例如「預算選擇的合理化」變成「避免浪費」，這向來幾乎都被政治學專家所忽略，不論是觀察或編碼的階段都是如此）。

　　若要突顯強加的效應（及所造成的誤認效應），只需舉一例，就是關於「商業」對政治的影響的問題，以兩種常見的語意操作方式，就可以看到預先假定（présupposition）的強制性。「在任何國家」可以是一個很尋常的結束語，暗藏一切保守的人生哲學道理，不論永遠、到處皆是如此；也可以是假對稱的效應，以高度不可能，幾乎荒謬的回答的方式存在，即使表面看起來給每個回答平等的機會；此外，最後還應該加上中立化和婉飾美辭的效應，此效應剛好可以駁斥任何憤怒或反叛而「不太得體」的說法（問題本身只是設計來合理化另一個問題的提問〔以另一種對稱的效應來美化〕──這的確也是主

表31

「密特朗提倡一種新形態的社會主義——『改良式社會主義』，針對法國在共同市場及國際競爭力的現況來做出改革。您認為這種新形態的社會主義是否有實行的可能？」

	是	否	無意見
男性	37	35	28
女性	24	24	52
農業從事人員	16	33	51
工人	32	30	38
工匠、小商人	26	31	43
雇員、中級主管	37	31	32
自由業主、高級主管	40	32	28
共產黨	45	34	21
左翼非共產主義	48	22	30
捍衛共和聯盟	19	37	44
中間民主黨（勒卡呂埃〔Lecanuet〕）	29	35	36
中間現代進步民主黨（杜阿梅〔Duhanel〕）	31	28	41
獨立共和黨	20	42	38
投廢票或棄權	18	19	63

（法國市場調查公司，《改良式社會主義》，1971年6月）

流問題意識常用的技倆，例如關於工會運動的問題以：「然後工會的影響力在您看來是太大、剛好、還是不夠大？」提問）。

　　從上表可知，認為「商業」影響太大的比例會隨著社會等級上升而增加（而且，我們也可以想見，儘管我們沒這方面的資料，也隨著教育程度而增加），很精確地，與那些棄權不回答者的比例完全成反比。同時我們也看到34%的工人僅「認為」「商業」的影響太大了，但卻有高達52%的工人選擇棄權或中立立場，甚至異常高比例（14%）的工人「認為」這影響很小。因為這種翻譯往往就是曲解和誤解的生成機制，造成條件最不利的受訪者必須花很大力氣去內化那

麼多冗長與複雜的問題，藉以回答「政治學家」的問題意識；不然就
是我們所見另一種情況，條件最不利的受訪者沒有其他選擇只能棄權
不回答，或根據他們為密特朗打造的形象回答[39]。

　　事實證明，在訪問的情境裡，似乎再怎麼沒能力的訪員也都會
感謝強加效應。從最近的分析可知，由於他們必須從那些只有參照
到*政治的*問題意識才會有意義的答案之中做選擇，這必然能夠生產任
何結果。然而這種問題意識只不過是意識形態的場域本身——亦即客
觀關係的世界會自動被轉化成爭奪位置，它會依其內容及位於何處被
傳送來定義——在此場域中已在位要保護其位者，會經由訪員及其機
構來壟斷生產並強加社會世界以及對此世界合法行動的主流形象而彼
此競爭。沒有任何方法可以完全內化此一問題意義，除非真正地參
與*其生產*，占據不管任何什麼位置——亦即其他人也必須考量更好的
說法。一個位置的存在本身就會迫使其他位置調整，也因此強迫其他
在位者去思考其自身的位置（其實只要想到左派以信念力量的形式出
現在意識形態的生產場域所造成的結構性效應就可理解）。政治「問
題」（一如所有哲學、宗教等問題一樣）永遠都是在（和被）兩個或
幾個對峙團體之間的關係而存在的。這意味一般俗民因為無法主動地
參與專業政治的遊戲，事實上，這些只保留給有全職時間的專業人士
（政治人物，政黨機器〔此時正適合用此字〕的專職人員、政治新聞
記者、專業的意識形態生產者），他們只能在已既定意見的世界裡，
有些許的機會去揀選哪些是「適合」他們的意見。這也意味提供的產
品永遠帶有*註冊商標*，商標同時是參考也是一種保證。因為在明確

---

[39] 這裡還要再進一步指出，透過無法察覺的風格特徵操作，把 M. 先生變成密特朗
　　（Mitterrand），或使用學術用的動詞「倡議」（「充滿機會的社會主義」中的表述本身
　　就屬於政治高層才有的語彙）。

宣告意識形態生產場域位置的同時，事實上也表達了在每一個可准許的爭奪位置，而此商標就是威權的政治參照（教皇的通諭、某一政黨中央委員的決策、經典作家等），這些都可讓一般俗民不至於「迷失自己」，找到該*採取的立場*——不論以明示或默認同意代議委託給在意識形態生產場域中占有某一位置的人，或是因為他本身擅長操作政治場域與意識形態生產場域之間的同質同構實作，前者指的是日常或超乎尋常、隱藏或公開、個人或集體、自發或被動員的階級爭鬥的場域，在此他知道如何自處，也知道該往何處去；後者則是依其自身邏輯再生產其結構[40]。

當每一次問題引發兩種不同的解讀時，侵占挪用的效應幾乎極度不可避免。而且只有在被帶入專門的政治藍圖的條件下才會引起一般俗民的回答。此乃生產問題，分析其結果的專業人士所立足之地，從最日常經驗的面向到階級氣質無意識的思考模式都可直接運用。在這種情況下，當然，某個問題已經被某個政治團體建構成政治的問

商標的效應

尤其是在選舉的時候，當他們上電視時，這時候你才能發現，也才能真正認識政黨及每一件事。但除此之外，兩個之間……嗯！有些人表達得好，就這樣，我們可以知道。但他表明自己是那一個政黨時，你才會多看他兩眼。

（清潔婦）

---

[40] 在此還是類似於藝術品市場的機制運作，若所有的參照系統、客觀化的分類方式，尤其是一切作為辨認生產場域裡位置的座標，福樓拜稱之為「高尚意見」的，如展覽或出版場所，突然之間都被剝奪了，那麼作為內化的分類系統的「品味」會變得怎樣？

題，因此就整個意識形態的生產場域而言，它就不是為那些因法定上沒有能力而遠離問題意識生產邏輯的人而擬訂，因此他們無法體會這是「實際」經驗的問題，而會以現實方式，即以倫理方式來回答。於是，最缺乏專業政治能力的人反而最有機會被擺在保護道德和社會秩序的陣營。他們在這領域甚至會比那些清楚社會秩序的保守人士加要更保守。每一次他們都會被帶進已在意識形態生產場域的層次被建構成政治問題的階級氣質範疇中來理解這些問題。我們的確知道，隨著停留在家庭道德的秩序越長，自由主義或放任主義的傾向就越會依社會等級上升而增加（這似乎支持著名的大眾階級「威權主義」的論點），而且無疑的，也會藉由教育程度的升高而增加。但一旦社會秩序受到質疑時，這種關係又會（而不只是道德秩序）呈現倒置的現象。

利普塞特（Lipset）將美國民主樂觀論建立在一個似是而非的觀察上：即經濟方面「越是左派」（即自由和左傾）的大眾階級成員，往往越傾向「威權」，尤其當自由主義是以非經濟的方式來定義時（亦即涉及公民自由等的問題時）。而且由於無法定義所有真正文化的「利益無涉」，在政治方面一如其他領域，他們會忽略了「自由主義」是新布爾喬亞，至少對其本身或對其子女，生活藝術無法壓抑且堅定不移的原則[41]。因為大眾階級天生的威權主義，所以有意識地固著於威權意識形態的源頭；他們期待快速且劇烈地改善他們的生存狀況的政治之路，無法容忍並傾向接受減化、善惡二元區分的視野。「進化版的千禧年主義」（millénarisme évolutionniste）正是此種政治神學

[41] 關於此一點的經典性闡述，見 S. M. Lipset, Democracy and Working Class Authoritarianism, *American Sociological Review*, XXIV, 4 août, 1959, pp.482-502.

最天然的皇冠，它認為大眾階級生活與教育水準提高就可變成朝向美國民主普世運動的發動機，換句話說，就是廢除威權主義，也廢除支持它的階級。幾乎不用多說，支配階級的成員整體而言在家庭道德的領域上較「創新」，但卻在廣義被認為「政治」的領域較「保守」。支配階級觸及如何維持經濟與政治秩序以及階級之間關係（這可在其針對罷工、工會議題等的回答可以見到），很明顯的，他們會傾向採取「創新」或「革新」的立場，但這種傾向很快會依可能觸及特權的程度而呈現相反的變化。於是，為了不舉一個太特別的例子，僅以高級主管為例，他們可能針對外國工人的議題會比工人顯得較「自由」，因後者較直接受到競爭的波及。高級主管們很常會說「法國在安頓外國工人方面還不夠努力」（67%相對48%），「他們訓練不夠努力」（52%相對36%）或「很好客地接待他們」（45%相對33%）。但是若要將他們自己在其能力範圍內納入考量可能的結果時，其「自由主義」就沒有那麼明顯了：41％的高級主管及自由業的成員認為「法國在給予〔外國工人〕合理薪資不夠努力」，相對於43%的工人以及51%的上班族職員和中級主管的看法；48%的高級主管及自由業的成員認為「法國應該減少或刪除對未開發國的援助」，相對於只有31%的工人和35%的上班族職員和中級主管有此看法。（SOFRES, *La France, l'Algérie et le Tiers-Monde*, février 1971）。

　　所以應該發展共產主義，也要達到社會主義。必須取得政權。但此時，我們也太民主了；我們常在很多東西上讓步，沒有像以前那麼暴力。暴力，我不是說要什麼都砸掉，但是我們在罷工時太軟弱了，要做決定時裹足不前。我告訴你，我認為是因為工人階級還不夠悲慘。

（家具工人，65歲，共產黨）

道德秩序與政治秩序

　　論述生產原則的雙重結構不斷地出賣自己，不論在社運活躍分子或最政治化工人的論述都是如此。這可從一個領域到另一領域察覺語氣與風格的轉變，甚至可從兩種表達模式的論述內部一直存在的張力可察覺到：第一種是現成的表語，──不可切分的小塊思考及預備好的話語──，這給予論述該有的概念化普世色彩，也給予學到東西的樣子，但同時也洩露典型論述有的某種不真實性（一個鐵路工人會說「不利階層」，一個青少年會高談「今日的年輕人」）、最最高深的政治術語（「委託人」、「重估薪資」等）。有時候還會出現文字誤用（「這與受薪大眾的利益相反」），為了表現出他們有能力面對類似學院的測驗，為人的法定地位以及階級的榮譽辯護。總之，表現出不讓人欺負，「我們有防衛」，「所有這些政客他們可以花言巧語再回來」。第二種是被語氣突然中斷而分裂的論述──會從最獨特又特殊的親身經驗裡援引最具體的參照，賦予論述真實性、充實感、本真性，同時傾向避免變得普世化，這是動員的先決條件[42]。

　　這種效應在口頭語言已很明顯，在書寫語言就更顯著了。因此──工人──回覆科學研究發展協會調查的人，其實全部都過度篩選，因其整體差異與其階級區隔開來（協會調查者皆有較高的學歷，小孩上高中、私校或高等教育的頻率高，大都住在巴黎地區，較多閱讀巴黎的報章雜誌）。某一機械工人對「面對世界的法國任務」的議

---

[42] 若要完全了解這種與階級氣質或政治原理產物的同質性完全對反的論述，可能變裝的特殊形式，必須（以巴舍拉描述「知識論的剖面圖」的方法）根據不同原則、不同情境而形成的論述與實踐來繪製其政治的「剖面圖」，亦即在現場所觀察到政治反覆灌輸和專業政治治理的效應非常不均等的運作。

借來的語言

創新是目前對大家最有利的合約形式，必須嘗試發展最近的，也必須越來越重視團隊精神。

現理論必須讓更多的位子給技術，視聽技術應該發揮到極致，也應該多舉辦公司參訪。只有在能導向夠大型的合併案，並穩定有明確的好處才能進行政治化。

成人在職訓練，尤其是技術精進不可或缺的，基礎訓練不足，知識與實作技術的掌握讓社會進步的力量。

除了所有趨勢變化外，進步才是追求的目標，必須大幅改變引入行業的方式，教育與知能是兩件不同的事，真正的領導或主管可能在很年輕的時候就可找到，有組織精神的人也很快就可以發現（⋯⋯）

（排版工人，節錄自寫給科學研究發展協會的信，以回應刊登在報紙的問卷）

題，多以第一稱多高談闊論；或一個礦工會吶喊「悲慘法國，沒有人理」；或一個排版工人，以非常樣版的論述，提及無論如何也要努力複製官方政治論述應有的高度、誇張和自大，來闡述其他認為未來能夠提升「總體福祉」教育體系的觀點。他們的回答都非常特定化，除了一些通論性的嘗試，看得出來他們也很熟悉工會對教育體系的政治論述，往往最後只剩下幾個關鍵字或命令（「假改革」、「圈套」、「再吸收失業」〔裝配工〕；「整合國家的能動力」、「協商」、「管理失控」、「不利階層」〔鐵路工人〕）。就好像回答的人抓住機會烙下他個人的印記一樣，總表達與問題無直接相關的意見。也可能回答只不是一種「高調地讓人知道他懂得發生什麼事」的方式，尤其是針對

沒有決心的教師，像某個農業從事者很精確地以同一個句子回答所有
的問題：「老師都沒有在好好教書，只想著放假。」另一個在評論時
一直在浪費工作時間這個議題上打轉。最後一個（速記打字員，丈夫
是汽車修理工），大半的問題都沒有回答，另一半則是每個問題都回
答：「現在人們都無心在工作，整天只談著休閒。」

　　之所以如此，毫無疑問部分原因是因為它不斷地碰上*干擾效應*，
也碰上自我排除的傾向——後者是因為剝奪及無力感造成的。由於政
治或工會組織在教育他們時，致力於灌輸那些政治最不利的人一種要
有自己意見的意志，並提供他們生產它的方法，導致他們意見本身會
一直擺盪在對經濟與社會世界通論性表達的形式主義以及親身經驗
的直接援引參照之間，以至於無法真正獲得個案對最終政治經濟基礎
之間關係的分析，這不只是對生產者如此，對接受者也是如此[43]。若
說關注具體情境、予人信任感是不可或缺的條件，那麼超越被閉鎖在
孤立情況的個案，以便提升到*共同問題*，更是集體動員的先決條件。
這種通論與個案之間的辯證關係對某些人說是必需的，這正是政治的
核心，尤其是投入政治化的核心，部分是因為與既存秩序有關，將其
個別的利益提升到普世的層次；對其他人來說則有必要在其普世性裡
理解其生存條件的特殊性。然而，在政治的實際操作時，就像民調所
顯示的，會將諸多生存領域的多樣性的問題還原成為更廣泛的通論性
問題。前者往往是個別和私人的問題，尤其是那些涉及家庭道德的問
題（例如孩子教育、性、家庭的權威、性別的勞動分工等），這對某
些前衛派人士來說，這已是政治抗爭的遊戲了；後者儘管仍然是涉及

---

[43] 這些組織在教育機構裡看得最清楚，無疑的因為它們是在初級團體本身的內部行使
　　其教育的行動，透過社會行動者、社運活躍分子，及同一團體的成員。

表32　政治秩序與道德秩序

政治秩序	農業從事人員	小商人工匠	工人	中級主管職員	自由業主高級主管
罷工對勞工造成的壞處比好處還多（法國市場調查公司，1970年）	58	57	35	33	42
儘管企業發生罷工，未參加的員工仍應有回到其工作崗位的權利（法國市場調查公司，1970年）	74	62	41	61	82
老闆與員工的利益相同，雙方應一起打拚、相互理解，為大家共同的利益努力（法國市場調查公司，1970年）	72	87	53	60	80
贊成公共部門勞工的罷工權應有一定的限制（法國市場調查公司，1970年）	60	54	51	50	57
希望法國現在受薪階級的工會影響力可以小一些（法國輿論調查研究院，1971年）	16	26	7	14	20
不贊成法國現在受薪階級的工會應該如此（法國輿論調查研究院，1969年）	24	30	19	26	33
道德秩序					
女生只有滿18歲以上才可以單獨出去（法國輿論調查研究院，1959年）	83	88.5	81.5	82	69.5
不可以讓滿18歲的女生隨意看她想看的電影（法國輿論調查研究院，1971年）	38.5	38.5	31.5	29.5	28
男女混校對女生的教育不好（法國輿論調查研究院，1971年）	24	24	20	14.5	8.5
不太贊成學校開設性教育相關課程（法國輿論調查研究院，1966年）	33	29	19	19	19
未成年且未婚的女生只有經父母同意才可以購買避孕藥（法國輿論調查研究院，1976年）	74	70	78	76	62
提醒孩子該做的事並保持威嚴似乎更好（法國輿論調查研究院，1972年）	36	34	40	29	25

法國市場調查公司將工業主與大商人歸到高級主管及自由業主一類，法國輿論調查研究院則將其與工匠及小商人歸為一類。這裡提供了不同類別（例如農民）贊成各項意見的百分比（整體而言，各階級在道德秩序的調查中，除了未成年購買避孕藥以及學校開設性教育課程的問題之外，在其他問題回答不知道的比例皆較低。相較於在政治秩序的各項調查中，回答不知道的比例則較高）。各項意見的調查中傾向最明顯者以粗體標示。

教育或性的問題，卻會被放置在較一般性及抽象的層次，不只是因為這類問題涉及教育機構，同時也因為離實作經驗較遠，如教師的教學法、聘任、訓練或升遷等，或如何在中學校介紹性教育或政治議題、學生的抗議運動等；或被工會的政治抗爭傳統建構構成政治的問題，像是所有關於罷工、勞資關係、工會角色等的問題。於是在模稜兩可的政治情境下，所有讓既存的思考模式和坐標都受到質疑的危機時刻（最特殊的案例就是1968學運剛結束之後），侵占效應就會發揮到極致。政治上處在最不利的人士（一大部分同時也是經濟上和文化上處於最不利的人士）就會運用被歸結為他們的「威權主義」所認知與欣賞模式，到連他們都搞不清楚的政治問題上，像是學生抗議運動所提出來的問題，反而因此落實了既存秩序維護者想要他們支持的口實。

若說高中失序及大學抗爭運動或學校機構的政治等問題好像設計來就使人跳入圈套一樣，那是因為事實上它們只有在主流的問題意識脈絡下才會有真正的意義，意即依據如何維持既有秩序的原則性問題而生成的整組問題。針對民意調查機構提出的問題所做的普查顯示，這種問題意識聚集了所有問題，是針對某些人而設計的問題，他們必須考慮到某一個政治立場下，對他們政策看法的分布情況。因為只懂得支配者問他們的問題，反而忽略那些針對他們所設計問題的團體，忽略了這些團體要問的問題（及他們自己的問題）。

由於無法正確地說出他們回答是哪一個問題，也不具備能夠真正活化所提問題的旨趣與稟賦，他們能夠認得的只不過是一種交談往來的問題，或顛覆既有秩序的特殊形式。這些條件最不利者所回答的問題不是實際上人家問他們的問題。他們的回答是以其僅有資源所生產的問題，亦即根據其階級氣質的實作原則而發的問題。如果所提的問

題是落在道德與政治的中間地帶，他們以道德口吻譴責政治或從道德
的憤慨滑向政治反動主義的現象就會越明顯。尤其是那些在社會空間
位置天生傾向以道德眼光看待社會世界的人，如小布爾喬亞，以及從
這個階級沒落的個人或派系。憤世嫉俗當然就成為沒落小布爾喬亞的
反動派或革命保守派爭奪位置的動力來源，他們到處為如何維持秩序
而憂心，不論是家庭道德還是社會的秩序。他們將精力投注在道德的
憤恨，抵抗所有道德的敗壞，並以此反抗其社會位置的沉淪。同時彌
漫著激進式的嚴苛以及上升小布爾喬亞的功績主義式反叛，他們自以
為有權要求和社會秩序算帳，因為它沒有給他們應得的東西。這其實
不過是野心抱負的單純倒置，是那些主觀認為屬於他們該有的位置，
但客觀卻不給他們的團體注定會有的稟賦。因此他們全都會怪罪在社
會秩序的頭上，社會給他們不對等於所付出應得的認可，甚至在他們
的反叛之中，連他們自己也都不認同官方認可的價值。這也就解釋開
明的保守主義者，永遠會接受或甚至投入任何領域的改變，只要不觸
及社會秩序的基礎[44]，他們可提供不論是左派或右派需求包裝成前衛樣
子時的陪襯物。

階級慣習與政治意見

這方面如同其他方面，若要在一個因素或一組純粹相加的因素裡
尋找回答的解釋原則必定是徒勞無功的。的確，慣習會融入原本就綜

---

[44] 這種倫理上的自由主義可在支配階級再生產模式轉變時找到基礎，最近家庭權利的
改變就是一例。產生效應會讓資深布爾喬亞「德性」變得無用而失去功能（對反動
派者也是如此，他們注定要向下沉淪，因為無法自我轉化，還努力堅持下去，就像
他們持有布爾喬亞價值兌換表一樣。這反而造成他沉淪，進而加速其衰退，所以期
待一場倫理復辟以達到社會解脫）。

合的單位裡，這是被物質條件強加而決定的整體效應的生成原則的單位（其中的效率則多少依靠教育訓練而增加，也端視是否能夠搶先機地獲得必要的資訊）。它本身就是*內化的階級*（包含年齡與性別所打造生物特徵），而且在任何代間或代內流動的個案身上，它都可以（在其效應上）與某一個時間*客觀化階級*（以屬性、學歷文憑的形式出現）區別不同，以至以不同狀況的生存物質條件持續下去，也就是說製造這種慣習的生存物質條件，會隨著其條件更新化程度而有所不同。社會行動者整個生命階級的決定因素，運作時會形成一個內在系統，關鍵因素則會落在所擁有的資本，它的界定方式以其總資本量及其資本結構，還有在生產關係裡的相對位置（透過職業，以及所有與它相關的決定因素，如工作條件、職業環境等）來標示。

　　這意味，就如吾人所見，一個在單獨狀況所截取的因素本身的效率無法真正和此因素與相關意見或實踐之間的關係的效率相比。同一個因素可能會與不同的效應聯結在一起，有時候甚至會相反，這是根據它被嵌入的因素系統來決定。因此，高中會考資格的文憑可能變成反叛的動力來源，若它的持有者是從中級主管或技術工人的小孩下沉到非技術工人（持有高中會考資格文憑的非技術工人的穩定成長，應該對工人階級中左派勢力的發展來說並不陌生）。同樣的文憑可能為成為整合的動力來源，若其持有者為一個工人或農民的小孩變成中級主管。我們同理還可以證明學歷文憑的價值及其牽涉與社會世界的關係，會非常明顯地根據持有者的年齡（尤其當不同世代持有此文憑的機會有很大的不同時），也根據社會出身（尤其當繼承的資本、姓名、家庭關係等左右他會有的真實回報時），當然也根據省籍（透過內化的屬性例如口音或勞動市場的特性），及其性別。

可見經由慣習——這個以與共時性占據的位置的關係來界定，並藉此爭取在社會世界中實際或明確的位置——介於右派和左派政治意見的分布會相當密切地符合一個特定空間裡階級及階級派系在第一向度（總資本量）和第二向度（資本結構）的分布。投票給右派的傾向會隨著擁有的總資本量增加而增加，也會隨著經濟資本在資本結構的相對比重增加而增加；但是投票給左派的傾向則在以上這兩種情況都會朝相反的方向而增加。在這兩方面建立起來的對反關係所形成的同質共構，即支配者與被支配者之最主要的對反關係以及支配階級中支配派系與被支配派系之間次要的對反關係，會促成不同空間但處在同質共構位置的人之間的相遇和聯盟。最明顯又矛盾的巧合就是支配階級中被支配派系（像知識分子、藝術家或大學教授）會與被支配階級站在一起表達他們之間對（共同）支配者的關係（客觀上非常不同），表現在投票給左派的特殊傾向。

若以密榭拉（Michelat）和西蒙（Simon）所做的調查為基礎[45]，根據社經地位範疇分布的投票意向，每個階級派系的特徵是以投給左

---

[45] 參見G. Michelat et M. Simon, « Catégories socio-professionelles en milieu ouvrier et comportement politique », *Revue française de science politique*, XXV, 2, avril 1975, pp. 291-316（尤其296-297）.作者所採用的分類範疇，不論是社經地位範疇或政治意見範疇（往往被減化成非常粗略的範疇且沒有任何模組的解釋）無法很清楚地看到既存小布爾喬亞與新興小布爾喬亞之間的對反關係。前者較依戀正統的政治組織（即使其降級的效應也會讓新形態的請願和抗爭出現），後者常可在所有新興政治形式見到身影（從左派到環保組織，中間還會經過聯合社會黨以及其他社會黨的新嘗試團體），還有任何自己參政和自我管理式風格的命令都可滿足知識分子理想的小布爾喬亞們對自治與個人主權的期望。同時我們也可注意到，在所有位居中間的範疇之中，社會醫療服務人員（+28）落在工業主宰眼端的旁邊，但是技師則往礦工靠攏（+2）；但是中級行政主管（+14）與商場雇員（+16）位居中間位置，和工匠（+13）、工程師（+19）與農業從業人員（+20）並列。

派意向的百分比與投給中間或戴高樂派意向百分比之間的代數差距來描述的（排除回答不知道，因為變異相對不明顯）。所有跡象都顯示資本總量的效應會與資本結構的效應產生加乘的作用，以至於政治空間會顯得如同社會空間有系統變形一樣：小學幼稚園老師（–43）坐落在礦工（–44）旁邊，大學教授（–21）處在技術工人（–19）的水準，藝術家（–15）在非技術工人（–15）的層次，而上班職員（–9）則在技術工人（–10）旁邊；但是工業主（+61），緊跟著自由業者（+47）、高級主管（+34），以及非常接近的商業主（+32）等則位居政治空間的另一端。技師（+2）和工頭領班（+1）處在左派與右派的界線上。一切跡象也都顯示階級派系之間次要層次的對反關係。在政治空間的依次區塊中，高比例的成員會往最易於被分類的選擇移動：一邊是工業主和自由業成員組成高比例投給中間派的人；另一邊是非技術工人、半技術和技術工人組成投給社會黨主要的成員。因此他們似乎也與那些高比例投票棄權以及選擇相對較不易被分類政治團體（非共產黨的左派或戴高樂派）的派系相對反，亦即藝術家、大學教授、小學幼稚園老師和工頭領班。在此，他們表達出來的可能是與他們在社會空間中尷尬位置有關的曖昧與矛盾。

不用多說，如同其他實踐一樣，吾人無法將影響政治實踐或意見的因素完全納入考慮，在此僅能透過社會出身的一般性指標，就所有能掌握的進行抽象化的操作。其中也會至少區分從起始位置移動到目前位置的*軌跡效應*，以及烙印在特定條件下的社會條件化作用的效應，尤其若要將爭奪政治位置當做快速在社會世界崛起時就特別重要，這是就字面意義反*覆灌輸的效應*，類似宗教教育的政治教育，以美化的形式呈現從小在家庭就一直接受的教養。

　　除了驚訝於宗教實踐與政治意見之間的高度相關外，是否也應該問兩者之間是否有一大部是源自是同一稟賦的兩個不同面貌的呈現。不只是因為內容本身，也因為都需要反覆灌輸的紀律。宗教的養成是一種以美化形式出現的政治社會化，同時也是因為暗示性地強加於某一階級而宣稱的實踐或信仰，因此會有明顯社會認同特性，以至於不論灌輸的內容符合哪一種，都可關係性地以它所對立的「不信我者」的補充階級來界定，因此在某一個時間點上會充滿排斥後者的一切屬性（一如保守的政治稟性就充滿對「赤紅」的排斥）。對這種認同以及對共享此認同者的忠貞（「我是基督徒」），就是將目前生存條件下大部分自主性交託於公開宣示的信仰。連宗教訊息的內容的效應本身，皆確定的是在強化某種能夠將社會世界放在個人救贖的「個人化」邏輯下，類似於病痛和死亡，將不幸與壓抑理解成個人或集體的宿命（相反的邏輯：政治的思考模式就是要拒絕任何政治以外的個人化和思考模式，以及以倫理建構的宗教思考模式。政治的思考模式是從任何觸及家庭經濟的東西開始，如消費或婦女狀況，從此為家庭政治化進行準備。但由於家庭政治化的前衛分子經常是出身自基督教家庭的個人或由運動團體組成，因此到底是他們將家庭政治化或是將政治家庭化和去政治化，這在區分上造成雙重的困難）。

政治意見的供需

　　若要精確說明某一時期階級與社會建構的政治意見之間的關係，也可以試著利用手邊的統計資料，探討不同階級和階級派系對政治色彩程度不同的報紙或雜誌的選擇如何分布。但是若不從詰問閱讀報紙對不同範疇的讀者是什麼意義，這種方法就不具有完全的正當性了，因為這可能與一般所賦予的功能不同，也與意見生產者或代議人所

指派給它的功能不同。在「個人意見」的神話中，唯一還裹持以人本為中心的信念，並努力不懈地「堅持」日新月異地獲取新知，這絕對不只如同某些人認為（當我們讀一份）報紙不過是在看別人的意見而已。

　　《法國晚報》或《巴黎人解放報》（*Parisien Libéré*）（1977 年每天分別銷售 51 萬和 36 萬份）全國性報紙的讀者，約略很平均地分布於左派和右派之間。第一份報紙是 41% 相對於 36%，第二份是 33% 相對於 33%（雖然《晨曦報》的內容很明顯地偏左派，但令人驚訝的是讀者往往聲稱會投給左派）。這兩份報紙分別 60% 和 64% 的讀者聲稱若報紙採取與讀者相反的政治立場，他們就不再訂讀該報了。最後，這些讀者有很高比例的人不願在競選期間表態或甚至不願在客觀性上採取立場。但是卻只有比例不高的讀者（24% 的《法國晚報》和 29% 的《巴黎人解放報》，相對於 37% 的《費加洛報》和 42% 的《晨曦報》）聲稱完全同意這些報紙所表達的意見，相反的，他們之間卻有很高比例的讀者（分別是 40% 和 50%）認為報紙比他們更右傾。由此可見報紙純粹政治的效應並無法以專業政治論述的政治取向來衡量，就如同在意識形態生產場域被欣賞認可一樣，更不用說以幾釐米平方的政治空間來衡量。而是應該以讀者與報紙保持的關係來衡量，所以他們可以無視其政治訊息，並且最重要的政治行動也可能完全與政治無關。

　　的確，所有跡象都顯示當讀者位處的社會等級越低時，讀者的政治意見就越會比報紙亟欲公開宣示的意見還要更獨立。對那些投給社會黨或共產黨的工人或上班族職員（他們毫無疑問是構成這兩份報紙投給這些政黨最大比例的讀者，分別第一份 10% 和 20% 的讀者，第二份 9% 和 29% 的讀者）來說，購買一份報紙像是《巴黎人解放報》或《法國晚報》（或甚至《晨曦報》），其實就是一種付諸行動，

即使這行動在客觀上政治的，與任何黨派無涉，也不委託任何政治代議，卻也毫無疑問地預設了、也製造了某種「去政治化」。其實《巴黎人解放報》花16.3%的版面在運動新聞上（相對於《世界報》只有2.6%），而且更多的讀者認為是一份運動新聞的報紙，但與《隊報》（*L'Equipe*）不同的是，這是以一般新聞和社會新聞的價格販售。

　　相對於報紙採取的政治立場，讀者之所以會有相對獨立的政治意見，也是因為報紙與政黨不同，提供的不僅有政治資訊（就一般認知的意義），而是在比例上提供差異很大的多樣（國內和國際）政治產品、社會新聞和運動新聞，因此可以相對獨立於專業政治利益成為其他旨趣的標的[46]。此外，因為要追求最大的讀者群，不只是為了購買該報所帶來的利潤非常珍貴，同時在廣告商來說更能顯現其價值[47]，所以這些社會報導走綜合性的路線（Omnibus）（大多數的地方報紙都會這樣做），必然會很有技巧地避免任何可能嚇跑或排斥其目前或潛在讀者的派系的內容。首當其衝就是太專業的政治立場（相同的理由也會被排除，就像陌生人在巧遇時，談論一些保險的話題、天氣的好壞一樣）。但有時候也會有例外，例如那些可能被視為較不政治的主題，像官方立場說明（可能會讓這種綜合性報紙染上半官方或甚

---

[46] 就國際新聞、社會與運動新聞三項來看，巴黎地區報紙的版面會越來越少（14.8%、8.8%、8.9%），但是外省的報紙則會越來越多（7.9%、8.4%、16.5%）（參見 J. Kayser, *Les quotidiens français*, Paris, Armand Colin, 1963, pp.125-127）。我們也可以想見若將其他分開，其間的差異會更明顯，因為社會和運動新聞（至少是《巴黎人》的情形）在地方報紙占有無與倫比的位置，全國性報紙的讀者則主要來自支配階級，像《費加洛報》和《世界報》。

[47] 市場調查成為這種戰爭的重要武器，因為在廣告商的眼中（他們或多或少是財力的來源），可以展現報紙的「市占率」，所以比起作為了解更多的知識工具以及滿足讀者大眾的期待，這個價值更為重要。

至「政府」的色彩）[48]。這種考量的強制性會隨著客戶群增加而增強，因為必須考慮到越來越多不同口味和意見的讀者，這也解釋為何這種綜合性的文化產品都會有此一不變的特性，電視連續劇、大型院線片電影、排行榜的書、政黨精巧包裝成去政治化，一般稱之為「大小通吃」（catch-all）的政治訊息、好萊塢明星般沒有個性的美麗、官員們職業性的魅力、管理階層模式衣冠楚楚的禮節，這都是為了社會晉升必須有系統地修飾所有原本粗糙的社會形象。嚴格說來，諸多產品完全都沒有特色，或像人們常說的索然無味，這都是被所有品味接受必然的代價[49]。

這種綜合性大報、雜誌週刊與只為一小撮人或前衛小期刊截然相反，前者是以產品的中立化，爭取客戶群極大化擴張；後者則鎖定忠實於他們原初理念的人，不論是快速竄起或是不間斷地追隨者（靠訂戶、負責人的毅力或活躍分子的支持等）。追求客戶極大化擴張的報章雜誌至少必須克服或管理在生產部分或讀者方面不斷出現的衝突與問題，迫使他們讓步、妥協，緩和。此乃他們進入權力核心的條件，但也因遠離當初理念，會與較「老派」也「顯著」的讀者決裂而產生矛盾。這也就是為何某些大政黨（像今日的社會黨）會與大型的報社合作，在生產單位的內部，尋找更合理的管理競爭方式，以建立能夠提供不同範疇的讀者或選民選項的場域來運作（例如《世界報》就針對支配階級的不同派系），甚至還不需要為此目的進行解釋，解釋他們為何要生產如此多樣、適合不同甚至相反讀者等待的產品。

---

[48] 相對於因為太被某些場所「烙下印記」而不被接受，像是傳統上在醫師診所或某些公家機關、咖啡、髮廊等地方閱讀的某些報紙或雜誌，綜合性週刊的策劃因為不排除任何潛在的讀者顧客派系（《巴黎競報》、《今日法國》），反而更完美地能滿足上述閱讀情境的需求（例如《巴黎人解放報》，《法國晚報》就經常在髮廊扮演這個角色）。
[49] 物質性消費也依循這個原則，新研發的乳酪（像Bondel）或嬰兒食品就是如此。

但是，除了那些閱讀《人道報》或其他極左派報紙最政治化的一群，不論是當做政治指導或道德與文化教化，工人或上班族職員幾乎不會閱讀每天發行的日報，頂多可能是為一小撮的《費加洛報》讀者而寫的。或當做訊息工具、文獻報告、分析報導，毋庸置疑是為了巴黎政治學院或國家行政學院的學生，還有高級官員和大學教授，亦即鎖定《世界報》的讀者。除了等待每週一早上的運動賽事結果和評論外，一般人等待一份報紙的那些「地方要聞」，會讓他們覺得大大小小發生的事情與自己生活息息相關，這些直接觸及他們認識的人（像是地方報紙的訃聞、結婚、意外或畢業等新聞）或這些貧困、災難和不幸與自己相似，會產生同病相憐之感（像是1978年夏天在西班牙平民露營區發生意外災難）。那些被日報視為「正經的新聞」在他們眼中反而是最沒興趣的，也恰恰好是他們最不屑的，因為這些新聞和支配階級中最接近政治決策核心的成員口中的一般新聞在性質上沒什麼不同。各政府部門或各項計劃委員的任命案、法蘭西學院的選舉、總統府接待的政要、政黨機器內鬥，或某大日報或大公司的繼承人戰爭，更遑論名流要聞或高等學院的榜單等。也只有在布爾喬亞生活圈子裡的晚宴或談話裡（財政部長或他辦公室的主任，斯倫貝謝石油公司的總裁或大賞獎項的主席等），才會對一般新聞裡出現的人物覺得是自己身邊的熟悉人物，親身認識也經常往來，這些人物對他們來說就像村落空間的鄰居或表親一樣，屬於相互認識的親友世界（閱讀《世界報》作為對他們進入「上流社會」的先決條件幫助不大）。別忘了支配階級正是以他們對有共同利益的事情／生意這種特定興趣來界定的，因為這些階級成員的特定利益與這些事情／生意有密切的關係。

然而，介於「新聞」（news）與「觀點」（views）之間、「刺激聳動」和「有思想」的報紙之間，這只不過是在質問半科學這類對立諸多理由之一。透過這兩類報紙的閱讀，事實上表達的是兩種與政治

表33 不同教育程度閱讀日報的情形（男性，1975年）

受訪者的教育程度	閱讀一份日報的比率	閱讀各種日報的比率：								
		地區性日報	全國性日報	隊報	晨曦報	法國晚報	十字報	費加洛報	世界報	人道報
初級教育	64.7	87.3	18.0	3.7	2.7	6.1	0.5	1.3	1.2	3.4
進階初級教育	74.2	80.3	25.2	1.2	4.7	7.3	1.6	5.5	3.4	3.1
工商技職教育	65.5	79.0	15.8	6.9	3.5	8.9	0.3	3.0	3.0	4.4
中等教育	67.2	80.6	28.9	5.6	3.0	7.4	1.0	5.6	8.0	2.7
高等教育	73.1	60.0	54.8	7.3	4.3	8.2	4.0	16.0	28.2	6.6

表34 不同年齡層閱讀日報的情形（男性，1975年）

受訪者的年齡	閱讀一份日報的比率	閱讀各種日報的比率：								
		地區性日報	全國性日報	隊報	晨曦報	法國晚報	十字報	費加洛報	世界報	人道報
15-24歲	58.9	84.2	21.3	4.6	1.7	5.1	0.1	1.8	5.3	3.2
25-34歲	64.6	77.4	32.7	10.4	2.7	8.7	0.6	4.8	10.2	4.3
35-49歲	66.7	80.0	28.0	6.1	2.7	9.0	0.9	4.9	6.0	5.5
50-64歲	71.9	81.3	25.4	2.5	3.8	7.7	1.7	3.7	4.3	3.7
65歲以上	74.1	82.2	23.7	0.5	5.5	4.7	1.7	6.1	3.3	1.8

截然不同的關係。因為閱讀全國性報紙，尤其是主流大報，像《費加洛報》或《世界報》，其實是在諸多其他方法裡（如報紙投稿、讀者回函、聯署報紙出版的請願書、回答報社所做的民意調查等）一種呈現自己歸屬於民主法治國家的成員，即有權利有義務參與政治，真正地行使公民的權利。

這應該沒有什麼好驚訝的了，閱讀全國性報紙，尤其是最主流支配的大報，會很緊密地與教育程度相關，根據社經地位的分配效應：因為學歷文憑會直接影響決定一個感覺自己完全歸屬於政治與主流文化的世界，所以也會覺得自己有權利也有義務要閱讀主流的報紙。

表35　不同社會階級閱讀日報的情形

受訪者的類別	比率		
	閱讀一份日報的比率	閱讀各種日報的比率	
男性		全國性日報	地區性日報
農業從事人員	60.2	3.8	98.9
半技術工人、人身服務人員	59.3	17.3	92.5
技術工人、工頭／領班	63.0	18.8	89.9
小老闆	70.7	20.2	90.1
上班族職員	66.1	33.4	80.5
中級主管	63.7	40.6	73.3
商業部門高級主管	74.0	49.8	67.6
女性			
農業從事人員	53.3	—	100
半技術工人、人身服務人員	46.3	12.8	92.4
技術工人、工頭／領班	40.6	14.6	91.4
小老闆	72.2	13.0	93.4
上班族職員	50.2	21.6	83.5
中級主管	50.3	35.3	70.8
商業部門高級主管	68.9	52.0	61.7

資料來源：補充資料35（廣告媒體研究中心76）

　　若閱讀全國性報紙的比例一直很強烈地隨著教育資本而增加（閱讀地方性報紙的比例則以相反方向變化），這種差距尤其在閱讀《世界報》及《費加洛報》特別明顯，其讀者很大一部分來自於持有高等教育文憑者。又因為教育資本的關係，閱讀全國性報紙的比例又與社會階級有密切關係（雖然沒那麼緊密）。在大眾階級，他們幾乎只讀運動賽事和綜合性的的報刊（《法國晚報》和《巴黎人》），全國性報紙閱讀的比例則會隨著社會等級上升而穩定地增加。這一切都會讓人認為，在其他條件都相同的情況下，女性會比男性在社會上更傾向於對報紙「非政治」的內容較有興趣（地方「要聞」、社會新聞，名流要聞等）。而在文化實踐方面則不同，教育資本所造成的社會地位分

配效應在政治方面，就無法完全展現它的影響，因為傳統性別勞動分工效應會在支配階級的被支配派系的情況下減弱或消失。因此，我們也可發現在除了支配階級外，男性閱讀全國性報紙的比例會比女性高（閱讀地方性報紙方面則會出現相反的關係）。相對於至少閱讀一份報紙的比例會隨著年齡而增加，閱讀一份全國性報紙的比例則幾乎與年齡無關，儘管年齡層在25到49歲的會稍稍高於年齡層更高的人。彷彿隨著年齡增長自己就會感覺越來越沒有必要知道在政治上發生的大小事一樣（這種趨勢並沒有在《晨曦報》和《費加洛報》的閱讀情形出現，因為眾所皆知，這些讀者群大部分是來自工業企業的主管，他們到年紀很大都可以繼續其職業）。

但「刺激聳動」和「提供資訊」報紙間的差異必然會再生產出兩種人的對立：那些以行動、話語和思想*從事*政治的人，以及那些忍受這種政治的人兩種意見：有影響力的意見和受影響的意見。報紙在兩個截然背反的形象裡，*理智和感官*、*反思和聳動*被分成彼此對立的兩類並非偶然，因為事實上這也是支配者與被支配者之間主流的再現形象。這兩種與世界關係的對立，在實際上或在思想上主宰這個世界的至高無上觀點（「一般性理念就廣泛通則的理念」，維吉尼亞·吳爾芙說過類似的）以盲目的觀點，狹猛、片面，那一個在戰場裡迷失的單純士兵，被這個世界支配者的觀點[50]。政治分析預設了距離、高度和觀察者鳥瞰視野的位置，高高在上地看待歷史學家混戰和撤退，給予自己也給別人思考的時間。透過一種有能力拉開政治距離的操作，就像拉開美學距離一樣，立即當下的、緊急的、功能的對象失去作

---

[50] 還需要多說嗎？依此邏輯，這對立關係甚至也是所有技術官僚（只開放給幾個具備整體和全面視野的領導人）將沒有資格者的特定觀點指責為錯誤個案形象的源頭。

用（neutraliser），將不經修飾，粗暴的命令和直接語彙轉譯成美化的間接風格[51]。他們將所有偶發事件的立即性、時效性和真實性，只為滿足一般讀者、閒晃好奇者日常生活樂趣，這就注定要沉溺於短時間來得易去得快的感官刺激，一切被稱為刺激聳動的社會新聞、敏感的新聞，統統納入政治分析整合的概念下。就像「高難度」藝術和「膚淺」藝術的對立，或像色情與「攝影藝術」之間的對立，那些自稱「有水準」的報紙事實上是在召喚一種與報導對象之間的關係，這種關係在確認與此對象拉開距離，藉此確認對此對象的權力，同時也確認主體在此權力之中又能使獲得尊嚴。他們給予的遠遠超過讀者所需要的「個人意見」，而是給予政治主體尊嚴的認可，不然也是認可其具有歷史主體能力的存在，至少是有能力論述歷史的主體存在。

於是在精確分析不同社會階級與其報紙之間關係的意義後，藉此我們毫無疑問地可以知道他們與政治客觀與主觀關係的一個面向（這也表現在不同政黨決策高層的不同選舉職務上的參與程度），我們可以試圖釐清全國性大報讀者的變異，於政治上最清楚表明其所在政治立場的指標（見表36）。首先，我們可以精確地勾勒文化與政治不可分的大眾階級與中產階級閱報界線：前者，除了地方性報紙外，大概只讀「綜合性」報紙；後者包括技師與工頭領班閱報程度相差無幾，相對的上班族職員明顯讀報較多。最後，中級主管讀報多，但也趨近右傾的報紙（即《十字報》、《費加洛報》、《世界報》，較少是《人道報》或《隊報》）。眾所皆知，工作場所產生的累積效應也會有深層的差異，工作坊的世界就與辦公室的世界差異大，但同時職業訓練也會強化這些先決條件的差異，技術性訓練會傾向接近其他手工勞動

---

[51] 某個「有水準」大報的重要負責人之一，被問到是否像被指控的以週刊的手法，發表了一篇「頭號公眾敵人」的訪談時，他回答「當然，但以間接風格」。

工人的實踐與利益，但是在職進修都會傳授──即使是很少──主流
文化及其價值，因而導致與大眾世界觀的決裂。

　　為檢驗以上論點，只需考察工頭領班讀報的比例明顯地偏低，
不論是全國性報紙或是週刊（18.5%讀日報和28.4%讀週刊，相對於
上班族職員41.4%讀日報和43.2%讀週刊），儘管他們的收入會明顯
地比較高，且地理區域的分布也會相類似於上班族職員（他們在巴
黎的樣本比例稍微多一點），他們也讀較多的綜合性報紙，或在週刊
方面較多的《週日人道報》，但是上班族職員稍微多一點人讀《費加
洛報》、《世界報》和《十字報》，在週刊方面則較多讀《生活雜誌》
（La vie）和《新觀察家》。所有跡象都令人想到這統計的界線也區分
了工會團體和政黨之間在其他關係面向上的對立關係，尤其他們對宗
教的態度特別明顯：一邊是上班族職員有一大部分是虔誠的天主教
徒，參加法國工人力量（FO）工會，投票給社會黨（或聯合社會黨
或左派政黨）和戴高樂派；另一邊則是工人，大部分都不是信徒或不
是虔誠信徒，參加勞動總工會（CGT），投給共產黨（參見M. Dogan
，同上註）。這些對反關係本反映的是與其社會軌跡和不同職業生存
條件（例如根據的世居都市的長久、後世子孫赤貧化的差異，或根據
公司大小的差異）有關的生活風格的一個部分[52]。

---

[52] 工人階級和農民之間的界線也可在比例上來標示，工人方面很明顯高比例讀全國性
報紙，尤其是《人道報》，而農民幾乎都只讀一點天主教的雜誌週刊（《天路行者》
〔Le pélerin〕和《生活雜誌》）。工人的閱讀多樣化，且隨著職位等級越高，工人就
越多人看共產黨的刊物，也就越少人看天主教刊物（這也令人想到這可能與在工人
階級資深程度有關），若我們知道投票給左派的趨向也會以同樣方面變化，就沒有
什麼好驚訝的了。

　　報紙和週刊，《人道報》除外，只有在中產階級以上才會真正有標示政治立場的指標作用。讀報的質與量所勾勒的空間不論在中產階級的層次或支配階級的層次都相當精確地複製了依據資本量和資本結構常見的對反關係：一邊是經濟資本（相對）富有的派系，工匠和小商人，或工業主及大商人，他們很少讀報，但大多讀綜合性報紙；另一邊是文化資本（相對）豐富的派系，上班族職員、中級主管、初等教育老師、自由業者、工程師、高級主管和中高等教育的老師，他們讀很多報刊，不論是全國性報紙（尤其是最「主流」的）或雜誌週刊。在中產階級一如支配階級，隨著社會階級從中小學老師、大學教授到大小商人移動時，全國性和左派報紙的讀者比例會減少，但是地方性和右派報紙的讀者比例會增加。

　　只有對支配階級成員來說，報紙才真正具有政治立場生成原則的作用，這是以這種機構化生成原則的場域中某個明顯的位置來定義的。而且當他在報刊場域的位置與其在社會階級（或階級派系）所占的位置之間同質共構的情形越完美時，無疑的就能越完全且充分地表達其意見的生成原則的基礎給其讀者。所以，這一極是大商人及工業主，讀報不多，大部是讀綜合性報紙和《費加洛報》，另一極則是大學教授（及更遠的知識分子），大量讀報，尤其讀《世界報》和《人道報》或《新觀察家》。因為它要與政治生活的報紙保持最大距離，因為它要給文化生活最大的版面，也因為他們不能期待夠大的出版量能吸引廣告，除非避免任何可能產生分化或排除的原則，並且追溯最綜合性的領域、對象和風格，此時雜誌週刊的空間無疑的就不是能夠那麼清楚地勾劃出來。但即使如此，《新觀察家》還是很明顯地與《快訊週刊》和《觀點》（Point）對反。當然必須還要小心不過度詮釋以中介位置來定義的派系之間的差異（尤其異質性最高的像主管或

表36　各類別一百人之中閱讀日報和週報的比例

職業	日報										週報							
	隊報	巴黎人/解放報	晨曦報	法國晚報	2,3,4 晨曦加總、法國晚報、巴黎人	十字報	費加洛報	世界報	《人道報》	總和 5,6,7,8,9	分秒週刊	天路行者	生活雜誌	觀點雜誌	快報	新觀察家雜誌	人道週日刊	週報總和
	1	2	3	4	5	6	7	8	9		10	11	12	13	14	15	16	
農場工人	-	0,6	-	-	0,6	1,4	-	-	-	2,0	-	9,8	8,4	1,4	-	-	1,4	21,0
農業從事人員	0,3	1,4	0,5	0,5	-2,4	0,3	0,8	0,3	0,3	4,1	0,8	12,0	4,8	1,4	2,2	0,3	0,8	21,5
海上漁民	-	-	-	-	-	-	-	-	-	-	3,2	6,4	-	3,2	-	-	6,4	19,2
漁民老闆																		
礦工																		
非技術工人	1,8	1,7	0,8	1,7	4,2	0,8	0,8	0,8	0,8	7,4	0,8	3,4	1,7	-	1,7	3,4	1,6	12,6
半技術工人	2,6	2,6	0,4	3,6	8,4	0,2	0,4	0,4	2,0	9,6	0,8	7,2	3,0	1,6	2,6	1,4	5,0	21,
技術工人	2,6	4,0	1,1	4,0	9,1	0,1	0,7	1,6	2,0	13,5	1,6	4,3	2,2	2,3	3,0	3,3	5,1	21,8
工頭/領班	5,0	3,6	2,1	5,7	11,4	0,7	1,4	2,9	2,1	18,9	2,1	4,3	1,4	4,2	7,1	2,8	6,5	28,4
人身服務人員	8,3	7,3	5,2	14,6	27,1	1,0	3,1	4,2	2,1	37,5	2,0	2,0	1,0	3,1	6,2	2,0	3,1	47,8
工匠	5,4	3,6	4,8	4,2	12,6	0,6	1,2	3,6	1,2	19,2	3,0	5,4	5,4	5,8	6,6	3,0	5,4	34,6
小商人	8,0	3,1	5,6	8,1	16,8	0,6	1,8	5,0	0,6	24,8	6,2	3,7	6,2	3,1	4,9	1,2	3,0	28,3
技師	8,1	1,0	5,7	7,2	10,1	-	5,0	7,3	4,1	26,5	1,9	6,3	7,7	7,7	14,0	10,0	7,3	54,9
辦公室僱員	10,8	7,9	1,9	8,2	22,4	2,5	4,7	7,3	4,5	41,4	3,1	5,0	3,8	7,3	9,8	8,2	6,0	43,2
中級主管	9,7	5,0	6,4	8,8	20,2	2,8	11,1	12,0	2,8	48,9	3,7	3,7	5,9	9,2	21,6	11,1	3,7	58,9
小學教師	10,4	3,5	4,3	7,7	15,5	4,3	2,6	**19,0**	**5,2**	46,6	**8,6**	**7,8**	**8,6**	**13,8**	**25,0**	**25,8**	**9,5**	99,1
大商人	7,7	-	2,6	2,6	5,2	-	5,1	5,2	-	15,5	5,2	3,7	-	5,2	12,8	2,6	-	29,5
工業主	**8,4**	-	4,1	8,1	-	4,2	12,5	8,3	-	25,0	-	4,2	8,4	16,7	12,5	4,2	-	46,0
自由業主	2,0	2,0	5,9	8,1	14,2	2,0	18,4	16,3	-	50,9	**8,2**	**8,2**	10,1	**20,4**	**30,7**	8,1	-	85,7
高級主管	6,7	1,7	-	8,4	6,0	4,2	15,3	22,0	2,5	60,0	2,5	3,4	**10,2**	17,7	26,3	22,9	2,5	85,5
工程師	8,2	1,4	1,4	10,9	13,7	2,8	**23,0**	24,3	-	63,8	1,4	4,1	8,2	19,0	28,5	13,6	1,4	76,2
教師	9,5	-	3,6	6,0	9,6	2,4	8,4	**42,9**	6,0	69,3	4,8	4,8	8,2	15,3	21,4	**35,8**	7,2	97,5

每個數字代表各種職業受訪者在訪調前兩天或前一天常閱讀或瀏覽日報的比例，週刊則是訪調的前一週。我們分別把中產階級與上層階級閱讀傾向最強烈的各欄位以粗體字標示出來。社會醫療服務業以及工人學徒因為閱讀比例太低，所以我們並沒有列入表格（統計資料來源參見補充資料35，精細分類的二次分析）。

工程師），因為連續幾年的調查顯示可能因為抽樣樣本中相應的群體太小造成的分散。然而，若只針對支配階級對讀報的調查研究（補充資料5）可發現私人企業的主管較多讀《晨曦報》和《費加洛報》（以及財經新聞的喉舌《回聲報》、《企業》），比之公部門主管少讀《世界報》、《新觀察家》，同樣的文學與科學方面專業的成員比大學教授讀更多《新觀察家》，較少讀《費加洛報》。因此我們可以估計報紙和週刊在不同派系的分布模式是根據其政治的內容，綜合性報紙（像《晨曦報》）、《費加洛報》、《新觀察家》、《人道報》會依下列的秩序排列：大工商業主、私人企業主管、自由業者、公部門主管、大學教授、知識分子。在中間的範疇，尤其自由業者和工程師，他們讀報紙的特性特別分散。

擁有資本結構所造成的不同派系之間的對立關係，會被在每個派系內部，「年長」與「年輕」或更精確來說資深者和資淺者，「舊遊戲」與「新玩法」之間對反關係的效應所干擾。由於位置處在支配階級的空間裡，那些被支配派系總體而言往往被擺在部分與象徵性顛覆的一邊，但也由於他們本身就是支配階級，也可能被（最常見的就是被野心勃勃的挑戰者）放在保守的一邊。同理，在支配派系之中（雖然部分與任何形式的保守主義聯在一起），資淺者（在某些情況下會有女性），因為暫時性地遠離權力，會在某個時間點上或長或久地參與被支配派系所提出的社會世界觀。因此，《費加洛報》或《快訊週刊》和《新觀察家》所表達的不只是支配派系與被支配派系，私人與公共之間的對立關係，更精確來說，一邊是最接近經濟場域私人端的老闆，他們教育資本不太多，無疑的最受沒落者的威脅，以及私人企業的主管，他們年齡較大也較與老闆休戚與共；另一邊是最公部門的主管以及大學教授。上述兩種報刊所表達的同時也是資深者與資淺者

之間，年長者和年輕人之間的對立關係[53]。由於《新觀察家》在不知不覺中玩弄階級鬥爭或階級派的鬥爭，或更簡單地，右派與右岸或左派與左岸之間的模糊性，也玩弄著支配階級內部不同部門之間部分重疊所造成的分類與概念的模糊，使它得以讓所有支配階級中的被支配者，不論在哪一種可能關係，知識分子、年輕人或女性，都可以最激進的方式質疑既存的社會秩序，體驗到必要的局部挑戰。因此這是亙古不變的「古老抗爭」，它為倫理、美學和政治密不可分的附庸風雅者提供工具與快感，使其有能力結合菁英主義和民粹主義的矛盾，前者是某種反布爾喬亞的悲觀主義加上前衛知識分子的外表，所造就的一種菁英主義；後者乃政治的前衛主義所造就的民粹主義。若說大部分對社會世界的的評價判斷不過是立基於「老把戲」和「新玩法」之間的對反關係，若對社會秩序的挑戰都只不過被消減為形式的挑戰（如既存儀禮、政治或藝術的形式），那是因為在為繼承的競爭性鬥爭中象徵性顛覆的策略，會去辨識並認可他們設定和生產的遊戲或賭注的界線。更精確而言，支配階級內部的秩序很直接地依靠所有規定社會時間結構的東西，像是*繼承的順位*。就雙重意義而言，相對此年齡層應有樣子，應有情感和權力、自由與義務；或是對形式的尊重與尊重的形式會比任何規則更好，因為各種儀禮的時間步調、差距、敬重、延遲與等待，會強加於迫不及待的資淺者身上來保持社會距離。

---

[53] 小於25歲讀者的占《費加洛報》讀者比例並不顯著，占《新觀察家》讀者的比例20%；值得注意的是近十幾年最明顯衰退的報紙，像是綜合性報刊（《解放巴黎人》和《法國晚報》）、《晨曦報》和《費加洛報》等年輕讀者的比例都很低（這兩大報的沒落以及《世界報》與《新觀察家》的上升直接反映了支配階級形態的轉變，越來越有利於教育資本最雄厚的派系）。

政治空間

走筆至此，吾人可暫時將整個所建立的關係具體化和系統化在一個政治空間的圖示裡，主要目標是呈現不同階級派系如何相對於彼此（關係性位置很明顯地要比*距離*容易掌控，因此也較確定）也相對於整個政治「產品」或「標記」而分布。後者以座標運作，依此可知置身何處，或可以象徵性標記運作，依此確認其間的差異。此一空間第一眼看起來如同根據資本量與資本結構分布的階級和階級派系的社會空間有系統的變形：在政治空間（及圖示）位居左側的不同派系整個被往下拉，但位居右側的不同派系則被往上拉。包括前面見過的總資本的關係所產生對反效應以及資本結構（和相關的軌跡）的關係所產生的對反效應的加乘。分派給階級派系或「標記」的位置不用說只不過是個中心點，周遭根據大小不同的個案範圍會分散著相關的群體或客戶。相應於每個標示點的「社會表面」的確會很大程度根據指定群體大小而變異，後者經常會與其社會分散情況有關（儘管某個客戶群的成長也非常有可能是因為在有限空間的穿透力的力道，也可能是因為覆蓋空間的擴張所造成）。

軌跡的純粹效應

因此，若要顯示政治抉擇並非像人們常說地那麼獨立於社會階級，只要充分地建構不同的範疇，便可*同時性地*以擁有某一定量的資本量和資本結構來定義。我們可依照密榭拉和西門所開拓的方向走得更遠，將每個社會位置上*歷時的*屬性納入考慮，以及特別是儘可能地找到方法，描述和理解不同政治*標記*和相應的政治產品對每個階級或

圖21

這圖是理論示意圖，根據深入研究可取得的統計資料（以及不同的對應分析）後繪製而成。我們只保留「知名」的及具有政治評論「指標性」的新聞媒體。

總資本量＋
右翼支配階級

工業主

大商人

私人公司主管
自由業主
《費加洛報》

左翼（左岸）
支配階級
被支配階級

工程師

右翼（右岸）
支配階級
被支配階級

《快報》　《觀點雜誌》

右翼自由派

小商人

工匠

公部門高級
主管

《晨曦報》

大學教師

中級主管

右翼戴高樂派

經濟資本－
文化資本＋

《世界報》

農民

經濟資本＋
文化資本－

回答不知道

新興小布爾喬
亞階級

工頭／領班

技師

《新觀察家雜誌》

《人道報》

辦公室僱員

中學教師

社會黨

技術工人

藝術家

知識分子

半技術工人

非技術工人

左翼運動

小學教師

礦工

共產黨

總資本量－
左翼被支配階級

階級派系來說充分代表的意義。很可惜（在法國）可用的調查資料無法讓我們掌握和分析出（透過其父母的政治信念與意見的）軌跡和反覆灌輸的效應。即便如此，*在陳述或合理化的方法之中*，他們也可能沒有任何足以直接掌握*名義認同*的意見所造成不可共量的差異事實甚至是不相容的（和寫在紙上不同）。並非因為選舉的邏輯忽略了藝術家或大學教授會投給共產黨，以及小學幼稚老師，更何況上班族職員、半技術工人或礦工會投給社會黨之間的差異，社會科學也許有理由這樣做。這會因此失去任何可能提供科學解釋的機會，因為它應該去發現真正不同的存在方式，或去說明隱藏於投票的名義認同背後，為何自我宣稱是共產黨員以及投給共產黨的不同意義，同時又很清楚知道以下事實在政治上的重要性：選舉邏輯不論就其意圖或對它的等待，都要將不同的意見當做一致來處理。

　　還有我們也無法真正了解造成在客觀空間裡雖然很接近的不同範疇的差異，像是工匠或農業從事者和工頭領班或技師，有時差異非常大。除了資本量和資本結構外，我們也應將這些屬性在時間的演變納入考慮，亦即一個團體在其整體或當事的個人及其後代的*社會軌跡*納入考慮，因為此乃在客觀上一個所占位置上主觀形象的源頭。政治抉擇最關鍵性的特性之一，比起其他抉擇更關鍵，也比模糊、深層的慣習選擇更關鍵的[54]，還是在於這個社會世界裡，在我們所占據的位置上，以及*我們「應該」會獲得*的位置上想要給予或多或少外顯和有系統的形象。政治論述，就其原樣而言，往往只不過是此一形象不同程度美化和普世化的表述（甚至對擁有它的人來說都永遠是難以辨識

---

[54] 就像透過生物的異質性所傳遞的無疑是比透過文化異質性所傳遞的更穩定一樣同理，根據生存條件所灌輸的階級無意識原則而生產出來價值判斷與意見，會比明示地以政治原則所建構的更穩定，因為，正是如此，它相對的更獨立於意識的掌控。

的）。這意味介於真正占有其位和獲得位置之間，插入一種社會位置
的再現形象，儘管這是由此一位置所決定（條件是我們能夠完全，亦
即儘可能地歷時性地定義它），但對一個外部的觀察者而言，它可能
會與取得位置時此一位置所憧憬的形象不一致。個人以及尤其是集體
軌跡的傾斜坡度，透過*暫時性稟賦*的中介，統攝了在社會世界上對所
占位置的認知以及對此一位置憧憬又幻滅的關係，這無疑的是建立在
社會位置與獲取政治位置之間主要調節機制之一。團體或個人朝向未
來的程度，朝向新穎、運動、創新、進步的程度，這種稟性尤其表現
在自由派關於「年輕人」議題上，因為他們也透過他們所一切希望的
才有可能實現（或更廣泛而言，社會與政治的樂觀主義傾向）；或者
朝向過去，總是憤世嫉俗且帶有保守主義。不論朝向未來或過去的程
度，事實上都依靠過去潛在的集體軌跡，亦即依靠他們成功地再生產
祖先屬性的程度，以及他們（或自覺）有多少能力可以在其後代身上
複製其屬性。

　　一個階級或一個階級派系在沒落時會朝向過去，尤其當他們無法
以其所在位置及生存條件所有屬性再生產其整體資本，並維持他們在

社會空間的位置（出身家庭或現在職位）時。最年輕的成員伴隨著生存條件的變化，至少必須很大程度上將其資本進行轉換，通常這會表現在社會空間中平行的移動。換句話說，就是階級位置的再生產變成不可能（即降級）或僅只是階級派系的變化（轉換）而已。在此情況下，行動者社會世代模式的轉變就取決於不同*世代*的出現，但其中衝突可能就不只有世代間一般性的衝突，因為衝突源自於與經濟資本或文化資本所主導的資產結構有關的價值觀與生活風格之間的對立。

場域的結構性歷史（這涉及社會階級的場域或所其他的場域）會將被捲入其中的行動者的生命歷程分成不同時期（每個行動者內含於所屬團體的故事之中的個人故事），然後也無法從所屬的世代群體中分割出來（不同於簡單地將年齡任意分類），除非能夠了解所涉及場域的特定歷史。事實上，只有透過世代模式的轉化以及決定個人生命史的組織方式，意即根據同一步調，協調這些生命史，使之聚集成階級／類別，影響此一場域的結構性轉變才會有決定不同世代生產的力量。雖然場域的結構性變化在一段或長或短的時間內，對不同的場域有共時化的效應，而且也在某一個時間點上的空間裡，將這些場域中每一個相對自主的歷史融合在同一個共同歷史的效應，但是巨大的歷史事件（革命或政權的改變）還是最經常被用來當做區分文化生產場域的不同時期的坐標。巨大事件導致人為的斷裂，也造成每個場域本身尋追其不連續性變得困難。

支配階級派系中的自由派保守主義，由於能完全確保其再生產，以至於自然而然地就會產生反對其他派系的反動稟性，這是因為集體的未來受到威脅，他們只有依靠過去，不斷地提及過往才能保持其價值，並自我參照某些價值體係，也就是參照價值決定的邏輯，以符合

社會階級場域結構的過時狀態[55]。

　　當然位居相近位置的個人，根據社會出身及其軌跡，也可能會有不同的意見。所有的跡象都顯示*個人軌跡*的效應（社會空間職位不明確的團體情形特別明顯，他們在各方面也注定因此非常分散），會在階級本身的效應邊際上發揮作用；以至於同一階級成員的倫理政治的稟賦會以非常多樣變形的形態出現，這往往是整個階級的基本特徵[56]。於是，屈膝臣服（*obsequium*），這對既存秩序的五體投地的尊重，為小布爾喬亞的反叛設定了極限，同時也是新興小布爾喬亞社會美德的

---

[55] 手工匠和小商店主的壓抑稟性，特別是這個古老團體中年齡層最老的，會顯現出一整套很集中的特徵。他們總是帶著接近敵視的懷疑眼光，看待現代藝術及在他們眼中無疑是象徵它的藝術家，因為他們的行事風格，尤其是在語言、服飾、化妝或倫理規範上的放任自由，所有那些在「年輕人」身上他們覺得很可惜或憎惡的東西。他們之中有20%宣稱「現代藝術家根本不把大眾放在眼裡」，相對於13%的高級主管和工人，9%的中級主管和6%的農業從事者；他們之中有28%贊成「繪畫不過是個商業交易而已」的想法，相對於20%的中級主管、工人和農業從事者，以及15%的高級主管（補充資料51）。他們也最常說大學教授不懂得尊重自己（62%相對於55%的中級主管和上班族職員，54%的工人，48%的農業從事者和45%的高級主管），也最有可能把孩子學習成績低落歸咎於「他們不夠用功」（57%相對於47%的中級主管和上班族職員，46%的工人和農業從事者，40%的高級主管），或認為在學校裡的紀律要求不夠嚴格（45%相對於38%的工人，36%的中級主管和上班族職員，31%的農業從事者和30%的高級主管）（Sofres, Les Français et les problèmes de l'éducation nationale, Etudes auprès des parents, T.II, juin-août 1973）。他們比起任何其他人都更支持加強對電影的檢禁，這與工人和中級主管完全相反（補充資料50）。就吾人所知，大商人和工頭領班會花一大部分的時間在閱讀《分秒週刊》（*Minute*）（雖然總閱讀量在減少），這個花最大版面報導任何小布爾喬亞憤恨主題和所有社會新聞幻想（像排外情緒）的報社──所有跡象都會讓人認為極右派往往在這些範疇裡吸收成員。

[56] 這並不排除所有政治立場基本上模糊不清的人（典型範式就是德國前納粹的「保守主義者的革命」運動），他們毫無疑問是因其不確定性，得以在抗拒其社會沉淪的反叛時，或在個人與集體軌跡不一致的情況下再生產出內在的矛盾（就字義上是自相矛盾的）。

來源。關於某些商品或服務的販售，像是文化商品或為了「舒適」物質商品，家電產品、家具或不動產、服飾或休閒娛樂的設備等，都是一種主流生活風格，或多或少成功的物質化結果。因此，追求擁有這些商品或服務，其實也就意味了某種對主流生活風格在倫理或美學上的認可。最成功的莫過能將自身的德性、自己的自信、自己的價值，總之是種對自我價值的自信包裝販售出去的才能稟賦。在某種倫理的附庸風雅裡，確認其範例式的獨特性，同時也內含了對任何存在與做事方式譴責。這種稟賦特別對想要翻身的大眾階級樹立威望，因為它結合了作為注入經營必備的強烈意志以及作為回報的良知。迫使他們接受布爾喬亞生活必備的最時髦的玩意、最潮的流行趨勢和最新的道德，才能進入生存的競賽。並將以前其他人用來壓抑其放任主義及其難以抑制的縱欲的憤怒決心，運用來抑制大眾階級「壓抑」稟性。

　　在政治的競技場裡，對於支配階級及體現他們的「價值」的倫理性屈膝，甚至會洩露在對既存秩序的挑戰上，因為其源頭是來自於無法在此秩序獲得應有位置的情緒，質疑這個階級的同時又會服從所嚮往的階級所強加的應對進退規範。於是，小布爾喬亞就使用他們最愛用的策略，就是將他們所宣稱的原則反過來對抗主流支配的秩序。他們證實了對這些原則的認可，因為以這些原則之名，這就是他們應得的認可，於是他們努力不懈地對抗任何讓這些原則窒礙難行的醜聞以及所有醜聞的源頭最甚者的*偽善*。這種急欲在社會上獲得支配階級認可，以及搶先認同的欲望，也會在其所要求的本質上洩露出來。他們要求的往往是生存的象徵性面向，不只是因為對賤踏尊嚴和污辱「人格」會比擺脫最粗暴的剝削和壓制同樣或甚至更令人感到痛苦，同時也因為擔心自尊使得他們不論在形式上或在內容上較能接受他們所提出能夠證明其尊嚴的要求。因為擔心失去他們所擁有的，所以會積極追求獲得任何曾經（尤其是學校或學歷文憑）允諾他們的東西。但這

卻無法完全解釋包裝成請願要求形式的小布爾喬亞策略。一般情況下的工人抗爭，罷工或抗議往往是只有在不得已的情況下最後不得不的選擇，太多不公義的事使他們背離其節制（「若有必要，我們就會走上街頭！」）。然而小布爾喬亞則偏好象徵性武器。首先，小布爾喬亞會運用教育以建立道德的支配關係，或運用「資訊」，一種瘋狂信任的目標，然後，善用各種*協會*來落實集體行動，以一連串聚會很嚴密地集結個人，為一個相同的「目標」，同心協力以便傳達某種倫理的催告命令。這是一種自願的行為，強烈意志的炫耀性揮霍，純粹「不涉及利益」的倫理行為，除其目標本身外什麼都不認可。在諸多其他權利之中，信任尤為公義的憤怒，因為他們無懈可擊地「盡其本分」，完成他應有的義務，其中特別是創造了*一種叫做認可的既成事實*[57]。這種完全「無涉利益」、「單純」、「有尊嚴」的行為，免除任何「政治」的「妥協」，事實上就是成就一項*制度化*事業成功的必要條件。這正是所有任何*協會*或多或少隱密追求的一種最完滿的社會認可形式，小布爾喬亞最理想的動員方式，不同於政黨，以追求有尊嚴的回報，致力於「總體利益」而受到尊敬，但同時可以直接的方式完全滿足個別的利益[58]。

---

[57] 這種策略在人際間的關係很常見，尤其是在家務勞動交易的經濟，因為要求無懈可擊的服務很容易引起強烈的指責。

[58] 所有跡象證實小布爾喬亞相當厭惡與共產黨妥協，他們認為不得體，沒有照顧到他們個別的利益，尤其在他們自願認同的用語之中，難以接受那種道德化、教化，以及空泛人道主義的措辭（「價值」、「充分發展」、「承擔」、「推動」、「責任」、「伙伴」、「涉及」等）。因為他們對人格尊嚴的關注以及個人主義式謹慎，小時候就被有利的生存條件和充滿宗教價值色彩並向個人主義傾斜的啟蒙教育不斷強力地鼓勵。這種條件化作用與反覆灌輸的效應在社會出身越高的人可能性就越大（也有很大的機會因其上升的軌跡而加倍）。吾人亦可想像他們會往社會聯合黨靠攏，因為在他們身上可以找到反叛和優雅的結合，有道德的抗議。若說社會聯合黨較不會是公開的革命性格或較平和，那是因為剛剛變成執政黨，此乃今日社會黨現代主義

　　然而，若說在社會空間裡局部性占有的位置，並不像在其領域所觀察到，透過單純又直接的關係在政治上獲取有關聯位置的話，不只是因為對社會世界的認知和朝向這個世界未來的個人與集體軌跡，是與其上升或下沉的經驗有關[59]，同時也和特別是因政治「選擇」有關。「選擇」只不過是階級氣質*政治上盲目*的回應而已。機會隨著年紀越大而越增加，隨著居住單位越小而越增加，也會隨著越往越低的教育程度或社會位置會越增加，而且這種增加會在女性會比男性更明顯。雖然比起農業從事者、小老闆，這現象在最投入「政治」的工人身上並不明顯，但以道德來譴責政治的情形在大眾階級成員身上並不能免除。的確，在這些人之中，因為他們的性別、年齡、居住地以及相關的工作環境，有些人（女性、老人、鄉居者、小公司的工作者）較容易受到社會沒落的威脅，墜落或又再墜落到普羅階級的底層，他們較沒有政治的準備與引導，因此也就較無法以政治性的認知與評價的範疇來理解問題和了解狀況。於是難免使之有悲觀主義，甚至憤世嫉俗的傾向，造成對「政治」和「政治人物」，全面性的拒斥，不論是誰，從此變成棄權投票或保守主義[60]。

　　科技官僚的狀況。但是他們也同時認同於「明智」的改革派保守主義。總之，他們在擺盪，並且在危機時刻，還會突然地翻轉。

[59] 為了解年長者的政治實踐和意見，不只應該將退休效應納入考慮，因為從職場退出和社會關係的減弱，有減少集體性施壓與支持，同時也特別應該考慮社會下沉的效應，它尤其對較不利的階級成員的作用力會越猛烈。後者無疑的可以從下沉的社會軌跡作用在個人或團體的效應的對比理解。

[60] 為了理解根據涉入政治的程度不同會在獲取「進步」或「保守」的政治位置時表達出來的不同稟性，還應該分析一個生命的經驗因為經歷過意外、疾病、解雇或不良職業導致變成普羅階級底層的威脅所產生的深層不安全感，以及對後天優勢和讓他們獲得此位置的個人或集體策略的集體依戀——這是與對既存秩序依戀完全不同。也應該檢視工作條件，更精確來說，企業所施加的紀律（尤其是暫時性的）如何僅透過這些，而不需任何意識形態的灌輸，就能不斷地強化某種稟性這種啟蒙教育所

　　吾人可以想見個人對某些團體以地方為基地行使的遮蔽效應（或假脈絡化）比較敏感，就會較有可能以地緣關係為基礎的社會次空間（村落、鄰居團體），作為他在社會空間所在位置的參考架構，此時，他們會更缺乏某些足以決定他們參與意見或建構它的方法的機會（像閱讀全國性報紙）所應有的特性。在整個被支配空間的支配者（一個在小地主地區的擁有 50 公頃的地主，地方顯貴、工頭領班等）也因此可能如同森林隱藏的樹，有時做出的政治選擇只不過是站在支配者那邊那麼簡單[61]。無疑的，也是基於同樣邏輯，比起居於工人階級頂端的工頭領班，處在行政體系與中產階級受薪等級最低的上班族職員，更會投給左派。更廣泛來說，吾人可想見，當條件都相同的情況

反覆灌輸的稟性，藉由生活需求和意志再生產出來，它所準備生存的必要性、堅毅和嚴謹（不用多說，「政治教育」不能被減化成，就像幾乎永遠對這個主題有興趣的人想要的，有意識的傳遞與一般意義的「政治」圈最直接的形象。這至少是將作為政治判斷和實踐來源稟性的生產條件，減化成純粹的政治的社會化，或更糟糕的，減化成它的制度化面向，也就是如公民教育一樣的荒謬。或將品味生產的社會條件〔這也是一種政治稟賦〕，減化成純粹藝術的教育一樣荒謬）。還應該更精確地分析實作調停的世界，這使人對井然有序的世界產生的依戀。第一個就是井然有序居家世界的依戀，亦即屈從於工作世界所強加的秩序，如同強加於工人身上的工廠秩序（時間秩序、道德秩序、社會秩序），延伸到所有「私人」生活的領域，不論讓他可以思考或表達的模式，並且就如同我們所見，運用在這個領域以外。也應該自問家庭所代表的安全、自主與穩定的避風港，會不會是最終的防衛場所，有如昔日抗爭的記憶與所有構成階級光榮點的東西（以及某些陽剛氣質的儀式，此乃性別之間勞動分工的「保守」觀點的源頭，就屬於其中一部分），會不會同時又是最沒有反抗力的一點（同時象徵化和內化於女性身上，法定身份上「去政治化的」，也被派去消費的人），支配力量就由此進入，連最親密的實踐和最深層的無意識都不放過。

[61] 經濟市場與象徵性市場的結合，及與此相關以地方為基地的社會空間的縮減，會促使農業從事者「政治化」，因為他們越來越依賴經濟機制與政治決策，他們會發現對政治有興趣對他們越有利。若說在工人身上「政治化」不必然等同於向左派靠攏，那麼剩下來的不是讓此一選擇真正可能性出現，就是完全不同意義下的保守主義本身。

下，不論在社會空間的什麼位置，一個相對自主場域的支配者都有更大的傾向投給右派，而相應場域的被支配者和所有場域的被支配者就更傾向投給與支配者對應的左派。

政治的語言

於是，若我們一直以決定倫理稟賦的因素來看待問題的話，完全準備好意見的供給以及抉擇關鍵能力間不協調的元素將永遠無法解釋，且會一直停留在問卷調查的場合或選擇的當下所建立的關係之中。政治意見的消費者可能弄錯（錯認）目標，甚至更有可能因為無行使專門政治認知與欣賞原則，去認同不是他們的意見。他們反而會更信賴自己在政治上的不確定，甚至無法決定階級氣質的模式。但是*不論他們是否有自覺*，他們也可能選擇現成的意見，也可能選擇另一個或多或少不同的──如果後者是以同樣的方式建構的話。更甚者，若這又是某一特定專業團體大力宣導的意見，就很有可能深植於他們心中。政治場域所提出的政治可能世界會以這種方式製造出兩重的效應：首先，會促進虛假辨識，因為同一暗示可能被當作「曾經明示」的不同形式；其次，也可能產生*封閉的效應*，提出一個有可能落實的世界為一個可能世界提供可能的想像，並以此限定*政治上可想像的世界*。這兩種效應是以一種很特別的力量產生影響，對政治論的供給而言，「需求」在此之前幾乎不存在（至少在被支配階級）、不成形或部分成形，這種需求只有在提供意見被認可的情況下，不論對錯與否，才會被知道。這也就為何要回到政治學調查的論述中心主義，以無辜的方法論在試管中去重建一種政治勞動分工最基本的效應：提供幾個陳述的選項，並要求在已陳述的立場之選擇。民意調查，就像政治諮詢一樣，目的在解決問題，即使是將經驗轉化成論述的政治問

題；將未成形的倫理氣質轉化成有條理且有建設性的論述；將階級的直覺，也就是適應與順從於社會秩序既存事實的一種形式，轉化成有意識的、明確條理的，對此秩序的領會。當精心設計的政治語彙陳述消失後，調查問卷默認地假設受訪者都有能力生產或甚至再生產陳述問題所建構的論題，或甚至自發性地適應在這種問卷的生產情況下，所預設其間與言語和政治的關係（它所生產的答案不論是與否，都不能被當做這種能力的指標）。與此同時，問卷調查透過重覆不自覺的原則，也失去了蒐集資料的可能性，甚至統攝所有直接蒐集到資料可能的意義。由於只在問卷上承認形式平等的選舉強制性，加上在技術上蒐集工具的標準化要求的強制性，形成對所蒐集材料形式上可比較性的先決條件，且尤其這種分析在物質上和心態上自主性的先決條件，即使事實上只不過是提問而已，但此調查對受訪者而言已是*建構性*的操作。當答案生產者越是無法「以政治的方式」完全理解問題並給予回答——一個「政治」答案所需用的工具時，提問效應的影響力就越大；他們也就越難滿足生產統合且同質性高的整體意見所需要的條件，因為這些已被限定在一個明顯建構起來的原則裡。

　　階級氣質和論述話語之間以及在實作的熟練和口語的精通之間的不連續性何其之大[62]！事實上實務操作的熟練與象徵符號的掌握之間並非有一定的關聯性；前者引導日常生活的實作，包括任何（客觀上）與政治有關的活動，卻不需要任何解釋說明；後者以社會上認定為政治的論述來表達，並預設了所有直接只發生在某個情境的具體特例放入括號不予討論。因為如此，所以經驗與表述之間的關係，相對意識而言是難以確定的。相同的經驗可以在非常不同的論述裡被辨認

---

[62] 關於這點，參見 P. Bourdieu, *Le sens pratique*, Paris, Ed. de minuit, 1979.

> 那些老闆們稱它什麼？工人年資的第一年？像這種東西之類的，總之認為我們必須感到很幸福……
>
> 　　　　　　　　　　　　　　　　　　　　　　（營造工人）

出來[63]。不用多說，這種自由處置無法無限上綱，且若以為政治語言有權力可以任意地讓他想要的變成事實存在就大錯特錯了。論述的操弄可以在某個範圍內劃定界線，因為反抗的力量會隨著範圍加大而增加，不需要有能力論辯這種抗拒，更不用去明確地形塑任何原則。也因為大眾語言具備自己的資源，雖然不是分析的語言，但有時候在諷刺和形象上會有相同的效果（像是這個，針對參與公司分紅的工作者而寫的《借給我時鐘，我就給你時間》）。最後，若要在語言或代言的語言裡辨識出階級的慣習並非肯定可靠的。如果說被支配階級的成員所說的話經常自相矛盾，或與其實作感，或與其客觀條件自相矛盾，那是因為他們必須談論政治，但又沒有適合他們生產自己論述的工具，或常言道，沒有他們自己的政治語言。

　　在經驗與表達的縫隙裡，論述的專業生產者介入其中，就可在此建立起專業和俗民之間，能指與所指之間的關係。任何只要支配者有意識生成，亦即從語言中獲取利益，就必須在他的論述下任其擺布，有可能走出了俗見信念，卻掉進錯認，掉進所有有利於支配論述的錯誤認知之中。當任其代言人擺布時，在較有（利）的情況下，還會提供工具，將他們本身經驗重新占為己有。這種經驗與表達間本質性的不確定性，會因為主流合理性的強制效應而加倍，也會因為語言所行

---

[63] 面對表態所採取立場時，這種階級氣質相對而言的無法決斷，無疑可解釋工人階級最底層的人政治擺盪（於戴高樂主義和共產黨之間）。

使的主流而檢禁，默默地被認可，甚至會被支配者的代言人，以主流合法的政治意見將其表達出來。主流支配語言以讓被支配者喪失威信的方式摧毀其自發的政治話語，讓它沉默或只能使用*借來的語言*。此時被支配的語言就不再是大眾使用的語言，更不是學術性語言，而是錯亂的語言。其中「偉大的字詞」不過是表達意圖的尊嚴，並無法轉遞真正、真實的感覺，甚至在被認為應該表達時，都已失去訴說經驗的語言。於是，他迫不得已求助於代言人，且使用主流支配的語言，卻也因此讓他們與其委託人之間產生距離，更嚴重的是，與委託人的問題及這些問題的經驗產生一段差距。或迫使他至少求助於例行化讓其成為例行的語言──建築出僅有的防衛系統，作為備忘提醒及防線功能，並防止他既不能玩又不能「砸」掉的遊戲。此時語言慢慢變成空洞，就像一種自動生產長串經典名句與口號的機器，這只會再一次無法掌握委託人的經驗。

　　與生活風格密切相關，透過語言以及與語言的關係，強加於每個想要從事「政治生命」人物的身上，是他被迫接受所有與這個世界的關係。這是一種否定的關係，和藝術否定的方式一樣，是拉開距離，中立化，使其說話卻不需思考他所說的。這種本質上美化且有美化作用的語言，往往於普世性的外表上樹立威望，讓所有命名的東西脫離現實（如勞動部長在失業危機的高峰時說：「某種完全就業的消弱」）。不管官方論述的美化，或是「義憤填膺」的怒氣，注定使被支配者在自身利益的發聲上遭受全面又完全察覺不到的檢禁，而有些問題，在相對較好的情況下，不要求什麼只在表面上填寫「是」或「否」，但事實上這些並非針對以某個特定範疇的政治意見，是經由某種默許的特權，針對是否能夠以這種語言交談為依歸的個人或團體。這就表達出一種中立化也類似於理論的關係，是生產與認知「總體利益」論述的條件，不只解讀和操弄政治語言的「特殊」字彙的能

力，還要能夠將自己拉高到一般政治論述所在的幾近抽象層次——不論陳述的語法或內含的暗示的援引。或更精確來說，能夠就雙重意義辨識／認可「政治」問題，能夠辨認並自覺有義務去回應——以「政治」的方式來回應，且必須符合*政治禮儀*的規範。總之，政治學的問題要求某種論說的稟賦，這種才能可以操弄語言但又不需參照到任何實際的情況，有點像是在做測驗或做論文題目，但又賦予它嚴肅的外表，就像給學校的練習或聚會玩的遊戲一樣嚴肅的外表。

其實只要複製電視節目「面對面」的「主持人」給予政治辯論節目他心目中的定義：「可能沒有必要再多說，這就是一個政治辯論的節目。*我想若你們同意，就由你們彼此質問開始，首先是哈比‧德隆科*（Habib Deloncle）*先生，因為是他帶頭開始，在這個問題上表明你在整體的立場，整體說明你的解釋；然後在兩個領域上舉例說明：一是就廣義而言的教育領域，二是同樣就廣義而言的資訊領域，最後，當然，你們可以下結論*」。就像電視轉播的辯論節目一樣，所提出的問題使得訪問調查的情境也非常接近學校考試的情境，而且經常，只是改幾個字而已，就像國家行政學院的論文題目一樣，或像「巴黎政治學院」上課的主題，或像《世界報》刊登文章的標題。尤其相近的是，訪問時建立的社會關係形式本身：只有在中立化和保持學院式的距離下，才能充分地回應以下的情境：第一個發言的人有權提出政治性的問題（正常情況下是不會出現這種關係），甚至還不企望第三方的保證。這在經驗上已經被證實了，相同意見的人最常會談論政治論述。若是如此，那是因為他們之間有一整套的符號學會自發性地發生作用以便有系統地避免所有可能「燙手」的議題，首當其衝就是政治議題。也在萍水相逢的日常生活裡，只能依賴陳腔濫調以及不斷保持警戒，建立起一種暫時性的檢禁機制。

　　這令人想起格雷考（Pierre Gréco）一個評語，他在考察「你的朋友的朋友是不是你的朋友？」這個問題會引發一連串，即使相同，但原則上非常不同的答案，因為這只不過是個依據陳述本身語法改寫或概念上參照到具體的朋友世界而製造出來的一個簡單邏輯計算。就像所有俗見癖（doxosophe）的論述一樣，除了難以抉擇的立場以外，什麼也沒教我們。它所提出的問題形式正好產生一段距離：用問題形式的複雜度提醒問題的難度與深度來遠離接收者，以學院論述必答論題的方式強迫這種空洞的意圖，也因此接受遠離了真實。

　　最純粹政治問題的不切實際，特別是因為它只有參照到語義的場域才會顯現其全部的意義。這不過是對應於意識形態生產場域的不同位置所採取立場的場域。為了要能完全掌握最簡潔回答（像公投上的是與否）裡客觀地投入的意義，像是「您贊成或反對地區性的改革，以便讓地區擁有更大的權力」的問題，就必須能夠動用這一種只有政治評論人和分析者才有的非常專業的能力，才能掌握不同可能性的系統，清楚看出在這個問題上整個相關立場的位置，定義相關政治團體所採取的對內與對外策略之中隱藏的意義，識破每一個團體涉及的利益。總之，最純粹政治的問卷形式，即最強制性要求專業政治能力的問題，往往是為他們彼此對反的專業人員所設計的問題（如憲法權利的問題，或另一個層次普羅專政的問題）。或者是儘管非常直接觸及受訪者最具體的生存條件的問題，卻必須以它該有的形式呈現，才能成為意識形態生產場域鬥爭中被認可的籌碼。

　　沒有什麼比這更能說明這種問卷形式的真實一面。這類只有被「公民經濟指標」困擾的領導高層有興趣的問題，被支配者若有足夠的經濟能力就會認同支配階級的經濟能力，因為這表達了他們的夢想。支配者最樂意大量釋出的訊息就是可打擊被支配者（就像醫生對

病人的知識一樣），以其經驗為基礎去獲得實作狀態的訊息（例如生活花費的增加，稅制的不平等等）。可見這種政治論述，不但沒有讓人了解（雖然宣稱很自覺），也無法提供將特定與實作資訊和一般性訊息結合的方法，只不過像上課一樣，強加他們必須進入一般性的框架，給予這些特殊的經驗。民意調查經常可發現一種邏輯，「法國人對經濟的資訊了解」的題目，測量受訪者對官方經濟和經濟資訊的了解與認識，這只不過是一種政治經濟學合理化的陳述，以一種至高無上的種族中心主義，將社會行動者的實作經濟和政治減化成對官方經濟與政治學笨拙的陳述（特別是編碼的操作，不論先驗推論或依經驗推論都很擅長將最本質的部分，即表達模式消失）。

　　所有因素加總起來都會加劇被支配者對支配者這邊政治語言深沉的不信任感（與對它認可的同樣深層形式並不互斥），像對玩弄造型或玩弄文字的藝術形式一樣，對所有象徵性語言並不信任。常民對品味覺得束手無策，這種對政治編演與作戲的懷疑，對所有我們不熟悉規則「戲劇」的懷疑，往往也是政治冷感以及對任何種類代言人及其話語普遍性不任信的源頭。這也就是為什麼他們經常掩飾面對政治論述的模糊不清或無法決斷，以強烈的自尊心滔滔不絕地談論他所懂得欣賞的東西，肢體動作多，說話口若懸河，實質內容勝於形式包裝，「直話直說」勝於「甜言蜜語」。

階級與等級分類

「若必須兩害取其輕，我寧可什麼都不選」

卡爾・克勞斯（Karl Kraus）

　　品味是習得而來的稟賦，像康德所說的用來「區辨」和「欣賞」[1]；或者（若你要的話），透過一種*區判*的操作建立或標示人與人之間的差別。這並非（也不必然）萊布尼茲意義下*明確的*知識，因為它確保了對某個事物（就一般意義而言）的認可，卻不意味任何具有明顯特徵足以定義它的專門知識[2]。慣習的各個模式，也是原初的分類形式，因為它超越任何意識或論述之上，所以才能有效運作，因此，也在任何自省的檢視或有意的控制之外運作。它其實引領著我們的實踐行動，而且它將被誤謬為氣質的東西埋藏在最自動自發的姿勢當中，或埋藏在表面上看起最沒有意義的身體技藝裡。像是搓手或走路的方

---

[1] E. Kant, *Anthropologie du point de vue pragmatique*, trad. M. Foucault, Paris, Vrin, 1964, p.100.

[2] G. W. Leibniz, Meditationes de cognitione, veritate et ideis, in *Opuscula philosophica, selecta*, Paris, Boivin, 1939, pp.1-2（也參照*Discours de métaphysique*, §24）. 值得注意的是，為了說明清晰卻易混淆的知識，除了「僅就單純的感官而不需要可陳述的符號」就可以區分的顏色、味覺和嗅覺之外，萊布尼茲還提到畫家和藝術家的例子，他們能夠辨識一個作品的好壞，但合理化其判斷力的只能靠有沒有出現某種「妙不可言」的東西。

式、坐或擤鼻涕的方式、吃飯或說話的方式……等,這些都牽涉到
社會世界的構成及其評價最基本的原則。這些也都在身體與身體之間
的分工,以及身體與身體之間的關係裡最直接地表達出(階級之間、
世代之間、性別之間的)勞動分工或支配的勞動分工,而且還會從勞
動的性別分工和性別的勞動分工中藉由不只一個特徵,賦予它一個自
然而然的外表。因為品味是實作性的掌握分布狀況,能夠感覺甚至預
測哪些有機會發生,哪些不會發生,或與此密不可分地,哪些適合或
不適合位居某一個位置的個人。品味就像是一種社會直覺的指引(一
種*自得其所的感覺*〔sens of one's place〕[3]),會指引在社會空間裡位居
一個特定位置的人朝向適合其特性的社會位置,朝向適合這個位置的
占有者之實踐或商品,以及跟他們「合得來」的實踐或商品。這意味
能夠在實作層次預知某一個實踐或商品的意義和社會價值。因為,透
過它們在社會空間的分布以及其他行動者所具有的實作性知識,即可
知道商品和團體之間的對應關係。

　　因此,社會學家對社會行動者的分類不只區分成可分類行為
(actes classables)的生產者,也同時是有〔主動〕分類能力(actes de
classement)的生產者,後者本身就已經是被分類過的。社會世界的
知識應該將這個早已先存在於它之前世界的實作知識納入考慮,且不
應將它排除在其研究對象之外,即使乍看之下,它必須要對抗這種實
作性知識帶來的片面與涉及利益的形象才能建構出社會世界的知識。
至於慣習,則已包含在其研究對象之中,不論知識或行動者都是研究
對象,其目標都是為了更能了解此一研究對象的真實。但若你要的
話,這並不僅只是將它放回到真實情境而已,而是在構思一種關於真
實的思考方式,對它的真實性(以及它能夠發揮的效率)有貢獻的思

---

[3] 原文即是用英文——**譯注**。

考方式。而這必須賦予這種知識一種專屬的建構性力量，即使當它被一種客觀性的以客觀主義概念之名拒絕，都只是將常識或理論的知識作為真實世界的一個簡單的反射而已。

那些自認為在生產唯物主義的理論知識，一旦把知識當作是被動的記錄並且自棄於唯心主義陣營的人，就像馬克思很遺憾地在《關於費爾巴哈的提綱》裡討論過的，他們忘記了所有的知識都有其「主動的面向」，尤其是一切涉及社會世界的知識，都是一種將思考和表達的模式落實的建構行為，也都是社會行動者在其生存條件和實踐或形象之間介入的結構化行為。這種行為並非只是機械性地對機制刺激產生的反應而已，而是回應一個世界的召喚和威脅，其中它們本身就已為生產意義做出貢獻。可是，這種結構化行為的原則卻不像智識或反發生論（antigénétique）的唯心主義想要的，是一種放諸四海皆準的形式和範疇的系統，而是一種在集體歷史進程之中建構出來的內化模式系統，這是在個人的歷史進程之中習得而來，並且在實際操作的狀態裡才會作用，同時也為實際操作而運作（而不是只為了純粹知識而運作）。

內化的社會結構

首先，這意味社會科學在其建構社會世界的同時，就付諸行動了，因為行動者本身在日常生活的實踐中就是建構社會世界的行動主體；但社會科學卻以描繪建構原則的*社會生成*為其目標，並在社會世界裡盡可能地尋找它可以掌握這些原則的基礎[4]。由於和反發生論的

---

[4]　這是屬於生成社會學的問題，如何去建構這個意義的可能性與不可能性，以及其親疏遠近關係。

立場決裂，必然使它對知識的主動面向認可，社會科學必須在其（尤其是物質）特性的客觀分布裡（因為調查與記錄的資料不斷更新，不得不進行篩選和分類），尋找行動者在每一件事物上所使用等級分類系統的基礎，就是從分布本身開始。它不同於有時候我們會稱之為「認知論」（cognitive）的觀點，後者不論以民俗學的形式（結構人類學、民俗科學、民俗語意學、民俗植物學等等）或者以社會學形式（符號互動論、民俗方法學），都忽略了心理結構和等級分類系統的*生成*問題。社會科學要質問的是（介於不同世代、不同性別等）分工原則與社會分工之間的關係，這才是其基礎。並且要質問這些原則如何依據分布在不同位置，所造成不同使用情形的變異（這些問題都必須求助於統計資料）。

社會行動者在實際運作時用來認識實作性的這個社會世界的認知結構，其實就是一種內化的社會結構。在此世界的「合理」行為所預設的社會世界的實作知識，就是將這種等級分類系統的架構發揮運用（或者我們也可以說「等級分類系統的形式」、「心態結構」、「符號形式」，諸多表述，若不管其間的意涵，幾乎可以互換）。也就是過去所累積下來的認知和欣賞系統的發揮運用，這些都是客觀分化成類別（世代的分類、性別的分類，社會階級的分類）的產物，且超越人的意識和論述而運作。作為一個社會基本結構內化的產物，這些分類的原則也都被整個社會的行動者共享，這使得一個共同且有意義的世界，一個有共同意義的世界成為可能。

在某個特定社會形構下任何社會行動者，事實上都共享著一套共同且基本的認知模式，他們在客觀化的開始時，就在差異很大的實踐領域裡，接受了共同使用來分類和形容人或物的兩兩對反形容詞組。所有對反形容詞的網絡，像是高（崇高或高貴、純粹）和低（或低俗、乏味、庸俗），精神和物質，精緻（或雅緻、高雅）和粗俗（粗

魯、臃腫、粗糙、粗暴、粗野），輕盈（或巧妙、靈活、敏捷）和沉重（或遲緩、厚重、遲鈍、費力、笨拙），自在和生硬，寬大和窄小；或者從另一個向度來看，獨特（或罕見，不同，秀異，獨一，非凡、獨創、前所未聞的）和普通（平凡、平庸、常見、通俗、隨便一個），亮眼（或聰明）和暗淡（沒沒無聞、遜色、平庸），構成這些陳腔濫調的淵藪，它們之所以能夠普遍被人們所接受，是因為其背後隱藏了一套社會秩序的運作：即一種支配者的「菁英」與被支配者的「大眾」之間的對反原則，後者是隨機、分散的多數，可有可無、無以數計，只作為統計數字。其實，只要讓神話般的形容詞字根自己跳舞，即可隨心所欲地生成某一些主題，且會毫不懈怠地重覆著永恆的社會俗諺，偶爾會勉強而已。彷彿在宣告世界末日一樣，每次都會以「平整化」、「通俗化」或「大眾化」形式，將布爾喬亞家族的沒落說成社會的沉淪，也就是墮落到同質化、沒有差別。完全暴露出布爾喬亞被多數包圍的妄想症所糾纏的恐懼，他們總是擔心群眾會淹沒了只保留給布爾喬亞的獨占空間[5]。

這種社會神話學表面上最形式化的對立關係，應歸功於其意識形態的運作效率。因為它們總是在不同程度小心謹慎地求助於社會秩序最基本的對立關係：像是在勞動分工裡建立起來的支配者與被支配者之間的對反原則，或像是在支配的勞動分工的基礎上，就支配階級的內部，所形成的兩種支配原則、兩種權力、支配與被支配、世俗與精神、物質與知識……等等之間的對立。這也就是說上述提及的社會

---

[5] 就像單一和眾多之間的對反原則一直在歷史上是主流哲學的中心。如今這種對反原則，轉變成另一種形式；介於亮眼、顯而易見（「看得見」）、與眾不同、高貴、「有名」（亦即名聲好，盛名的）以及沒沒無聞（「卑賤、沒有名氣的人、普遍士兵般的」）、「暗淡」的班點、微不足道、暗沉的，沒有差別、沒有區分，沒有名字也沒有名聲（無名英雄）的大眾就是社會世界主流認知的基本範疇之一。

空間的圖示，它也可以解讀成從過去經驗獲得與從歷史建構出來的分類範疇的精確圖表，它統籌了這個屬於世界全體成員對這個社會世界的想法。以至於同樣的分類圖示（以及它所表達出來的對反原則）都可以具體地在環繞著極端位置而形成的場域中運作。不論在支配階級場域，依據與建構社會階級場域一樣同質同構的對反原則，或在文化生產場域，其本身就是再生產支配階級結構的對反原則，並與之同質共構（就如同介於布爾喬亞戲劇和前衛戲劇之間的對反原則一樣）。以此類推，最基本的對反原則不停地支持第二個對反原則，第三個或第N個（那個奠定了倫理或最「純粹」美學的對反原則，認為有其高或低、有其不費力或不易得的美，有其輕盈和沉重的風格等等）。所有這些以美化的說法都婉轉地無法辨識：於是，沉重與輕巧的對立，在諸多用法裡，尤其是學校的用法裡，常用來區判大眾或小布爾喬亞的品味與布爾喬亞的品味，也可以用在為支配階級中的支配派系而寫的戲劇評論，來讓他們想起「知識分子」的戲劇和「布爾喬亞」戲劇之間的關係，前者注定要「費勁」才能達成抱負和「沉重」的諄諄教導，後者則讚揚其輕點主題的藝術以及話說三分的默契。然而在「知識分子」的戲劇評論裡，則在同樣的關係中，可能只是將符號簡單的倒置並稍微調整一下這個對立原則，就能將輕盈等同於輕浮，並因此與有深度相反。我們還可以同樣方式證明右派和左派之間的對立關係，就算在最基本的形式上，即牽涉支配者與被支配者之間的關係，只要做第一層的轉換，就可以用來指涉支配階級裡支配派系與被支配派系之間的關係，「右派」與「左派」的字詞也因此具有相近於戲劇裡隱藏於「右岸」劇場和「左岸」劇場的表達方式下的對反關係。這也同樣可以用非常去現實化的補充方式來區分某一個前衛藝術或文學團體的競爭傾向，以此類推。然後，在每一次使用時都要考慮的，就是這種由系統建構成品味判斷的概念工具所形成的兩相對立形容詞組

其實極度地貧乏，幾乎無法定義，但是正因為如此才會被用來表達一種難以形容的感覺：因為每次在單獨使用其中一個兩相對立的形容詞時，都必須相對於它所暗示的論述世界，才有其完整意義，而且每一次都不相同，因為其中牽涉某種不證自明的系統，以及相對於這些策略所界定的場域中被視為理所當然的預設。但是，每個對立形容詞組都會因此在每次使用時被特定化，也會與其他所有可能的使用相協調（因為場域之間的同質共構關係可將它們從一個場域轉移到另一個場域），並且所有其他對立形容詞組也都可以在幾乎沒有差別地相互替換（例如精緻／粗糙替換輕盈／沉重），也就是說脈絡都大同小異。

　　由於這種在日常語言中承載半成文（semi-codifiées）的對反原則，會在所有被區分為階級的社會形構裡，和其附屬的價值一起，重新被歸類到社會範疇的主流支配觀點上（例如令人意識到群眾飲食無度和性飢渴）。這就完全可以理解，一旦懂得將同樣的基本關係還原成它們在形式結構上的關係，即可精確地表達在秩序的主要關係（高／低，強／弱），當然也可以在所有被分化為階級的社會中重新找到它們。相對於杜梅齊爾（Georges Dumézil）所研究的三重結構的歷史循環，就像杜比（Georges Duby）在封建社會的情況下指出的，它會基於正當化本身的社會結構，或者可能只是表達支配關係不變的對反原則，在任何分化成階級的社會裡都可以找到這個兩種分工原則交錯的必然結果：即支配者與被支配者之間的分化，以及企圖以不同原則之名來挑戰支配權的不同派系。這在封建社會是戰士集團（bellatores）和學究集團（oratores），而在今日則是老闆和知識分子[6]。

---

[6]　參見G. Duby, *Les trois ordres ou l'imaginaire du féodalisme*, Paris, Gallimard, 1978.

沒有概念的知識

　　因此，透過被分化與分化之條件化作用（這與不同的生存條件密不可分），也透過結盟（婚姻、連結、聯盟等）的排除和吸納（此乃社會結構及它產生的結構化效率的來源），也透過所有烙印在任何物件（例如文化作品）、機構（例如學校體系），甚至烙印在日常語言的所有等級分化和分類方式，最後也透過一些機構所強加的任何評價、裁決、排名、秩序的提醒，特別是以此為目的而成立的機構，像是家庭或是學校體系，或在日常生活的遭遇和互動等等層出不窮的現象，社會秩序便透過上述逐漸地烙印在人們的腦海裡。社會分工因此成為分工的原則，據此統籌其社會世界的視野。此一客觀的限制成為對*界線的敏感度*，一種因客觀閾限的經驗而獲得在實作上的前瞻性視野，一種*位居其中*的感覺，會自動將已經被挑揀出的商品〔消費〕、人物〔的接觸〕、場所〔的出沒〕剔除。

　　對界線的敏感度本身也意味著忘記其局限。在真實分工和實作分工的原則下，社會結構和心理結構對應關係中最重要效應之一。毫無疑問地，因為社會世界的第一次經驗就是人云亦云約定俗成的經驗，由於依附在秩序的關係上，分不清真實世界與所想像的世界，就理所當然地接受。對社會世界的第一印象，遠非僅是機械式的反射而已，而永遠是一種認知行為——讓外部建構的原則介入在立即被抓住建構成的認識對象上。然而，由於無法掌控這些原則以及與他們再生產出的真實秩序之間的關係，使得此一認知行為成為*誤認*的行為，這反而意味著一種認可社會秩序最絕對的形式。因為這是被支配者用來衡量其位置和特性價值的一套認知和欣賞架構的系統，它只不過是客觀法則的內化而已。被支配者據此客觀地建構價值，所以他們會傾向於先將分配給他們的當做是自己的屬性，拒絕所有拒絕他們的（「那

不是給我們的」）、易於滿足於施捨給他們的、以別人的想望打造自己的希望、以既定秩序對他們的定義來定義自己、在他們對自己的評價裡複製經濟狀況對他們的評價……總之一句話，無論如何都是命中注定（*ta heautou*），就像柏拉圖所說的：接受其所在位置，「謙卑」、「卑賤」、「沒沒無聞」。可見，涂爾幹稱之為「邏輯的盲從主義」[7]在保持社會秩序上扮演著關鍵角色，亦即協調認知社會世界的不同範疇，其本身就已適應了既存秩序分工了（同時也符合支配者的利益），也被早已配合這些結構的結構化心靈所共享，並以其一切客觀必要性的外表迫使人接受[8]。

　　這種分類的圖式的系統會與明確且明顯商議過的原則為基礎的等級分類系統對立，就如同構成品味或氣質的稟賦（各有其深度）會與美學或倫理對立一樣。在對抗特定形式的社會需求時所習得的社會真實感，*彷彿*確知社會世界的結構及在此結構中所占的位置，同時也知道應該保持的應對進退[9]距離。等級分類系統的實際掌握不同

---

[7]　E. Durkheim, *Formes élémentaires de la vie religieuse*, Paris, Alcan, 1912, p.24.

[8]　在P. Bourdieu另一篇文章可找到更合乎上述這些分析的理論脈絡的討論，請參見, P. Bourdieu, Sur le pouvoir symbolique, *Annales*, 3, mai-juin, 1977, pp.405-411.。

[9]　烏托邦思想家的意識形態就是無根無據，漂泊不定，也無關緊要，與其相應的是粗俗的唯物主義至高形式的拒斥，將獨特性減化為階級，以下層結構來解釋上層結構，將可解釋的模式運用於不可分類的，只是因為方便分類、排列、標定，像是布爾喬亞、小布爾喬亞、一般人等，一點也不將知識分子（那些無法分類的分類者）從他們所在的社會位置的意義來思考，更不用說他們自身的位置以及強加於他們身上與社會世界變態的關係（在此應該重讀沙特的所有作品，因為一切的存在都只是為了確認肯定一點，即知識分子顛覆性的榮耀而已。例如，《存在與虛無》有關福樓拜心理學的章節，就非常病態地努力要把其中的主角的個性連根拔除，轉化成為知識分子的人格，非造物的造物者，被「自以為神之計劃」所縈繞的作品創造出來的兒子，將所有的物種都減化成一般的、文類的，減化成階級，以肯定其自我的超驗性／卓越〔transcendance〕），以對抗「孔德所謂的物質主義，亦即從下層結構來解釋上層結構」）——參見J.-P. Sartre, *L'Etre et le néant*, Paris, Gallimard, 1943, pp.643-652, 尤其是p.648）。

於科學分類的學術性掌握,它要求建立符合社會真實,充分且一致的等級分類系統。因此,在社會空間的位置中所獲得的實作「科學知識」(science)也應該像應對進退的藝術一樣,要懂得以「舉止合宜」,和被分類也主動分類的人與物(高貴與否,可交往與否)的應對進退中,找到適當的距離。以一種最大化的實際精算,即不會太近(「太熱絡」)也不會太遠(「表現出距離感」),以加倍地操弄客觀的距離(「保持距離」,「敬而遠之」),或甚至象徵性地否定(「拒人於門外」,「表現得很單純」)。然而,這並不意味他們很清楚地在一個等級分類系統裡標定自己(就像社會階級的訪問調查所要求做的一樣),甚或不同程度地系統性描述此一等級分類系統以及所指涉的原則[10]。根據「依社會屬性所做的實作性評價」,來認定某人所在的社會階級、以何種方式和他對話(也在此同時將自己放在某一個階級位置),這與有意識地參考明顯的指標以及知識分子為了概念,也只用概念製造出來的階級分類所做的操作完全不同。同樣的等級分類系統的對反關係(富有/貧窮,年老/年輕……等等)都可能被應用於任何分布點上,並在任何節點上再生產出所有的空間(就像一般俗語所說的:我們對某個人來說不是富人就是窮人,不是上級就是下級,

---

[10] 沒有什麼比屈尊的策略更能觀察一個人所在位置的感覺如何運作?這種屈尊不論對策略的作者或其受害者來說,都預設了一種由於真實所在位置和這種適應的實踐所虛構地引領的位置(例如用較親密的方式稱「你」)之間的差距所產生實作知識:當一個人被視為應該有勞斯萊斯、戴大禮帽或玩高爾夫球的人,現在要去坐地鐵,換戴棒球帽或踢足球時,那些相對於他的身份地位的屬性才有意義的實踐,就如同疊影一樣,會持續地產生影響其真實的實踐。但是也可能會產生不同的變異,就如同巴利(Bally)所觀察到的,根據不同對話者之間社會差距所產成的論述風格,或甚至因對話者不同而會有不同發音方式的變化,發話者會根據不同的對象,跟他說話時,會模仿(被認定)地位比他高的人說話的「口音」,或是相反的加強他自己平常的口音來表示與之遠離。(參見,H. Giles, « Accent Mobility, A model and Some Data », *Anthropological Linguistics*, 1973, 15, pp.87-105).

不是左派就是右派……等等，但這並非注定要成為本質性的相對主義）[11]。現在我們可以理解其實很容易挑出社會空間的實踐感毛病，這是因為源於階級的屬性所做出的評價體系；然而，社會學家往往以受訪者階級認同的自我矛盾作為論點，來否認階級的存在。他們只不過要見證受訪者忽略這種「實踐感」的一切運作方式並誇大了使其得以運作的人為情境。事實上，社會空間感和其他的實踐感一樣，所涉及的都是在社會空間標定自己的位置，也據此標定別人的位置，因此，總是會參照到他們實踐方向的*特定情境*。這也解釋了例如在一個小鎮裡所做的階級形象的研究調查（社區研究），會與全國範圍的階級調查之間產生不一致[12]。但就像經常可見到的，若是受訪者不同意針對所研究群體所做的分類的數目，也不同意「分層」的界線和用來定義的標準，這不只是因為實踐本身內在邏輯的模糊性，同時也因為分類的視野是依據在等級分類系統裡所處的位置而定。

　　因此，知識分子傳統所構思的認識行為最能遠離這種社會遊戲的直覺。因為它正像品味這個字，同時是「辨識味道的能力」以及「判

---

[11] 於是吾人可理解，在一連串將30個常見的職業（寫在卡片上）分類成社會階級的相關測驗之訪談（樣本數=30）裡，受訪者通常都會先問要將群體分成幾個階級以及分類的標準是什麼，才能將每個職業的不同面向納入考慮，然後也才能將這些職業可能被評量的不同關係列入考慮，或是很自發性地建議可以無止盡地增加細類（在此我們可以發現學術調查訪問所製造出來的人為特性，要求受訪者去適應學術的態度是完全不尋常的，從一開始的混亂就可以看得出來）。而且他們幾乎都會以兩兩成對的方式將不同的職業排列起來（藍斯奇〔Lenski〕也曾做過類似的觀察，當他要求受訪者將一個新英格蘭小城的家庭排列時也有類似的經驗：參見 G. E. Lenski, « The American Social Classes: Statistical Strata or Social Groups? », *The American Journal of Sociology*, LVIII, September 1952, pp.139-144）。

[12] 這種分散性也可以在同一個調查發現，當我們相繼地要求受訪者以其城市或全國為範圍，來定義社會階級時：不回答的比例在後者的情形就會非常明顯，所認知的階級數目也是如此（參見，J.G. Manis and B.N. Meltzer, *loc. cit.*）。

斷其美學價值的能力」，兩者都必須將這種社會的必然性變成第二天性，並轉化成身體的反射模式和無意識的動作。一切非常自然地運作彷彿固著於某一社會狀態的社會條件化作用，會傾向於將它與社會世界的關係烙印在與身體本身永久且概化的關係中一樣：烙印在保持身體的方式、在別人面前呈現的方式、移動身體的方式、為身體找空間的方式……也就是給予身體其社會面貌。身體習慣其實是指引社會直覺最基本的面向，它是一種證明同時也表達出屬於每個人自己*社會價值*的實踐感。我們與社會世界所維持的關係以及我們在此被分派的位置，沒有比自己覺得有權從別人那裡取得的空間和時間更能說明。更精確地說——就是以自信和保留的姿態——其身體在物理空間所占據的位置，寬廣或狹窄（俗話說得好，重要人物占的位子也大）；其話語在與別人互動時、自信或攻擊時、無心或無意識的方式時，將他人的時間占為己有[13]。

社會化邏輯最好的形象就是把身體當作是備忘錄（pense-bête），只要將所有姿態、身體姿勢或相關字詞的複合體，不論是簡單的感嘆詞或是已經過度使用的陳腔濫調，全都記錄下來，然後只要稍微以身體模仿提示一下，就可以讓整個已經預先準備好的感情和經驗的世界，像劇場的人物一樣一一出場。由於過度承載著意義和社會價值，這些最基本的身體操練行為，尤其是性方面本身，這種操練預先建構好的生物面向，會以最基本的*隱喻方式*運作，展現所有與世界的關係。「高傲」或「屈服」，「嚴格」或「柔軟」，「寬廣」或「狹窄」，以此類推到所有的世界。指引社會方向的實作性「選擇」只不

---

[13] 運用於日常生活實踐，不論寬闊或狹窄，寬裕或局促的認知方式，都與某種最精緻的社會心理預期有關，這種預期心理會在物理空間裡被允許的位置和社會空間裡所占有的位置之間，建立起一種相關的存在（關於這點請參見，S. Fisher and C. E. Cleveland, *Body Image and Personality*, Princeton, New York, Van Nostrand, 1958）。

過是預設了一種在現象之間「選擇」的可能性再現，但付諸行動的選擇並不意味選擇的行為。知識分子的邏各斯中心主義（logocentrism）和智識主義（intellectisme），加上科學知識的固有偏見，將人們的心靈（*psychè*）、靈魂、心理、意識、再現當作研究討論的對象，更不用說布爾喬亞自詡為「人格」的地位，這都會使我們無法察覺到像萊布尼茲所說的：「我們四分之三的行動都是自動反應的裝置而已」。就像人們常說的終極價值，從來就只是身體原初的稟賦而已。或者，我們所謂有品味或令人發自肺腑深處的反胃，乃沉積某個社會群體最關鍵利益的所在，也就是為什麼大家都會那麼在意自己身體和別人的身體。區判感，區分／歧視（*discretio*），就是在挑揀並聚集那些應該在一起的，排除那些門不當戶不對的聯姻，以及所有*違反自然*的結盟，亦即一切違反共同的分類方式，違反作為集體和個人認同原則的*分隔*。並因此造成一種發自肺腑深處，要人命似的厭惡，一種絕對的反胃，一種對任何處在柏拉圖所謂*雜種地帶*的形而上學的憤怒，對一切*超越可理解的範圍*，亦即內化的分類方式之形而上學的憤怒，以及對那些*將社會秩序融而為一*的原則之質疑，尤其社會所建構出來職場的性別分工和性別勞動分工之原則，因為挑戰了心理秩序，會被視為對一般常識[14]的挑釁。

---

[14] 吾人可證明社會化會將身體打造成一種會自動類推的裝置（opérateur analogique），裝備了各種會去對應社會世界裡不同分工形式的運作公式，性別分工、長幼分工和社會階級的分工，或更精確而言，每個被這些分工所決定的空間裡，幾乎對應於每個人所占位置相關的意義和價值；而這一切要將社會支配與順從的符號系統、也要將性別支配與順從符號系統整合在同一套肢體語言，例如就在平常的禮節之中可以看到的，挺直與彎曲的身體之間的對反關係，象徵著挺直腰桿還是歪斜隨意，表示象徵符號的生成原則之一。

有利的特質屬性

　　這些由社會世界認知所運作的持久性來源基礎，以及由所有運用這些心理圖示（常識的另一個定義）的人所界定之個人或事物整體特徵意即，何者才是可能被看見、被當做有意義的，以及何者被正面或負面看待這些都只不過是當事人或團體在認可此特徵時或透過此特徵去辨識當事人的歸屬時所涉及的利益／所牽動的興趣而已。*對觀察面向的興趣永遠無法完全脫離觀察它所涉及的利益*，這點在所有奠基於污名化特徵的等級分類系統中看得尤其清楚。例如同性戀與異性戀之間常見的對立關係，往往會將有興趣／有利的分離出來，而將所有其他的（即所有其他形式的性愛）打入冷漠及無差別的沉寂。這又在「社會屬性的評價」中尤其明顯，事實上，也就是指責的行為，就亞里斯多德意義下的*具有貼標籤作用的獨立詞*（catégorème），就像罵*人的話一樣*，緊咬構成一個人或團體社會認同的其中一個特性（「你不過是……」），譬如已婚的同性戀或改宗的猶太人會被當做見不得人的猶太人或可恥的同性戀，亦即某種程度雙倍的猶太人或同性戀。污名化的邏輯告訴我們社會認同其實是一種鬥爭的遊戲，被污名的個人或團體，或更廣泛的，所有潛在可能成為被貼標籤對象的社會主體，若要反擊這種以不斷強調的方式將他們局限在某一個特徵的局部認知，就要以其最好的特徵自我定義，或更廣泛的，強迫對方接受有利於其特徵的等級分類系統才能對抗，或甚至賦予一套主流支配的分類方式，使其所有（ce qu'il a）及其所是者（ce qu'il est）更有價值的內容。

　　而那些對於使用日常邏輯和話語所造成矛盾，還不斷地被擴張運用在其分工而感到驚訝的人，其實忘記了將語言當做純粹邏輯的工具可能就有其內在矛盾，也忘記了在某種社會情境下這種與語言的

關係就成為可能。日常生活實踐所造成的悖反或矛盾並不像任何實證論形式所認為的，衍生自某種日常生活語言本質上的缺陷，而是由於依循社會邏輯的行為並不以追求邏輯的一致性為圭臬。不同於語言的文獻學、邏輯學或語言學（事實上應該通稱學院式〔scolaire〕，因為它們永遠有種書生學究〔scholè〕的意涵，亦即悠閒，與緊迫的生活需求拉開距離，以免於致命的賭注，在大部分的社會世界裡學院機構是唯一能夠保障上述這些事物的場所），日常生活的語言是遵循靠邊站的邏輯，像在法庭一樣，他們要面對的不是邏輯判斷的對峙，意即可以一致性的唯一標準進行的合理解釋，而是攻擊、指責與防衛。更遑論邏輯學家甚或語言學家經常忘記的，介於征服的藝術與說服的藝術間對反關係所動員的一切。很明顯的，學院使用語言的方式相對於演說家、律師或政治人物使用語言的方式，就像專注於是否與事實一致和相容的等級分類系統的邏輯學家或統計學家們，他們使用語言的方式是相對於日常生活運作的範疇化和貼標籤，procès 其字源即已說明身陷訴訟的邏輯（procès 就一般意義而言，也有卡夫卡《審判》意義下給予很好的範例形象，這種絕望地用一種無法掌握的定義想要重新找回的社會認同，無限上綱的運用所有貼標籤的作用和所有的歸咎指責）。能真正深入社會世界分層的調查，沒有不分析所屬團體成員或非成員的相關利益往來的。就像我們從某些處於邊界，也是策略性團體即可以見到的，如不斷地擺盪在階級抗爭或階級合作的「工人貴族」或「主管」，典型官僚式的統計範疇，兩重負面的名義單位。不論就「利益團體」的眼光或其對手，以大部分觀察者的眼光看來，都掩飾了它真正的分散性，當它不再只是簡單的記錄一個分類團體間力量關係之法定保障的狀況時，就會效法於策略意圖：「計算」、「被計算」、「歸類」、「歸併」，同時在階級之間劃定界線。

　　的確，若撇開所有法律武斷劃定界線的強制情況（像行李重量不

得超過30公斤或規定超過二千公斤的車輛稱為小卡車），只要排除衍生自「小麥堆詭辨」（tas de blé）[15]的難題，即使是表面上最形式化的界線，像切分年齡的界線，都可能凝結成社會鬥爭的狀態，即某種優勢與義務的分布狀態，像優待票價或優退的權利，或就學與兵役的義務。如果像幽默作家阿萊（Alphonse Allais）說的故事，一個父親在他孩子過三歲整那一刻去拉警鐘的發笑（因為是坐車不再免費的年齡），那是因為它立即突顯出這種想像出來的變異社會邏輯之荒謬，它和其他源自於邏輯學家珍視的矛盾一樣無懈可擊地合理。這些限制在此事實上是生死存亡必須攻擊或防衛的界線，因此將它*們固定的*等級分類系統工具不是什麼知識工具，而是權力的工具，它們順從的是社會功能，並不同程度地以公開地滿足某一團體的利益為依歸[16]。

　　老生常談（lieux communs）或等級分類系統也因此成為彼此對立的不同團體間鬥爭的賭注，他們也彼此對立，甚至為了爭奪它，讓自己獲得更大的利益而更加強這分類系統。喬治・杜比很清楚地指出〔中世紀〕的三個等級模式是如何透過解釋與形成文化將它永存下

---

[15] 小麥堆的詭辯及所有物理連續性的弔詭，就像龐加萊（Poincaré）指出的，我們永遠同時是A＝B，B＝C，又是A＜C，或像同時是A1＝A2，A2＝A3，…A99＝A100又是A1＜A100。另一種更清楚的方式來說，即使一顆小麥無法成為一堆，二顆或三顆也不行，那麼也很難證明一堆是從264顆或265顆開始的，或另一種說法，265顆或264顆成一堆。

[16] 科學機構所生產出來眾多的分類方式，不論是倫理或美學，精神病學或法學的，也更不用說由學校系統所生產或灌輸的，它們其實也都順從一定的社會功能，儘管它們之所以會一定的效率是因為其中立的外表。因為是根據相對中立的場域當中的邏輯以及獨特語言所生產，它們會對主流支配慣習的分類模式不斷地累積真正的依賴，藉此也成為社會結構的產品。其獨立的外表在分類方式的鬥爭上及階級鬥爭上有助於達成主流的合法性支配。這類半自主的分類系統最典型的例子無疑就是教師「評語」的形容詞組系統（參見P. Bourdieu et M. de Saint Martin, Les catégories de l'entendement professoral, *Actes de la recherche en sciences sociales*, 3, 1975, pp.68-93）。

來而僵固成一種社會結構的狀態，這同時及連續性地被互相對峙的團
體使用。首先，像是主教團體，他們發展出來對抗異端分子、僧侶和
騎士；然後是貴族，為了對抗主教和國王；最後是國王，他為了將自
己建構成操作等級分類系統的絕對主體，將之建構成足以生成階級的
外部和超越的原則（與三個等級不同的是他同時是主體又是客體，同
時是裁判又是球員），社會秩序裡分派整個利益相關的團體各自的位
置，並不是在觀點之處建立一個觀點[17]。同理，吾人亦可證明用來思考
不同支配形式（不論是性別、階級或年齡之間對立，或是世代之間對
立）的模式或老生常談，也可以成為類似操作的對象。「年輕人」可
能接受過去人們對他們的定義，並享受很多社會都會給他們的暫時放
縱（「年輕必經的過程」）；做他們認為合其胃口也適合他們的事；實
現年輕人「應有的樣子」：優秀（virtu）、陽剛之氣，激情等等。對
中世紀繼承貴族的年輕人來說，他們會將自己的事和行俠仗義混淆不
清[18]；對文藝復興時期佛羅倫斯的年輕人來說，就會將愛情和暴力混
淆不清；或是當代年輕人對任何有規範、遊戲性的放縱（運動、搖滾
樂等）。總之，他們讓自己保持在「年輕」的狀態，亦即不負責任，
以放棄任何的責任義務來交換不負責行為的自由[19]。在某些特定的危
機下，當繼承的秩序受到威脅時，這群「年輕人」就不再想要被理解
成應有的「年輕人」，而是想被當做「老成」的「年長」的，即想要
扛起成年人（社會定義下成功的成人）才會有的責任。他們也必須將

---

[17] G. Duby, *Les trois ordres...* 尤其是 pp.422-423.

[18] 參見G. Duby, *Les trois ordres...* pp.63-64及Les « jeunes » dans la société aristocratique dans la France du Nord-Ouest au XIIème siècle, *Annales*, 19 (5), septembre-octobre 1964, pp.835-846。

[19] 若大部分放棄責任的交換補償物沒將她們拒於門外旳話，我們也幾乎可以對女性說同樣的話，至少除了布爾喬亞。

原本責任義務的持有者打入另一種只有老人或該退休的人才有的不負責的形式。原有「負責人」所要求的智慧與謹慎反過來變成了保守主義、落伍過時，或很簡單的——不負責任的老人。新進來的人，很有可能是生理上最年輕的人，但也帶有其他明顯可區判特徵，這特徵往往與生產者的社會條件的變遷有關（主要是家庭和教育體系），他們也很快就會脫離「年少輕狂」，即不負責任的狀態，會很明快地斷絕常被指責的不負責任行為；他們面對許多內化限制的挑戰（比如，即使到了五十歲，還是會覺得合情合理地去挑戰某個職位、職務或榮譽實在「太年輕」了），毫不遲疑地「勉強自己」「平步青雲的跳級」，因此在落入過時、落伍，也就是像前輩一樣被社會判定死亡之前（他玩完了），就闖出一片天。但若他們失去了限制感，也就不太有機會在劃定不同年齡層界線的鬥爭中獲勝，除非他們能夠樹立新的典範，重新定義社會意義下成功的人，不斷地灌輸與年輕有關的（像狂熱、活力等）一般特性（即依照通行的分類原則），或有辦法取代一般賦予成年地位的種種德性。

　　總之，透過對它們（有利的特質屬性）的使用，個人或團體在他們所賦予的共同等級分類系統裡，所投注的特定意義比其利益更無限地多。因為這是他們所有的社會存在，任何用來定義他們自己對自己的想法，即相對於「他們」或「別人」，定義自己成為「我們」的默認最重要的約定，這也是在諸多由共同的等級分類系統所生產的特性中運用的排除（「這不是給我們的」）和包容的原則之來源[20]。由於在

---

[20] 社會心理學察覺到任何將群體區分成兩個團體，不論是多麼任意，都取決於某些歧視性的行為，對自己團體成員有利，對其他團體成員有敵意的行為，即使他們團體利益遭受損失也都在所不惜。（M. Nilling and H. Tajfel, « Social categorization and similarity in intergroup bebavior », *European Journal of Social Psychology*, 1973, 3, pp.27-52.）更廣泛來說，社會心理學會用「範疇的差異化」來描述一種社會行動者建構對

被支配者與支配者之間的關係裡，前者會給自己一種充沛的力量，像勞動的力量和戰爭的力量，不只是身體的力量同時也是道德的力量、勇氣、剛毅等，但這依然無法阻止後者不以強者與弱者的模式來看待彼此關係。支配者還要將被支配者賦予自己的力量，像年少的力量（與女性的力量接近）貶抑成一種粗糙的、熱情的、衝動的狀態，認為這是自然盲目且不可預知的力量、欲望不理性的暴力。但卻賦予自身一種精神與智慧的力量。自我的控制預設了對別人的控制，靈魂與精神的力量讓他們思考與被支配者、人民、女性或年輕人的關係，就像靈魂與身體的關係、理智與感性之間的關係、文化與自然的關係。

對等級分類系統的鬥爭

　　等級分類系統是在鬥爭中且為了鬥爭的需要，在邏輯上與社會學上必不可分的分工原則上運作，因為它製造了概念，製造了團體

真實的認知方式，這種操作會特別強調局外的差異性，也強調局內的相似性（參見例如H. Tajfel, « Quantitative judgemnt in social perception », *British Journal of Psychology*, 1959, 50, pp.16-21及H. Tajfel and A. L. Wilksm « Classification and quantitative judgement » , British Journal of Psychology, 1963, 54, pp.101-104；若要整體了解這個領域的研究，可參見W. Doise, *L'articulation psychosociologique et les relations entre groupes*, Bruxelles, A. de Boeck, 1967, p.178-200）。種族歧視的分析也同樣指出，不同族裔的團體並列時會導致彼此對反的形象，每個團體都會肯定符合自己團體的行為、相反的會瞧不起另一個團體的行為（L. Copeland, « The Negro as a Contrast Conception », in E. Thompson; ed., *Race Relations and the Race Problem*, Durham, Duke University Press, 1959, pp.152-179）。社會認同存在於差異之中，因為是相對於最接近，即倍感威脅的團體，吾人才更要確認差異性。根據對刻板印象的分析，即某類範疇成員（例如北歐人、南方人，西方人或東方人）相對的就會有某些特性之投射，使得別人對他人的評價會對一個人範疇歸屬的資訊產生強烈的影響。這也吻合這類社會刻板印象的分析，認為具有同樣社會形成的整個行動者都會彼此認同，而給予不同社會階級的成員某種特性（參見附錄4，一個社會的遊戲）。

——生產這些原則的團體，為對抗它們而生成的團體。爭奪社會世界意義的賭注在於對分類架構以及等級分類系統的控制權力，因為這是再現形象的源頭，藉此動員或解散團體。這就是為何事實的說明具有誘發的力量，讓人以另一種方式觀看（例如最簡單的一個字——*家父長制*，就足以改變一種社會關係的經驗），或僅調整認知與欣賞的架構，就可以讓人看到不同的東西、不同的特性，到目前為止沒有察覺到的或被忽略成次要的東西（比如到目前為止因為族群或民族的差異而遮掩的共同利益）。它也是*切分的力量*，區判、分隔、割分，是一個可切分的連續性，讓不明顯的單位浮現出來，讓差異從無差別中浮現出來。

只有在鬥爭，也為了鬥爭，內化的限制才會變成吾人因撞壁而必須繞過去的界線。的確，只有在分類架構的系統運作不再感到限制時，才能建構成一種客觀化和制度化的等級分類系統。以至於既有秩序的看守者，為了對抗異端的質疑挑戰，必須不斷地解釋這種秩序（不論是真實的或再現的）的生產原則，並將它系統化和編入法條，總之即正統的公論眾見（輿論）。正式的等級分類系統，就像「杜比的」三等級理論一樣，會讓以默認和實作方式運作的分類架構，變成以明顯有系統的方式運作。藉此，許多暗示意義的屬性，會變成分派給某一職能的擁有者的權限（attribution）、權力、能力、特權或特長。戰鬥不再只是軍人的事，而是職場（*officium*），即職能本身，才是*戰士*（*bellator*）存在的理由。分類法的區分／歧視，就是以律法的方式固定力量關係的狀態，旨在透過解釋與形成文化將它變成永恆。作為邏輯與政治分工原則的等級分類系統，只有在要複製它時才會存在和運作，它會以變形的、以產生*分化差距*的純粹象徵邏輯運作——亦即不連續性。最常見的還是其結構賦予既存秩序漸進和連續的差異。但它也以其自身的方式，亦即純粹象徵性的方式，為此一秩序

的維持做出貢獻，只因為它具有純粹象徵性力量，讓人看到也讓人相信心理結構的強制性所強加的東西。

　　若非有助於階級的生存，以符合等級分類的結構化形象所產生的強化作用，來提高客觀機制的效率，等級分類系統就不會成為如此關鍵的鬥爭賭注。作為完整社會存在的認可行為，強加一個被認可的名字就是一種真正將命名事物轉化的操作，因為它不再以事實的狀態存在，即非法或不正當的、被容忍的練習，它轉而變成一種*社會功能*，即職務、任務（Beruf）、職責、角色等，諸多不同的字詞清楚表明*授權*的活動和*僭越*之間的差別：前者是明示或默認委託給個人或團體的，後者只不過是「創造事實的狀態」等待變成制度化。可「集體再現」的效應本身，對反於涂爾幹這個概念可能令人聯想的意涵，可能是運用同樣的認知模式與共同的等級分類系統的產品，不斷地成為對峙的團體社會所使用的對象。尤其當字詞超過事物，當*名目認同僭越*真實認同的建構時尤為明顯。就像自願服務協會變身被認可的專業職位或為行會辯護的團體（像「主管」的工會），不論是對其自身的成員或對其他團體而言，均逐漸被迫接受和他們單位存在的*形象*。

　　一個團體是否出現於正式等級分類，端視它能否令人接受、認可、看見的能力，最常見的情況就是在經過激烈鬥爭後，在社會秩序裡獲得一席之地也因而能夠擺脫班文尼思特（Emile Benveniste）所說的：在古代和中世紀的商業世界中「無名行業」*私生子*的命運，或不合法的活動，像今日的密醫（過去稱為「經驗師」）、接骨師或妓女。有些團體的命運卻與指稱它的字詞脫不了關係，因為強迫接受認可的權力端視透是否有動員這些字詞的能耐，像是「普羅階級」、「工人階級」、「主管」，也就是說它們將共同的名稱占為己有，並以專有的名稱溝通，並因此動員聯合產生力量，以及以一個名稱，一個*命令*所創造的整合力量。

　　事實上字詞的秩序（命令）從來不會嚴謹地複製事物的秩序。相對於資本分布的結構，這種主動分類等級也被等級分類的字詞系統所結構（在此內部決定有區隔的價值以及特定的標籤）。在相對獨立的情況下，或更精確來說，在與生產機制改變的職位變遷以及改變頭銜之間慣性所產生的差距中，存在著一種象徵性策略的原則，它的目標在開發名與實之間的不協調，在將字詞占為己有以便擁有它所指稱的物或先將事物占為己有以等待字詞的核許。其目標也在於行使它沒有名份的職權（這就是「權充」），以便自冠頭銜來要求合法的頭銜；或相反的，目標在放棄貶值頭銜有關的物質的分配以避免在追求更有名望，或至少較模糊、較不競爭的排名，也因而較容易操作的標籤時，喪失更多象徵性優勢。目標也在於借用來指稱他可運用的最有利標記，甚至必要的時候會到欺騙的臨界線（像是製陶工人自稱是藝術家或技師自以為是工程師），或者創造新的指稱詞，只為*標新立異*，像是物理治療師這個新標籤，以便與按摩師區隔並因此與醫師接近。就像在整個競爭的過程中，有太多的策略競逐就是為了要確保這些區判差距的穩定性，這都會促使名實不符的通膨效應升高，可是會被制度化分類法的慣性所抑制（集體的約定俗成、薪資等級表等），而後者正是法定保障所依據的。集體約定讓彼此對峙的利益團體所協商的機構，往往休戚與共地極度關注此一職位上銘刻的任務，關注這個職位所要求其占有者應有的特質（譬如學歷文憑），也很關注其物質與象徵的報酬（名稱）是否相符。透過制度化的演練，這些都會有提醒的效用，提醒此一現象（職務）乃針對等級分類永遠無止境的鬥爭，它有助於製造階級，儘管它就是階級之間建立的力量關係所鬥爭的產物。

再現的真實與真實的再現

　　等級分類的主體會將別人的或他們自己的特質和實踐進行排行分類，也會成為可被等級分類的對象，亦即（在別人的眼中）被排行分類，會根據本身就已被分成不同等級團體的可能分布，將已經被等級分類過的實踐和特質（像粗俗或高尚，高級或低等，沉重或輕盈等，即在最後的分析中看到的大眾或布爾喬亞）占為己有。最能排行分類別人，也被分類在最佳排行的特質當然就是那些很明確地就是要當做*區判符號*或*污辱的標記*、污點運作的特質，特別是表達某些階級成員歸屬的名目或頭銜。因為其中的交會點在某一個時期定義了*社會認同*，像是民族、宗教，族群或家族的稱號、職業的稱號，學歷文憑、榮譽頭銜等。那些透過把已經被分類且又會主動分類的實踐和特質占為己有並進行等級分類，來將自己或別人等級分類的人，不能忽略以下的事實：透過能表達他們「有權」具有區判力的物件或實踐，一旦被某些階級占為己有並專屬於某些階級之後，也會將它們占為己有的人排行分類，他們又會在其他等級分類的主體眼中被分類成等級（但這些主體及其評價都一樣是可被等級分類），只要這些分類架構與那些可以讓他們充分地預料其本身的等級分類架構加減相似即可。

　　社會主體要去理解這些將它們包含在其中的社會世界。這意味著若要描述其特徵，就不能只講到其物質的特徵，要從身體開始，像任何其他物理世界的對象一樣去計算和量測。事實上，任何一個這些特徵，不論是身高、體重，或土地或不動產的面積，都必須參照到同一個階級的其他特質，才能被具備社會建構的認知與欣賞架構的社會行動者認識與欣賞，也才能成為*象徵性特質*運作。這也意味吾人必須超越「社會物理學」與「社會符號學」之間的對立關係：前者（社會物理學）裝備了客觀主義使用的統計，建立起（統計和經濟意義下

的）各種分布，以一種量化的表述，透過「客觀的指標」來掌握在競爭狀態為數眾多的個人如何將有限的社會資源占為己有；而後者（社會符號學）則致力於解讀各種不同的意義，也致力於闡明社會行動者如何製造與解讀它們的認知操作方式。此外，吾人也必須超越想要觸及「獨立於個人意識與意願」的客觀「真實」以及想要努力掌握的不是「真實」，而是社會行動者所塑造的再現形象間的對立關係：前者必須付出的代價就是與社會世界的共同再現形象決裂，闡明各種「法則」，即在各種分布之間非偶然意義的顯著關係；後者必須付的代價就是將所有的社會世界的「真實」都視之為「如同再現形象和意志」。

總之，社會科學沒有必要在社會物理學理想主義的符號學間擇其一。前者以涂爾幹為代表，他們想要協調社會符號學認為若不將等級分類邏輯工具搞清楚就無法認識「真實」[21]；後者像加芬克爾（H. Garfinkel）所說的致力於針對「評論進行評論」，只不過在記錄社會世界所留下的記錄，畢竟這也不過只是心態結構，亦即語言結構的產物而己。而必須讓社會行動者為了生產而賦予的實作知識，進入能夠考量稀有財產的稀罕性和競爭性的科學，依據他們各種分布的經驗為基礎，其本身也是以他們在各種分布、各類分工和各式分類方式中的位置來運作。這並不比社會物理學會計決算表的分布、分工和分類還更不客觀。以另一種方式來說，必須超越客觀主義的理論和主觀主義（或稱邊際主義）理論間的對立關係，前者將社會階級（或是性別分類或年齡分層）等同於離散的團體，只不過無計其數的群體，被客觀地烙印於真實的界線區分開來；後者則將「社會秩序」減化成一種透

---

[21] 這幾乎不用多說，這種統合了社會物理學和實證論傾向的親近性，會讓人看到等級分類若不是任意的和為了「可操作性的」分割（像年齡層或收入等級），就是「客觀性的」切分（分布的不連續性或曲線的彎曲），只要將它們記錄下來即可。

過個人等級分類的聚合所獲得的集體等級分類；或更精確地來說，透過主動分類也被分類的個人策略，藉此社會行動者被分類排行同時也將別人等級分類[22]。

　　其實只要牢牢記住：可以轉換成區判性符號的財貨商品，可能變成高尚的符號，也可能成為粗俗的符號。只要它們是從關係性來認知的話，就可以看到個人或團體透過其實踐及其特質*不可避免地*流露出來的*再現形象*其實就是其社會真實的不可或缺的組成部分。一個階級類別同時是以其*被認知的存在*和其存在來定；是同時以其消費（末必要炫耀性的才是象徵性的）和其在生產關係的位置（即使是後者統攝前者）來定義。柏克萊式的觀點（即小布爾喬亞）會將社會存在減化成被認知的存在，減化為外表，而忽略了其實不需要給出（戲劇的）再現形象才能成為（心理）再現形象的對象，而將社會世界減化為（心理）再現形象的聚合，即不同團體為了給其他團體看而形成

---

[22] 這種社會邊際主義最具代表性直到隱喻式的表述，莫過於這段文字〔按：原文即英文〕：Each individual is responsible for the demeanour image if himself and deference image of others, so that for a complete man to be expressed, individuals must hold hands in a chain of ceremony, each giving deferentially with proper demeanour to the one on the right what will be received deferentially from the one on the left (E. Goffmann, « The Nature of Deference and Demeanour », *American Anthropologist*, 58, June 1958, pp, pp.473-502). 或是〔按：原文即英文〕：... routinely the question is that of whose opinion is voiced most frequently and most forcibly, who makes the minor ongoing decisions apparently required for the coordination of any joint activity and whose passing concerns have given the most weight. And however trivial some of the *little gains and losses* may appear to be, *by summing them all up* across all the social situations in which they occur, we can see that their total effect is enormous. The expression of subordination and domination through this swarm of situational means if more than a mere tracing or symbol or ritualistic affirmation of the social hierarchy. The expressions *considerably constitute* the hierarchy（E. Goffmann, « Gender Display », Paper presented at the Third International Symposium « Female Hierarchies », Harry Franck Guggenheim Foundation, April 3-5, 1974，斜線是我強調的）。

的（戲劇的）再現形象。這種觀點就值得提醒我們：相對於生存條件的物質決定，象徵性再現形象的邏輯有其相對自主性：想要藉由改變認知與欣賞範疇分類來改變社會世界的階級鬥爭，不論團體或個人，常常是一個階級鬥爭被遺忘的面向。但只要牢記等級分類的架構其實是社會行動者維持與其生存條件的實際關係的源頭，也是他們可擁有的再現形象的源頭，而等級分類架構本身又是這種生存條件的產物才能看到此一自主性的限制。在等級分類的鬥爭中的位置仰賴階級結構的位置，而社會主體（從知識分子開始）並沒有處在最好的位置中反省決定他們對社會世界思考的限制是什麼，亦即某種限制不存在的假象，當然就永遠不會有機會超越「其腦袋的限制」，在他們自己賦予的及其位置給予的再現形象，是它決定了這些限制。

對「純粹」批判的「庸俗」批評

也許讀者會問：為何在討論品味和藝術的文本裡，從來沒有向哲學或文學的美學傳統請益。無疑的，讀者很快就會了解這是一故意拒斥。

毋庸置疑地，「高級」美學，不論是專注於主流作品的實作狀況或是意圖為它解釋或為它塑形的書寫表達，都會在根本上建立出對抗任何可能在這種研究調查所獲得的變異——亦即*品味的不可割分*，一種最「純粹」及最「淨化」，也是最壯美和最升華的品味，以及一種最「不純」及最「粗魯」，也是最尋常和最原始品味之間的結合。這也恰恰相對的意味著此一研究首先要懂得透過故意的遺忘，放棄任何對文化太過有教養的論述。藉此，不只放棄展示*被認可符號*所獲得的好處（單就遺漏所造成的代價就可想而知），同時也要放棄文學樂趣這種最深刻的利益，即普魯斯特在提及他為了讀書享受的遊戲觀點付出多少代價：「我曾經在此想要以我最珍貴的美學印象，來抵抗智識的真誠，直到將它推到最後也最殘酷的邊界」[1]（這無法再掩飾「遊戲觀點」的樂趣可代表文學樂趣一種最「純粹」和最精緻的形式，雖然難免有些不愉快）。

---

[1] M. Proust, En mémoire des églises assassinées, in *Pastiches et mélanges*, Paris, Gallimard, Idées, 1970, p.171.

若必須准許被壓抑的回歸，那麼就要生產一種品味的真理，來對抗透過強大的壓抑力量建立起來的整個主流美學。這不僅只是讓獲得的真理接受終極的考驗而已（這一點也不是和競爭理論的對峙），同時也尤其要避免，透過普遍的分裂效應，使得直接對抗不會發生，以至於在兩個小心翼翼分開的思想與論述世界裡讓兩種論述得以和平共處。

對「膚淺」的噁心憎恨

「純粹」品味與美學使理論得以在拒斥「不純」的品味和美感經驗（*aisthesis*）裡找到源頭。即將感覺的愉悅（plaisir）減化為*感官的愉悅*[2]的一種簡單和原始的形式時，就像康德將它稱之為「口、舌、咽喉之味覺」。放縱於立即的快感享受，從另一個等級來看就會顯得缺乏遠見了。雖然冒著可能看似迎合「膚淺效應」的風險，這個被「純粹品味」污名化的標籤，吾人可證明所有美學的語言都局限在對*膚淺*的最根本的拒斥裡，這裡指的是在布爾喬亞倫理和美學賦予這個字的任何意義[3]。而「純粹的品味」，在本質上就是一種純然的否定，其指導原則就是對所有膚淺的東西感到噁心。人們常*發自肺腑*的厭惡（它「讓人不舒服」，「讓人想吐」），例如說到某種音樂或風格效果時，但有時也會指一個女人或某些道德。在單純意義下拒斥所有膚淺的東西沒有深度以及「便宜」。這易懂易解讀，也不需要在文化上「付出代價」，便很自然而然地在倫理和美學意義下拒斥所有膚淺的東西，所有給人太立*即得到*愉悅的東西，而將它們貶抑為「孩子

---

[2]　本文將 "plaisir" 譯為「愉悅」，而將 "jouissance" 譯成「快感享受」──**譯注**。

[3]　針對很明確地建立在美與膚淺的悖反原則之上的美學，參見 S. Alexander, *Beauty and Other Forms of Value*, London, Macmillan and C°, 1933，尤其是 pp.40 和 164。

氣」、「原始」（對反於主流藝術的延遲回味的享樂）。因此有人會說
「膚淺效果」用來描述，例如某些新聞風格高雅到有點刺眼，或所謂
「輕佻」音樂（這個字的意含大致可對換成「膚淺」），有點太過堅持
或吊胃口的魅力。或某些古典音樂的演奏方式，類似揭露「粗俗的聳
動」或「大拜拜式的東方主義」的批評，就像某個將史特勞斯的《莎
樂美》（*Salomé*）中的七紗舞貶斥為「夜總會的歌舞秀」。就像為了
揭露它是一部「粗俗」的作品而使用的字眼：「膚淺」、「輕佻」，當
然還有「輕浮」、「無聊」、「刺眼」、「表面」、「俗氣」（高尚地是
從英文華麗而庸俗〔meretricous〕翻譯過來），或者逞口舌之快的，
說是「蜜糖般」、「肉麻」、「矯揉造作」、「令人噁心」，這些都只
不過是一種高雅人士的精緻辱罵而已；一種對「要求太多」（difficile）
觀眾的攻擊，只是不想給他們看那麼「膚淺」的東西（我們很想要跟
藝術家說，尤其是跟樂團的團長說，請他們自重，也把觀眾當做一回
事）。為了吸引人而造成令人不舒服和噁心的作品一般而言會被指責
為「低俗」，「可恥」或「卑鄙」。這給觀眾的感覺是把他們當做第
一次來看戲，用最劣質的魅力來吸引觀眾，邀請他們退化到最原始
也最基本形式的愉悅，其實是孩童對甜蜜和含糖飲料口味的被動愉
悅（這也就會何用「蜜糖般」〔sirupeux〕這個形容詞）或接近動物的
性欲滿足[4]。我們也可援引堅持不懈不斷確認的柏拉圖式偏見，偏好那
些「高貴的」感官：視覺和聽覺，或康德給予最「純粹」的形式優先
的特權，卻貶抑顏色或幾近肉感的誘惑。但我們將僅限於討論一篇非

---

[4] 宮布利希好幾次提到，尤其是在關於精神分析與藝術史之間關係的文章（E. H. Gombrich, *Meditations on Hobby Horse and Other Essays on the Theory of Art*, London, Paidon Press, 1963，尤其是pp.37-40）。拒斥最基本的，也就是粗俗的滿足，其實就是主流品味的源頭，或若你要的話，構成主流品味基礎元素的「時髦的上流社會不會做的事（fashionable don't）」，因為「很容易就被趕上了」（同上注，p.146）。

常典範式的文本，和康德在《判斷力批判》區分「愉悅」和「快感享受」、「美」和「快適」、「令人喜歡」和「使人快樂的東西」時完全一致。叔本華在這篇討論「美」（beau）和「漂亮」（joli）的對立關係時，將「漂亮」定義為一種「直接刺激意志，投其所好的東西」，或是一種會「削弱鑑賞者的純粹直覺狀態，後者是美的直覺不可或缺的」，因為「透過視覺以*立即可討好意志*的東西，它會*肯定會迷惑意志*」。更明顯地，它會結合兩種同樣必需受到譴責的滿足形式：口欲和性欲，就是為了對抗上述的情況建立起被認定為純粹美學的滿足。「漂亮的低級形式」，他說，「可在荷蘭室內繪畫裡見到，那呈現食物的誇張方式，以假逼真，只不過為了刺激食欲而已，於是意志因此受到刺激，對物件的美學沉思也是。若只是畫水果，還可忍受，因為水果在這裡看起來像花的延續，像大自然的產物，美是因為其顏色、形狀，不必然要被迫聯想到其食物特性；但很不幸的，我們常常會會將這種相似與幻覺的追求推究到呈現出煮好上桌的菜餚，像生蠔、鯡魚、龍蝦、抹奶油麵包、啤酒、葡萄酒……等以此類推，這絕對無法接受。在繪畫和雕刻的歷史上，漂亮這一詞則是指裸體呈現，不論是姿態或裸露，都以整體的方式為它們想要再現的東西做出貢獻，也都在挑動觀眾的感官刺激。結果美學的沉思立即停止，這反而與作者工作的藝術目的背道而馳」[5]。

就如同叔本華論述的，非常接近於康德所言說[6]，也是所有美學論

---

[5] A. Schopenhauer, *Le monde comme volonté et comme représentation*, trad. Burdeau, Paris, Alcan, 1888, T.I, L III, §40, p.215.

[6] 在本質上叔本華的美學似乎像一種對康德美學為較沒有根據的評論。傅孔內（Fauconnet）非常有道理察覺到：「美學判斷力，本質上是無私的，在康德認為是對反於帶有利害關係的判斷力，在叔本華看來，這絕對就像只能透過行動、透過對抗來認識世界的主體意志的活動，對反於純粹主體的沉思」（A. Fauconnet, *L'esthétique de Schopenhauer*, Paris, Alcan, 1913, p.108）。

述以各種理性的形式表達支配階級的被支配派系的生活氣質，認為漂亮會將「從其主觀性和其不純欲望中解脫的」，從「認識的純粹主體」減化成「願意屈服於任何需求，屈服於任何奴役的主體」，因此對觀眾行使真正的暴力，引導並強迫其接受下流、暴露的東西，以節奏牽著身體走，以逼真的手法陳鋪情節、懸疑與驚奇以抓住精神注意力，以強逼接受一種完全與純粹品味要求的「拉開距離」與「無私」背道而馳的真正參與」[7]。

　　沒有什麼比大眾看的表演（從諷刺布偶劇到足球賽，還有自由式摔跤或馬戲團，或甚至以前在街上放映的電影）與布爾喬亞觀賞的表演之間的對立關係更激進，因為觀眾參與形式的差別，前者頑強堅毅、明顯（尖叫、吹口哨），有時候很直接（進入球場或表演台）；後者則是不連續的，有距離感，高度儀式化，有時拍手，甚至也會義務性地發出叫喊，有些到最後還會完全的沉默（例如在教堂表演的音樂會）。爵士樂只不過是表面上打破這種對立關係，因為它不過是模仿大眾戲劇的布爾喬亞戲劇而已，將大眾參與的符號（手指或用腳打節拍）減化成姿體動作的沉默引導（至少在自由爵士是如此）。

「反思的品味」與「感官的品味」

　　純粹品味所拒斥的，正是大眾觀眾默默接受的暴力（令人想起阿多諾對大眾音樂及其效應的描述）。它要求對那種可以保持距離的

---

[7] 在此邏輯下，布萊希特的「拉開距離」可能是知識分子所要宣告確認的差距，即使是在大眾藝術最核心之處，與大眾藝術拉開的距離往往是大眾藝術在智識上可以被接受的原因，亦即被知識分子接受，以及更深層的，與人民大眾拉開距離，預設了知識分子對人民大眾的引導。

距離感的尊敬，所期待的是藝術作品除其目的本身以外別無它求的目的性。它也將觀眾視為應該屈從於康德式的強制原則，亦即藝術是目的，而不是手段。於是，純粹品味其實就只是一種拒斥而已[8]，或更好的說法，*噁心*，對愉悅所強迫接受東西的噁心和厭惡，對粗糙和粗俗品味的厭惡，只會自我陶醉於被強制接受的愉悅。「只有一種醜，它以自然被表現出的樣子而摧毀一切審美的愉悅、從而摧毀其藝術美的：就是那些令人*噁心*的東西。因為在這種建立在純粹想像之上的特殊感覺中，對象彷彿被表現為強迫人們去品嚐它，而我們卻又強行努力抗拒著它，於是這對象的藝術表象與這對象本身的自然在我們的感覺中就不再有區別，如此，這個表象就不可能被認為是美的了。」（§48，頁171）[9]噁心是一種弔詭經驗，被暴力榨取的愉悅，也是令人恐怖的快感享受。這種恐怖，對那些放縱於感官的人來說無法感受，它基本上是來自於刪除了距離感，這是自由表現之所在，介於表象再現和被再現物之間，總之，是一種*疏離*。一種在被「快適」奴化的暴力下，主體迷失在客體之中的疏離，也是馬上屈服於當下的疏離。因此，透過對立於這種被「快適」所引起的偏好，這是動物與人類共有，與美完全不同，專門去勾引「那些永遠只以享受為目的的人」（§3，頁42）「馬上可使感官愜意」，但是會「間接」讓理性「不

8　康德說道「拒絕是一種技巧，為的是將純然感受的吸引力轉為理想的吸引力」（康德，〈人類史的臆測之開端〉，收錄於《康德歷史哲學論文集》，李明輝譯，臺北：聯經，頁78──**譯按**）。在指出在想像的效應下刺激性欲可以延長甚至增加之後，康德將美與性本質的升華關聯在一起，總結道：「拒斥其實是一種熟練的技巧，可使得人類從純粹感官刺激提升到概念的感知，並漸漸地從純粹動物性的欲望提升到愛。而且，透過愛，所有純粹令人快適的東西都會變成美的品味」。

9　關於康德《判斷力批判》譯文，一律採用中文譯本，依行文需要略做修改：康德，《判斷力批判》，鄧曉芒譯，臺北：聯經，2004。──**譯注**

喜歡」（§4，頁43）[10]。「純粹的品味」、「反思的品味／鑑賞」（§8，頁50）與「感官的品味」對反，就像「刺激」與「形式」（§13，14，頁61-62）對反一樣，應該排除利害關係，也不應該「知道這件事的實存對我們或對任何人是否有什麼重要性」（§2，頁38）[11]。

　　「強迫接受快感享受」的東西，不論是以形象或實體，*有血有肉的*，都會消解倫理的反抗以及美學的中立化，總之會摧毀再現拉開距離的力量，會將人類專屬的自由懸置起來，而立即固著於動物性的、感覺的，且拒絕屈服於粹純的情感和單純的美感（*aesthesis*）。這是兩重的挑釁，挑釁自由、挑釁人性，也挑釁文化，這就是一種反自然。噁心就是一種模稜兩可的經驗，介於噁心的東西和快感享受之間的恐怖誘感，會造成一種普世性的減化，減化到動物性、身體性，以及口欲和性欲，亦即最普通的東西，因此是最粗俗的，完全消弭了那些盡全力抗拒和放縱於愉悅，享受其快感的人之間的差異。「人們把普通的一詞（不僅僅在我們的語言中這個確實包含有雙關的含義，而且在許多別的語言中也是這樣）理解為粗俗的，人們到處碰到的，它

---

[10] 快適的效率本身因為它強加欲望的立即滿足而展露無遺，排除「對未來反思的等待」：「不單是享受眼前的生活片刻，而是想到未來（往往是極遙遠的未來）的這種能力，是人類優越性之最具關鍵性的標誌」（康德，〈人類史的臆測之開端〉，頁78）。

[11] 簡單的文法分析就會同意黑格爾講得有道理，他指第三《批判》還是停留在義務（Sollen）的層次，因為品味判斷的陳述一直都是以強制性口氣書寫，或更好的說法，是假的描述性陳述句讓作者在不知不覺的情況下得以將事實上是展演性的陳述落實。幾個典型的例子：「我們也對那個在我們判斷為崇高的東西不為所動的人來說，他缺乏情感。而這兩者都是我們對每一個人所要求的，適預設每一個具有一些文化教養的人也都有」（§29，頁113）；「此外，從每個要證明主體有鑑賞力的判斷中，我們都要求主體是獨立地做出判斷」（§32，頁134）；「因為它應當是一個鑑賞判斷，而不是知性或理性的判斷」（§33，頁137）；「因為美的藝術必須在雙重意義下是自由的藝術……」（§51，頁1183）。

絕對不是什麼功勞或優勢」（§40，頁147）。大自然在此被理解成一種公平的感覺能力，但卻是最低級的（這已經是海德格式令人痛恨的「層次」）。亞里斯多德教導不同的事物彼此分化，藉此得以類聚，亦即以一種共通特徵類聚：噁心在恐懼裡發覺了共通的動物性，藉著它也為了對抗它建立起了道德的區判。

「那些對自然美沒有任何情感（……），並在餐飲之間抱著單純感官感覺享受的人，我們就把他們的思想境界看作粗俗和鄙陋的」（§42，頁159），康德還在其他地方以直接了當的方式，指出「反思的品味」與「感官的品味」之間對立關係的社會基礎：「這種本能（這種為所有動物一體服從上帝之聲）必然單獨引導這個新手。這種本能允許他以某些東西作為食物，禁止他以其他東西作為食物。但是我們並沒有必要為此緣故而假定一種如今業已喪失的特殊本能；這可能只是嗅覺及其與味覺器官間的親近關係，後者與消化器官的親近性乃廣為人所知，以及彷彿是對於一道菜餚適於或不適於享用的預感能力（我們目前仍察覺到這類的能力）。我們甚至還可以假定：在第一對伴侶身上的這種感覺並不比在目前來得更強烈；因為在僅關心其感覺的人與同時也關心其思想，因而逃避其感受的人之間，在知覺技巧上在有怎樣的差別，這是夠明白的了」[12]。我們在此辨識出某種意識形態的機制，來將吾人用以說明社會階級對立關係的詞彙，描繪成一個演化的不同階段（這裡是從自然到文化的進步）。

於是，儘管看似不斷地拒斥所有可能類似品味的經驗、心理，尤其是社會生成，但康德每次都會在社會關係的經驗世界裡，運用魔術

---

[12] 康德，〈人類史的臆測之開端〉，頁75—76。

般超驗與經驗[13]的切分手法，為其品味理論奠定基礎。就像他以快適（「沒有文化教養的」），只不過是快感享受與文化之間的對立關係[14]；或品味的入門初學與品味的博學多聞[15]之間的對立關係為例說明。事實上，文化與身體感官（或你要的話，自然）之間的背律是根源於布爾喬亞[16]與一般大眾之間的對反關係：前者具有文化教養，後者常是

---

[13] 第14節，標題：「對美的經驗性的興趣」提到艾里亞斯（N. Elias）稱之為「文明進程」的東西：「只有在社會他才想起他不僅是一個人，而且還是按照自己的方式的一個文雅的人（文明化的開端）」，但是他又用一句話將它回絕到經驗世界：「但這種間接通過對社會的愛好與美關聯著的、因而是經驗性的興趣，在這裡對我們沒有什麼重要意義」（§41，頁152）。另外一個認可品味的社會面向的例子：「對於一個滿足的對象所做的判斷可以完全是無利害的，但卻是非常有興趣的，就是它並非建立在任何利害之上，但它卻產生某種興趣；一切純粹的道德判斷就是這類判斷。但品味／鑑賞判斷本身甚至也完全不建立在任何興趣。只有在社交擁有品味是有興趣的」。（§2，頁40，註5）。

[14] 音樂，康德說：「的確更多地是享受而不是文化教養」（§53，頁191）。稍遠一點，他又暗示性地將可給內心「文化教養」的藝術等同於「能力的擴展」：「相反的，如果我們把美的藝術的價值按照它給內心造成的文化教養來估量，並採取那些為了認識而必須在判斷力中集合起來的能力的擴展作為尺度，那麼音樂之所以在美的藝術中就占有最低的位置」（§53，頁192-3）。

[15] 「至於所談到對象由於其形式而被賦予的美，只要人們認為它可以完全通過魅力而得到提升，這就是一個常見的並且對純正的、準確的、透徹的鑑賞力十分不利的錯誤；當然，為了使內心除了單調的愉悅之外還通過對象的表象而產生興趣，並以此作為對鑑賞力及其涵養的鼓勵，特別是當鑑賞力還是粗糙和未經訓練的同時，那麼美之上再加上魅力是可以的」（§14，頁63，斜線是我的強調）；「他甚至可能開始懷疑他的鑑賞力是否憑藉對足量的某類對象的知識……」；「以致會使我們的鑑賞判斷得到糾正和擴充」（§34，頁138）。

[16] 幾個指標顯示，康德傾向將普世的等同於有文化教養者的世界：「沒有人會輕易地認為，在一個圓形比在一個不規則的輪廓上感到更多的愉悅，在一個等邊形和等角的四邊形比在一個歪斜的、不等邊的、彷彿畸形了的四邊形上感到更多的愉悅，不會為此需要一個有鑑賞力的人；因為對此需要的只是普通的智力，而根本不需要品味鑑賞力」（§22，頁83）；「而這兩者（美的感受和崇高的感受）都是我們對每一個人所要求，並預設每一個具有一些文化教養的人也都有的」（§29，頁113）（也參見§40，頁150，註55）。

幻想未開化自然以及放縱於快感享受的野蠻之場所。「當這種品味鑑賞為了愉悅，而需要混有刺激和激動時，甚至將這作為自己讚賞的尺度時，它就永遠是野蠻的」（§13，頁81）。

　　若遵照《關於負數的論文》[17]的邏輯推論出來的一種美學的最後可能結果：就是應該以克服惡行的程度來度量美德，以否定衝動與超越粗俗的強度來測量純粹的品味。在教化過的野蠻、抑制的衝動、升華的粗俗，這類最高層次背律張力的作品裡可以辨識最完美的藝術。就像當今的馬勒（G. Mahler），比任何其他人都更懂得玩一種危險的遊戲，即非常流暢地將「大眾藝術」或甚至「陳腐的東西」回收成高級文化；或像昔日的貝多芬，他的偉大正是以其能否定暴力、誇張及過度的負向能量，而像聖徒傳之所以被崇拜。藝術的制欲，某種追悼的形式，想必也是克服。「純粹」愉悅經驗的條件，不就是要抑制太過直接的快感，使它變成愉悅本身的來源；精粹不就是錘鍊、文明化佛洛依德口中「初淺的快感」，總是推遲解除的張力，拉開不協調的協調與完全或一致的解決之間的距離，以便美學家以最「純粹」形式的愉悅，即最淨化、升華、否定的美感經驗，可以很弔詭地在制欲、修煉（askesis）之中，組成一種鍛鍊過和不斷維持的緊張關係，這剛好與原初和原始的美感經驗是背道而馳的。

　　制欲的愉悅，其實是一種徒然的愉悅，因為它本身內含了對快感的棄絕，淨化了快感的愉悅。於是，純粹的愉悅當然天生就注定要變成道德傑出的符號，而藝術作品就天生注定要成為倫理優越感的

---

[17] 這裡指的應是康德《將否定性量度概念導入哲學的嘗試》（*Essai pour introduire en philosophie le concept de grandeur négative/ Attempt to Introduce the Concept of Negative Magnitudes into Philosophy*）——**譯注**。

測試，一種毋需爭辯的提升尺度，以此定義*真正人類的人*[18]——這種美學論述的遊戲，是強迫他人接受他想要落實的*人性應有的定義*，然而，歸根究柢只不過是在壟斷人性[19]。此乃人類與非人類之間的差別，唯有藝術可以證明之：自由模仿大自然的創造物，即創造生產之自然（*natura naturan*），（而非被創造生產之自然〔*natura naturata*〕），藉此藝術（以及透過他的觀眾）相對於被創造的自然得以確認其超越性，生產「另一種自然」，屈從於造物者天才所建立的唯一法則。藝術經驗就是最接近天神*本源直觀*（*intitus originarus*）的經驗，造物者的認知得以自由地生成其自身的對象物，因為除了自己的法則外，都不認可任何其他的法則。藝術「創造」所生產的世界不只是「另一個自然」，而是一個「反自然」，以自然方式生產出來的世界但卻違反自然運作的法則，像跳舞時的重力法則、繪畫或雕塑裡欲望或愉悅的法則等等。透過一種藝術升華的作用，天生注定要滿足變成社會主流支配的功能：否定任何低下、粗糙、庸俗、唯利是圖的、利欲熏心、奴役的，總之，自然的快感享受即內含了肯定所有懂得滿足升華純化、精緻、高尚、利害無涉、不計利益、自由的愉悅之升華作用。自然的品味與自由的品味之間的對反關係會引出一種身體與靈魂之間的關係，介於那些自然生成的以及那些有能力支配其生物的本質，才能夠肯定其企圖支配社會常理的合法性。然後，我們比較能夠理解，就

---

[18] 在談到從很早開始將靜物畫連結到「虛無」（*vanitas*）為主題的關聯（例如以時鐘為節制的象徵），宮布利希就認為可以在不斷提醒小心可口食物及豐盛宴會所帶來的簡單感官快樂之託辭和解毒劑之中，找到清教徒精神。也是一種感官享受的永垂不朽，不論是過去或未來的盛宴節慶所帶來的「視覺盛宴」。但是他發現繪畫就其本身而言，就是一種虛無，因為這種再現所提供的愉悅本質上就是虛幻的（E. H. Gombrich, *op. cit.* p.104）。

[19] 吾人亦可在康德純粹品味的定義所內含表面上看起來是描述的陳述中，發現其中隱藏的強制義務成份。

像巴赫汀（M. Bakhtine）在談到拉伯雷（F. Rabelais）時指出，大眾的想像力並無法推翻建立在社會所指定的美學為基礎的關係，即為反擊升華的立場，而採取*減化*（réduction）的立場，或你要的話，*降級的立場*，就像是俚語、滑稽模仿、詼諧文學或諷刺漫畫把屁股當頭用，將一切支配者認可並肯定為升華的「價值」翻轉過來，運用猥褻或淫穢文學，有系統地否認其間的差異，嘲弄人們的秀異。然後，像嘉年華會的玩樂一樣，將高尚的愉悅減化為口欲和性欲最共同的滿足[20]。

否定的社會關係

美的理論一如藝術之神（*artifex deus*）絕對的創造，讓所有（稱得上是）人得以模仿創造神的行為。這無疑是喜歡自稱為「創造者」的職業意識形態最「自然」的表述。這也解釋為何在沒有任何直接的影響下，藝術家不停地一再發明美的理論。從達文西到保羅‧克利（Paul Klee），前者認為藝術就是所有事物的主宰，後者認為創造就像大自然的造化般[21]。更不用說美的理論與兩種美學愉悅的悖反原則所維持非明確的關係，以此為中介，也與文化「菁英」和野蠻大眾對立，以及康德所建立的「自由藝術」與「唯利是圖藝術」之間對立維持很明確的關係。自由藝術指「只為取悅自己」，也因此是自由的產物，

---

[20] 於是，科學地討論藝術作品和美學經驗，或更簡單的放棄論述家風格（即只關心原創性較不關心真理）的唯一意圖，永遠是偏好天馬行空想法的動人，勝於真實理念的平淡無奇。它注定要以唯物化約論者所熱衷的褻瀆貶黜姿態出現，因為藉此，可以庸俗的人的口吻表達他們揭露所有那些無法理解，或更慘的，無法感受的東西。

[21] 近期，無疑的是馬樂侯最有系統地企圖建立這種意識形態：藝術就是自由的統治，以此名義，這也是一種權力的象徵——由人類去創造一個有意義且充滿人性的世界，或至少是人類超越奴役以及「人性化這個世界」的永恆抗爭。

因為只為自己喜歡，對觀眾不行使任何的限制[22]；唯利是圖藝術則是奴役與屈膝的活動，「只是通過它的結果（如報酬）吸引人的事情，因而強制性地加之於人」（§43，頁161），也因此會盡其所有感官吸引力的奴性暴力強迫觀眾接受產品。這種美的理論非常直接地表達了康德在勞動分工位置，或更精確來說在知識分子的勞動分工位置上的再現形象，那種「純粹」或「自主」的知識分子，若相信《學科衝突》（*Le conflit des facultés*），就是哲學院校的大學教授，包括無疑是最純粹代表的作家和藝術家[23]。其實《判斷力批判》一書並沒有讓它看起來那麼遠離「在世界公民觀點下的普遍歷史之理念」，在此我們恰恰好看到一個布爾喬亞知識分子圈的利益升華後的表述。此一布爾喬亞知識分子階級，就像艾里亞斯所說的，「首先從智識的、科學地或藝術的落實中，找到其自我合理化的藉口」[24]，位居一個尷尬的位置。因為「人民眼中的菁英」，「在宮廷的貴族眼中」只不過是一個低下的位置，這完全同質共構地與現在知識分子圈在社會空間的位置吻合[25]。

---

[22] 依其意圖看待作品，亦即無目的又符合目的性，在模仿創世紀的仿擬中，觀眾再生產創造的行為（「創造性閱讀」的理論也是這類意識形態主題的其中之一，這與再確認有文學素養的布爾喬亞之「精神榮耀程度」脫不了關係，而成為不斷被重新創造的對象）。

[23] 在這篇帶有評論者個人色彩很強的文章（他似乎為庸俗的事物感到尷尬，以至於自問是否因為他衰老產生的效應），康德首先區分（隸屬於大學的）「有公會組織」或「獨立自主」的博學之士與單純的「有學問的文人」、「生意人和科學技術人員」、教士、法官、醫生，那些在大學販售已獲得的知識的人，以及最後者的顧客群「無知的人所組成的民眾」。然後，再將世俗世界有主流支配的學科，法律、醫學和神學，對反於在世俗世界被支配，但精神上是主流支配的學科，像是哲學學科，沒有世俗的權力，但卻是「獨立於政府體制」，並完全獨立自主，只依其自身的法則運作，即理性，因而使其得以完全自由地行使其批判的權力。（E. Kant, *Le conflit des facultés*, trad. Gibelin, Paris, Vrin, 1955）.

[24] N. Elias, *La civilisation des mœurs*.... Paris, Calmann-Lévy, 1973, p.19.

[25] N. Elias, *La civilisation des mœurs*...., p.35.

　　康德這篇文本裡一堆奇怪的事就更清楚了，一旦吾人發現介於愉悅與快感享受之間最基本對立的第二項被再分成兩半，於是，文化愉悅的倫理純粹性就不只是以對反於奴役般快感享受的野蠻來定義，同時也是以對反於文明中*治於人*的快感享受來界定：「我們因藝術和科學而高度地*開化*。我們已*文明化*，直到對於各種各樣社交上的風度和儀節不堪負荷為止。但要認為我們已*道德化*尚言之過早。因為道德底理念仍屬於文化；但是這種理念底運用若*僅導致求名心與外表儀節當中類乎道德的東西，它便只構成文明化*」[26]。就像我們看到的，康德將文明歷程所生產出來，因為向社會斜傾間接涉及美的利益，打回經驗的黑暗之中，即使這種對物件「精緻的傾向偏好」並不會給予享受任何滿足的快感，也即使它盡可能接近純粹愉悅。對自然的否定就會導向「膚淺愛好」的變態，也一樣會導向美學愉悅的純粹道德：「理性卻具有一種特質，即是：它能借助於構想力來假造欲望，而不僅沒有一種以此為目標的自然衝動，甚至還違背這種衝動。這些欲望起初得到「貪婪」之名，但透過它們，卻逐漸有一大堆不必要、甚至反自然的愛好被編想出來，統稱為「淫佚〔按：即感官〕」[27]。「反自然」的模稜兩可在於：一方面是文明，受譴責的，另一方面又是文化，受讚揚的。但是康德卻無法明確切分文明化的（civilisé）愉悅與文雅的愉悅之間的差異：前者他律治於人且*外在的*，後者必須「在內心培養思考方式的緩慢努力」[28]。只能在倫理的領域上切分出美學愉悅的決定

---

[26] 康德，〈在世界公民底觀點下的普遍歷史之理念〉，收錄於《康德歷史哲學論文集》，李明輝譯，臺北：聯經出版社，頁17 ——**譯按**。斜體字是我的強調。

[27] 康德，〈人類史的臆測之開端〉，同頁707注23（原文書 p. 113）。

[28] 康德，〈在世界公民底觀點下的普遍歷史之理念〉，頁17。艾里亞斯指宮廷貴族與布爾喬亞之間的對立如何透過一邊是輕盈、儀禮和談吐，另一邊是感情、真誠、個人栽培、道德的完整性的對立而建立起來的，總之即膚淺與深度的對立關係（N. Elias, *La civilisation des moeurs*.... p. 36, 47）。對反關係的第二項也被包含在康德所說的「在內心培養思考方式的緩慢努力」。

因素：一方面是外在和「反常的」，另一方面則純粹內在的。這種純粹美學當然是一種生存氣質的理性化，遠離貪欲，也遠離*炫耀性消費*。純粹的愉悅，亦即全然淨化任何感覺或感官的利益，同時完美地擺脫了所有社會與社交圈的利益，也因此與廷臣的精緻與利他化的快感享受對立[29]，也與民眾粗魯和粗俗的快感享受對立。沒有什麼可阻擋這種典型大學教授式美學的內容在普世（universalité）[30]上，被其唯一的固定讀者，即哲學教授們認可。他們因為太忙碌於追殺歷史主義和社會學主義，而看不到歷史與社會之間的*巧合*，其中一例就是他們的普世幻象之來源[31]。至於形式化功夫則是必要的，因為它是在一種社會禮節的特定形式的檢禁限制下，讓衝動和社會利益得以表達出來。而這更只會為促進這種幻象做出貢獻，因此打造一種論述，為藝術提供倫理與美學秀異作為不為人知但又被認可的社會差異之明證。此一論述可以解讀成藝術普世性與美學經驗放諸四海的表述。

　　就像任何不浪得虛名的哲學思想一樣，完全是反歷史的（只有*滄海桑田都不變才會成哲學真理*），又完全種族中心主義，因為它除了作為美感的主體（*homo aestheticus*），親身經歷之外並沒有提供任何其他的資料，但前者不過只是將美學論述的主題建構成藝術經驗的普世主體而已。康德品味判斷力的分析，其實就是在整套倫理原則之

[29]「理性從來不會讓人類活著只為玩樂而存在（不論其活動的目的為何），其本身就會有價值，即使像在幫助別人獨自追求其快感享受的樂器，因僅是出於同理心，他也享受所有這些愉悅」。而且，康德也在注腳揭露：「在這些活動裡佯稱是義務也只為了快感享受的目的而已，即使我們多麼想要這種義務變成精神化（美化潤飾）」。

[30] 我們也可從另一個指標看出：康德自以為是藝術的學院派學習和必需屈服於各種規則的辯護者。這完全與他作為文化的學院價值辯護者而發表的至高無上論述的邏輯吻合，但卻與他的拒斥任何品味的經驗性生成相互矛盾，這應該是因為他對天才理論無條件的迷戀。

[31] 大學教授生存條件的穩定不變，尤其是在支配階級之大學教授公會團體的位置（被支配派系）以及在整個階級場域裡，具有舉足輕重的分量，儘管不同時代和不同社會造成差異，都足以使得生存氣息的親近性成為普世幻象的來源。

中找到其真正的源頭，它將特定生存條件下形成的個人稟賦普世化。
但還是要小心，不要只單純把它視為正式掩護。形式化的論述還是要
能夠解決因為理論分工所引起的問題，以及在其他《批判》所發展的
概念區隔，才能根據人們稱之為「康德式思想」所建構出思考模式表
達出「真正康德的思想」[32]。要知道哲學論述的象徵性效率甚至都存在
於論述的雙重結構遊戲之中，給予形式風格的工作就是為了要統整無
法完全達成的東西。因此若將這種雙重論述的真理減化成至高無上的
論述就太天真了，後者表達出康德美的意識形態，而且透過重新連結
因為結構間干擾而弄亂的標記網絡來重建分析。*美學判斷力的社會範
疇*，不論在康德及其讀者身上都只能以高度升華的形式運行，像是美
與吸引力之間、愉悅與快感享受之間、文化與文明之間的對立關係。
某種美化的婉飾說辭，沒有意識到在掩飾的意圖下，以符合特定場域
表述規範形式，來表達並證明社會的對立關係。這種隱藏的東西，即
兩重的社會關係（在宮廷裡是*文明*與文化之間的對立，在平民則是自
然與感性之間對立），同時在場又缺席。它會出現在以一種我們都很
真實地看不到它的面貌而隱藏在文本裡，也只有還原原始的解讀才能
將康德的文本帶回他想要掩飾並使之面目全非的社會關係，這至少比
一般的閱讀更不虛偽，後者將它化約成只能以掩飾方式才能揭發此驚

---

[32] 所謂自成系統又野心勃勃的思想就是要將其普世都可運行的思考模式應用到任何
對象上。這會導致某些可笑的效應，像叔本華稱之為典型「賣弄學問的喜劇」，尤
其當這種思考模式太明顯地以很空泛的方式運作時：「但是，有多少我的朋友或熟
人，我豈不比他們活得長久，他們可能在某個時候採用一種有序的生活方式，就以
完全健康而自豪；然而死亡的種子（疾病）卻不知不覺地在他們身上就要發展。這
些覺得自己健康的人，並沒有意識到自己有病，因為除了疾病外，無法以其他來稱
呼這種自然死亡的原因。但是我們無法感覺到因果關係，這需要理解能力，但理
解力的批判可能有錯。但是感覺是不會騙人的，唯有人們感覺到有病時才會使用這
個名稱，可是哪怕是人們沒有這種感覺……」（E. Kant, *Le Conflit des facultés*, trad.
Gibelin, Paris, Vrin, 1955, p.117）。

人的真理。

附錄與遺補

　　毫無疑問地，若要呈現導致品味判斷真正否定原則的社會機制（及在所有盲從的閱讀中他們的再否定）尤其關鍵、有效的做法，是以作品的形式呈現出來的評論，亦即德希達（Jacques Derrida）提出對《判斷力批判》的解讀[33]。雖然他的解讀已經很清楚地呈現出來，但某些康德哲學品味判斷隱蔽的預設還是有必要放在純粹的閱讀裡來檢視，即使可能違背正統評論最形式化規則的風險。德希達闡述得很清楚，事實上真正的關鍵在於主流支配的「愉悅」與「快感享受」之間的對立關係，或就客觀事實而論，在於以感官內容的「吸引力」來引誘人的快適技藝以及給人愉悅但不快適的美術之間的對立關係。他也察覺到，不必然要和前一項對立關係有很明顯關聯，有一種介於粗俗品味與純粹品味之間的悖論，前者只滿足於盤殽或酒瓶，享受簡單的感官感覺；一種介於像「消費性口欲」這種「攸關利益的品味」與「純粹品味」之間的悖論。他指出噁心可能是純粹品味的真正源頭，由於「廢除了再現的距離」，而且不可抗拒地推向消費行為，就消滅了將感官的直接依戀懸宕起來後和將情感中立化後才獲得的自由，亦即就像對被再現事物的存在或不存在沒有任何興趣的「不涉及利益」。雖然德希達避免做得太明顯，但還是將所有前述的對立關係（包括消費者與藝術作品之間的關係）與最後提及的對反關係關聯

---

[33] J. Derrida, « Le parergon I », *Diagraphe*, 3, 1974, pp.21-57; « Le sens de la coupure pure (Le parergon II) », *Diagraphie*, 1974, pp.5-31; « Economimesis », in Mimesis des articulations, Flammarion, 1975, pp.57-93 (repris in *Vérité en penture*, Paris, Flammarion, 1978).

起來，亦即在生產的層次上，康德所建立的，介於依自由意志創作的「自由的藝術」和以其工作價值換取薪資的「唯利是圖的藝術」的對立。理所當然的，經過德希達如此濃縮又緊密地透過建立「理性的秩序」的改寫，因此與原作建構起獨特的重新連結，製造出僅只是暗示性的連貫性，尤其給整個論點好像是由真理遊戲來引導論證的樣子，造成強烈意義下的轉換或變型。因為總結一篇論述，就像德希達表明對書寫和編排的關注那樣，就已經是意圖將內容給予造形的產物，也就事先當作「摘錄」或「提要」一樣拒絕，所有摘要拒絕將內容與形式分離或將文本減化成最簡潔表達，減化成赤身露體地呈現。事實上這就是透過某種超驗的減化／還原，否認作品最基本的意圖，這是沒有任何一個評論夢想能企及的，只有透過哲學文本以哲學文本認定它的存在才能將任何事物放入括號懸宕起來看待（faire l'épochè），換句話說，就是任在其「不涉及利益」、自由，以及藉此在其高度、秀異，在他相對於所有「粗俗」的論述所拉開的距離。

　　然而，這種德希達玩弄極盡博學的遊戲，其實也意味著在迷戀遊戲裡還保持著神志的清醒：「問題在愉悅，是在思索純粹的愉悅、快樂愉悅的存在。從愉悅出發，康德才會寫《第三批判》，故也應該如此來解讀它：這愉悅有點枯燥乏味，因為沒有概念也沒有快感享受，有點嚴格的愉悅，但我們也再一次學到，沒有嚴謹就沒有愉悅。若放任我認可的愉悅牽著我的鼻子走，這同時也被一指令引入歧途：去跟隨它。愉悅的謎題將整本書造就成一件藝術品或一件美的物件，但它原初並沒有要成為這樣。是我表現得像是一本我不感興趣的書（根據康德的解釋，這是所有美學經驗必備的），才能被沉著堅定的超然認真看待。」[34]因此，德希達告訴我們文本與其解讀的真理（一種純

---

[34] J. Derrida, « Le Parergon », loc. cit., p.30 (La Vérité en peinture, p.51).

粹愉悅經驗的特殊個案），即這不只意味將論證的存在放入括號裡懸宕，或更簡單來說，漠視所涉及對象物的存在，但是在暗示著懸宕與漠然的文本裡漠視它。此乃否認最典型的形式（你會說出真理，但卻以不說的形式說出來），是它在其社會使用中界定了哲學文本的客觀真理，是它賦予哲學文本一種相稱於其非真實性、其不求報酬、其至高無上的漠然的社會可接受性[35]。因為他沒有從哲學的遊戲縮手，反而會極盡所能地遵從其中的規則，直到儀式性的踰越，這只會嚇到那些原教義主義者，因此他不過以哲學的方式說出哲學文本的真理，以及哲學文本的哲學式解讀的真理而已。然而這不說它最好的方式（除正統的沉默以外），又能真正交付康德藝術哲學的真理，甚至更廣義而言，哲學本身的真理，就是不斷地助長自己製造更多這種的論述而已。就像圖像語意學持續強迫每一個藝術家製造不可避免的美學化一樣，以〔純粹〕哲學方式談論哲學，將可能被說成哲學的東西去真實化。

哲學所宣告最激進的問題，事實上就是質問在哲學生產場域裡所屬成員的利益之界線，亦即詰問這個場域的存在本身及其相關的檢禁。雖然這是哲學工作前仆後繼的歷史產物，以此建構成哲學，並強迫所有在某一時期被當作是哲學的相關的書寫裡可以找到的評論、討論、批判、爭議、問題、理論、主題或概念都接受它（書籍、文章、論文主題等等）。這些構成*客觀化的哲學*，以一種自主世界的方式，

---

[35] 哲學的否認是一種藝術否認的特殊案例，就像我們在音樂的情況明顯看到的，與使之失去作用的中立化和政治與社會的否定是休戚與共的：「若浮士德挑選德國靈魂的代表的話，托馬斯·曼（Thomas Mann）這樣寫道，它必定是位音樂家，因為德國與世界的關係就像是悅耳的音樂，是那麼的抽象與神祕」（Th. Mann, « Deutschland und die Deutschen », *De Neue Rundschau*, I, 1945-1946, 8，引自 J. Franck, *The Widening Gye, Crisis and Modernity in Modern Literature*, Bloomington and London, Indiana University Press, 1963, p.138）。

強迫那些想要進入哲學的人接受其規則，作為文化的基礎。他們不但必須知道，（作為反思前的）信仰之對象，還需要認可它們，否則就會被排除在哲學的場域之外。所有想要走哲學這條路的人都會以*視哲學為生命般*的利害關係，去關注那些早已成神聖的文本庫存，因為精通這些文本多多少少構成他們特定資本的基礎要件。而且也可能會因此質疑他作為哲學家的存在本身，以及確保其頭銜的象徵性權力。所以他們從來不會推到極致、踩到決裂的深淵，觸及那些可能暗示將哲學存在的論題放入實踐操作括號裡的懸宕，亦即揭露界定成員歸屬哪個場域的默認契約，摒棄遊戲賽局約定俗成的基本的信仰及賭注的價值，拒絕同意早已被認可無庸爭議的符號（引述和恭敬，*恭維*，對俗成的尊敬到不合宜的失禮），總之所有可以獲得所屬成員認可的東西[36]。即使無法直接與社會斷絕關係並且真正地棄絕與其所屬團體有關的額外報酬，知識分子最大膽決裂的純粹閱讀，還是對將塵封的文本從死亡的文字狀態，從檔案的文件拯救出來有幫助的，對了解觀念或知識社會學的歷史有幫助，對維持哲學本身的存在和權力有幫助的。若能將這些文本當做論述的謎題與發源地運作的話，不論他們宣稱的意圖為何，永遠也都是一種從本質上就為了行使權力的神聖文本借過來象徵性策略。就像某些神祕異端宗教的虛無主義[37]一樣，*哲學的虛無主義*也因此可能在儀式性的踰越解放中找到一種終極的救贖之道。

---

[36] 每個學術的生產場域都有其合乎規矩的「規則」，這可能停留在暗示的狀態，並且只有內行人才會知道，再說學者們也致力於將它們形諸文字（像布瓦洛〔N. Boileau〕、哈班〔Rapin〕、多比納克〔d'Aubignac〕或蘇布里尼〔Subligny〕，所不納入考慮的悲劇作家，不是因為其主題本身觸犯政治理念或公共道德理念，就是因為場景太過血腥，對觀眾而言太過敏感。其角色最好要適應貴族社會的禮儀規範，或避免太露骨或太粗俗的字眼）。

[37] 參見 G. Scholem, *Der Nihilismus als religiöses Phänomen*, Eranos, 1974 et J. Habermas, La voile de la Thora, *Les Nouveaux Cahiers*, n°53, été 1978, pp.16-22.

透過這種神奇的辯證翻轉，現代藝術為了反對藝術而不斷增加的嘲諷和去神聖化的行動永遠會以藝術行動的姿態反過來折損藝術與藝術家的榮耀光環。同理，若連最激進的重建希望都消失時，對解構哲學的唯一哲學回應，就是對哲學進行的哲學式「解構」。

自從杜象以來，這種策略就很常被藝術家運用，拿大家都會參與和活動的傳統物件，來進行一種類似客觀化的考驗。不論在其生產條件（尤其是大學教師會考的課堂上）或物件本身在本質上就不是*個性化*的作品，或因其順從且可以對它要求嚴格的稟性，製造出評論效果、典型學院風格。透過另一種踰越方式，得罪正統衛道人士，跨越大學場域與文學場域，亦即「嚴肅」與「膚淺」的神聖界線，將它變成一部可能被出版在前衛藝術期刊的*個性化*作品。這必須付出的代價就是誇張的戲劇化（這在「雙重劇場」特別明顯），主要目的是以其哲學的「姿態」吸引目光。而為前衛繪畫賦予「行動」這個字義的論述宣教，同時也將哲學的人物安插在*哲學劇場*的中心。

哲學論述真理的哲學客觀化在其存在本身的客觀化條件下找到其界線，作為挑戰哲學主流支配的活動，亦即哲學場域的存在，要求認可作為其存在基礎本身的原則，這種半吊子的客觀化會恰好處在裡與外之間，遊戲之內與外，亦即在邊緣、在邊界，在那種像是「畫框」、附錄的地方，以及像是在界線、結束的前端、開始的結尾，在與內文距離最遠又不至於落入外部的地方、*黑暗的外部*，即非哲學的通俗之見，「經驗」、「本體」、「實證」論述的赤裸裸等。因為在這些地方可以累積踰越的優勢，並以生產最接近完美哲學論述範例，同時也最接近足以解釋此論述客觀真理的論述，來增加所屬團體的

利益[38]。

　　相反於正統的解讀方式（字義上採取相似於神聖文本的邏輯），《理性秩序》在它宣示的架構並仍然以此迫使人們接受以它獨特的方式解讀的閱讀順序，高舉異端式的閱讀，即解脫神聖文本的看守者所想要強加的規範與形式之束縛，並要整個閱讀樹立他想要跟隨的方式。但恰恰從另一個觀點來看，其實康德從一開始就欽點了一個「正確」的讀法，透過一整個非常博學的聯結在一起的標題與副標題的*組織架構*，透過不斷展示其推論嚴謹性的外顯符號，他詳盡解析他論述的建構原理與*明確的邏輯*。站在前人文本的基礎上，藉由自我正當化的超級循環效應，在大部分時候，一個問題意識都是不斷分工與對立（體會與理性、理論與實踐等）刻意製造的產物，由各種書寫製造出來的產物，從此不論任何想要成為並被認可為哲學家的人，都必須去理解並認可黑格爾或其他人。另一方面，一種非常堅決地迂迴、去中心、解放，不然就是顛覆性的凝視，往往無視於必要遵守的步驟，也拒絕任何強加的秩序，卻專注於被一般評論、註記、範例、括號等忽略的細節，也因此處在被迫揭露正統解讀的武斷和任意（難道這也不正是為了合理化之所賦予自己的自由嗎？）和甚至被分析論述的不容置疑的邏輯，指出其窒礙難行之處[39]。甚至還要讓某些社會性的口誤曝

---

[38] 其實還應該解釋這種接壤交界位置的一般性特質，像是它們玩弄的雙重遊戲，它們可確保的雙重利益，同時也必須承受強加於在這些位置的人雙倍的脆弱，以及人格認同在客觀及主觀上的分裂和不安。

[39] 於是，德希達揭露將那種為了知識判斷而建立的範疇式圖表，運用到美學判斷時的做作與強迫的特性，此乃康德不斷地提醒美學的判斷不能等同於知識的判斷（J. Derrida, « Le Parergon », loc. cit., pp.47-52, La Vérité en peinture, p.79-83）。與此相反，吉耶米（Louis Guillermit）則以對峙三大《批判》的方式努力要證明，康德重新思考他所有的感知理論（提出一種感覺的新超驗定義，斷絕感覺與欲求能力之

光，因為不論多少婉飾的美化與理性化的功夫，正好是洩露此一否認意圖之缺口，而它在定義上是任何正統評論都會嚴加管控的。

閱讀的愉悅

雖與一般崇拜式閱讀的儀式斷然決裂，這種純粹的閱讀還是不免將關鍵的部分讓步給了哲學作品[40]：要求像哲學研究的對象一樣看待，亦即將之視為藝術品，將康德的研究對象當作自己努力的目標，即有文化素養的愉悅、培養文化素養愉悅，以極盡精緻的詭詐手段，矯揉造作地讚頌這種不自然的愉悅。這本身就意味了很清楚意識到此一愉悅，它畢竟提供了一個享用藝術愉悅的範例樣本，這種對藝術熱愛的愉悅而言，就像任何的愉悅並不容易討論。純粹的愉悅，若你要的話，在這意義下是無法被減化成區判利益的追求，並只覺得是玩樂的簡單愉悅、一場玩得很好的文化遊戲而已，玩著他玩弄的藝術，培養可以增進文化素質的愉悅。因此製造某種無盡的火，不斷地以其所滋養的當作燃料，巧妙的影射、尊敬或不尊敬的援引參照、預料或不尋常的連結對照等。我們可以相信，普魯斯特從未停止過培養與分析有文化素養的愉悅。若要試著去理解這種崇拜式的愉悅，只要去看看

間的關聯），以便為一種無涉利害的愉悅開闢一片天地，並在美學判斷裡發現到一種沉思的愉悅，與欲求的對象無關，也無視於它的存在，唯專注於其再現本身（L. Guillermit, Esthétique et Critique in H. Wagner ed., *Sinnlichkeit und Verstand in Der Deutshen und Französischen Philosophie von Descartes bis Hegel*, Bonn, Bouvier Verlag Hernet Hrundmann, 1976, pp.122-150）。

[40] 將《判斷力批判》當做美的物件看待，德希達當然與康德最深層的意圖唱反調，玩弄著膚淺與嚴肅之間的對立關係（非美學式華麗的風格就是證據），想要將哲學與哲學家擺在藝術與藝術家之上。但在這樣做的同時，還是賦予他成為不受條件拘束對象的地位，擺脫任何社會的決定因素，因為純粹的閱讀都只純然地在內部授予作品特權，同時因此授予其自己本身特權。

他如何閱讀某一著名段落（例如羅斯金〔John Ruskin〕的《威尼斯之石》〔*The Stones of Venice*〕）。除了這部作品本身的特性外，他必然會提到環繞著它編織的所有援引參照交織的網絡：作品參照到在讀者本身伴隨、促發和產生的個人經驗，個人經驗參照到它注定只能有隱密意含的作品，及最後，作品的經驗參照到同一部作品的先前經驗或另一部作品的經驗。上述每一個援引參照都使得依附於其上的所有聯結與呼應更為豐富：「它本身就很神祕，充滿美麗及宗教的意象，就像聖馬可教堂的深處，某種華麗的黑暗以及變幻莫測的明亮背景裡，出現所有舊約與新約的人物。我記得第一次讀到它是在聖馬克長達一小時的暴風以及黑暗之中的彩繪玻璃，只靠它材質本身的發亮，就像內部的黃金一樣，非常世俗且古老。在此威尼斯的太陽照射到教堂鐘樓的天使，純而不雜；我在這些照亮周遭黑暗的天使間，閱讀這一頁時的感動，是多麼的強大，但可能不是那麼純粹。但隨著看到神祕美麗形象的快樂不斷增加，試圖理解在他們帶有光環的面容旁邊的拜占庭文字時，我感受到的*某種博學愉悅*也開始變質，即使美如羅斯金的形象同樣也因為援引參照到神聖文本的傲慢而更加劇和腐敗。在這些混雜了博學與藝術的享樂裡，一種自私地回歸到自身是不可避免的，其中美學的愉悅雖然變得更強烈，但也不再那麼純粹」[41]。有文化內涵的愉悅就是由這些彼此盤根錯節的援引參照而獲得滋養，它們相互強化也相互合理化，彼此共同產生作品價值的信仰。「偶像崇拜」其實就是這種有文化內涵的愉悅之源頭，值得效仿的魅力因此客觀地運作於

---

[41] M. Proust, En mémoire des églises assassinées, in *Pastiches et mélanges*, Paris Gallimard, 1970, p.170（斜體是我的強調）。普魯斯特在「閱讀的時光」（Journée de lecture），分析不同的閱讀變態，博學的變態，將真理的追求等同於一份文獻的發現，要求物質性懲罰，還有文人的變態是為了「閱讀而讀」，也為了記住他已讀過的而讀。（M. Proust, En mémoire des églises assassinées, pp.234-240）。

所有那些有資格進入此遊戲的人，即為所擁有的東西而著迷的人。即使在表面上最純粹也最超脫所有「塵世」利害關係的形式，這種遊戲永遠都還是一種社會的遊戲，其基礎就像普魯斯特所說的：「秘傳的使用法」和一個傳統的傳承：「畢竟，真正的區判（或秀異）永遠只為高貴之人而為，那些懂得相同習慣的人，而不需多做解釋。一本阿納托爾‧法郎士（Anatole France）的書有大量博學知識的意涵，隱藏在永無止盡的隱喻裡，一般人是不會懂的。這又在此書其他的優美之處，更增添其無與倫比的高貴」[42]。那些普魯斯特稱之為「聰明才智過人者」不就是懂得以最斷然的方式標示其秀異給「菁英」看嗎？那些懂得解讀這些隱而不顯的符號，不容爭辯地是只有屬於「菁英」才會有的符號（就像任何高深玄妙謎樣的援引參照一樣，不是指向任何來源或權威，而是一圈非常封閉、非常精選，彼此相互認可的交談者），以及懂得謹慎小心地讓他們更確認是所屬團體成員的符號。

　　「世俗」的利害／興趣會進入最不涉及利害的純粹品味的成份，那是因為在那些雅緻玩家所玩的精緻遊戲所獲得的愉悅原則，在最近的分析看來，終究還是存在於對所屬團體及排擠團體之社會關係的否認經驗之中。區判的敏感度，這種後天習得的稟賦往往與本能說不清楚的需求一起運作，不常表現在自信、正面展現的宣言上，反而常在無數風格或主題的選擇，*就只是為了標示其差異*，而排擠任何（在某一個時期所賦予的）知識（或藝術）活動的內在形式，像是粗俗的物件、卑劣的援引參照，太過呆板教化式的展示方式、「無知」的問題（因為本質上他們就沒有貴族的親筆信，亦即無其哲學系譜）或「庸俗」的問題（康德《判斷力批判》所講的是真的嗎？閱讀第三《批判》的目標真的就是去討論康德所說的都是真的嗎？）、被污名化的

---

[42] M. Proust, *op. cit.*, p.244.

位置像經驗主義或歷史主義（無疑是因為它們會威脅哲學活動的存在本身）等等。吾人可見哲學區判的敏感度也只不過是一種發自肺腑、對粗俗噁心的形式而已，它會將純粹的品味定義成*內化的社會關係*，變成自然本性。吾人不能期待《判斷力批判》這種哲學上高尚的解讀方式，在這部作品的本源所在之處揭露區判的社會關係，它甚至還因此獲得象徵哲學出類拔萃的頭銜。

附錄 1
幾個研究方法的反思

在此文本的前一個版本，我們曾經一度要採取盡可能地接近研究本身步驟的行文論述順序，以其執行的順序漸進地呈現這種直接從不同的統計或民俗誌調查過程中所收集到資料的操作，以有系統地理解。原先以為藉此可讓整個理論的假設較自然地被接受，雖然一時之間可能看起來有點武斷或強制；然而，我們卻無法忽略（也無法放任不管）若某些從研究的一開始就以具有相當啟發性的形式存在的東西沒有出現的話，可能永遠不會在被分析的材質之中顯示出來。儘管現行版本闡述順序是以研究的終點作為行文論述的起點，可能較不利於呈現那些自鳴得意的資料，以及一般認為最能確保科學性的工作程序；儘管這種方式也暗示了必須增加嚴謹度的要求，以彌補一整個系列的減省和節略，用來加強避免那些還天真地依戀實證主義概念的科學工作者的質疑。最後還要將它呈現成唯一可以將每一個具有真實價值的事實重新放回到關係的系統中的順序。

這也就是為何必須交代整個研究主要操作的重要特徵，而不試圖掩飾這種有點不太真實的回顧性重建。這個研究主要是使用 1963 年所執行的訪問調查，經過深入訪談與民俗誌觀察後的前測，根據巴黎地區、里爾和其他外省的小城鎮 692 個受訪者的樣本（有男有女）而獲得的資料。為了要取得足夠的母體，才能依據同質性夠高的社會單位分析不同文化實踐和意見的變異，我們還在 1967-1968 年間進行了

一次補充性調查，為此訪問了1217人次。由於此調查所量測的稟賦才能相對穩定，訪問時間的差距似乎對回答影響不大（可能除了歌曲方面的問題，因為這是創新最快速的文化領域）[1]。

　　初步分析之後，進一步檢視不同範疇就會發現，不論在客觀特徵的層次或偏好選擇的層次上，都呈現非常高的異質性，特別是工匠、小店主、中級主管、高級主管和大學教授。於是我們決定將藝術生產者（法國統計局並列於知識分子相關職業，和教授同列）、文化中介者（法國統計局將它和中小學教師放在一起）、藝術工匠和小商人等單獨獨立出來，即使他們人數不多；並將中級主管再細分成中級行政主管、中級商業主管和秘書；將高級主管再細分成私人公司高級主管和公部門高級主管；將教師再細分成中等教育教師和高等教育教師（即使他們人數很少）。

　　來自巴黎地區和外省地區的樣本人數約各占一半[2]，這樣子做是為了能夠根據不同派系分析其不同的文化實踐與偏好選擇。上層和中產階級取樣也因此多過其母體的代表性，以便讓每個派系都有同樣足夠的人數，但卻完全遵守階級派系內部的真實分布。這樣更可以研判某些在訪調時為數不多的社會職業範疇的品味，像是新興小布爾喬亞卻占有策略性位置，因為不論在數量或重要性上的確都不斷地在增加。

　　就大眾階級的情況而言，我們並沒有給出最底層不利範疇的資

---

[1] 類似流行的效應也可在主流文化方面見到，於是某些訪問清單中的作品的社會價值可能也會在1963和1967之間發生變化，像《四季》或《小夜曲》就可以因為通俗化的關係而下降成為中等文化。

[2] 我們在每個階級和階級派系的內部，針對巴黎市及巴黎地區，也針對北部地區進行了相同次數的訪問調查，北部地區就工作結構上與巴黎地區有非常明顯不同的特徵，尤其是學歷文憑非常明顯的較低。在1968年所做的普查中，北部地區的（大小）工商業老闆的人數比巴黎地區高很多，但相反的，工程師、高級主管、技師、中級主管、上班族職員則較少，除了中小學教師在北部地區相對較多外，文化資本豐沛的派系似乎在北部有取樣不足的現象。

料，像是半技術工人和非技術工人，因為就本研究要考慮的關係而言非常一致，亦即非常一致地被排除在主流文化之外，它們所占的比重是一樣的。首先，工人階級就其整體而言並沒有比他們在整個取樣的樣本裡占有更多的比重。這當然意味著並非所有受訪群體的資料都會被出版公開，因為這種資料再怎麼嚴謹也都永遠沒有意義。其次，我們也在分析時排除了農業從事人員和農場工人，因為前測的結果告訴我們：這份問卷完全不適合他們，必須要求助於其他方法才能掌握那些對主流文化，或甚至對中等文化完全陌生的群體之稟賦[3]。然而，此經驗反而可以收集到被排除的人在回應主流文化相關問題時唯一而且最基本的資訊，即支配文化幾乎最普及的認可標準。同時也藉此得以在最大強度上觀察到任何這類問卷形式所產生的*問題意識的強制效應*，也就是當它忘記問題本身並很權威地將它自己強加於社會行動者身上時，因為除了在這種訪問情境下不會出現這種情況（這種效應，就像我們透過針對群眾意見調查所進行的二次分析可以看得出來，其實是純粹人為製造的產物）。

　　我們也針對每一個社會職業範疇仔細檢察過性別、年齡和獲得文憑的分配，儘可能接近1968年全法國普查的資料。但是這種種檢查無法擴及新興小布爾喬亞所組成的範疇，因為在普查裡這個範疇沒有根據年齡和文憑分布的資料[4]。

---

[3] 參見 P. Bourdieu et al. *Un art moyen, les usages sociaux de la photographie*, Paris, Ed. de Minuit, 1965, pp.73-84 及 M. C. Bourdieu, « Le paysan et la photographie », *Revue française de sociologie*, n°2, avril-juin 1965, pp.164-174. 事實上，這種排除到了現在無疑的較不能找到藉口，因為來自四面八方湧現的深層的改變，其中尤其是農民與教育體系之間關係的改變，會促使象徵性商品的市場趨向統一。

[4] 也必須注意在這幾乎涵蓋全部社會職業範疇的樣本裡，學歷文憑的比例以及社會出身都會比法國統計局所做的調查來得高。不用多說這完全取決於巴黎地區的居住人口占樣本的50%的關係，這些人都擁有較高文憑，社會出身也比較高，也因為不同範疇的定義比較嚴謹。

　　除了曾經在其他地方做過[5]，針對照相的實踐與態度的問卷分析外，依照品味統一性的假設所設計的問卷總共由25個問題組成，從居家內部的布置、服飾、歌曲、料理、閱讀、電影、繪畫和音樂、照相、收音機及休閒的藝術等（參見後附的問卷）。為了要掌握品味的系統，以封閉性問卷進行的訪問調查向來都不只是權宜之計而已，反而是為了進行統計處理而必須接受的，因為要從夠大的樣本數中，才能獲得足夠樣本數的資訊進行比較。這種問卷幾乎完全無法照顧到所有關於實踐的模式；或者像藝術這樣的領域，意指某種特定的存在和做事方式，就像在《生活藝術》裡所揭示的：實現的方式和談論它的方式，醒悟或灑脫，嚴肅或熱情，往往造成非常大的不同（除非有時候涉及*共同的*文化實踐，像是看電視或看電影），此乃使用封閉性問卷的第一個理由，也因此*更有理由*要強調階級或階級派系之間的差異。

　　再說，為了要在一份問卷的有限範圍內，提供形成品味的稟賦系統儘可能廣泛又多樣應用的場域，為了探索某一個領域全部（例如音樂、電影、料理、服飾），問卷必須像一系列*賭注遊戲*一樣，限定在兩或三個問題上（有時甚至只有一個），它們必須承擔起整個測驗與觀察的策略。因此我們會要求受訪者在一組根據一系列非直接訪談和後驗的測試建立起來的形容詞清單裡挑選（給他們看社會特徵明顯的人像照片，測試則是為「理想」的男性或女性添加社會上易於分類的特徵、髮型、鬍子、髯或鬚等）那些他們認為最適合的形容詞。我們不必期待太多，這頂多是這種深層稟賦衰減和模糊的呈現而已，影響戀愛、朋友和職業對象的選擇（諸多原因之一是因為所提議的形容詞清單，即便如此精心設計，還是呈現出調查訪問的諸多不完美與局

5　P. Bourdieu et al. *Un art moyen, les usages sociaux de la photographie.*

表37　樣本的主要特徵

	人數	性別		年齡			學歷						父親的社會階級		
		男	女	30歲以下	31–45歲	46歲以上	CEP CAP	BEPC	高中會考資格	大學肄業	大學文憑	大學以上	大眾階級	中產階級	上層階級
非技術工人、半技術工人	66	69.7	30.3	45.5	36.4	18.2	100.0	–	–	–	–	–	70.0	30.0	–
技術工人、工頭／領班	69	73.9	26.1	27.5	36.2	36.2	73.5	26.5	–	–	–	–	59.3	41.7	–
人身服務人員	31	19.4	80.6	38.7	29.0	32.3	96.6	3.4	–	–	–	–	41.2	53.0	5.9
小商人	44	48.8	51.2	16.3	30.2	53.5	65.1	18.6	14.0	2.3	–	–	11.8	82.3	5.9
工匠	56	71.9	28.1	12.3	42.1	45.7	87.7	7.0	5.3	–	–	–	44.2	53.5	2.3
商店雇員	40	47.5	52.5	47.5	32.5	20.0	57.5	32.5	10.0	–	–	–	30.3	57.5	12.1
辦公室雇員	200	34.0	66.0	50.0	24.0	26.0	50.0	32.0	16.0	2.0	–	–	12.2	68.3	19.6
中級行政主管	47	70.2	29.8	10.6	44.7	44.7	30.5	39.1	30.4	–	–	–	23.8	66.7	9.5
技師	38	81.6	18.4	36.8	39.5	21.1	27.8	47.2	22.2	2.8	–	–	19.4	58.1	22.6
小學教師	40	37.5	62.5	42.5	37.5	20.0	–	5.0	75.0	20.0	–	–	17.6	70.6	11.8
商業部門的中級主管	20	65.0	35.0	30.0	60.0	10.0	20.0	15.0	40.0	20.0	5.0	–	5.0	60.0	35.0
秘書	14	–	100.0	50.0	42.9	7.1	7.1	28.6	57.1	7.1	–	–	14.3	50.0	35.7
社會醫療服務業	45	22.2	77.8	40.0	40.0	20.0	4.7	25.6	46.5	16.3	7.0	–	10.8	40.5	48.6
藝術工匠	23	60.9	39.1	47.8	30.4	21.7	40.9	13.6	18.2	22.7	4.5	–	10.5	47.9	42.1
文化中介者	17	76.5	23.5	23.5	52.9	23.5	11.8	11.8	23.5	35.3	17.6	–	18.8	18.8	62.6
大商人	72	66.7	33.3	13.9	30.6	55.6	16.7	25.0	36.1	11.1	2.8	8.3	5.9	47.0	47.0
工業主	30	73.3	26.7	3.3	40.0	56.6	13.8	13.8	37.9	24.1	3.4	6.9	3.6	17.9	78.6
公共部門主管	80	85.0	15.0	5.3	47.4	47.3	–	–	25.0	10.0	60.0	5.0	11.8	35.3	52.9
工程師	72	91.7	8.3	27.8	38.9	33.3	8.4	–	2.8	38.9	38.9	11.1	12.5	25.1	62.5
私人企業主管	80	70.0	30.0	20.0	35.0	45.0	–	11.1	16.7	27.8	44.4	–	5.6	11.1	83.3
自由業主	52	69.2	30.8	19.2	36.5	44.2	1.9	–	–	5.8	71.2	21.2	2.2	26.1	71.8
中學教師	48	52.1	47.9	37.5	45.8	16.7	–	–	4.3	4.3	47.8	43.5	12.5	48.0	39.7
大學教師	19	84.2	15.8	–	47.4	52.6	–	–	–	–	–	100.0	–	26.3	78.7
藝術生產者	14	78.6	21.4	28.6	42.9	28.6	14.2	7.1	21.4	28.6	21.4	7.1	16.7	–	83.3
整體大眾階級		62.0	38.0	36.7	34.9	27.1	88.2	11.2	0.6	–	–	–	61.8	37.4	0.8
已在位的小布爾喬亞		49.0	51.0	36.3	32.0	31.6	48.7	27.3	21.0	3.0	–	–	19.7	72.7	7.6
新興小布爾喬亞		42.0	58.0	38.7	43.7	17.6	15.5	19.8	37.9	19.8	6.9	–	11.4	43.8	44.8
支配階級		74.5	25.5	17.9	39.3	42.8	5.5	6.8	16.7	17.5	37.9	15.6	8.0	29.4	62.6

限）[6]。即使用*那麼*不完美的量測工具都能夠記錄那些明顯、尤其那麼有系統的差異，這事實本身就已經是這種被測量的稟賦力量最好的見證了。

事實上，在精確細緻地分析每一個特定領域所失去的，可以從整個調查訪問、觀察和測試獲得解釋，這反而在系統性上扳回一城。同理，就像在某個特定場域，例如繪畫，我們也可以在不同偏好選擇的獨特樣態裡（如當雷諾瓦與達文西和畢卡索聯在一起時的意義與郁特利洛和畢費聯在一起時的意義就不見得相同了）找到某些*風格*（manner）指標的替代物，這些指標只有直接訪問和觀察才能獲得的。同理，不同稟賦的獨特系統在每一個特定情況應用時所產生的意義，也會在與其他稟賦之間的關係裡顯現出來。沒什麼會比這種有系統地在無限制的創造裡產生的冗長多餘更能表現出慣習的系統性，而它卻是界定所有產品、評價或實際的東西。

但無疑的，在動員所有涉及每個直接探索的領域和訪問調查初始的設定就排除掉領域的現成統計資料時，像經濟文化、看戲次數，在兒童教育和性教育方面的才能稟賦等等，最能成功地控制並補足主要調查所提供的資料，也因此補償了因直接收集的資訊涉及太廣且不同領域，所產生只能掌握到部分及表面的缺失（端視使用指標的效力會有所不同）。因而避免因為「二次分析」不一致的資料，而產生抽象不真實的毛病——這種實證主義機構不斷機械性累積，科學研究

---

[6] 當然同樣的也在居家室內布置、服飾或料理方面的評價意見可以看到。尤其是幾個具有代表性的室內設計的分析（事實上是它自己呈現出來的）無疑的比較能突顯物件與關係整體很具體的系統性（在非直接的訪談中看得非常清楚），它會和如衣著或音樂選擇偏好的其他整體統合在一起。但是建立統計的規律性意味吾人懂得有系統地取得每一個世界最有意義的特徵，並同時也懂得割捨召喚的權力，不去展現每一個結構在其獨特的方式落實時的所有豐富性。

官僚所醉心的沒有理論引導的「資料庫」[7]。除此之外，還是有些二度分析本身的限制無法克服的。比如法國統計局所做的幾次不同的調查研究。為了實際理解購物意向，法國市場調查公司在1966年針對整體企業所做的調查研究（補充資料5）卻很少關於消費次數或場合，以及關於消費物品品質的資料。這在不只一個情境下會產成極大的差別（例如在看戲的次數裡包括前衛劇場和林蔭大道劇場）；而且它將參訪美術館及看展覽的次數放在同一個問題裡，我們知道（透過法國統計局關於休閒的調查，見補充資料4）它並非總是依據同一方向而變化（參訪美術館是較制欲式的，因此有較多的大學教授；參觀展覽則較「名流」，有較多的自由業者一部分老闆級的資深布爾喬亞），此外它也不提供任何參訪美術館、展覽或藝廊節奏的指標；同樣的也將音樂會、歌劇、舞蹈表演混在同一問題，但是我們必定可重新發現音樂會和歌劇之間的對反關係類似於在美術館和展覽會之間所建立的對反關係。此外，哲學著作的閱讀向來都不能說明什麼，除非我們知道所閱讀作者的素質。的確，所有的資料都顯示每個派系有其「自身偏好的」哲學家或甚至有其自身哲學或哲學家的理想，有些人會提到德日進、甚至聖—艾修伯里（Saint-Exupéry）、勒普林斯—林格特（Leprince-Ringuet），其他人可能會想到沙特或傅柯。於是1967年針對他們最想要邀請來學校演講的人，高比例出身自支配階級的被支配派系的高等師範學院文學院學生，會想到邀請沙特、李維史陀、里克（Paul Ricoeur）及傅柯，但是高等行政學院的學生，大部分出身於高級公務員階層或自由業，就會指名阿宏（Raymond

---

[7] 為避免在測量的條件下，過度將變異效應當作客觀的差異處理，我們極系統地清查並將獲得指標的性質、問卷問題的研擬、結果的編碼過錄，以及訪談的條件和取樣的結構上的所有差異納入考慮（打獵和釣魚在此被合併在同一個問題，在其他則被分成兩個問題；有些調查將教育程度編碼過錄分成五等，有些則分成七等）。

Aron）、布洛許—拉依內（Bloch-Lainé）、馬尚（Massé）、德路維依爾（Delouvrier）。沙特在高等師範學院排名第一，但在高等行政學院則變成第五。後者排名前三名都是政治人物：孟戴斯—弗朗斯、季斯卡·德斯坦、戴高樂。其他的限制，像是法國市場調查公司的調查（補充資料5）無法提供建構消費及其實踐的解釋原則系統全部所需的資料：資產的總量和結構、社會軌跡，我也幾乎沒有任何經濟資產的指標（鄉村或城市的財產、工商業的獲利等）或客觀化的文化財產（藝術品、古董家具、鋼琴等）、內化的資產（教育程度），也沒有社會出身及受訪者上一個職業進一步的資訊。1970年廣告媒體研究中心所做的調查研究（補充資料6）可以補足某些缺失，然而因資料非常不完整，以至於我們只獲得每天或每週閱讀的分布而已（而且也不是以階級派系分類）。至於國務院文化事務處所做的調查（補充資料7），它內含非常有趣的資料（藝術品的擁有），但卻無法以階級派系來分析（沒有收集職業方面的資料）。

最後，在法國統計局關於休閒娛樂的調查的部分，儘管它的整個補充資料提供我們在文化消費方面所能收集到最出色的資料，但在分類方式的性質上有其限制（例如工業主處在奇怪的位置，因為它將所有雇用超過5個人的老闆都放在這個範疇）。由於我們所研究的對象是與所宣稱的文化實踐有關，就像吾人已知的，它無法依據階級穩定又完全符合實際的文化實踐。最後這項調查研究也無法提供文化消費*品質*方面的資訊，因此低估了這些文化實踐的分散情形。由於幾乎在所有涉及品質方面的調查，都將文化實踐與消費的不同類別減化為頻率次數，亦即*數量*，造成我們有系統地低估了階級間的差異（卻沒有改變*秩序關係*）。於是，正如吾人所知，參訪美術館人次的差異會因參訪品質的差別而無限加倍。特權階級較不會遵從集體的節奏，參訪的頻率會比較一致地平均分布在全年或整個星期，以避開擁擠人群

的高峰時期，也避免破壞盡情享受美術館的好興致。節奏的差異本身
其實與展覽場所的品質所標示的差異有關（不同「層級」的美術館，
不同程度「高尚」和秀異的展覽都與文類、風格、作者的素質密不可
分）。但在導覽參訪的方式（特別是所花費的時間）以及自行參訪的
方式上，最能提供追求區判的遊戲幾乎無窮無盡的素材。

　　請牢記在心：不論我們怎做，在如此人為造作的〔訪調〕關係裡
所收集資料及所獲得資訊的限制，都必須在整個分析的過程中，亦即
每次困難出現或新的假設要求時，將問卷形式的提問放回到真實情境
的觀察與質問裡（例如在第三部分插入的訪談）。但是，最重要的還
是要學會去克服那些潛在的規則，就是只有在社會定義為科學的情境
下所收集到的資料才值得參與科學的建構，亦即透過訪問和充分準備
的觀察（這規則就不會那麼強烈地烙印在科學的無意識裡，若它沒有
將社會學脫離遊戲的優勢的話，亦即擺脫每一種號稱好的研究法的分
析都會預設社會分析）。只有克服了這些規則，才能讓社會學家將一
個社會對象所擁有的一切資訊浮現出來，並透過與觀察比較的資料進
行比對控制後，才能進一步形成科學論述。

　　唯有田野研究筆記可以讓人知道在過程中有無以計數的抉擇要
做，這些看似微不足道卻也都非常困難又非常關鍵，因此更需要無數
的理論性反思，若以尋常字面意義來看的話，它們往往又卑微到實在
稱不上什麼理論之名。我們必須要花好幾年的功夫，來將困難的問題
分門別類，或者解決意料之外的曲線、發現問錯了問題、瞭解第一眼
看上去無法理解的分布，才能產生一份研究成果。若不要太計較那些
千百次檢查、潤飾、核對、修改，那些讓論述得以成形的方法，就會
顯得更成功。所有這些只為證實高度符合真實情況的每一句話，只為
與「還是沒講錯」的社會評論區隔不同。於是，我們姑且在行文論證
過程的適當時機呈現這些資料，這是了解和檢核統計分析的步驟不可

或缺的，同時也當心避免方法論上的誇大，這往往掩蓋了在高度理論操作時缺乏任何真實的反思，而剝奪了讀者所有可以檢驗的工具（例如雖然不會提供在看起來很正式的協定，但會儘可能呈現細節的方式，讓不專精統計技術的讀者知道可用來檢核相關分析結果的任何資訊，像表格的向度、問題的數量和相關模組的數量、個體的數量、表格的性質和編碼方式、變項的清單、描述隱藏在實際效用變項與解釋說明變項、變項間區隔的假設、特定價值與慣性比率的清單、主要絕對影響與相對影響）[8]。

　　最後，只剩下一個問題值得慢慢談論，就是書寫風格的問題。尤其是關於這種主題，主要的困難還是在於使用的語言。它一方面應該是同時能夠展現與日常生活經驗的決裂，這些是充分取得的知識製造出來的，而生產知識無非是必要的；另一方面還要讓那些不知道的人或不想知道的人感受到相對應的社會經驗。所謂具體的分析，儘管從日常生活的角度來看可能一點也不具體，因為它本來就需要建構。但具體的分析在此主要就是促使科學描述的產物回歸到經驗世界，這反而增加了保持距離和中立化的困難度，因而助長假科學半吊子語言的盛行。同樣的，所有參插於文本內容的文獻（書籍或文章的節錄、照片或訪談的片段等），就是為了阻止那些漫不經心的閱讀，其實是因為沒有任何現實的參照而變人們口中的抽象。

　　藝術是否認社會世界最佳的場域之一。但同樣的，否認無意間

---

[8]　其實為避免增加太多出書的成本，我們已經放棄很多統計表格（或至少沒有全部都刊登，例如只概要性的呈現而已）、曲線圖、圖表或文獻（訪談、照片等），這些實際上都曾為分析提供重要的基礎。也基於同樣的理由，我們也放棄部分的書目，僅留下有用的以及使用過的，不然就會太多了。補充性統計資料來源的清單（參見附錄二），倒是顯得不可免除，以便在所有經常發生的情況中，重新利用部分資料再生產分析結果時，提供檢驗的必要工具。

的意圖正是諸多論述的源頭，自以為可以高談闊論這個社會世界，結果，造成雙重人格地被寫下和被閱讀（多少哲學家、社會學家、語言文獻學家來到哲學、社會學、文獻學，就像來到難以在社會空間標定位置的場所，能使他們脫離任何的定義？所有這些事實上是烏托邦主義者，都不想要知道他們置身何處，也不是在最好的位置去知道他們置身在社會空間的何處。難道我們就只能接受那麼多的閱讀及再生產者〔lectores〕、沒有物質的物質主義者、沒有思考工具〔因此就沒有對象〕的思想，卻只有微薄的觀察，同時也就只有微薄的生產者〔auctores〕？）我們無法促進社會世界的科學研究並推廣它，除非能夠迫使被壓抑的回歸，以抵銷的中立化方式，以否定任何形式的否認的方式，其中最差的形式莫過某些革命的論述誇張地激進化。為了對抗這種既不真又不假的論述，既無法檢驗是對的又無法證明是錯的，既不是理論又不是經驗研究，就像拉辛不談母牛，只談牝犢，同樣的不談工人階級的最低薪資和臭汗衫，卻只能談生產模式和普羅階級或較低中產階級的角色與態度。只有展示是不夠的，還要能進入到大眾小酒館或到橄欖球場上、到高爾夫球場或私人俱樂部，指出對象、甚至人物，並瞭若指掌地理解這些人（這並不意味可以十指所指），他們習慣說他們認為想說的，但不知道如何思考他們所說的。

　　行文書寫主觀和客觀的困難不只因為我們被要求以一種天職態度，也就是為了要以否定或否認的語言來討論。找到恰當的論調並不容易，要能擺脫不是歌頌就是挑釁的兩難（後者只不過是前者的倒置而已），尤其當我們為了建構討論對象而必須提出問題，而這個對象本身在一開始就已經被定義為措辭不當時。關於藝術及藝術品社會使用的科學論述，看起來同時注定是粗俗又唯恐天下不亂的。粗俗是因為它踩過神聖的界線，將藝術與文化的純粹國度從社會與政治內在領域中區分開來，這種區隔／區判同時也就是行使於文化或以其名義行

使的象徵性效應支配的源頭本身；唯恐天下不亂是因為它想要將所有我們今日所說的「光彩奪目」、「解放」、「多元」和「不同」的東西減化成「單一」的階級，也因為將「遊戲」和「享樂」最佳的經驗限定在「實證」生硬而實際的統計命題「知識」上，因此就非常「實證式」、非常「概化」和「集權式」。若真的有唯恐天下不亂的恐怖分子，必定是在不容置疑的判決之中，他會以品味之名，使得判決變得非常可笑，非常卑鄙、非常可恥，也注定要變得沉默無語（在此就必須援引每個人熟悉的世界借來的範例）。在那些審判者看來，這些男男女女很簡單地只不過是缺乏好的生存方式和做事方法而已；此乃典型的象徵性暴力，支配群體藉此試圖強加他們自己的生活藝術，其中充斥於男性雜誌和女性雜誌的一樣多。「Conforama〔按：連鎖自助居家裝潢大賣場品牌〕是家具業的居伊・路克斯（Guy Lux）〔按：法國電視遊戲與綜藝節目主持人〕」，就像《新觀察家》雜誌所言，只不過它沒告訴你《新觀察家》其實是文化界的地中海俱樂部。因此，生成於階級仇恨與敵視的恐怖主義在各種言論上到處可見，它們也總是因攸關自身利益而清醒自明。但唯一需要努力的就是去建構一種鬥爭場域，在其內部由各個立場出發的觀點及對峙的策略相互定位，才能掌握一種知識，能夠區隔當事者的輕率洞察力，但又不至於變成不偏不倚觀察者至高無上的凝視眼光。客觀化的工作只有在能夠將客觀化的場地、那些不在視界的觀點、所有理論的盲點也都客觀化後才算完整。在知識分子的場域及其利益的衝突之中，有時候會因為必要性的突發意外，產生對真理的興趣／利益，也會為維持象徵性秩序帶來微妙的貢獻。甚至還會因為純粹象徵性的顛覆意圖產生前述對真理的興趣／利益，但其實這不過是支配宰制工作分配中的一個角色而已。

　　若談到這樣的對象，研究這個對象的學術工作就與研究主題的工作密不可分。最要緊的是端視他具有多少能實際支配的能力，在

其實作過程中他努力要客觀化的機制，這也許會一直統攝他與對象之間的關係。其實我們應該像以前普魯塔克（Plutarque）的《希臘羅馬名人傳》（*Vie parallèle*）一樣，好好靜下來想想「普林斯頓計畫的歷史」，音樂消費的龐大經驗性研究，讓阿多諾（Adorno）和拉扎斯菲爾德（Paul Lazarsfeld）這些知識論的佳偶聚在一起合作生產。理論家的傲慢不願在經驗研究的廚房裡弄髒自己的手，也還是太本能地固著於某些價值和文化的利益，以至於難以成為科學目標的高度。經驗研究的順從在於順應科學秩序的要求，隨時可讓位也可放棄一切，而科學秩序其實又緊緊地順從於社會秩序。實證論者的傲慢在於企圖為所有的科學實作方法建立規範，一種妒恨的方法論，源自於復仇主義憤恨對抗所有整體性調查研究。馬克思主義者的順從在於有必要將它精緻化時，變成通俗的馬克思主義，在必要有勇氣成為通俗時，變成高貴的馬克思主義者。各自在彼此不足之處看到真理。

　　社會科學必須克服的知識論上的困難首先來自於社會的障礙，其中一個常見的認知概念就是社會學家工作時常用的職業分類等級。這讓多少研究者略過不談卑微、容易又多產的活動，偏好高難度又貧瘠的練習題。或者，另一個失去規範的補償系統，將學術研究置於中規中矩還是倉促慌張的兩難，置於學究式論文還是胡言亂語的兩難，以至於阻止了較大野心和長期耐心的合併計劃，而這才是科學研究工作生產所必要的。的確，不同於與有時很有啟發性的評論性*直覺*，有時是一致的理論性*論*文或有時是有效的經驗研究*觀察*，這些科學命題的暫時性系統都致力於將內在的一致性和事實的相容性聯結起來，而這些都必須付出漫長、困難的工作代價才能有成果，但卻注定要被所有倉促的閱讀所忽略的。因為他們只看到天下文章一大抄的論文，在長長一系列全面化研究的暫時結論裡，一再重覆確認某些眾所熟知的直覺與事實，因為他們忽略最基本的東西，亦即命題的關係結構。

問卷

—性別：

—出生年：

—家庭狀況：

    單身   已婚

    鰥寡   離婚

—孩子人數與年齡：

—居住地：

—到達居住地：

    少於5年

    5到10年之間

    超過10年

—上一個居住地：

—獲得的最高學歷文憑：

—從事的職業（儘可能詳盡）：

—父親與祖父所獲得最高的文憑與所從事的職業：

	學歷文憑	職業
您父親		
您祖父		

—您家庭年收入大致落在以下那一個等級：

低於1萬法郎	2萬到2萬5千法郎	4萬到5萬法郎
1萬到1萬5千法郎	2萬5千到3萬法郎	5萬到6萬法郎
1萬5千到2萬法郎	3萬到4萬法郎	6萬法郎以上

—請問家裡是否有：

唱片機	汽車（若有的話，請說明廠牌）
錄音機	電視機
照相機	攝影機
	電話

我們不再複製有關照片部分的（24題）問卷（參見Bourdieu,et al. *Art moyen, op. cit.* pp.352-356），除非不同主題可能是屬於照片的問題（第26題）。

1.　—請問您的家具是哪裡來的：

大賣場買的（哪一家？）	跳蚤市場買的
古董家具店買的	一般商店的
專門家具店買的（哪一家？）	繼承而來的
工作坊買的	房東租的
	其他（請說明）

2.　—您的家具風格是哪一種：

現代

古董

鄉村

3.　—若您有選擇的話，會偏好哪一種風格的家具：

現代

古董

鄉村

4. 一請選擇三個最適合的形容詞來描述您想要居住的居家布置：

乾淨、清潔　　　　溫馨　　　　　　　講究

舒適　　　　　　　易於整理　　　　　充滿奇幻

混搭　　　　　　　古典　　　　　　　實用、功能

樸實、低調　　　　和諧　　　　　　　穩密

5. 一請從上述形容詞中選擇您覺得最不在乎的三個：

6. 一在以下羅列的活動中，哪些是您經常、偶爾從事的，哪些是您從不會去做的？

	經常	偶爾	從未
在家修修弄弄			
運動（哪一種？）			
露營			
健走			
造形藝術、繪畫、雕塑			
玩樂器（哪一種？）			
團體遊戲（哪一種？）			
收看電視			

7. 一以下歌手中，請選擇三位您最喜歡的：

阿茲納吾爾　　　　皮雅芙　　　　　馬里安諾

費雷　　　　　　　布萊爾　　　　　佩托拉‧克拉克

強尼‧哈里戴　　　蓋塔里　　　　　杜埃

巴桑　　　　　　　馮絲華‧哈蒂　　貝考

8. —您喜歡的衣服是：

　　剪裁經典又品質較好的

　　有流行氣息又符合您的個性

　　樸素又端莊

　　大膽又講究

　　您感覺自在的衣服

　　高級又高貴的

9. —您的衣服都是：

　　　　　　　　　　　　　平常穿的衣服　盛裝的衣服

　　家裡做的，自己做或家裡的人做的

　　買小裁縫師或小服裝師做好的

　　服飾百貨或知名裁縫店量身訂做的

　　在連鎖店買的

　　在成衣店買的

10. —請客的時候，您偏好哪一種餐食：

　　簡單但漂漂亮高呈現的　　　好吃又經濟的

　　精美講究的　　　　　　　　有創意、異國風味

　　豐盛和優質的　　　　　　　法國傳統料理

　　　　　　　　　　　　　　　其他（請說明）

11. —以下的形容詞清單裡，哪些最能形容您欣賞的人的氣質？請勾選

　　講究美食，享受生活的人　高雅精緻　　　　有責任心

　　沉著穩重　　　　　　　　善於交際　　　　好笑

　　藝術家氣質　　　　　　　積極進取　　　　意志堅決

　　充滿活力　　　　　　　　受過高等教育　　良好教養的

12.—上述形容人的特質的形容詞之中，請勾選3個您最認為最不重
要的？

13.—請在下以清單中，勾選3類您最喜歡的書籍：

驚悚、冒險類　　　　　　　詩

言情小說　　　　　　　　　政治評論

遊記或探險　　　　　　　　哲學論述

歷史故事　　　　　　　　　經典作家作品

科普作品　　　　　　　　　現代作家作品

14.—請在下以清單中，勾選3類你最喜歡的電影：

冒險動作片　　　　　　　　大場面的電影

戰爭片　　　　　　　　　　音樂歌舞片

西部片　　　　　　　　　　喜劇搞笑片

警探片　　　　　　　　　　寓教於樂的電影

歷史劇片　　　　　　　　　劇情片

新浪潮電影

15.—在下以清單中，哪些是您看過的電影？請指出這些電影導演的
名字和主要的演員[9]。

　　　　　　　　　　看過的電影　　　　　　導演演員

義大利式離婚

洛可兄弟

萬花嬉春

浩氣蓋山河

---

[9] 這是給巴黎地區的居民的清單。給北部地區受訪者的又是另一份清單，這裡沒有重
覆列出，它是根據訪問當時院線上映的電影來決定的。

宅男 101 次求婚

可惡的海關先生

泯滅天使

給小混混的敘事歌

北京五十五日

花落鶯啼春

刀劍與天秤

審判

豪勇七蛟龍

比亞里茨之旅

海盜

龍頭之死

最長的一日

亂世姐妹花

欲海風流一美人

16. 在一部電影中，您最在意哪一個？

演員

導演

情節

17. 如果您聽電台的話，您會聽哪一類的節目？

流行歌曲節目	文化性節目
報導性節目	古典音樂節目
新聞性節目	其他（請指明）

18. 如果您看電視的話，您會看哪一類的節目？

戲劇表演　　　　　　　電視新聞

科普節目　　　　　　　歷史性節目

電影　　　　　　　　　文學性節目

綜藝節目　　　　　　　新聞性節目

其他（請指明）

19. 在以下的評論之中，哪一個與您的意見最接近？

偉大的音樂作品，很複雜！

偉大的音樂作品，不是給我們聽的

我喜歡偉大的音樂作品，但聽不懂

我很喜歡偉大的音樂作品，像是史特勞斯的《華爾滋》

任何高品質的音樂我都有興趣

20. 在以下的音樂清單中，哪些作品是您認識的，是否也告訴我們作
曲家是誰？

　　　　　　　　　　　認識的作品　　　　　　作曲家

藍色狂想曲

茶花女

為左手寫的協奏曲

小夜曲

阿萊城的姑娘

劍舞

火鳥

天方夜譚

賦格藝術

匈牙利狂想曲

孩童與魔法

藍色多瑙河

諸神的黃昏

四季

十二平均律集

無主的鐵鎚

21. —上述音樂作品之中，請勾選 3 個您最喜歡的：

22. 在以下的評論之中，哪一個與您的意見最接近？

繪畫，我沒興趣！　　　　　　　　我很喜歡印象畫派

繪畫很好，但很難！要懂得才能談論　我對抽象畫有興趣，也對

美術館不是我的強項，我無法欣賞　　古典畫派有興趣

23. —以下畫家清單中，請選擇三位您最喜歡的：

達文西	達利	康丁斯基	弗拉芒克
雷諾瓦	哥雅	拉菲爾	華鐸
畢費	梵谷	布拉克	畢卡索
郁特利洛	布呂赫爾	盧梭	

24. —您是否參訪過以下的美術館（請說明是在什麼場合？和學校、親戚、朋友，還是自己去？在哪一年？）：

羅浮宮美術館　　　　　　　雅克馬爾・安德列博物館

國立網球場現代美術館　　　您城市的美術館（外省）

現代藝術美術館

25. —請針對以下每一個意見做出您的評論：

現代藝術都隨便亂做，一個小孩也都會做

我沒興趣知道是誰畫的和怎麼畫

我不會欣賞繪畫，因為我不懂

26.—請針對以下每一個意見做出您的評論：

              漂亮   有趣   沒有意義   醜陋

風景

車禍現場

玩貓的小女孩

懷孕婦女

靜物

哺乳的女人

金屬構架

爭吵的流浪漢

高麗菜

海上落日

工作中的編織匠

土風舞蹈

繩索

肉舖

樹皮

著名的紀念館

廢鐵廠

受洗禮

受傷的男人

蛇

大師的繪畫

訪問情境觀察表（由訪員填寫）

─住家：
　　公寓
　　樓房
　　獨棟房
─居齡約：
─家具：

社會住宅提供的	老舊	中等舒適
布爾喬亞	窮苦	豪華舒適

─家具件數：
─裝潢：
─動產：
─主要的風格：
─地板：
─其他觀察：
─衣著：
─男性衣著：

藍色工作服	運動服（POLO衫、牛仔褲）
全套西裝	衣著講究（城居）
羊毛套衫	領帶
襯衫的樣式與顏色：	
衣袖扣鈕扣	大翻領
捲袖子	

─女性衣著：

居家服	襯衫和裙子	連身裙
西式裙套裝	褲子	盛裝

鞋子：

高跟鞋	平底鞋
室內拖鞋	

化妝和噴香水：

穿著講究與否：

─髮型：

─男性髮型：

短髮	中長髮	平頭
頭髮非常短	長頭髮	中分（旁邊─中間）
髻鬢	髭鬚（請說明）	鬍鬚
頭髮抹油		

─女性髮型：

短髮	中長髮	頭髮非常捲曲
頭髮非常短	長頭髮	頭髮蓬鬆
綁成髮髻	頭髮退色	直髮
燙髮（微微捲曲）	染髮	

─語言：

用詞講究	標準
俚語或黑話	法語不正確

─口音：

很重

稍微

沒有

附錄 2

補充資料[1]

1. 法國統計局（國家統計與經驗研究局）在1970年針對大約4萬5千戶家庭所做的收入調查，是根據國稅局檔案資料完成的。因此調查只掌握了有申報收入的資料，其實排除許多移轉的收入，像是社會補助金或生活補助金，以及部分動產資本的收入等。而某些形態的收入來源，尤其個別企業的收入，稅收評估往往都要比現實低很多。儘管有這些局限，稅收資料還是提供了每個社會職業範疇區分的收入結構，不同範疇之間平均收入分布以及同一範疇內部分布狀況的原始資料（參見 G. Banderier, P. Ghigliazza, « Les revenus des ménages en 1970 », *Les collections de L'INSEE*, M 40, déc. 1974）。在這部書所使用的資料（涉及家庭而非個人，除非動產的價值是以戶來計算[2]），都來自於法國統計局未出版的圖表資料

---

[1] 在此我們特別致謝 M. C. de la Godelinais 和 M. C. Thélot 女士讓我調閱（未出版部分的）圖表，這些圖表讓我們得以將法國統計局的幾次調查進行二次分析，其結果於本書使用。我們感謝德維（P. Devreu）、勒胡（P. Leroux）和吉革利阿扎諸位先生非常慷慨地提供他們所有的資料。我當然也利用歐洲社會學研究中心先前做過的調查資料（有時還會進行二次分析），像美術館觀眾的調查（參見 P. Bourdieu et A. Darbel, ave D. Schnapper, *L'amour de l'art*, Paris, Ed. de Minuit, 1969）、大學生與文化的調查資料（參見 P. Bourdieu et J. C. Passeron, *Les étudiants et leurs études*, Paris, LaHaye, Mouton, 1964）、高等專業學院學生的調查資料。

[2] 根據法國統計局的定義，一個家庭（ménage）是由主要居住地（習慣的居家），共同住在同一個住房內部的成員組成，不管家庭人數是多少，也不管他們與住房所有

（除了平均總稅收的指標外，參見G. Banderie, P. Ghigliazza, *art, cit.,* p.29），由吉革利阿扎（P. Ghigliazza）先生給我們借閱的。

2. 法國統計局在1970年針對3萬8千人所做的「技職訓練與技能」調查，精確地描述了通才養成與技職訓練之間的關係以及職業的狀況（職位、技能、薪資水準、職業的流動等），也提供了（1965年到1970年間移動的）受訪者職業與地理流動的資料，以及代間流動的資料（職位、受訪者及其父親的學歷文憑）。第一批資料已經出版（參見R. Pohl, C. Thélot et M. F. Jousset, « L'enquête formation-qualification professionnelle en 1970 », *Les collections de L'INSEE*, D 32, mai 1974）。在此使用的資料僅限1918年前後出生的男性勞動人口，這是在我們的要求之下二度分析所生產出來的圖表。

3. 生活條件和家庭消費是法國統計局常年做的調查，1972年的資料是針對全國一般家庭整體抽樣取得約1萬3千家庭樣本數量而完成的[3]。調查部分是關於家庭特徵的問卷訪問（成員組成、年齡、家長的職業等），部分是根據日常支出的計帳簿，讓每個家庭填滿一週後，由訪員回收分析。如此可以讓我們大約估計整個日常支出（除了較大筆非經常性的支出，像坐飛機或坐船的旅行，搬家的費用等），以及非購買而來的自給式消費，（農業從事者的農產品或工匠或小商人取自庫存的消費），還有消費細部的價格，

人的連帶為何。稅收「戶」（foyer fiscal），其定義就較狹窄了，包括戶長，當然還有他的配偶以及他所得稅申報時被認定的撫養人，亦即構成納稅單位的整體人數。

[3] 在此所呈現的家庭資料，我們也指出每一個社會職業範疇的每一個人以及每個消費單位的消費狀況。根據法國統計局的定義，在一個家庭裡消費單位的數量是以下列的加權方式計算：家庭第一成人=1，其他成員=0.7（未滿14歲），兒童=0.5個消費單位。

以便與其他家庭範疇進行比較。所以，我們可以理解為何農業從事者和小老闆總消費數會比總收入數高出很多（這類的人申報所得稅時也往往低報其收入）（整體結果參閱 G. Bigata et B. Bouvie, « Les conditions de vie des ménages en 1972 », *Les collections de L'INSEE*, M 32, février 1974）。此處使用的資料是根據我們需要而進行二次統計分析後，將原有的範疇分類，再更細目分類製成圖表而取得。

4. 關於「休閒」的調查資料是由法國統計局在 1967 年的最後一季，根據全法國成年人口抽樣 6637 個人完成的。問卷訪問的問題包括生活條件（家庭協助、小孩保育、某些休閒設施的距離，如戲院、游泳池、是否擁有第二棟別墅等）、工作的時間與規律，尤其是文化實踐的差異，參訪美術館、展覽、紀念館、閱讀、觀看表演的頻率、進出咖啡館、餐廳、外出、請客、收聽電台、收看電視等不同的消遣：園藝、在家修修弄弄、打獵、釣魚、賭馬、文學或藝術活動、收集嗜好等（調查結果，參閱 P. Bebreu, « Les comportements de loisir des Français », *Les collections de L'INSEE*, M 25, août 1973）。這裡使用的資料（僅有男性人口）是在我們的要求下根據二次分析的圖表產生出來的。

5. 法國市場調查公司 1966 年所做的「商人與高級主管」調查，是在廣告媒體研究中心的要求下，針對 2257 個年齡 15 歲以上，以戶長經常住在家裡的工業主、大商人、自由業成員、高級主管、工程師或大學教授為調查對象。問卷的問題包括閱讀的習慣、最近幾天閱讀的報紙、週刊或月刊、收聽電台或收看電視、生活水準、居家的設備、生活的風格（假期、運動、消費）、職業生活（開會、旅行、商業午餐等）、文化實踐，還有主要的基本資料（教育程度、收入、居家大小等）。多虧了調查，我們才有根據家戶

長的社會職業或個人的整個分布狀況。

6. 廣告媒體研究中心在1970年關於報紙閱讀，由法國市場調查公司
所做的調查，針對2682個勞動或非勞動人口的樣本，居住在家長
為工業主、大商人，自由業主……大學教授、工程師或主管的家
庭。訪問最後，訪員留下一份由工藝促進會和法國市場調查公司
所設計的回郵問卷：66%的受訪者寄回這份問卷。這問卷主要是
問他們感興趣的主題（「大家樂於討論的主題」）：居家設備、休
閒設施、主要和次要住所、渡假情況、商業旅行、文化實踐、閱
讀、唱片、參觀美術館、看電影等等，藝術品的收藏、運動、汽
車、經濟行為。就是根據這份資料，我們才有閱讀報紙和週刊的
分布資料（但缺乏根據社會職業範疇的分布）。

7. 國務院文化事務研究與調查服務處所做關於法國文化實踐的調
查，是由經濟計劃總署（Commissariat général du Plan）、法國統
計局、國家人口研究中心（INED）、國家科學研究中心（CNRS）
和法國廣播電視局（ORTF）的代表們所組成的工作團隊所籌備，
由「市場與公關分析、研究與諮詢公司」在1973年執行完成。
這個調查取樣1987位15歲的成年，問卷涵蓋1967年法國統計局
曾經做過關於休閒行為的大部分問題，但某些文化實踐的問題有
更細節和精確的資訊（尤其是這些實踐的內容，像是觀看電視節
目的類型、擁有和聆聽唱片的類型、擁有的藝術作品等）。由於
資料蒐集方式的關係（社會職業範疇被預先分為10類），不可能
從這個調查獲得文化實踐依據階級派系變異的精確分析。主要研
究成果曾由國務院文化事務調查與研究服務處刊登於 *Pratiques
culturelles des Français,* 2 tomes, déc. 1974.

其他使用的調查資料僅在此羅列[4]。一如往常地，幾乎就像針對某一領域的研究，這些研究大多只根據相對局限的樣本進行取樣，最經常的是將職業分成五個範疇的分類系統：1）農業從事者、2）工人、3）工商業老闆、4）上班族職員與中級主管、5）高級主管和自由業。

關於電影方面

8. « Cinéma français. Perspective 1970 », *Bulletin d'information du Centre national de la cinématographie*, n° spécial, 91, fév. 1965.

9. IFOP, *Les acteurs et actrices préférés des Français,* oct. 1968.

10. IFOP, *Les acteurs et actrices préférés des Français,* sept. 1968.

11. IFOP, « la fréquentation et l'image du cinéma en 1970 », *Bulletin d'information du Centre national de la cinématographie*, 126, 1970, 46 p. et suppléments.

12. « Le public cinématographique », *Bulletin d'information du Centre national de la cinématographie*, 153-154, juin-août 1975.

13-1. SOFRES, *Les Français et le cinéma en 1975*, mars 1975.

13-2. CESP, Étude sur *L'audience du cinéma*, Paris, 1975, XVI, 100 p.

---

[4]　在統計資料的普查方面，以下三本書對我們特別有幫助：C. Guinchat, *Bibliographie analytique du loisir, France (1966-1973)*, Prague, Centre européen pour les loisirs et de l'éducation, 1975; A. Willener et P. Beaud, *Nouvelles tendances de la consommation culturelle. Vers une troisième culture*, Paris, Cordes, Cecmas, 1972, 2 vol. 250p . et 260 p.，收集了關於美術館、攝影、電影、電視、音樂等量化的資料與調查的結果；1969、1970、1971、1972、1973年內容提及「文化發展與活動」的書籍與文章的書目清單，曾經由文化部調查與研究處出版。

關於戲劇方面

14. SEMA, *Le théâtre et son public*, Enquêtes réalisées pour le Ministère des affaires culturelles, Paris, 1966, 2 vol.（內容是關於1964年所做的一項巴黎各家劇院觀眾的重要調查結果）.

15. IFOP, Études *auprès des spectateurs des « parathéâtrales »* au Théâtre de la *ville*, Paris, IFOP, 1969, 20 p.

關於廣播及電視方面

16. « Une enquête par sondage sur l'écoute radiophonique en France », Études et *conjoncture*, 10, oct. 1963, pp. 923-1001（內容是關於1961年所做的一項重要調查，樣本數達一萬兩千人）.

在法國廣播電視局民意研究處1966到1974年間所做的諸多調查研究中，我們挑選了：

17. *Les téléspectateurs et les* émissions *musicales*, Enquête réalisée en 1969 et 1970.

18. *Les dossiers de l'écran*, Enquête réalisée en 1971.

19. *Une enquête sur les variétés. Traitement des données par l'analyse factorielle des correspondances*, juillet 1972.

20. *Les auditeurs de France-musique; attitudes, opinions, habitudes d'écoute des* émissions, juillet 1972.

21. *Les festivals et la radio*, Phase exploratoire, juillet 1974.

關於閱讀書報方面

22. IFOP, *Les lecteurs et acheteurs de livres*, Paris, IFOP, 1967, 59 p.

23. IFOP, *La clientèle du livre*, Paris, Syndicat national des éditeurs, 1969, 37 p.

24. IFOP, *Les achats de livres pour la jeunesse*, Paris, IFOP, 1970, 61 p.

25. SOFRES, *Les Français et la lecture*, Paris, SOFRES, 1972, 13 p.

26. SERVO, *Analyse sectorielle de l'édition, I. Études des marchés. Résultats qualitatifs, II. Étude des marchés. Synthèse des résultats du sondage*, Paris, Cercle de la librairie, 1975, 175 p., 51 p.

27. SOFRES, *L'image des* écrivains *dans l'opinion publique*, avril 1976.

28. 有關閱讀日報、週報及期刊的調查，參閱廣告媒體研究中心各年度的 *Les lecteurs de la presse*（報刊的讀者）研究報告。

關於戲劇節或音樂節方面

29. J. Henrard, C. Martin, J. Mathelin, Études de 3 festivals de musique, La Rochelle 1974, Saintes 1974, *Royan 1975*, Paris, Centre d'études des techniques économiques modernes, nov. 1975, 130 p.

30. F. X. Roussel, *Le public du festival mondial de théâtre de Nancy*, Nancy, Centre d'informations et d'études d'économie, 1975.

31. SEMA, *Donnée statistiques sur le système musical français*, Paris, SEMA, 1967, 267 p.

關於室內裝潢或擺設方面

32. ETMAR, *Le marché de l'ameublement dans les foyers domestiques. Importance des dépenses et caractéristiques de la clientèle*, Paris, ETMAR, sept. 1967.

關於食品消費或衣著方面

33. 除了法國統計局針對「國人食品消費」的經常性調查並公布在統
計局資料彙編的調查結果，以及我們經由細緻分類對「家庭生活
條件」（補充資料3）調查結果的二次解讀以外，我們還運用了下
列資料：

34-1. SOFRES, *Les habitudes de table des Français*, Paris, janvier 1972, 63 p.

34-2. SOFRES, *Les Français et la gastronomie*, （n= 1000）, juillet 1977.

35. Thi Nguyen Hun, Les dépenses d'habillement des Français en 1971-
1972, *Les collections de l'INSEE*, M 38, nov. 1974.

關於運動方面

　　除了對法國統計局的國人休閒調查報告（補充資料4）以及對文
化實踐調查報告（補充資料7），經由細緻分類逐項進行二次分析所
得的資料之外，我們還參考了下列資料：

36. SOFRES, *Les Français et le sport*, février 1968.

37. IFOP, *Les attitudes des Français à l'égard du sport*, décembre 1972.

38. SOFRES, Les Français et le sport, juin 1975 （n=2000，15歲以上）.

關於報刊媒體方面

除了前面已經提過的廣告媒體研究中心「商務人士及高級主管的閱報
習慣」調查（參考此前補充資料6），我們還運用了下列資料：

39. CESP, *Douzième étude sur les lecteurs de la presse*, 1976. 此處呈現的
資料是我們經由自訂的細緻分類所做的表格整理（n=5562）。

40. IFOP, *Les lecteurs quotidiens dans la campagne* électorale, février
1978.

關於外表的消費方面

41. SOFRES, *Pourquoi les Françaises veulent-elles maigrir ?*, mars 1974
（n=450，18至65歲女性）.

42. SOFRES, *Les femmes et la mode*, octobre 1974（n=1100，18至50歲
女性）.

43. IFOP-Groupe d'études de Marie-Claire, *L'art de recevoir*, décembre-
janvier 1978.

44. IFOP-Groupe d'études de Marie-Claire, *Les Françaises et la beauté*,
décembre 1976（n=1016，18至45歲女性）.

45. ETMAR, *Achats de vêtements*, 1971（n=552，巴黎地區女性）.

關於道德觀方面

46. IFOP, *Les Français et l'amour*, novembre 1975.

47. SOFRES-Express, *Attitudes envers l'homosexualité*, 7-11 décembre
1973.

48. IFOP-France-Soir, *Les Français sont comme* ça, août-septembre 1974
(n=1217).

49. SOFRES, *L'image de la justice dans l'opinion publique*, février 1977.

50. SOFRES, *Les Français et la censure au cinéma*, sept. 1974.

51. SOFRES, *Les Français et l'art moderne*, avril 1972 (n=1000).

附錄3

統計資料　訪調

品味與文化實踐 1

審美稟賦

各社會類別的成員認為，下列物件能拍出漂亮的照片的比率：

	海上落日	民俗舞蹈	玩貓的小女孩	哺乳的女人	樹皮	金屬架構	懷孕的女人	高麗菜	車禍
大眾階級 (1) n 166	90	50	63	56	44	17	6	11	7
工匠小商人 n 100	91	43	59	57	23	9	14	2	1
雇員中級主管 n 287	86	35	57	60	46	25	6	9	8
技師小學教師 n 78	88	19	51	74	75	49	25	30	13
新興小布爾喬亞階級 (2) n 119	72	20	36	54	61	45	22	24	24
中產階級 n 584	84	31	52	60	55	32	12	16	11
工商業主 n 102	80	27	38	47	40	30	10	15	4
主管工程師 n 232	59	12	41	50	57	53	20	10	17
自由業主 n 52	73	17	36	61	58	54	23	33	19
教師藝術生產者 n 81	53	22	23	48	53	54	49	41	37
上層階級 n 467	64	18	37	50	53	48	23	19	18

偏好的畫家

	拉菲爾	畢費	郁特利洛	弗拉曼克	華鐸	畫諾瓦	梵谷	達利	布拉克	哥雅	布呂赫爾	康丁斯基
大眾階級 (1) n 166	32	8	20	6	16	49	48	3	5	16	1	–
工匠小商人 n 100	23	23	26	6	24	53	47	–	8	14	8	–
雇員中級主管 n 287	34	19	18	14	23	56	42	3	5	12	6	–
技師小學教師 n 78	15	15	18	12	12	49	57	7	1	29	15	3
新興小布爾喬亞階級 (2) n 119	22	11	16	10	13	42	50	8	12	28	25	6
中產階級 n 584	27	17	18	12	19	51	47	4	7	19	12	2
工商業主 n 102	19	14	21	17	23	59	31	3	12	18	19	6
主管工程師 n 232	23	10	24	8	14	47	56	5	6	34	27	2
自由業主 n 52	12	6	16	22	16	61	57	6	8	22	31	10
教師藝術生產者 n 81	8	1	10	5	10	30	47	9	13	44	36	6
上層階級 n 467	18	9	20	11	16	48	49	5	9	31	27	4

在計算比率時排除了回答不知道的受訪者。

1—計算也排除了農民與農場工人的回答

2—我們把社會醫療服務業、文化中介者、工匠與藝術商人、秘書與商業部門的中級主管都歸在新興小布爾喬亞階級一類。

品味與文化實踐 2

	對於繪畫的評價 (1)						偏好的音樂作品 (2)												
	對繪畫沒興趣	繪畫很好但很難	喜歡印象畫派	喜歡抽象繪畫	現代繪畫不是隨便畫畫	對畫家的名字不陌生	《阿萊城的姑娘》	《圓舞曲》	《茶花女》	《劍舞》	《藍色狂想曲》	《匈牙利狂想曲》	《諸神的黃昏》	《第13號小夜曲》	《四季》	《火鳥》	《孩童與魔法》	《賦格藝術》	《十二平均律集》	《為左手寫的協奏曲》
大眾階級	26	62	7	4	32	7	42	66	28	25	24	33	4	11	7	5	–	2	1	–
工匠小商人	16	73	5	5	44	2	41	60	30	27	24	34	11	15	15	10	1	1	2	–
雇員中級主管	17	65	12	7	35	8	36	53	23	22	21	40	11	27	22	7	0	3	2	0
技師小學教師	3	50	26	22	53	14	18	18	18	21	31	38	19	31	46	12	1	10	10	7
新興小布爾喬亞階級	4	30	32	34	64	13	14	22	10	12	25	25	17	34	47	16	10	14	12	8
中產階級	14	56	16	14	45	9	30	43	21	20	25	36	13	27	29	10	3	6	5	3
工商業主	4	51	27	17	42	6	23	24	28	6	28	50	9	21	30	10	3	15	4	5
主管工程師	8	27	39	26	55	11	20	20	11	13	25	42	18	30	39	15	2	13	12	13
自由業主	–	31	40	29	58	13	4	17	6	2	21	32	11	53	55	6	2	13	17	23
教師藝術生產者	4	14	39	43	75	21	1	3	9	4	13	21	22	51	51	23	4	31	32	13
上層階級	5	31	37	27	55	12	15	17	14	9	23	39	16	34	41	15	2	17	14	12

在計算百比率時排除了回答不知道的受訪者。

1- 每位受訪者皆被要求在各項中選擇出最符合自身看法的評價。

2- 每位受訪者皆被要求在16個音樂作品中記住3個作品名稱。

品味與文化實踐 3

	認識的作曲家 (1)					認識的導演 (2)		閱讀的種類 (3)								用語 (4)				口音		
	0-2個	3-6個	7-11個	至少12個	都不認識	1-3個	至少4個	愛情故事	遊記	冒險記‧警匪	歷史故事	現代作品	古典作品	詩	哲學評論	使用行話	有語法錯誤	語法正確	用詞考究	口音明顯	口音輕微	無特殊口音
大眾階級	77	19	4	–	89	10	2	36	61	57	40	19	10	8	2	8	50	42	–	33	54	12
工匠小商人	65	27	7	1	80	18	2	3	60	3	51	22	11	10	8	4	28	68	–	12	37	50
雇員中級主管	49	31	17	3	59	37	4	28	49	54	47	40	28	21	5	4	15	77	4	16	56	28
技師小學教師	17	28	36	19	56	32	11	9	38	38	49	38	32	17	14	–	–	94	6	–	35	65
新興小布爾喬亞階級	20	22	39	18	39	44	17	10	25	25	34	56	41	35	30	5	–	74	21	5	26	68
中產階級	41	28	22	8	58	35	7	23	45	43	45	40	28	21	12	3	14	78	5	10	44	46
工商業主	30	28	26	15	61	29	10	10	41	43	68	36	30	6	8	–	–	80	20	–	33	67
主管工程師	16	22	41	21	52	39	9	3	38	38	40	41	36	29	27	–	–	94	6	–	13	87
自由業主	11	13	40	35	42	38	19	8	25	44	48	36	21	25	38	6	–	81	12	–	12	87
教師藝術生產者	4	11	33	52	22	46	32	7	15	29	24	55	47	35	34	10	–	85	3	–	7	93
上層階級	15	22	37	26	47	38	15	6	33	38	41	42	35	25	25	5	–	84	11	–	16	84

在計算百分比率時排除了回答不知道的受訪者。

1- 在表列16個作曲家中受訪者所認識的數量。

2- 在表列19個導演中受訪者所認識的數量。

3- 每位受訪者皆被要求在表列6種書當中選擇出3種。

4- 此為訪談人在觀察受訪者後在表單所記錄下來的資料。

品味與文化實踐 4

	從事的活動 (1)					廣播節目 (2)				偏好的歌手 (3)								
	經常修補照片和／或電影攝影	經常聽唱片	經常進行造型藝術創作	經常練習樂器	參觀羅浮宮和現代美術館	綜藝節目	新聞報導	文化、音樂	綜藝和文化或音樂	蓋塔里	馬里安諾	佩托拉·克拉克	阿茲納吾爾	哈里戴	布萊爾	巴桑	費雷	杜埃
大眾階級	63	50	4	6	6	52	26	10	13	31	18	30	52	17	24	41	20	7
工匠小商人	79	59	6	5	13	46	22	17	15	22	20	30	36	2	31	32	20	4
雇員中級主管	51	56	7	1	23	50	15	18	16	21	12	25	47	11	48	40	30	6
技師小學教師	61	69	10	6	40	13	22	54	11	4	5	19	19	3	55	72	35	14
新興小布爾喬亞階級	52	60	24	15	51	14	21	56	8	9	11	16	29	5	41	50	13	19
中產階級	57	59	11	5	29	37	18	31	13	17	12	23	38	7	45	45	31	9
工商業主	47	59	3	8	44	17	40	36	7	13	10	26	33	6	23	61	10	5
主管工程師	38	66	8	9	46	8	29	54	9	3	7	23	28	5	42	70	37	9
自由業主	44	85	14	12	61	14	18	53	15	6	4	15	36	–	50	71	38	21
教師藝術生產者	38	54	16	16	64	9	15	68	7	1	1	2	12	4	54	85	48	25
上層階級	40	65	10	16	51	11	28	53	9	5	6	19	27	5	41	71	33	12

在計算比率時排除了回答不知道的受訪者。

1、每位受訪者被要求說明確回答各種活動的頻率是從未、很少或經常（至於參觀展覽的比例是以至少去過一次羅浮宮或現代美術館為基準）。

2、最常聽的廣播節目類型。

3、每位受訪者被要求在表列 12 個位歌手中選出 3 位。

品味與文化實踐 5

	買家具的場所 (1)					室內裝潢 (2)								服飾 (2)			理想的朋友 (2)							招待朋友的菜 (2)			
	百貨公司	專賣店	拍賣場場	跳蚤市場	古董店	乾淨、整齊	易於打理	親密	溫暖	混搭	新奇	樸素、低調	協調	質料很好	符合個性	精挑細選	熱愛生命的人	負責任的	有教養	積極精神	高貴	講究	藝術家	不拘俗套	簡單及漂亮呈現	有創意、異國情調	精美講究的菜餚
大眾階級	38	24	4	1	4	41	45	22	25	4	3	8	23	44	28	3	40	63	25	10	5	–	8	23	35	1	9
工匠小商人	29	27	3	4	8	41	39	45	26	4	5	15	23	29	24	12	22	68	47	5	6	5	9	14	31	6	11
職員中級主管	15	35	10	4	4	35	30	45	24	3	2	6	37	25	48	6	15	46	55	17	5	7	5	15	34	4	8
技師小學教師	23	42	5	4	10	22	13	41	32	6	10	10	49	31	42	14	19	45	32	18	10	6	27	16	45	11	6
新興小布爾喬亞階級	15	25	11	14	22	11	12	47	33	19	15	19	47	17	39	26	9	29	30	20	18	18	29	21	26	14	8
中產階級	19	33	9	6	9	30	26	45	27	7	7	11	38	25	39	12	16	46	44	16	8	9	13	17	35	8	9
工商業主	10	39	30	18	50	11	17	48	24	5	12	12	47	25	43	23	23	45	53	9	18	17	16	17	22	15	29
主管工程師	6	28	17	16	42	15	17	48	19	10	11	36	53	15	34	14	12	31	39	18	9	9	27	16	26	9	5
自由業主	8	31	11	19	61	10	16	43	25	17	16	10	47	13	33	21	15	52	38	13	6	17	28	17	27	8	8
教師藝術生產者	30	27	10	21	32	7	14	36	28	15	12	22	47	15	35	14	19	27	24	14	12	9	31	20	29	12	10
上層階級	11	31	18	18	44	11	16	45	23	11	13	25	50	17	36	17	16	36	38	16	15	12	25	17	26	11	12

在計算比率時排除了回答不知道的受訪者。

1- 指特定一個（或多個）購買家具的場所。

2- 每位受訪者皆被要求從表列 12 個形容詞中選出最符合自己想要的 3 種室內裝潢，從 6 個形容詞中選出最能展現自己穿衣品味的 3 個，在 12 種特質中選出最喜歡的 3 種，再從 7 種選出其中 1 種樂於招待朋友的菜。

不同教育資本的美學稟賦

	風景	海上落日	著名的紀念館	大師的繪畫	受洗禮	民族舞蹈	和貓玩的小女孩	哺乳的女人	工作中的編織匠	靜物	樹皮	繩索	爭吵的流浪漢	懷孕的女人	蛇	金屬架構	高麗菜	肉舖	廢鐵廠	受傷的男人	車禍
無文憑、CEP	82.0	88.5	35.5	50.5	51.0	54.5	61.5	46.0	36.0	26.5	15.5	6.0	4.0	8.5	13.0	6.5	4.0	5.0	5.5	2.0	0.5
CAP	88.0	92.5	35.5	47.5	31.0	60.0	57.0	43.0	37.5	37.0		8.5	4.5	12.0	18.5	7.5	8.5	6.0	3.0	5.5	—
BEPC	72.5	85.5	32.5	39.5	32.5	56.0	57.0	55.5	25.5	40.5	27.5	6.5	8.5	13.5	17.5	8.0	13.0	5.0	6.0	5.5	1.0
高中會考資格	74.5	76.5	20.0	36.5	19.0	37.0	56.5	58.0	44.0	40.5	42.0	22.0	16.0	21.0	23.5	18.0	13.0	10.5	13.0	12.5	5.0
大學肄業	68.5	57.5	30.0	23.5	15.0	41.5	46.0	56.0	35.5	41.5	45.0	31.0	14.5	19.5	32.0	29.0	18.0	22.5	9.5		2.5
大學文憑	72.0	57.0	19.0	31.5	7.0	36.5	57.0	59.0	44.0	44.0	56.0	32.5	16.5	22.5	28.5	24.5	22.5	19.5	16.0	17.5	1.5
教師會考資格、高等學院	69.0	65.0	39.5	41.0	25.5	39.5	34.0	49.5	52.0	45.0	60.5	31.0	22.5	29.5	38.0	36.5	27.0	25.5	31.0	22.5	15.5

在計算百比率時排除了回答不知道的受訪者。由於無法將包含各個物件的所有品味判斷（醜陋、沒有意義、有趣、漂亮）比例分配情形的完整表格製作出來，這裡我們只列出受訪者認為能拍出漂亮照片的比例，他們被要求選出從最容易（亦即訪問時被共通審美稟賦強烈建構出來的）到最難拍攝（亦即沒有被建構或會根據物件而有所不同。若訪問時要求受訪者進行更二元的選擇（漂亮與醜陋），閱讀本表時，必須了解品味判斷的分配會根據物件以及教育程度而有所不同。各欄位中我們以粗體字強調的最強傾向就會更明顯。

其他資料

1—經濟資本的指標 (%)

社會職業類別	平均總收入（法郎）	收入分布（補充資料1，1970）						收入來源（補充資料1）						房屋居住身分（補充資料3）			
		小於1萬法郎	1萬到2萬法郎	2萬到3萬法郎	3萬到6萬法郎	6萬到10萬法郎	大於10萬法郎	工資及薪水	工商業利潤	非商業利潤	農業利潤	城市房地產	有價證券	屋主	抵押	承租人	公務宿舍免費居住
①	12706	<u>43.5</u>	41.3	10.9	4.2	–	–	86.0	1.5	0.4	5.5	0.8	6.3	16.9	12.8	37.6	<u>32.7</u>
②	11339	<u>63.2</u>	22.6	7.1	5.6	1.0	0.4	19.3	5.3	0.5	91.9	6.4	16.5	<u>57.3</u>	18.1	17.8	6.8
③	14903	34.7	42.4	14.7	7.9	0.3	–	93.4	1.3	0.1	1.1	2.3	3.3	17.7	10.2	<u>63.2</u>	8.9
④	18495	13.7	<u>51.8</u>	23.8	10.4	0.2	–	97.7	2.2	0.3	1.6	2.4	3.6	15.0	24.6	55.2	5.3
⑤	21289	8.2	<u>44.3</u>	30.4	16.7	0.3	–	98.2	2.2	0.7	0.5	2.7	3.6	11.4	23.3	57.7	7.5
⑥		0.9	17.5	<u>38.0</u>	42.0	1.5	0.1	99.5	1.4	0.8	0.4	4.1	6.7	15.0	35.5	42.2	7.3
⑦	25729	12.3	32.5	25.3	25.8	3.4	0.7	34.1	96.9	1.1	3.5	12.9	14.2	32.7	30.9	33.2	3.2
⑧	26864	15.3	27.2	23.2	28.8	3.9	1.5	24.3	93.2	4.8	3.8	20.2	19.2	32.2	15.9	46.8	5.1
⑨	22546	11.5	33.8	27.6	22.2	4.0	0.8	97.5	3.4	2.6	0.7	8.9	9.5	9.9	13.4	<u>63.2</u>	13.5
⑩		5.9	41.7	29.4	21.6	1.1	0.2	98.8	2.1	1.9	1.0	5.1	8.6	14.0	24.1	55.3	6.7
⑪		2.1	12.2	26.4	47.9	8.9	2.5	99.3	4.0	5.7	0.5	11.1	17.5	12.8	36.9	43.4	6.9
⑫		1.3	15.1	30.1	48.1	4.8	0.5	98.5	2.4	3.9	0.1	5.8	8.7	9.7	35.5	50.1	4.7
	32770																
⑬		5.7	32.6	29.6	27.8	3.7	0.6	84.2	–	24.9	–	10.0	12.4	18.1	20.8	56.9	4.1
⑭		3.0	19.1	25.4	46.4	5.5	0.5	96.7	0.9	6.0	0.1	7.6	10.4	10.0	26.0	36.1	27.9
⑮	61616	2.2	12.1	11.1	36.9	23.1	14.6	64.0	47.5	9.4	4.9	29.7	30.2	<u>49.8</u>	23.2	27.0	–
⑯	102222	1.3	2.6	4.1	26.4	31.9	<u>33.6</u>	83.0	26.0	4.4	3.7	<u>34.7</u>	40.0	32.8	<u>55.6</u>	11.6	–
⑰		0.5	2.9	11.5	<u>53.3</u>	24.2	7.6	<u>99.6</u>	3.6	5.3	0.9	15.2	27.7	20.5	33.8	39.1	6.6
⑱	57229	0.4	0.8	4.4	<u>51.8</u>	32.8	9.7	98.7	3.1	4.3	0.8	15.5	30.4	12.6	<u>42.6</u>	37.3	7.5
⑲		1.4	8.6	18.5	43.5	22.3	5.6	97.6	2.1	14.1	1.8	10.4	21.0	12.2	28.5	49.2	10.1
⑳	83309	3.1	4.8	6.5	27.6	<u>33.0</u>	24.9	41.0	17.5	<u>87.2</u>	3.4	<u>30.3</u>	40.6	35.6	22.6	40.0	1.8

①農場工人　②農場經營者　③非技術工人　④半技術工人　⑤技術工人　⑥公頭／領班　⑦工匠
⑧小商人　；⑨商業雇員　⑩辦公室職員　⑪中級行政主管　⑫技師　⑬社會醫療服務業　⑭小學教師
⑮商業主　⑯工業主　⑰高級行政主管　⑱工程師　⑲教師　⑳自由業主

2—社會軌跡與文化資本繼承的指標 (%)

社會職業類別	農場經營者〔補充資料2〕	半技術工人、礦工/非技術工人	技術工人工頭/領班	人身服務人員	工匠、小商人	職員(3)	中級主管	工商業主	高級主管	自由業主	回答不知道	無文憑	C E P	B E P C	高中會考資格	高等教育
		父親的職業 (1)										父親的學歷 (2)				
①	29.7	46.9	8.0	5.1	0.8	5.0	3.3	0.4	0.3	0.5	–	81.4	17.2	0.6	0.6	0.2
②	3.8	88.6	1.9	1.2	0.2	2.3	0.8	0.2	0.2	0.6	0.2	69.8	27.9	1.1	0.7	0.5
③	13.6	30.3	23.9	15.0	1.7	5.9	7.6	1.1	0.4	0.5	–	84.0	15.1	0.6	0.3	–
④	8.8	25.3	25.8	17.7	1.9	9.0	7.2	2.1	1.2	0.9	0.1	75.4	22.5	1.3	0.5	0.3
⑤	6.1	14.0	25.3	25.8	1.8	10.9	10.0	2.9	1.4	1.7	0.1	67.3	29.8	1.5	1.0	0.4
⑥	5.5	12.6	23.6	25.6	2.2	10.1	11.3	3.7	2.1	3.2	0.1	65.3	30.7	2.0	0.9	1.1
⑦	6.3	16.7	11.8	13.6	1.9	34.3	8.1	2.4	2.9	1.6	0.4	64.5	32.0	1.9	1.1	0.6
⑧	4.9	18.1	7.0	10.7	0.8	39.4	8.1	2.1	6.0	2.3	0.6	61.2	31.9	1.2	3.4	2.2
⑨	4.8	10.3	16.8	18.0	0.9	18.3	15.4	3.7	7.7	3.4	0.7	54.6	37.1	3.3	2.1	2.9
⑩	5.1	16.8	20.4	17.3	2.7	10.1	15.7	6.4	1.8	3.4	0.3	57.8	34.5	4.1	2.1	1.4
⑪	2.8	10.3	9.9	15.6	3.3	13.7	15.0	11.9	5.2	9.8	2.4	40.6	41.6	6.7	5.1	6.0
⑫	2.0	7.2	15.6	20.5	2.1	11.4	16.4	11.5	4.1	8.2	1.0	42.9	42.9	5.6	5.0	3.6
⑬ 男	3.4	22.2	14.8	16.8	4.8	6.4	13.0	8.8	2.0	6.1	1.7	46.8	40.5	5.9	3.1	3.7
⑬ 女	1.5	12.7	9.5	12.4	1.3	12.4	12.9	12.3	9.1	10.8	5.1	37.2	36.9	6.1	8.6	11.3
⑭	0.6	6.9	14.8	19.8	1.5	13.1	16.1	15.3	3.2	6.9	1.8	36.1	43.2	5.4	9.4	5.9
⑮	3.4	13.5	5.4	5.2	0.8	27.4	9.1	2.6	23.7	5.4	3.4	48.1	38.6	5.3	3.8	4.2
⑯	0.6	19.2	7.7	14.7	1.0	29.2	3.8	1.5	18.0	2.4	1.9	52.9	38.1	2.6	2.2	4.3
⑰	1.3	7.7	7.4	10.3	1.1	14.3	15.2	11.2	9.7	19.1	2.7	35.1	36.5	7.2	10.0	11.3
⑱	0.6	5.2	6.6	11.7	1.0	11.4	12.6	14.8	6.7	25.5	3.9	32.0	29.4	8.7	11.4	18.5
⑲ 男	2.1	7.1	4.6	8.7	0.9	15.4	11.7	15.7	3.8	23.2	6.8	31.6	33.6	7.9	11.6	15.4
⑲ 女	1.6	4.5	2.9	5.2	–	12.0	15.2	20.3	5.9	26.2	6.2	23.3	27.1	12.3	14.5	22.8
⑳	0.4	5.5	2.8	1.7	0.5	14.7	9.4	12.1	11.4	20.7	20.8	30.4	23.4	7.4	12.5	26.2

(1) 在計算受訪者父親職業的比例時，排除了回答不知道跟回答「其他」職業者。

(2) 指父親曾接受過普通國民教育或甚至高等教育（技職文憑、CAP、BP、BEC、BEI等並未納入計算）。

(3) 包括軍警在內。

3—教育資本、閒暇時間、子女數、居住地 (%)

社會職業類別	無文憑	CEP	CAP，BP	BEC，BEH	BEPC	BS，高中會考資格	大學肄業	大學以上	每週工作五十小時以上（補充資料4）	平均子女數(2)	農村	一萬人口	一萬到五萬人口	五萬到十萬人口	十萬到二十萬人口	二十萬到兩百萬人口	大巴黎地區
①	**67.4**	19.6	10.3	1.8	0.6	0.7	–	–	62.9	3.00	**77.8**	9.3	4.9	1.3	1.9	3.0	1.7
②	45.1	37.3	13.7	1.0	1.8	0.8	0.2	0.1	**68.0**	2.83	**87.5**	6.2	3.0	0.8	0.8	1.5	0.3
③	**70.0**	22.0	7.0	0.1	0.8	–	–	–	21.9	2.77	28.3	11.6	13.0	6.0	7.7	18.1	15.3
④	51.3	28.4	18.2	0.4	1.3	0.3	0.1	–	23.2	2.42	27.0	12.3	14.3	6.7	8.5	15.7	15.5
⑤	29.2	25.1	**41.2**	1.9	1.7	0.4	0.3	0.1	22.4	2.10	18.2	10.0	13.5	7.4	9.2	19.3	22.3
⑥	19.0	31.9	**38.8**	5.7	2.7	1.0	0.7	0.2	26.4	1.94	12.8	10.1	14.3	7.7	9.7	21.7	23.6
⑦	23.5	34.5	36.1	2.4	2.1	1.1	0.1	0.2	47.6	1.92	37.0	12.8	11.8	5.2	5.5	13.9	13.9
⑧	19.6	**43.1**	23.9	1.4	6.0	3.8	1.7	0.5	**81.1**	1.92	28.1	**13.2**	13.3	6.1	7.0	17.1	15.1
⑨	19.1	39.0	25.6	3.8	5.4	6.5	0.6	–	49.7	1.68	13.6	8.1	14.0	**8.5**	**11.1**	21.2	23.4
⑩	15.9	**40.1**	19.9	1.8	**17.4**	3.8	0.8	0.3	10.9	1.97	11.7	7.2	12.3	7.4	9.3	20.5	31.5
⑪	8.9	26.0	18.4	9.0	**16.0**	11.9	5.4	4.4	16.7	1.71	10.6	6.6	11.7	7.1	9.5	20.9	33.7
⑫	6.0	21.3	28.4	**19.6**	11.4	5.8	5.6	1.9		1.67	8.6	7.1	12.0	7.4	9.6	20.1	35.2
⑬	2.2	10.0	6.4	0.7	0.6	3.2	**73.9**	3.0	14.4		10.3	7.8	14.3	**8.1**	**11.1**	**22.0**	26.5
⑭	1.5	5.7	5.1	5.9	6.0	**39.3**	**27.7**	8.7	10.3	1.69	22.4	11.1	14.4	7.8	9.3	17.0	18.0
⑮	17.5	39.2	15.5	5.4	9.7	7.6	3.3	1.8	45.1	2.09	15.5	11.8	**16.4**	7.7	8.6	18.2	21.8
⑯	15.7	36.9	24.1	**9.9**	4.5	4.0	1.5	3.4	45.1	2.09	22.3	**14.1**	**16.0**	6.8	7.2	16.5	17.2
⑰	6.2	16.7	10.9	8.3	11.8	**13.7**	8.2	24.0	31.5		6.3	5.9	11.4	7.0	9.5	20.5	**39.3**
⑱	3.1	4.7	5.5	6.6	5.0	9.2	10.6	55.3	26.8	2.00	5.7	5.7	9.3	6.3	7.9	19.7	**45.3**
⑲	0.7	2.8	2.6	0.7	0.7	4.6	13.7	**74.2**	8.3		5.8	5.8	11.6	7.7	**11.2**	**25.4**	32.5
⑳	2.6	4.2	1.8	1.2	1.7	2.8	11.5	**74.2**	67.1	2.06	14.4	11.3	13.4	7.3	8.9	20.0	24.8

(1) 其他種類文憑並未納入計算。

(2)《經濟與統計》，1971年10月27日，頁28（統計是針對1892到1923年出生、35歲以前結婚的婦女）。

4—消費與文化實踐 (%)

社會職業類別	（補充資料3）法國每戶	整體消費(1972) 法國每人	法國每消費單位	擁有 別墅	電話	洗碗機	每年至少觀看5場運動賽事	每週汽車保養至少1.25小時	每週至少修補補1次	集郵	有借書證	額外進修	該年曾參觀城堡古蹟	該年曾參觀貿易展	每週至少招待1次客人來家裡	每年至少觀看1次綜藝節目	每年至少去5次劇院	每年至少聽1次音樂會	會彈鋼琴
①	22771	5650	7928	1.0	5.8	1.7													
②	26667	6365	8824	2.2	15.8	2.3	12.8	1.3	36.5	0.5	0.2	0.9	23.7	31.6	6.3	16.5	1.3	2.7	1.3
③	21840	6170	8578	2.2	0.3	–	41.9	9.5	34.8	1.3	1.7	1.0	12.5	21.5	13.8	15.4	1.5	2.7	–
④	26471	6552	9350	3.4	3.0	0.7	35.3	10.6	44.4	6.1	4.3	9.3	21.6	26.0	6.5	22.5	0.3	4.7	0.2
⑤	26988	7476	10392	3.3	4.6	0.6	29.0	14.0	50.8	8.6	4.7	6.0	29.2	38.2	8.4	29.0	4.8	4.1	0.4
⑥	35320	9174	12751	10.9	24.2	2.4	39.9	12.6	53.9	9.3	13.6	1.9	40.3	43.9	8.2	26.4	4.7	13.3	3.5
⑦	28540	8444	11489	14.1	48.0	5.8	37.3	12.6	36.8	4.3	–	2.0	30.9	38.8	6.5	16.3	6.6	4.5	2.8
⑧	30861	10118	13360	14.5	57.2	7.1	28.5	4.8	43.7	1.4	4.5	1.9	25.5	43.6	10.6	16.5	5.9	9.0	8.7
⑨	30455	10324	13818	7.2	28.6	5.2	42.2	8.0	29.2	3.7	3.7	5.6	20.5	37.9	12.4	18.0	1.2	9.3	–
⑩	27774	9227	12192	9.6	13.2	1.0	32.7	17.8	37.7	12.9	20.3	10.3	38.8	43.0	12.7	28.2	7.3	13.1	3.8
⑪	36272	11478	15461	11.9	29.4	5.4	23.7	13.1	39.5	14.4	9.8	15.3	58.4	52.9	14.7	38.7	18.3	20.2	12.8
⑫	37438	10979	15090	6.5	25.1	5.3	29.9	6.6	38.7	29.4	15.8	16.5	52.2	58.4	12.9	38.7	6.5	10.8	6.5
⑬	34175	11316	15277	7.8	41.7	3.6													
⑭	32787	11627	15364	18.6	29.9	5.5	29.3	2.8	54.3	6.9	59.5	19.0	67.2	53.5	10.3	19.8	21.6	21.6	20.7
⑮	41886	10419	14463	29.7	72.3	22.3	64.8	–	14.1	2.8	–	–	38.1	52.1	47.9	43.7	11.3	18.3	7.0
⑯	47680	15480	19751	25.2	75.1	21.7													
⑰	52166	14694	19835	23.9	67.7	24.5	31.4	3.2	28.9	11.6	13.3	4.8	68.5	62.1	12.1	24.3	21.7	25.9	27.8
⑱	49883	13920	19308	22.3	77.6	27.9	29.8	3.1	34.4	4.5	20.9	17.9	77.6	70.1	26.9	50.8	28.3	49.3	23.9
⑲	40853	13136	17708	14.2	39.7	15.4	9.8	–	26.4	2.8	27.8	27.8	38.8	20.9	30.6	13.9	26.4	52.8	50.0
⑳	57133	16370	22467	25.0	84.5	31.5	20.0	–	14.1	9.4	4.7	25.8	57.6	33.0	38.9	42.4	25.9	34.1	57.6

* 本數據是根據100位汽車或是兩輪交通工具車主的訪調結果直接計算而來，並沒有將農場工人及社會醫療服務業（男性）不具意義的結果納入計算。

附錄4

連連看：一種團體的遊戲

　　1975年我們曾做過一項測試調查，邀請一部分人口樣本將不同的物件分派給不同政治人物。（就像隨附出版的結果所呈現的）那些會去質問調查樣本的人，無疑的只不過把它看作政治人物「受歡迎程度」週期性調查的「娛樂性」變異而已。他們渾然不覺這個測試真正目的（這種無意識正是其價值的一部分）不在於知道清單中的政治人物誰是狐狸、烏鴉、橡樹和杉木、黑或白、甚至是那些「紅」的經常指派黑的去當白的代言人，而不是相反[1]。

　　訪員將六個物件（顏色、樹木、經典英雄人物、漫畫英雄人物等）或人物的圖片給他們看，並要求從這些物件當中選擇只能選一個分派給以下六個政治人物：席哈克、季斯卡・德斯坦、喬治・馬赫歇、密特朗、米歇爾・波尼亞托夫斯基（Michel Poniatowski）、賽文—薛賀伯（Jean-Jacques Servan-Schreiber）。這項應《觀點》雜誌的請求於1975年6月進行調查研究的結果發表於《民意調查》（*Sondages*）期刊（n° 3-4, 1975, pp.31-47），還有全部相相關的評論：「閱讀這個

---

[1] 這個社會學測試的旨趣之一就是可以在政治與社會世界觀的領域上，重新找回一種完全相似於前資本主義社會的神話－儀式性行為所運作的邏輯，這因此證明只有那些無視於這種行為的特定邏輯的人，才是應該為社會科學不斷想要建立的介於所謂「原始」或「野蠻」以及「文明化」思維之間明確區分負責的人。

765

遊戲的結果是『饒富娛樂效果』，但其旨趣卻遠遠超過僅供消遣而已。整個針對每一位政治領導人物的連連看事實上反映出他們公眾形象的另一面。的確，有時候很難明確地分辨為何受訪者會把一個政治人物放在這個顏色而不是另一個顏色、螞蟻而不是狐狸，或理髮師而不是律師的多重理由。但是當超過三分之一的受訪者都一樣選以某一個物件作為代表某一個政治人物時，其解釋原因通常顯而易見，而且此原因也會因為其他政治人物被放在同一個物件的不同結果而顯得更清楚。這種受訪者所做的連連看大部分時候是因為那個人的身體特徵，或是因為其人格最明顯的特色，最後才是因為他的職能、位置和政治生涯。我們不對這些結果發表評論，任憑細心讀者奔馳他們的想像力」。表面上看起來是放任不作為，以透過記者的訪談記錄營造出某種客觀的氛圍。透過這個評論（《觀點》1975 年 4 月 17 日）就可以發現，在完全中立的情況下，「大部分」最貶抑的負面特性都分派給左派的代表人物，尤其是馬赫歇，而把戲就是這樣完成的。問卷的作者由於被他們自己強迫接受的等級化所引導，他們自己視之為理所當然。這些問卷的作者為了讓遊戲順利進行，摒除檢禁，製造了一種只能以就這樣蒐集來的方式理解的「資料」，以便進一步製造完全客觀的政治效應。

這種遊戲是將政治人物當做遊戲來玩，本身就是一種政治遊戲。但若我們沒有搞錯的話，這是比政治科學機構和民調機構賦予這個字另一種更深層的意義。政治人物在此只不過是連連看、分分看的遊戲的藉口而已，羅列的物件也只不過是特性、預設和*具有貼標籤作用的獨立詞*（catégorème，就像亞里斯多德所說的，不必去理會這個字的原意，它最中肯的意義就是在*指控*）的藉口而已。這些連連看所決定的規律（是這個字嗎？）、原則或圖式的問題，就會很客觀地被提出

顏色

	白 %	黑 %	藍 %	橘 %	黃 %	綠 %
季斯卡・德斯坦	35*	10	**29**	6	9	12
波尼亞托夫斯基	16	**22**	14	16	18	13
席哈克	16	9	**25**	12	18	18
賽文—薛賀伯	14	9	12	**23**	**23**	19
密特朗	13	10	13	23	18	**24**
馬赫歇	6	**40**	7	20	14	14

樹

	橡樹 %	法國梧桐 %	棕櫚 %	蘆葦 %	楊樹 %	冷杉 %
季斯卡・德斯坦	**31**	8	14	18	19	10
波尼亞托夫斯基	21	**22**	18	7	12	18
席哈克	11	20	18	12	**22**	17
賽文—薛賀伯	6	6	21	**26**	18	14
密特朗	16	16	17	**21**	15	17
馬赫歇	15	18	12	16	14	**24**

花

	菊花 %	鈴蘭花 %	虞美人 %	水仙花 %	丁香 %	康乃馨 %
季斯卡・德斯坦	14	**23**	12	14	18	18
波尼亞托夫斯基	**24**	16	8	16	16	20
席哈克	10	21	9	15	**25**	20
賽文—薛賀伯	9	14	13	**27**	21	17
密特朗	16	16	**21**	17	13	16
馬赫歇	27	10	**37**	11	7	9

動物

	牛 %	螞蟻 %	蟬 %	狐狸 %	烏鴉 %	烏龜 %
季斯卡・德斯坦	12	**29**	18	24	9	9
波尼亞托夫斯基	**38**	11	8	13	17	12
席哈克	16	**22**	15	15	16	15
賽文—薛賀伯	6	**28**	11	10	33	
密特朗	9	14	21	**22**	16	18
馬赫歇	19	12	10	15	**32**	13

遊戲

	橋牌 %	大富翁 %	多米諾骨牌 %	撲克牌 %	西洋棋 %	輪盤 %
季斯卡・德斯坦	**39**	14	6	12	23	6
波尼亞托夫斯基	16	17	**21**	16	14	17
席哈克	15	**24**	18	18	12	13
賽文—薛賀伯	9	14	17	20	13	**26**
密特朗	14	17	15	18	**18**	18
馬赫歇	7	14	**23**	16	20	20

帽子

	巴斯克貝雷帽 %	鴨舌帽 %	扁草帽 %	氈帽 %	頭盔 %	高禮帽 %
季斯卡・德斯坦	11	10	14	10	8	**46**
波尼亞托夫斯基	9	15	14	14	**41**	18
席哈克	12	10	21	**26**	17	13
賽文—薛賀伯	13	12	**30**	22	11	13
密特朗	**40**	16	15	16	7	6
馬赫歇	15	**47**	6	12	16	4

* 以粗體標示的數字表示各類別中具有最強烈傾向者。

來，因為在我們以為只不過是想像的隨機關聯的東西，卻可以發現我們無法解釋的*統計規律性*，除非我們擺脫個人聯想的偶發性的念頭，能夠設想受訪者其實是在某種由共同的視野與分工原則所操縱的關係之中被引導。

的確，這些原則是以實作的狀況運作，並且不是任何解釋可觸及的。因為既不是其內在的形式可以控制，也不是其應用的條件可以控制，更不是所有的行動者都會以思考同一個物件的相同圖式來運作。然而，其實清單中每一個物件的意義都因為它們是在數量*有限*下的選擇而更加明顯（但也不像受訪者的數量那麼多，若是如此，連連看的原則就必須在受訪者的個人歷史裡去尋找了），也同時因為一眼就看得出來（即使是在缺乏形成文化表述的情況下）。我們有權設想透過篩選同一物件或同一個人的不同面向，受訪者在每個個案可應用的圖式都是數量有限，且全部受訪者有*共同的*主題，以至於同一個物件的不同*解讀*方式也都可以被全部行動者理解。

不用多說，在獨立狀況下不同的物件即使出現多重意義，「選擇」的意義在每一個個案都能顯露出來，那是因為在每一個個案可以運作的（客觀上可應用的）特定認知圖式都會很清楚地被挑選出來，因為這是唯一可以在不同考量的物件之間，建立起對應或排除的可理解恆定關係，也因此可以在這關係所建構的不同面向之間，建立起可理解的關係。於是，強／弱、嚴格／柔軟的圖式也就非常明顯地成為一邊是橡樹──威嚴、強壯和嚴格；另一邊是蘆葦──脆弱、柔軟、易碎和易變之間對反關係的源頭，也因此是季斯卡（或波尼亞托夫斯基）以及賽文─薛賀伯之間的對反關係。這兩種關係，即使是前後出現，但還是彼此相互決定，所以可以類比的形式來表達：橡樹相對於蘆葦就像是季斯卡（或波尼亞托夫斯基）相對於賽文─薛賀伯。即使是在季斯卡和賽文─薛賀伯之間的對反對關係裡，這個圖式較多是應

汽車

	雪鐵龍 2 CV %	雷諾 R 5 %	寶獅 504 %	勞斯萊斯 %	保時捷 %	西姆卡 1100 %
季斯卡·德斯坦	10	9	19	**39**	18	6
波尼亞托夫斯基	10	12	28	20	10	20
席哈克	8	14	23	9	28	17
賽文—薛賀伯	10	15	12	16	27	21
密特朗	12	**30**	15	7	10	25
馬赫歇	**50**	20	3	9	7	11

家具

	諾曼第式五斗櫃 %	路易十六扶手椅 %	帝國時代辦公桌 %	有帳頂的床 %	克諾爾沙發 %	農莊木桌 %
季斯卡·德斯坦	7	**36**	33	12	6	6
波尼亞托夫斯基	25	15	20	17	10	12
席哈克	13	19	19	18	22	9
賽文—薛賀伯	12	11	10	28	32	7
密特朗	24	12	11	11	17	24
馬赫歇	19	7	7	14	13	42

女性名人

	碧姬·芭杜 %	密海兒·馬蒂厄 %	珍·柏金 %	蜜雪兒·摩根 %	賈姬·甘迺迪 %	英國女王 %
季斯卡·德斯坦	**14**	7	10	**26**	15	27
波尼亞托夫斯基	12	15	11	15	**14**	32
席哈克	21	14	15	15	21	15
賽文—薛賀伯	**24**	10	19	8	**29**	11
密特朗	16	18	21	25	13	7
馬赫歇	13	**36**	24	11	8	8

家庭成員

	兒子 %	丈人 %	兄弟 %	女婿 %	父親 %	表堂兄弟 %
季斯卡·德斯坦	25	12	15	12	**24**	11
波尼亞托夫斯基	6	26	12	12	**27**	16
席哈克	28	11	25	19	11	8
賽文—薛賀伯	19	13	19	24	10	15
密特朗	15	18	17	20	20	10
馬赫歇	7	20	12	13	8	**40**

職業

	律師 %	門房 %	服務員領班 %	理髮師 %	醫師 %	司機 %
季斯卡·德斯坦	28	7	20	9	**24**	13
波尼亞托夫斯基	11	19	14	15	22	19
席哈克	12	11	**31**	17	17	10
賽文—薛賀伯	12	13	13	**29**	14	20
密特朗	32	14	10	16	15	14
馬赫歇	5	**36**	12	14	8	**24**

漫畫角色

	阿斯泰利克斯 %	米老鼠 %	唐老鴨 %	卜派 %	幸運牛仔呂克 %	丁丁 %
季斯卡·德斯坦	**26**	14	10	7	22	20
波尼亞托夫斯基	19	14	14	22	13	18
席哈克	15	**19**	19	14	20	13
賽文—薛賀伯	9	18	22	14	16	22
密特朗	17	18	15	20	14	16
馬赫歇	14	17	20	**23**	15	11

用在社會力量，應用在權力，就像以森林之樹王的橡樹來表示季斯卡作為國家元首；至於波尼亞托夫斯基與賽文—薛賀伯的對反關係則較多是應用在身體外表及相關的「德行」上，因此會以橡樹代表高大和強壯，以樹木為寓言的形式表達，而波尼亞托夫斯基的話就是看重他的身體樣態，強大又壯碩。在另一個情況下，被應用在講樹的高貴／低賤的圖式，也會超過樹木運用來談它的象徵性價值及其可見的形態。而產生橡樹，這個製造漂亮家具的高貴材料和古老房屋的專屬用材，以及冷杉，這個劣質的木材之間的對比。後者適合做棺木（「聞起來像冷杉」）且很明顯地與馬赫歇、黑色[2]和烏鴉——這種代表凶兆的鳥連在一起。這意味第二種圖式的運用，會讓它進入其他的對反關係和其他的類比關係，而引導他們賦予橡樹（就像其他物件）所有一系列多多少少與基本特質一致的特性：像德魯伊教祭司旁那種高盧種的橡樹（讓人想起阿斯泰利克斯（Astérix）〔按：敘述古代高盧人歷險的漫畫中的大力士〕，也常與季斯卡連在一起）相對於外國種的棕櫚樹，或以威嚴、高貴又結實相對於楊樹。最後是關乎優位性，相對於法國梧桐，橡樹常種在莊嚴的大門邊，同時無疑的也因為較常見，總是與公共場所關聯在一起，像是廣場或道路。

　　由於這種遊戲的相同邏輯而且羅列物件會引導他們在政治方面去尋找其中的關聯，當沒有其他方法可以避免隨機的選項時，受訪者可

---

[2] 最基本的象徵，比如顏色，很明顯地太過度決定了。黑色也是如此，尤其當它與馬赫歇連在一起時，它首先是葬禮——不吉利的顏色，而更精確來說無疑的在主流形象裡是對這個世界悲觀的象徵（黑色的念頭看待人生就是一片漆黑）。儘管可能以黑色旗標來表示（對某些受訪員來說，有可能是以紅旗表示，因為在清單沒有），而具有正面的價值，譬如激進顛覆的象徵。但黑色也同時是貧窮（黑麵包，吃他的黑麵包）、骯髒（尤其是與某些行業有關，像是礦工〔黑色嘴臉〕）、低賤（活在黑暗中），（黑色）飲料。

顏色

	白 %	藍 %	黃 %	黑 %	橘 %	綠 %
密特朗的選民						
季斯卡·德斯坦	36.4	20.6	9.3	15.0	8.4	10.3
波尼亞托夫斯基	15.0	9.3	15.9	39.3	12.1	7.5
席哈克	12.1	22.4	18.7	14.0	16.8	12.1
賽文一薛賀伯	15.9	10.3	30.8	7.5	17.8	17.8
密特朗	11.2	21.5	13.1	1.9	17.8	33.6
馬赫歇	8.4	15.0	11.2	21.5	26.2	16.8
季斯卡的選民						
季斯卡·德斯坦	35.3	36.7	7.2	3.6	4.3	12.9
波尼亞托夫斯基	18.0	18.0	23.0	8.6	18.0	14.4
席哈克	24.5	28.1	12.2	2.9	8.6	23.7
賽文一薛賀伯	7.2	7.9	22.3	10.8	31.7	20.1
密特朗	10.8	7.9	22.3	13.7	27.3	18.0
馬赫歇	4.3	1.4	12.9	60.4	10.1	10.8

動物

	牛 %	蟬 %	烏鴉 %	螞蟻 %	狐狸 %	烏龜 %
季斯卡·德斯坦	8.4	19.6	10.3	16.8	29.9	14.0
波尼亞托夫斯基	42.0	6.5	25.2	8.4	7.5	11.2
席哈克	11.2	16.8	28.0	14.0	12.1	16.8
賽文一薛賀伯	7.5	24.3	7.5	15.0	14.0	31.8
密特朗	10.3	21.5	9.3	24.3	22.4	12.1
馬赫歇	21.5	10.3	18.7	20.6	14.0	14.0
季斯卡·德斯坦	12.9	14.4	6.5	38.8	18.7	9.4
波尼亞托夫斯基	42.4	9.4	9.4	12.2	15.8	10.8
席哈克	20.1	15.8	7.9	26.6	18.0	11.5
賽文一薛賀伯	4.3	30.2	10.8	7.9	11.5	34.5
密特朗	7.2	22.3	20.1	9.4	18.0	23.0
馬赫歇	12.9	7.9	45.3	5.0	18.0	10.8

樹

	橡樹 %	棕櫚 %	楊樹 %	法國梧桐 %	蘆葦 %	冷杉 %
季斯卡·德斯坦	19.6	18.7	20.6	11.2	19.6	9.3
波尼亞托夫斯基	15.0	20.6	9.3	28.0	8.4	17.8
席哈克	5.6	18.7	23.4	18.7	15.0	17.8
賽文一薛賀伯	5.6	23.4	19.6	7.5	35.5	7.5
密特朗	32.7	11.2	12.1	9.3	14.0	19.6
馬赫歇	20.6	6.5	14.0	24.3	6.5	27.1
季斯卡·德斯坦	43.2	10.8	15.1	5.0	18.0	8.6
波尼亞托夫斯基	28.1	18.7	15.8	18.7	4.3	14.4
席哈克	15.8	15.8	20.1	23.0	7.2	17.3
賽文一薛賀伯	2.9	17.3	21.6	20.1	21.6	17.3
密特朗	4.3	21.6	14.4	19.4	23.7	16.5
馬赫歇	5.8	15.8	12.9	13.7	25.2	25.9

女性名人

	碧姬·芭杜	珍·柏金	賈姬·甘迺迪	密海兒·馬蒂厄	蜜雪兒·摩根	英國女王
密特朗的選民						
季斯卡·德斯坦	12.1	15.0	18.7	12.1	14.0	27.1
波尼亞托夫斯基	11.2	13.1	15.0	11.2	6.5	42.1
席哈克	19.6	11.2	19.6	16.8	16.8	15.0
賽文一薛賀伯	28.0	22.4	28.0	6.5	8.4	5.6
密特朗	15.0	16.8	10.3	13.1	40.2	3.7
馬赫歇	13.1	20.6	7.5	39.3	13.1	5.6
季斯卡的選民						
季斯卡·德斯坦	14.4	5.8	10.8	4.3	37.4	26.6
波尼亞托夫斯基	13.7	7.9	15.8	15.1	18.7	28.1
席哈克	21.6	19.4	18.0	10.8	15.1	15.1
賽文一薛賀伯	23.0	16.5	33.8	7.9	4.3	14.4
密特朗	15.8	22.3	14.4	20.9	18.0	7.9
馬赫歇	11.5	28.1	7.2	40.3	5.8	7.2

家庭成員

	兒子 %	兄弟 %	父親 %	夫人 %	女婿 %	表堂兄弟 %
密特朗的選民						
季斯卡·德斯坦	17.8	10.3	20.6	14.0	18.7	16.8
波尼亞托夫斯基	4.7	5.6	15.0	30.8	16.8	25.2
席哈克	17.8	20.6	9.3	13.1	26.2	11.2
賽文一薛賀伯	24.3	25.2	6.5	8.4	15.9	16.8
密特朗	24.3	20.6	29.0	12.1	12.1	1.9
馬赫歇	9.3	16.8	18.7	19.6	9.3	26.2
季斯卡的選民						
季斯卡·德斯坦	33.8	18.0	29.5	7.9	6.5	4.3
波尼亞托夫斯基	6.5	16.5	37.4	25.9	8.6	5.0
席哈克	33.1	30.2	10.8	6.5	15.1	4.3
賽文一薛賀伯	17.3	15.8	7.9	16.5	29.5	12.9
密特朗	5.8	13.7	13.7	23.7	27.3	15.1
馬赫歇	3.6	5.8	0.7	19.4	12.9	58.3

遊戲

	橋牌 %	多米諾骨牌 %	西洋棋 %	大富翁 %	撲克牌 %	輪盤 %
季斯卡·德斯坦	32.7	6.5	18.7	15.9	16.8	8.4
波尼亞托夫斯基	15.9	17.8	13.1	17.8	18.7	15.9
席哈克	9.3	15.0	13.1	19.6	24.3	17.8
賽文一薛賀伯	9.3	15.9	16.8	14.0	15.0	28.0
密特朗	25.2	17.8	15.9	16.8	12.1	12.1
馬赫歇	7.5	26.2	22.4	15.0	12.1	16.8
季斯卡·德斯坦	41.7	5.8	28.1	15.8	5.0	2.9
波尼亞托夫斯基	17.3	26.6	15.1	16.5	11.5	13.7
席哈克	20.1	17.3	9.4	26.6	16.5	10.1
賽文一薛賀伯	8.6	17.3	12.2	13.7	23.7	24.5
密特朗	7.2	12.9	15.8	12.9	24.5	26.6
馬赫歇	5.0	20.1	19.4	14.4	18.7	22.3

就只有援引身體外表的類比（譬如將席哈克等同於楊樹，高瘦，細長的樹）。純粹口語的聯想也是如此，輪盤之所以會和馬赫歇連在一起，那無疑的是因為俄國輪盤的關係；或尋找一致性也是如此，因為這對社會心理學很重要：當沒有任何其他直接關係強加其上，只剩下在其他系列（譬如季斯卡＝白色，因此季斯卡＝鈴蘭花）或同一系列內部已經用過的選項可以參照時，某些「選項」因此會以完全負面的排除法被定義出來。在每一個系列裡，唯有第一次選項才是真正被決定（因此，像顏色，黑色與白色的對反關係）而限制所有其他的選項。例如將季斯卡與勞斯萊斯或橡樹的關聯起來的選項會決定第二次選擇，使之成為退而求其次的選擇（亦即，根據個案不同，波尼亞托夫斯基或席哈克，在位置上注定要和獅寶504汽車或法國梧桐連在一起）。所有跡象都顯示：整體運用所提供選項的能力會隨著社經地位的能力而增加，這使得它得以產生很大數量的差異——亦即隨著教育程度和性別變化的差異。譬如季斯卡與螞蟻的關聯就經常出現在男性受訪者身上，因為螞蟻令人聯想儲藏和儲蓄（相反的透過蟬與拉封登寓言的對照）。若知道季斯卡在財政部長任內的橋段，就懂得：這與季斯卡緊緊地關聯在一起，完全就像莫里哀的戲劇《吝嗇鬼》（L'Avare）一樣，都基於相同的邏輯在變異。同樣的理由，男性受訪者相較於女性受訪者更會將西洋棋和馬赫歇連在一起，當然也是因為蘇聯的西洋棋非常有名的關係。而對女性來說，西洋棋只不過是智力的遊戲而已，她們比較會將它與季斯卡連在一起。當然也是基於同樣的理由，所以較多的男性將他和律師連在一起，因為男性對密特朗的職業比較清楚（更不用多說，這些差別可能也是因為男性較女性要更政治化，也較多是左派），女性也因為這樣更會讓人格中非政治特質的類比關係牽著鼻子走，像是身體的體態，尤其是與女性雜誌所說的不謀而合（像波尼亞托夫斯基看起來較像王子而不像內政部長）。

帽子

	巴斯克貝雷帽 %	草帽 %	頭盔 %	鴨舌帽 %	氈帽 %	高禮帽 %
密特朗的選民						
季斯卡·德斯坦	8.4	13.1	8.4	7.5	9.3	52.3
波尼亞托夫斯基	4.7	11.2	44.2	5.6	12.1	13.1
席哈克	14.0	15.0	12.1	7.5	33.6	15.0
賽文一薛賀伯	12.1	37.4	6.5	9.3	25.2	8.4
密特朗	41.1	19.6	4.7	16.8	10.3	7.5
馬赫歇	18.7	3.7	13.1	53.3	8.4	2.8
季斯卡的選民						
季斯卡·德斯坦	11.5	16.5	7.2	12.9	7.9	43.9
波尼亞托夫斯基	12.2	15.8	31.7	5.0	15.1	20.1
席哈克	10.1	23.7	23.0	8.6	20.1	14.4
賽文一薛賀伯	12.2	24.5	12.9	11.5	23.7	15.1
密特朗	41.0	44.4	6.5	15.8	18.0	4.3
馬赫歇	12.9	5.0	18.7	46.0	15.1	2.2

汽車

	雪鐵龍2CV %	寶獅504 %	保時捷 %	雷諾R5 %	勞斯萊斯 %	西姆卡1100 %
密特朗的選民						
季斯卡·德斯坦	7.5	11.2	25.2	7.5	43.9	4.7
波尼亞托夫斯基	9.3	23.4	6.5	18.7	17.8	22.4
席哈克	11.2	24.3	18.7	14.0	12.1	18.7
賽文一薛賀伯	6.5	15.9	34.6	11.2	13.1	17.8
密特朗	10.3	22.4	7.5	26.2	7.5	27.1
馬赫歇	54.2	32.8	7.5	22.4	4.7	8.4
季斯卡的選民						
季斯卡·德斯坦	12.2	23.7	15.8	9.4	33.8	5.8
波尼亞托夫斯基	8.6	32.4	12.8	8.6	22.3	15.8
席哈克	4.3	25.9	30.2	15.1	6.5	18.0
賽文一薛賀伯	9.4	6.5	23.7	15.1	20.1	24.5
密特朗	12.2	10.1	12.2	34.5	6.5	24.5
馬赫歇	53.2	1.4	5.0	17.3	10.8	11.5

職業

	律師 %	服務領班 %	醫師 %	門房 %	理髮師 %	司機 %
密特朗的選民						
季斯卡·德斯坦	18.7	21.5	15.9	9.3	13.1	20.6
波尼亞托夫斯基	0.9	11.2	9.3	31.8	16.8	26.2
席哈克	9.3	20.6	12.1	19.6	21.5	15.0
賽文一薛賀伯	14.0	12.1	19.6	11.2	29.9	13.1
密特朗	45.8	13.1	26.2	3.7	9.3	0.9
馬赫歇	10.3	19.6	15.0	22.4	8.4	22.4
季斯卡的選民						
季斯卡·德斯坦	36.7	20.1	32.4	1.4	6.5	2.9
波尼亞托夫斯基	19.4	17.3	35.3	7.9	12.2	7.9
席哈克	14.4	43.2	19.4	5.8	8.6	7.9
賽文一薛賀伯	8.6	9.4	5.0	16.5	33.1	28.1
密特朗	20.1	6.5	6.5	20.9	25.2	21.6
馬赫歇	0.7	3.6	1.4	47.5	14.4	31.7

家具

	諾曼第式五斗櫃 %	路易十六扶手椅 %	帝國時代辦公桌 %	有頂棚的床 %	克諾爾沙發 %	農莊木桌 %
密特朗的選民						
季斯卡·德斯坦	1.9	37.4	30.8	18.7	3.7	5.6
波尼亞托夫斯基	24.3	17.8	18.7	15.0	8.4	15.0
席哈克	12.1	21.5	18.7	20.6	19.6	6.5
賽文一薛賀伯	8.4	8.4	11.2	29.0	34.6	7.5
密特朗	25.2	9.3	15.0	4.7	16.8	28.0
馬赫歇	20.8	4.7	4.7	11.2	15.9	36.4
季斯卡的選民						
季斯卡·德斯坦	7.2	37.4	37.4	7.9	4.3	5.8
波尼亞托夫斯基	27.3	15.8	19.4	15.8	13.7	7.9
席哈克	15.1	18.0	21.6	18.7	18.7	7.9
賽文一薛賀伯	12.9	12.9	6.5	27.3	33.8	6.5
密特朗	24.5	11.5	8.6	16.5	19.4	22.3
馬赫歇	12.9	4.3	6.5	10.1	10.1	49.6

花

	菊花 %	虞美人 %	丁香 %	鈴蘭 %	水仙花 %	康乃馨 %
密特朗的選民						
季斯卡·德斯坦	21.5	10.3	13.1	13.1	20.6	20.6
波尼亞托夫斯基	38.3	7.5	6.5	15.0	14.0	18.7
席哈克	15.9	10.3	18.7	21.5	19.6	12.1
賽文一薛賀伯	2.8	9.3	30.8	12.1	27.1	16.8
密特朗	3.7	23.4	19.6	25.2	8.4	13.7
馬赫歇	16.8	38.3	10.3	12.1	9.3	12.1
季斯卡的選民						
季斯卡·德斯坦	5.8	14.4	21.6	33.1	7.2	18.0
波尼亞托夫斯基	13.7	8.6	19.4	19.4	17.3	22.3
席哈克	7.2	7.2	28.1	23.7	12.2	20.9
賽文一薛賀伯	12.9	15.1	17.3	12.2	26.6	16.5
密特朗	24.5	18.0	8.6	5.8	27.3	15.1
馬赫歇	36.0	36.7	5.0	5.8	9.4	7.2

漫畫角色

	阿斯泰利克斯 %	唐老鴨 %	幸運仔呂克 %	米老鼠 %	卜派 %	丁丁 %
密特朗的選民						
季斯卡·德斯坦	14.0	12.1	23.4	23.4	6.5	17.8
波尼亞托夫斯基	15.9	18.7	10.3	10.3	24.3	18.7
席哈克	12.1	22.4	15.0	19.6	15.0	14.0
賽文一薛賀伯	26.2	17.8	15.0	21.5	12.1	21.5
密特朗	18.7	14.0	18.7	12.1	15.9	12.1
季斯卡的選民						
季斯卡·德斯坦	34.5	8.6	23.7	23.4	6.5	19.4
波尼亞托夫斯基	25.9	9.4	13.7	10.3	20.9	16.5
席哈克	17.3	12.9	20.9	23.0	11.5	13.7
賽文一薛賀伯	5.8	25.2	15.8	15.8	13.7	27.3
密特朗	7.2	17.3	12.9	23.7	25.9	12.9
馬赫歇	9.4	26.6	18.7	18.7	21.6	10.1

選擇一致性的原則並不在於一致性的意圖，而是在於一個分類圖式系統本身的恆定性。它一方面很嚴格地以不連續的方式運作，也會以客觀持續的方式來掌握這些物件。於是像透過一系列的隱喻法，我們幾乎可看到一張每一個社會學上一致的「人格特質」的社會素描。所有與賽文─薛賀伯有關的形象都有一個共同的原則，某種炫耀性和炫目的東西。它往往會令人想起自戀狂，黃色的花，接近黃水仙或黃花九輪草、歌舞廳老帥哥的黃色草帽（又是黃色）、橘子和黃色（尤其他在調查訪問的時間點上被左派任命，人們當然就會對這個名詞的意含更敏感了（「黃色」也表示那個背叛自己陣營的人））；蟬代表愛亂花錢又刺耳，撲克牌和轉輪代表吹噓的遊戲和野心勃勃者的急躁不安（我們也常賦予席哈克的形象）；唐璜和傑克‧甘迺迪則表代美國式的挑釁，或是碧姬‧芭杜代表吵吵鬧鬧的小美人；寶時捷、有帳頂的床、克諾爾（Knoll）的家具則是現代主義風格不可或缺的元素[3]。然而若我們以為對賽文─薛賀伯獨特「人格特質」的直覺就足以激發靈感，成就那麼有系統的選擇就大錯特錯了，其實他們真正的目標是很有條理地指向「新興布爾喬亞」的生活風格，因為它同時是被支配階級以及支配階級中古老的派系十指所指。當然在提到棕櫚樹的時候，也免不了略帶種族主義的質疑，因為是以色列─阿拉伯常見樹種，而黃色，也免不了其種族歧視的污名化，因為令人想起納粹為猶太人貼上的黃色星星[4]。其實，這種連連看的遊戲很能恰到好處地掌握日常生活的階級鬥爭，幾乎是以本能性類似社會學概念的方式偽裝自己

---

[3] 若要測試這個「集體形象」的真實程度，只要看看頁457（中文版頁碼）賽文─薛賀伯居家室內的照片就可以得知。

[4] 賽文─薛賀伯常常被高收入族群的辯護者選為「女婿」：這可能是一種古老圖式的運用，令人想起《波利爾先生的女婿》（Gendre de Monsieur Poirier）一書裡野心勃勃的布爾喬亞和沒落的貴族。

（「他很假會哦！」「看到我沒有？」等等），往往是較接近罵人的話而不是評論，是把對手「標籤化」或「定格」，總之限定在一種本質主義之中[5]。

　　因為連連看行為是依照實踐邏輯一步一步依序操作，所以不會遇到本身不一致的狀況，也因為沒有脫離分類圖式既定系統的限制，吾人可以不同的圖式理解同一個物件，故得以進入與其他不同物件的關係，或進入以不用面向掌握同一物件的關係。這種連連看的個人行為將所有固著於同一物件或同一人物的意義不會永遠完全一致。因此很難將波尼亞托夫斯基的特質，高大又任勞任怨，聯想到牛或Spanghero牌的冷凍牛肉（典型橄欖球評論會說是「當仁不讓的前鋒」），以及這些所象徵的順從的力量；或因為他曾任內政部長而妥協地聯想到鎮暴頭盔，鎮壓暴力的象徵，以及勞斯萊斯或英國女王的特質[6]。由於所觀察到的關係其實是在實作狀態運用圖式的產物，撇開那些他們辨識出來的區判性特徵的不明確性，以及從未形成概念，卻是類比性關聯賴以為基礎的中介用詞，其實每一個物件或人物都會在整體上不同程度被減化（但永遠都非常有限）且不同程度一致的意義所影響，這些意義的可能性也不太均等。若我們撇開幾個定式化（或幾乎定式化）的關係不論，像是在虞美人和馬赫歇之間，因為紅色產

---

[5] 就如同訪員所觀察到的，這可以解釋為何，這個調查很容易被接受也很快被理解（從回答「不知道」的比率很例外的低就可以證實），以這種測驗讓他們對社會世界和政治的看法浮現檯面的，終究會比「政治學」專家以虛假的問卷所製造出來的看法更真實。

[6] 這種實踐邏輯的特性，我們曾經在其他地方的儀式個案分析過（參見 P. Bourdieu, *Le sens pratique*, Paris, Editions de minuit, 1979），也許一個土著如何掌握圖式系統的案例會比較能夠讓我們理解：一個土著透過他們在實際操作上掌控涉及問題的象徵主義的生產與詮釋圖式，比較傾向於接受立即又偷懶的理解方式，因此一個分析在實作上所顯示出來的意義和默認的關聯動作都很可能被視為異想天開的過度詮釋（「他們到底要找什麼！」）

生的關聯，這個被認定為革命政黨的象徵，而且即使是在這個情況下，只不過當做條件化作用被迫接受而已（因為某些受訪者，當然是不喜歡共產黨的人，可能會選擇菊花或葬禮用花）。環繞著一個主流意義集中化的情形，會因為不同行動者越全心動員建立物件，而使其結合的關係圖式越強。

　　所以，記錄幾乎可以完全重疊的圖式運作如何生產賦予意義的行動調查研究，以及將它精減的統計分析，會透過一種模擬的實驗，再製造*集體形象*的生產過程，像是一個人物的聲望或一個東西的社會形象。這些形象可能是運用同一個認知圖式或共同分類系統的產品，且不斷地被當作對峙時社會使用的對象。若說每一個認知都意味著一個欣賞的話，那麼認知圖式的偶然並不意味著欣賞評價的偶然。當位居不同位置的行動者，甚至是在社會空間（或在政治空間）裡對立位置的人，操作相同的分類圖式時，他們幾乎永遠都會在賦予符號的價值上彼此對立。譬如說，右派和左派、富人和窮人都一樣會運用白色（或藍色：代表貴族的藍色血液？）與黑色（當然不會有紅色，不在清單中）的對立，來表達季斯卡或波尼亞托夫斯基與馬赫歇之間的對立關係，根據它是一位密特朗的支持者或季斯卡的支持者而有所不同。前者會先將黑色與波尼亞托夫斯基（及其頭盔）放在一起，然後才會與馬赫歇連起來，而後者則會將黑色直接與馬赫歇連起來。同樣的邏輯也會讓左派將烏鴉或菊花與波尼亞托夫斯基（然後是席哈克和季斯卡）連在一起，但卻讓右派將同樣的東西與馬赫歇，然後是密特朗連在一起。也是同樣的邏輯讓季斯卡的支持者想起他就像橡樹是「森林之樹王」、阿斯泰利克斯是「非常法國的英雄人物」、《熙德》（高乃伊〔Pierre Corneille〕的劇作）是大膽和榮譽的象徵，或蜜雪兒‧摩根（Michèle Morgan）是「女性的理想」。但是左派的選民則會以同樣的物件與密特朗聯想在一起。同樣的邏輯也會讓右派將狐

狸，奸詐狡猾的象徵和馬赫歇和密特朗聯想在一起（也會跟《偽君子》〔Tartuffe〕配對在一起），但是卻會讓左派以同樣的言論為季斯卡命名。同樣的邏輯還會在親屬關係與聯盟關係的對立之間，彼此協調找出一種表達社會或政治親近或距離的方法。像是季斯卡的支持者會將季斯卡或席哈克歸類於父子或兄弟之間，卻將馬赫歇或密特朗歸類於表兄弟、女婿或岳父之間。但是相反的，密特朗的支持者會將波尼亞托夫斯基、席哈克（然後是馬赫歇）放在我們想要保持距離的親人之間，而將密特朗放在近親之間。這意味只要仔細研究他們在實際運用時使用的共同象徵或字眼，就可以發現有必要在其完整定義裡，銘刻出他們應該還給這些對峙使用時，本質上原本就有的多義性。在政治鬥爭的場合裡，其中這種「團體的遊戲」其實代表一種很逼近的形象，這些字詞或符號所召喚的形象可能會很普遍（對反於階級的語言所相信的），但卻從未完全中立（相反於共識的假象），因為在他們身上承載著一種任憑自己被這個對峙使用牽著走的潛在力量。

　　當涉及將*社會上被分類也主動分類*的物件分類時，亦即不均等地分*配到*不同社會階級時，結果也就是將這些物件不均等地分派到明示或暗示地與其產生關係的社會階級上，我們發現對某一事物的意義一致同意，卻產生對被分類事物一致不同意的情形。這也就是為什麼不論他們在階級關係結構的什麼位置（透過收入來掌握[7]）以及他們與這個位置的關係（以對季斯卡或密特朗為指標），受訪者會同意橋牌是布爾喬亞的遊戲（會將橋牌與季斯卡連結，然後才是波尼亞托夫斯基和席哈克），而將西洋骨牌（domino）與馬赫歇連結起來（沒有勃洛特紙牌，因為不在訪問清單之中），亦即與他代表的人民連結起

---

[7] 除了出版在《民意調查》的圖表外，我們可以依性別、年齡層、收入等級的分布來分析，但是無法依照社會職業範疇的分布來分析。

來。同樣關於資產和文化實踐與社會階級之間關係的實作性知識也都
呈現在他們將滑雪（透過基利〔Jean-Claude Killy〕）與季斯卡連在一
起，而將拳擊或橄欖球和馬赫歇連在一起；將大禮帽和季斯卡（然後
才會是波尼亞托夫斯基）；將棒球帽，都市大眾的象徵和馬赫歇放在
一起；溫和大眾象徵的貝雷帽（béret），和農民和外省人等會與密特
朗連結在一起；勞斯萊斯與季斯卡（然後與波尼亞托夫斯基）、寶獅
504及其「替代品」則與波尼亞托夫斯基、席哈克連在一起；Simca
1000與雷諾5與密特朗連在一起、雪鐵龍2CV與馬赫歇連在一起、
中間還有寶時捷與賽文—薛賀伯連在一起，因為他向來都自居是有點
愛現的現代主義者[8]。路易十六的扶手椅和帝國時代的辦公桌與季斯卡
和波尼亞托夫斯基，農莊木桌與馬赫歇和密特朗連在一起，諾曼第式
五斗櫃和密特朗與馬赫歇（和波尼亞托夫斯基，因為他出身貴族的
關係），最後，賽文—薛賀伯總是與新興布爾喬亞必備的特性連在一
起，像是克諾爾家具、有帳頂的床。英國女王，女性的勞斯萊斯與季
斯卡和波尼亞托夫斯基（神龍見首不見尾的王子）；蜜海兒・瑪蒂，

---

[8] 我們發現，當所提供的清單允許時（就像在這提供一系列漸進式切中主題的清
單），受訪者會在兩個清單的所有元素之間建立有意義的關聯，而不會只考慮兩或
三個，像在大部分其他清單的情形，部分的元素多多少少是透過排除法，以負面的
方式來定義的（就像在花的清單裡，丁香和康乃馨，以及席哈克在大部分的清單
裡，波尼亞托夫斯基比較不會那麼嚴重）。這裡有一個提供產品的封閉清單不可避
免會產生的效應的例子：在排除任何有意或無意的等待或期待的可能性下（例如勃
洛特紙牌在遊戲的清單、或紅色在顏色的清單），若提供抽象或不真實存在的可能
性，可能都會吸引一部分的選擇。這種效應的另一個例子，因為沒有更好的選項，
將螞蟻，這個勤勞、謙卑、節省、頑固，尤其是小或為數眾多的東西與季斯卡連結
在一起，在另一個可能性空間時，當然比較會讓人想起小布爾喬亞的制欲主義德
行，對反於貴族或布爾喬亞炫耀性的冒失輕率（這還是因為封閉清單的效應，因為
兩個看似有點學問的對立，蟬和螞蟻、烏鴉和狐狸，其實只有第一個有依照拉登封
原本的寓言故事在運作，但是第二個，也因為烏鴉所承載的象徵意義，兩個元素則
分開來運作）。

	樹						遊戲					
	橡樹	棕櫚	楊樹	法國梧桐	蘆薈	冷杉	橋牌	多米諾骨牌	西洋棋	大富翁	撲克牌	輪盤
收入＜2499法郎												
季斯卡·德斯坦	33.3	18.2	10.6	9.1	22.7	6.7	33.3	7.6	19.7	21.2	13.6	4.5
波尼亞托夫斯基	21.2	22.7	10.6	19.7	7.6	18.2	19.7	25.8	10.6	7.6	16.7	19.7
席哈克	10.6	21.2	21.2	18.2	15.2	13.6	12.1	21.2	13.6	27.3	10.6	15.2
賈文一薛賀伯	4.5	9.1	21.2	22.7	27.3	15.2	9.1	10.6	19.7	9.1	19.7	31.8
密特朗	18.2	9.1	25.8	13.6	10.6	22.7	13.6	9.1	13.6	24.2	24.2	15.2
馬赫歇	12.1	19.7	10.6	16.7	16.7	24.2	12.1	25.8	22.7	10.6	15.2	13.6
2500–6499法郎												
季斯卡·德斯坦	30.6	12.4	20.2	6.7	18.1	11.9	38.3	6.7	20.7	13.0	13.0	7.3
波尼亞托夫斯基	19.2	16.6	13.5	23.8	8.3	18.1	14.5	22.3	13.5	18.7	14.0	17.1
席哈克	10.9	18.7	20.7	20.7	12.4	15.5	14.5	19.7	11.9	20.2	22.3	10.4
賈文一薛賀伯	5.7	24.9	18.7	13.0	23.8	14.0	11.4	15.5	13.0	15.5	20.7	23.3
密特朗	17.6	18.7	11.4	16.1	20.2	15.5	14.5	14.5	19.7	16.6	16.1	19.2
馬赫歇	15.5	8.3	15.0	19.2	16.6	24.4	6.7	20.7	21.2	15.5	13.5	22.3
6500法郎以上												
季斯卡·德斯坦	27.8	14.8	27.8	13.0	11.1	5.6	44.4	1.9	35.2	14.8	3.7	16.7
波尼亞托夫斯基	35.2	18.5	11.1	18.5	1.9	14.8	13.0	18.5	18.5	18.5	14.8	20.4
席哈克	9.3	13.0	22.2	24.1	9.3	22.2	18.5	7.4	7.4	29.6	16.7	25.9
賈文一薛賀伯	3.7	24.1	13.0	13.0	33.3	13.0	5.6	25.9	9.3	18.5	14.8	18.5
密特朗	9.3	14.8	11.1	16.7	31.5	16.7	16.7	22.2	11.1	11.1	20.4	18.5
馬赫歇	14.8	14.8	14.8	14.8	13.0	27.8	1.9	24.1	28.5	7.4	29.6	

因為她身體的樣態及其十八般武藝而備受「歡迎」，會與馬赫歇然後與密特朗連在一起。傑克‧甘迺迪，然後是碧姬‧芭杜會與賽文—薛賀伯連在一起。由於受訪者是社會現實感所引導，它又受到他們判斷適合與不適合，搭配與不搭配的社會邏輯所影響，以至於他們會將某些人物和某些物件，或他們之中某些在分布裡符合其社會地位的人搭配在一起，因此也被那些在分布中具有相同實作性知識的人立即辨認出來可以搭配的來完成配對。

事實上，政治的分歧不在客觀結構的實作性知識，而是在認可。在社會分布中位居較好位置的人（即擁有最高收入者）往往也是最有傾向認同支配階級，而將這些客觀結構視為其來有自，會與季斯卡的這個人物，以任何他們有希望擁有的特性連在一起，亦即最稀罕和最有價值的，像橋牌、大禮帽、勞斯萊斯、寶獅504汽車、滑雪（基利）和路易十四的椅子；而將最通俗最不講究的，透過馬赫歇，與被支配者關聯在一起，像是棒球帽或雪鐵龍2CV、農莊木桌或蜜海兒‧瑪蒂等。相反的，那些將配對的等級秩序倒過來的人，把季斯卡、波尼亞托夫斯基和席哈克披上最典型大眾，最去神聖化特性的，像棒球帽或雪鐵龍2CV、洋酒骨牌，或相反而言，那些將最典型布爾喬亞文化實踐分派給馬赫歇的人，像橋牌和勞斯萊斯，會隨著真實的等級越往下降而有越明顯的增加。這些在做階級判斷時經常使用的工具，正是被支配者在面對兩兩相對立的形容詞組時常會發生的兩難，像高／低、笨拙／精通、勞苦與安逸、重與輕、胖與瘦、粗魯與文雅、通俗與高貴。既出賣他們自己現存等級的認可，接受支配位置上的人，尤其是支配群體的代言人，去認同他們的特質屬性（他們也經常將支配的屬性與他們連在一起，即使當他們自稱是改革的支持者時，自認為保衛既存秩序的支持者都不會同意改革的代言人），並且發現要將一個既有秩序的認可從它所暗示的等級秩序的認可脫離出來是多麼困難

帽子

	巴斯克貝雷帽	扁草帽	頭盔	鴨舌帽	氈帽	高禮帽
收入＜2499法郎						
季斯卡・德斯坦	10.6	9.1	12.1	15.2	15.2	37.9
波尼亞托夫斯基	6.1	13.6	33.3	7.6	13.6	25.8
席哈克	15.2	27.3	15.2	12.4	16.7	13.6
賽文一薛賀伯	13.6	22.7	16.7	15.2	16.7	15.2
密特朗	34.8	19.7	4.5	15.2	22.7	3.0
馬赫歇	19.7	7.6	18.2	34.8	15.2	4.5
2500-6499法郎						
季斯卡・德斯坦	10.4	15.5	7.8	10.9	7.8	47.2
波尼亞托夫斯基	8.8	16.1	42.5	4.7	13.5	15.0
席哈克	12.4	18.7	14.5	8.8	30.1	14.0
賽文一薛賀伯	11.9	29.0	10.4	11.4	22.3	14.5
密特朗	39.9	16.1	7.8	17.1	13.5	5.7
馬赫歇	16.1	4.7	16.6	47.2	12.4	3.1
6500法郎以上						
季斯卡・德斯坦	11.1	16.7	3.7	3.7	13.0	51.9
波尼亞托夫斯基	9.3	11.1	42.6	3.7	14.8	18.5
席哈克	13.0	24.1	27.8	9.3	14.8	11.1
賽文一薛賀伯	13.0	38.9	5.6	5.6	31.5	5.6
密特朗	46.3	5.6	7.4	13.0	18.5	9.3
馬赫歇	7.4	3.7	13.0	64.8	7.4	3.7

家具

	諾曼第式五斗櫃	帝國時代辦公桌	克諾爾沙發	路易十六扶手椅	有頂帳的床	農莊木桌
收入＜2499法郎						
季斯卡・德斯坦	10.6	31.8	4.5	33.3	6.1	13.6
波尼亞托夫斯基	16.7	16.7	10.6	15.2	24.2	16.7
席哈克	15.2	15.2	21.2	21.2	15.2	12.1
賽文一薛賀伯	15.2	9.1	33.3	10.6	24.2	7.6
密特朗	28.8	16.7	19.7	10.6	6.1	18.2
馬赫歇	13.6	10.6	10.6	9.1	24.2	31.8
2500-6499法郎						
季斯卡・德斯坦	5.7	32.6	6.7	34.7	15.0	4.7
波尼亞托夫斯基	27.5	19.7	11.9	17.1	12.4	10.9
席哈克	12.4	17.6	21.8	16.1	22.8	8.3
賽文一薛賀伯	11.4	11.4	30.6	11.9	28.0	6.2
密特朗	22.3	11.9	15.5	13.0	12.4	24.4
馬赫歇	20.7	6.2	13.0	6.7	8.8	45.1
6500法郎以上						
季斯卡・德斯坦	9.3	38.9	3.7	35.2	13.0	4.7
波尼亞托夫斯基	29.6	21.2	3.7	14.8	22.2	7.4
席哈克	13.0	24.1	24.1	22.2	9.3	7.4
賽文一薛賀伯	7.4	9.3	37.0	9.3	29.6	7.4
密特朗	22.2	3.7	16.7	14.8	14.8	27.8
馬赫歇	18.5	1.9	14.8	3.7	11.1	50.0

（將季斯卡放在「近」親一邊，父親、兄弟、兒子，或將橡樹等同起來，這類連結的頻率會隨著社會等級的下降而增加）。要不然就是出賣他們對現行等級化原則的認可，再將改革代言的角色和保守代言的角色依據這些原則單純地倒過來。難道某些被支配者的行業（像美髮師或大樓管理員）被貶抑的形象依舊一直被認可，不正是想要透過強迫接受象徵報復的意圖，想要壓低支配者的氣焰嗎[9]？不管如何，那些想要讓波尼亞托夫斯基、席哈克，有點遲疑地將季斯卡成為美髮師或大樓管理員的意圖，都只不過是表面上的對稱而已。而且，這種想要重新擺置秩序的意圖，將密特朗或馬赫歇指派為既存秩序的支持者（尤其是後者），往往都帶有「自命不凡」的氣質，自認為是「卑微大眾」厚顏無恥的代言人，而將他們放在認為「天生」適合他們的位置。

---

[9]　大眾反叛的整個面向，可在辱罵、粗話的語言可以看到，尤其是真正的大眾的節慶，現在漸漸已被居家娛樂所摧毀了（這讓人想起巴赫汀的分析，*L'oeuvre de François Rabelais et la culture populaire au Moyen Age et sous la Renaissance*, Paris, Gallimard, 1970），都遵從這種邏輯在運作，這種飽和的邏輯，只是日常生活秩序象徵性和暫時性的顛覆而已（就像賽內卡所言：「不會天天都過節！」）

La Distinction : Critique sociale du jugement by Pierre Bourdieu © 1979 by Les Éditions de Minuit
Published by arrangement with Les Éditions de Minuit through Bardon-Chinese Media Agency
Complex Chinese translation copyright © 2023 by Rye Field Publications,
a division of Cité Publishing Ltd.
All rights reserved.

國家圖書館出版品預行編目（CIP）資料

區判：品味判斷的社會批判／皮耶・布赫迪厄（Pierre Bourdieu）著；邱德亮譯. -- 初版. -- 臺北市：麥田出版，城邦文化事業股份有限公司出版：英屬蓋曼群島商家庭傳媒股份有限公司城邦分公司發行, 2023.05
　面；　公分
譯自：La Distinction : critique sociale du jugement
ISBN 978-626-310-440-2（平裝）

1.CST: 布赫迪厄(Bourdieu, Pierre, 1930-2002)　2.CST: 社會學
3.CST: 批判理論　4.CST: 文化　5.CST: 階級社會

540.2　　　　　　　　　　　　　　　　112003890

時代感 12

區判
品味判斷的社會批判
La Distinction : critique sociale du jugement

作　　　者／皮耶・布赫迪厄（Pierre Bourdieu）
譯　　　者／邱德亮
中 法 校 稿／謝承叡
中 文 潤 稿／張曉燕、鄭倖朱
校　　　對／吳美滿
選 書 顧 問／李明璁
特 約 編 輯／江灝
主　　　編／林怡君

國 際 版 權／吳玲緯
行　　　銷／闕志勳　吳宇軒
業　　　務／李再星　陳美燕
編 輯 總 監／劉麗真
總 經 理／陳逸瑛
發 行 人／涂玉雲
出　　　版／麥田出版
　　　　　　10483臺北市民生東路二段141號5樓
　　　　　　電話：(886)2-2500-7696　傳真：(886)2-2500-1967
發　　　行／英屬蓋曼群島商家庭傳媒股份有限公司城邦分公司
　　　　　　10483臺北市民生東路二段141號11樓
　　　　　　客服服務專線：(886) 2-2500-7718、2500-7719
　　　　　　24小時傳真服務：(886) 2-2500-1990、2500-1991
　　　　　　服務時間：週一至週五09:30-12:00・13:30-17:00
　　　　　　郵撥帳號：19863813　戶名：書虫股份有限公司
　　　　　　讀者服務信箱E-mail：service@readingclub.com.tw
麥 田 網 址／https://www.facebook.com/RyeField.Cite/
香港發行所／城邦（香港）出版集團有限公司
　　　　　　香港灣仔駱克道193號東超商業中心1/F
　　　　　　電話：(852)2508-6231　傳真：(852)2578-9337
馬新發行所／城邦（馬新）出版集團 Cite (M) Sdn Bhd
　　　　　　41, Jalan Radin Anum, Bandar Baru Sri Petaling, 57000 Kuala Lumpur, Malaysia.
　　　　　　Tel: (603)90563833　Fax: (603)90576622　Email: services@cite.my

封 面 設 計／廖勁智@覓蠹
印　　　刷／前進彩藝有限公司

■2023年5月　初版一刷

定價：920元
ISBN 978-626-310-440-2

國家科學及技術委員會經典譯注計畫

城邦讀書花園
www.cite.com.tw
書店網址：www.cite.com.tw